国家自然科学基金面上项目"技术与制度协同创新驱动的文化产业跃迁机制与治理能力研究"（71473176）的阶段性成果

Development Report of Global Cultural and Creative Industries
Based on Listed Companies Data

全球文化创意产业
上市公司发展报告

臧志彭 解学芳 编著

中国社会科学出版社

图书在版编目（CIP）数据

全球文化创意产业上市公司发展报告/臧志彭，解学芳编著. —北京：中国社会科学出版社，2019.10
ISBN 978-7-5203-5219-2

Ⅰ.①全… Ⅱ.①臧… ②解… Ⅲ.①文化产业—上市公司—研究报告—世界 Ⅳ.①G114

中国版本图书馆CIP数据核字（2019）第209279号

出 版 人	赵剑英
责任编辑	卢小生
责任校对	周晓东
责任印制	王 超
出 版	中国社会科学出版社
社 址	北京鼓楼西大街甲158号
邮 编	100720
网 址	http://www.csspw.cn
发 行 部	010-84083685
门 市 部	010-84029450
经 销	新华书店及其他书店
印 刷	北京明恒达印务有限公司
装 订	廊坊市广阳区广增装订厂
版 次	2019年10月第1版
印 次	2019年10月第1次印刷
开 本	710×1000 1/16
印 张	42.25
插 页	2
字 数	688千字
定 价	220.00元

凡购买中国社会科学出版社图书，如有质量问题请与本社营销中心联系调换
电话：010-84083683
版权所有　侵权必究

前言：寻找中国在全球文化创意产业中的准确坐标

21世纪以来，全球主要国家的后工业化和知识经济特征日益明显，传统的重工业、高污染行业日渐萎缩，基于绿色能源打造新兴绿色工业逐渐成为世界各国主要经济增长方式；"文化创意+制造业产品""文化创意+农产品""文化创意+服务"已经逐渐成为全球主要国家人民主要的消费升级方向。著名学者弗罗里达（Florida，2002）从推动国家经济增长的动力因素角度将世界经济发展阶段划分为农业经济时代、工业经济时代、服务经济时代和创意经济时代，并且指出，虽然服务经济仍然占有主导地位，但是，创意经济发展速度很快，而且已呈现出超越服务经济时代的态势。2016年，阿尔法狗（AlphaGo）战胜李世石标志着人类进入人工智能时代的大幕已经开启。文化创意产业作为天然的绿色经济代表和人类创意智慧密集型核心产业，必将是后工业化时代和未来人工智能时代世界各国综合国际竞争力的支柱性产业部门。

中国文化创意产业的建立和发展经历了一个思想不断解放、治理理念不断升级的过程。1988年，"文化市场"正式提出；1991年提出了"文化经济"概念；2000年破除了"文化事业"的固有框架，提出了"文化产业"概念；2002年确立了"文化事业"和"文化产业"共同发展的理念；2007年上升到"文化生产力"和"文化软实力"层级；2010年提出，推动文化产业成为国民经济支柱性产业；2012年，中共十八大正式确立"文化强国"的发展战略目标；2017年，中央十九大明确提出了"坚定文化自信，推动社会主义文化繁荣兴盛"的历史使命。与之相对应的是，中国文化及相关产业增加值也一路攀升，过去五年，中国文化及相关产业年均增速超过13%，几乎是GDP年均增速的两倍，而文化及相关产业增加值占GDP比重也从2011年的3.3%攀升至2017年的4.2%。

然而，中国文化创意产业在世界竞争大格局中处于什么位置？中国文化创意产业与世界文化创意强国之间的差距究竟有多大？要回答这一问题，却是非常困难。为什么？尽管联合国教科文组织早在1986年就建立了文化统计框架，2009年进行了重新调整，2012年又发布了《如何衡量与统计文化产业对经济的贡献》。但是，世界各国并没有统一的关于文化创意产业的划分标准，甚至连产业名称都未形成统一的说法。英国以创意产业为名进行统筹发展，包含广告、建筑、艺术和古董市场、手工艺、设计、流行设计与时尚、电影与录像、互动休闲软件游戏、音乐、表演艺术、电视和广播、出版、软件与计算机服务业13个细分行业；美国没有文化创意产业的正式提法，以版权产业为主导，此外，还在北美产业分类标准（NAICS）中特别设立了"信息业"，包含出版业（包括软件出版）、电影和录音业、广播和传播业、信息服务和数据处理服务业。欧盟"Info2000计划"包含媒介印刷品（报纸、书籍、杂志等）、电子出版物（联机数据库、音像制品服务，以传真及光盘为基础的服务以及电子游戏等）、音像传播（电视、录像、广播和影院）以及一部分软件业。日本聚焦于内容产业，包含传统的演出、展览、新闻出版行业，还包括休闲娱乐、广播影视、体育、旅游等具有精神属性的细分行业。印度称之为娱乐与媒介产业，包含电影、出版、电视、广播、音乐以及网络数字内容等细分行业。因缺乏统一的产业内涵界定、缺乏统一的产业统计范畴、缺乏统一的数据统计口径，导致国际通用的产业增加值、产业增加值占GDP比重等产业竞争力经典指标在进行文化创意产业的国际比较时无法适用，进而导致中国文化创意产业发展水平在全球文化创意产业大格局中无法准确定位。

有关人类文明史的大量研究发现，"龙"，无论在东方还是在西方，都是拥有强大超凡能力的文化符号。所不同的是，东方的"龙"象征着祥瑞的神力，西方的"龙"表征着邪恶的魔力。归根结底，"龙"，是祥还是魔，起最终决定作用的，其实是人类的良心与欲望间的博弈。

上市公司，无论是在中国还是在全球多数国家，基本上代表了一个产业中最为先进的生产力主体。得到资本加持的上市公司，就像拥有强大超凡能力的"龙"，引领着全球各个产业的发展变迁。

文化创意产业，与一般产业最大的不同在于，文化创意产业的产品承载着超越物质的强大的思想与情感的力量——这种思想与情感可能是正义的，也可能是邪恶的，总之，承载着人类对世界的各种希望和欲望。

文化创意产业上市公司，恰恰是上述两种超凡力量的融合体，就像一条"巨龙"，拥有能够对全世界、全人类产生巨大且深远影响的超越国界、超越物质、超越时间的能量。换句话说，在当今和未来世界的竞争格局中，一国文化创意产业上市公司的发展状况将在很大程度上决定着该国在全球政治、经济秩序中的战略地位。

有鉴于此，本报告决定采用龙文化指数（Loong Culture Index，LCI）作为全球文化创意产业上市公司综合评价的学术表征。而且，在对各上市公司主营业务按照全球统一的行业分类标准进行细分行业的归类划分后，全球文化创意产业上市公司"龙文化指数"便天然地具备全球统一行业范畴的比较基础。换句话说，学术界可以基于统一的文化创意产业细分行业标准，对世界各国文化创意产业上市公司综合竞争力进行比较研判，进而从上市公司层面对全球各国文化创意产业在世界文化创意产业总体格局中的地位进行准确锚定。因此，龙文化指数就是我们寻找中国在全球文化创意产业中准确坐标的"司南"。与此同时，龙文化指数也可以成为世界各国准确定位本国在全球文化创意产业发展中确切位置的有效方法。

本报告主要由华东政法大学和同济大学及上海交通大学联合研究团队历时三年研究而成。全书框架建构以及所有的基础数据统计分析由臧志彭、解学芳完成。各个章节主要研究人员如下：

绪　论　臧志彭、解学芳
第一章　刘芹良、臧志彭、解学芳
第二章　刘芹良、臧志彭、解学芳
第三章　邹佩伶、张佳琪、臧志彭、解学芳
第四章　张佳琪、解学芳、臧志彭
第五章　臧志彭、解学芳
第六章　伍倩颖、张佳琪、臧志彭、解学芳
第七章　葛祥艳、解学芳、臧志彭
第八章　张佳琪、解学芳、臧志彭
第九章　葛祥艳、臧志彭、解学芳
第十章　第一节　陈冰心、臧志彭、解学芳

第二三四节　李琳、臧志彭、解学芳
第十一章　葛祥艳、解学芳、臧志彭
第十二章　第一节　李潭、臧志彭、解学芳
　　　　　第二节　伍倩颖、臧志彭、解学芳
第十三章　雷文宣、臧志彭、解学芳
第十四章　李琳、张佳琪、邹佩伶、臧志彭、解学芳
全书统稿修订：臧志彭、解学芳、耿倪帅、谢铭炀

　　必须指出的是，作为第一部专门对全球文化创意产业上市公司进行如此大规模、长时间序列的探索性研究著作，限于作者和研究团队的能力、时间以及数据可得性、可靠性、及时性等诸多客观因素，本报告存在很多的问题与不足。需要特别指出的是，世界各国的会计准则和会计制度存在一定的差异，导致本报告数据的全球可比性受到一定的影响。然而，经过综合考虑，本报告认为，有三个方面的原因支撑本报告研究结论的可靠性：一是虽然各国会计准则和会计制度并不完全一致，但是也并非完全不同，毕竟大多数国家还是在遵循国际通行的会计准则基础上建立本国的会计制度，所以，综合全球情况来看，仍然具备相当程度的可比性基础。二是本报告重点在于产业层面的中观研究，并非主要聚焦于单独企业的个案分析。就产业中观层面而言，由于会计准则不同带来的某些指标、某些企业的会计核算差异在产业总体汇总分析时会有很大程度的相互抵消，从而使产业中观层面的国际比较、行业比较更具可比性。三是在具体指标设计上，本报告尽可能设置营业收入指标（《财富》世界500强排名也主要采用这一指标）、税前利润指标（排除税制差异）等全球可比性较强的通用性指标，以避免各国制度差异带来的影响。

　　本报告的研究撰写过程是一项非常庞大的系统工程，能够顺利完成这项重大的研究，得益于社会各界专家和朋友们的大力支持、鼓励和帮助，在此一并致谢。同时，还要特别感谢中国社会科学出版社卢小生主任，正是他的专业眼光和职业精神使本报告得以顺利且高质量地出版；感谢中国社会科学出版社为本报告编辑出版付出辛勤劳动的各位老师们！

　　关于本报告研究过程中出现的一切问题与缺陷，敬请各界专家、学者指导、批评、指正！我们将在今后的研究中认真修订、完善。

谨以此书，献给广大文化创意产业研究学者、从事文化创意产业公共管理者和实践操作者以及关心全球文化创意产业发展的各界人士。本报告的相关研究和后续研究成果将陆续在微信公益平台"文化上市公司"（ID：CulturalCompanies）发布，敬请关注。

臧志彭　解学芳
2018年10月·上海

目 录

绪论 研究对象界定、数据选取与创新意义 …………………… 1
 第一节 联合国及世界主要国家和地区对
    文化创意产业的界定 ……………………………………… 1
 第二节 本报告对文化创意产业及其统计范畴的界定 ………… 7
 第三节 本报告的数据来源 ………………………………………… 15
 第四节 本报告的创新与价值 ……………………………………… 16

上篇 1950年以来全球文化创意产业的历史演变

第一章 1950—2016年全球文化创意产业演变总趋势 …………… 21
 第一节 1950—2016年全球文化创意产业总体演变趋势 …… 22
 第二节 1950—2016年全球文化创意产业阶段性演变特征 …… 25
 第三节 1950—2016年全球文化创意产业演变规律分析 …… 30

第二章 全球文化创意产业核心行业结构演变规律 ……………… 36
 第一节 1950—2016年全球文化创意产业总体结构演变规律 …… 36
 第二节 1950—2016年全球文化创意产业核心行业演变趋势 …… 46
 第三节 2016年全球文化创意产业结构特征与趋势研判 …… 53

第三章 全球文化创意产业区域结构格局与演变态势 …………… 60
 第一节 1990—2016年全球文化创意产业区域结构总体特征 …… 60
 第二节 全球主要国家和地区文化创意产业发展演变态势 …… 71
 第三节 20国集团文化创意产业上市公司分布格局演变特征 …… 79

第四节　全球文化创意产业上市公司分布的洲际特征 ………… 85

第四章　全球主要国家文化创意产业内部结构演变 ………… 89

　　第一节　美国文化创意产业上市公司行业结构演变 …………… 89
　　第二节　英国文化创意产业上市公司行业结构演变 …………… 93
　　第三节　法国文化创意产业上市公司行业结构演变 …………… 96
　　第四节　德国文化创意产业上市公司行业结构演变 …………… 98
　　第五节　日本文化创意产业上市公司行业结构演变 …………… 101
　　第六节　韩国文化创意产业上市公司行业结构演变 …………… 103
　　第七节　印度文化创意产业上市公司行业结构演变 …………… 105
　　第八节　巴西文化创意产业上市公司行业结构演变 …………… 108

中篇　全球文化创意产业上市公司龙文化指数报告

第五章　全球文化创意产业上市公司龙文化指数评价体系构建 ………… 113

　　第一节　龙文化指数的源起与意义 ……………………………… 113
　　第二节　文化创意产业指数研究回顾与龙文化指数模型 ……… 114
　　第三节　全球文化创意产业上市公司龙文化指数评价指标 …… 123
　　第四节　全球文化创意产业上市公司龙文化指数量化模型 …… 129

第六章　全球文化创意产业上市公司龙文化指数百强研究 ………… 132

　　第一节　2012—2016 年龙文化指数百强总体演变特征 ………… 132
　　第二节　2012—2016 年龙文化指数百强世界格局 ……………… 156
　　第三节　2012—2016 年龙文化指数百强行业竞争格局 ………… 160
　　第四节　2012—2016 年龙文化指数百强中的中国地位与差距 … 164

**第七章　全球八大文化创意产业强国上市公司龙文化指数
　　　　十强研究** ………… 167

　　第一节　美国文化创意产业上市公司龙文化指数十强 ………… 167
　　第二节　英国文化创意产业上市公司龙文化指数十强 ………… 172
　　第三节　法国文化创意产业上市公司龙文化指数十强 ………… 178

第四节　德国文化创意产业上市公司龙文化指数十强 ………… 186
第五节　澳大利亚文化创意产业上市公司龙文化指数十强 …… 193
第六节　日本文化创意产业上市公司龙文化指数十强 ………… 197
第七节　韩国文化创意产业上市公司龙文化指数十强 ………… 202
第八节　印度文化创意产业上市公司龙文化指数十强 ………… 209
第九节　八国文化创意产业上市公司龙文化指数十强比较 …… 213

第八章　全球文化创意产业核心行业上市公司龙文化指数十强研究 ………………………………………………… 219

第一节　全球新闻出版业上市公司龙文化指数十强 …………… 219
第二节　全球广播电视业上市公司龙文化指数十强 …………… 231
第三节　全球有线与付费电视业上市公司龙文化指数十强 …… 243
第四节　全球广告服务业上市公司龙文化指数十强 …………… 255
第五节　全球网络文化业上市公司龙文化指数十强 …………… 267
第六节　全球家庭娱乐业上市公司龙文化指数十强 …………… 279
第七节　全球影视娱乐业上市公司龙文化指数十强 …………… 291
第八节　全球娱乐休闲业上市公司龙文化指数十强 …………… 303

第九章　全球文化创意产业龙文化指数演变趋势、世界格局与中国地位 ………………………………………………… 316

第一节　全球文化创意产业龙文化指数总体演变趋势 ………… 316
第二节　全球文化创意产业龙文化指数洲际格局 ……………… 320
第三节　全球文化创意产业龙文化指数区域格局 ……………… 321
第四节　中国文化创意产业龙文化指数的世界地位与差距 …… 325

下篇　全球文化创意产业上市公司专项研究报告

第十章　全球文化创意产业上市公司经济效益研究报告 ………… 333

第一节　全球文化创意产业上市公司总资产规模研究 ………… 333
第二节　全球文化创意产业上市公司营业收入研究 …………… 356
第三节　全球文化创意产业上市公司税前利润研究 …………… 390

第四节　全球文化创意产业上市公司每股收益研究 …………… 428

第十一章　全球文化创意产业上市公司创意创新研究报告 ………… 462
　　第一节　全球文化创意产业上市公司研发投入研究 …………… 462
　　第二节　全球文化创意产业上市公司无形资产研究 …………… 499

第十二章　全球文化创意产业上市公司社会贡献研究报告 ………… 535
　　第一节　全球文化创意产业上市公司就业贡献研究 …………… 535
　　第二节　全球文化创意产业上市公司纳税贡献研究 …………… 564

第十三章　全球文化创意产业上市公司商誉价值研究报告 ………… 608
　　第一节　全球文化创意产业上市公司商誉价值总体特征 ……… 608
　　第二节　全球文化创意产业上市公司商誉价值演变趋势 ……… 609
　　第三节　全球文化创意产业上市公司商誉价值百强 …………… 611
　　第四节　全球文化创意产业上市公司商誉价值排名 …………… 635

第十四章　"一带一路"沿线国家和地区文化创意产业
　　　　　　竞争格局研究报告 ……………………………………… 640
　　第一节　"一带一路"沿线国家和地区文化创意产业
　　　　　　发展演变总体态势 ……………………………………… 640
　　第二节　"一带一路"沿线国家和地区文化创意产业
　　　　　　总体竞争格局演变 ……………………………………… 650
　　第三节　"一带一路"沿线国家和地区与全球
　　　　　　文化创意产业的头部差距比较 ………………………… 653

主要参考文献 ………………………………………………………… 660

绪论　研究对象界定、数据选取与创新意义

目前，国内外学术界对于全球文化创意产业的跨国比较研究遇到的最大困难在于，全球没有一个关于"文化创意产业"的权威一致、统一标准的定义和行业统计范围，甚至连一个统一的名称都没有，有的叫"文化产业"，有的称"创意产业"，还有的称"文化创意产业"等。本报告研究面临的首要挑战，也可以说是一个创新之处，就在于对全球文化创意产业的细分行业统计范畴进行明确统一的界定，从而为开展全球比较研究建立基础。

第一节　联合国及世界主要国家和地区对文化创意产业的界定

一　联合国的定义与范围界定

在厘清文化创意产业的概念之前，需要先了解联合国教科文组织对文化的定义。联合国教科文组织认为，文化是某一社会或社会群体所具有的一整套独特的精神、物质、智力和情感，影响人们的思维方式、生活方式与生产方式。在此基础上，联合国教科文组织对文化产业的定义如下：文化产业就是按照工业标准，生产、再生产、储存以及分配文化产品和服务的一系列活动。从这个定义可知，文化产业主要包括可以由工业化生产并符合四个特征（系列化、标准化、生产过程分工精细化和消费的大众化）的产品及其相关服务；从产业链来看，是包括创作（内容创作）、生产（内容生产）、传播（文化传播）与消费（基本文化消费与非基本文化消费）等环节的文化再生产过程。[①]

[①] 高书生：《中国文化产业研究论纲》，《中国文化产业评论》2011年第2期。

从统计框架来看，联合国教科文组织在 1986 年就构建了文化统计框架，并于 2009 年进行了重新调整，基于联合国各成员国文化统计的经验借鉴，把文化领域分为关键领域和扩展领域（具体见表 1）两个层面，其中，关键领域包括文化与自然遗产、艺术表演与节日、可视艺术和工艺品、设计和创造性服务、图书出版、视听与互动媒体；扩展领域包括旅游、体育与休闲（体育、休闲、博彩、娱乐和主题公园等）。其中，每个文化活动领域都可以纵向按产业链（从供给到需求）来设计。框架衡量指标则包括就业和教育、价值量和实物量指标等。新的文化统计框架，突出了新技术对文化的影响以及旅游与体育休闲业的重要性；① 将网络游戏、门户网站、社交、网络视频、虚拟博物馆、虚拟数字图书馆、互联网直播、数字化内容等新兴业态纳入进来。

表 1　联合国教科文组织文化统计框架（1986 年版和 2009 年版）

1986 年版		2009 年版		新旧业态
		关键领域	扩展领域	传统业态
文化遗产	音频媒体	文化与自然遗产（Cultural and Natural Heritage）	旅游	博物馆 图书馆
出版印刷业和著作文献	视听媒体	艺术表演与节日（Performance and Celebration）	体育与休闲（体育、休闲、博彩、娱乐、主题公园等）	书或报刊 广播 电视 电影
音乐	社会文化活动	可视艺术和工艺品（Visual Arts and Crafts）		新兴业态 虚拟博物馆 电子书或出版 互联网直播 虚拟图书馆 在线播放 网络游戏 门户网站 社交 视频
表演艺术	体育和游戏	设计和创造性服务（Design and Creative Service）		
视觉艺术	环境和自然	图书出版（Books and Press）		
		视听与互动媒体（Audio-visual and Interactive Media）		

---

① 张毓强、杨晶：《世界文化评估标准略论》，《现代传播》2010 年第 9 期。

二　英国的定义与范围界定

所谓创意产业，作为产业分类的概念最早由英国政府在1998年的官方文件《英国创意产业路径文件》中提出，并定义为"源于个体创造力、技能和才华的活动，通过知识产权的生成和取用，这些活动可以发挥创造财富和就业的能力"；并把广告、建筑、艺术和古董市场、手工艺、设计、时尚设计、电影、互动休闲软件、音乐、电视和广播、表演艺术、出版和软件13个行业划归创意产业领域。[①]

三　美国的定义与范围界定

美国没有文化创意产业的官方命名，从狭义来看，一般采用版权产业，主要是从文化产品具有知识产权的角度进行界定的，即以版权产业为核心，提供精神产品的生产与服务的产业，包括出版发行业、新闻业、广播影视业、网络服务业、广告业、计算机软件业、信息及数据服务业等；从广义来看，美国文化创意产业既包括核心的版权产业，还包括文化艺术（表演艺术、艺术博物馆、艺术创作、演艺）和非营利性产业（历史古迹、图书馆、博物馆）、体育业等。[②][③]

1997年，美国建立了新的《北美产业分类标准》（NAICS），设立了与文化创意产业紧密相关的全新的二级产业——信息业。这个信息业包含出版业（包括软件出版）、电影和录音业、广播和传播业、信息服务和数据处理服务业。[④]

四　日本的定义与范围界定

1996年，日本确立了"文化立国"战略，认为凡是与文化相关联的产业都属于文化创意产业，一般包括内容产业（电脑、网络、电视、多媒体、新闻出版、音乐、数字影像、动漫）、休闲产业（学习休闲、鉴赏休闲、运动设施、体育、旅游、电子游戏与音乐）与时尚产业（时尚设计与化妆品）三大类。[⑤]

实际上，日本对文化创意产业的界定重视内容产业的提法，强调"通过一定介质将信息化的内容作为产品提供的产业，包括新闻、出版、电影、

[①] 张胜冰等：《世界文化产业导论》，北京大学出版社2014年版，第78—79页。
[②] 熊澄宇：《世界文化产业研究》，清华大学出版社2012年版，第54页。
[③] 李季：《世界文化产业地图》，中国建筑工业出版社2014年版，第38—39页。
[④] 李景平：《文化创意产业在我国经济新常态下的作用》，《齐鲁艺苑》2016年第10期。
[⑤] 张胜冰等：《世界文化产业导论》，北京大学出版社2014年版，第186—187页。

广播电视、音乐、游戏、动画等"①，突出文化创意产业的内容精神属性和知识产权特点。2002—2003年，日本政府陆续实施了"信息技术立国"战略、"知识财产立国"战略，反映出对知识产权和互联网技术的重视。

五 韩国的定义与范围界定

韩国于20世纪末实施"文化立国"战略，并将低碳和立足创意创新的文化创意产业确立为21世纪的核心产业。从内涵来讲，韩国将文化创意产业界定为"知识经济新产业""知识经济核心产业""国家核心战略产业"和"国家经济新的成长动力"。② 内容产业、文化艺术、体育与观光产业是韩国文化创意产业的核心成长力。韩国文化创意产业也通常被称为"内容产业"，主要包括广播、影视、游戏、卡通动画、演出、文物美术、广告、出版、创意设计、工艺品、多媒体、网络等多个行业。③

根据1999年韩国颁布的《文化产业振兴基本法》，韩国文化产业的范围被确定为"电影相关产业，音乐唱片、录影带、游戏产品相关产业，出版、印刷物、定期刊物相关产业，放送影像产品相关产业，文化财产相关产业，体现艺术性、创意性、娱乐性与休闲性（文化要素），创造经济附加值的人物造型、动画、设计（不含产业设计）、广告、演出、美术品与艺术品相关产业，从事数字化文化内容收集、加工、开发、制作、生产、储存、检索、流通等相关服务产业，其他由总统令确定的传统服装、食品等产业"。④ 可见，韩国文化创意产业的范围是比较大的，涉及众多相关行业，体现出文化创意产业的跨界性。

六 中国的定义与范围界定

从国家层面来看，中国关于文化创意产业的相关分类始于20世纪90年代，其后文化部每年发布《中国文化文物统计年鉴》，涉及行业方面包括图书馆、群众文化、艺术业、文化市场、文物业、动漫等，成为最早全面反映中国文化创意产业发展状况的分类。在产业方面，2004年，国家统计局制定了《文化及相关产业分类》，提出文化产业是"为社会公众提供文化、娱乐产品和服务的活动，以及与这些活动有关联的活动的集合"，在范围上包括"提供文化产品（如图书、音像制品等）、文化传播服务（如广播

---

① 李季：《世界文化产业地图》，中国建筑工业出版社2014年版，第38—39页。
② 熊澄宇：《世界文化产业研究》，清华大学出版社2012年版，第12页。
③ 张胜冰等：《世界文化产业导论》，北京大学出版社2014年版，第218—220页。
④ 熊澄宇：《世界文化产业研究》，清华大学出版社2012年版，第129页。

电视、文艺表演、博物馆等）和文化休闲娱乐（如游览景区服务、室内娱乐活动、休闲健身娱乐活动等）的活动；以及有直接关联的用品、设备的生产和销售活动以及相关文化产品（如工艺品等）的生产和销售活动"。①

伴随技术创新与文化创意产业的联姻，文化创意产业新业态层出不穷，网络文化崛起，文化创意产业跨界发展特征越发明显，在此背景下，2012年，国家统计局修订了《文化及相关产业分类（2004）》，取消了核心层、外围层和相关层的划分，分为"文化产品的生产"与"文化相关产品的生产"两大部分、四大领域（文化产品的生产活动、文化产品生产的辅助生产活动、文化用品的生产活动与文化专用设备的生产活动）与十大行业。伴随互联网思维、技术与文化创意产业整个产业链的融合，2018年，《文化及相关产业分类》再次修订，文化产业界定为"为社会公众提供文化产品和文化相关产品的生产活动的集合"；在范围上，包括"以文化为核心内容，为直接满足人们的精神需要而进行的创作、制造、传播、展示等文化产品（包括货物和服务）的生产活动——新闻信息服务、内容创作生产、创意设计服务、文化传播渠道、文化投资运营和文化娱乐休闲服务；为实现文化产品的生产活动所需的文化辅助生产和中介服务、文化装备生产和文化消费终端生产（包括制造和销售）"九大行业。②

表2　　　　　　　　中国文化及相关产业分类变迁与比较

	文化服务		相关文化服务
《文化及相关产业分类（2004）》	核心层	外围层	相关层
	新闻服务，出版发行和版权服务，广播、电视、电影服务，文化艺术服务	网络文化服务、文化休闲娱乐服务、其他文化服务	文化用品、设备及相关文化产品的生产，文化用品、设备及相关文化产品的销售
《文化及相关产业分类（2012）》	文化产品的生产		文化相关产品的生产
	新闻出版发行服务、广播电视电影服务、文化艺术服务、文化信息传输服务、文化创意和设计服务、文化休闲娱乐服务、工艺美术品的生产		文化产品生产的辅助生产、文化用品的生产、文化专用设备的生产
《文化及相关产业分类（2018）》	文化核心领域		文化相关领域
	新闻信息服务、内容创作生产、创意设计服务、文化传播渠道、文化投资运营、文化娱乐休闲服务		文化辅助生产和中介服务、文化装备生产、文化消费终端生产（包括制造和销售）

---

① 国家统计局：《文化及相关产业分类（2004）》（国统字〔2004〕24号）。
② 国家统计局：《文化及相关产业分类（2018）》（国统字〔2018〕43号）。

七 世界各国对文化创意产业界定的异同分析

世界各国对文化创意产业的界定名称不一、产业范围也相差较大。从各国文化创意产业共同包含的行业来看,广播、电视、电影、艺术、出版、软件、音乐是共性产业,各国都将其作为文化创意产业的重要行业。此外,游戏也是各国在互联网时代关注的重点行业,只是归类在不同的大类里——英国是归在互动休闲软件里,美国是归在"网络服务业"里,日本是归在休闲产业的电子游戏分类里,韩国称之为游戏产品相关产业,中国则是归在内容创作生产与创意设计服务分类里。

与此同时,不同国家的文化创意产业有其独特的关注产业,例如,美国的网络服务业与信息及数据服务业,与美国强大的互联网产业相匹配;英国的建筑与时尚设计,也体现出英国创意产业的独特性与作为设计大国的特点;日本的多媒体、数字影像与动漫,凸显出日本发展内容产业的核心所在;韩国的游戏产品、数字化文化内容相关服务产业,以及其他由总统令确定的传统服装、食品等产业,这些韩国文化产业发展的重点行业是其21世纪以来"韩流文化"风靡亚洲乃至全球的重要内容,也是韩国政府实施的利用文化产业将服装、旅游、食品等推广至世界各地的文化带动战略的典型体现。

表3 不同国家文化创意产业分类比较

类别	时间(年)	涵盖范围
联合国教科文组织	2009	文化与自然遗产、艺术表演与节日、可视艺术和工艺品、设计和创造性服务、书籍出版、视听与互动媒体
英国	1998	广告、建筑、艺术和古董市场、手工艺、设计、时尚设计、电影、互动休闲软件、音乐、电视和广播、表演艺术、出版和软件
美国	1990	从狭义来看,美国文化产业包括:出版发行业、新闻业、广播影视业、网络服务业、广告业、计算机软件业、信息及数据服务业等;从广义来看,美国文化产业既包括核心的版权产业,还包括文化艺术(表演艺术、艺术博物馆、艺术创作、演艺)和非营利性产业(历史古迹、图书馆、博物馆)、体育业等
日本	1996	内容产业(电脑、网络、电视、多媒体、新闻出版、音乐、数字影像、动漫)、休闲产业(学习休闲、鉴赏休闲、运动设施、体育、旅游、电子游戏与音乐)与时尚产业(时尚设计与化妆品)

续表

类别	时间（年）	涵盖范围
韩国	1999	电影相关产业，音乐唱片、录影带、游戏产品相关产业，出版、印刷物、定期刊物相关产业，放送影像产品相关产业，文化财产相关产业，体现艺术性、创意性、娱乐性与休闲性（文化要素），创造经济附加值的人物造型、动画、设计（不含产业设计）、广告、演出、美术品与艺术品相关产业，从事数字化文化内容收集、加工、开发、制作、生产、储存、检索、流通等相关服务产业，其他由总统令确定的传统服装、食品等产业
中国	2018	新闻信息服务、内容创作生产、创意设计服务、文化传播渠道、文化投资运营、文化娱乐休闲服务、文化辅助生产和中介服务、文化装备生产和文化消费终端生产（包括制造和销售）

第二节　本报告对文化创意产业及其统计范畴的界定

一　本报告对文化创意产业的界定

本报告认为，对于文化创意产业的界定，首先需要明确的是，这个产业最终能够提供给消费者的是一种怎样的产品（这里采用市场营销学关于产品的内涵，包含服务的范畴）。只有将文化创意产业所提供的最终产品梳理清楚，才有可能对其有一个比较准确的界定。

经过多年的研究和思考，我们认为，从本质上讲，文化创意产业提供给广大消费者以及社会公众的，其实是三种产品：一是思想；二是情感；三是为人类获取思想和情感提供传输通路、软硬件载体或者经营管理服务。其中，前两种产品（思想和情感）其实是文化创意产业与其他产业相区别的根本所在。

思想，是人运用智慧经过思维活动产生的认识或者观念。思想，是人类一切行为的基础，是人类文明的本质内涵，是引导人类不断发展演变的核心动力，更是人类文化的长期智慧结晶。

情感，是人在自身需求与外在刺激之间对接或博弈过程中在机体、感官、心理或精神方面所产生的一切体验和感受。

纵观人类世界所谓的文化创意产业,其产品实质,说到底,无非是上述三类及其多元组合,或者是能够提供给人类以思想;或者能够给人们带来情感的体验和感受;或者既能提供思想也能提供情感;或者是为思想和情感的获取提供传输通路或者软硬件载体。

基于上述思考,本报告对文化创意产业做如下界定:文化创意产业是指以向人类提供思想或情感为核心产品,为人类获取思想和情感提供传输通路或者软硬件载体,以及经营管理服务的所有相关行业的总称。

二 本报告关于全球文化创意产业统计范畴的统一界定

为了从世界统一视角对全球各国的文化创意产业发展状况、综合实力、内在结构、演变趋势等进行具有全球可比性的研究,本报告根据联合国和全球主要国家,以及本报告对于文化创意产业界定的核心思想与基本内涵,结合中国国家统计局《文化及相关产业分类(2012)》和《文化及相关产业分类(2018)》,建立了全球各国统一的、以国际主流的三大产业分类标准——标准产业分类体系(Standard Industrial Classification,SIC)、北美标准产业分类系统(North American Industry Classification System,NAICS)和全球产业分类标准(Global Industry Classification Standard,GICS)为基础的文化创意产业细分行业统计范畴,详见下列表格。

(一)标准产业分类体系(SIC)的文化创意产业统计范畴界定

本报告在研究过程中主要以标准产业分类体系(SIC)中的如表4所示的细分行业作为统一的全球文化创意产业统计范畴。

表4 标准产业分类体系(SIC)中的文化创意产业统计范畴

序号	行业名称
1	Paper Mills
2	Paperboard Mills
3	Paperboard Containers & Boxes
4	Converted Paper & Paperboard Prods(No Containers/Boxes)
5	Newspapers:Publishing or Publishing & Printing
6	Periodicals:Publishing or Publishing & Printing
7	Books:Publishing or Publishing & Printing

续表

序号	行业名称
8	Book Printing
9	Miscellaneous Publishing
10	Commercial Printing
11	Manifold Business Forms
12	Greeting Cards
13	Blankbooks, Looseleaf Binders & Bookbindg & Related Work
14	Service Industries for the Printing Trade
15	Household Audio & Video Equipment
16	Phonograph Records & Prerecorded Audio Tapes & Disks
17	Radio & TV Broadcasting & Communications Equipment
18	Magnetic & Optical Recording Media
19	Photographic Equipment & Supplies
20	Jewelry, Silverware & Plated Ware
21	Jewelry, Precious Metal
22	Musical Instruments
23	Dolls & Stuffed Toys
24	Games, Toys & Children's Vehicles (No Dolls & Bicycles)
25	Pens, Pencils & Other Artists' Materials
26	Costume Jewelry & Novelties
27	Radio Broadcasting Stations
28	Television Broadcasting Stations
29	Cable & Other Pay Television Services
30	Wholesale–Jewelry, Watches, Precious Stones & Metals
31	Wholesale–Paper & Paper Products
32	Retail–Radio, TV & Consumer Electronics Stores
33	Retail–Record & Prerecorded Tape Stores
34	Retail–Jewelry Stores
35	Retail–Hobby, Toy & Game Shops
36	Services–Advertising
37	Services–Advertising Agencies
38	Services–Mailing, Reproduction, Commercial Art & Photography

续表

序号	行业名称
39	Services – Direct Mail Advertising Services
40	Services – Photofinishing Laboratories
41	Services – Motion Picture & Video Tape Production
42	Services – Allied to Motion Picture Production
43	Services – Motion Picture & Video Tape Distribution
44	Services – Allied to Motion Picture Distribution
45	Services – Motion Picture Theaters
46	Services – Video Tape Rental
47	Services – Amusement & Recreation Services
48	Services – Miscellaneous Amusement & Recreation

（二）北美标准产业分类系统（NAICS）的文化创意产业统计范畴界定

本报告在研究过程中主要以北美标准产业分类系统（NAICS）中的如表5所示的细分行业作为统一的全球文化创意产业统计范畴。

表5 北美标准产业分类系统（NAICS）中的文化创意产业统计范畴

序号	行业名称
1	Newsprint Mills
2	Paperboard Mills
3	Stationery Product Manufacturing
4	Commercial Printing (except Screen and Books)
5	Commercial Screen Printing
6	Books Printing
7	Support Activities for Printing
8	Photographic Film, Paper, Plate, and Chemical Manufacturing
9	Ornamental and Architectural Metal Work Manufacturing
10	Printing Machinery and Equipment Manufacturing
11	Photographic and Photocopying Equipment Manufacturing
12	Radio and Television Broadcasting and Wireless Communications Equipment Manufacturing
13	Audio and Video Equipment Manufacturing
14	Jewelry and Silverware Manufacturing

续表

序号	行业名称
15	Doll, Toy, and Game Manufacturing
16	Sign Manufacturing
17	Musical Instrument Manufacturing
18	Other Electronic Parts and Equipment Merchant Wholesalers
19	Sporting and Recreational Goods and Supplies Merchant Wholesalers
20	Toy and Hobby Goods and Supplies Merchant Wholesalers
21	Jewelry, Watch, Precious Stone, and Precious Metal Merchant Wholesalers
22	Printing and Writing Paper Merchant Wholesalers
23	Stationery and Office Supplies Merchant Wholesalers
24	Industrial and Personal Service Paper Merchant Wholesalers
25	Book, Periodical, and Newspaper Merchant Wholesalers
26	Electronics Stores
27	Home Centers
28	Paint and Wallpaper Stores
29	Jewelry Stores
30	Hobby, Toy, and Game Stores
31	Musical Instrument and Supplies Stores
32	Book Stores
33	News Dealers and News Stands
34	Office Supplies and Stationery Stores
35	Gift, Novelty, and Souvenir Stores
36	Art Dealers
37	Electronic Shopping
38	Electronic Auctions
39	Scenic and Sightseeing Transportation, Land
40	Scenic and Sightseeing Transportation, Water
41	Scenic and Sightseeing Transportation, Other
42	Packing and Crating
43	Newspaper Publishers
44	Periodical Publishers
45	Book Publishers

续表

序号	行业名称
46	Directory and Mailing List Publishers
47	Greeting Card Publishers
48	All Other Publishers
49	Software Publishers
50	Motion Picture and Video Production
51	Motion Picture and Video Distribution
52	Motion Picture Theaters (except Drive-Ins)
53	Drive-In Motion Picture Theaters
54	Teleproduction and Other Postproduction Services
55	Other Motion Picture and Video Industries
56	Music Publishers
57	Sound Recording Studios
58	Record Production
59	Integrated Record Production/Distribution
60	Other Sound Recording Industries
61	Radio Networks
62	Radio Stations
63	Television Broadcasting
64	Cable and Other Subscription Programming
65	Wired Telecommunications Carriers
66	Wireless Telecommunications Carriers (except Satellite)
67	Satellite Telecommunications
68	Telecommunications Resellers
69	All Other Telecommunications
70	Data Processing, Hosting, and Related Services
71	News Syndicates
72	Libraries and Archives
73	Internet Publishing and Broadcasting and Web Search Portals
74	All Other Information Services
75	Consumer Electronics and Appliances Rental
76	Video Tape and Disc Rental

续表

序号	行业名称
77	Recreational Goods Rental
78	Landscape Architectural Services
79	Interior Design Services
80	Industrial Design Services
81	Graphic Design Services
82	Other Specialized Design Services
83	Research and Development in the Social Sciences and Humanities
84	Advertising Agencies
85	Public Relations Agencies
86	Media Buying Agencies
87	Media Representatives
88	Outdoor Advertising
89	Direct Mail Advertising
90	Advertising Material Distribution Services
91	Other Services Related to Advertising
92	Marketing Research and Public Opinion Polling
93	Photography Studios, Portrait
94	Commercial Photography
95	Other Business Service Centers (including Copy Shops)
96	Collection Agencies
97	Travel Agencies
98	Tour Operators
99	Convention and Visitors Bureaus
100	All Other Travel Arrangement and Reservation Services
101	Investigation Services
102	Packaging and Labeling Services
103	Convention and Trade Show Organizers
104	Fine Arts Schools
105	Sports and Recreation Instruction
106	Theater Companies and Dinner Theaters
107	Dance Companies

续表

序号	行业名称
108	Musical Groups and Artists
109	Other Performing Arts Companies
110	Promoters of Performing Arts, Sports, and Similar Events with Facilities
111	Promoters of Performing Arts, Sports, and Similar Events without Facilities
112	Agents and Managers for Artists, Athletes, Entertainers, and Other Public Figures
113	Independent Artists, Writers, and Performers
114	Museums
115	Historical Sites
116	Zoos and Botanical Gardens
117	Nature Parks and Other Similar Institutions
118	Amusement and Theme Parks
119	Amusement Arcades
120	Casinos (except Casino Hotels)
121	Other Gambling Industries
122	Golf Courses and Country Clubs
123	Skiing Facilities
124	Marinas
125	Fitness and Recreational Sports Centers
126	Bowling Centers
127	All Other Amusement and Recreation Industries
128	RV (Recreational Vehicle) Parks and Campgrounds
129	Recreational and Vacation Camps (except Campgrounds)
130	Photofinishing Laboratories (except One-Hour)
131	One-Hour Photofinishing

（三）全球产业分类标准（GICS）的文化创意产业统计范畴界定

本报告在研究过程中主要以全球产业分类标准（GICS）中的如表6所示的细分行业作为统一的全球文化创意产业统计范畴。

表 6   全球产业分类标准（GICS）中的文化创意产业统计范畴

序号	行业名称
1	Paper Products
2	Commercial Printing
3	Consumer Electronics
4	Leisure Products
5	Casinos & Gaming
6	Leisure Facilities
7	Advertising
8	Broadcasting
9	Cable & Satellite
10	Movies & Entertainment
11	Publishing
12	Computer & Electronics Retail
13	Internet Software & Services
14	Home Entertainment Software
15	Communications Equipment
16	Wireless Telecommunication Services

第三节 本报告的数据来源

数据可得性与可靠性难题是当前国内外关于全球文化创意产业研究以定性为主的核心原因，同时也是本报告选取上市公司公开财务报告作为数据来源的主要原因。上市公司的公开财报数据，无论是在哪个国家和地区，基本上都要经过严格的专业审计，其数据的真实性、可靠性和可得性，成为本报告开展全球文化创意产业研究的坚实基础。

具体来讲，本报告关于全球各国和地区文化创意产业上市公司的数据主要来源于以下国际公认的权威数据来源渠道。

一　上市公司财务报告和官方网站

上市公司的年度财务报告是本报告获取可靠数据的主要来源。一般而言，上市公司财务报告都需要在公司官方网站面向广大投资者公示，因此，上市公司的官方网站是本报告获取权威可靠数据的主要来源。

二　美国标准普尔 Compustat 数据库

Compustat 数据库是美国著名的信用评级公司标准普尔（Standard & Poor）建立的全球最为权威的上市公司数据库之一，收录了世界 80 多个国家和地区上市公司的长期公开财报数据，覆盖全球市场资本额的 80% 以上。

三　雅虎财经数据

雅虎财经是全球第一的财经资讯网站，业务遍及全球各个主要国家和地区，提供世界各大证券交易所关于全球各个主要国家和地区上市公司的专业财经数据。

四　谷歌财经数据

谷歌财经由谷歌公司在 2006 年上线运营，提供全球范围内的财经资讯，并且对美国 40 年来的股票数据进行采集整理，且与纳斯达克、纽约证券交易所等多个交易所合作，能够实现上市公司实时的数据更新。

第四节　本报告的创新与价值

本报告以全球文化创意产业上市公司为数据来源和研究视角，形成了系统、全面、深入的全球文化创意产业发展演变、世界格局与中国地位的相关研究成果。相比以往国内外关于全球文化创意产业的相关研究，有着鲜明和独特的研究创新与研究价值意义，主要体现在以下三个方面：

一　尝试建构全球文化创意产业上市公司的基本报告框架

本报告历时三年，从全球文化创意产业上市公司的企业数量、行业结构、国家和地区结构、主要国家和地区行业结构等维度建构了产业总体演变态势分析的基本框架；从综合评价龙文化指数的构建、龙文化指数百强评价、主要文化创意产业强国龙文化指数评价、核心文化创意产业龙文化指数评价、"一带一路"龙文化指数评价等多个角度构建了全球文化创意产业发展综合评价体系；从经济效益、创意创新和社会贡献等方面建立了全球文化创意产业上市公司的专项研究初步框架，为全球文化创意产业的后续研究提供了新的研究思路和成果借鉴。

二 深入探索 1950 年以来全球文化创意产业总体演变态势

上市公司是反映产业发展演变态势最为灵敏的"晴雨表"。借助相关数据资料,本报告成为国内首部基于数据量化研究第二次世界大战以来全球文化创意产业发展演变态势的学术研究著作。基于经典的产业生命周期理论,本报告以 1950 年以来全球文化创意产业上市公司数量及从业人数为基础,第一次从极广的范围(全球 53 个国家和地区)、久远的历时(1950 年以来)和统一的行业标准对全球文化创意产业进行了产业生命周期阶段的科学判定,对全球文化创意产业的主要国家和地区结构、核心行业结构及其未来趋势进行了科学分析,为社会各界清晰认识、准确把握全球文化创意产业的总体态势提供了翔实的研究成果。

三 努力构建全球文化创意产业横向比较的基础研究范式

长期以来,全球各国和地区关于文化创意产业缺乏统一的认识和统计范畴的界定,导致各个国家和地区官方披露的文化创意产业增加值等重要指标数据缺乏基本的横向可比性。本报告的创新价值在于,按照全球统一的行业筛选标准,从全球权威的上市公司数据库中筛选出文化创意产业类上市公司,然后基于全球文化创意产业上市公司数据,建立统一的指标体系,构建具有全球可比性的"龙文化指数",开展上市公司层面、文化创意产业整体及各细分行业层面、全球 53 个国家和地区层面、世界各大洲层面、"一带一路"沿线国家层面的综合评价研究,从而为世界各国和地区社会各界科学认识全球文化创意产业世界格局、准确定位本国和地区文化创意产业的全球地位、精细分析文化创意细分行业和文创企业的优势劣势提供系统、全面和深入的研究参考。

上 篇

1950年以来全球文化创意产业的历史演变

第一章 1950—2016年全球文化创意产业演变总趋势

20世纪前半叶，全球经济经过两次世界大战的洗礼，从1950年开始得到逐渐恢复和长足发展。然而，依靠机器大规模生产的传统工业增长模式导致世界主要国家的生产资料长期过剩，进而导致了多次的全球性经济危机。面对传统经济增长方式的重重弊端和日渐乏力，全球各主要经济体开始寻求新的发展方式，试图规避周期性经济危机的破坏，寻求经济创新发展的活力点，树立新的竞争优势。在此背景下，英国在20世纪八九十年代率先提出发展"创意产业"，探索一种依靠人的创造力、知识、想象力等智力劳动，通过知识产权运营，创造财富增长的方式，并通过对本国旧工业城市曼彻斯特的创意改造，成功发展出世界经济增长新模式——创意经济。① 由此，拉开了全球文化创意产业发展的序幕。

实际上，20世纪50年代以来，新闻出版、广播电视、电影、广告、游戏等行业逐步构建起了文化创意产业的主体结构框架；千禧之年以来，以互联网为代表的"网络文化产业"成为21世纪的时代主流，再次重塑文化创意产业的结构生态，引发了新兴文化行业上市公司的新一轮崛起。同时，文化创意产业的发展也不再是少数发达国家的"专利"，更多的发展中国家、"第三世界"国家已深谙文化创意产业在刺激国民经济增长、满足国民文化需求、抵御"文化霸权"等方面的作用，开始大力发展文化创意产业，并从政策与国家战略层面大力刺激文化企业上市融资、开展跨国贸易，由此，全球文化创意产业实现了"版图"的扩大和转移。

上市公司，基本上代表了一个产业最为先进的生产力，同时也是一个产业发展状况最为灵敏的"晴雨表"。特别是伴随经济全球化时代到来，各国文化贸易壁垒逐渐打破、文化贸易更加频繁，全球文化创意产

---

① 张胜冰等：《世界文化产业导论》，北京大学出版社2014年版，第79—80页。

业上市公司开始进入一个快速发展期。文化创意产业上市公司成为全球经济发展的新引擎，是当今世界经济创新、财富创造、文化传播与国家文化软实力提升的重要载体。

本报告通过从美国著名信用评级公司标准普尔 Compustat 数据库、上市公司年度财务报告和官方网站、雅虎财经、谷歌财经等渠道收集整理、筛选了 1950—2016 年文化创意产业上市公司数据上百万条（数据检索截至 2017 年 12 月，涉及 50 多个国家），经过深入、系统研究，形成 1950—2016 年全球文化创意产业历史演变态势与世界格局形势、主要行业发展演变趋势以及主要国家行业结构演变变迁规律等基本判断。[①]

第一节　1950—2016 年全球文化创意产业总体演变趋势

自 20 世纪 50 年代以来，文化创意产业一直保持较快的发展速度，在半个多世纪的发展历程中，全球文化创意产业上市公司数量快速增长演变趋势明显，主要表现在以下三个方面：

一　总体呈增长与上升态势

从全球文化创意产业上市公司总体数量来看，全球文化创意产业上市公司数量整体上处于不断上升态势，但不同时期数量差距比较明显，呈现明显的阶段性发展特征。纵观全球文化创意产业上市公司数量总体演变态势（见图 1-1），可以发现，自 1950 年以来，全球文化创意产业上市公司数量总体处于上升状态。从数量来看，文化创意产业上市公司由 1950 年逐步增长发展到 2012 年（峰值）的 4074 家，2012 年之后有小幅度回落。总体增长态势反映出全球文化创意产业的繁荣发展趋势。

二　上市公司数量呈现三大"增长长波"

全球文化创意产业上市公司数量的增长处于动态的演变过程中，并呈现出典型的增长长波趋势。根据文化创意产业上市公司数量的差异，以

[①] 本报告关于 1950—1986 年的分析结论主要反映北美文化创意产业发展状况。此外，因为部分国家和行业 2015 年、2016 年的数据更新不全，所以，本报告采用近 2—3 年平均增长率进行了平滑性估测。下同。

第一章 1950—2016年全球文化创意产业演变总趋势 / 23

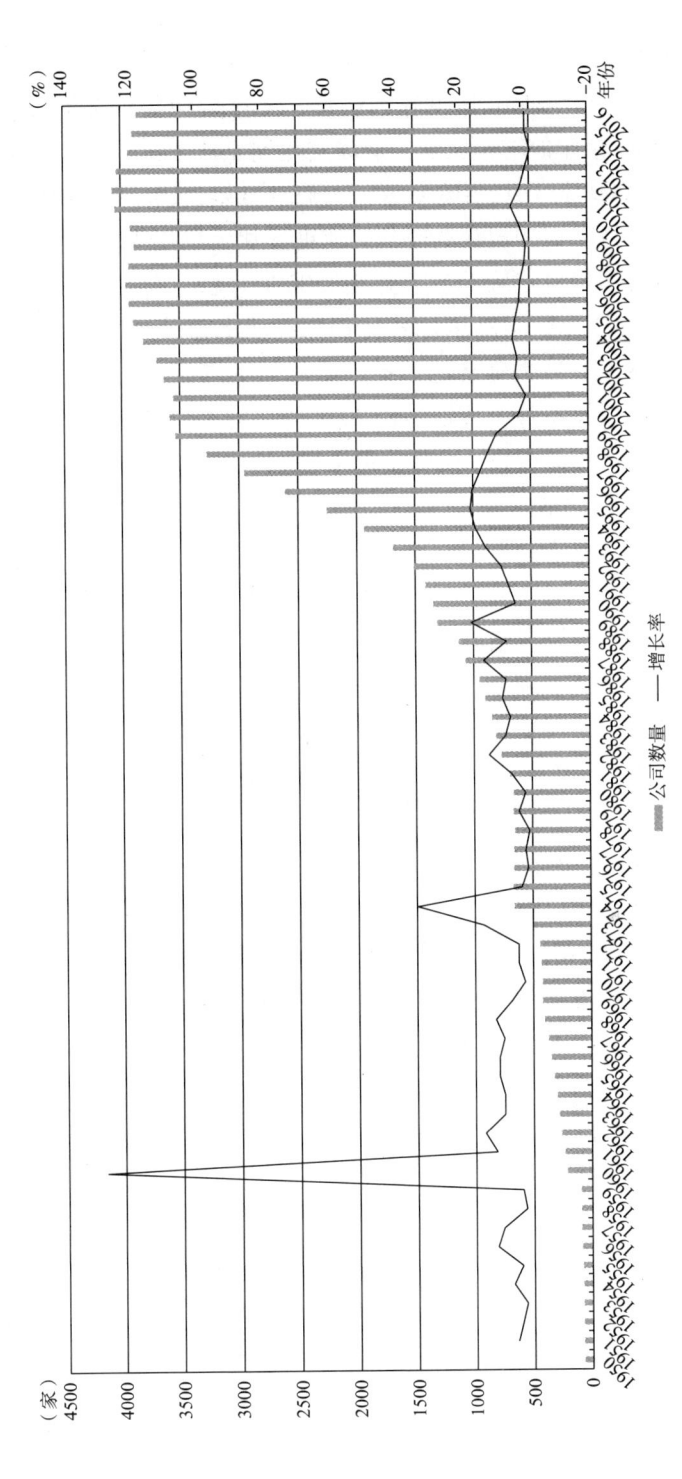

图 1-1 1950—2016年全球文化创意产业上市公司数量总体演变态势

1987年和1999年为界划分为三个不同时期。第一个增长的长波是1950—1986年,虽然整个阶段增长速度较为缓慢、上市公司数量总量较少,但整体上是一个20余年的增长长波,全球文化创意产业上市公司数量从不足百家到突破1000家(达到1070家)。第二个增长长波期是1987—1999年,文化创意产业上市公司数量增长的速度较快,仅用12年时间,文化创意产业上市公司数量就从千余家突破3500家,翻了两番。第三个增长长波期是2000年以来,虽然全球文化创意产业上市公司数量增速放缓,但受到互联网技术和新兴经济的助推,文化创意产业上市公司总体数量仍然呈现缓慢的增长态势。特别是受2008年国际金融危机的影响,2009年全球文化创意产业上市公司数量出现千禧之年以来第一个"低谷",为3884家,但就总体数量而言,仍保持在较高水平。总体而言,自2000年以来,全球文化创意产业发展相对稳定,塑造了文化创意产业上市公司增长的第三个长波。

三 增长幅度呈现"波动—迅速—缓慢"态势

从公司数量增长率来看,全球文化创意产业上市公司增长幅度波动较大,且阶段性波动态势明显。1950—1986年,基本呈现较为波动快速的增长态势,年平均增幅约为33.91%。1987—1999年,明显进入迅速攀升期,年平均增幅达19.24%,虽然增幅没有之前大,但是,由于这一阶段文化创意产业上市公司基数很大,平均每年增长的公司数量高达205.83家。2000年以后,进入缓慢且波动性增长期,分别在2001年、2008—2010年以及2013年以后都出现了不同程度的数量衰减。在已统计的各年份数据中,上市公司数量绝大多数年份都处于上升状态,其中,1960年、1974年、1989年、1993—1998年增长率较高,上市公司数量年增长率均保持在10%以上。究其原因,是20世纪50年代以来计算机技术的发展带来了传播媒介的变革,计算机、通信卫星、微电子、光纤通信、激光、数码信息为全球文化创意产业发展提供了巨大的动力;20世纪70年代,欧洲、日本经济的崛起以及美国奉行的自由主义经济政策也推动了全球文化创意产业的快速发展。[①] 同时,部分年份也出现了"负增长",如1976—1980年、2001年、2008—2009年、2013—2014年全球文化创意产业上市公司数量都出现不同程度的"下滑"。总体而言,全球文

---

① 张慧娟:《美国文化产业政策研究》,学苑出版社2015年版,第34—36页。

化创意产业上市公司处于增长发展趋势。

第二节 1950—2016年全球文化创意产业阶段性演变特征

自1950年以来，全球文化创意产业上市公司在数量、行业比重方面总体处于不断上升态势，但细究上市公司发展趋势可发现，全球文化创意产业上市公司表现出鲜明的阶段性特征。通过对1950年以来历年全球文化创意产业上市公司数据的分析研究，结合各个时代发展的全球背景，综合考量各阶段文化创意产业上市公司数量和增长速度，将1950年以来的全球文化创意产业上市公司发展分为五个时期，以便更好地探究1950年以来全球文化创意产业上市公司的演变特征。

一 第一阶段（1950—1959年）：战后恢复期

1950—1959年，文化创意产业上市公司数量较少，总体增速缓慢。作为20世纪中叶后第一个十年，面对战后的千疮百孔，全球主要经济体（欧洲、美国、日本、苏联）几乎都处在紧张的战后经济恢复建设中，作为第二次世界大战中唯一未受战火破坏的美国，其经济发展也因全球经济的拖累而受到牵制。[①] 全球经济总体处于较低水平，经济发展中心也主要集中在重工业领域。在此背景下，全球文化创意产业整体处于"恢复发展"甚至"重新开张"阶段，全球文化创意产业上市公司数量相对较少，增速缓慢。1950年，美国和加拿大即北美地区文化创意产业上市公司数量仅为72家，到1955年，也仅增加到79家；1956年增速较高，数量达到86家；其后又进入缓慢发展期；到1959年达到93家，增长幅度为29.1%。总体来看，1950—1959年全球文化创意产业处于战后缓慢上升的恢复阶段（见图1-2）。

二 第二阶段（1960—1973年）：兴起增长期

1960—1973年，经过战后十年的恢复发展以及美国"马歇尔计划"的实施，欧洲和日本等主要国家的经济得到较快发展，仅用十年时间就恢复到战前水平；同时，欧洲和日本也积极利用美苏两极对峙的历史机

[①] 董磊：《战后经济发展之路》，经济科学出版社2012年版，第1—2页。

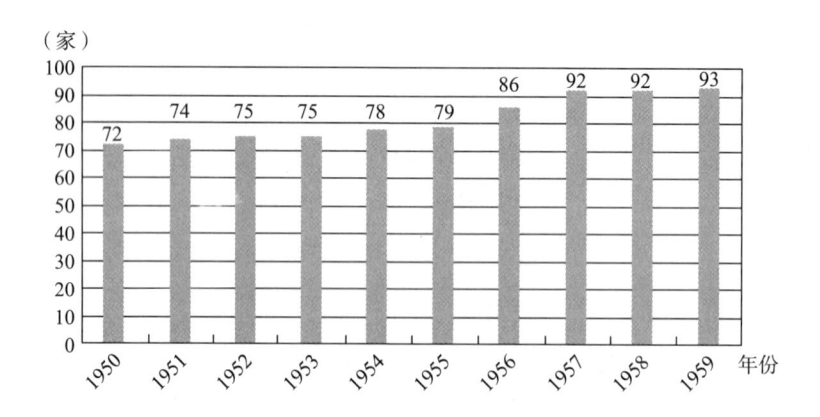

图 1-2　1950—1959 年全球（以北美地区为主）
文化创意产业上市公司数量演变

遇，加速自身发展。20 世纪 50 年代末，欧洲经济共同体与欧洲原子能共同体成立，1965 年欧洲共同体成立，标志着欧洲政治、经济、军事的一体化格局基本形成，实力空前强大。第二次世界大战后第二个十年全球经济实现跨越式发展。

经济繁荣是文化创意产业发展的重要基础，伴随着全球经济的回升，1960—1973 年，全球文化创意产业上市公司在数量上快速上升，1960 年为 212 家，到第二阶段末（1973 年）增加到 495 家，比 1960 年增加 283 家，增长率为 118%，年均上市公司增长数量为 21.8 家；文化创意产业上市公司年平均数为 350.8 家。这一时期，美国的三大传媒机构（ABC、NBC、CBC）开始崛起，出版行业开始海外扩张，以及好莱坞影视、音乐的发展形成了以美国为主导的全球文化创意产业发展格局。总体来看，全球文化创意产业上市公司第二阶段增速较快，成为名副其实的"兴起增长期"，但从上市公司总量来看，还相对偏低，文化创意产业的影响力还相对有限（见图 1-3）。

三　第三阶段（1974—1986 年）：危机上升期

1974—1986 年，战后新兴经济体的形成建立在以资源为依托的现代工业体制上，由于石油资源空间分布的悬殊性，为以石油为经济动力的世界经济发展埋下祸根。[①] 20 世纪 70 年代的两次石油危机将全球经济拖

---

① 董磊：《战后经济发展之路》，经济科学出版社 2012 年版，第 67—72 页。

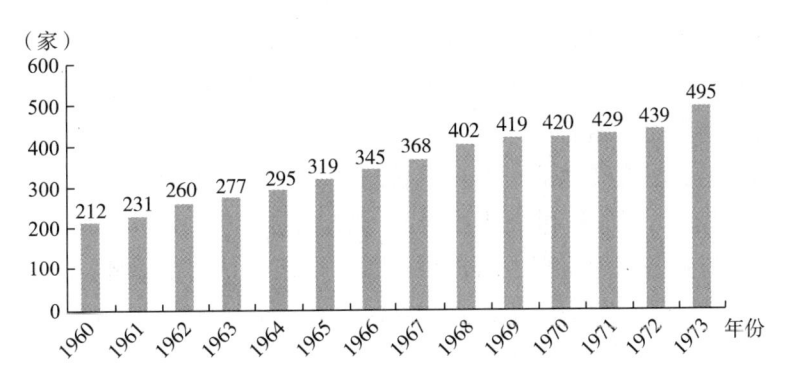

图 1-3 1960—1973 年全球（以北美地区为主）
文化创意产业上市公司数量演变

入动荡期，而 1973 年与 1980 年的两次全球金融危机让本来就不景气的世界经济雪上加霜，世界经济在波动起伏中艰难前行。全球经济大萧条在一定程度上抑制了文化创意产业的发展，这一阶段前期全球文化创意产业上市公司数量呈现出自 1950 年以来的首次下滑，由 1975 年的 666 家减少到 1978 的 650 家。

1979—1986 年，经历经济危机后的全球文化创意产业获得了新的动力，全球文化创意产业上市公司数量加速增长，1986 年已达到 951 家，相比 1980 年（661）增加 290 家，年均增长 58 家，增速较快。总体而言，这一阶段全球文化创意产业上市公司数量经历了先降后升的发展变化（见图 1-4）。

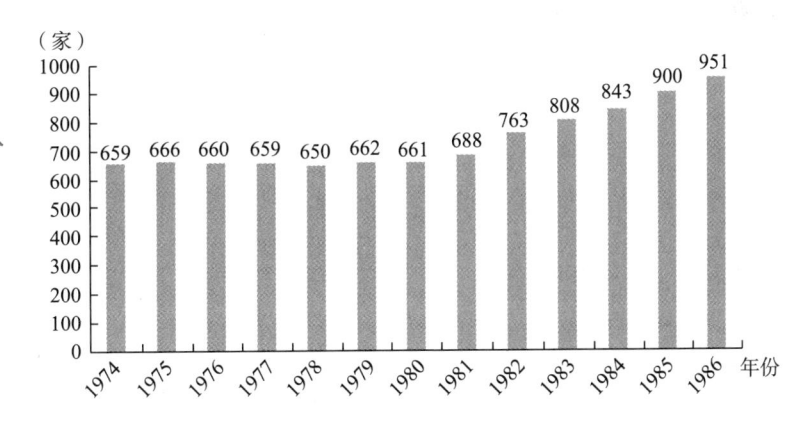

图 1-4 1974—1986 年全球（以北美地区为主）
文化创意产业上市公司数量演变

四 第四阶段（1987—1999年）：爆发增长期

1987—1999年，在饱尝战后两次石油危机以及经济危机之后，世界主要经济体开始探索新的经济发展方式，以此来摆脱长期以石油等化石原料为主的经济发展模式，为以"信息技术"为载体的新一轮工业革命吹响了时代的号角。20世纪90年代，随着信息技术、计算机技术的成熟与运用，发达国家纷纷将经济发展的触角伸向信息技术领域，如日本提出"技术立国"、欧盟提出建设"信息高速公路"等，一场以"信息技术"为动能的全球经济发展迅速展开。

信息技术时代的到来，在改变全球经济增长模式的同时也为全球文化创意产业的发展提供了历史契机。一方面，信息技术促进了传统文化创意产业的升级换代，电影、电视、音乐、广播等文化创意产业得到了长足发展；另一方面，信息技术也催生了大量的文化创意产业新形态，游戏、动漫等电子产品成为文化创意产业的新形态。文化创意产业的发展也带来了全球文化创意产业上市公司数量的爆发式增长，1987—1999年，全球文化创意产业上市公司数量增速明显加快，从1987年开始全球文化创意产业上市公司数量已突破1000家，到1999年年底，增长到3540家，与1987年（1070家）相比，增加2470家，增长率为330%，年均增加205.8家，为历史之最；上市公司数量年增长率保持在较高水平，多数年份突破10%；文化创意产业上市公司年均数量为2002.7家，与上一阶段相比，上市公司年均数量增长了172.3%。至此，全球文化创意产业上市公司迎来了历史上第二个增速高峰，文化创意产业进入爆发式增长期（见图1-5）。

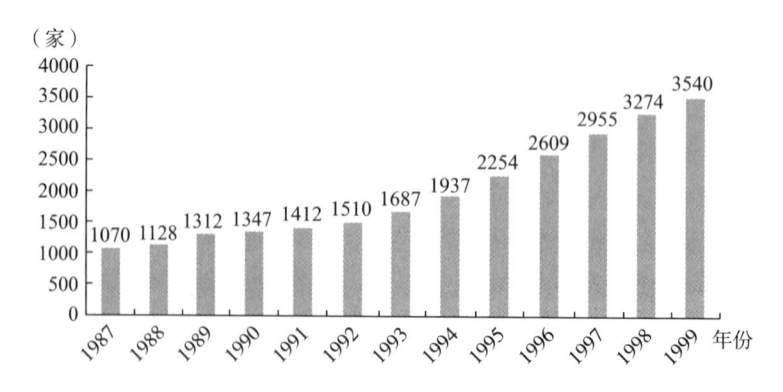

图1-5 1987—1999年全球文化创意产业上市公司数量演变

五 第五阶段（2000年以后）：波动发展期

2000年以后，伴随着千禧之年的钟声，互联网迅速改变着人类生产、生活和思维方式，成为21世纪人类最先进的生产力，催生了众多新兴业态。放眼全球，发达国家纷纷开展互联网数据中心、光缆、服务器等基础设施建设，紧抓全球互联网发展契机。全球互联网技术的成熟与广泛应用，也造就了巨大的用户市场。庞大的互联网用户群体为互联网企业的发展提供了广阔的市场空间，激发了互联网产业的市场需求。

此外，互联网倡导多元、互联、开源、共享、开放等价值理念，推动更多国家参与到新一轮全球经济发展中，加速了经济全球化进程，推动全球互联网经济的繁荣。然而，与此同时，也对一大批传统行业产生了巨大的冲击，大量传统业态面临生意萧条、破产倒闭。全球产业发展进入新旧更替、此消彼长的换挡波动式增长期。

在互联网与全球经济发展如日中天之际，文化创意产业借助互联网的东风乘势而上，并迅速占据全球经济市场中的一席之地，催生了大量文化创意产业新兴业态，社交媒体、网络影视、网络音乐、网络游戏以及在线旅游等成为文化创意产业的重要产业形态。2000年左右相继诞生了一大批互联网企业，包括美国的亚马逊公司、易贝公司、雅虎公司和谷歌公司，中国的BAT（百度、阿里巴巴、腾讯）、京东、网易、携程等，几乎都创立于该时期。进入21世纪后，开始迅速发展并完成上市；2000年以后又相继诞生了一批新型互联网公司，包括脸书、推特等，不断壮大全球文化创意产业类上市公司的种类与规模。

2000—2012年，全球文化创意产业上市公司数量总体处于上升趋势，其中，2012年达到峰值，为4074家；其后出现下滑态势，但基本一直保持在3500家以上的庞大体量，年平均企业数量达3713.6家。

需要注意的是，这一阶段全球文化创意产业上市公司数量波动性较大，2001年由于互联网泡沫破裂造成了全球文化创意产业上市公司数量短暂下滑，但很快又恢复了增长；2007—2009年全球文化创意产业上市公司数量受2008年国际金融危机影响，减少了73家，下滑幅度较大。而2012年峰值之后的下滑速度有所加大（见图1-6）。

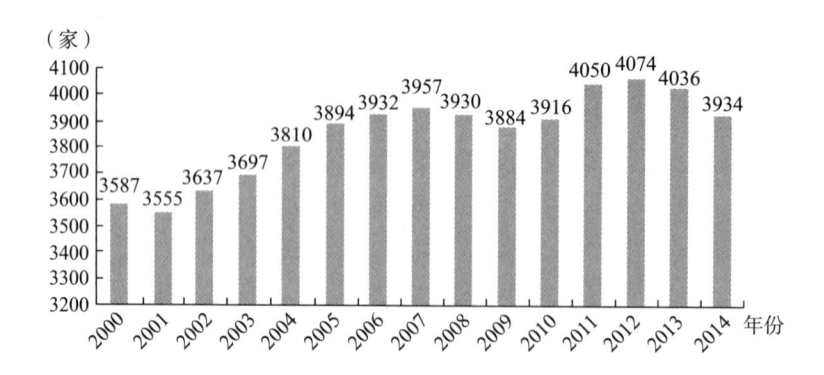

图 1-6　2000—2014 年全球文化创意产业上市公司数量演变

第三节　1950—2016 年全球文化创意产业演变规律分析

基于上市公司数量变化对 1950—2016 年全球文化创意产业发展演变阶段的特征分析，初步了解了 60 多年来全球文化创意产业从第二次世界大战后的恢复发展，到逐渐加速，再到之后起伏发展历程。通过对这一演进过程的梳理，可以发现其间隐藏的两大演变规律性特征。

一　全球文化创意产业总体进入生命周期的稳定期阶段

产业生命周期是指一个产业从初生到成长、成熟的发展演变过程，在这个过程中，大量厂商表现出相似的阶段性、规律性行为特征。1966 年，弗农（Vernon）提出了产品生命周期理论，指出在国际贸易条件下产品生产将经历导入期、成熟期和标准化期三个阶段，这实际上反映了一个产业所遵循的全球化发展演变规律特征。70 年代中后期，Abernathy 和 Utterback 以产品增长率为基础，将产品生命周期划分为流动、过渡和确定三个阶段，形成 A—U 产品生命周期模型，深度解析了技术创新与市场演变的共生关系，为产业生命周期理论的建立夯实了基础。[①]

进入 20 世纪 80 年代，戈特和克莱珀（Gort and Klepper，1982）在对 46 个细分行业企业进入数量长达 73 年时间序列数据分析基础上首次提出

---

① 李靖华、郭耀煌：《国外产业生命周期理论的演变》，《人文杂志》2001 年第 6 期。

产业经济学意义上经典的 G—K 产业生命周期模型,即引入期、大量进入期、稳定期、大量退出期(也称为淘汰期)和成熟期五个阶段,如图1-7所示。①

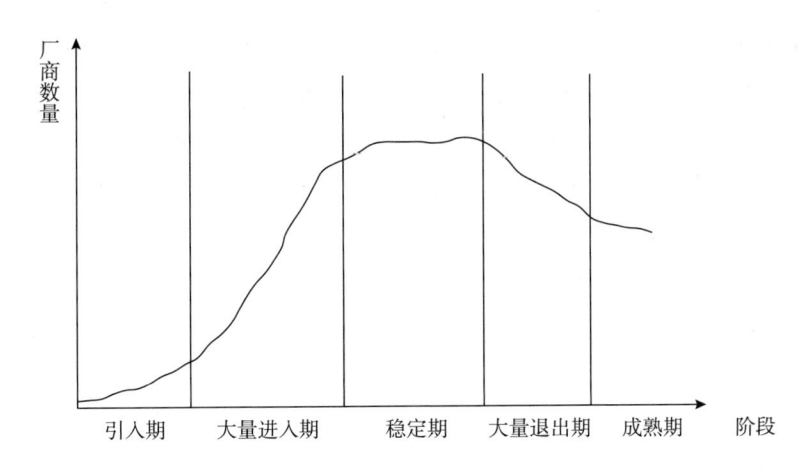

图 1-7 G—K 产业生命周期模型

根据 G—K 产业生命周期模型理论,本报告基于 1950 年以来全球文化创意产业上市公司数量演变曲线,可以得到如下基本结论:

1950—1986 年,是第二次世界大战以后全球文化创意产业生命周期的"恢复发展期"(类似于新兴产业的"引入期")。经历战后恢复到 20 世纪 80 年代中期,全球文化创意产业得到了一定发展,全球文化创意产业上市公司数量总体处于持续增长状态,到 1986 年已达到 951 家,但是,由于冷战时期的压抑氛围、美洲国家的民权运动、亚非国家的民族独立运动等,这一阶段全球文化创意产业上市公司年均增长数量仅为 24.42 家,符合产业兴起初期的发展态势特征。

1987—1999 年,是全球文化创意产业的"大量进入期"生命周期阶段。在这一阶段,全球文化创意产业上市公司数量得到爆发式增长,1987 年全球文化创意产业上市公司数量首次突破 1000 家大关,到 1999 年年底,增长到 3540 家,增长了 2470 家,增长率为 330%,年均增长

---

① Gort, M., Klepper, S., "Time Paths in the Diffusion of Product Innovation", *The Economic Journal*, Vol. 92, No. 367, 1982, pp. 630-653.

205.83家,成为典型的"黄金十年"增长期。

自2000年至今,全球文化创意产业基本进入生命周期的"稳定期"发展阶段。进入2000年以来,全球文化创意产业上市公司数量从2000年的3587家增加到2012年的历史最高峰值4074家(其间经历2001年互联网泡沫破灭和2008年国际金融危机短暂回调),增长速度明显减缓,年均增长率仅为1.1%,而2012年之后出现小幅下滑。从2000年至今的总体形态来看,基本处于比较平稳发展的态势,属于典型的稳定期特征。

然而,2012年之后的小幅下滑是否是进入"大量退出期(淘汰期)"的前兆?在当前全球新一轮科技革命(大数据、虚拟现实、人工智能、区块链等)浪潮日渐汹涌之际,这一小幅下滑是否仅是短暂回调?仍需静观其变(见图1-8)。

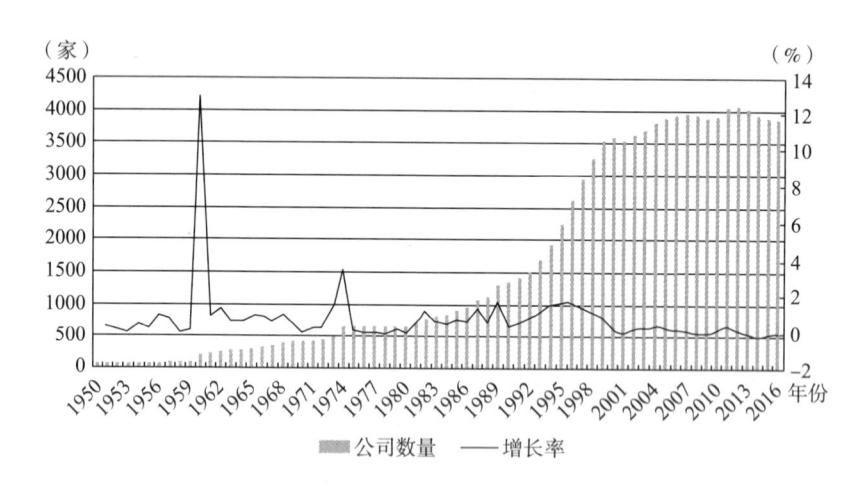

图1-8 1950—2016年全球文化创意产业上市公司数量演变趋势

需要指出的是,这里所说的全球文化创意产业已进入发展稳定期发展生命阶段,并不是说全球各个国家和地区的文化创意产业都进入了稳定期,也并不是说全球文化创意产业的各个细分行业都进入了稳定期,而仅仅是指从全球50多个国家和地区的上百个文化创意产业细分行业汇总到一起所呈现的总体态势上看,进入了发展稳定期阶段。对新兴的互联网文化行业而言,其实并没有进入文化创意产业发展稳定期,而恰恰是处于高速增长、快速发展的大量进入期阶段;与此同时,对于一些新兴市场国家和地区的文化创意产业也并未进入稳定期阶段。换句话说,目前，全球文化创意产业虽然总体发展平稳，但从内部结构来看，存在严重的区域发展不均衡和行业增长非均衡的状况。

二 全球文化创意产业呈现出逆危机上扬的"口红效应"特征

自1950年以来，全球文化创意产业上市公司的发展阶段与历次经济危机的时间节点对比（见表1-1）可以发现：全球文化创意产业上市公司数量增减转折点与历次经济危机基本吻合。20世纪50年代以来，全球先后经历了8次主要的经济（金融）危机（见表1-1），每次经济（金融）危机中，全球文化创意产业几乎都表现出了较强的抗危机效应，而且研究发现，文化创意产业的抗危机效应特征基本上可以分为两类：一类是短暂低迷后爆发的效应特征；另一类是危机中逆势增长效应特征。具体来看，1957—1958年、1969—1970年、1973—1975年、1980—1982年、1990—1991年、2000—2001年、2008年国际经济（金融）危机发生后，全球文化创意产业先是经历了短暂的低迷期，上市公司数量或停滞或缩减，然后迅速恢复，呈现快速或大幅增长态势。在1973—1975年、1997年经济（金融）危机发生时，全球文化创意产业上市公司数量不但没有减少，反而逆势上扬，显现出非常突出的"口红效应"特征。

表1-1　　　　　1950年以来历次经济（金融）危机前后
文化创意产业上市公司增长特征

全球文化创意产业发展阶段	经济危机发生时间	文化创意产业低迷期	文化创意产业增长特征	代表行业或典型事件
第一阶段（1950—1959年）	1957—1958年	1957—1959年	1960—1968年快速增长	好莱坞电影
第二阶段（1960—1973年）	1969—1970年	1969—1972年	1973—1974年大幅增长	计算机技术产业兴起
第三阶段（1974—1986年）	1973—1975年 1980—1982年	1976—1981年	1982—1986年大幅增长	日本动漫、游戏
第四阶段（1987—1999年）	1990—1991年 1997年	1990—1993年	1994—1999年大幅增长	新一代信息产业 日韩"文化立国"
第五阶段（2000年至今）	2000—2001年 2008年	2000—2002年 2008—2010年	2004—2007年快速增长，2011—2012年较大增长	新兴市场国家文化创意产业壮大

经济危机中,文化创意产业逆势发展的内在机理在于文化创意产业兼具文化与经济的双重属性:一是文化创意产业的发展与全球经济发展态势密切相关;二是以文化内容生产、消费为特点的文化创意产业并不完全受制于经济运行趋势,文化创意产业发展与经济周期性演变并非亦步亦趋①,这也成为历次经济危机中文化创意产业抗危机效应的重要学理基础。一方面,经济危机带来的全球经济动荡几乎波及全球所有行业,造成短时间内国内外市场的不景气,银行、证券、基金以及民间资本等金融机构对行业投资行为更趋保守谨慎;资金紧缩、投资规模缩减以及消费者手中剩余货币的减少使企业艰难维持生产,甚至倒闭。② 经济危机的到来以及全行业的不景气也必定会在短期内迅速影响文化创意产业发展,导致全球文化创意产业上市公司数量减少或者缓慢增长,这就形成了经济危机初期的"低迷"状态。另一方面,经济危机客观上被迫造成了人们闲暇时间的增长,也产业了工作压力、生活压力陡增背景下人们休闲、发泄负面情绪的现实需要,进而带来全球文化创意产品巨大的市场需求增量,为全球文化创意产业的壮大、发展提供了新的契机,成为文化创意产业逆危机增长的重要动力。

从人的精神文化需求角度出发,可以发现,每一次重大世界性危机(如战争、灾难)的出现都会加重人们对精神文化产品需求的增加,而每当物质财富生产因盛转衰的时候,精神文化消费也会出现转机。③ 如20世纪二三十年代美国经济危机后的好莱坞电影崛起,第二次世界大战后出现文学、影视、音乐等创作的爆发,20世纪90年代的经济危机使日本和韩国消费者向游戏、动漫寻求慰藉,从而也促成了其相关产业的发展。因此,从居民消费趋势上可以窥见经济危机中凸显的"口红效应"。所谓"口红效应",是指低价产品偏爱趋势,即在经济充满不确定性以及持续低迷预期的情况下,居民消费领域将从汽车、房产等大宗物品消费向以口红、面膜、修发、按摩等为代表的低消费领域转移,因此会在短时间

---

① 齐勇锋:《关于文化产业在应对金融危机中地位和作用的探讨》,《东岳论丛》2009年第9期。

② 向勇、刘静:《世界金融危机与中国文化产业机遇》,《福建论坛》(人文社会科学版)2009年第6期。

③ 熊澄宇:《经济危机中文化产业的生机与转机》,《求是》2009年第8期。

内促进低消费产品的繁荣。① 按此规律，以较低消费为特征的文化产品（电影、音乐、游戏、图书）成为"口红效应"的重要消费领域，也成为刺激消费的重要行业领域，因此，经济危机为文化创意产业的发展提供了重要的经济契机。此外，经济危机爆发时期会伴随世界各国出台相应的产业政策，在制度层面，为文化创意产业上市公司的发展提供了保障。例如，在20世纪初期的全球经济危机后，日本、韩国等国家纷纷确立了"文化立国"政策，使本国影视、动漫、游戏、音乐等文化创意产业迅速发展，成为国民经济支柱产业。中国在2008年国际金融危机后出台的《文化产业振兴规划》将文化产业作为新时期应对经济危机、刺激消费、满足内需的重要产业支柱。②

以上所述都成为经济危机中文化创意产业抗危机效应的重要原因，更加彰显了文化创意产业不同于传统产业发展的特别优势，以及在经济逆境中增长的特殊行业属性，这也成为进入21世纪以来文化创意产业备受各国和地区经济发展战略青睐的重要原因。

---

① 黄先海、蔡婉婷、宋华盛：《金融危机与出口质量变动：口红效应还是倒逼提升》，《国际贸易问题》2015年第10期。
② 胡惠林：《中国文化产业战略力量的发展方向——兼论金融危机下的中国文化产业新政》，《学术月刊》2009年第8期。

第二章 全球文化创意产业核心行业结构演变规律

在过去半个多世纪，文化创意产业不断衍生出新的行业形态，也不断重塑文化创意产业的细分行业结构。通过对1950—2016年全球文化创意产业上市公司行业结构的分析，可以清晰地归纳出全球文化创意产业的行业结构特征以及核心文化创意产业结构的时代演变特征。

第一节 1950—2016年全球文化创意产业总体结构演变规律

全球文化创意产业总体处于不断扩张中，在产业规模爆发式增长的同时，往往伴随细分行业和新兴业态的裂变式增长。在综合世界三大主流行业分类标准（标准产业分类、全球产业分类系统、北美产业分类系统）基础上，本报告对1950—2016年全球文化创意产业总体结构演变规律进行分析。

一 细分行业从14类最高裂变至110类，2000年后趋于稳定

伴随着全球文化创意产业上市公司数量的攀升，全球文化创意产业的细分行业结构也不断扩张（见图2-1）。根据上市公司所属行业归类（以北美产业分类系统为主）研究发现，1950年以来，全球文化创意产业经历了类似于"细胞裂变"的发展过程。

1950—1959年，全球文化创意产业涉及细分行业数量徘徊在14—15类，行业种类多数涉及传统类型文化创意产业，如造纸、图书出版和印刷等行业。

1960—1980年，全球文化创意产业的行业结构"裂变"开始，细分行业数量从25类增加至61类，新增行业主要包括无线电广播站、广播电

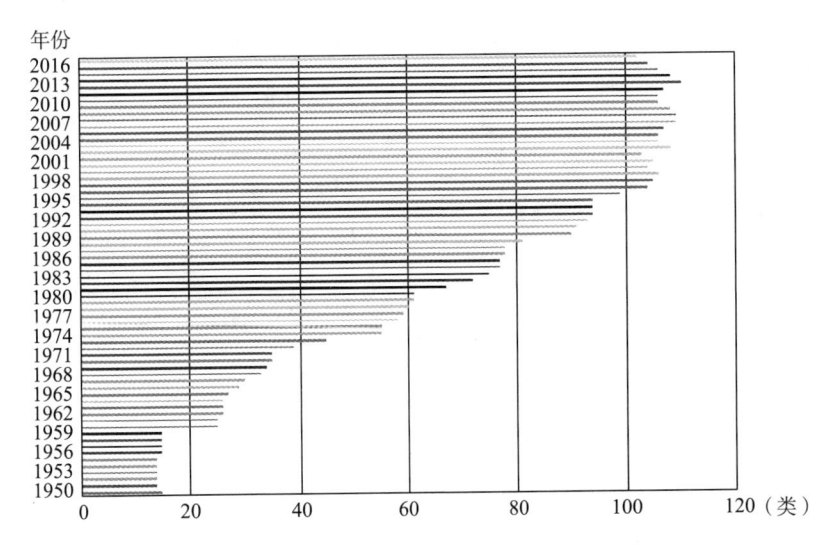

图 2-1　1950—2016 年全球文化创意产业上市公司
细分行业种类"裂变"演变趋势

视终端设备、无线电话通信、电影行业及相关产品服务、磁盘与录像带等。

1981—2016 年，全球文化创意产业进入了"快速裂变期"，细分行业数量从 67 类快速增加到最高 2012 年的 110 类（按北美产业分类系统），其后一直在 100—110 类间徘徊，新兴行业主要集中在互联网软件与服务、无线通信服务、数据处理、托管和相关服务以及互联网终端设备制造、租赁等行业。

此外，建筑设计和工业设计及其他专业设计，媒体购买代理、广告代理以及广告材料分销、旅行代理、艺术经纪、体育经纪以及剧院、休闲娱乐等行业也在这一阶段呈现出快速发展态势。

全球文化创意产业细分行业数量演变态势再次印证了全球文化创意产业发展进入较为稳定的发展阶段。1950—1980 年，全球（主要是北美地区）文化创意产业的细分行业数量从第二次世界大战后的百业凋零逐步恢复生机、初步壮大；1981—2000 年，随着世界环境的和平稳定，特别是冷战的结束，经济发展成为世界各国的首要目标，全球文化创意产业各个细分行业随着经济基础的不断夯实和科学技术的不断革新，迈入了高速发展的快速成长期；2001 年以来，全球文化创意产业细分行业数量进入缓慢波动性发展阶段，表现出典型的稳定期发展特征。

表 2-1　　1960—1993 年全球文化创意产业新增行业统计

年份	行业（中文）	行业（英文）
1960	印刷贸易服务业	Service Industries for the Printing Trade
1960	计算机终端	Computer Terminals
1960	游戏、玩具和童车（玩偶和自行车除外）	Games, Toys & Children'S Vehicles (No Dolls & Bicycles)
1960	钢笔、铅笔及其他艺术材料	Pens, Pencils & Other Artists' Materials
1960	电台广播站	Radio Broadcasting Stations
1960	广播、电视和消费电子产品零售商店	Retail - Radio, TV & Consumer Electronics Stores
1960	玩具和游戏零售商	Retail - Hobby, Toy & Game Shops
1960	广告代理服务	Services - Advertising Agencies
1960	邮寄、复制、商业艺术和摄影服务	Services - Mailing, Reproduction, Commercial Art & Photography
1960	照片洗印服务	Services - Photofinishing Laboratories
1960	电影产品相关	Services - Allied to Motion Picture Production
1960	影院	Services - Motion Picture Theaters
1963	空白记账簿、活页及装订相关工作	Blankbooks, Looseleaf Binders & Bookbindg & Related Work
1968	磁光记录媒体	Magnetic & Optical Recording Media
1968	记录和预录磁带零售商店	Retail - Record & Perecorded Tape Stores
1968	电影和录像带发行服务	Services - Motion Picture & Vodep Tape Distribution
1970	珠宝、手表、宝石等金属批发	Wholesale - Jewelry, Watches, Precious Stones & Metals
1972	图书印刷	Book Printing
1972	无线电话通信	Radiotelephone Communications
1973	通信服务	Communications Services, Nec
1973	直邮广告服务	Services - Direct Mail Advertising Services
1977	电报和其他通信服务	Telegraph & Other Ther Message Communications
1979	广告服务	Services - Advertising
1981	录像带租赁服务	Services - Video Tape Rental
1985	电影发行相关服务	Services - Allied to Motion Picture Distribution
1993	电信（不含无线电）	Telephone Communications (No Radiotelephone)

二 传统文化行业趋向衰减、新兴数字创意行业崛起

1950—2016年,全球文化创意产业上市公司行业数量在持续增减的同时也推动了全球文化创意产业上市公司行业结构的演变。通过对1950—2016年全球文化创意产业上市公司行业比重的分析,选取历年比重最高的前三个行业进行对比分析,可清晰地发现半个多世纪以来全球文化创意产业细分行业结构的演进规律(见表2-2)。概括地讲,第二次世界大战以后的全球文化创意产业结构大体经历了三个演变时期。

表2-2 1950—2016年全球文化创意产业行业比重前三名统计

年份	第一名行业		第二名行业		第三名行业	
	行业	有效比重(%)	行业	有效比重(%)	行业	有效比重(%)
1950	造纸	11.1	图书出版印刷	9.7	家用音频和视频设备	8.3
1951	造纸	10.8	图书出版印刷	10.8	家用音频和视频设备	8.1
1952	造纸	10.7	图书出版印刷	10.7	家用音频和视频设备	8.0
1953	造纸	10.7	图书出版印刷	10.7	家用音频和视频设备	8.0
1954	图书出版印刷	11.5	造纸	10.3	家用音频和视频设备	7.7
1955	图书出版印刷	11.4	造纸	10.1	家用音频和视频设备	7.6
1956	图书出版印刷	10.5	造纸	9.3	电视广播站	9.3
1957	图书出版印刷	10.9	电视广播站	8.7	造纸	8.7
1958	图书出版印刷	10.9	造纸	8.7	电视广播站	8.7
1959	图书出版印刷	10.8	电视广播站	9.7	造纸	8.6

续表

年份	第一名行业		第二名行业		第三名行业	
	行业	有效比重（%）	行业	有效比重（%）	行业	有效比重（%）
1960	图书出版印刷	7.5	造纸	6.6	纸板容器及包装箱	6.6
1961	图书出版印刷	6.9	家用音频和视频设备	6.5	纸板容器及包装箱	6.1
1962	造纸	7.3	图书出版印刷	6.9	纸板容器及包装箱	6.2
1963	造纸	7.9	图书出版印刷	6.5	纸板容器及包装箱	5.8
1964	造纸	7.5	图书出版印刷	6.1	商业印刷	6.1
1965	造纸	6.9	图书出版印刷	6.0	商业印刷	6.0
1966	造纸	6.7	图书出版印刷	6.4	商业印刷	5.8
1967	广播电视和通信设备	6.8	造纸	6.3	图书出版印刷	6.0
1968	广播电视和通信设备	6.7	商业印刷	6.7	图书出版印刷	6.2
1969	广播电视和通信设备	6.7	商业印刷	6.4	图书出版印刷	6.0
1970	广播电视和通信设备	7.1	商业印刷	6.4	图书出版印刷	6.0
1971	广播电视和通信设备	7.0	商业印刷	6.8	图书出版印刷	5.6
1972	商业印刷	6.8	广播电视和通信设备	6.6	图书出版印刷	5.7
1973	商业印刷	8.1	广播电视和通信设备	6.5	图书出版印刷	5.5

续表

年份	第一名行业		第二名行业		第三名行业	
	行业	有效比重（%）	行业	有效比重（%）	行业	有效比重（%）
1974	广播电视和通信设备	7.6	商业印刷	7.3	图书出版印刷	4.7
1975	广播电视和通信设备	7.7	商业印刷	7.2	图书出版印刷	4.5
1976	广播电视和通信设备	8.0	商业印刷	7.0	图书出版印刷	4.4
1977	广播电视和通信设备	7.7	商业印刷	6.8	造纸及纸质产品	4.7
1978	广播电视和通信设备	7.8	商业印刷	6.5	造纸及纸质产品	4.8
1979	广播电视和通信设备	7.7	商业印刷	6.0	造纸及纸质产品	4.7
1980	广播电视和通信设备	8.0	商业印刷	5.1	造纸及纸质产品	5.1
1981	广播电视和通信设备	8.4	造纸及纸质产品	4.9	商业印刷	4.9
1982	广播电视和通信设备	8.7	其他杂项休闲娱乐服务	5.2	有线和其他付费电视服务	5.0
1983	广播电视和通信设备	8.5	其他杂项休闲娱乐服务	5.2	有线和其他付费电视服务	4.7
1984	广播电视和通信设备	7.8	其他杂项休闲娱乐服务	5.3	电影和录像带产品服务	5.2
1985	广播电视和通信设备	7.2	电影和录像带产品服务	5.1	其他杂项休闲娱乐服务	5.0
1986	广播电视和通信设备	7.2	其他杂项休闲娱乐服务	5.3	有线和其他付费电视服务	5.0
1987	广播电视和通信设备	7.2	电影和录像带产品服务	4.8	其他杂项休闲娱乐服务	4.7

续表

年份	第一名行业		第二名行业		第三名行业	
	行业	有效比重（%）	行业	有效比重（%）	行业	有效比重（%）
1988	广播电视和通信设备	6.5	其他杂项休闲娱乐服务	5.1	电视广播站	4.3
1989	广播电视和通信设备	6.1	其他杂项休闲娱乐服务	5.4	造纸及纸质产品	4.0
1990	广播电视和通信设备	6.0	其他杂项休闲娱乐服务	5.5	电视广播站	4.5
1991	广播电视和通信设备	5.9	其他杂项休闲娱乐服务	5.5	电视广播站	4.3
1992	广播电视和通信设备	6.1	其他杂项休闲娱乐服务	5.8	电视广播站	4.0
1993	广播电视和通信设备	6.1	其他杂项休闲娱乐服务	6.1	电视广播站	3.8
1994	广播电视和通信设备	6.2	其他杂项休闲娱乐服务	6.1	计算机编程、数据处理服务（文化创意）	4.6
1995	广播电视和通信设备	6.3	计算机程序、数据处理服务（文化创意）	6.3	其他杂项休闲娱乐服务	5.7
1996	计算机编程、数据处理服务（文化创意）	6.9	广播电视和通信设备	5.8	其他杂项休闲娱乐服务	5.3
1997	计算机编程、数据处理服务（文化创意）	8.2	广播电视和通信设备	5.7	其他杂项休闲娱乐服务	5.5
1998	计算机编程、数据处理服务（文化创意）	10.0	广播电视和通信设备	5.7	预包装软件服务（文化创意）	5.7

续表

年份	第一名行业		第二名行业		第三名行业	
	行业	有效比重（%）	行业	有效比重（%）	行业	有效比重（%）
1999	计算机编程、数据处理服务（文化创意）	11.1	预包装软件服务（文化创意）	5.7	广播电视通信设备	5.5
2000	计算机编程、数据处理服务（文化创意）	11.0	广播电视和通信设备	5.4	预包装软件服务（文化创意）	5.3
2001	计算机程序、数据处理服务（文化创意）	10.5	广播电视和通信设备	5.8	其他杂项休闲娱乐服务	5.5
2002	计算机编程、数据处理服务（文化创意）	10.2	广播电视和通信设备	6.0	其他杂项休闲娱乐服务	5.3
2003	计算机编程、数据处理服务（文化创意）	10.5	广播电视和通信设备	6.2	其他杂项休闲娱乐服务	5.5
2004	计算机编程、数据处理服务（文化创意）	11.1	广播电视和通信设备	6.4	其他杂项休闲娱乐服务	5.3
2005	计算机编程、数据处理服务（文化创意）	11.2	广播电视和通信设备	6.5	其他杂项休闲娱乐服务	5.5
2006	计算机编程、数据处理服务（文化创意）	11.9	广播电视和通信设备	6.6	其他杂项休闲娱乐服务	5.6
2007	计算机编程、数据处理服务（文化创意）	12.8	广播电视和通信设备	6.9	其他杂项休闲娱乐服务	5.4

续表

年份	第一名行业		第二名行业		第三名行业	
	行业	有效比重（%）	行业	有效比重（%）	行业	有效比重（%）
2008	计算机编程、数据处理服务（文化创意）	12.8	广播电视和通信设备	7.3	其他杂项休闲娱乐服务	5.3
2009	计算机编程、数据处理服务（文化创意）	13.7	广播电视和通信设备	7.2	其他杂项休闲娱乐服务	5.3
2010	计算机编程、数据处理服务（文化创意）	14.5	广播电视和通信设备	6.8	其他杂项休闲娱乐服务	5.3
2011	计算机编程、数据处理服务（文化创意）	15.8	广播电视和通信设备	7.1	其他杂项休闲娱乐服务	5.0
2012	计算机编程、数据处理服务（文化创意）	16.6	广播电视和通信设备	6.9	其他杂项休闲娱乐服务	5.0
2013	计算机编程、数据处理服务（文化创意）	16.7	广播电视和通信设备	6.8	其他杂项休闲娱乐服务	5.1
2014	计算机编程、数据处理服务（文化创意）	16.9	广播电视和通信设备	6.9	其他杂项休闲娱乐服务	5.1
2015	计算机编程、数据处理服务（文化创意）	17.5	广播电视和通信设备	7.9	其他杂项休闲娱乐服务	5.6
2016	计算机编程、数据处理服务（文化创意）	18.5	广播电视和通信设备	8.3	其他杂项休闲娱乐服务	5.2

注：因为计算过程中采用四舍五入的方法，因此，表中各分项百分比之和，有时不等于100%。下同。

第一阶段（1950—1966年）：以造纸及纸质产品为主的行业结构特征显著。综观1950—1966年全球文化创意产业行业比重最高的前三名行业，大多数年份中造纸（Paper Mills）和图书出版印刷（Books：Publishing or Publishing & Printing）位居第一，交错位于行业比重最高的前两位，也构成了该时间段文化创意产业上市公司以造纸及纸质产品为主行业特征。家用音频和视频设备（Household Audio & Video Equipment）、电视广播电站（Television Broadcasting Stations）成为仅次于造纸和图书出版印刷分别居第二、第三位，也是该时期重要的行业部门。除此之外，1960年开始，纸板容器及包装箱、商业印刷开始进入这一时期行业前三名的行列，使这一时期文化创意产业造纸及纸质产品相关行业为主的行业结构特征更加明显。

第二阶段（1967—1995年）：无线电、广播电视和通信设备行业独占鳌头，电子媒介、娱乐休闲开始成为文化创意产业新宠。1967—1995年，（除1972年和1973年外）广播电视和通信设备行业（Radio & TV Broadcasting & Communications Equipment）一直占据最高的行业比重，其中，1982年达到历史最高值8.7%；电影和录像带产品服务（Services - Motion Picture & Video Tape Production）、有线和其他付费电视服务（Cable & Other Pay Television Services）等电子媒介开始进入行业比重前三名，并逐渐占有重要的行业比重。其他杂项休闲娱乐服务（Services - Miscellaneous Amusement & Recreation）也成为这一阶段重要行业部门，1982年开始位列全球文化创意产业所有行业中的第二位并持续到1994年，达到历史最高值6.1%。这一阶段造纸及纸质产品相关行业不再具有优势地位，只有商业印刷（Commercial Printing）在1968—1980年还居行业比重第一、第二位，之后比重逐渐减少，与造纸、图书出版印刷逐渐退出行业比重的前三位；1977—1981年转印纸及纸板产品（非容器或纸箱）［Converted Paper & Paperboard Prods（No Contaners/Boxes）］成为新的纸类产品，短暂挤入行业比重前第二、第三位后消失。

第三阶段（1996—2016年）：形成了行业比重由高到低依次为：计算机编程、数据处理服务（Services - Computer Programming, Data Processing, ETC）、广播电视通信设备、其他杂项休闲娱乐服务的层级分明的行业结构特征。1996—2016年，计算机编程、数据处理服务（本报告重点筛选了其中的文化创意类公司、广播电视通信设备），一直处于第一、第二位,且行业比重不断提高,行业优势明显;而休闲娱乐服务业虽处于行业比重的第三位,但行业比重逐年递减,由1995年的5.7%下降到2014年的5.1%。与此同时,预包装软件(Services – Prepackaged Software,本报告重点筛选了其中的文化创意类公司)行业比重逐渐上升,1998年开始进入行业比重前三位,但2000年之后随着比重的下降又退出前三名行列。

通过对1950—2016年全球文化创意产业行业结构演变三个阶段特征的分析可发现以下发展趋势:一是传统文化创意产业相关行业比重逐年降低,这表现在造纸及纸质产品相关行业,如造纸、图书出版印刷、商业印刷等相关行业比重逐年递减,到1981年已全部退出行业比重前三名。二是计算机编程、数据处理服务、软件开发等相关文化创意产业行业优势明显且比重逐年上升。1994年计算机编程、数据处理服务进入行业比重前三名以来,行业比重一直处于上升趋势且行业比重优势对比明显,2016年该行业比重高达18.5%,为历史最高值;从发展趋势来看,这一比重还将继续上升。传统行业的衰退和新兴行业崛起在历史演进过程中也说明了行业结构演进的机理,即计算机、互联网等新一代互联网文化信息服务的兴起彻底取代了以纸媒、电子媒介为主的文化创意产业格局,带来了行业结构的巨变;同时,它也为传统文化创意产业的升级发展提供了条件,以电视、广播、电影、通信为特征的电子媒介相关行业在积极探索数字化、信息化道路,虽然在总体行业比重中逊色于计算机、互联网行业,但相关行业凭借强大的行业基数以及媒体融合的推进,仍然会在很长一段时间内占有重要比重。

第二节 1950—2016年全球文化创意产业核心行业演变趋势

本报告借鉴G—K产业生命周期模型理论,以全球文化创意产业上市公司数量为基础数据,选取全球文化创意产业中占比相对较高的六个核心行业——新闻出版业、电影业、广播电视业、网络文化业、广告服务业和家庭娱乐业为分析对象,进行1950—2016年全球核心文化创意行业演变趋势分析,希望通过对上述六大核心文化创意行业的历史演变轨迹分析，能够更加深入、准确地把握全球文化创意产业未来发展规律性特征。

一 新闻出版业：总体开始进入"大量退出期"阶段

总体来看，全球新闻出版业曾出现过两次发展高峰，在20世纪70年代中期以前经历了第一次"大量进入期"；之后大约从1974年开始到1985年，随着广播、电影和电视业的崛起，进入第一次"退出期"；然后从1986年左右开始到2004年左右，受到20世纪80年代激光照排技术、90年代数字印刷技术变革的刺激与带动，迎来第二次"大量进入期"，其中，2004年，新闻出版业上市公司数量达到历史最高值190家。2005—2009年，新闻出版业上市公司数量虽有波动，但基本保持在180家以上，属于全球新闻出版业的"稳定期"阶段。2010年以来，随着移动互联网和自媒体、社交媒体的兴起，新闻出版业从诞生以来的"精英中心主义"被颠覆，全球新闻出版业总量明显衰退，开始进入"大量退出期"。

根据国际产业分类标准，新闻出版业主要包括四类细分行业，分别为报纸出版业、杂志出版业、图书出版业和综合出版业。1950—2004年，四大细分行业发展演变趋势较为一致；在2004年之后出现分化。杂志出版业和综合出版业两个细分行业从2004年开始明显进入"大量退出期"阶段，上市公司数量大幅减少；图书出版业在2008年和2009年达到峰值（均为52家），之后进入"稳定期"发展阶段；报纸出版业在2010年和2011年达到峰值（均为66家），之后开始下滑，特别是2014年以来下降趋势明显，进入"大量退出期"（见图2-2）。

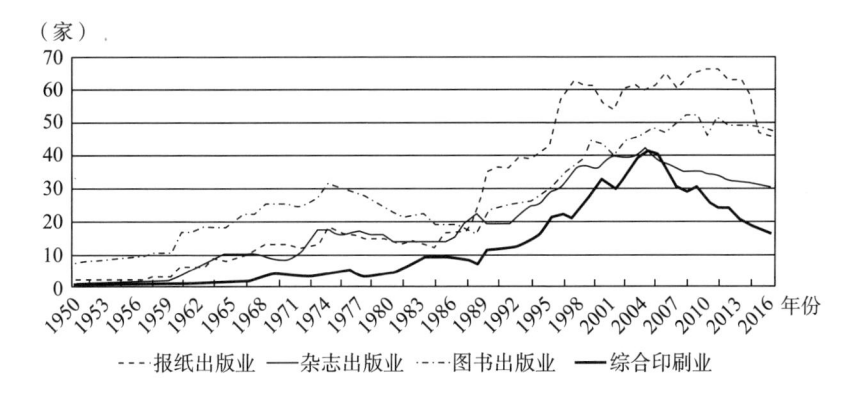

图2-2 1950—2016年报纸出版业、杂志出版业、图书出版业和综合出版业上市公司数量发展趋势

需要指出的是,"大量退出期"并不是指产业进入衰亡阶段,而只是G—K产业生命周期模型五大阶段的第四个阶段,在经历"大量退出期"阶段后,按照产业生命周期理论,新闻出版业很可能将进入产业"成熟期"发展阶段。

二 电影业:经历两阶段快速发展,正由"稳定期"向"退出期"变迁

与新闻出版业发展趋势类似的是,电影业上市公司数量自1950年以来也经历了两次快速发展的"大量进入"期,分别为1974—1987年(峰值100家)和1995—2006年(峰值245家)。电影业的快速发展使其在上市公司数量上保持一定的优势,特别是2000年以来一直保持在200家以上。与此同时,电影业比重提升明显。自1950年以来,电影业比重多数年份高于4%,其中,1950—1955年、1970—1984年行业比重提升最快,1984年达到历史最高值9.67%。

1989—1993年和2008年以后,电影业上市公司数量明显下滑,电影业比重也出现明显下滑,1992年降至4.7%,2014年仅为5.54%。电影业两次下滑主要受到新兴媒体的冲击。20世纪80年代末90年代初,VCD的兴起对电影业形成了一波小的冲击;而90年代后期以来的互联网新兴媒体,特别是进入21世纪以来电影行业受到互联网影视娱乐的冲击更大,大量的传统用户流量转战线上媒体平台,很大程度上压缩了电影的发展空间。2013年以后,电影业出现了明显的由"稳定期"向"大量退出期"变迁的演变特征(见图2-3)。

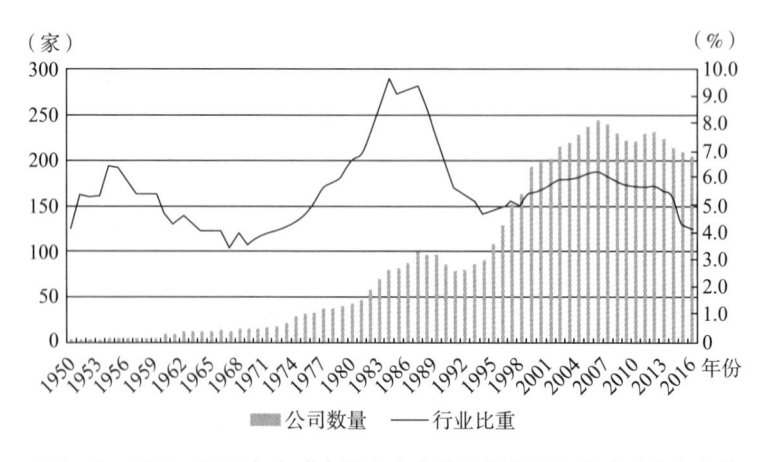

图2-3 1950—2016年全球电影业上市公司数量和行业比重演变趋势

三 广播电视业：20多年高速发展，2011年后开始进入"退出"期

电视广播站与有线和付费电视作为广播电视业两大支柱，2000年之前，上市公司数量上优势明显。1950年起，电视广播站业与有线和付费电视业上市公司总量总体处于不断上升趋势，从20世纪80年代初以来的飞速发展，两大行业上市公司数量急剧上升，2005年达到历史最高值187家，比1980年增长了246.3%，属于典型的"大量进入期"阶段。在这一阶段，两个行业交替上升，其中，1986—1993年电视广播站业上市公司数量明显高于有线和付费电视业，这一阶段主要是全球电视广播站业政策环境的改变，如美国20世纪80年代里根放松并购管制之后，FOX、UPN、WB以及少数族群的电视网开始兴建，最终形成了CBS、ABC、NBC、FOX四大电视网主导的格局。

进入2000年以来，全球互联网新媒体、网络电视、网络视频的发展日益严重地冲击着传统广播电视业，互联网丰富多元的视频内容满足了观众多样化需求，移动、便捷、个性化的消费形式更是获得观众钟爱。2000年以来，全球范围内的"三网融合"促进了电视媒体的升级换代，IPTV、OTTTV等数字电视积极响应了互联网时代电视媒体的消费需求，为传统电视行业带来了短暂的生机。

然而，2010年以来，移动互联网和互联网流媒体的普及则彻底改变了传统电视业的生态环境，互联网已全面渗透到电视业的内容开发、内容整合、内容播放和传输等价值链过程，以美国Netflix为代表的流媒体平台，凭借内容整合和信息网络传输几乎以零成本优势打破了有线电视的垄断；2012年以来，传统电视领域上市公司数量明显下滑，2014年减少到165家，其中，有线和付费电视业变化最为明显。2016年年末，美国Netflix流媒体平台订阅用户数量首次超过康卡斯特公司等美国有线电视运营商用户数的合计总量，标志着广播电视业正式进入"大量退出期"（见图2-4）。

四 网络文化业：经历两次跃迁，目前基本处于"稳定期"阶段

网络文化业的发展紧随互联网发展的轨迹经历两次跃迁式发展。20世纪80年代末开始引入，1995年开始第一次"大量进入"，快速增加到2000年的395家，年均增长率高于20%；2001—2002年，受全球互联网泡沫破灭影响，出现短暂下滑；2003年再次崛起，2012年达到历史最高值676家，与2000年相比，增长71%，成为全球文化创意产业的主要组成部分。2013年之后，虽有小幅下滑，但基本保持平稳。

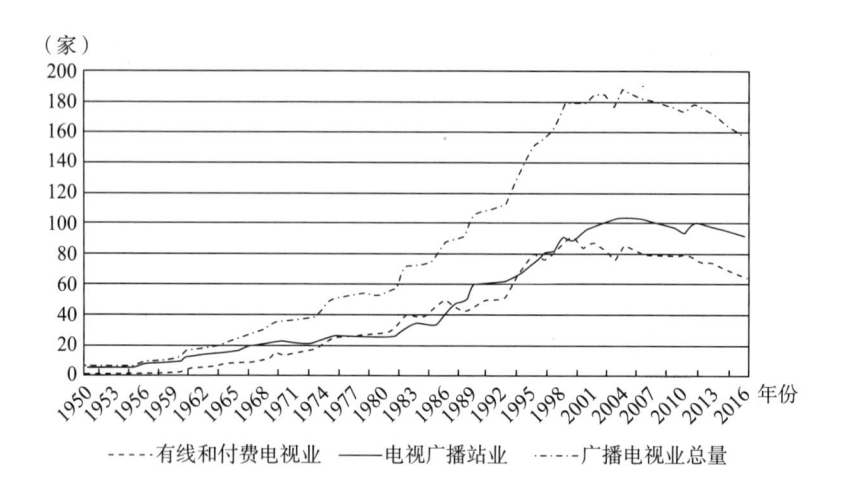

图 2-4　1950—2016 年全球广播电视业上市公司数量演变趋势

网络文化业占全球文化创意产业比重的发展趋势与网络文化业上市公司数量发展态势基本一致，20 世纪 80 年代末以来，不断上升。所不同的是，在 2013 年上市公司数量略微下滑的同时，网络文化业所占比重却仍然在不断提升（如前文所述，很多传统文化创意产业 2013 年之后都或多或少呈现下滑态势），2016 年为 18.51%，远远超过传统主流文化创意细分行业比重，并呈现出继续上升的发展趋势（见图 2-5）。

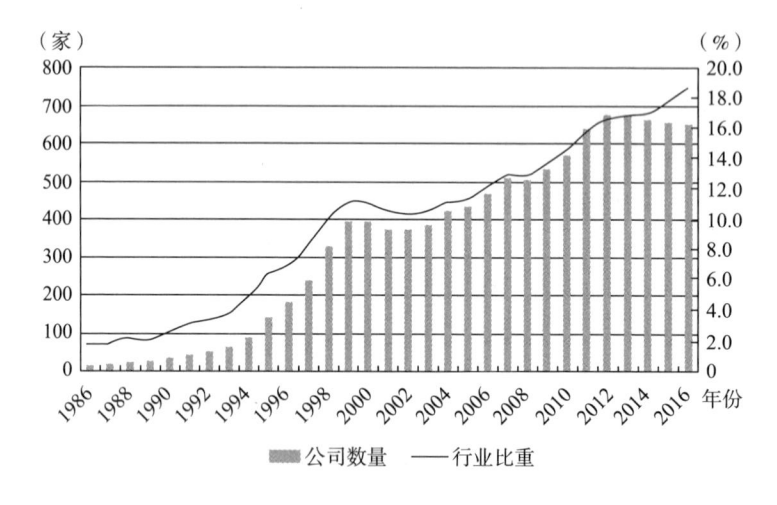

图 2-5　1986—2016 年网络文化业全球上市公司和行业比重演变趋势

五 广告服务业：数量和比重持续上升，2014年后进入"稳定期"

全球广告服务业上市公司虽起步较晚，但发展速度较快。1993—2005年为全球广告服务业上市公司"大量进入期"，到2005年，已达104家，全球广告服务业上市公司规模也初步确定。

与此同时，广告服务业在全球文化创意产业上市公司总量中所占比重也获得了增长。2000年以前，广告服务业在全球文化创意产业中的比重一直低于2%；2000年以后，随着数字广告技术的大幅增长和广告服务业上市公司数量大幅增长，其行业比重基本保持上升态势，表现出强劲的发展势头。2003年，广告服务业比重一举达到2.0%，其后一路增长，2015年达到3.2%。

2006—2013年广告服务业发展速度放缓，上市公司数量在2013年达到峰值123家，其后略有小幅滑落，但基本保持平稳态势，显现出产业生命周期的"稳定期"特征（见图2-6）。

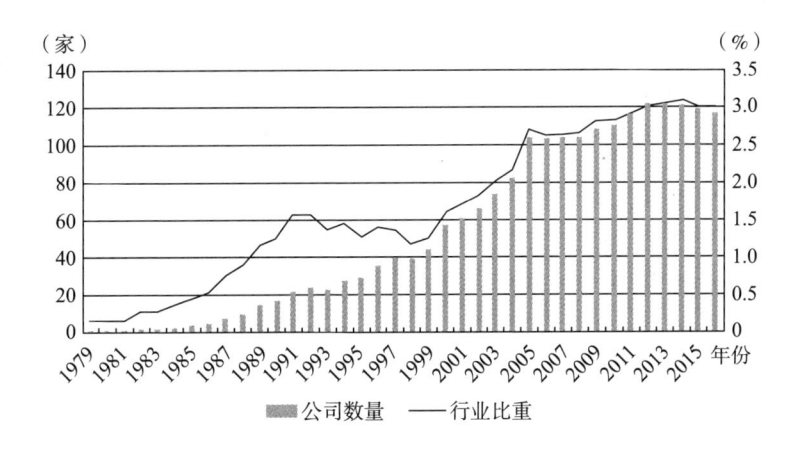

图2-6　1979—2016年全球广告服务业比上市公司数量及和行业比重演变趋势

六 家庭娱乐业：90年代爆发式增长，经大量退出后进入"成熟期"

家庭娱乐业发展的时间较晚且初期发展缓慢，全球第一家家庭娱乐业上市公司出现于1967年，但直至1986年全球家庭娱乐业上市公司一直增长缓慢，1994—1999年为全球家庭娱乐业上市公司的"大量进入期"，上市公司数量猛增，1999年达到200家，达到历史最高值。家庭娱乐业占全球文化创意产业比重紧随上市公司数量攀升而一直处于上升趋势，1999年达到历史最高值，为5.65%。

进入2000年以来，全球家庭娱乐业上市公司数量出现大幅度下滑趋势，家庭娱乐业比重也基本逐年下降，属于典型的"大量退出期"阶段特征。2007年家庭娱乐业上市公司数量略有反弹却又遭遇国际金融危机下探至2010年的119家，与此同时，家庭娱乐业比重也大幅下降，2010年波谷时期比重降至3.0%。在这一阶段，家庭娱乐业内部经历了残酷的新旧迭代，传统家庭娱乐方式被逐渐淘汰，而以互联网、新媒体、智能手机、平板电脑等带来的新兴娱乐方式成为家庭娱乐新宠。

从2011年开始，家庭娱乐业上市公司数量止跌企稳，行业比重也基本维持在3.1%左右徘徊，整个行业基本进入产业生命周期的"成熟期"发展阶段（见图2-7）。

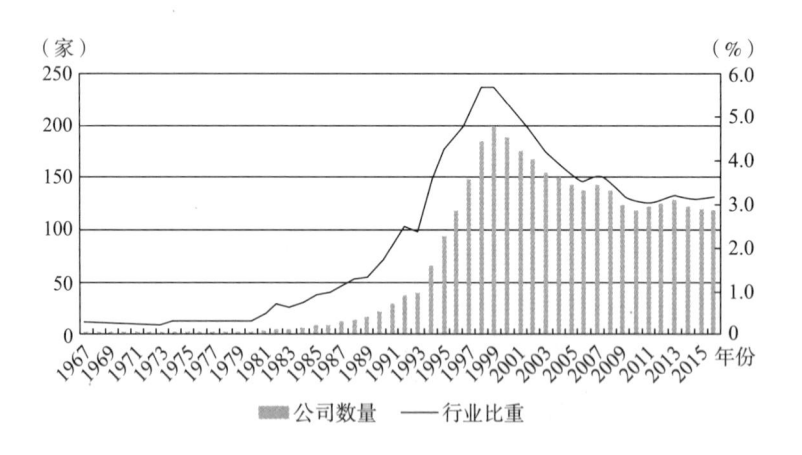

图2-7 1967—2016年家庭娱乐业全球上市公司数量和行业比重演变趋势

综上所述，全球6大核心文化创意产业从诞生以来经历了各自不同的生命周期演变路线，呈现出各具特色的行业演进规律，但深入分析发现，6大行业演进轨迹也有一定的共性特征：一是2000年以前，全球6大核心文化创意产业都基本保持了快速增长态势，虽然有的行业经历了或大或小的波动，但总体趋势都是增长的；二是传统文化创意产业在2004年以后，特别是在2014年之后都呈现出下降趋势，而以互联网为基础的数字创意产业在 2000—2010 年基本保持了增长趋势；三是新旧行业、新老媒体此消彼长、更替迭代的背后，其实是技术的更新换代所驱动，技术创新实际上是全球文化创意产业生命周期演变的根本驱动力。

第三节 2016 年全球文化创意产业结构特征与趋势研判

2016 年全球文化创意产业迈入一个新的历史阶段，以"大云平移"为代表的新一代信息技术全面赋能全球文化创意产业、重塑文化创意产业链，也引起了全球文化创意产业结构变革。通过对 2016 年全球文化创意产业上市公司所属行业的归类、分析可发现，文化创意产业结构变化明显。限于数据可得性，共收集到 2726 家文化创意产业上市公司，通过分析共选取公司数量比重大于 1% 的 21 大行业，共计 1816 家作为研究样本，占总量的 66.7%（见图 2-8）。

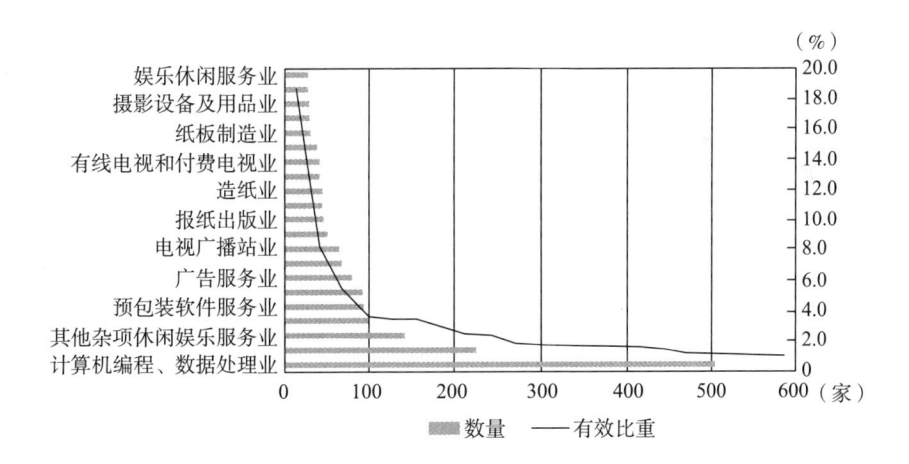

图 2-8 2016 年全球文化创意产业上市公司数量和
有效比重高于 1% 行业的分布格局

根据行业关联性进一步对全部细分行业进行整理划分，经过划分共整理出 8 大行业类型，分别为互联网信息服务业，文化设备生产业，造纸及纸质产品业，娱乐休闲业，广播电视电影业，出版印刷业，广告业，游戏、玩具及童车业。8 大行业类型也较为明显地反映出 2016 年全球文化创意产业上市公司的行业结构特征及趋势。

一　互联网信息服务业上市公司数量处于绝对领先地位

在已统计的比重最高的 20 个行业中，互联网信息服务业上市公司数量独得头筹。2016 年，互联网信息服务行业上市公司数量达到 598 家，占所统计文化创意产业公司总量的 22%，在所有行业中比重最高。其中，计算机编程、数据处理服务业上市公司多涉及网上新闻、音乐、视频动漫、文学等互联网文化娱乐平台，数量为 504 家，占互联网信息服务业上市公司数量的 84.3%。预包装软件多指通用应用软件中的多媒体软件、网上软件下载、游戏动漫软件、数字出版软件开发，2016 年数量为 94 家，行业比重为 3.5%。

互联网信息服务业上市公司在数量上的优势再一次彰显了互联网相关行业成为文化创意产业主流的时代特征。新一代信息技术——大数据、人工智能、AR、VR 等的运用不断升级传统文化创意产业业态，创造新的经济增长模式。全球云计算市场规模预计 2016—2020 年复合年增长率达 22%，大数据的市场规模预计从 2015 年的 0.14 万亿美元增长到 2020 年的 1.03 万亿美元。① 技术的升级不断创新产品形式、提高用户体验，促进了数字文化创意产业的发展，进而加速了全球计算机编程、数据处理服务业文化创意企业的崛起。

二　文化装备生产业上市公司优势明显，位居第二

在文化内容信息化、数字化的发展背景下，文化装备业上市公司在数量上继续保持着较大的体量，2016 年为 346 家，占行业的 12.8%，在数量和比重上仅次于互联网信息服务业上市公司，居所统计文化创意产业行业第二位。

文化装备生产业上市公司涉及广播电视通信设备业、家用音频和视频设备业、摄影设备及用品业三类细分行业。其中，广播电视通信设备业上市公司数量最高，为 225 家，占行业的 8.3%；其次是家用音频和视频设备业，数量为 92 家，占 3.4%；摄影设备及用品业上市

---

① 《2016 年世界互联网发展乌镇报告》，人民网，http://media.people.com.cn/n1/2016/1118/c40606-28879457.html，2016-11-18。

公司相对较少，2016年为29家，占1.1%。广播电视通信设备业上市公司数量占有明显的优势，成为文化设备生产业重要成分。数字文化内容的爆发加速了支撑文化内容消费的智能终端的市场需求，特别是随着科技进步、文化装备迭代频率进一步加快，直接推动文化装备生产业的发展。

三 造纸及纸质产品业上市公司总体比重仍居高不下

造纸及纸质产品业上市公司是第三大类文化创意产业型上市公司，2016年数量为259家，占9.5%。造纸及纸质产品业发展时间较长，形成了丰富的产品种类，目前造纸及纸质产品业主要由转印纸和纸板产品业、纸及相关产品业、纸板容器和包装箱业、纸板制造和造纸业五个行业组成，其中，转印纸和纸板产品业公司比重最大，占行业的3.6%；其次为纸及相关产品业、造纸业、纸板容器业和包装箱业、纸板制造业，分别占1.7%、1.6%、1.5%、1.1%（见图2-9）。

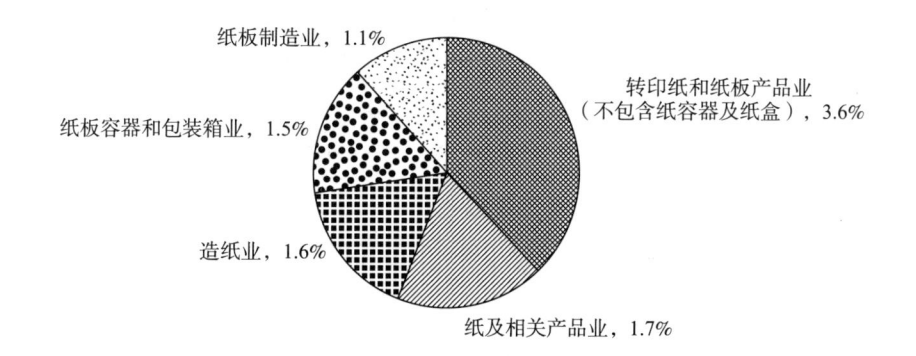

图2-9 2016年造纸及纸质产品业上市公司行业分布

数字化时代，信息、内容的电子化发展给传统的印刷出版带来巨大的冲击，传统的造纸行业也频现颓势，但因为全球造纸行业巨大的历史基数，2016年，造纸及纸质产品业上市公司数量在文化创意产业中还占有一定的优势，扮演重要历史角色。上述数据也说明了目前某些国家的文化创意产业增长方式仍然较为传统，仍然需要消耗大量的纸质材料、需要消耗大量的森林树木。这一现状值得引起注意。

四 广播电视电影业优势受到挑战

广播电视电影业作为文化创意产业核心行业领域在各国发展中都占据

重要地位，也具备相对较好的发展基础，但随着互联网、新媒体的发展，以广播电视电影为代表的传统媒介开始让位于新兴媒介。2016年广播电视电影业上市公司数量为174家，占6.4%。从行业组成来看，主要包括电视广播站业、有线和付费电视服务业、电影及录像带生产业。其中，电影及录像带生产业数量最高，为68家，占行业的2.5%。其次是电视广播站业，为64家，占2.4%，再次是有线和付费电视服务业，数量为42家，占1.5%。

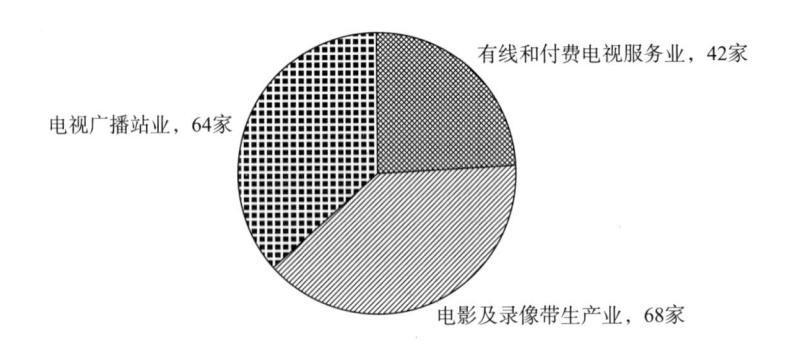

图 2-10　2016 年广播电视行业上市公司业结构分布

五　娱乐休闲业将占据更重要地位

娱乐休闲业自1982年（占5.2%）进入全球文化创意产业上市公司前三强以来一直在全球文化创意产业格局中占有重要比重，2016年，全球娱乐休闲类上市公司169家，占行业的6.2%，与历史水平几乎持平，娱乐休闲业在全球文化创意产业市场动荡中一直保持稳定的发展态势。娱乐休闲业上市公司主要由两类构成：一类是主要从事博彩游戏及相关酒店、娱乐设施服务等各种不同种类的休闲娱乐服务，在国际行业分类中统称为杂项休闲娱乐服务，这类上市公司数量较多，2016年为142家，是娱乐休闲业的主要构成部分；另一类是娱乐休闲服务，主要从事娱乐休闲内容的制作与发行，以及艺术表演、剧场经营、运动表演等领域，这类上市公司数量较少，2016年为27家，占行业的1%。娱乐休闲业是全球文化创意产业的重要组成部分，是文化体验消费的重要领域，随着全球人均财富的进一步提升，其将继续在全球文化创意产业格局中占据重要地位。

六　出版印刷业体量将持续削减

出版印刷业作为较早出现的文化创意产业业态曾占据全球文化创意产业的主体地位，随着电子媒介的普及以及知识内容的电子化，传统的纸媒逐渐被取代。2016 年，全球出版印刷业上市公司为 125 家，占行业的 4.3%，相对于其他行业，出版印刷业上市公司在数量上不再具有优势，行业比重也相对降低；从组成成分上看，主要由报纸出版印刷业、图书出版印刷业和商业印刷业三大行业组成。其中，商业印刷业数量最高，为 50 家，占行业的 1.8%；其次为报纸出版印刷业，为 46 家，占 1.7%；最后是图书出版印刷业，数量为 29 家，占 1.1%。而传统的杂志出版业、综合出版业以及印刷业未能挤进行业前 20 名（比重也低于 1%）。因此，出版印刷业虽然总体上仍然是全球文化创意产业的重要组成部分，但从规模数量和比重上将会持续下降，出版印刷业面临重大时代变革。

七　广告业增长势头强劲

广告业相对于其他文化创意产业来说，起步较晚，但增速较快，成为全球文化创意产业上市公司数量增速最快的行业之一。2016 年，全球广告业上市公司数量为 118 家，占行业的 4.3%，仅次于出版印刷业。广告业主要由两类上市公司组成，一类是广告服务（Services - Advertising），这类广告上市公司较多，2016 年为 80 家，占行业的 2.9%；另一种是广告代理(Services - Advertising Agencies) 类上市公司，2016 年数量为 38 家，占行业的 1.4%。从未来发展趋势看，随着社交媒体、自媒体的崛起，传统的平面广告将向电子广告转移。数据显示，2017 年，全球互联网广告规模达到 2050 亿美元的规模，超过传统电视广告规模（1920 亿美元）；其中，社交媒体广告增速最快，2016 年增长率高达 51%。[①] 同时，随着大数据技术的应用，广告行业将向精准化、个性化、创意性的道路发展，广告的形式更加灵活，广告的载体将更加丰富，广告业也将继续更新迭代。

八　游戏、玩具及童车业向新兴市场转移

游戏、玩具及童车业（玩偶及自行车除外）作为 8 大行业类型的最后一位，2016 年上市公司数量为 27 家，占行业的 1%。与其他 7 大行业相比，游戏、玩具及童车业（玩偶及自行车除外）上市公司在数量和行

---

① 实力媒体：《2050 亿 & 1920 亿：2017 全球互联网广告首超传统电视广告》，http://www.sohu.com/a/131193803_ 570250，2017 年 9 月 30 日。

业比重上不具有优势,无法充当文化创意产业的主体,但游戏、玩具及童车业(玩偶及自行车除外)作为实体型、特定人群(儿童)型文化创意产品,具有更加清晰的市场受众定位和产品需求定位;同时,近年来,游戏、玩具、童车等儿童产品需求量、单位价格等与日俱增,游戏、玩具及童车业(玩偶及自行车除外)的产品质量也不断提升,这都显示了该行业未来发展的巨大空间与潜力。游戏、玩具及童车业(玩偶及自行车除外)应整合文化创意产业知名IP,进行创意创新,提升游戏、玩具及童车等产品质量,推动全球游戏、玩具及童车行业(玩偶及自行车除外)的发展。此外,传统发达国家面临人口老龄化,中国、印度、南非等新兴市场国家具备庞大的年轻消费群,发展游戏、玩具及童车业的潜力巨大。

2016年全球文化创意产业上市公司8大行业分类统计情况如表2-3所示。

表2-3 2016年全球文化创意产业上市公司8大行业分类统计情况

分类	行业代码	行业名称	行业名称	数量	有效比重(%)
互联网信息服务业	7370	Services – Computer Programing, Data Processing, ETC	计算机编程、数据处理服务业等	504	18.5
	7372	Services – Prepackaged Software	预包装软件服务业	94	3.5
		合计		598	22
文化装备生产业	3663	Radio & TV Broadcasting & Communications Equipment	广播电视和通信设备业	225	8.3
	3651	Household Audio & Video Equipment	家用音频和视频设备业	92	3.4
	3861	Photographic Equipment & Supplies	摄影设备及用品业	29	1.1
		合计		346	12.8
造纸及纸质产品业	2670	Converted Paper & Paperboard Prods (No Containers/Boxes)	转印纸和纸板产品业(不包含纸容器及纸盒)	98	3.6
	2600	Papers & Allied Products	纸及相关产品业	45	1.7
	2621	Paper Mills	造纸业	44	1.6
	2650	Paperboard Containers & Boxes	纸板容器及包装箱业	42	1.5
	2631	Paperboard Mills	纸板制造业	30	1.1
		合计		259	9.5

续表

分类	行业代码	行业名称	行业名称	数量	有效比重（%）
娱乐休闲业	7900	Services – Amusement & Recreation Services	娱乐休闲服务业	27	1.0
	7990	Services – Miscellaneous Amusement & Recreation	其他休闲娱乐服务业	142	5.2
		合计		169	6.2
广播电视电影业	4841	Cable & Other Pay Television Services	有线电视和其他付费电视服务业	42	1.5
	7812	Services – Motion Picture & Video Tape Production	电影及录像带生产业	68	2.5
	4833	Television Broadcasting Stations	电视广播站业	64	2.4
		合计		132	4.9
出版印刷业	2750	Commercial Printing	商业印刷	50	1.8
	2711	Newspapers：Publishing or Publishing & Printing	报纸业出版印刷业	46	1.7
	2731	Books：Publishing or Publishing & Printing	图书出版印刷业	29	1.1
		合计		125	4.6
广告业	7311	Services – Advertising Agencies	广告代理业	38	1.4
	7310	Services – Advertising	广告服务业	80	2.9
		合计		118	4.3
游戏、玩具及童车业	3944	Games，Toys & Children'S Vehicles（No Dolls & Bicycles）	游戏、玩具及童车业（玩偶及自行车除外）	27	1.0

第三章 全球文化创意产业区域结构格局与演变态势

本报告按照上市公司注册所在国家（或地区）对全球文化创意产业区域结构历史演变进行深入分析，从而对世界各国文化创意产业发展演变进行按国别的精细化分析，进而更加深入准确地把握全球文化创意产业发展变化规律与演变态势。①

第一节 1990—2016年全球文化创意产业区域结构总体特征

1990—2016 年，全球文化创意产业上市公司区域结构组成具有涉及国家数量逐渐增加、大国占比相对缩小、发展中国家势头强劲等特点。联合国《2018 年世界经济形势与展望》指出，东亚和南亚较之 2017 年仍将是世界上最具经济活力和增长速度最快的区域，其中，中国、印度的经济前景呈现乐观态势。② 发展中国家借着多极化与全球化的机遇得到了迅速发展，其中文化创意产业也愈加受到各国重视。

1990 年，全球文化创意产业上市公司的数量有限，总计有 1347 家，

---

① 本报告所说的区域结构，全部是指国家和地区结构，限于字数和行文流畅性，一些地方简称为国家结构。需要特别强调的是，所有涉及中国台湾的地方均指中国台湾，涉及中国香港的地方均指中国香港，涉及中国澳门的地方均指中国澳门。关于"一带一路"沿线国家和地区均指沿线国家和地区，报告中如有某些地方疏漏，在此一并予以纠正之。

本章上市公司数量统计基于各公司的注册地址所在国家和地区。在进行国家和地区的公司数量结构分析时，有很多公司是在开曼群岛、维京群岛、百慕大等地区注册的，限于时间关系，研究团队未能将这些公司的具体归属进行细化分析。

② 联合国发布的《2018 年世界经济形势与展望》指出："全球经济增长趋强，中国贡献约占三成"，http://www.sohu.com/a/210151431_120702，2017 年 12 月 13 日。

并且在分布上存在明显的极化现象。文化创意产业上市公司集中分布在美国、日本、加拿大、英国和法国5个国家。其中，仅美国的文化创意产业上市公司就有851家，在数量上占据绝对优势。德国、荷兰和瑞典在1990年已经拥有了超过十家文化创意产业上市公司，与其政府对文化创意产业的一贯重视关系极大。其余国家和地区的文化创意产业上市公司在1990年均比较少，尚处于初期起步阶段。

2012年，联合国教科文组织发布的《如何衡量与统计文化产业对经济的贡献》指出，从20世纪90年代末期开始，文化创意产业能够逐渐吸纳高素质的员工，也吸引了更多的投资，推动了经济创造力与创新能力的提升，文化创意产业所创造的产值占GDP的比重也开始上升，或许能够成为主导经济增长的重要因素之一。[①]

与上述判断比较一致的是：全球文化创意产业上市公司数量自1990年以来在迅速增加，到1999年，已经达到3540家，比1990年增长了162.8%。而到2016年，全球文化创意产业上市公司注册地数量增加到75个国家和地区，较1990年的33个已经有了很大范围的扩展，大量发展中国家和地区逐渐参与到文化创意产业的发展潮流中来，其中，毛里求斯首次出现在2000年的名单中；巴林2004年出现文化创意产业上市公司；乌干达2016年也进入了全球文化创意产业上市公司的国家名录。在2016年文化创意产业上市公司注册的国家和地区中，公司数量超过30家的国家和地区已经有20个，是1990年的4倍。

一 2016年全球文化创意产业上市公司的区域分布特征

2016年，全球文化创意产业上市公司数量十强的国家和地区包括美国、中国、韩国、日本、中国台湾、澳大利亚、开曼群岛、英国、瑞典、加拿大。其中，美国位列第一，其文化创意产业上市公司数量是第二名中国的1.73倍左右。排名第十的加拿大共有75家文化创意产业上市公司，不足美国的20%。整体而言，文化创意产业上市公司数量在区域分布上具有非常明显的梯度特征，美国一枝独秀，但还有55个国家和地区的文化创意产业上市公司数量占全球总量的1%以下；在洲际分布上，东亚国家和地区文化创意产业焕发出勃勃生机。

从2016年全球文化创意产业上市公司的区域结构特征来看，各国和

---

① 赵琪：《"文创"产业受到全球性关注》，《中国社会科学报》2016年2月17日。

地区文化创意产业的发展极不平衡。

(一)美国的文化创意产业上市公司数量最多

美国文化创意产业上市公司数量最多,有435个,占全球文化创意产业上市公司的16%,处于绝对领先地位。

首先,与美国自身具有强大的经济实力有关。根据世界银行发布的数据,2016年,美国GDP总量为18.03万亿美元,占全球GDP总量的24.32%,遥遥领先于其他国家,这成为美国文化创意产业上市公司发展的坚强后盾。随着全球化和信息化的不断发展,美国在高新技术产业上占有的优势相对缩小,但文化创意产业的巨大潜力还尚未被其他国家深入挖掘,美国可能试图通过对文化创意产业的扶持来保持其经济地位。

其次,文化创意产业上市公司的蓬勃发展也离不开美国政府一贯的对创新的大力支持。对创新型人才的着重培养、宽松的创新环境、有力的鼓励政策等都有利于美国文化创意产业的孕育,这在很大程度上推动了美国创意阶层的形成。美国学者佛罗里达认为,美国社会已经分化成四个主要的群体:农业阶层、劳工阶层、服务阶层和创意阶层,其中,创意阶层是指工作中包含较多创造性成分的群体,包括科学家、工程师、诗人、小说家、演员、设计师等。创意阶层的集聚形成创意中心,这些创意中心则成为文化创意产业上市公司萌芽的最佳土壤。

再次,美国对知识产权的重视也在一定程度上为文化创意产业上市公司的发展提供了条件。在一个创意推出以后,社会上对其的复制、模仿产品必然会层出不穷,如果无法保证它的知识产权,将会对其开发公司造成极大的损害。美国对知识产权的重视则保证了文化创意产业上市公司的权益。

最后,文化消费理念与文化消费行为的常态化也促进了美国文化创意产业的成长。从20世纪初叶福特汽车率先给予员工充足的假日时间以及优厚的工资待遇以来,娱乐休闲在美国人的消费观念中就占据着重要的地位,文化娱乐消费已经成为美国人日常生活的一部分。国内市场的消费需求拉动了生产的发展,为文化创意产业上市公司数量的增加奠定了基础。

(二)中国占据第二梯队的"领头羊"地位

2016年,中国文化创意产业上市公司数量有251个,占全球总数的9.2%,这与中国政府对文化创意产业能够极大地拉动经济发展的准确判断有关。自改革开放以来,"文化市场""文化经济""文化产业""文化生产力"和"文化软实力"等概念不断被提出；在"十一五"时期，中国共产党提出了建设"创新型国家"的目标；2012年十八大报告更是确定了"文化强国"的发展战略目标，为文化创意产业上市公司的蓬勃发展创造了良好的环境。值得注意的是，尽管中国的文化创意产业上市公司数量不断增加，所占比重不断提高，但与第一名的美国之间仍然存在较大的差距。此外，美国的文化创意产业上市公司数量众多、规模庞大，掌握着业内领先的技术，如苹果、谷歌等公司的业务和产品不仅在国内推广，在国外也具有极高的知名度和影响力。但是，中国的文化创意产业上市公司的业务范围和影响力则多局限于国内，难以在全球竞争力上与美国公司相比。中国文化创意产业的未来发展必然需要国家和政府更大的支持力度。

韩国、日本、中国台湾、澳大利亚和英国居于第二梯队的领先位置，其文化创意产业上市公司数量依次为219家、200家、171家、155家和117家，分别占8.0%、7.3%、6.3%、5.7%和4.3%（见图3-1）。这些国家和地区文化创意产业迅速发展的共同原因在于国家和地区的大力支持：韩国奉行"文化就是国力"的治国理念，努力践行以文化创意为内驱力的"创造经济"发展模式；日本在1996年就通过了《21世纪文化立国方案》，并且制定了《振兴文化艺术基本法》《著作权管理法》等一系列法律法规来保障文化创意产业发展环境的良好。瑞典、加拿大、波兰、泰国、法国位于第二梯队的中间位置，分别占总量的3.0%、2.8%、2.5%、2.5%和2.1%，这些国家2016年的文化创意产业上市公司数量均超过50家。居于第三梯队的是马来西亚、印度尼西亚、新加坡、德国、意大利、以色列和荷兰，其中，荷兰的文化创意产业上市公司仅占总数的1.0%（见表3-1）。

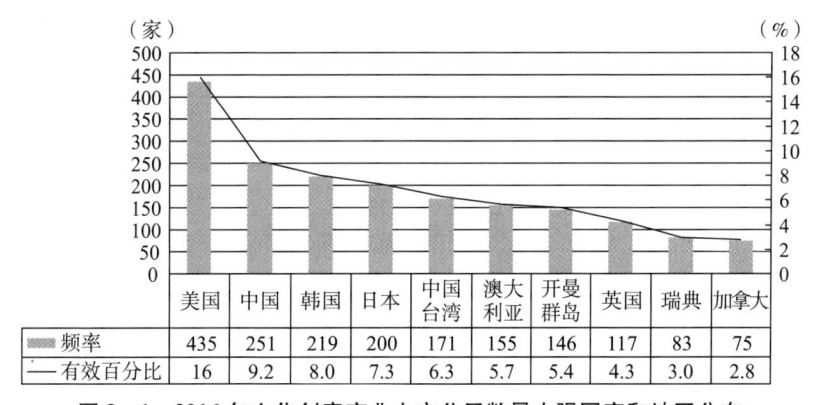

	美国	中国	韩国	日本	中国台湾	澳大利亚	开曼群岛	英国	瑞典	加拿大
频率	435	251	219	200	171	155	146	117	83	75
有效百分比	16	9.2	8.0	7.3	6.3	5.7	5.4	4.3	3.0	2.8

图3-1 2016年文化创意产业上市公司数量十强国家和地区分布

表3-1　2016年全球主要国家和地区文化创意产业上市公司分布　　单位:%

国家和地区	有效百分比	国家和地区	有效百分比	国家和地区	有效百分比
美国	16	中国香港	0.6	马恩岛	0.1
中国	9.2	瑞士	0.5	卢森堡	0.1
韩国	8.0	西班牙	0.5	阿根廷	0.1
日本	7.3	智利	0.5	哥伦比亚	0.1
中国台湾	6.3	南非	0.4	塞浦路斯	0.1
澳大利亚	5.7	巴基斯坦	0.4	爱沙尼亚	0.1
开曼群岛	5.4	葡萄牙	0.4	直布罗陀	0.1
英国	4.3	菲律宾	0.4	牙买加	0.1
瑞典	3.0	比利时	0.3	摩洛哥	0.1
加拿大	2.8	希腊	0.3	阿曼	0.1
百慕大	2.7	泽西岛	0.3	秘鲁	0.1
波兰	2.5	墨西哥	0.3	特立尼达和多巴哥	0.1
泰国	2.5	沙特阿拉伯	0.3	阿联酋	0
法国	2.1	新西兰	0.3	奥地利	0
马来西亚	1.9	科威特	0.2	保加利亚	0
印度尼西亚	1.4	马耳他	0.2	巴林	0
新加坡	1.4	挪威	0.2	匈牙利	0
德国	1.4	克罗地亚	0.2	约旦	0
意大利	1.3	印度	0.1	肯尼亚	0
以色列	1.2	爱尔兰	0.1	立陶宛	0
荷兰	1.0	拉脱维亚	0.1	卡塔尔	0
土耳其	0.8	毛里求斯	0.1	俄罗斯	0
芬兰	0.8	尼日利亚	0.1	斯洛伐克	0
越南	0.8	英属维尔京群岛	0.1	乌干达	0
丹麦	0.7	孟加拉国	0.1	合计	100
巴西	0.7	埃及	0.1		

通过以上分析可以看出,全球文化创意产业上市公司的区域分布具

有明显的梯度特征,第一、第二与第三梯队之间的差距极大,一些老牌的发达国家和地区甚至处在第三梯队,发展中国家和地区也能够进入第二梯队。这给予我们重要的启示:文化创意产业极有可能在全球经济秩序的重组中扮演着非常重要的角色,任何国家和地区想要在新的经济格局之中占有一席之地,都必须加强文化创意产业发展。另外,虽然中国在文化创意产业上市公司数量上排名全球第二,但必须正视中国与居于榜首的美国仍然具有不小的差距这一事实。

二 1990—2016 年全球文化创意产业上市公司区域格局演变

全球文化创意产业上市公司的区域分布既反映了文化创意产业在全球发展演进的轨迹,也反映了不同国家和地区文化创意产业的发达程度。从 1990—2016 年各国和地区文化创意产业上市公司数量所占比例的变化趋势来看,原有的文化创意产业大国所占比例基本都处于下降之中(见表 3-2)。追根溯源,这是由于文化创意产业上市公司注册地所在国家和地区范围大幅扩大,且有很多发展中国家新加入进来的缘故。①

表 3-2 1990—2016 年全球文化创意产业上市公司
数量排行前十名的国家和地区

单位:%

年份	国家和地区	有效百分比	年份	国家和地区	有效百分比	年份	国家和地区	有效百分比
1990	美国	63.2	1991	美国	62.2	1992	美国	62.5
	日本	10.4		日本	10.4		日本	10.3
	英国	8.0		英国	7.6		英国	7.4
	加拿大	5.9		加拿大	5.7		加拿大	5.7
	法国	2.4		法国	2.3		法国	2.1
	德国	1.0		德国	1.0		德国	0.9
	荷兰	0.8		荷兰	0.8		百慕大	0.9
	瑞典	0.8		瑞典	0.8		中国	0.8
	澳大利亚	0.7		中国	0.7		荷兰	0.8
	瑞士	0.7		百慕大	0.6		瑞典	0.7

---

① 本报告采用联合国统计惯例,根据全球权威上市公司数据库统计方式,以上市公司归属地为标准,按照中国大陆与中国台湾、中国香港、中国澳门分别进行文化创意产业上市公司的统计分析,从而可以更加清楚地把握中国在全球竞争格局中的地位与优劣势状况。下同。

续表

年份	国家和地区	有效百分比	年份	国家和地区	有效百分比	年份	国家和地区	有效百分比
1993	美国	61.4	1994	美国	59.0	1995	美国	56.2
	日本	9.7		日本	9.7		日本	9.1
	英国	7.3		英国	6.8		英国	7.4
	加拿大	6.2		加拿大	5.7		加拿大	5.3
	法国	2.0		中国	2.4		中国	2.8
	中国	1.5		法国	2.1		法国	2.2
	百慕大	1.1		百慕大	1.3		印度	2.2
	德国	0.8		澳大利亚	1.2		百慕大	1.3
	荷兰	0.7		马来西亚	0.9		澳大利亚	1.2
	澳大利亚	0.7		新加坡	0.8		马来西亚	1.0
1996	美国	51.4	1997	美国	46.5	1998	美国	44.1
	英国	9.1		英国	9.1		英国	8.6
	日本	8.0		日本	7.4		日本	7.6
	加拿大	4.6		加拿大	4.3		加拿大	4.3
	法国	2.8		印度	3.5		印度	3.7
	印度	2.6		法国	2.8		法国	3.3
	中国	2.5		中国	2.5		澳大利亚	2.6
	百慕大	2.2		百慕大	2.5		德国	2.5
	澳大利亚	1.4		澳大利亚	2.1		百慕大	2.5
	马来西亚	1.4		德国	1.6		中国	2.4
1999	美国	40.9	2000	美国	37.6	2001	美国	33.5
	英国	8.3		日本	9.0		日本	9.5
	日本	8.1		英国	8.5		英国	8.7
	加拿大	4.3		印度	4.1		印度	5.3
	德国	3.7		德国	4.0		德国	3.7
	印度	3.7		加拿大	3.8		澳大利亚	3.7
	法国	3.7		法国	3.8		加拿大	3.6
	澳大利亚	2.9		澳大利亚	3.5		法国	3.6
	百慕大	2.3		百慕大	2.4		中国	2.7
	中国	2.3		中国	2.4		百慕大	2.6

续表

年份	国家和地区	有效百分比	年份	国家和地区	有效百分比	年份	国家和地区	有效百分比
2002	美国	30.0	2003	美国	26.9	2004	美国	24.7
	日本	9.7		日本	9.8		日本	10.2
	英国	8.8		英国	8.7		英国	8.9
	印度	5.8		印度	6.1		印度	6.1
	澳大利亚	3.8		澳大利亚	3.8		法国	3.6
	加拿大	3.5		加拿大	3.6		澳大利亚	3.5
	德国	3.3		法国	3.5		中国台湾	3.4
	法国	3.3		中国台湾	3.4		加拿大	3.4
	中国台湾	3.1		德国	3.2		德国	3.2
	百慕大	2.8		中国	3.0		中国	3.1
2005	美国	22.9	2006	美国	22.0	2007	美国	20.8
	日本	10.3		日本	10.8		日本	10.6
	英国	8.7		英国	8.1		英国	7.7
	印度	6.3		印度	6.4		印度	6.8
	法国	3.6		澳大利亚	3.5		中国	4.5
	澳大利亚	3.6		中国	3.5		法国	3.4
	加拿大	3.4		法国	3.5		澳大利亚	3.4
	中国台湾	3.3		加拿大	3.4		中国台湾	3.2
	德国	3.3		中国台湾	3.4		开曼群岛	3.2
	中国	3.1		德国	3.2		加拿大	3.1
2008	美国	19.5	2009	美国	19.4	2010	美国	19.3
	日本	10.3		日本	10.0		日本	9.8
	英国	7.2		印度	7.0		印度	7.1
	印度	6.9		英国	6.7		英国	6.4
	中国	5.1		中国	5.7		中国	5.9
	开曼群岛	3.6		中国台湾	4.0		中国台湾	4.4
	中国台湾	3.6		开曼群岛	3.8		开曼群岛	4.2
	法国	3.3		法国	3.4		澳大利亚	3.3
	澳大利亚	3.3		澳大利亚	3.3		法国	3.1
	韩国	3.3		百慕大	2.9		百慕大	2.9

续表

年份	国家和地区	有效百分比	年份	国家和地区	有效百分比	年份	国家和地区	有效百分比
2011	美国	18.7	2012	美国	18.0	2013	美国	17.4
	日本	9.6		日本	9.7		日本	10.2
	印度	6.7		印度	6.6		印度	6.6
	中国	6.1		中国	6.2		中国	6.3
	英国	5.9		英国	5.5		英国	5.4
	开曼群岛	4.6		开曼群岛	4.9		开曼群岛	5.1
	韩国	4.6		韩国	4.6		韩国	4.8
	中国台湾	4.3		中国台湾	4.6		中国台湾	4.6
	澳大利亚	3.2		澳大利亚	3.3		澳大利亚	3.5
	法国	3.0		加拿大	3.1		加拿大	3.2
2014	美国	16.2	2015	美国	17.2	2016	美国	16.0
	日本	10.8		中国	8.4		中国	9.2
	印度	6.6		韩国	7.6		韩国	8.0
	中国	6.5		日本	6.6		日本	7.3
	英国	5.4		中国台湾	6.4		中国台湾	6.3
	韩国	5.1		开曼群岛	5.3		澳大利亚	5.7
	开曼群岛	5.0		澳大利亚	5.1		开曼群岛	5.4
	中国台湾	4.8		英国	4.4		英国	4.3
	澳大利亚	3.8		加拿大	2.9		瑞典	3.0
	加拿大	3.1		百慕大	2.7		加拿大	2.8

(一)数量前十名的区域格局演变趋势分析

从1990—2016年文化创意产业上市公司排名前十名的国家和地区列表中可以看出，美国、日本和英国始终排在全球文化创意产业上市公司数量的前十名内，其中，美国以绝对的数量优势始终稳居榜首，日本和英国的排名则在前十名内有所变动。出现在榜上的次数超过15次的国家有加拿大、法国、澳大利亚、中国和印度，其中，澳大利亚和中国有25年都出现在前十名内。出现在前十名榜上超过十次的国家只有德国，其余国家仅在少数几年里名列前十。

印度自1995年挤进前十名后其排名一直处在靠前的位置，2009年，印度首次超过英国跃居全球第三名。这次排名变动足以看出2008年国际金融危机对英国的打击巨大，2009 年文化创意产业上市公司数量较之 2008 年也减少了 21 家。尽管印度也受到了冲击，但凭借着其庞大的市场以及日益发展的高科技和文化创意产业，印度经济在经受国际金融危机以后迅速恢复，2009 年的文化创意产业上市公司数量不仅没有减少，反而有所增加。

中国自 1991 年上榜以后便一直位列前十名，2015 年，中国的文化创意产业上市公司数量首次超过日本，跃居全球第二名。然而，2014 年以前，中国的全球排名一直位于印度之后。

德国 1994 年首次位列前十，但好景不长，1996 年之后，德国又落后于全球前十名。经过近十年的蛰伏，直到 2007 年德国才又重新出现在前十名列表中。

澳大利亚仅在 1991—1992 年出现在前十列表中，与之类似的是瑞士、新加坡和马来西亚。新加坡在 1994 年全球文化创意产业上市公司数量前十名排行榜中仅出现过一次，马来西亚则只在 1994—1996 年出现在前十名列表中。

（二）比重格局演变趋势分析

各国文化创意产业上市公司的数量在 1990—2016 年大体上呈现不断增加的趋势，但各自占总数的百分比变化趋势却与之相反。以美国为例，2016 年，美国文化创意产业上市公司数量仍然占据第一名，拥有 435 家文化创意产业上市公司，比第二名的中国高出一倍。但从其文化创意产业上市公司数量所占比例的变化曲线图来看，美国在文化创意市场上所占的份额在逐渐缩小。1990 年美国文化创意产业上市公司数量占据了全球的 63.2%，可以说是一家独大。2000 年，这个数据下降到 37.6%，短短的十年时间下降了近一半。2012 年，美国的比例下降到 18%；2016 年美国文化创意产业上市公司数量仅占据总数的 16%。虽然在绝对数量上美国仍占有优势，但这种优势正在被削弱（见图 3-2）。

相较于美国，英国、法国、德国、日本、中国和韩国六国所占比重的变化呈现出更加丰富的态势（见图 3-3）。1990 年，英国文化创意产业上市公司所占比重为 8%。在 1996 年和 1997 年两年，其所占比重达到峰值 9.1%，其后大体呈现出与美国相同的下滑趋势。2016 年，英国所占比重仅为全球的 4.3%。法国的比例曲线呈现出非常平缓的趋势，在 2000 年达到最高值 3.8%，其余 20 多年间均在 2%—4% 之间小幅变化。

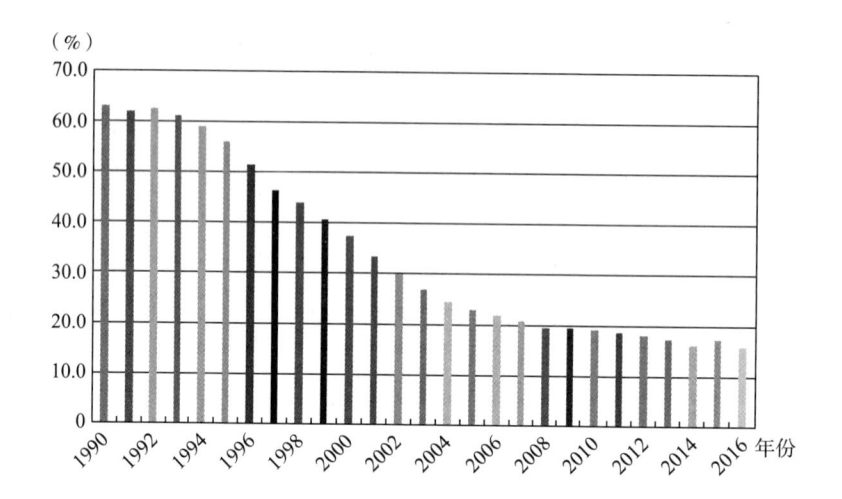

图 3-2　1990—2016 年美国文化创意产业上市公司比重演变趋势

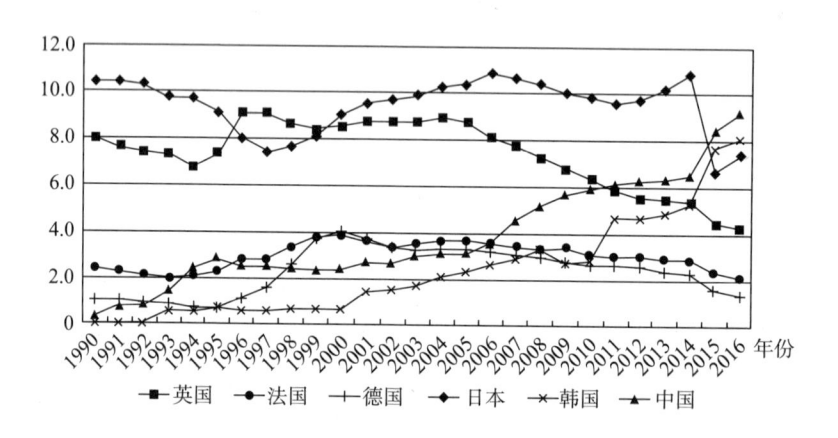

图 3-3　1990—2016 年六国文化创意产业上市公司比重结构演变趋势

日本文化创意产业上市公司数量的占比变化曲线图呈现出非常曲折的走势。1990 年，日本的文化创意产业上市公司数量占据全球的 10.4%，位居世界第二。在之后的几年中，这个数字一直呈现下降的趋势。1990 年正是日本泡沫经济破灭的时候，由于日本政府宏观政策的失误，当年日本股票价格大幅下跌，跌幅达 40% 以上，几乎使所有银行、企业和证券公司都出现巨额亏损。随后，日本地价也开始剧烈下跌，跌幅超过 46%，房地产市场泡沫随之破灭。泡沫经济破灭后，日本经济出现了长达 10 年之久的衰退期，这也解释了 1990 年开始日本文化创意产业数量逐步减少的原因。1997年开始日本经济逐渐复苏,其文化创意产业上市公司所占比重也缓慢回升。2006年,日本占比达到其最高点10.8%,随即又开始有小幅度的下滑。2014年,日本的占比数字重新回到顶峰。

韩国的文化创意产业上市公司数量演变曲线基本呈现稳步上升的趋势,2009年小幅下滑。2014—2015年增长速度陡然变快,2016年增速变慢。韩国文化创意产业的迅速发展得益于"文化就是国力"的治国理念和以文化创意为内驱力的"创造经济"发展模式。1998年,韩国确立了"文化立国"的国家方略,近年来也一直把"文化隆盛"作为四大国政课题之一,大力扶持文化创意产业,并于2014年年初设立了"创意韩国实验室"。① 同时,韩国还加大了对中小型文化创意企业的资金支持,为文化创意产业的发展努力营造良好的环境。政府的大力支持使韩国的文化创意产业迅速地成长起来,并使其一跃成为有全球影响力的文化创意产业国家。

从1990—2016年全球文化创意产业上市公司的区域结构特征来看,大部分国家和地区都已经意识到了文化创意产业在拉动经济发展中的重要性,无论是发展中国家和地区还是发达国家和地区都试图借助文化创意产业的强大推动力,进一步加强自身实力。对于发展中国家和地区来说,大力支持文化创意产业的发展成为必要;对于发达国家和地区尤其是一直领跑文化创意产业的美国而言,想要保持其在文化创意产业上的绝对优势将变得越来越难。

第二节　全球主要国家和地区文化创意产业发展演变态势

文化创意产业在区域经济与社会发展中的引领作用,已成为世界各国和地区政府的共识,不少国家和地区提出了"文化立国""文化强国"的发展战略。自20世纪90年代以来,文化创意产业已成为全球发展最快的产业之一,是许多国家和地区国民经济的重要战略性产业。目前,全

---

① 张乃禹:《韩国"创造经济":以文化创意为内驱力》,《中国社会科学报》2015年1月21日。

球文化创意产业发展不均衡。美国的文化创意产业起步早,发展成熟,占据了全球市场半壁江山。欧洲地区的文化创意产业以英国、法国、德国为核心,产业规模相对较大。亚洲地区的日本、韩国占据领先地位,中国、印度起步相对较晚,但发展很快,产业潜力巨大。

一 美国文化创意产业发展演变趋势分析

总体研判:1999 年以前,"口红效应"明显,经过十年"淘汰期",2010 年开始企稳正向"成熟期"过渡。

美国文化创意产业从 1950—1999 年经历了一番波澜壮阔的发展演进过程。首先在 1950—1959 年经历了缓慢的战后恢复期;1960 年开始至 1974 年经历了一波成长期;在 1975—1978 年短暂下滑后,1979 年又开始逐渐加速成长到 1986 年;其后 1987—1990 年短暂波动后,1991 年开始进入高速成长期,至 1999 年达到历史峰值 1448 家(同年美国道琼斯指数突破 10000 点大关)。美国文化创意产业上市公司职工人数也呈现出基本一致的演变趋势。需要指出的是,1950—1999 年,尽管美国经历了 1957 年、1960 年、1969 年、1973 年、1979 年、1990 年等多次大大小小的经济危机,然而,文化创意产业上市公司数量却逆势上扬,表现出了明显的"口红效应"(见图 3-4)。

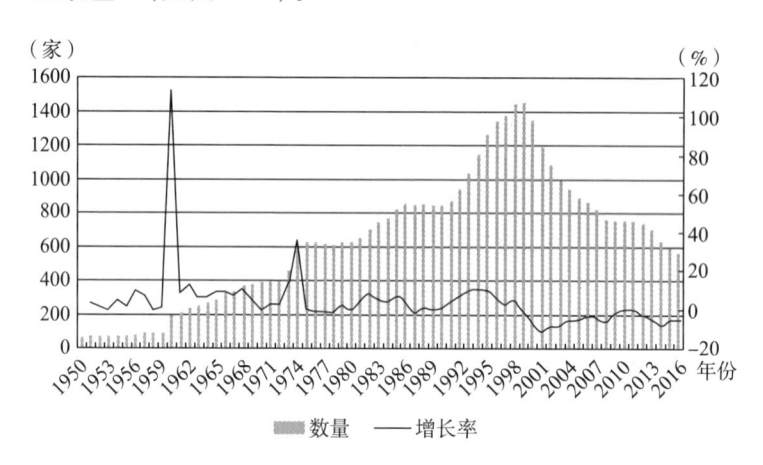

图 3-4 1950—2016 年美国文化创意产业上市公司数量和增长率演变趋势

2000 年,互联网泡沫破裂,随之带来了长达 10 年的"大量退出期"(或称淘汰期)。上市公司数量在 2000 年下降到 1349 家,其后连续大幅下降至 2009 年的 755 家,比 1999 年峰值降幅高达 47.86%。在这一过程中，美国文化创意产业内部也经历了大量的兼并重组运动，如2004年NBC与环球合并，2005年索尼收购米高梅、派拉蒙收购梦工厂，2006年迪士尼收购皮克斯，2008年时代华纳合并新线等。

2010年，美国文化创意产业上市公司数量有所企稳，虽然2012年之后又有略微下滑，但总体态势比较平稳，说明开始进入产业生命周期的"成熟期"阶段。自2010年以来，美国文化创意产业上市公司从业人数的平稳增长也可以验证这一结论（见图3-5）。

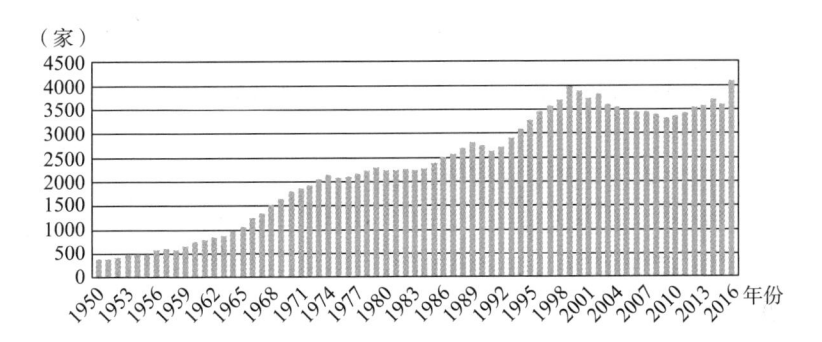

图3-5 1950—2016年美国文化创意产业上市公司从业人数演变趋势

二 英国文化创意产业发展演变趋势分析

总体研判：2005年以前持续攀升，2005年以后进入"淘汰期"，2012年有向"成熟期"过渡的迹象。

英国是最早提出"创意产业"概念的国家，文化创意产业是英国从"世界工厂"转型为"世界创意中心"的重要动力，已成为英国仅次于金融服务业的支柱产业。

1987—2005年，文化创意产业成为英国经济转型的新增长热点，上市公司数量持续快速增长。特别是20世纪90年代中后期英国政府正式提出"文化创意产业"概念及颁布相关政策后，英国文化创意产业进入"大量进入期"，2005年，上市公司数量达到历史最高值340家。

2006—2011年，英国文化创意产业上市公司数量开始呈下滑趋势，进入产业生命周期的"淘汰期"，2011年下降到237家，比2005年峰值减少了30.29%。2012年开始，下滑速度明显放缓，虽然上市公司数量仍有略微下滑，但总体趋向平稳，呈现出向生命周期"成熟期"过渡的迹象（见图3-6）。

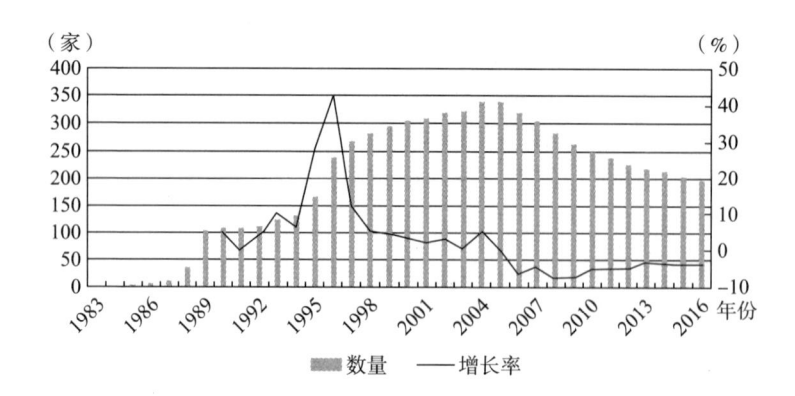

图 3-6　1983—2016 年英国文化创意产业上市公司数量和增长率演变趋势

三　法国文化创意产业发展演变趋势分析

总体研判：2000 年以前为"大量进入期"，2000 年以后进入"稳定期"，2012 年以后进入平缓"淘汰期"。

法国是世界文化大国，拥有丰富的历史文化资源，法国政府奉行的"文化多样性"原则促成了法国鲜明的"同心圆"式文化创意产业链结构模式，即以广播电视、出版印刷、音乐等文化创意产业为内核，以表演艺术、创意设计、广告等创意产业为内圈，以文化遗产、信息产业、博物馆、旅游业等文化相关产业为外圈。[①]

1988—2000 年，法国文化创意产业上市公司数量呈上升态势，尤其是 1994 年起连续六年保持 15% 以上的增速，2000 年达到 137 家。这一时期，针对美国的文化渗透，法国在《多边投资协定》中坚持"文化例外"原则，通过行业补贴、税务减免等措施，大力支持法语电影、电视节目以及音乐行业的发展。2000 年之后，文化创意产业上市公司数量经历了不断波动的过程，但到 2012 年一直稳定在 120—142 家。

2012 年之后，整体数量降至 120 家以下，已经进入较为平缓温和的"淘汰期"（见图 3-7）。

四　德国文化创意产业发展演变趋势分析

总体研判：2000 年达到峰值，2000 年以后进入两阶段"稳定期"，2012 年以后进入平缓"淘汰期"。

---

① 李炎、陈曦：《世界文化产业发展概况》，云南大学出版社 2014 年版，第 109 页。

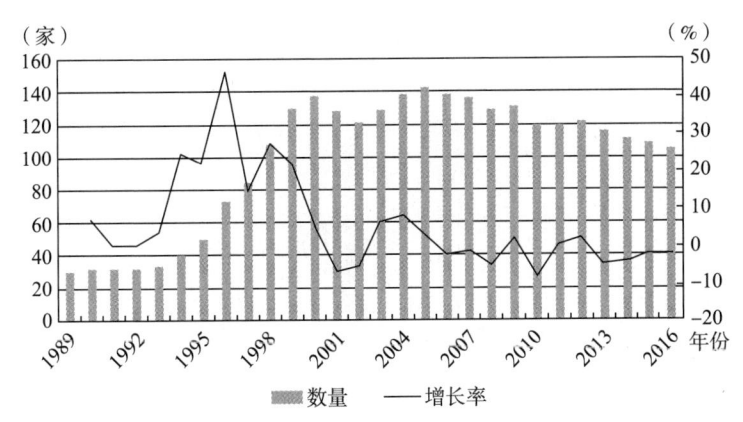

图 3-7　1989—2016 年法国文化创意产业上市公司数量和增长率演变趋势

德国文化创意产业涵盖范围广、行业跨度大，主要包括图书、电影、广播电视、新闻出版、表演艺术等 11 个核心领域。从行业发展规律上看，德国发展趋势与法国较为相似。

1989—1995 年为"引入期"发展阶段，文化创意产业上市公司数量年增速小于 10%。后期德国重视文化创意产业的发展，加大扶植力度，自 1996 年起，连续四年的年增速大于 50%，2000 年达到峰值 144 家，成为名副其实的"大量进入期"阶段。

2001—2012 年，德国文化创意产业大体经历了两阶段的"稳定期"：第一个阶段是 2001—2008 年，虽有波动，但总体保持在 115 家量级以上；第二个阶段是 2009—2012 年，德国文化创意产业上市公司基本保持在 102—104 家，成为又一个短暂的"稳定期"。

2013 年以来，德国文化创意产业上市公司数量缓慢下滑至 100 家以下，并呈现较为平缓的"淘汰期"特征（见图 3-8）。

五　日本文化创意产业发展演变趋势分析

总体研判：2006 年达到峰值，目前仍处于"稳定期"。

日本在世界文化创意产业发展中仅次于美国，位居世界第二。日本的文化创意产业统称为娱乐观光业，包括内容产业、休闲产业和时尚产业三大类，其中，动漫、游戏产业最负盛名。

1987—2006 年，日本政府探索新的经济增长方式，文化创意产业成为产业结构向新兴产业转型的重要方向，文化创意产业上市公司快速发展，数量从 1987 年的 121 家迅速增加到 2006 年的 425 家，属于典型的"大量进入期"特征。

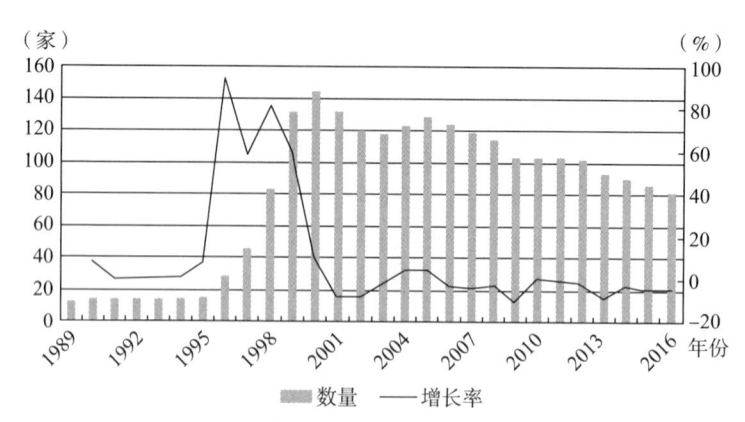

图 3-8　1989—2016 年德国文化创意产业上市公司数量和增长率演变趋势

2008 年受国际金融危机的影响，出现了负增长，2010 年剩下 383 家。之后，日本出台了一系列紧急对策，并在《产业结构 2010 年远景》中明确将文化创意产业列为结构调整方向的五大领域之一；2011 年日本文化创意产业上市公司行业数量止跌回升，实现了 1.0% 的增长，并持续上升。总体来看，2008 年以来，日本文化创意产业上市公司数量始终保持在 383—425 家，处于较为平稳的"稳定期"生命周期阶段（见图 3-9）。

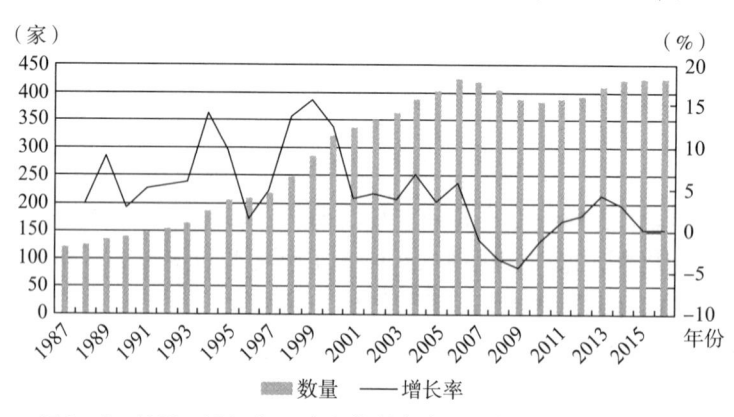

图 3-9　1987—2016 年日本文化创意产业上市公司数量变迁情况

六　韩国文化创意产业发展演变趋势分析

总体研判：虽然受国际金融危机影响波动，但是，总体仍然处于"大量进入期"。

韩国是文化创意产业后起之秀的典范。自 20 世纪末提出"文化立国"战略之后，韩国的文化创意产业在短短的几十年间内实现了跨越式发展，以影视、音乐、游戏等为代表的娱乐文化风靡世界。

1993—2000年,韩国文化创意产业发展缓慢,虽然出现了几次较大的增长峰值,如1995年为60.0%、1998年为37.5%,但总体基数较小,缺乏影响力,处于典型的产业"引入期"阶段。

2001—2008年,韩国政府对文化创意产业高度重视,文化创意产业上市公司快速发展,数量持续大幅增加,2008年达到128家;2009年、2010年受国际金融危机冲击,下滑至103家;但2011年却暴增至187家,因此,韩国文化创意产业进入第二个快速发展期,2016年韩国文化创意产业上市公司数量达到历史峰值219家。

从未来发展趋势看,韩国"文化立国"的政策还将继续推动文化创意产业的快速发展,韩国文化创意产业上市公司数量在经历大幅度增长后将进入缓慢上升期,从现阶段的"大量进入期"过渡到"稳定期",韩国文化创意产业将进一步巩固在亚洲乃至全球的行业优势(见图3-10)。

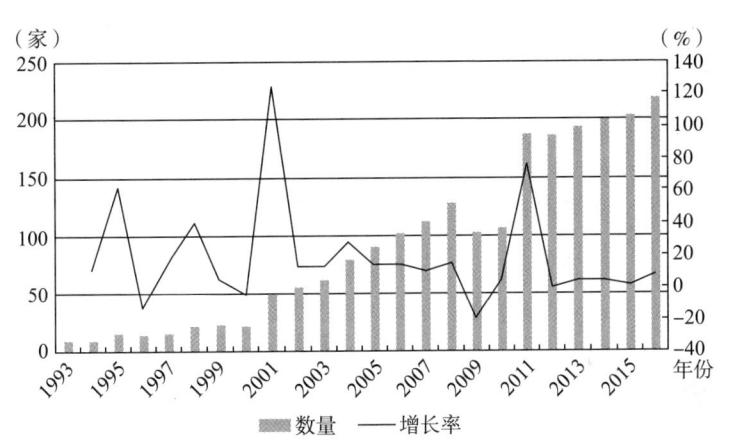

图3-10 1993—2016年韩国文化创意产业上市公司数量和增长率演变趋势

七 印度文化创意产业发展演变趋势分析

总体研判:2010年达到峰值,目前处于"稳定期"生命周期阶段。

印度将文化创意产业称为"娱乐与媒介产业"(Entertainment and Media Industry),主要包括电影产业、电视产业、软件行业、珠宝、音乐产业等,近些年,互联网数字内容产业等新兴产业也被列为文化创意产业。

1995—2006年,印度文化创意产业上市公司发展迅速,出现了几次较大的增长,如1997年为47.8%、2001年为27.6%;2007—2010年,印度文化创意产业上市公司的数量增速放缓,2010年达到277家。总体来讲,

1995—2010 年是印度文化创意产业生命周期的"大量进入期"阶段。

从 2011 年起,印度文化创意产业上市公司数量略有减少,但总体保持在 250 家左右,处于比较平稳的发展态势,说明自 2011 年以来印度文化创意产业进入生命周期的"稳定期"(见图 3-11)。

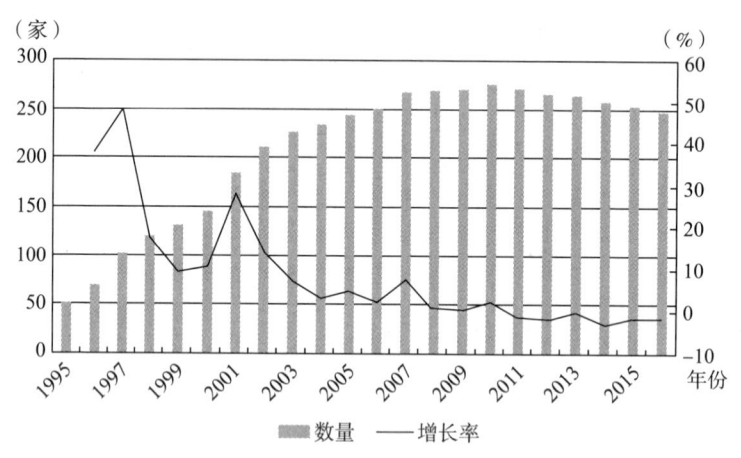

图 3-11 1995—2016 年印度文化创意产业上市公司
数量和增长率演变趋势

八 中国文化创意产业发展演变趋势分析

总体研判:目前处于"大量进入期"向"稳定期"过渡阶段。

改革开放 40 年来,从 1988 年"文化市场"的提出,到 1991 年"文化经济"、2000 年提出"文化产业"、2007 年提出"文化生产力",一直到 2012 年"文化强国"等战略定位的不断升级,中国的文化创意产业经历了不断改革开放、发展演进的历史过程。

2000 年以前,中国的文化创意产业基本处于"市场引入期",中国文化创意产业上市公司数量从无到有,逐步增长到 2000 年的 86 家。

随着"文化产业"的产业地位正式确立,从 2001 年开始,中国的文化创意产业逐步进入"大量进入期",特别是 2007 年以来,中国文化创意产业上市公司增长迅猛,在 2008 年国际金融危机期间逆势攀升到 200 家以上。2009 年《文化产业振兴规划》将文化创意产业提升为国家战略性支柱产业,使文化创意产业上市公司连续攀升至 250 家以上,达到 2012 年的 254 家。

2012 年之后,中国文化创意产业上市公司数量基本保持平稳,虽然 2015 年略有波动,但到 2016 年仍然回升至 250 家以上,呈现出较为明显的从"大量进入期"向"稳定期"过渡的特征。

2016年12月,数字创意产业被确立为国家战略性新兴产业,并且设定了"8万亿"产值的明确发展目标。在这一战略的推动下,传统形态的文化创意产业将加速淘汰,而新兴数字创意产业将快速崛起,中国文化创意产业也将迎来一次全新的产业变革(见图3-12)。

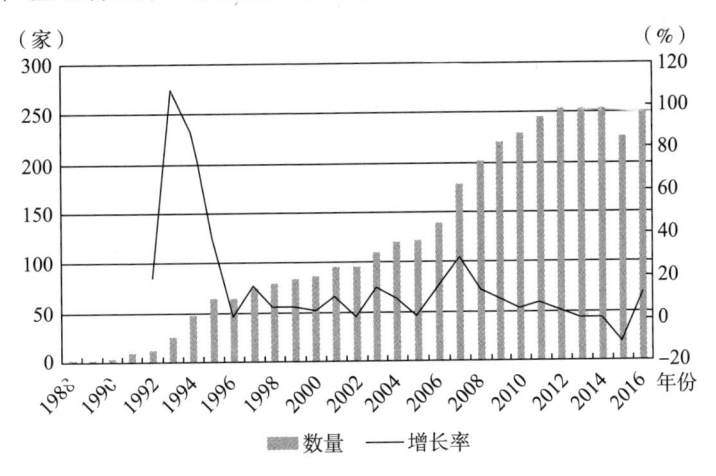

图3-12 1988—2016年中国文化创意产业上市公司
数量和增长率演变趋势

第三节 20国集团文化创意产业上市公司分布格局演变特征

20国集团(G20)是一个国际经济合作论坛,于1999年9月25日由八国集团(G8)财长在德国柏林成立。华盛顿举办了第一届20国集团峰会,属于非正式对话的一种机制,由原八国集团以及其余12个重要经济体组成,其宗旨是为推动已工业化的发达国家和新兴市场国家之间就实质性问题进行开放及有建设性的讨论和研究,以寻求合作并促进国际金融稳定和经济的持续增长。

20国集团国家涵盖面广、代表性强,其构成兼顾了发达国家和发展中国家以及不同地域利益平衡;20国集团国家人口占全球人口的67%,国土面积占全球的60%,国内生产总值占全球的90%,贸易额占全球的

80%，包括美国、英国、日本、法国、德国、加拿大、意大利、俄罗斯、澳大利亚、巴西、阿根廷、墨西哥、中国、印度尼西亚、印度、沙特阿拉伯、南非、土耳其、韩国19个国家以及欧盟。

1990—2016年，20国集团国家拥有文化创意产业上市公司的数量处于稳定增长之中，1990年只有18个国家拥有文化创意产业上市公司，2005年范围扩大到39个国家，以后涉及国家数量也基本维持在39个左右。

20国集团的文化创意产业上市公司数量1990—2000年处于不断增加的过程之中。1990年，20国集团国家共计拥有1260家文化创意产业上市公司，占93.5%，集中了全球主要的文化创意企业。2000年，文化创意产业上市公司数量达到2994家，此后其公司数量只在小幅度内有所升降。受国际金融危机影响，其数量在2008年有较小回落，但很快又得到迅速恢复，2012年达到2951家，其后又缓慢减少。值得注意的是，尽管20国集团国家文化创意产业上市公司占总数的比重一直处在下降之中，但一直占全球的69%以上（见图3-13）。

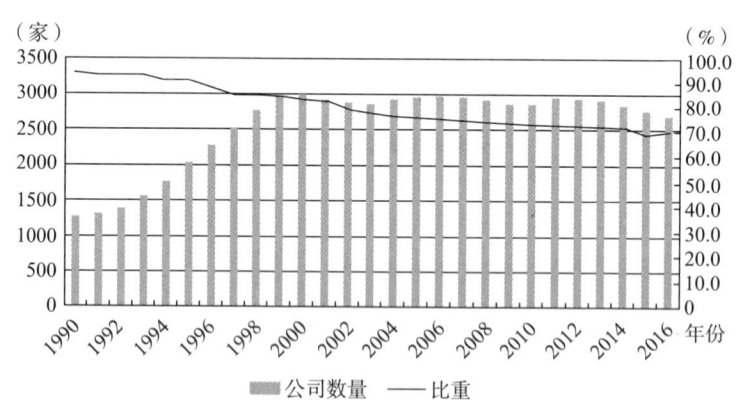

图3-13 1990—2016年20国集团国家文化创意产业上市公司数量及比重演变

由于美国文化创意产业上市公司的绝对数量在全球始终占据第一名的位置，且数量很大，20国集团国家的文化创意产业上市公司数量受其影响很大，其数量和比例走势在很大程度上都与美国有关。为了更加清晰地看到除美国以外的20国集团国家的文化创意产业发展状况，本报告将上述分析进一步深入，去除美国数据进行统计分析，详见图3-14。1990年，除美国以外的20国集团国家共计拥有409家文化创意产业上市公司，占30.36%；2006年增加至2114家，占53.76%；这之后增速开始放缓，但上市公司数量仍在逐渐增长。同样受国家金融危机影响，其数量在2008年有较小回落，但在2011年得到迅速恢复。值得注意的是，除美国以外的20国集团国家的文化创意产业上市公司总数一直占全球比例的30%以上。2003年，除美国以外的20国集团国家一共拥有1879家文化创意产业上市公司，占全球总量的比重首次超过50%，此后除美国以外的20国集团国家文化创意产业上市公司数量占比一直保持在50%以上。2016年，除美国以外的20国集团国家一共有1497家文化创意产业上市公司，占54.92%。

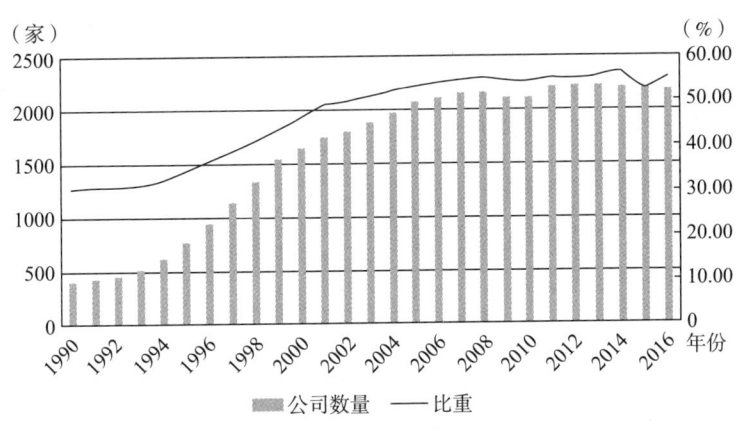

图3-14 1990—2016年20国集团国家文化创意产业上市公司数量及比重演变（不含美国）

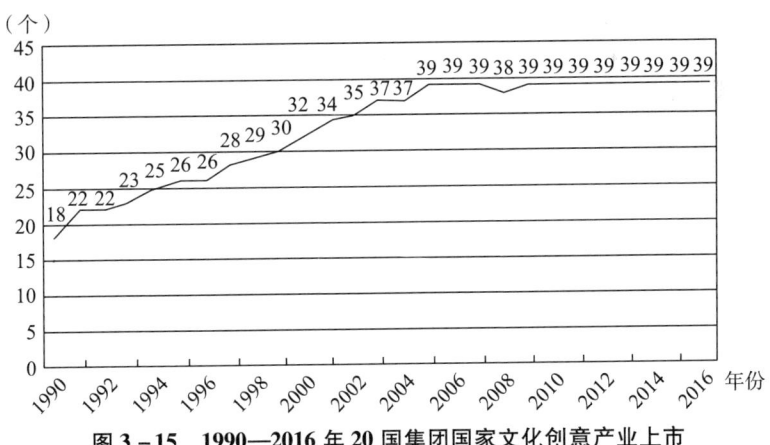

图3-15 1990—2016年20国集团国家文化创意产业上市公司涉及国家数量变化

从2012—2016年20集团国家内部各国文化创意产业上市公司的情况来看，各成员国发展情况极不平衡。2012年和2013年，20国集团国家内拥有大于等于30家文化创意产业上市公司的国家共计15个，2014年共计14个，2015年和2016年均为12个。另外，2012—2015年拥有文化创意产业上市公司数量小于10的国家一直保持在15个，2016年有19个。以2012年为例，20国集团国家中共有39个国家拥有文化创意产业上市公司，以占全球总量的1%为分界线，占比超过1%的国家共计13个，占比小于1%的国家共计26个，此格局在2012—2016年基本保持稳定（见表3-3）。

表3-3　20国集团国家2012—2016年文化创意产业上市公司分布

单位：%

年份	国家	全球比重	20国集团国家比重	年份	国家	全球比重	20国集团国家比重	年份	国家	全球比重	20国集团国家比重
2012	美国	18.02	24.87	2013	美国	17.42	24.03	2014	美国	16.22	22.39
	日本	9.67	13.35		日本	10.16	14.01		日本	10.75	14.85
	印度	6.58	9.08		印度	6.62	9.13		印度	6.58	9.09
	中国	6.23	8.61		中国	6.29	8.68		中国	6.46	8.92
	英国	5.55	7.66		英国	5.43	7.48		英国	5.39	7.44
	韩国	4.57	6.30		韩国	4.78	6.60		韩国	5.11	7.06
	澳大利亚	3.29	4.54		澳大利亚	3.52	4.85		澳大利亚	3.81	5.27
	加拿大	3.12	4.30		加拿大	3.17	4.37		加拿大	3.13	4.32
	德国	2.5	3.46		德国	2.3	3.18		德国	2.29	3.16
	瑞典	1.82	2.51		瑞典	1.83	2.53		瑞典	1.88	2.60
	波兰	1.72	2.37		波兰	1.68	2.32		波兰	1.7	2.35
	意大利	1.1	1.52		意大利	1.16	1.61		意大利	1.17	1.61
	印度尼西亚	1.08	1.49		印度尼西亚	1.07	1.47		印度尼西亚	1.07	1.47
	荷兰	0.81	1.12		荷兰	0.77	1.06		荷兰	0.79	1.09
	土耳其	0.76	1.05		土耳其	0.77	1.06		土耳其	0.69	0.95
	芬兰	0.64	0.88		丹麦	0.67	0.92		丹麦	0.64	0.88
	丹麦	0.61	0.85		芬兰	0.64	0.89		芬兰	0.64	0.88
	南非	0.59	0.81		巴西	0.55	0.75		巴西	0.51	0.70
	巴西	0.56	0.78		希腊	0.55	0.75		希腊	0.51	0.70
	希腊	0.56	0.78		南非	0.55	0.75		南非	0.51	0.70
	西班牙	0.39	0.54		西班牙	0.37	0.51		西班牙	0.38	0.53

续表

年份	国家	全球比重	20国集团国家比重	年份	国家	全球比重	20国集团国家比重	年份	国家	全球比重	20国集团国家比重
2012	比利时	0.37	0.51	2013	葡萄牙	0.35	0.48	2014	葡萄牙	0.36	0.49
	葡萄牙	0.34	0.47		比利时	0.32	0.44		比利时	0.31	0.42
	墨西哥	0.29	0.41		墨西哥	0.3	0.41		墨西哥	0.28	0.39
	沙特阿拉伯	0.2	0.27		沙特阿拉伯	0.2	0.27		沙特阿拉伯	0.2	0.28
	爱尔兰	0.17	0.24		爱尔兰	0.15	0.21		马耳他	0.18	0.25
	俄罗斯	0.12	0.17		马耳他	0.12	0.17		爱尔兰	0.13	0.18
	塞浦路斯	0.1	0.14		俄罗斯	0.12	0.17		卢森堡	0.1	0.14
	卢森堡	0.1	0.14		卢森堡	0.1	0.14		拉脱维亚	0.1	0.14
	拉脱维亚	0.1	0.14		拉脱维亚	0.1	0.14		俄罗斯	0.1	0.14
	马耳他	0.1	0.14		阿根廷	0.07	0.10		阿根廷	0.08	0.11
	阿根廷	0.07	0.10		塞浦路斯	0.07	0.10		塞浦路斯	0.08	0.11
	奥地利	0.07	0.10		克罗地亚	0.07	0.10		克罗地亚	0.08	0.11
	保加利亚	0.05	0.07		奥地利	0.05	0.07		奥地利	0.05	0.07
	爱沙尼亚	0.05	0.07		保加利亚	0.05	0.07		保加利亚	0.05	0.07
	克罗地亚	0.05	0.07		爱沙尼亚	0.05	0.07		爱沙尼亚	0.05	0.07
	匈牙利	0.02	0.03		匈牙利	0.02	0.03		匈牙利	0.03	0.04
	立陶宛	0.02	0.03		立陶宛	0.02	0.03		立陶宛	0.03	0.04
	斯洛伐克	0.02	0.03		斯洛伐克	0.02	0.03		斯洛伐克	0.03	0.04

年份	国家	全球比重	20国集团国家比重	年份	国家	全球比重	20国集团国家比重
2015	美国	17.24	24.69	2016	美国	15.96	22.52
	中国	8.42	12.05		中国	9.21	12.99
	韩国	7.6	10.88		韩国	8.03	11.34
	日本	6.63	9.49		日本	7.34	10.35
	澳大利亚	5.14	7.36		澳大利亚	5.69	8.02
	英国	4.43	6.35		英国	4.29	6.06
	加拿大	2.94	4.21		瑞典	3.04	4.30
	瑞典	2.42	3.47		加拿大	2.75	3.88
	波兰	2.31	3.31		波兰	2.49	3.52
	德国	1.56	2.24		印度尼西亚	1.43	2.02

续表

年份	国家	全球比重	20国集团国家比重	年份	国家	全球比重	20国集团国家比重
2015	意大利	1.42	2.03	2016	德国	1.36	1.92
	印度尼西亚	1.23	1.76		意大利	1.28	1.81
	荷兰	0.89	1.28		荷兰	0.95	1.35
	芬兰	0.86	1.23		土耳其	0.84	1.19
	土耳其	0.78	1.12		芬兰	0.81	1.14
	丹麦	0.74	1.07		丹麦	0.7	0.98
	巴西	0.67	0.96		巴西	0.66	0.93
	印度	0.48	0.69		西班牙	0.51	0.72
	希腊	0.45	0.64		南非	0.44	0.62
	葡萄牙	0.45	0.64		葡萄牙	0.4	0.57
	南非	0.45	0.64		比利时	0.33	0.47
	西班牙	0.45	0.59		希腊	0.33	0.47
	墨西哥	0.41	0.59		墨西哥	0.33	0.47
	比利时	0.41	0.53		沙特阿拉伯	0.29	0.41
	沙特阿拉伯	0.37	0.37		马耳他	0.22	0.31
	马耳他	0.26	0.32		克罗地亚	0.18	0.26
	爱尔兰	0.22	0.21		印度	0.15	0.21
	拉脱维亚	0.15	0.21		爱尔兰	0.15	0.21
	塞浦路斯	0.15	0.16		拉脱维亚	0.15	0.21
	克罗地亚	0.11	0.16		卢森堡	0.11	0.16
	卢森堡	0.11	0.16		阿根廷	0.07	0.10
	阿根廷	0.11	0.11		塞浦路斯	0.07	0.10
	保加利亚	0.07	0.11		爱沙尼亚	0.07	0.10
	爱沙尼亚	0.07	0.11		奥地利	0.04	0.05
	奥地利	0.07	0.05		保加利亚	0.04	0.05
	匈牙利	0.04	0.05		匈牙利	0.04	0.05
	立陶宛	0.04	0.05		立陶宛	0.04	0.05
	俄罗斯	0.04	0.05		俄罗斯	0.04	0.05
	斯洛伐克	0.04	0.05		斯洛伐克	0.04	0.05

第四节　全球文化创意产业上市公司分布的洲际特征

全球文化创意产业上市公司的区域分布在洲际上具有相当明显的特点，可以看出，东亚文化创意产业的发展势头非常强劲。

从 2012—2016 年全球文化创意产业上市公司的洲际分布来看，亚洲国家和地区总体的平均占 43.14%，并且处于缓慢增加的进程中。2014 年，亚洲国家和地区占 44.46%。美洲这五年平均占 29.68%，欧洲占 21.25%，非洲和大洋洲所占比重均不超过 6%。可以看出，在总量所占比重这一数据上，亚洲国家和地区文化创意产业上市公司在数量上的优势已经有所显现（见图 3-16）。

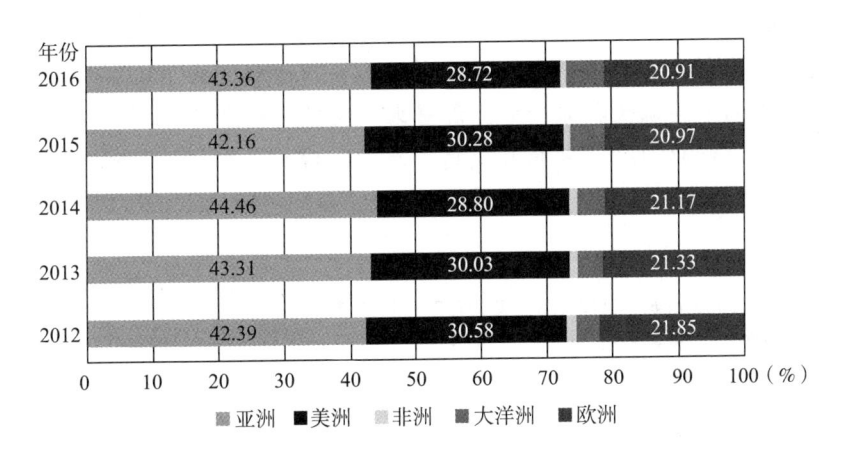

图 3-16　2012—2016 年全球文化创意产业上市公司洲际分布

从 2016 年洲际分布情况来看，亚洲国家和地区文化创意产业上市公司总数为 1180 个，占总量的 43%，居世界首位，其中，东亚（包括中国、韩国、日本、中国台湾、中国香港在内）占总量的 31.4%，约为总量的 1/3（见图 3-17）。

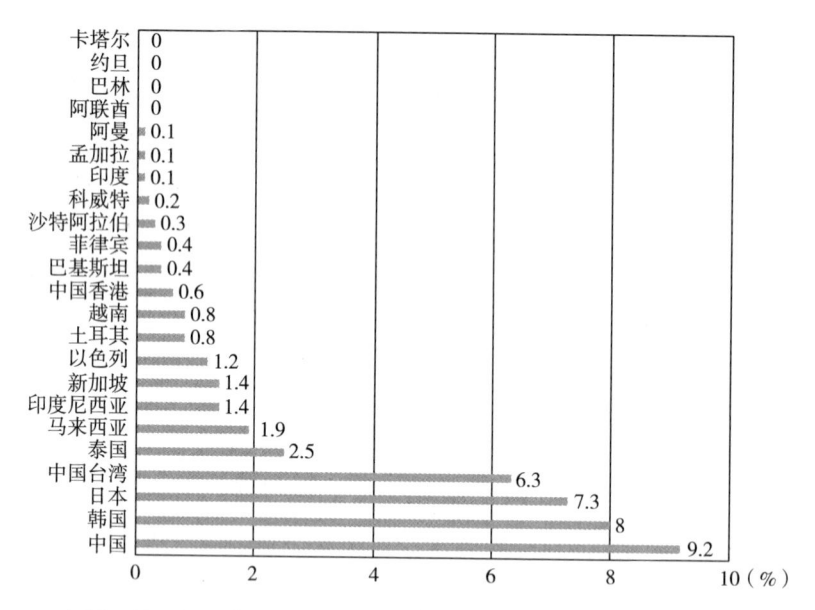

图 3-17　2016 年亚洲国家和地区文化创意产业上市公司分布格局

美洲 2016 年文化创意产业上市公司数量占总数的 29%，其中，美国和加拿大两个国家就占 18.8%。加拿大文化创意产业的发展源于全社会对文化创意产业的广泛参与和支持。巴西、智利、墨西哥、阿根廷、哥伦比亚、牙买加、秘鲁、特立尼达和多巴哥各国占比均不超过 0.7%（见图 3-18）。

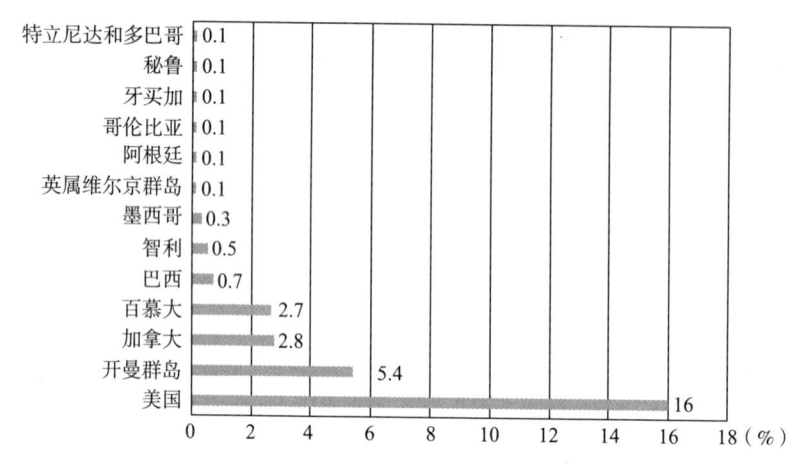

图 3-18　2016 年美洲国家和地区文化创意产业上市公司分布格局

欧洲文化创意产业上市公司数量占总数的21%，其中，占比超过1%的国家只有英国、瑞典、波兰、法国、德国和意大利（见图3-19）。英国是高度重视且率先提出创意产业理念和用政策激励创意产业发展的国家。1997年，首相布莱尔上任之际就成立了"创意产业特别工作组"，力图将英国从曾经的"世界工厂"变为现在的"世界创意中心"。法国政府通过一系列优惠政策和资助措施扶持文化创意产业发展，使文化创意产业成为其经济复苏的支撑性产业。然而，相较于欧洲总体的经济实力而言，欧洲在文化创意产业方面并未充分展现出与之相符的表现。

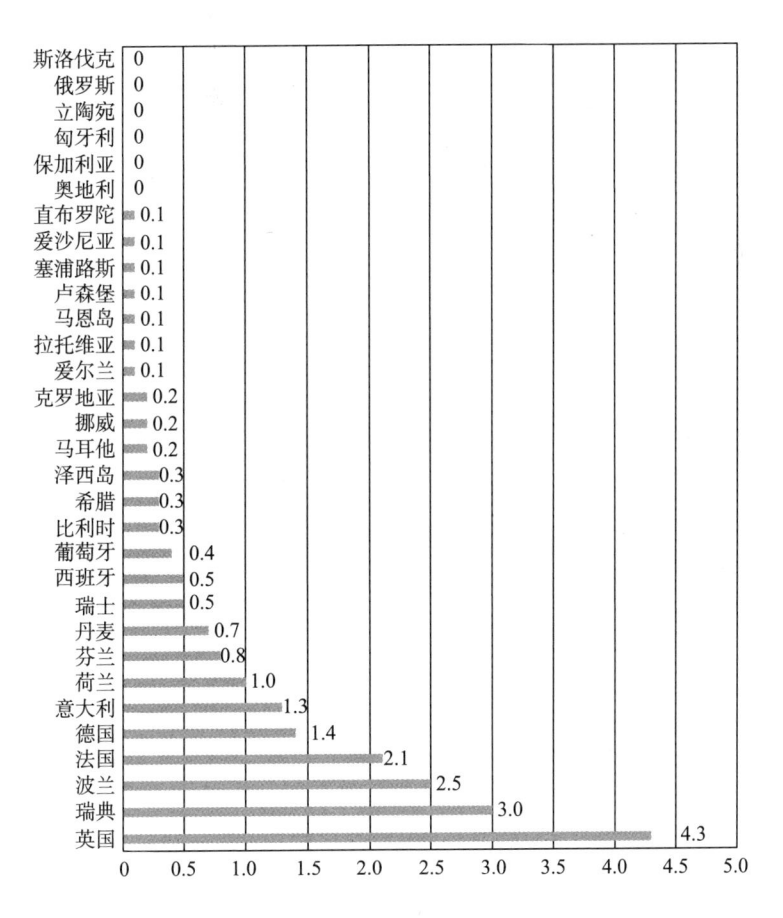

国家/地区	数值
斯洛伐克	0
俄罗斯	0
立陶宛	0
匈牙利	0
保加利亚	0
奥地利	0
直布罗陀	0.1
爱沙尼亚	0.1
塞浦路斯	0.1
卢森堡	0.1
马恩岛	0.1
拉脱维亚	0.1
爱尔兰	0.1
克罗地亚	0.2
挪威	0.2
马耳他	0.2
泽西岛	0.3
希腊	0.3
比利时	0.3
葡萄牙	0.4
西班牙	0.5
瑞士	0.5
丹麦	0.7
芬兰	0.8
荷兰	1.0
意大利	1.3
德国	1.4
法国	2.1
波兰	2.5
瑞典	3.0
英国	4.3

图3-19 2016年欧洲国家和地区文化创意产业上市公司分布格局

非洲、大洋洲的文化创意产业上市公司占比分别为1%和6%。由于数据收集不充分，对此不做分析。

综合来看，各大洲国家和地区文化创意产业上市公司的发展情况，大致有两大特点：第一，亚洲尤其是东亚国家和地区发展势头强劲，有望在文化创意产业方面与欧美抗衡；第二，各大洲内部不同国家和地区文化创意产业上市公司的数量差距很大，分布极不平衡。

第四章 全球主要国家文化创意产业内部结构演变

上市公司行业结构的变迁演变，实际上是产业结构变化趋势的先导表征，可以较好地反映一个国家产业整体结构的演进态势，具有很大的研究借鉴价值。本章选取美国、英国、法国、德国、日本、韩国、印度、巴西8个国家为主要国家，分析其上市公司行业结构的时代演变，从而整体把握全球文化创意产业细分行业的发展现状和未来发展趋势。

第一节 美国文化创意产业上市公司行业结构演变

本节基于1950—2016年美国文化创意产业上市公司的行业结构变迁，对67年来美国文化创意产业的细分行业结构演变情况进行深入探究。

美国广播电视业、制造业、图书出版印刷业发展较早，产业规模庞大。1950—1966年，美国文化创意产业上市公司主要集中在造纸业（1950年行业占比峰值为10.6%）、纸板容器及包装箱业（1960年达到峰值为7.6%）图书出版印刷业（1954年达到峰值12.5%）、家用音频和视频设备业（1950年达到峰值9.1%）、电视广播站业（1959年达到峰值10.3%）行业。

1952年，美国联邦通信委员会（FCC）解除了禁止开办新电视台的"冻结政策"，大量新开办的电视台出现，电视行业进入了一个稳定的发展阶段，电视逐渐普及进入美国家庭，到20世纪50年代末，美国成为世界上电视普及率最高的国家。电视广播站业的上市公司随之发展，占比大幅上升，从1952年的7.2%增长到1959年的10.3%。

但是，总体来看，造纸业、图书出版印刷业、家用音频和视频设备业、电视广播站业的上市公司比重呈下降趋势，尤其是自 1960 年起，第一颗电视通信卫星在美国成功发射，电视节目的输出带动了文化创意产业的快速发展，上市公司数量大量增加，导致文化创意产业上市公司整体比重缩小，从 6%—13% 降低到 4%—8%，各行业间的比重差距在缩小（见图 4-1）。

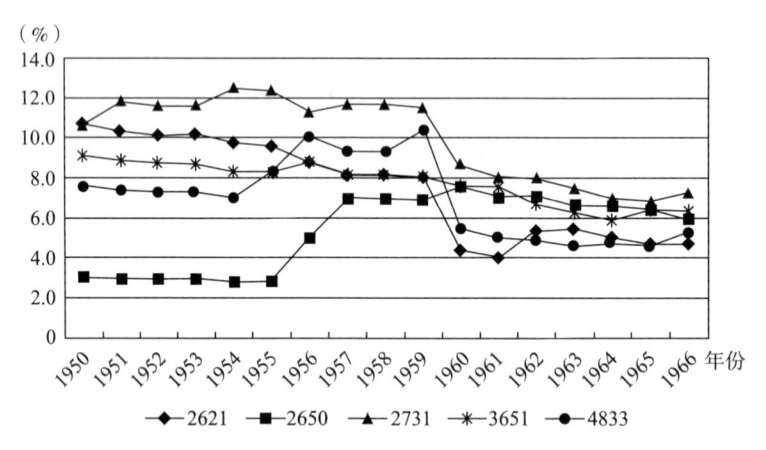

图 4-1 1950—1966 年美国文化创意产业上市公司行业分布情况

注：2621 代表造纸业；2650 代表纸板容器及包装箱业；2731 代表图书出版印刷业；3651 代表家用音频和视频设备业；4833 代表电视广播站业。

1967—1979 年，美国文化创意产业上市公司集聚在再生纸和纸板产品业（不包含纸容器及纸盒）（1972 年达到峰值 5.1%）、图书出版印刷业（1967 年达到峰值 6.7%）、广播电视播放设备业（1976 年达到峰值 8.4%）行业。

1967 年，美国"阿波罗"号宇宙飞船在月球降落，标志着太空电视时代的开始，广播电视报道成为获取信息的主要渠道；60 年代后期普及全国，商业广播电视获得了大量广告收入，促进了电视电缆等通信设备的发展。此外，《1967 年公共广播电视法》的颁布确立了美国公共广播电视体制，之后，公共广播电视公司建立了公共电视网（PBS）和公共广播网（NPR），公共广播体系逐渐建立，成为商业广播电视的一个重要补充。因此，广播电视播放设备业的上市公司比重曲折上升，数量上占据文化创意产业的最大份额，1976 年比重达到峰值 8.4%。

这一阶段美国企业第三次并购浪潮影响到了图书出版印刷业，不少出版社被其他出版社或者拥有报纸、杂志、电视等业务的大型集团兼并。图书出版印刷业的上市公司比重自 1967 年起大幅下降，1979 年降低到

4%，商业印刷业（Commercial Printing）的上市公司比重增加到1973年的8.4%之后也呈下降趋势（见图4-2）。

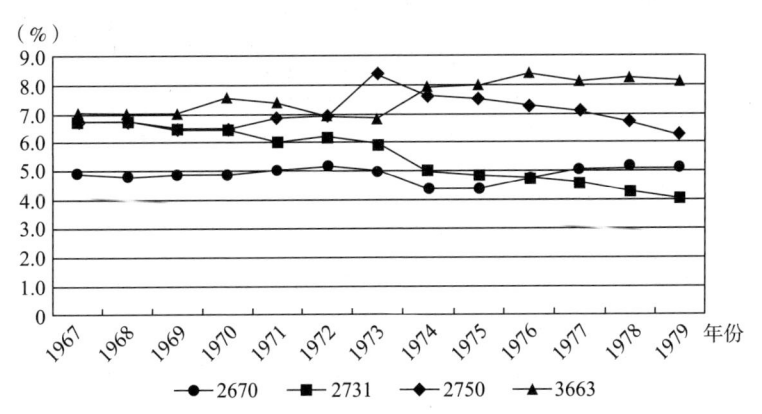

图4-2 1967—1979年美国文化创意产业上市公司行业分布情况

注：2670代表再生纸和纸板产品业（不包含纸容器及纸盒）；2731代表图书出版印刷业；2750代表商业印刷业；3663代表广播电视播放设备业。

1980—1989年，广播电视播放设备业（Radio and Television Broadcasting and Communications Equipment）（1982年达到峰值9.5%）、有线电视和其他电视服务业（1982年达到峰值5.6%）、电影娱乐业（1984年达到峰值6.1%）、杂类娱乐游戏服务业（1989年达到峰值7.0%）是美国文化创意上市公司高度集聚的行业。

广播电视业持续发展，广播电视播放设备业的上市公司保持了70年代的优势，呈稳定发展趋势，占比略有波动，但一直保持第一位，在1983年达到最高9.5%。有线电视和其他电视服务业自20世纪70年代崛起后，成为美国一大新兴行业，其上市公司发展趋势与广播电视业基本一致，两者既互为补充，又是竞争对手。

随着经济的发展与收入的提高，人们对消遣娱乐的需求逐渐增多，杂类娱乐游戏服务业蓬勃发展，成为美国文化创意产业上市公司聚集的第二大行业，1989年占比达到7%，与比重最大的广播电视及通信设备业（7.6%）的差距缩小。同时，录像机的普及带动了电影业的发展，里根政府应对经济滞胀，放松了企业管制政策，几家大制片公司重新获得了对银幕的控制权，好莱坞电影体系趋向完善，电影将技术与制作结合成为一种新的文化生产和消费模式，电影娱乐业的上市公司大量增加，1983年超越有线电视和其他电视服务业的上市公司数量，比重维持在5%以上（见图4-3）。

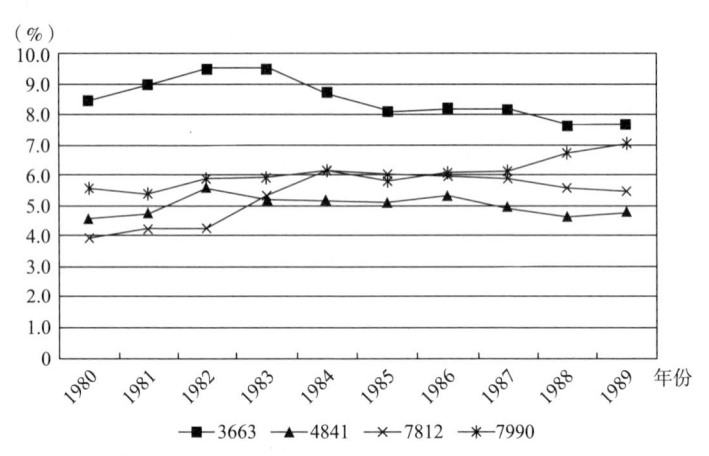

图 4 - 3 1980—1989 年美国文化创意产业上市公司行业分布情况

注：3663 代表广播电视播放设备业；4841 代表有线电视和其他电视服务业；7812 代表电影娱乐业；7990 代表杂类娱乐游戏服务业。

20 世纪 90 年代，随着互联网的兴起与快速发展，美国文化创意产业上市公司的发展进入新阶段。1990—2016 年，文化创意产业上市公司主要分布在广播电视播放设备业（2008 年达到峰值 9.2%）、互联网软件与服务业（2016 年达到峰值 38.7%）、家庭娱乐软件业（1999 年达到峰值 10.3%）、杂类娱乐游戏服务业（1993 年达到峰值 8.6%）（见图 4 - 4）。

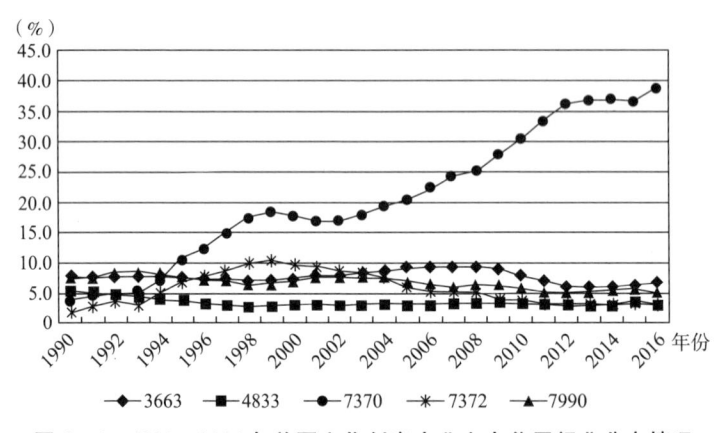

图 4 - 4 1990—2016 年美国文化创意产业上市公司行业分布情况

注：3663 代表广播电视播放设备业；4833 代表电视广播站业；7370 代表互联网软件与服务业；7372 代表家庭娱乐软件业；7990 代表杂类娱乐游戏服务业。

互联网的实时交互性与共享性，一方面，对印刷复制业、出版业、广播电视业等传统媒体造成了严重冲击，电视广播站上市公司的比重从

1991年的5.1%下降到2016年的3.0%。另一方面，文化与科技深度融合，以互联网为核心的电子商务以前所未有的速度迅猛发展，互联网技术、计算机技术、电子技术等高新技术的广泛应用，赋予了文化产品新的附加值与竞争力，促进了传统的文化创意产业上市公司的转型，使传统媒体转型走上新媒体数字化道路。

美国的计算机技术在世界上处于领先地位，为文化软件、互联网信息服务业的发展提供了强大的技术支撑。互联网软件与服务业的上市公司比重自1991年起呈大幅上升趋势，与其他行业的差距不断拉大，2016年比重达到最大，为38.7%，几乎占据美国文化创意产业上市公司的半壁江山。这种现象的出现也离不开美国政府文化创意产业政策法规的扶持。90年代，美国政府先后实施了国家信息基础设施计划、高性能计算机和信息计划等十余项高技术计划，使高技术服务业日益成为新的技术增长点，并且针对网络新兴行业带来的一系列问题，积极推动信息网络领域的规范和立法，加大知识产权的保护力度，先后通过了《反电子盗版法》《跨世纪数字版权法》《防止数字化侵权及强化版权赔偿法》[①]，为文化创意产业上市公司的发展提供了较为完善的法律保护。

第二节 英国文化创意产业上市公司行业结构演变

1983—1996年，英国文化创意产业上市公司主要分布在报纸出版印刷业、图书出版印刷业、商业印刷业、广告业、广告代理业以及杂类娱乐游戏服务业。其中，1983—1988年，英国文化创意产业上市公司总体基数不大，图书出版印刷业、广告代理业与杂类娱乐游戏服务业的上市公司数量增速小于英国文化创意产业上市公司总数量的增速，比重大幅下降，到1988年分别下降到6.7%、3.3%、3.3%。之后几年，各文化创意产业细分行业的上市公司比重趋于稳定（见图4-5）。

---

① 丁芸、蔡秀云：《文化创意产业财税政策国际比较与借鉴》，中国税务出版社2016年版，第93页。

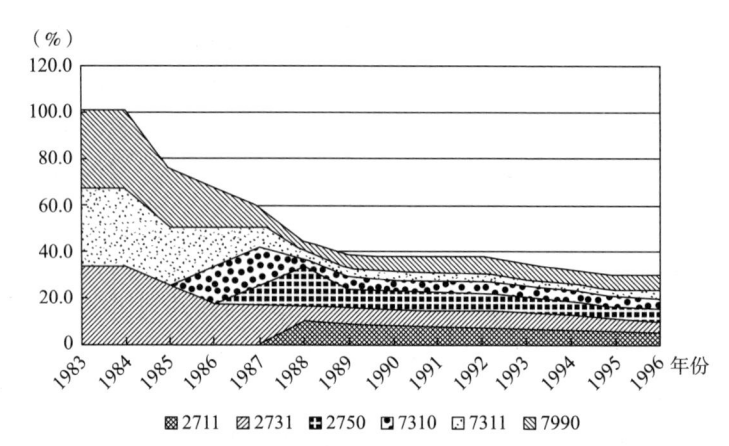

图 4-5　1983—1996 年英国文化创意产业上市公司行业分布情况

注：2711 代表报纸出版印刷业；2731 代表图书出版印刷业；2750 代表商业印刷业；7310 代表广告业；7311 代表广告代理业；7990 代表杂类娱乐游戏服务业。

传统的出版印刷业在英国文化创意产业中占有重要地位，报纸印刷业或图书出版印刷业的上市公司数量从 1988 年的 3 家增加到 1996 年的 10 家，比重从 10% 减少到 4.9%，图书出版印刷业的上市公司数量从 1983 年的 1 家增加到 1996 年的 9 家。依靠英语的强势地位以及英国与前殖民地国家的关系，英国图书出版印刷业的上市公司大力开拓海外市场，加大版权输出，商业印刷业的上市公司保持了良好的发展势头，数量从 1 家增加到 11 家，比重一直处于英国文化创意产业上市公司前三名。

广告业也是英国历史悠久的行业，形成了健全的法律法规体系，包括《广告法》《广告标准与实践》等，为广告公司的发展创造了良好的环境，广告业、广告代理业的上市公司数量稳步增加，比重分别稳定在 3%—5%。

杂类娱乐游戏服务业的上市公司数量呈稳步增加趋势，从 1983 年的 1 家增加到 1996 年的 14 家，这离不开英国深厚的历史文化积淀，依靠古堡等文化遗产以及博物馆、美术馆等文化艺术市场崛起，旅游休闲服务逐渐在创意经济中占据重要地位，1996 年比重为 6.8%。

1997—2016 年，英国文化创意产业上市公司主要分布在广播电视播放设备业、广告业、互联网软件与服务业以及杂类娱乐游戏服务业，数字化已成为英国文化创意产业上市公司发展的新趋势。

20 世纪 90 年代后期，英国政府开始积极规划数字化发展路径，完善互联网基础设施建设，投入大量资金，出台配套的法律法规，促进科研机构、大学和企业的联合，使互联网和计算机技术长期居于世界前列，互联网高度普及和发达。得益于此，互联网软件与服务业的上市公司数量增长势头十分明显，其比重最大，远超其他行业的上市公司。2009年的《数字英国》白皮书明确提出，要在数字时代将英国打造成全球创意产业中心，加强互联网安全建设，大力发展数字经济，互联网软件与服务业的上市公司几乎没有受到国际金融危机的影响，公司数量不减反增，2014年达到峰值40家，比重为21.3%。

随着数字技术引入广告的制作及传播过程，广告业的上市公司比重呈现先提高后不断下降的趋势，2005年达到历史峰值9%，之后受到了新媒体的冲击以及企业兼并比重不断下降，2016年广告业的上市公司数量为4家，占文化创意产业上市公司总量的3.8%。

数字技术的进步也推动了广播电视业的发展。英国20世纪90年代中期开始试播数字广播，广播电视播放设备业的上市公司比重徘徊在5%，2003年出台的《通信法案》消除了控制电视产业的所有权障碍，促进了英国电视产业繁荣，广播电视播放设备业的上市公司比重连续6年小幅增长，2008年达到了6.5%，2009年受国际金融危机的影响有所回落。

杂类娱乐游戏服务业的上市公司保持其一贯的竞争优势持续稳定发展，其间受国际金融危机影响经历了短暂的衰退，2015年很快出现了复苏，并且再度出现了强劲的发展势头，2016年，娱乐休闲服务业上市公司的比重达到了11.5%（见图4-6）。

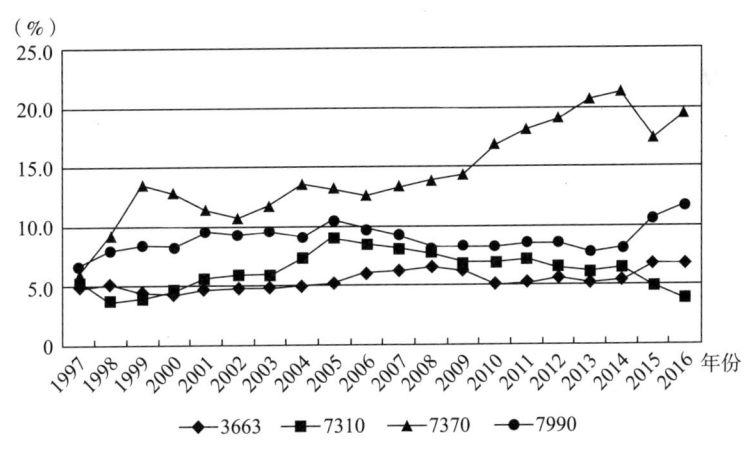

图4-6 1997—2016年英国文化创意产业上市公司行业分布情况

注：3663代表广播电视播放设备业；7310代表广告业；7370代表互联网软件与服务业；7990代表杂类娱乐游戏服务业。

第三节 法国文化创意产业上市公司行业结构演变

1988—1995 年,法国文化创意产业上市公司行业结构主要分布在纸板容器及包装箱业,杂类出版业,游戏、玩具、童车业(玩偶及自行车除外)业,广告代理业,电影娱乐业,杂类娱乐游戏服务业。

广告业在 20 世纪 90 年代的法国文化创意产业中占有最大比重。法国的广告在发展中形成了独特的风格,化妆品、珠宝等时尚产业都离不开广告的刺激与推广,但是,由于广告代理公司业务不断地向市场营销服务和传播业扩大,集团化运营导致了广告代理业的上市公司比重呈下降趋势,从 1989 年的 11.5% 下降到 1999 年的 5.7%。

出版业是法国重要的文化创意产业,法国文化部下属图书与阅读司专门管理出版事务,有一套比较完善的法律体系保护版权,杂类出版业的上市公司在文化创意产业上市公司总量中占有一定比重,1989 年为 7.7%。法国的出版社注重质量,走精品路线,纸质图书优势明显,带动了相关的文化用纸制造业的发展,纸板容器及包装箱业上市公司的比重与杂类出版业上市公司的比重相当,变化趋势也基本一致,90 年代中后期,由于文化创意产业上市公司的总量迅速增加而呈下降趋势。

电影业一直是法国最重要的文化创意产业之一。世界电影的发源地是法国,法国出台了一系列政策支持电影事业,20 世纪 80 年代末期的右派政府在文化尤其在影视方面,实行自由政策,减少政府对文化创作活动的控制,鼓励、资助创造,电影娱乐业的上市公司稳定发展,一直保持 6%—7% 的比重。

法国玩具工艺精美,以欧盟各国为主要市场,市场需求一直保持旺盛,游戏、玩具、童车业(玩偶及自行车除外)业的上市公司在 1988 年一家独大,但是,面临美国、日本等国家玩具商的激烈竞争,其比重下降趋势明显,1999 年比重仅为 2.8%(见图 4-7)。

21 世纪,法国的数字化进程不断推进,深刻地影响了文化创意产业的生态环境,文化创意产业上市公司主要分布在广告业、互联网软件与服务业、家庭娱乐软件业、电影娱乐业。

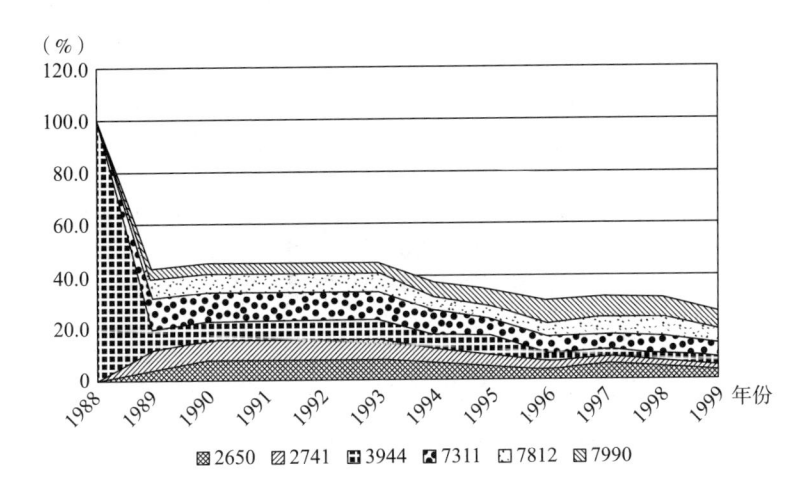

图 4-7　1988—1999 年法国文化创意产业上市公司行业分布情况

注：2650 代表纸板容器及包装箱业；2741 代表杂类出版业；3944 代表游戏、玩具、童车业（玩偶及自行车除外）业；7311 代表广告代理业；7812 代表电影娱乐业；7990 代表杂类娱乐游戏服务业。

新时期扩大传统文化内涵、拓展艺术传播途径都依靠数字技术，法国政府加大了数字化建设的资金投入。互联网软件与服务业的上市公司数量在文化创意产业中最多，始终占据最重要的地位，其比重从 2000 年的 11.4% 增加到 2007 年的 21.2%。2008 年由于国际金融危机引起国民经济衰退导致比重有所下降，但其后的 2012 年，法国政府出台 "2012 数字法国" 计划，通过发展数字技术及相关服务业来推动国民经济增长，2009 年比重明显回升，之后趋于稳定，其比重维持在 20% 左右。家庭娱乐软件业的上市公司数量保持平衡的发展态势，其比重维持在 5%—7%。

在互联网和数字技术的冲击下，法国的传统广告市场缺乏活力，21 世纪初广告业陷入低迷。但是，随着政府对广告进行全面而有效的管理，法国的广告公司与其他国家的公司建立起日益广泛的合作关系，积极开拓国际市场，广告业的上市公司增长势头十分明显，其比重从 2002 年的 2.0% 迅速增加到 2016 年的 12.5%。

数字革命还影响了视听作品的创作和传播方式，数字电影应运而生，法国电影娱乐业在政府的扶持下形成了多元化的投融资渠道和完善的投融资体制，电影娱乐业的上市公司数量一直保持着强劲的发展势头，其比重保持在 5% 以上（见图 4-8）。

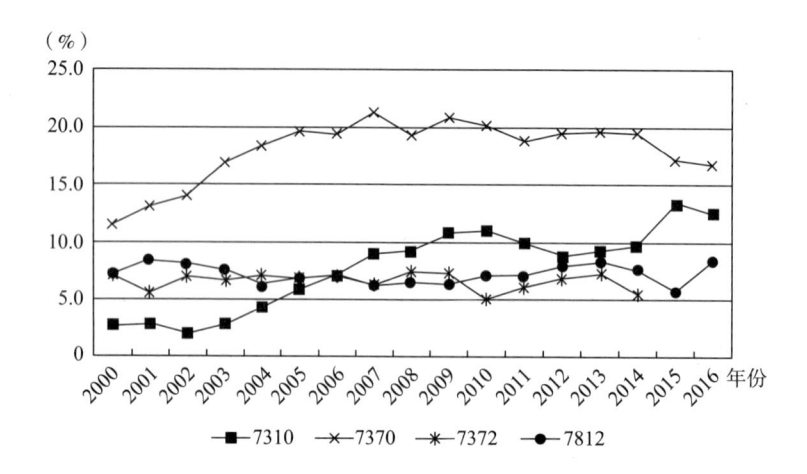

图 4-8　2000—2016 年法国文化创意产业上市公司行业分布情况

注：7310 代表广告业；7370 代表互联网软件与服务业；7372 代表家庭娱乐软件业；7812 代表电影娱乐业。

第四节　德国文化创意产业上市公司行业结构演变

20 世纪 80 年代末 90 年代初，德国的统一为文化创意产业发展提供了新的机遇。发展初期，德国文化创意产业上市公司多从事传统的文化相关产品制造，比如，文化用纸的制造、文化专用设备的生产、工艺美术品的制造和销售。

具体来讲，1989—1996 年，德国文化创意产业上市公司主要分布在纸制品业，造纸业，纸板容器及包装箱业，再生纸和纸板产品业（不包含纸容器及纸盒），报纸出版印刷业，印刷机器设备业，家用音频和视频设备业，珠宝、银器和器皿业，电视广播站业，珠宝销售业等行业，每个行业的上市公司数量不多，只有 1 家或 2 家，随着文化创意产业上市公司整体数量的增加，各行业上市公司比重明显下降。这反映出德国文化创意产业发源于强势的制造业，通过将"创意"融入经济，推动经济体制向知识经济转型。

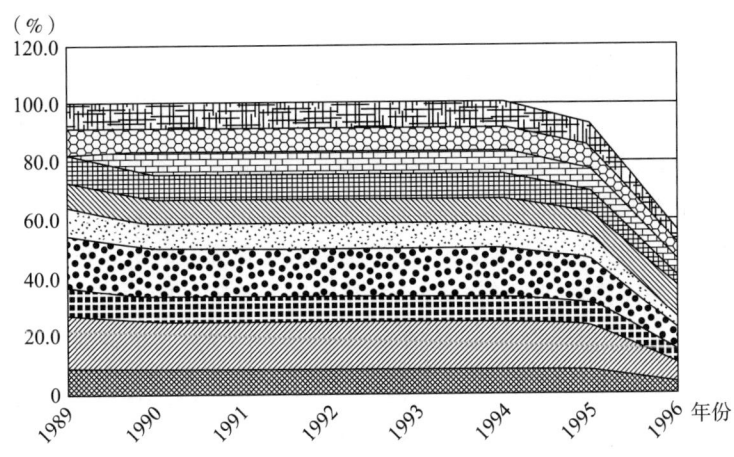

图 4-9　1989—1996 年德国文化创意产业上市公司行业分布情况

注：2600 代表纸制品业；2621 代表造纸业；2650 代表纸板容器及包装箱业；2670 代表再生纸和纸板产品业（不包含纸容器及纸盒）；2711 代表报纸出版印刷业；3555 代表印刷机器设备业；3651 代表家用音频和视频设备业；3910 代表珠宝、银器和器皿业；4833 代表电视广播站业；5944 代表珠宝销售业。

20 世纪 90 年代后期开始，德国大力发展互联网和电子商务业，并提出要把生态现代化作为新的科技政策与产业政策的重点，由于低碳经济发展与产业结构转变，印刷与造纸行业占比不断下降，打破了先前文化创意产业上市公司行业多数为传统文化行业的结构，电子商务业、互联网软件与服务业、电影娱乐业、杂类娱乐游戏服务业等低污染、低能耗、高效益的服务业，成为德国文化创意产业上市公司主要集中的行业。

德国高度重视技术创新，互联网与信息技术发展较早，互联网软件与服务业的上市公司数量最多，远超其他行业，其比重呈波动上升态势，2016 年达到历史峰值 30%。随着互联网的兴起，网络直销和分销成为德国文化创意产业的主要销售模式，电子商务业的上市公司持续稳定发展，其比重不断上升，2016 年达到 10%。

德国电影业曾受到好莱坞电影的重创，20 世纪 90 年代末，联邦政府颁布的《电影资助法案》明确对电影业的财政支持，电影娱乐业的上市公司数量从 1997 年的 2 家迅速增加到 2000 年的 18 家，其比重达到

13.6%。之后略有下降，2004年德国世界电影基金会成立，通过加强国际交流与合作，电影娱乐业的上市公司比重开始回升。2007年（14.3%）超越了历史峰值，但很快受到经济危机影响，公司数量逐年减少，尽管2015年德国发布了《德国电影基金指南》，建立了许多电影促进机构，也没有阻止电影娱乐业上市公司比重下降的趋势。

会展业也是德国历史悠久、具有较强国际影响力的文化创意细分行业门类。德国政府为促进会展业的发展推出了一系列鼓励和优惠政策，再加上著名的行业协会经济展览和博览会委员会（Association of the German Trade Fair Industry，AUMA）以及权威的展会评估机构博览会和展览会统计自愿审核学会（Society for Voluntary Control of Fair and Exhibition Statistics，FKM），会展业的规模不断扩大，还间接地推动了设计业和旅游业的发展，因此，杂类娱乐游戏服务业的上市公司比重呈上升态势，尤其是2015年达到峰值14.3%。网络的发展完善了德国会展业的业务信息系统，但在线虚拟展会以及其他国家的竞争对德国会展业造成了一定的冲击，2016年杂类娱乐游戏服务业的上市公司比重略有减少（见图4-10）。

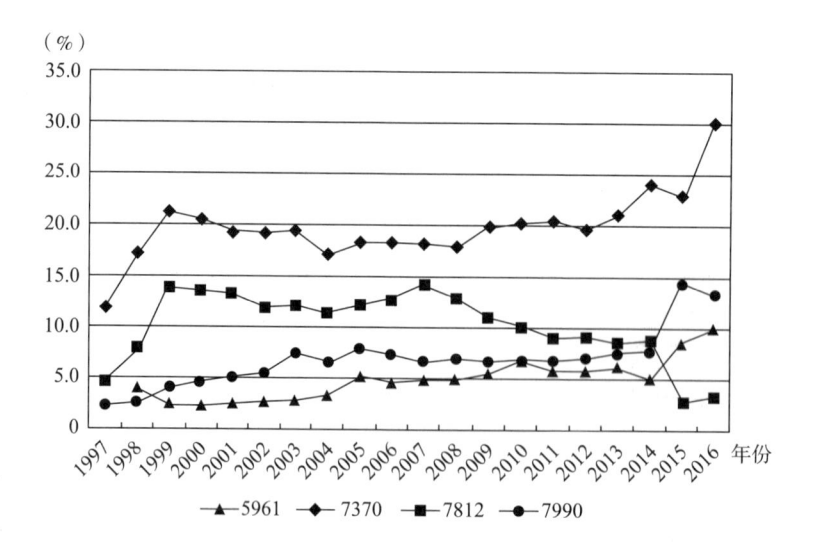

图4-10　1997—2016年德国文化创意产业上市公司行业分布情况

注：5961代表电子商务业；7370代表互联网软件与服务业；7812代表电影娱乐业；7990代表杂类娱乐游戏服务业。

第五节　日本文化创意产业上市公司行业结构演变

1969—1986 年，日本文化创意产业上市公司主要分布在家用音频和视频设备业与摄影器材业等相关文化制造行业，由于上市公司基数不多，其比重变化幅度比较大，两者呈交替发展趋势。

1987—1999 年，日本文化创意产业上市公司主要分布在家用音频和视频设备业、广播电视播放设备业、成像设备及器材业等行业。其中，广播电视播放设备业的上市公司数量增多，与广播电视业的崛起和电视用户数量攀升相关。

家用音频和视频设备业、成像设备及器材业的上市公司虽然仍在文化创意产业中占较大比重，公司数量也在增加，但增速不及文化创意产业上市公司总量增速，尤其是 20 世纪 90 年代以后，日本泡沫经济破灭，加快产业结构调整的步伐，文化创意产业因得到政策倾斜而发展迅速，但家用音频和视频设备业的上市公司比重从 15.7% 减少到 8.9%，成像设备及器材业的上市公司比重从 10.2% 减少到 6.4%。

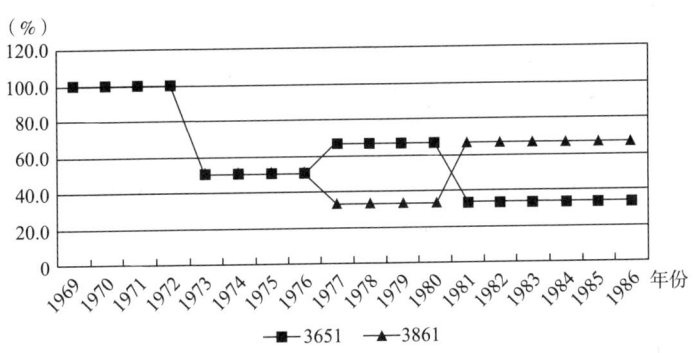

图 4-11　1969—1986 年日本文化创意产业上市公司行业分布情况

注：3651 代表家用音频和视频设备业；3861 代表成像设备及器材业。

广播电视业也是日本发展较早的行业，日本放送协会（NHK）是日本最大的广播电视公司，业务覆盖电视和无线电广播，其他民营电视台隶属不同报社，报纸与电视资源共享、共同发展，广播电视播放设备业的上市公司数量从 1987 年的 9 家增加到 1999 年的 11 家，但其比重也呈

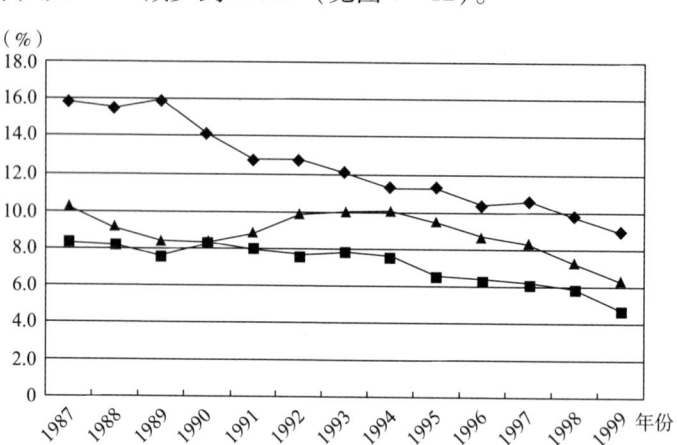

下降趋势，从8.3%减少到4.7%（见图4-12）。

图4-12　1987—1999年日本文化创意产业上市公司行业分布情况

注：3651代表家用音频和视频设备业；3663代表广播电视播放设备业；3861代表成像设备及器材业。

2000—2016年，日本文化创意产业上市公司聚集在家用音频和视频设备业、成像设备及器材业、电子商务业、广告业、互联网软件与服务业、家庭娱乐软件业。

继《科学技术基本法》之后，21世纪初，日本又通过了《形成高度情报通信网络社会基本法》《振兴文化艺术基本法》等法律法规，日本的企业在政策引导下开始重视信息与通信产业，重视业务内容与计算机行业紧密结合，计算机与网络文化产业迅速崛起，电子商务市场规模不断扩大。互联网软件与服务业的上市公司数量增长幅度最大，其比重从2000年的5.9%增长到2016年的30.3%，遥遥领先其他业的公司；电子商务业的上市公司也迎来新发展，其比重不断上升，从2000年的1.1%增长到2016年的6.9%；家庭娱乐软件业的上市公司比重持续增长到2007年的6.7%后，海外市场受到美国、韩国等国家的竞争影响略有下降，2016年比重为4.6%。

网络信息内容的增加极大地推动了内容产业数字化，众多优质内容从线下转移到线上，广告企业在报纸广告、杂志广告、广播广告、电视广告、宣传品广告等传统广告的基础上，积极开拓网络广告市场，广告业的上市公司比重稳步提升，2016年达到峰值8.0%。

由于日本将以尖端技术为中心的知识密集产业作为国家支柱产业，

对电子行业、信息服务业等高新技术产业进行重点扶持与引导，传统的家用音频和视频设备业、成像设备及器材业的上市公司比重逐年下降，2016年比重分别为4%、1.1%（见图4-13）。

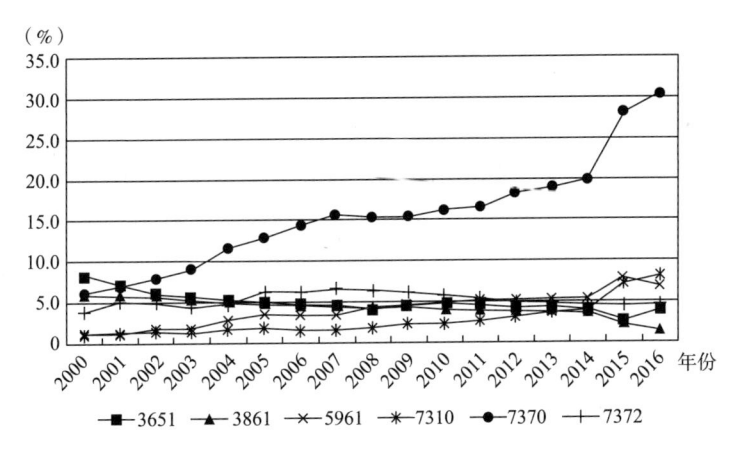

图4-13　2000—2016年日本文化创意产业上市公司行业分布情况

注：3651代表家用音频和视频设备业；3861代表成像设备及器材业；5961代表电子商务业；7310代表广告业；7370代表互联网软件与服务业；7372代表家庭娱乐软件业。

第六节　韩国文化创意产业上市公司行业结构演变

1993—2000年，韩国文化创意产业上市公司主要分布在纸制品业、造纸业、纸板容器及包装箱业、家用音频和视频设备业、广播电视播放设备业等行业。其中，1993—1997年金泳三政府期间，韩国政府加快了产业结构调整，在重视传统产业部门的同时关注现代产业部门，《文化产业发展五年规划》强调了文化创意产业的重要地位。传统文化创意产业发展缓慢，纸制品业、造纸业、纸板容器及包装箱业的上市公司数量基本不变，但比重下降明显，从1993年的12.5%下降到1997年的6.7%。音乐业、电影业、演艺业开始崭露头角，成为韩国文化走向世界的特色文化标志，带动了家用音频和视频设备业、广播电视播放设备业的发展，家用音频和视频设备业的上市公司比重从12.5%迅速增加到20%，广播电视播放设备业的上市公司比重稳定在20%以上，是文化创意产业中聚集上市公司最多的行业。1997年亚洲金融风暴使韩国将发展重心进一步转向文化创意产业，上市公司总量增加，纸制品业、造纸业、纸板容器及包装箱业、家用音频和视频设备业、广播电视播放设备业的上市公司比重有不同程度的缩减（见图4-14）。

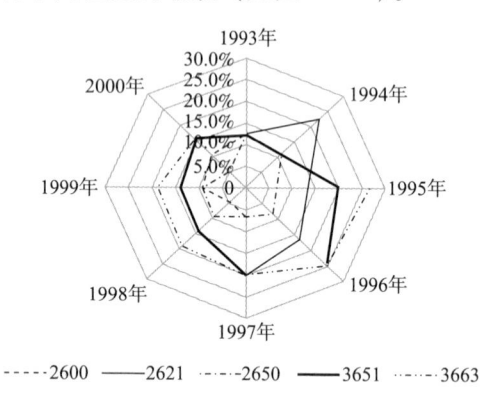

图4-14 1993—2000年韩国文化创意产业上市公司行业分布情况

注：2600代表纸制品业；2621代表造纸业；2650代表纸板容器及包装箱业；3651代表家用音频和视频设备业；3663代表广播电视播放设备。

2001—2016年，韩国文化创意产业上市公司主要分布在造纸业、家用音频和视频设备业、广播电视播放设备业、互联网软件与服务业，这与影视、游戏等流行的娱乐文化密切相关。

韩国的广播电视行业自20世纪末起就异军突起，政府积极实施广播电视产业振兴计划，制定严格的文化保护政策，保证韩剧在国内市场的垄断，同时推进电视产品向海外输出，韩剧出口额持续快速增长，尤其在中国、日本市场极为畅销。广播电视播放设备业的上市公司呈现出良好的发展势头，2006年受网络电视影响比重略有下滑，2007年迅速回升，在韩国文化创意产业结构中数量最多，2013年随着综艺节目发展成熟以及互联网和社交网络的助力，广播电视播放设备业的上市公司再次出现了强劲的发展势头，2016年比重达到历史峰值24.1%。

与广播电视一样，韩国的电影、音乐较早地实施了国产电影保护制度、电影分级制度，在国际上具有不小的影响力，但数字技术和新媒体的发展造成了播放载体的变化，家用音频和视频设备业的上市公司发展一波三折，总体呈下降趋势。21世纪初，韩国的电影、音乐市场不景气，盗版问题突出，家用音频和视频设备业的上市公司比重不断下降。2006年，韩国政府修改版权法，治理网络盗版，比重略有回升，之后韩国整体经济多年低潮,直到 2010 年在韩国政府等多方努力下,家用音频和视频设备业的上市公司比重才回升到 16.2%,但依然逐年下降。

韩国的互联网基础设施一直具有世界先进水平,发达的计算机科学和通信技术为游戏产业的快速发展提供了基础,网络游戏业已成为韩国重点发展的战略性产业,互联网软件与服务业上市公司的发展尽管中间有低迷阶段,但韩国政府将其作为文化创意产业振兴"数字计划"的重要组成部分而进行大力扶持,使其比重迅速恢复呈上升态势,在韩国文化创意产业上市公司总量中占 15% 左右。

出版印刷业是韩国传统的文化创意产业门类,起步较早,但是,随着政府发展中心转移到互联网信息相关的产业,文化用纸制造业的发展受到较大限制,显示出后劲不足的态势,造纸业的上市公司比重不断缩减,从 2001 年的 8.7% 下降到 2016 年的 3.1%(见图 4-15)。

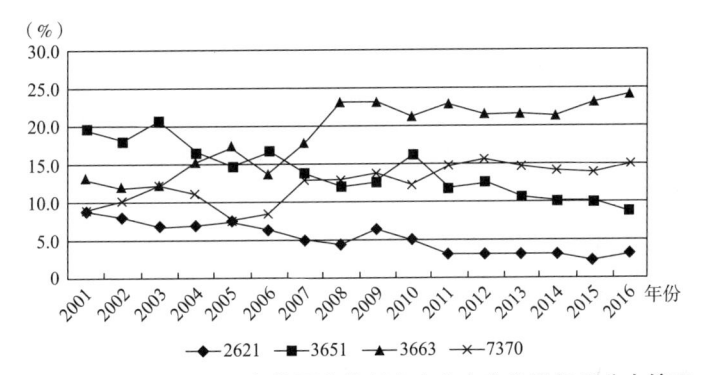

图 4-15　2001—2016 年韩国文化创意产业上市公司行业分布情况

注:2621 代表造纸业;3651 代表家用音频和视频设备业;3663 代表广播电视播放设备业;7370 代表互联网软件与服务业。

第七节　印度文化创意产业上市公司行业结构演变[①]

1995—2002 年,印度文化创意产业上市公司主要分布在纸制品业、造纸业、再生纸和纸板产品业(不包含纸容器及纸盒)、珠宝和贵金属

---

① 张佳琪、解学芳:《中印文化创意产业比较》,《中国国情国》2019 年第 4 期。

业、电影娱乐业。

印度是世界电影产业中最有影响力的国家之一。电影娱乐业的文化创意产业上市公司借助印度丰富的传统民族文化，保持长期的繁荣，其比重呈"W"形发展趋势。1997年比重减少到10.3%，之后印度政府解除了以前有关外国人不能投资印度电影的禁令，促进了国外资金的投入，电影娱乐业上市公司的比重迅速回升，2002年达到峰值16.1%，1997年电影《印度往事》获得奥斯卡最佳外语奖提名。

纸类制造业在印度文化创意产业上市公司中占有较大比重，各细分行业的比重略有起伏，总体呈微下降趋势。纸制品业的上市公司比重维持在6%—9%，再生纸和纸板产品业（不包含纸容器及纸盒）的上市公司比重维持在4.5%—8%，造纸业的上市公司比重下降明显，从1995年的16%下降到2002年的10.1%。印度纸类制造业的发展与出版业息息相关。印度的出版业主要以报纸、杂志出版为主，图书出版只占很小的份额，新媒体对传统出版业造成的巨大冲击，影响到了纸类制造业的上市公司。

珠宝和贵金属业也是印度发展历史悠久的支柱行业。印度的珠宝资源丰富，是多种宝石的产地，政府大力支持珠宝产业的发展，在全球不同珠宝市场建立合作关系，使印度成为珠宝加工贸易的集散地。因其大量依靠出口，容易受到国际珠宝市场需求影响，珠宝和贵金属业的上市公司比重从1995年的16.0%下降到2002年的9.5%（见图4-16）。

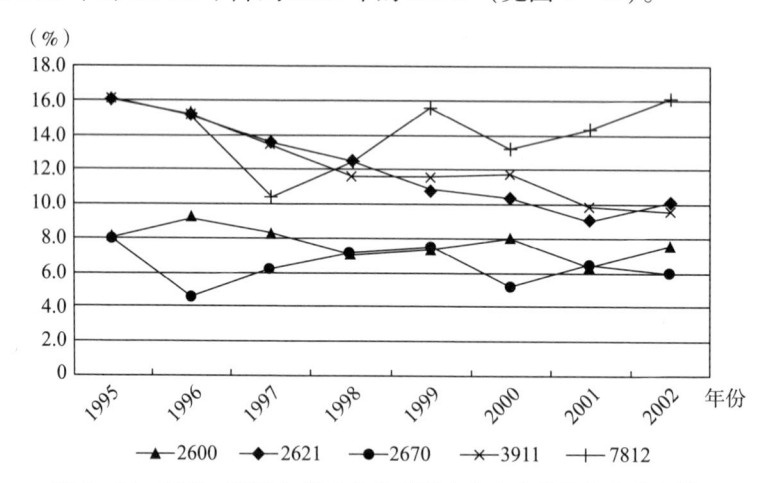

图4-16　1995—2002年印度文化创意产业上市公司行业分布情况

注：2600代表纸制品业；2621代表造纸业；2670代表再生纸和纸板产品业（不包含纸容器及纸盒）；3911代表珠宝和贵金属业；7812代表电影娱乐业。

2003—2014年，印度文化创意产业上市公司主要分布在纸制品业、造纸业、再生纸和纸板产品业（不包含纸容器及纸盒）、珠宝和贵金属业、电影娱乐业、互联网软件与服务业。

电影娱乐业发展稳定，一直在印度文化创意产业中保持最大比重。尽管印度电影产量、票房数量表现良好，但是，面临着不小的危机。美国、英国等国家越来越关注印度的电影，进口电影正在侵蚀印度的本土电影市场，而印度的电影娱乐业还未形成经纪人体系，在制片投入、商业运作等方面缺陷严重，盗版侵权问题时有发生，影响到了印度电影的发展，2014年电影娱乐业上市公司比重从15.2%下降到13.7%。

印度的互联网软件与服务业起步较早，发展十分迅速。自20世纪90年代末期起，就出台了一系列政策支持信息技术发展，将计算机软件业作为国家的战略产业，印度的软件设计和编写水平位居世界前列，在世界软件市场上具有很强的竞争优势。互联网软件与服务业的上市公司比重从2003年的5.2%增加到2013年的6.8%，2014年略有缩减至6.6%（见图4-17）。

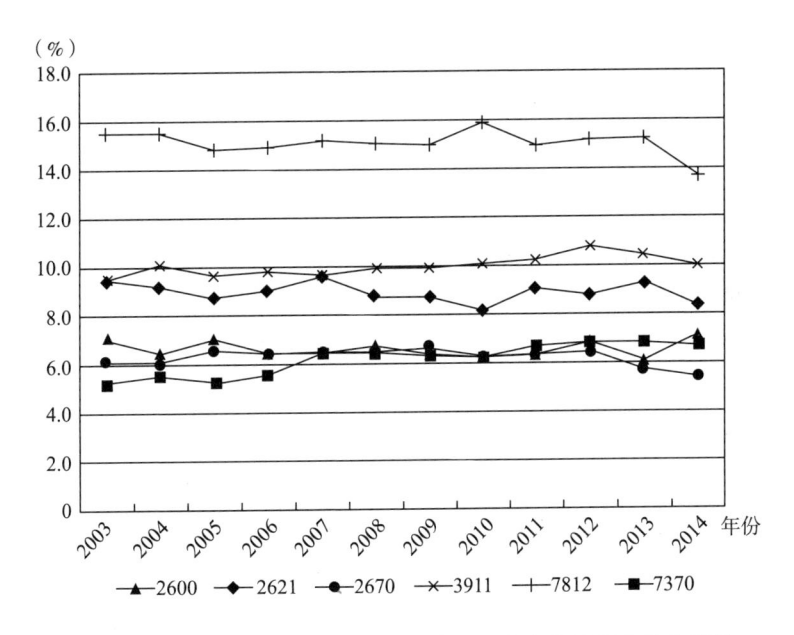

图4-17 2003—2014年印度文化创意产业上市公司行业分布情况

注：2600代表纸制品业；2621代表造纸业；2670代表再生纸和纸板产品业（不包含纸容器及纸盒）；3911代表珠宝和贵金属业；7812代表电影娱乐业；7370代表互联网软件与服务业。

第八节　巴西文化创意产业上市公司行业结构演变

1991—2001 年，巴西文化创意产业上市公司主要分布在纸制品业、纸浆厂业、纸板制造定、有线电视和其他电视服务业（见图 4 - 18）。

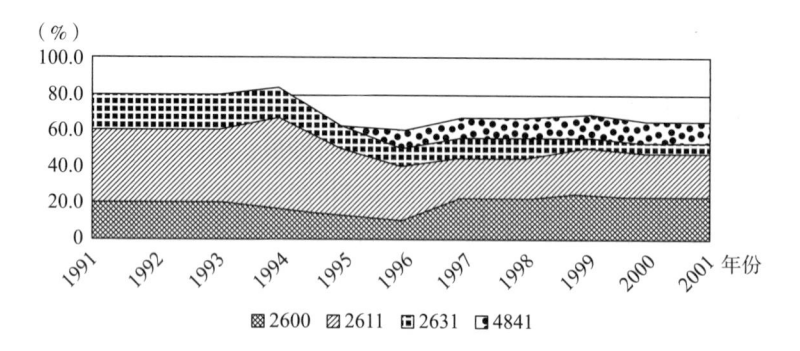

图 4 - 18　1991—2001 年巴西文化创意产业上市公司行业分布情况

注：2600 代表纸制品业；2611 代表纸浆厂业；2631 代表纸板制造业；4841 代表有线电视和其他电视服务业。

纸制品业、纸浆厂业、纸板制造业的上市公司在巴西的文化创意产业中占有 50%—80% 的比重，这主要是因为出版业发展的带动作用。巴西的出版业在拉美国家中有重大的影响力，每年出版的图书数量和种类都是最多的，且巴西的出版业多为私营机构，机制灵活，在政府的优惠政策下发展迅速。

巴西有四家主要的全国性广播电视，分别为环球电视网（Rede Globo）、标题电视网（Rede Record）、骑士电视网（TV Bandeirantes）和巴西电视网（TV SBT）。随着经济的持续发展和对外交流的日益扩大，以环球电视网为核心的电视出口、广告创收已成为经济创收的重要途径，巴西电视业在拉美地区的影响力也逐渐增强，有线电视和其他电视服务业的上市公司比重从 1996 年的 10% 增加到 2001 年的 11.8%。

2002—2016 年，巴西文化创意产业上市公司主要分布在纸制品业、纸浆厂业、图书出版印刷业、家用音频和视频设备业、有线电视和其他电视服务业、电子商务业。

巴西的出版业在2002—2006年经历了一个衰退过程，纸制品业、纸浆厂业、图书出版印刷业的上市公司总比重从42.9%下降到31.8%，2006年起逐渐走出低谷，但2008年世界经济危机再次遭遇困境，此后，在政府的扶植下缓慢地复苏和增长，2016年纸制品业、纸浆厂业、图书出版印刷业的上市公司总比重为40%。

音乐、电视、电影市场的发展刺激了家用音像设备的需求，《视听法》对投资音像制品生产的税收减免优惠力度加大，促进了巴西音像制作技术的改进以及产品种类的丰富，为经济创造了不小的产值。家用音频和视频设备业上市公司的比重呈先降后升趋势，2002年比重为9.5%，2008年降至最低5%，2016年恢复至6.7%。

巴西的电子商务发展在整个拉丁美洲范围内名列前茅。巴西是全球互联网人口增长最快的国家之一，拥有拉丁美洲最大的在线零售市场，电子商务规模也在持续扩张。电子商务业的上市公司比重持续增加，从2002年的9.5%增加到2016年的13.3%。不过，巴西电子商务业的上市公司发展仍面临着诸多挑战，比如，基础设施建设相对薄弱、市场整合度较低等，配送和物流仍然是一大短板（见图4-19）。

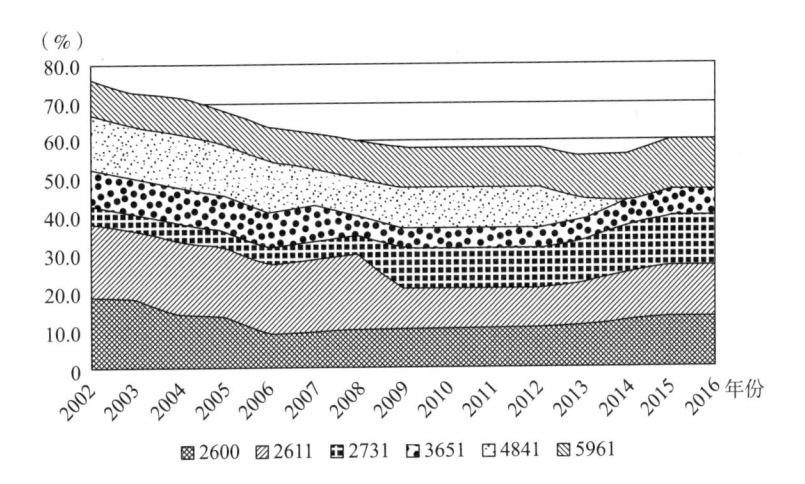

图4-19 2002—2016年巴西文化创意产业上市公司行业分布情况

注：2600代表纸制品业；2611代表纸浆厂业；2731代表图书出版印刷业；3651代表家用音频和视频设备业；4841代表有线电视和其他电视服务业；5961代表电子商务业。

中 篇

全球文化创意产业上市公司龙文化指数报告

第五章　全球文化创意产业上市公司龙文化指数评价体系构建

为了对全球各国文化创意产业、全球文化创意产业各细分行业以及全球文化创意产业上市公司进行全球统一视阈下的比较研究，本报告从经济效益、创意创新和社会贡献三个维度构建具有全球可比性的、统一的综合评价体系，并命名为"龙文化指数"。

第一节　龙文化指数的源起与意义

"龙"，无论在东方还是在西方，都是拥有"强大力量"的象征。有关人类文明史的大量研究发现，"龙"并不仅仅出现在东方的古老文明中，在西方的文明进程中也留下了难以磨灭的历史印记。虽然东方和西方的文明为"龙"赋予了截然相反的正面与负面形象，但"龙"在东方文明和西方文明中都是拥有强大超凡能力的文化符号。

上市公司，无论是在中国还是在全世界，基本上代表了一个产业中最为先进的生产力主体。得到资本支持的上市公司，就像拥有强大超凡能力的"龙"，引领着全球各个产业的发展变迁。

文化创意产业的产品承载着超越物质的强大的思想与情感力量——这种思想与情感可能是正义的，也可能是邪恶的；可能是艺术的、经济的、技术的，也可能是政治的、历史的，甚至军事的。总之，承载着人类对现实世界的各种希望和欲望。文化创意产业上市公司，恰恰是两种超凡力量的融合体，就像一条"巨龙"，拥有能够对全世界、全人类产生巨大且深远影响的超越国界、超越物质、超越时间的能量。换句话说，在当今世界的竞争格局中，一国的文化创意产业上市公司是否足够强大，将直接决定该国在全球政治、经济秩序中的战略地位。

有鉴于此，本报告决定采用"龙文化指数"作为全球文化创意产业上市公司综合评价的学术表征。此外，为了避免引起理解歧义，本报告采用"Loong"而未用"Dragon"作为龙文化指数中"龙"的英文指称，龙文化指数对应的英文翻译为"Loong Culture Index"，简称 LCI。笔者在 2015 年 1 月出版的《中国文化及相关产业上市公司研究报告（2011—2013）》中第一次提出并使用"龙文化指数"。在该著作中，"龙文化指数"表征的是代表中国文化及相关产业先进生产力的文化创意产业上市公司发展状况的综合评价指数，包括经济效益、科技创新（文化科技融合）、社会贡献和公司治理四大维度，由 12 个评价内容、17 个评价要点与 32 个评价指标构成。[①]

在本报告中，龙文化指数的意义包括三个层面：一是准确表达对跨越国界、超越时空、纵贯东西文明进程的超凡力量的敬畏；二是在全球一致标准的基础上，科学表征全球文化创意产业先进生产力的代表——上市公司的发展演进态势，进而反映全球文化创意产业主要细分行业的发展演变趋势，最后深刻体现全球各个国家的文化创意产业综合竞争能力和在全球文化创意产业大格局中的准确位置；三是蕴含着研究团队对于全球文化创意产业超越民族、种族、宗教、地域的樊篱而繁荣发展，实现人类美好未来的深切期望。

第二节　文化创意产业指数研究回顾与龙文化指数模型

本节首先对现有关于文化创意产业综合评价指数研究进行系统回顾，并在此基础上构建龙文化指数综合评价模型。

一　全球文化创意产业发展指数模型相关研究回顾

文化创意产业是文化与经济一体化发展到高级阶段的产物，也是人类转变财富增长的新方式（刘丽伟、高中理，2015）。[②] 作为文化生产力

[①] 臧志彭、解学芳：《中国文化及相关产业上市公司研究报告（2011—2013）》，知识产权出版社 2015 年版，第 27 页。

[②] 刘丽伟、高中理：《世界文化产业发展的新趋势》，《经济纵横》2015 年第 10 期。

形态，文化创意产业改变了经济增长和经济发展的动力结构与动力形态，并为社会生产力的解放和创造性提供了动力源（胡惠林，2017）。[1] 在全球化与文化经济语境下，文化创意产业成为战略性新兴产业与主导产业[2]（刘冠军，2013），成为全球经济发展过程中的崭新增长极（路平，2014）。[3] 在世界各国的经济结构调整中，文化产业的地位和作用逐渐增强（樊琦、张丽，2012）[4]，创造力是文化创意产业发展的核心和灵魂（Choi，2013；[5] Escalonaorcao et al.，2016[6]），诸多国家采取相应的政策措施和手段推动与扶持其发展（江华、李元旭，2014）。[7] 当前，文化资源的国际化吸收和整合、文化产品国际化的合作生产、文化产品与服务的消费方式、市场流通等均呈现出全球化趋势（霍步刚，2009）[8]，规模化、垄断化、多媒体化、高科技化等一系列文化创意产业发展新趋势凸显（苑浩，2006）。[9] 从文化创意产业发展的重要因素来看，文化创新是文化创意产业附加值的核心要素和深层内在力量，是文化创意产品经济价值的来源(Lee，2015）。[10]

文化创意产业发展指数相关研究在21世纪初期取得了突破性进展。文化创意产业的发展与科技创新、创新战略和管理研发人力资源的有效

---

[1] 胡惠林:《论文化产业及其演变与创新——重构文化产业的认知维度和价值观》，《中国文化产业评论》2017年第1期。

[2] 刘冠军:《我国转型期文化创意产业与经济发展互动机理研究》，博士学位论文，西南财经大学，2013年。

[3] 路平:《基于科技创新视角的文化产业发展研究》，博士学位论文，武汉大学，2014年。

[4] 樊琦、张丽:《经济全球化背景下的文化产业竞争力分析》，《山东社会科学》2012年第8期。

[5] Choi, B. D., "Creative Economy, Creative, and Creative Industry: Conceptual Issues and Critique", *Space and Environment*, Vol. 23, No. 3, 2013, pp. 90 – 130.

[6] Escalonaorcao, A. I., Escolanoutrilla, S., Sáezpérez, L. A., Sánchezvalverde, García B., The Location of Creative Clusters in Non – metropolitan Areas: A Methodological Proposition", *Journal of Rural Studies*, Vol. 45, 2016, pp. 112 – 122.

[7] 江华、李元旭:《全球文化融合背景下的中国文化产业开拓海外市场的路径借鉴》，《中国科技产业》2014年第6期。

[8] 霍步刚:《国外文化产业发展比较研究》，博士学位论文，东北财经大学，2009年。

[9] 苑浩:《全球文化产业发展的最新趋势及政策分析》，《国外社会科学》2006年第1期。

[10] Lee, H. G., "Storytelling: A Strategy to Activate Regional Cultural Industry", *Global Cultural Contents*, Vol. 20, 2015, pp. 189 – 208.

利用、项目研发的创新、政府政策和企业的科技创新绩效存在密切关联（Shin，2012）。① 著名创意管理学者理查德·佛罗里达和伊伦·蒂纳格利（Richard Florida and Irene Tinagli，2004）在《创意时代的欧洲》中构建了欧洲创意指数（ECI），包括欧洲科技指数、人才指数和包容指数（见表5-1）。②

表5-1 欧洲创意指数

指数	量度项目
欧洲科技指数	研发指数：量度研发支出占GDP比重
	创新指数：量度每百万人拥有专利申请数量
	高科技创新指数：量度每百万人拥有的生物技术、信息技术、制药及航空等高科技领域的专利数
欧洲人才指数	创意阶级：量度创意职业（采用欧洲国家国际劳工组织的数据库）
	人才资本指数：量度24—64岁持有学士学位或更高学历的人口比重
	科学才能指数：量度每千人中科学研究员和工程师的人数比重
欧洲包容指数	态度指数：量度对少数族群的态度（根据Eurobarometer的调查）
	价值指数：量度一个国家里包含不同面向的价值系统的价值和态度（如宗教、民族主义、权威、家庭、女权、离婚和堕胎）
	自我表达指数：量度对自我表达、生活素质、民主、信任、休闲、娱乐和文化的态度

同样是2004年，理查德·佛罗里达（Richard Florida）在《创意阶层的崛起》一书中提出了著名的创意指数指标体系，包括四个权重相同的指标：创意阶层占就业人口的比重、创新（以每人平均专利数来衡量）、高科技产业（采用米尔肯机构的科技极化指数衡量）、多元化（以同性恋指数来衡量），从而客观地反映创意聚集程度与创新经济的结果。③ 中国

---

① Shin, J. K., "An Empirical Study on Technological Innovation Management Factors of SMEs", *The Korean Society for Technology Management & Economics*, Vol. 20, No. 2, 2012, pp. 75 – 108.
② 丛海彬、高长春：《中国创意城市竞争力决定因素评价研究》，《吉林师范大学学报》（人文社会科学版）2010年第5期。
③ ［美］理查德·佛罗里达：《创意阶层的崛起》，司徒爱勤译，中信出版社2010年版，第281页。

香港学者许焯权等（2004）在《香港创意指数研究》中①，则从资本形态角度，围绕结构与制度资本、人力资本、社会资本和文化资本四大要素建立香港创意指数（HKCI），并提出香港创意指数5C框架，并强调了四种资本形式对创意增长的决定性。此外，上海交通大学胡惠林教授团队（2012—2013）发布中国文化产业发展指数（CCIDI），基于文化产业外部关联度大与产业内部发展要素的复杂性，立足于表征与内涵评价，形成了16个一级指标、52个二级指标、91个三级指标与151个四级指标体系（见表5-2），并据此将中国文化产业发展划分为"三大梯队"和"五种类型"。② 中国人民大学文化产业研究院（2012）构建了中国省市文

表5-2　　　　　　　　中国文化产业发展指数

维度	一级指标	二级与三级指标
中国文化产业发展表征指数（4个一级指标）	文化产业发展水平	10个二级指标 18个三级指标
	文化产业发展经济影响	
	文化产业发展社会文化影响	
	文化产业发展模式	
中国文化产业发展内涵指数 12个一级指标	文化资源丰富程度	42个二级指标 73个三级指标
	重点文化产业发展水平	
	文化产业布局和产业结构	
	文化产业增长方式	
	文化市场主体	
	各类文化市场	
	文化产品流通组织和方式	
	骨干文化企业	
	对外文化贸易	
	文化产业政策	
	文化产业创新能力	
	社会经济基础	

---

① 香港特别行政区民政事务局：《香港文化创意指数研究》，2005年，第19页。
② 胡惠林、王婧：《中国文化产业发展指数报告（CCIDI）》，上海人民出版社2012年版，第24—25页。

化产业发展指数体系，包括产业生产力、产业驱动力和产业影响力三大指数46个指标，其中，34个定量指标基于公开的年鉴数据、学术文献与政府数据，12个定性指标来自对6.8万个企业负责人与市民的调查数据。此外，在三大指数基础上，2017年12月22日，四川文化创意产业研究院与中国人民大学创意产业技术研究院又联合发布中国西部省市文化产业发展指数（2017），产业生产力指数是文化产业要素投入与资源禀赋，反映文化产业发展的实力和潜力；产业影响力指数是文化产业发展绩效，反映文化产业发展的经济效益与社会效益；产业驱动力指数是文化产业发展的外部环境，是政府推动文化产业发展的态度与力度。[1]

总体来看，关于文化创意产业发展指数的现有研究从多个不同维度构建起了文化创意产业发展综合评价的基本报告框架；从指标体系的构建来看，体现出新技术带来的影响、新旧文化创意行业的跨界融合、新兴业态涌现等现状与趋势，为本报告提供了良好的基础，如表5–3所示。

表5–3　　　　　　　　　　创意指数相关研究成果

学者/研究机构	年份	理论模型	评价指数
兰德利（Landry）	2000	七要素理论	人员品质、意志与领导力、人力的多样性与各种人才的发展机会、组织文化、地方认同、都市空间与设施和网络动力关系
理查德·佛罗里达	2004	3T理论	技术（Technology）、人才（Talent）和包容度（Tolerance）
格拉泽（Glaeser）	2004	3S理论	技能（Skill）、阳光（Sun）和城市蔓延（Sprawl）
联合国教科文组织	2004	亚太文化产业推动力	人力资本、科技发展、市场需求和行政机构
香港大学文化政策研究中心	2004	5C模型	创意的成果、结构或制度资本、人力资本、社会资本和文化资本
约翰·克雷德勒（John Kreidler）	2005	创意社区指数	文化杠杆、文化资产、文化参与和文化效果

---

[1]　"中国西部省市文化产业发展指数（2017）"和"中国西部文化消费指数（2017）"正式发布，《中国文化报》2017年12月25日。

续表

学者/研究机构	年份	理论模型	评价指数
上海创意产业中心	2006	SHCI 指数	产业规模、科技研发、文化环境、人力资源和社会环境
胡惠林（上海交通大学）	2012	中国文化产业发展指数	中国文化产业发展表征指数（10 个二级指标）和中国文化产业发展内涵指数（42 个二级指标）
中国人民大学文化产业研究院	2012	中国省市文化产业发展指数	产业生产力、产业驱动力和产业影响力
四川文化创意产业研究院与中国人民大学	2017	中国西部省市文化产业发展指数	产业生产力、产业驱动力和产业影响力

资料来源：笔者在陈潇潇、方世川（2013）整理基础上进行了补充和完善。参见陈潇潇、方世川《我国文化创意产业发展的深层困境与对策探讨——以创意产业评价指数为视角》，《行政与法》2013 年第 4 期。

然而，需要指出的是，现有研究至少存在三个方面的不足：一是缺乏对微观企业层面的关注。文化创意企业是文化创意产业发展的主体，研究文化创意产业发展指数，需要特别注重结合文化创意企业的发展实际进行指数设计。二是指数适用范围有限，未能考虑或不能满足全球统一比较定位研究的现实需求。现有指数研究虽然有很多，但是，多数指数无法适用于全球范围内的比较研究，即使某些指数从理论上说能够适用于全球范围的比较分析，但是，其指标数据却无法在全球多数国家找到可靠的数据来源，进而导致所构建的指数无法运行。三是缺乏经济效益、创意创新和社会贡献三大维度的融合统一。文化创意产业的发展，从根本上讲，取决于经济、创新和社会三大维度的协同努力，然而，现有指数研究虽然考虑的维度很多，但是都没有清晰、明确地构建包含经济、创新和社会融合统一的研究框架。

二 全球文化创意产业上市公司龙文化指数理论模型

本报告认为，文化创意产业上市公司综合评价龙文化指数的构建，应该回归文化创意产业上市公司的基本属性进行考察。科学、准确地把握文化创意产业上市公司的基本属性，是构建文化创意产业上市公司综合评价龙文化指数的前提和基础。

文化创意产业上市公司的基本属性，第一是经济效益属性。企业是从事商品生产和商品流通的经济组织，经济效益属性是企业（也包括文化创意产业上市公司）的首要特性。而且，联合国教科文组织关于文化产业的定义是："文化产业就是按照工业标准，生产、再生产、储存以及分配文化产品和服务的一系列活动。"这一定义充分体现了文化产业作为产业而存在的经济效益属性。此外，对于上市公司而言，以营利为目的的经济效益属性更为突出。文化创意产业上市公司，实际上是将文化创意产业进行证券化，将具有预期收益的文化创意通过制度程序包装为可以出售和流通的权利凭证，并可以据此融资交易（李华成，2012）。[①] 凡是购买了文化创意产业上市公司股票的投资者，都是看中了文化创意产业上市公司所具备的强大的经济效益属性，希望通过资本投入获得比其他行业更高的投资回报率。因此，对于全球文化创意产业上市公司发展评价，首先需要对全球各国文化创意产业上市公司经济效益情况进行科学评估。

第二是创意创新属性。文化创意产业，与其他产业的本质不同在于其"文化"特性。2001年，联合国教科文组织对"文化"进行了定义："某一社会或社会群体所具有的一整套独特的精神、物质、智力和情感特征，除艺术和文学以外，还包括生活方式、聚居方式、价值体系、传统和信仰。"[②] 文化创意产业上市公司，实际上是将上述"文化"特质内化在研发、生产、传播、消费等一系列价值链环节，结合科学技术手段或工具的应用创新，形成与其他产业不同的具有创意创新特性的产品和服务及其配套的商业运营体系。文化创意产业上市公司，一方面，由于承载了超越物质的文化精神力量，在资本支持下，具有超越其他产业的更加强大的能量；另一方面，创意创新属性使文化创意产业上市公司的研发、生产、传播、消费等一系列价值链环节更加富有特色和新意，进而促使公司文化创意产品和服务得到更广大消费者的喜爱及购买消费，从而获得经济属性的有效实现。因此，对于全球文化创意产业上市公司发展评价，还需要对其创意创新情况进行合理评价。

第三是社会贡献属性。企业的社会价值理论认为，企业不仅是经济组织，而且也是社会组织，企业的价值体系包括经济价值和社会价值两个方面，其中，企业的社会价值，除增加社会整体财富外，还主要体现

---

① 李华成：《欧美文化产业投融资制度及其对我国的启示》，《科技进步与对策》2012年第7期。
② 高书生：《中国文化产业研究论纲》，《中国文化产业评论》2011年第2期。

在依法纳税、实现政府责任绩效等方面（买生、汪克夷、匡海波，2011）①。《中华人民共和国公司法》规定，公司从事经营活动，必须"承担社会责任"。一个企业能够在社会上立足，并不断发展壮大，除自身的努力之外，还需要社会的供养、支撑与保障，因此，企业对社会的首要贡献应该是其将自身所得利益按照国家和地方规定的比例上缴，为社会发展贡献自己应有的经济回报。如果单纯以营利为目的，文化创意产业上市公司就会沦为纯粹的资本的附庸和工具。文化创意产业上市公司，作为文化创意产业先进生产力的代表性企业，应该在社会贡献方面做出表率，以更加积极的姿态投入社会建设中，体现出更强的社会责任感，在社会公共效益方面发挥龙头带动作用，引领文化创意产业各类企业共同为全人类创造福祉。由此可见，对于全球文化创意产业上市公司发展评价，还需要对其社会贡献情况进行准确评价。

基于上述理论分析，本报告基于文化创意产业的三大基本属性，建立由经济效益评价、创意创新评价和社会贡献评价三大评价维度构成的全球文化创意产业上市公司综合评价龙文化指数理论模型，如图 5-1 所示。

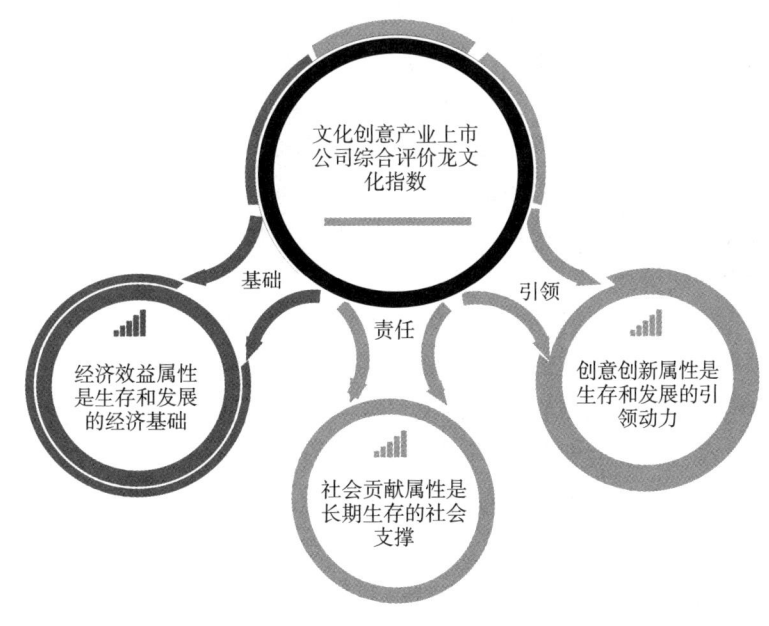

图 5-1　全球文化创意产业上市公司综合评价龙文化指数理论模型

---

① 买生、汪克夷、匡海波：《企业社会价值评估研究》，《科研管理》2011 年第 6 期。

经济效益、创意创新和社会贡献是文化创意产业上市公司互为一体、相辅相成的三个基本属性，经济效益属性为文化创意产业上市公司生存和发展提供经济基础；创意创新属性承载着文化创意产业上市公司特有的"文化"内涵，进而成为文化创意产业上市公司产品和服务发展的引领动力，推动文化创意产业上市公司经济效益和社会贡献两大属性的实现；社会贡献属性是文化创意产业上市公司获得长期生存的社会支撑，帮助文化创意产业上市公司建立和谐的可持续的社会文化环境。由此，经济效益评价、创意创新评价和社会贡献评价构成了全球文化创意产业上市公司综合评价龙文化指数互为补充、缺一不可的统一体。

经济效益评价聚焦于文化创意产业上市公司的立足之本，通过建立经济效益评价维度，实现对于支撑文化创意产业上市公司生存和发展的经济基础状况的分析评价。企业规模的扩张、利润的增加和产品销售前景广阔等代表了文化创意产业上市公司在未来发展的前景。根据普拉哈拉德和哈默（Prahalad and Hamel）提出的企业核心能力理论，文化创意产业上市公司创造可观的经济效益是企业的核心能力，在文化创意产业上市公司成长中的作用就像根在树成长中的作用一样重要。[1]

创意创新评价着眼于文化创意产业上市公司特有的"文化"内涵属性，通过建立创意创新评价维度，实现对于文化创意产业上市公司健康高效发展引领动力状况的探索评价。创新是文化创意产业上市公司可持续发展的根本，无论是内容的创新还是技术手段的创新；而创意通过价值基础、转换、分享和积累四个环节作用于文化生产、传播、销售等环节使创意转化成产业价值（周莹、刘华，2014）；[2] 文化创意产业上市公司将文化创意内容进行多元、反复、有序组合与延伸使用，创造产品新形式和动态视觉效果，推动企业向更高层次发展。

社会贡献评价则落脚到上市公司社会责任上，通过建立社会贡献评价维度，实现对于文化创意产业上市公司服务社会、贡献社会状况的研究评价。文化创意产业和其他传统行业相比，在于其提供的文化产品和文化服务的文化性与广泛的社会影响力。对文化创意产业上市公司而言，

---

[1] Prahalad, C. K. and Hamel, G., "The Core Competence of the Corporation", *Harvard Business Review*, May – June, 1990, pp. 79 – 91.

[2] 周莹、刘华：《版权产业创新中的生产者角色、行动及激励机制》，《出版发行研究》2014年第12期。

其提供的不再单单是产品和服务，更重要的是其包含的文化内容与价值观，对人们的思维、审美、思想和精神产生的重要影响。因此，文化创意产业上市公司除了关注经济效益和创意创新评价，更要基于文化创意产业的特殊性而承担起文化企业的文化影响与社会效应，实现社会文化的健康可持续发展。

基于经济效益评价、创意创新评价和社会贡献评价三个维度的全球文化创意产业上市公司龙文化指数综合评价体系的构建，实现了三个方面的平衡考量：一是通过经济效益评价与社会贡献评价相结合，实现了文化创意产业上市公司经济创造能力与社会责任水平的平衡考量；二是通过经济效益评价与创意创新评价相结合，实现了文化创意产业上市公司的当前发展实力评价与未来可持续竞争力评价的平衡考量；三是通过经济效益、社会贡献和创意创新三者相结合，实现了文化创意产业上市公司的传统通用评价和产业特色评价的平衡考量，最终形成了有机协同、三位一体的全球文化创意产业上市公司龙文化指数综合评价理论模型。

第三节　全球文化创意产业上市公司龙文化指数评价指标

本节研究首先提出全球文化创意产业上市公司龙文化指数评价指标体系的基本原则，然后在此基础上构建全球文化创意产业上市公司龙文化指数评价指标体系。

一　龙文化指数评价指标体系构建的基本原则

基于龙文化指数综合评价理论模型，全球文化创意产业上市公司龙文化指数评价指标体系的构建，需要遵循如下基本原则：

（一）注重多维平衡考量原则

全球文化创意产业上市公司龙文化指数评价指标体系的构建，需要结合龙文化指数综合评价理论模型的平衡考量思想，注重经济效益与社会责任、当前实力与未来潜力、常规通用评价与产业特色评价相结合的多维平衡综合考量原则。

（二）注重总量与均量相结合原则

全球文化创意产业上市公司龙文化指数评价指标体系的设计，既要注重世界各国文化创意产业上市公司的总量指标,考察各国企业的总体规模状况,又要考虑到单纯的总量比较主要考察的是"量",难以全面反映世界各国文化创意产业上市公司"质"的发展状况,需要同时配置适当的均量指标,实现龙文化指数综合评价的客观公平性。

(三)简洁性原则与数据可得性原则

全球文化创意产业上市公司龙文化指数评价指标体系的设计,必须考虑到世界各国文化创意产业上市公司的数据可得性问题,在全球文化创意产业上市公司龙文化指数评价指标体系的选取上要尽可能选择全球主流的、统一规范的上市公司财务报告数据,从而确保全球文化创意产业上市公司各项指标能够有准确可靠的数据支撑。有鉴于此,在指标体系设计过程中,借鉴世界500强评价的精简性原则,采用尽可能精简的方式构建龙文化指数的评价指标体系。

二 龙文化指数评价指标体系的具体设计

基于全球文化创意产业上市公司龙文化指数综合评价模型和评价指标体系设计基本原则,结合前人的研究成果,从经济效益、创意创新和社会贡献三个维度构建全球文化创意产业上市公司龙文化指数综合评价指标体系。

(一)经济效益评价指标

学术界用于反映上市公司经济效益的常用指标有营业收入、资产收益率、净利润、现金持有量、全要素生产率等相关经济指标。一方面,从资本结构与投融资关联来看,文化创意产业上市公司资本结构与盈利能力的关系密切,优化资本结构是提高上市公司能力的重要途径①(Xu et al., 2014)。Jeong(2012)对韩国文化创意产业上市公司资本结构的研究,得出文化创意产业资本结构的决定因素与制造业相异;② 戴新华、林如鹏(2014)通过描述性统计及DEA法对比了中美传媒公司的投资规模、投资结构与投资效率;③ 张雪梅(2011)对各因素间相关系数进行计量,实证检验得出在单一网络游戏行业内企业规模与现金持有量呈显著

---

① Zhong, X., Song, X. Z. and Xie, Y. Y., "A Study on the Relationship between Capital Structure and Profitability Based on the Empirical Data of Listed Companies in Cultural Media Industry in China", *Advanced Materials Research*, 2014, Issue 926 – 930, p. 3735.

② Jinho Jeong, "Capital Structure Determinants of Cultural Industry: The Case of KOSDAQ Listed Firms", *Journal of Industrial Economics and Business*, Vol. 25, No. 6, 2012, pp. 3585 – 3612.

③ 戴新华、林如鹏:《传媒上市公司投资行为研究——中、美对比的视角》,《现代经济探讨》2014年第9期。

正相关;① 还有研究运用了系统 GMM 方法构建了融资—投资模型,从内源融资、债务融资和股权融资三个方面对融资因素对投资行为的影响进行了实证研究（戴钰,2015）。② 另一方面,从经营绩效来看,销售利润率指标与经营绩效的关系最为密切,旅游上市公司应适度利用财务杠杆,不断地提高存货周转率和应收账款周转率,使公司的经营业绩达到新的高度（Chen and Zhang,2012）;③ 刘生胜等（2016）研究了互联网上市公司全要素生产率及其构成变化,并着重实证分析融资结构对全要素生产率及其结构的影响。④

本报告认为,全球文化创意产业上市公司经济效益应该从两个方面去考察:一是企业的经济规模总量。一个没有足够规模的企业很难在激烈的市场竞争中立稳脚跟,规模总量是企业创造经济效益、获取未来可持续发展的坚实基础。结合全球文化创意产业上市公司财务报告数据,选取"营业收入"作为全球文化创意产业上市公司经济效益规模总量评价指标。二是企业的盈利能力。盈利能力是企业经济效益最为重要的体现,只有能够赚钱的企业,才是具有强大经济效益实力的企业,才能在激烈的市场竞争中占据优势。

考虑到文化创意产业上市公司盈利能力的比较要尽可能地具备全球可比性,要尽可能地减少全球各国因为会计准则和会计制度差异带来的评价误差,因此,本报告采用能够反映企业综合运用包括净资产和负债在内全部资产的总体盈利能力的指标——总资产利润率进行全球文化创意产业上市公司盈利能力的考察,具体计算公式为:

$$总资产利润率 = 税前利润/总资产 \times 100\%$$

（二）创意创新评价指标

随着高新技术应用于文化创意产业领域速度的加快,文化创意产业上

---

① 张雪梅:《网络游戏行业企业规模与现金持有量关系研究——来自中国网络游戏上市公司的经验证据》,《上海管理科学》2011 年第 6 期。

② 戴钰:《中国文化传媒上市公司投融资行为影响因素研究》,《财经理论与实践》2015 年第 3 期。

③ Chen, J. P. and Zhang, N., "An Empirical Analysis on Financial Capability and Operating Performance of China's Listed Tourism Companies", Advanced Materials Research, Vol. 204 – 210, 2011, pp. 1009 – 1013.

④ 刘生胜、宋文飞、李国平:《互联网上市公司融资结构对公司绩效的非线性影响效应》,《大连理工大学学报》（社会科学版）2016 年第 3 期。

市公司的核心竞争优势日益依赖于文化创意创新资源的整合与优化、文化创意创新产业链的打造与拓展、科技创新能力的持续开发与转化。综合来看，文化创意产业上市公司创意创新能力贯穿于整个文化产品和服务的创意、生产、流通、营销的全过程。从目前有关创意创新评价指标研究来看，一是关注创意创新产出指标，如经济合作与发展组织（OECD）构建的创新评价体系主要由产出类指标构成，包含产出、效率、质量、效益等维度。[①] 二是关注整个创意创新投入产出价值链涉及的指标。文化企业具有很强的创新能力，且创新动向指数呈上升态势（仲为国等，2017）[②]，数字化、智能化的知识资本是文化企业价值创造的核心资产和竞争优势所在（李小荣、刘晴，2017）。[③] 苏历（2016）提倡加大对知识产权的研发投入与对人才的吸引力度，加快主营业务结构的调整，促进文化创意产业上市公司的未来发展。[④] 三是关注创意创新过程类的指标。如王影、梁祺（2006）围绕企业创新过程，从创新投入能力、创新管理能力、创新实施能力、创新实现能力和创新产出能力五大维度，构建了22个上市公司技术创新能力评价指标。[⑤] Hsueh 和 Hsu 等学者（2012）建立了文化创意产业发展成效多准则评估模型，通过使用模糊逻辑推理系统来实现价值量转移过程，依次评估各部门对文化创意产业投入的发展成效。在全球化的知识经济下，Krista B. Lewellyn 和 Shuji Rosey Bao（2015）通过检验来自13个国家的纸制品企业的研发（R&D）投入，分析研发投入与行业竞争和激励之间的关系。[⑥] 此外，解学芳、臧志彭（2018）对文化产业上市公司的空间分布与集群机理进行研究，认为随着互联网与文化产业创新的深度融合，文

---

① 经济合作与发展组织：《OECD 科学技术和工业展望》，科学技术文献出版社 2006 年版。
② 仲为国等：《中国企业创新动向指数：创新的环境、战略与未来》，《管理世界》2017 年第 6 期。
③ 李小荣、刘晴：《文化企业知识产权评估方法研究》，《中国资产评估》2017 年第 3 期。
④ 苏历：《文化产业上市公司财务绩效的影响因素分析》，硕士学位论文，华东交通大学，2016 年。
⑤ 王影、梁祺：《基于广义最大熵原理的上市公司技术创新能力评价》，《科技管理研究》2006 年第 10 期。
⑥ Lewellyn, K. B. and Ba, S., "R&D Investment in the Global Paper Products Industry: A Behavioral Theory of the Firm and National Culture Perspective", *Journal of International Management*, Vol. 21, No. 1, 2015, pp. 1–17.

化产业上市公司的地理集群逐渐形成了基于智力资源的差序演变机理。①

本报告认为,对于全球文化创意产业上市公司创意创新的考察,应包含创新能力和创意能力两个维度。创新能力反映的是企业的科技研发能力,创意能力反映的是企业的思想创意、内容生产能力。②关于创意能力的评价,考虑到上市公司数据库中没有单独的创意数据统计,而在会计科目中都将创意成果——版权(著作权)的数据归集到"无形资产"科目,同时,技术研发成果——专利权及非专利技术也归集到"无形资产"科目。而且,对于文化创意类企业而言,无形资产科目主要包含的内容就是著作权、商标权、专利权及非专利技术等相关数据,这些数据正是企业内容创意、技术创新研发成果的有关数据,也就是说,无形资产数据实际上可以用来作为文化创意产业上市公司创意能力和创新能力的综合评价指标。

(三) 社会贡献评价指标

学术界关于上市公司社会贡献评价,主要采用纳税贡献、就业贡献、社会责任、每股社会贡献值、企业社会贡献总额等指标。Chen(2013)以体育上市公司的平均股票交易价格为统计分析对象,运用协整检验、VAR模型、VEC模型、IRF和方差分解等研究方法,研究了中国体育产业股票价格与体育文化上市公司股价间的联系。③ Chitmonkongsuk(2011)对传媒与出版上市公司的股权价值与财务报表要素间关系的研究,得出了股权价值主要由软因素驱动的结论。④ 此外,关于文化创意产业上市公司的社会责任及信息披露的研究正成为热点之一。Firas 和 Barakat(2015)通过对巴勒斯坦和约旦文化创意上市公司社会责任披露(CSRD)进行描述和评估,来

---

① 解学芳、臧志彭:《"互联网+"时代文化产业上市公司空间分布与集群机理研究》,《东南学术》2018 年第 2 期。

② Hsueh, S. L., Hsu, K. H. and Liu, C. Y., "Multi-Criteria Evaluation Model for Developmental Effectiveness in Cultural and Creative Industries", 2012 International Workshop on Information and Electronics Engineering, 2012, p. 29.

③ Chen, P., "Interactive Relationship between Stock Prices of Sport Culture Listed Companies and Sport Industry in China", *Journal of Sports Adult Education*, 2013.

④ Chitmonkongsuk, A., "Fundamental Financial Factors Determining the Market Value of the Equity: An Empirical Study of Listed Media and Publishing Firms in Thailand", *Analytical Chemistry*, Vol. 43, No. 3, 2011, p. 744.

确定影响社会责任披露的制度因素。① Su 和 Fang（2017）以企业生命周期理论为基础，研究了中国深圳物联网 ITO 上市公司自愿性信息披露水平与公司价值的相关性，建立了自愿性信息披露水平评价指标体系，得出结论认为：公司价值与创业板上市公司在创业期、成长期和成熟期的自愿性信息披露水平呈正相关，而衰退期与公司信息披露水平呈负相关。②

本报告认为，作为一个营利性组织应该为社会提供经济贡献，即按照有关规定缴纳税收及其他各种费用，这也是每一个企业义不容辞的责任。一个企业能够在社会上立足，并不断发展壮大，除自身的努力之外，还需要社会的供养、支撑与保障，因此，企业对社会的首要贡献应该是其将自身所得利益按照国家和地方规定的比例上缴，为社会发展提供自己应有的经济回报。

考虑到企业所得税在企业纳税贡献中的重要地位，而且企业所得税背后还反映了企业获利情况，故而本报告采用所得税作为反映全球文化创意产业上市公司社会贡献的评价指标。

（四）龙文化指数综合评价指标体系

结合前文的思考与分析，本报告构建全球文化创意产业上市公司龙文化指数综合评价指标体系，主要由经济效益评价、创意创新评价和社会贡献评价三个评价维度，经济规模、盈利能力、创新资产和纳税贡献四项评价内容，营业收入、总资产利润率、无形资产和所得税额四个评价指标构成，如表 5-4 所示。

表 5-4　全球文化创意产业上市公司龙文化指数综合评价指标体系

评价维度	评价内容	评价指标	权重（%）
经济效益评价（40%）	经济规模	营业收入	20
	盈利能力	总资产利润率	20
创意创新评价（30%）	创新资产	无形资产	30
社会贡献评价（30%）	纳税贡献	所得税	30

---

① Firas, S. Q. and Barakat, M., Victoria López Pérez, Lázaro Rodríguez Ariza, "Corporate Social Responsibility Disclosure (CSRD) Determinants of Listed Companies in Palestine (PXE) and Jordan (ASE)", *Review of Managerial Science*, Vol. 9, No. 4, 2015, pp. 681-702.

② Su, W. L. and Fang, X., "The Correlation Research between Voluntary Information Disclosure and Corporate Value of Listed Companies of Internet of Things", *Procedia Computer Science*, Vol. 112, 2017, pp. 1692-1700.

在权重设置方面，考虑到在经济效益、创意创新和社会贡献三个评价维度中，经济效益是立足之本，是文化创意产业上市公司得以在市场上生存的基础，应给予最大权重；创意创新承载了文化创意产业上市公司特有的文化创意特质内涵，决定了其能否获得市场的认可获取价值变现；社会贡献反映了文化创意产业上市公司对社会的承诺和责任，决定了其能否获得长期的生存发展空间，两者缺一不可，难分伯仲。基于上述分析，本报告认为，经济效益评价应给予40%的权重，其中，营业收入和总资产利润率两个指标各占20%的权重；创意创新评价和社会贡献评价各占30%的权重，其对应的无形资产和所得税额两个指标相应地也各占30%的权重。

第四节　全球文化创意产业上市公司龙文化指数量化模型

基于全球文化创意产业上市公司龙文化指数评价模型，构建全球文化创意产业上市公司龙文化指数综合评价量化分析模型，是基于评价指标体系对全球文化创意产业上市公司在经济效益、创意创新、社会贡献等方面的发展情况进行指数化定量分析。龙文化指数记为LCI（Loong Culture Index），评价模型的具体构建方式如下。

首先，计算评价指标的基准值。设置全球文化创意产业上市公司评价指标基准值的方法是取某一年份全部有效个案在某指标上的算术平均值作为该指标的评价基准值，记为1。设置评价基准值的意义在于：一是无量纲化，即通过各个指标绝对量与基准值的指数化计算形成各个指标的无量纲化指数得分，进而可以进行加权求和形成综合评价的龙文化指数；二是可以作为以后年份全球文化创意产业上市公司发展评价的基础对标数据，以后每年的评价研究都以此基准值为基础进行计算，从而可以考察全球文化创意产业上市公司每年的发展变化态势。其计算公式为：

$$\overline{var_i} = \frac{S_i}{N_i}$$

其中，$\overline{var_i}$表示第i个指标的基准值，i为整数；S_i是第i个指标全部有效个案的数据总和；N_i是全球文化创意产业上市公司中在第i个指标上的有效个案数。

需要指出的是，以上基准值的计算仅适用于绝对量指标，而对于相对量指标，考虑到其已经是无量纲化的指标且能够进行历年比较，可以直接参与龙文化指数的加权计算，不需要计算基准值。

其次，计算各个评价指标在基准值基础上的无量纲化得分，即分项指数，其计算公式为：

$$Index_{i,t} = \frac{Cul\_F_{i,t}}{var_i}$$

其中，$Index_{i,t}$ 表示第 i 个指标在第 t 年的指数得分；$Cul\_F_{i,t}$ 表示文化创意企业在第 i 个指标第 t 年的数值。

同样，对于相对量指标（总资产利润率），考虑到其已经是无量纲化的指标，直接参与下面的龙文化指数的加权计算。

最后，计算得到文化创意产业上市公司的龙文化指数，其计算公式为：

$$LCI = \sum Index_{E,i,t} \times W_E + \sum Index_{T,i,t} \times W_T + \sum Index_{S,i,t} \times W_S$$

其中，$\sum Index_{E,i,t} \times W_E$ 表示经济效益的指标按其权重汇总求和得到经济效益指数得分。$\sum Index_{T,i,t} \times W_T$ 表示创意创新的指标乘以权重得到创意创新指数得分 $\sum Index_{S,i,t} \times W_S$ 表示社会贡献指标按其权重汇总求和得到社会贡献指数得分。W_E、W_T、W_S 分别表示经济效益指标的权重、创意创新指标的权重和社会贡献指标的权重。

基于上述量化模型计算方法，本报告将对全球各国和地区文化创意产业上市公司进行经济效益指数、创意创新指数、社会贡献指数和龙文化指数的量化分析。需要特别说明的是：

第一，基于目前收集整理的全球各国和地区文化创意产业上市公司数据，限于研究团队的时间和精力有限，本报告仅将2012—2016年全球各国和地区文化创意产业上市公司龙文化指数相关各项指标原始数据进行了统一货币单位换算整理。为了更为直观地理解全球文化创意产业上市公司的有关发展数据情况，以及便于横向比较，本报告的货币单位全部按照当年平均汇率换算为人民币元。

第二，基于上述数据基础，本报告将2012年全球各国和地区文化创意产业上市公司龙文化指数相关的经济效益指数、创意创新指数、社会贡献指数相关各项指标（除总资产利润率外）的算术平均值作为评价基准值，记为1。也就是说，所有计算得到的全球文化创意产业上市公司龙文化指数以及经济效益指数（如营业收入指数）、创意创新指数（如无形资产指数）、社会贡献指数（如所得税指数）都是2012年全球各国和地区文化创意产业上市公司各项相应指标均值的倍数。因此，全球各个国和地区、各个细分行业的文化创意产业上市公司都可以在2012年全球均值倍数基础上进行相互比较研究。

第六章 全球文化创意产业上市公司龙文化指数百强研究

本报告突破了当前文化创意产业国际比较研究中因缺乏统一行业划分标准和统一数据来源而造成无法进行横向跨国比较的研究困境，在三大国际主流产业分类标准——标准产业分类体系（SIC）、北美产业分类系统（NAICS）和全球产业分类标准（GICS）基础上构建统一的文化创意产业细分行业统计范畴，并统一采用上市公司财务报告全球权威上市公司数据库——美国标准普尔数据库（Standard & Poor's 即Compustat）、雅虎财经数据库（Yahoo Finance）和谷歌财经数据库（Google Finance），筛选2012—2016年全球53个国家和地区文化创意产业上市公司经过审计后发布的财报数据，基于经济效益、创意创新和社会贡献三个维度，构建全球统一的文化创意产业上市公司综合评价指数——龙文化指数(Loong Culture Index，LCI)，量化分析形成2012—2016年全球53个国家和地区文化创意产业上市公司的经济效益指数、创意创新指数和社会贡献指数，并在此基础上，综合加权得到龙文化指数，进而形成2012—2016年全球文化创意产业上市公司龙文化指数百强排行榜。

第一节 2012—2016年龙文化指数百强总体演变特征

基于2012—2016年全球文化创意产业上市公司龙文化指数百强数据，本报告从榜首企业、整体趋势、经济效益、创意创新和社会贡献五个方面进行总体演变特征分析。

一 苹果公司和美国电话电报公司争夺榜首，知名巨头盘踞百强前列

综观 2012—2016 年全球文化创意产业上市公司龙文化指数百强榜单可以发现，榜首之争在美国文化创意产业巨头苹果公司（Apple）和美国电话电报公司（AT&T）之间展开，2012 年和 2014 年，苹果公司以龙文化指数 212.82 和 215.22 位居榜首，而美国电话电报公司则在 2013 年、2015 年和 2016 年分别以龙文化指数 253.28、318.56 和 330.31 的成绩力压苹果公司而成为首位。

近些年来，美国电话电报公司一直引领全球电信行业向媒体、娱乐、内容等文化创意领域战略转型。从公司财务报告来看，2017 财年公司娱乐集团收入已经占美国电话电报公司总营业收入的 31.58%；而且，美国电话电报公司近年来正在通过大举并购实现文化创意战略布局，如 2014 年完成对直播电视公司（DirecTV）的收购，以及 2016 年启动、最近刚刚获批的 854 亿美元收购时代华纳公司（Time Warner）等，获得了内容版权、电视节目转播权等巨额无形资产，再加上美国联邦通信委员会（FCC）颁发的有关无线电广播、电视、电信、卫星通信、漫游协定等运营许可证作为无形资产价值，美国电话电报公司的创意创新指数得分相对于苹果公司具有压倒性优势，助其在全球龙文化指数榜首之争中盖过苹果公司。

全球知名的文化创意及相关产业巨头 2012—2016 年五年间一直盘踞龙文化指数百强榜单前列，但排名上有较大波动。美国威瑞森通信公司（Verizon Communications）、康卡斯特公司（Comcast）占据了第 3 名、第 4 名；韩国三星电子公司（Samsung Electronics）在 2013 年和 2016 年进入前 5 名，其余年份一直位列第 7—8 名；英国沃达丰集团（Vodafone Group PLC）2012 年、2015 年和 2016 年分别进入第 4 名、第 5 名和第 6 名，但 2013 年和 2014 年未能进入十强。日本软银公司（Softbank Group Corp）2013 年起一直位列前 7 名；美国微软公司（Microsoft Corp）和华特迪士尼公司（Disney）五年来最好成绩分别是第 6 名和第 8 名，但微软公司近年来有下滑趋势，而华特迪士尼公司基本保持进步态势。字母表公司（Alphabet）一直保持稳健上升态势，从 2012 年的第 19 名一路攀升至 2016 年第 10 名。脸书公司（Facebook）总体进步较大，从 2012 年的第 68 名跃升至 2016 年的第 18 名；亚马逊公司（Amazon）从 2012 年第 36 名提升至 2016 年的第 21 名；索尼公司（Sony Inc）一直位于第 20—28 名。

二 龙文化指数整体增强,但头部极化效应更加严重

2012—2016年,全球文化创意产业上市公司百强的综合实力整体增强,百强的龙文化指数均值五年间稳步增长,从31.03上升至36.72,总增幅18.34%,2015年增幅最大,达到9.12%。而入围门槛也水涨船高,第100强公司龙文化指数由2012年的4.83提高至2016年的5.01。这表明在世界经济整体复苏疲弱乏力、世界贸易持续低迷背景下,全球文化创意产业的发展依然基本保持积极增长的态势。

然而,虽然百强龙文化指数保持增长,但百强发展不均衡的结构性问题突出。2012年前十强的龙文化指数均值为133.94,是百强均值的4.32倍,五年间经历了"M"形发展;2016年稍有回落,以171.79收尾,此时是百强龙文化指数均值的4.68倍,头部集团与百强平均水平之间差距稍有拉大。再从中位值来看,百强龙文化指数的中位值从13.26提高到14.70,远低于百强均值;而且百强龙文化指数中位值五年间总增幅为10.86%,不到百强均值五年总增幅的60%。由此可见,全球文化创意产业上市公司龙文化指数百强的头部和尾部两极化效应更加严重,整体发展越发不均衡(见图6-1)。

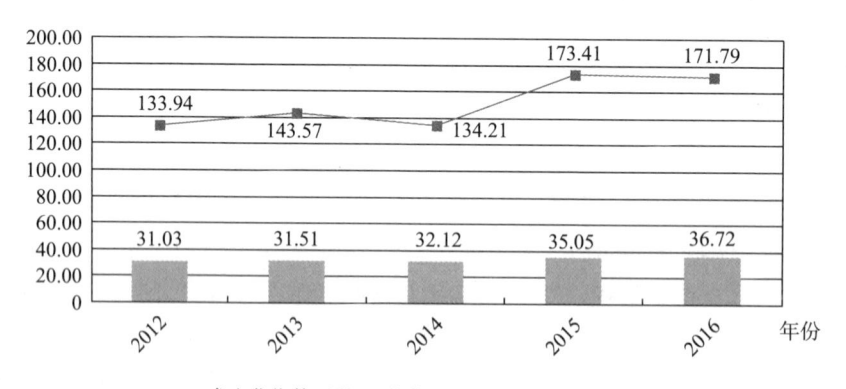

图6-1 2012—2016年龙文化指数百强与十强均值变化

三 百强营业收入规模显著增加,但盈利效率持续降低

从营业收入方面看,2012—2016年,龙文化指数百强营业收入指数均值呈先降后升趋势。从2012年的29.09小幅下探至2013年的28.49后,从2014年开始稳步提升,从2014年的29.56提升到2016年的32.38。由于营业收入指数是以2012年全球文化创意产业上市公司营业收入平均数为基准值1,也就是说,2016年全球文化创意产业上市公司龙文

化指数百强的平均营业收入水平已经达到了2012年全球整体文化创意产业上市公司营业收入平均水平的32倍之高。

而百强总资产利润率均值变化则相反,呈现先增后降的趋势。2012年为7.77%,在2013年增加至9.54%之后,连续三年下降,2016年降至6.25%。总资产利润率反映了企业对全部资产的运营管理效率和单位资产的盈利能力。近年来,百强总资产利润率下降,说明虽然全球文化创意产业的头部企业营业收入总体水平在增长,但是,其总资产的运营获利能力和效率自2014年以来却呈现持续降低趋势(见图6-2)。

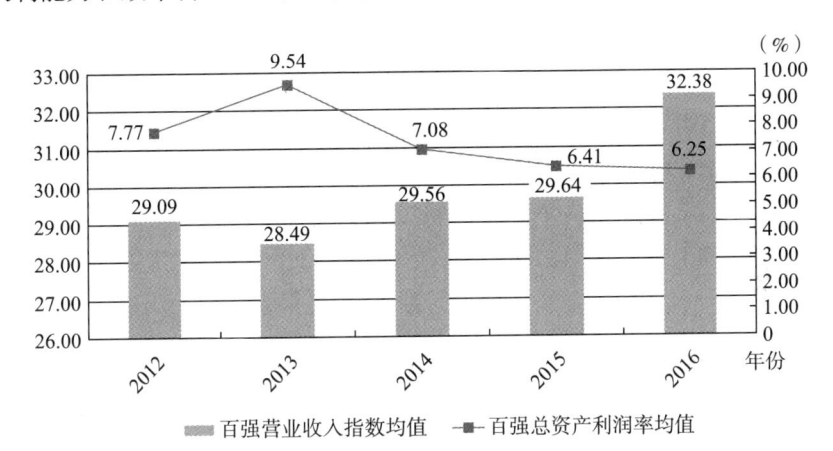

图6-2 2012—2016年全球文化创意产业上市公司龙文化指数百强经济效益变化

四 百强无形资产规模不断创新高,促进龙文化指数增长

2012—2016年,百强总无形资产指数逐年提升,从2012年的3894.78上升为2016年的5549.51,其中,2014年和2016年增长速度较快,2014年增幅为9.79%,2016年更达到高潮,增幅高达16.19%(见图6-3)。内容创意、技术创新等研发成果,以及著作权、商标权、专利权及非专利技术等相关无形资产的数据是文化创意产业上市公司创新、创意能力评价的依据。这与2014年开始VR、大数据、深度学习、可穿戴等新技术的兴起,以及2016年人工智能技术的快速发展、5G网络建设铺开等紧密相关。全球技术革新潮流推动文化创意产业上市公司科技研发、思想创意、内容生产的发展,文化创意产业上市公司在创新、创意能力的培养上取得了一定成效。

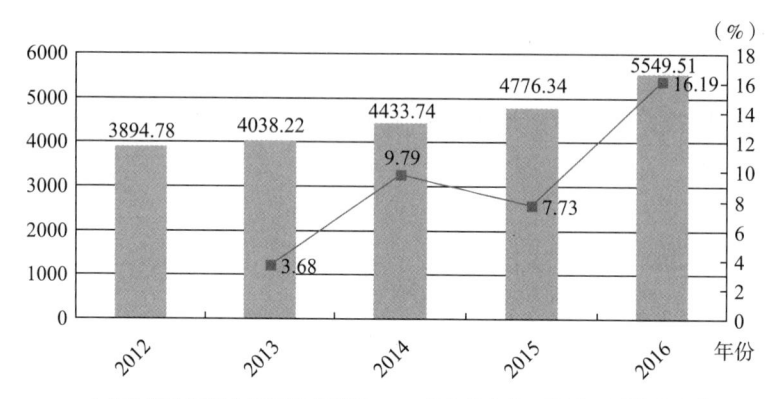

图 6-3 2012—2016 年全球文化创意产业上市公司龙文化指数百强总无形资产变化

五 百强所得税在水平中波动上升，文化创意产业社会贡献有所提高

以所得税衡量文化创意产业上市公司社会贡献水平发现，2012—2016 年，全球文化创意产业上市公司龙文化指数百强的社会贡献总指数从 2012 年的 4503.18 增加至 2016 年的 4527.67，社会贡献水平有所提升，但其间经历大幅波动。具体来看，2013 年、2015 年百强总所得税指数出现增长，2013 年微增 0.43%，2015 年拉高至 14.69%，而 2014 年、2016 年百强总所得税指数则有下降，分别下降至 -5%、-8.12%，5 年间增减波动大。所得税背后反映了企业获利情况，结合前文营业收入指数的分析，可以认为，虽然百强文化创意产业上市公司整体经济规模增加，

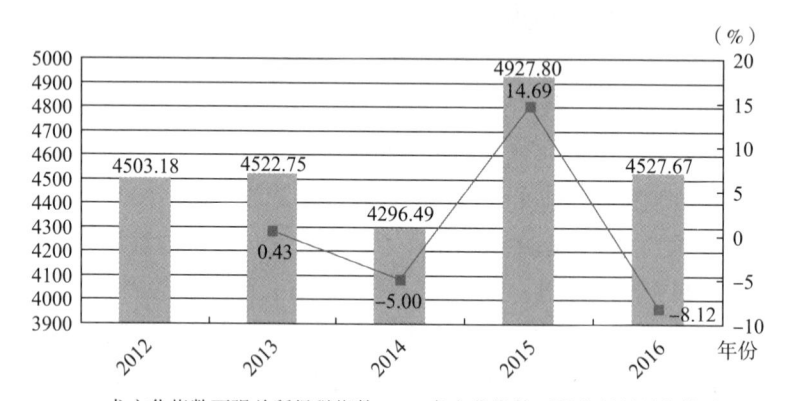

图 6-4 2012—2016 年全球文化创意产业上市公司龙文化指数百强社会贡献指数变化

表6-1　2012—2016年全球主要国家和地区文化创意产业上市公司龙文化指数百强排名情况

排名	2012年 公司名称	龙文化指数	2013年 公司名称	龙文化指数	2014年 公司名称	龙文化指数	2015年 公司名称	龙文化指数	2016年 公司名称	龙文化指数
1	苹果公司（Apple Inc）	212.82	美国电话电报公司（AT&T Inc）	253.28	苹果公司（Apple Inc）	215.22	美国电话电报公司（AT&T Inc）	318.56	美国电话电报公司（AT&T Inc）	330.31
2	美国电话电报公司（AT&T Inc）	177.38	苹果公司（Apple Inc）	199.33	美国电话电报公司（AT&T Inc）	187.97	苹果公司（Apple Inc）	294.50	苹果公司（Apple Inc）	261.46
3	康卡斯特公司（Comcast Corp）	153.19	威瑞森通信公司（Verizon Communications Inc）	186.68	威瑞森通信公司（Verizon Communications Inc）	158.22	威瑞森通信公司（Verizon Communications Inc）	257.50	威瑞森通信公司（Verizon Communications Inc）	240.43
4	沃达丰集团（Vodafone Group PLC）	140.10	康卡斯特公司（Comcast Corp）	152.22	康卡斯特公司（Comcast Corp）	151.92	康卡斯特公司（Comcast Corp）	174.75	康卡斯特公司（Comcast Corp）	193.78
5	日本电报电话公司（Nippon Telegraph & Telephone Corp）	130.40	三星电子公司（Samsung Electronics Co Ltd）	131.78	软银公司（Softbank Group Corp）	147.03	沃达丰集团（Vodafone Group PLC）	137.81	三星电子公司（Samsung Electronics Co Ltd）	131.43
6	威瑞森通信公司（Verizon Communications Inc）	119.94	软银公司（Softbank Group Corp）	126.15	微软公司（Microsoft Corp）	111.32	软银公司（Softbank Group Corp）	117.88	沃达丰集团（Vodafone Group PLC）	129.06

续表

排名	2012 年 公司名称	龙文化指数	2013 年 公司名称	龙文化指数	2014 年 公司名称	龙文化指数	2015 年 公司名称	龙文化指数	2016 年 公司名称	龙文化指数
7	三星电子公司（Samsung Electronics Co Ltd）	106.04	日本电报电话公司（Nippon Telegraph & Telephone Corp）	108.24	三星电子公司（Samsung Electronics Co Ltd）	93.61	微软公司（Microsoft Corp）	117.33	软银公司（Softbank Group Corp）	114.33
8	中国移动（China Mobile Ltd）	106.00	中国移动（China Mobile Ltd）	98.79	华特迪士尼公司（Walt Disney Co）	92.67	三星电子公司（Samsung Electronics Co Ltd）	114.73	华特迪士尼公司（Walt Disney Co）	111.94
9	西班牙电话公司（Telefonica SA）	97.18	微软公司（Microsoft Corp）	94.38	德国电信公司（Deutsche Telekom）	92.41	华特迪士尼公司（Walt Disney Co）	104.69	日本电报电话公司（Nippon Telegraph & Telephone Corp）	105.45
10	微软公司（Microsoft Corp）	96.29	西班牙电话公司（Telefonica SA）	84.90	中国移动（China Mobile Ltd）	91.71	中国移动（China Mobile Ltd）	96.34	字母表公司（Alphabet Inc）	99.68
11	松下公司（Panasonic Corp）	87.36	德国电信公司（Deutsche Telekom）	81.60	日本电报电话公司（Nippon Telegraph & Telephone Corp）	90.49	德国电信公司（Deutsche Telekom）	87.61	德国电信公司（Deutsche Telekom）	99.44
12	华特迪士尼公司（Walt Disney Co）	74.39	华特迪士尼公司（Walt Disney Co）	75.76	沃达丰集团（Vodafone Group PLC）	76.40	日本电报电话公司（Nippon Telegraph & Telephone Corp）	76.70	中国移动（China Mobile Ltd）	98.83

第六章 全球文化创意产业上市公司龙文化指数百强研究 / 139

续表

排名	2012 年		2013 年		2014 年		2015 年		2016 年	
	公司名称	龙文化指数	公司名称	龙文化指数	公司名称	龙文化指数	公司名称	龙文化指数	公司名称	龙文化指数
13	意大利电信公司（Telecom Italia SPA）	74.07	沃达丰集团（Vodafone Group PLC）	75.55	西班牙电话公司（Telefonica SA）	74.60	字母表公司（Alphabet Inc）	74.02	微软公司（Microsoft Corp）	77.56
14	软银公司（Softbank Group Corp）	66.87	意大利电信公司（Telecom Italia SPA）	66.22	字母表公司（Alphabet Inc）	71.58	时代华纳公司（Time Warner Inc）	58.22	西班牙电话公司（Telefonica SA）	76.01
15	墨西哥美洲电信公司（America Movil SA）	66.10	时代华纳公司（Time Warner Inc）	62.36	墨西哥美洲电信公司（America Movil SA）	65.75	脸书公司（Facebook Inc）	54.05	特许通信公司（Charter Communications Inc）	73.27
16	德国电信公司（Deutsche Telekom）	61.55	字母表公司（Alphabet Inc）	55.04	意大利电信公司（Telecom Italia SPA）	63.58	西班牙电话公司（Telefonica SA）	50.60	蒂斯公司（Altice NV）	56.92
17	时代华纳公司（Time Warner Inc）	61.05	墨西哥美洲电信公司（America Movil SA）	50.21	雅虎公司（Yahoo Inc）	55.53	鸿海科技公司（Hon Hai Precision Industry Co Ltd）	48.02	时代华纳公司（Time Warner Inc）	56.77
18	维旺迪集团（Vivendi）	60.62	Kddi 株式会社公司（Kddi Corp）	48.70	易贝公司（eBay Inc）	54.83	时代华纳有线公司（Time Warner Cable Inc）	45.54	脸书公司（Facebook Inc）	55.9

续表

排名	2012年 公司名称	龙文化指数	2013年 公司名称	龙文化指数	2014年 公司名称	龙文化指数	2015年 公司名称	龙文化指数	2016年 公司名称	龙文化指数
19	字母表公司（Alphabet Inc）	58.94	21世纪福克斯公司（Twenty-First Century Fox Inc）	45.68	Kddi株式会社公司（Kddi Corp）	46.34	意大利电信公司（Telecom Italia SPA）	45.52	意大利电信（Telecom Italia SPA）	55.6
20	索尼公司（Sony Corp）	52.61	时代华纳有线公司（Time Warner Cable Inc）	43.66	时代华纳公司（Time Warner Inc）	46.33	Kddi株式会社公司（Kddi Corp）	43.01	Kddi株式会社公司（Kddi Corp）	52.47
21	时代华纳有线公司（Time Warner Cable Inc）	45.62	索尼公司（Sony Corp）	39.72	脸书公司（Facebook Inc）	45.89	墨西哥美洲电信公司（America Movil SA）	41.19	亚马逊公司（Amazon.com Inc）	51.92
22	Kddi株式会社公司（Kddi Corp）	38.26	鸿海科技有线公司（Hon Hai Precision Industry Co Ltd）	38.29	时代华纳有线公司（Time Warner Cable Inc）	45.44	蒂斯公司（Altice NV）	40.30	阿里巴巴集团（Alibaba Group Holding Ltd）	51.26
23	鸿海科技公司（Hon Hai Precision Industry Co Ltd）	37.85	维旺迪集团（Vivendi）	37.43	21世纪福克斯公司（Twenty-First Century Fox Inc）	44.78	自由全球公司（Liberty Global Plc）	39.34	鸿海科技公司（Hon Hai Precision Industry Co Ltd）	47.97

续表

排名	2012年 公司名称	龙文化指数	2013年 公司名称	龙文化指数	2014年 公司名称	龙文化指数	2015年 公司名称	龙文化指数	2016年 公司名称	龙文化指数
24	21世纪福克斯公司（Twenty-First Century Fox Inc）	35.11	汤森路透集团（Thomson Reuters Corp）	35.96	鸿海科技公司（Hon Hai Precision Industry Co Ltd）	44.73	NBC环球传媒集团（NBCUniversal Media LLC）	39.08	NBC环球传媒集团（NBCUniversal Media LLC）	45.78
25	NBC环球传媒集团（NBCUniversal Media LLC）	34.35	自由全球公司（Liberty Global Plc）	33.43	自由全球公司（Liberty Global Plc）	36.6	21世纪福克斯公司（Twenty-First Century Fox Inc）	38.24	索尼公司（Sony Corp）	39.61
26	诺基亚公司（Nokia Corp）	33.54	NBC环球传媒集团（NBCUniversal Media LLC）	33.15	索尼公司（Sony Corp）	35.54	亚马逊公司（Amazon.com Inc）	37.28	21世纪福克斯公司（Twenty-First Century Fox Inc）	39.20
27	雅虎公司（Yahoo Inc）	29.07	松下公司（Panasonic Corp）	32.83	NBC环球传媒集团（NBCUniversal Media LLC）	32.24	英国电信集团（BT Group PLC）	35.34	墨西哥美洲电信公司（America Movil SA）	34.57
28	直播电视集团（DIRECTV）	28.83	中国电信（China Telecom Corp Ltd）	30.45	直播电视集团（DIRECTV）	31.41	索尼公司（Sony Corp）	32.19	英国电信集团（BT Group PLC）	34.11
29	汤森路透集团（Thomson Reuters Corp）	28.05	直播电视集团（DIRECTV）	30.17	中国电信（China Telecom Corp Ltd）	30.05	阿里巴巴集团（Alibaba Group Holding Ltd）	31.91	松下公司（Panasonic Corp）	32.64

续表

排名	2012年 公司名称	龙文化指数	2013年 公司名称	龙文化指数	2014年 公司名称	龙文化指数	2015年 公司名称	龙文化指数	2016年 公司名称	龙文化指数
30	中国电信（China Telecom Corp Ltd）	28.05	哥伦比亚广播公司（CBS Corp）	28.11	WPP集团（WPP PLC）	26.63	中国电信（China Telecom Corp Ltd）	29.36	自由传媒集团（Liberty Media Corp）	31.40
31	哥伦比亚广播公司（CBS Corp）	27.6	维亚康姆公司（Viacom Inc）	25.78	维亚康姆公司（Viacom Inc）	26.09	自由传媒集团（Liberty Media Corp SiriusXM Group）	26.05	WPP集团（WPP PLC）	30.84
32	佳能集团（Canon Inc）	26.81	WPP集团（WPP PLC）	26.81	汤森路透集团（Thomson Reuters Corp）	25.2	WPP集团（WPP PLC）	25.41	腾讯控股有限公司（Tencent Holdings LTD）	30.56
33	维亚康姆公司（Viacom Inc）	26.68	爱立信公司（Ericsson）	22.38	自由传媒集团（Liberty Media Corp SiriusXM Group）	23.7	汤森路透集团（Thomson Reuters Corp）	24.41	美国卫星网络公司（DISH Network Corp）	30.03
34	WPP集团（WPP PLC）	23.89	佳能集团（Canon Inc）	22.07	哥伦比亚广播公司（CBS Corp）	23.22	法国SFR集团（Numericable SFR SA）	23.83	中国电信（China Telecom Corp Ltd）	28.99
35	爱立信公司（Ericsson）	21.53	贝塔斯曼集团（Bertelsmann SE & Co KGaA）	21.56	亚马逊公司（Amazon.com Inc）	23.01	佳能集团（Canon Inc）	23.77	佳能集团（Canon Inc）	26.72

续表

排名	2012年 公司名称	2012年 龙文化指数	2013年 公司名称	2013年 龙文化指数	2014年 公司名称	2014年 龙文化指数	2015年 公司名称	2015年 龙文化指数	2016年 公司名称	2016年 龙文化指数
36	亚马逊公司（Amazon.com Inc）	20.55	自由传媒集团（Liberty Media Corp SiriusXM Group）	21.25	蒂斯公司（Altice NV）	22.81	美国卫星网络公司（DISH Network Corp）	21.75	汤森路透集团（Thomson Reuters Corp）	22.51
37	夏普公司（Sharp Corp）	19.1	论坛媒体公司（Tribune Media Co）	20.43	阿里巴巴集团（Alibaba Group Holding Ltd）	22.45	哥伦比亚广播公司（CBS Corp）	20.87	自由亿客行公司（Liberty Expedia Holdings Inc）	21.87
38	富士胶片集团（Fujifilm Holdings Corp）	18.96	易贝公司（eBay Inc）	19.56	爱立信公司（Ericsson）	21.42	爱立信公司（Ericsson）	20.42	贝塔斯曼集团（Bertelsmann SE & Co KGaA）	21.32
39	英国电信集团（BT Group PLC）	18.54	亚马逊公司（Amazon.com Inc）	19.37	佳能集团（Canon Inc）	21.04	松下公司（Panasonic Corp）	19.82	维亚康姆公司（Viacom Inc）	20.6
40	自由全球公司（Liberty Global Plc）	18.45	探索传媒公司（Discovery Communi-cations Inc）	18.62	英国电信集团（BT Group PLC）	20.71	腾讯控股有限公司（Tencent Holdings LTD）	19.56	里德爱思唯尔公司（RELX PLC）	20.23
41	贝塔斯曼集团（Bertelsmann SE & Co KGaA）	18.19	脸书公司（Facebook Inc）	18.46	贝塔斯曼集团（Bertelsmann SE & Co KGaA）	20.54	维亚康姆公司（Viacom Inc）	19.50	宏盟公司（Omnicom Group Inc）	20.11

续表

排名	2012 年 公司名称	龙文化指数	2013 年 公司名称	龙文化指数	2014 年 公司名称	龙文化指数	2015 年 公司名称	龙文化指数	2016 年 公司名称	龙文化指数
42	宏盟公司（Omnicom Group Inc）	17.84	宏盟公司（Omnicom Group Inc）	17.93	中国联通（China United Telecommunications Corp Ltd）	20.53	阳狮广告公司（Publicis Groupe SA）	19.16	探索传媒公司（Discovery Communications Inc）	18.4
43	易贝公司（eBay Inc）	17.49	中国联通（China United Telecommunications Corp Ltd）	17.72	探索传媒公司（Discovery Communications Inc）	19.42	里德爱思唯尔集团（RELX Group plc）	19.02	阳狮广告公司（Publicis Groupe SA）	18.26
44	电通公司（Dentsu Inc）	15.82	电通公司（Dentsu Inc）	16.97	松下公司（Panasonic Corp）	19.28	贝塔斯曼集团（Bertelsmann SE & Co KGaA）	18.95	哥伦比亚广播公司（CBS Corp）	18.2
45	探索传媒公司（Discovery Communications Inc）	15.68	富士胶片公司（Fujifilm Holdings Corp）	16.87	里德爱思唯尔集团（RELX Group plc）	19.09	维旺迪集团（Vivendi）	18.84	LG 电子公司（LG Electronics Inc）	17.84
46	里德爱思唯尔集团（RELX Group plc）	15.33	英国电信集团（BT Group PLC）	15.46	宏盟公司（Omnicom Group Inc）	18.37	天空广播公司（Sky PLC）	18.42	维旺迪集团（Vivendi）	17.17

第六章 全球文化创意产业上市公司龙文化指数百强研究 / 145

续表

排名	2012 年		2013 年		2014 年		2015 年		2016 年	
	公司名称	龙文化指数	公司名称	龙文化指数	公司名称	龙文化指数	公司名称	龙文化指数	公司名称	龙文化指数
47	LG电子公司（LG Electronics Inc）	14.52	阳狮广告公司（Publicis Groupe SA）	15.43	LG电子公司（LG Electronics Inc）	18.15	宏盟公司（Omnicom Group Inc）	18.42	百思买公司（Best Buy Co Inc）	16.82
48	阳狮广告公司（Publicis Groupe SA）	14.31	LG电子公司（LG Electronics Inc）	15.16	富士胶片公司（Fujifilm Holdings Corp）	16.83	探索传媒公司（Discovery Communications Inc）	18.37	天空广播公司（Sky PLC）	16.78
49	中国联通（China United Telecommunications Corp Ltd）	14.17	里德爱思唯尔集团（RELX Group plc）	13.95	阳狮广告公司（Publicis Groupe SA）	16.24	中国联通（China United Telecommunications Corp Ltd）	18.15	电通公司（Dentsu Inc）	15.63
50	培生集团（Pearson PLC）	13.76	百思买公司（Best Buy Co Inc）	13.62	维旺迪集团（Vivendi）	15.87	百度公司（Baidu Inc）	15.28	富士胶片公司（Fujifilm Holdings Corp）	14.95
51	百思买公司（Best Buy Co Inc）	12.75	途易旅游公共有限公司（TUI Travel PLC）	12.85	法国SFR集团（Numericable SFR SA）	15.39	百思买公司（Best Buy Co. Inc）	14.60	爱立信公司（Ericsson）	14.44

续表

排名	2012年 公司名称	2012年 龙文化指数	2013年 公司名称	2013年 龙文化指数	2014年 公司名称	2014年 龙文化指数	2015年 公司名称	2015年 龙文化指数	2016年 公司名称	2016年 龙文化指数
52	日本雅虎公司（Yahoo Japan Corp）	12.58	理光公司（Ricoh Co Ltd）	12.27	电通公司（Dentsu Inc）	14.88	LG电子公司（LG Electronics Inc）	14.57	动视暴雪公司（Activision Blizzard Inc）	14.30
53	途易旅游公共有限公司（TUI Travel PLC）	12.24	培生集团（Pearson PLC）	11.82	途易旅游公共有限公司（TUI Travel PLC）	14.47	Priceline集团（Priceline Group Inc）	14.07	自由全球公司（Liberty Global Plc）	14.19
54	动视暴雪公司（Activision Blizzard Inc）	11.85	途易股份公司（TUI AG）	11.51	腾讯控股有限公司（Tencent Holdings LTD）	14.11	富士胶片公司（Fujifilm Holdings Corp）	13.93	Priceline集团（Priceline Group Inc）	14.11
55	理光公司（Ricoh Co Ltd）	11.83	动视暴雪公司（Activision Blizzard Inc）	11.34	Priceline集团（Priceline Group Inc）	13.63	亿客行公司（Expedia Inc）	13.54	国际游戏科技公司（International Game Technology PLC）	12.15
56	特许通信公司（Charter Communications Inc）	11.82	诺基亚公司（Nokia Corp）	11.23	途易股份公司（TUI AG）	13.22	易贝公司（eBay Inc）	11.56	日本雅虎公司（Yahoo Japan Corp）	11.73

第六章　全球文化创意产业上市公司龙文化指数百强研究 / 147

续表

排名	2012年		2013年		2014年		2015年		2016年	
	公司名称	龙文化指数	公司名称	龙文化指数	公司名称	龙文化指数	公司名称	龙文化指数	公司名称	龙文化指数
57	途易股份公司（TUI AG）	11.04	肖氏通信公司（Shaw Communications Inc）	11.05	理光公司（Ricoh Co Ltd）	12.26	国际游戏科技公司（International Game Technology PLC）	11.35	中国联通（China United Telecommunications Corp Ltd）	11.59
58	肖氏通信公司（Shaw Communications Inc）	10.98	日本雅虎公司（Yahoo Japan Corp）	10.95	特许通信公司（Charter Communications Inc）	12.16	电通公司（Dentsu Inc）	10.86	携程公司（Ctrip.com International Ltd）	11.03
59	天空广播公司（Sky PLC）	9.94	特许通信公司（Charter Communications Inc）	10.78	培生集团（Pearson PLC）	11.96	动视暴雪公司（Activision Blizzard Inc）	10.66	京东商城（JD.com Inc）	10.62
60	美国卫星网络公司（DISH Network Corp）	9.84	瑞士历峰集团（Cie Financiere Richemont AG）	10.5	美高梅国际酒店集团（MGM Resorts International）	11.83	肖氏通信公司（Shaw Communications Inc）	10.04	途易股份公司（TUI AG）	10.41
61	瑞士历峰集团（Cie Financiere Richemont AG）	9.63	夏普公司（Sharp Corp）	10.42	美国卫星网络公司（DISH Network Corp）	10.75	乐天株式会社（Rakuten Inc）	9.92	百度公司（Baidu Inc）	10.34

续表

排名	2012 年 公司名称	龙文化指数	2013 年 公司名称	龙文化指数	2014 年 公司名称	龙文化指数	2015 年 公司名称	龙文化指数	2016 年 公司名称	龙文化指数
62	途迈酷客公司（Thomas Cook Group PLC）	9.57	阿里巴巴集团（Alibaba Group Holding Ltd）	10.16	合格纳公司（TEGNA Inc）	10.75	清晰频道通信公司（iHeartMedia Inc）	9.90	乐天株式会社（Rakuten Inc）	10.33
63	联视通信公司（Univision Communications Inc）	9.06	腾讯控股有限公司（Tencent Holdings LTD）	10.06	肖氏通信公司（Shaw Communications Inc）	10.66	途易股份公司（TUI AG）	9.74	合格纳公司（TEGNA Inc）	10.29
64	国际游戏科技公司（International Game Technology PLC）	8.59	天空广播公司（Sky PLC）	9.95	百思买公司（Best Buy Co. Inc）	10.05	理光公司（Ricoh Co Ltd）	9.64	诺基亚公司（Nokia Corp）	10.25
65	荷兰威科集团（Wolters Kluwer NV）	8.36	美国卫星网络公司（DISH Network Corp）	9.42	日本雅虎公司（Yahoo Japan Corp）	10	迪克森卡彭机公司（Dixons Carphone Plc）	9.50	理光公司（Ricoh Co Ltd）	9.84
66	朱庇特电信有限公司（Jupiter Telecommunications Co Ltd）	8.25	乐天株式会社（Rakuten Inc）	8.84	天空广播公司（Sky PLC）	9.91	合格纳公司（TEGNA Inc）	9.41	论坛媒体公司（Tribune Media Co）	9.79

第六章 全球文化创意产业上市公司龙文化指数百强研究 / 149

续表

排名	2012 年		2013 年		2014 年		2015 年		2016 年	
	公司名称	龙文化指数	公司名称	龙文化指数	公司名称	龙文化指数	公司名称	龙文化指数	公司名称	龙文化指数
67	纳斯帕斯公司（Naspers Ltd）	8.06	荷兰威科集团（Wolters Kluwer NV）	8.82	清晰频道通信公司（iHeartMedia Inc）	9.72	携程公司（Ctrip.com International Ltd）	9.09	联视通信公司（Univision Communications Inc）	9.62
68	脸书公司（Facebook Inc）	7.82	国际游戏科技集团（International Game Technology PLC）	8.81	瑞士历峰集团（Cie Financiere Richemont AG）	9.52	日本雅虎公司（Yahoo Japan Corp）	8.82	迪克森卡彭机公司（Dixons Carphone Plc）	9.42
69	乐天株式会社（Rakuten Inc）	7.75	美高梅国际酒店集团（MGM Resorts International）	8.78	论坛媒体公司（Tribune Media Co）	9.36	墨西哥电视集团（Grupo Televisa SAB）	8.80	斯克里普斯网络互动公司（Scripps Networks Interactive Inc）	9.05
70	云顶集团（Genting Berhad）	7.64	Priceline 集团（Priceline Group Inc）	8.76	动视暴雪公司（Activision Blizzard Inc）	9.32	特许通信公司（Charter Communications Inc）	8.60	历峰集团（Cie Financiere Richemont AG）	8.77
71	摩托罗拉公司（Motorola Solutions Inc）	7.45	朱庇特电信有限公司（Jupiter Telecommunications Co Ltd）	8.36	迪克森卡彭机公司（Dixons Carphone Plc）	9.28	互众集团（Interpublic Group of Companies Inc）	8.44	肖氏通信公司（Shaw Communications Inc）	8.67

续表

排名	2012年 公司名称	龙文化指数	2013年 公司名称	龙文化指数	2014年 公司名称	龙文化指数	2015年 公司名称	龙文化指数	2016年 公司名称	龙文化指数
72	互众集团（Interpublic Group of Companies Inc）	7.43	途迈酷客集团（Thomas Cook Group PLC）	8.1	国际游戏科技公司（International Game Technology PLC）	9.21	瑞士历峰集团（Cie Financiere Richemont AG）	8.23	清晰频道通信公司（iHeartMedia Inc）	8.38
73	LTRPA控股有限公司（Liberty TripAdvisor Holdings Inc）	7.39	纳斯帕斯公司（Naspers Ltd）	7.84	夏普公司（Sharp Corp）	9.15	诺基亚公司（Nokia Corp）	8.15	德国广播公司（ProSiebenSat.1 Media SE）	7.91
74	美高梅国际酒店集团（MGM Resorts International）	7.2	百度公司（Baidu Inc）	7.73	乐天株式会社（Rakuten Inc）	9.05	美国新闻集团（News Corp）	8.14	互众集团（Interpublic Group of Companies Inc）	7.90
75	腾讯控股有限公司（Tencent Holdings LTD）	6.73	清晰频道通信公司（iHeartMedia Inc）	7.72	百度公司（Baidu Inc）	8.96	荷兰威科集团（Wolters Kluwer NV）	8.11	纳斯帕斯公司（Naspers Ltd）	7.90
76	凸版印刷集团（Toppan Printing Co Ltd）	6.72	雅虎公司（Yahoo Inc）	7.27	纳斯帕斯公司（Naspers Ltd）	7.9	纳斯帕斯公司（Naspers Ltd）	8.04	美高梅国际酒店集团（MGM Resorts International）	7.88

第六章 全球文化创意产业上市公司龙文化指数百强研究

续表

排名	2012年 公司名称	龙文化指数	2013年 公司名称	龙文化指数	2014年 公司名称	龙文化指数	2015年 公司名称	龙文化指数	2016年 公司名称	龙文化指数
77	大日本印刷公司（Dai Nippon Printing Co Ltd）	6.68	合格纳公司（TEGNA Inc）	7.01	荷兰威科集团（Wolters Kluwer NV）	7.61	斯克里普斯网络互动公司（Scripps Networks Interactive Inc）	7.68	自由宽带公司（Liberty Broadband Corp）	7.46
78	时代公司（Time Inc）	6.57	互众集团（Interpublic Group of Companies Inc）	6.94	互众集团（Interpublic Group of Companies Inc）	7.51	德国广播公司（ProSiebenSat.1 Media SE）	6.93	夏普公司（Sharp Corp）	7.26
79	合格纳公司（TEGNA Inc）	6.56	拉加代尔公司（Lagardere SCA）	6.72	联视通信公司（Univision Communications Inc）	7	培生集团（Pearson PLC）	6.86	施乐公司（Xerox Corp）	7.16
80	塔特集团（Tatts Group Ltd）	6.35	东方乐园公司（Oriental Land Co Ltd）	6.37	途迈酷客公司（Thomas Cook Group PLC）	6.93	联视通信公司（Univision Communications Inc）	6.82	施普林格出版公司（Axel Springer SE）	6.99
81	德纳股份有限公司（DeNA Co Ltd）	6.26	亿客行公司（Expedia Inc）	6.15	亿客行公司（Expedia Inc）	6.86	途迈酷客公司（Thomas Cook Group PLC）	6.80	途迈酷客公司（Thomas Cook Group PLC）	6.76

续表

排名	2012年 公司名称	2012年 龙文化指数	2013年 公司名称	2013年 龙文化指数	2014年 公司名称	2014年 龙文化指数	2015年 公司名称	2015年 龙文化指数	2016年 公司名称	2016年 龙文化指数
82	柯尼卡美能达公司（Konica Minolta Inc）	6.25	墨西哥电视集团（Grupo Televisa SAB）	6.13	云顶集团（Genting Berhad）	6.8	美高梅国际酒店集团（MGM Resorts International）	6.74	美国新闻集团（News Corp）	6.63
83	墨西哥电视集团（Grupo Televisa SAB）	6.15	媒体赛特有限公司（Mediaset SPA）	6.11	媒体赛特有限公司（Mediaset SPA）	6.72	夏普公司（Sharp Corp）	6.61	摩托罗拉公司（Motorola Solutions Inc）	6.49
84	格力株式会社（Gree Inc）	6.1	时代公司（Time Inc）	5.99	法国拉加代尔公司（Lagardere SCA）	6.53	京东商城（JD.com Inc）	6.52	英富曼公司（Informa Plc）	6.21
85	阿里巴巴集团（Alibaba Group Holding Ltd）	6.05	大日本印刷公司（Dai Nippon Printing Co Ltd）	5.93	德国广播公司（ProSiebenSat.1 Media SE）	6.48	德国阿克塞尔施普林格出版公司（Axel Springer SE）	6.50	辛克莱广播集团（Sinclair Broadcast Group Inc）	6.08
86	魁北克公司（Quebecor Inc）	6.03	德国广播公司（ProSiebenSat.1 Media SE）	5.91	墨西哥电视集团（Grupo Televisa SAB）	6.43	游戏站公司（GameStop Corp）	6.30	深圳华侨城公司（Shenzhen Overseas Chinese Town Holdings Co Ltd）	6.06

第六章 全球文化创意产业上市公司龙文化指数百强研究 / 153

续表

排名	2012 年		2013 年		2014 年		2015 年		2016 年	
	公司名称	龙文化指数	公司名称	龙文化指数	公司名称	龙文化指数	公司名称	龙文化指数	公司名称	龙文化指数
87	Priceline 集团（Priceline Group Inc）	6.02	游戏站公司（GameStop Corp）	5.83	LTRPA 控股有限公司（Liberty TripAdvisor Holdings Inc）	6.25	深圳华侨城公司（Shenzhen Overseas Chinese Town Holdings Co Ltd）	5.87	康普控股有限公司（CommScope Holding Co Inc）	6.02
88	游戏站公司（GameStop Corp）	5.99	尼康公司（Nikon Corp）	5.78	视讯工业有限公司（Videocon Industries Ltd）	6.23	论坛媒体公司（Tribune Media Co）	5.86	游戏站（GameStop Corp）	5.95
89	尼康公司（Nikon Corp）	5.98	任天堂公司（Nintendo Co Ltd）	5.55	深圳华侨城公司（Shenzhen Overseas Chinese Town Holdings Co Ltd）	6.11	媒体赛特有限公司（Mediaset SPA）	5.82	LTRPA 控股有限公司（Liberty TripAdvisor Holdings Inc）	5.95
90	清晰频道通信公司（iHeartMedia Inc）	5.84	云顶集团（Genting Berhad）	5.53	拉斯维加斯金沙集团（Las Vegas Sands Corp）	5.97	唐纳利有限公司（Videocon Industries Ltd）	5.82	柯尼卡美能达公司（Konica Minolta Inc）	5.89
91	拉加代尔公司（Lagardere SCA）	5.79	欧洲通信卫星公司（Eutelsat Communications SA）	5.49	Polsat 数字公司（Cyfrowy Polsat SA）	5.94	柯尼卡美能达（Konica Minolta Inc）	5.72	云顶集团（Genting Berhad）	5.72

续表

排名	2012 年 公司名称	2012 年 龙文化指数	2013 年 公司名称	2013 年 龙文化指数	2014 年 公司名称	2014 年 龙文化指数	2015 年 公司名称	2015 年 龙文化指数	2016 年 公司名称	2016 年 龙文化指数
92	东方乐园公司（Oriental Land Co Ltd）	5.75	斯克里普斯网络互动公司（Scripps Networks Interactive Inc）	5.39	游戏站公司（GameStop Corp）	5.92	LTRPA 控股有限公司（Liberty TripAdvisor Holdings Inc）	5.66	拉斯维加斯金沙集团（Las Vegas Sands Corp）	5.69
93	施普林格出版公司（Axel Springer SE）	5.73	塔特集团（Tatts Group Ltd）	5.32	柯尼卡美能达公司（Konica Minolta Inc）	5.77	英国独立广播集团（ITV PLC）	5.66	哈曼公司（Harman International Industries Inc）	5.58
94	七西传媒集团（Seven West Media Ltd）	5.29	凸版印刷集团（Toppan Printing Co Ltd）	5.3	欧洲通信卫星公司（Eutelsat Communications SA）	5.68	纽威公司（Newell Brands Inc）	5.62	欧洲通信卫星公司（Eutelsat Communications SA）	5.31
95	德国广播公司（ProSiebenSat.1 Media SE）	5.17	美泰公司（Mattel Inc）	5.24	施普林格出版公司（Axel Springer SE）	5.6	CSC 控股有限责任公司（CSC Holdings LLC）	5.62	AMC 娱乐控股公司（AMC Entertainment Holdings Inc）	5.30
96	Tabcorp 控股有限公司（Tabcorp Holdings Ltd）	5.14	纽威公司（Newell Brands Inc）	5.23	大日本印刷公司（Dai Nippon Printing Co Ltd）	5.59	Polsat 数字公司（Cyfrowy Polsat SA）	5.54	Polsat 数字公司（Cyfrowy Polsat SA）	5.30

第六章　全球文化创意产业上市公司龙文化指数百强研究 / 155

续表

排名	2012年		2013年		2014年		2015年		2016年	
	公司名称	龙文化指数	公司名称	龙文化指数	公司名称	龙文化指数	公司名称	龙文化指数	公司名称	龙文化指数
97	美泰公司（Mattel Inc）	5.04	拉斯维加斯金沙集团（Las Vegas Sands Corp）	5.12	东方乐园公司（Oriental Land Co Ltd）	5.46	法国拉加代尔公司（Lagardere SCA）	5.40	蒙塔鲍尔联合网络公司（United Internet AG）	5.22
98	欧洲通信卫星公司（Eutelsat Communications SA）	4.95	施普林格出版公司（Axel Springer SE）	4.97	TCL公司（TCL Corporation）	5.42	拉斯维加斯金沙集团（Las Vegas Sands Corp）	5.38	ARRIS国际公司（ARRIS International plc）	5.13
99	亿泰行公司（Expedia Inc）	4.85	LTRPA控股有限公司（Liberty TripAdvisor Holdings Inc）	4.95	斯克里普斯网络互动公司（Scripps Networks Interactive Inc）	5.29	云顶集团（Genting Berhad）	5.29	凸版印刷集团（Toppan Printing Co Ltd）	5.04
100	媒体赛特有限公司（Mediaset SPA）	4.83	Gungo在线娱乐公司（GungHo Online Entertainment Inc）	4.94	凸版印刷集团（Toppan Printing Co Ltd）	5.27	佩剑公司（Sabre Corp）	5.03	佩剑公司（Sabre Corp）	5.01

但获利情况并不稳定。全球文化创意产业上市公司仍处在承担社会责任、履行社会承诺的摸索阶段,各国和地区针对文化创意产业的纳税政策态度不同、力度不一。全球文化创意产业上市公司需要在社会贡献方面加以持续的重视,为文化创意产业整体的生存和发展争取更加健康的社会空间。

2012—2016年全球主要国家和地区文化创意产业上市公司龙文化指数百强排名情况如表6-1所示。

第二节 2012—2016年龙文化指数百强世界格局

基于2012—2016年全球主要国家和地区文化创意产业上市公司龙文化指数百强数据,本报告从洲际竞争格局以及国家和地区竞争格局两大层面进行全球文化创意产业世界格局特征分析。

一 2012—2016年龙文化指数百强的洲际竞争格局

2012—2016年,龙文化指数百强公司分布在五个大洲,其中,北美洲国家3个,包括美国、墨西哥、加拿大,拥有全球文化创意产业上市公司龙文化指数百强公司数量最多,2016年达到46家(占46%),几乎盘踞百强榜一半席位(见表6-2)。

表6-2 2012—2016年全球文化创意产业上市公司龙文化指数百强大洲分布

单位:个、家

大洲	2012年		2013年		2014年		2015年		2016年	
	地区	公司	地区	公司	地区	公司	地区	公司	地区	公司
北美洲	3	41	3	43	3	41	3	44	3	46
欧洲	9	26	9	26	9	29	10	29	10	26
亚洲	5	29	5	29	6	29	5	26	5	27
非洲	1	1	1	1	1	1	1	1	1	1
大洋洲	1	3	1	1	0	0	0	0	0	0

五年间,欧洲拥有全球文化创意产业上市公司龙文化指数百强公司的国家有10个,包括英国、德国、法国、西班牙、意大利、芬兰、瑞典、

瑞士、荷兰和波兰。这说明欧洲整体上发展更为均衡，入围百强国家数量约占欧洲国家总数量的25%，年均每国有3家文化创意产业上市公司上榜，且入围百强公司总量有一定增加，说明欧洲整体实力在逐渐恢复。

亚洲有6个国家和地区曾入围全球文化创意产业上市公司龙文化指数百强，包括日本、韩国、中国、中国台湾、马来西亚和印度。亚洲文化创意产业受金融危机等影响发展不稳定，除中国五年百强公司数量有明显增长外，韩国、马来西亚等无显著增长，而日本入围百强的公司数量锐减，拖累亚洲公司数量从29家滑落至27家。上述结果说明，亚洲文化创意产业正在经历内部的大洗牌，传统强国与新兴市场国家和地区竞争激烈。

二 2012—2016年龙文化指数百强的国家和地区竞争格局

2012—2016年，全球文化创意产业上市公司龙文化指数百强公司分布在21个国家和地区，其中，入围龙文化指数百强企业数量较多的是美国（五年平均入围40家）、日本（五年平均入围16家）、英国（五年平均入围10家）、中国（五年平均入围7家）、德国（五年平均入围5家）和法国（五年平均入围4家）。2012—2016年形成的国家竞争格局态势特征如下：

（一）美国霸主持续巩固，数字创意价值链正"虹吸"全球市场

2012—2016年，美国文化创意产业上市公司连续五年称霸百强，前四年入围公司数量在37—41家之间，2016年突破40家大关（见图6-5），共有44家美国文化创意产业上市公司龙文化指数进入百强之列。同时，美国也是龙文化指数百强公司数量增长最多的国家，五年共增加7家，增幅达到18.92%。

在完善的市场经济运作机制和配套体系下，美国文化创意产业上市公司保持强劲发展态势。特别是"互联网+"全球一体化背景下，以苹果公司、谷歌公司、脸书公司、亚马逊公司等为代表的数字创意产业巨头在全球范围内不断地"攻城略地"，构建数字创意时代的全球价值链体系，逐步扩大美国文化创意产业在全球的领先优势，并不断地利用自身日益加强的垄断优势持续将全球各国和地区"网民"培养转化为美国巨头的消费者，形成对全球各国巨大的"虹吸效应"。

互联网具有天然的全球一体化属性，必然导致产业巨头对全球市场的"虹吸式"垄断。在美国产业巨头巨大的"虹吸效应"下，其他国家和地区本土的数字创意产业体系将难以生长或将被逐渐摧毁，最终将有可能完全沦为美国数字创意产业巨头的产品消费市场。2018年7月18日，欧盟委

员会对字母表公司开出约50亿美元的巨额罚单,以及2月印度对谷歌公司开出2000万美元罚单、4月韩国对谷歌公司的反垄断调查,等等,一系列事件说明,一些国家和地区已经开始对美国产业巨头的垄断行为采取行动,但仅仅停留于反垄断处罚的市场治理层面,尚缺乏足够的战略重视。

(二)日本和英国位居第二梯队,中国、德国呈现增长趋势

日本入围全球文化创意产业上市公司龙文化指数百强的公司数量在2012—2016年一直保持在全球第2名,但是,总体呈现下降态势,2012年入围百强公司数量达到20家,到了2015年仅有13家入围,减少了35%,2016年略微回升,有14家入围百强(见图6-5)。

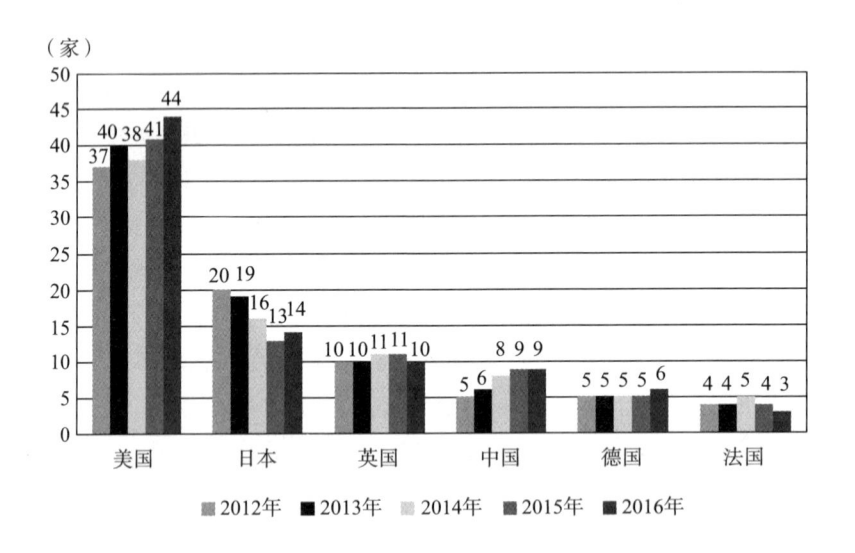

图6-5 2012—2016年全球六国入围龙文化指数百强公司数量演变趋势

英国入围全球文化创意产业上市公司龙文化指数百强的公司数量在2012—2016年一直维持在10—11家,其中,2012年和2013年各有10家入围,2014年、2015年增加至11家,但2016年又回落至10家(见图6-5)。

中国和德国入围全球文化创意产业上市公司龙文化指数百强的公司数量在2012—2016年表现出逐步增长的态势。2012年,中国和德国入围百强的公司数量都是5家,中国在2013年、2014年和2015年持续发力,逐步攀升至9家,但2016年没有增长。德国则在2012—2015年四年间没

有变化，2016年增加到6家，在保持平稳的基础上实现了小幅增长（见图6-5）。

法国2012—2015年入围百强数量保持在4—5家，而在2016年降至3家（见图6-5）。韩国一直保持在2家。意大利前四年有2家入围，但2016年减至1家。荷兰、墨西哥、加拿大五年间入围数量保持在1—2家。西班牙、瑞典、瑞士、马来西亚、芬兰、南非基本保持1家入围百强。波兰从2014年以后每年保持1家入围。澳大利亚2012年有3家入围，2014年以后没有企业入围百强。印度在2014年有1家企业入围一次。

（三）主要六国唯有德国盈利能力提升，其余均下降

从2012—2016年6个国家百强文化创意产业上市公司的总资产利润率演变趋势来看，美国、中国、日本和英国都呈现出明显的下滑态势，其中，中国降幅最大，从2013年最高的13%降低到2016年的6%；其次是日本，从2013年最高的10%降低至2016年的5%；美国降幅第三，从最高的12%降至8%。英国在2016年也有1%的降幅。法国波动态势最为明显，从最高的8%先降至最低的2%后又回升至3%（见图6-6）。

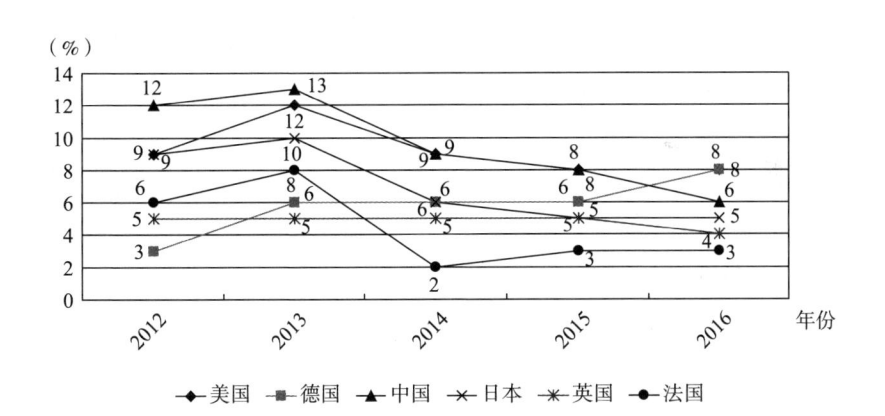

图6-6　2012—2016年全球六国入围龙文化指数百强公司总资产利润率演变趋势

总体保持增长态势的是德国。德国百强文化创意产业上市公司的总资产利润率在2012年处于3%的最低水平，其后3年稳定在6%，到2016年则抬升至8%（见图6-6）；排名也从2012年的倒数第1名提升到2016年与美国并列第1名，其盈利能力的增长趋势比较明显。

入围龙文化指数百强企业数量最多的全球 6 个国家，盈利能力都普遍比较低，2016 年全部 6 个国家百强文化创意产业上市公司的总资产利润率均值都在 8% 及以下，最低的法国只有 3%（见图 6-6）。

上述分析说明全球主要国家和地区文化创意产业主要国家头部企业的盈利能力总体不高且大部分呈下降趋势，值得注意。

第三节　2012—2016 年龙文化指数百强行业竞争格局

基于 2012—2016 年全球文化创意产业上市公司龙文化指数百强数据，本报告首先总结行业竞争总体格局、态势，然后对无线通信、影视娱乐、出版、游戏等文化创意产业核心行业进行竞争格局的深入分析。

一　入围 20 个行业，广播电视业居首位，互联网信息服务业已成合围之势

2012—2016 年全球主要国家和地区文化创意产业上市公司龙文化指数百强分布在 20 个不同的细分行业中（见表 6-3）。根据年均入选数量，20 个行业可以分为 4 个梯队：年均入选 10 家以上的行业有广播电视服务业和无线通信服务业 2 个行业；年均入围 5 家以上的有影视娱乐业、消费类电子产品业、旅游服务业、互联网信息服务业、广播电视播放与通信设备业、出版业和广告服务业 7 个行业；年均入围不足 5 家但每年均有入围的有成像与复印设备制造业、电子商务业、博彩业、广播电视及消费电子产品业、珠宝与贵金属业、游戏业、休闲娱乐设施业、商业印刷业和软件出版业 9 个行业；玩具业和文化用品销售业两个行业则仅在头两年有企业入围百强。

表 6-3　2012—2016 年全球主要国家和地区文化创意产业上市公司龙文化指数百强行业分布

行业	2012 年	2013 年	2014 年	2015 年	2016 年
广播电视业	21	23	23	24	20
无线通信服务业	14	14	14	14	14
影视娱乐业	6	4	7	7	8

续表

行业	2012 年	2013 年	2014 年	2015 年	2016 年
消费类电子产品业	6	6	8	6	7
旅游服务业	6	6	6	7	7
互联网信息服务业	5	6	6	5	6
广播电视播放与通信设备业	4	3	2	3	6
出版业	8	8	7	8	6
广告服务业	5	5	5	5	5
成像与复印设备制造业	5	4	4	4	5
电子商务业	4	4	4	5	4
博彩业	5	5	4	4	4
广播电视及消费电子产品业	2	2	3	3	3
珠宝与贵金属业	1	1	1	1	1
游戏业	3	3	1	1	1
休闲娱乐设施业	1	1	2	1	1
商业印刷业	2	2	2	1	1
软件出版业	1	1	1	1	1
玩具业	1	1	—	—	—
文化用品销售业	—	1	—	—	—

广播电视业（包括广播服务、电视台、有线与付费电视三类细分行业）是唯一一个入围数量超过20家的行业，在入选百强公司数量上拥有难以逾越的优势；而且广播电视业入选数量大大领先于排第2名的无线通信服务业，2015年广播电视入选百强的公司数量高达24家，超出无线通信服务业10家，但2016年广播电视入围百强数量下降到20家。

互联网服务业对广播电视已形成合围之势。从产业链角度来讲，互联网服务业入围企业数量众多，无线通信服务业居于互联网产业链上游，每年有14家企业入围；互联网信息服务业、旅游服务业（在线有5家）、游戏业（在线）以及电子商务业处于产业链的中下游，2016年合计有16家企业入围百强，互联网服务业入围百强数量合计有30家，已经大大超过广播电视业入围百强数量。

二　无线通信服务业大举进行战略转型，已成文化创意产业新霸主

无线通信服务业每年入围全球文化创意产业上市公司龙文化指数百

强的数量都达到 14 家，位列第二。五年入围百强的 14 家无线通信服务公司中，美国、日本、德国、西班牙、英国、意大利公司占 64%，表现出了发达国家的无线通信发展时间较长，基础设备更为完善，行业基础更为扎实；而墨西哥美洲电信（America Movil SA）的入围，以及中国移动（China Mobile Ltd）、中国电信（China Telecom Corp Ltd）、中国联通（China United Telecommunications Corp Ltd）的齐头并进，表现出在人口众多的发展中国家，无线通信服务需求旺盛，为行业发展提供了新动能和新机遇。

全球无线通信服务业近年来纷纷转型媒体、内容、娱乐，成为文化创意产业新的生力军，而且由于其"体积"巨大，已在全球文化创意产业占据举足轻重的地位。除美国电话电报公司动作频频之外，威瑞森通信公司在提供无线通信服务的同时，还是全球最大的在线黄页及印刷黄页信息提供商，2015 年收购美国在线，2017 年收购雅虎核心互联网业务。英国沃达丰集团（Vodafone Group PLC）2013 年收购德国最大有线电视运营商德国卡贝尔控股公司（Kabel Deutschland Holding AG，KDH），2014 年收购西班牙有线电视运营商 Ono，2018 年 5 月确认斥资 218 亿美元收购自由全球公司（Liberty Global Plc–Consolidated）在德国、捷克等国的有线电视业务。日本软银公司旗下拥有大量的互联网、电视、媒体、游戏等文化创意业务企业。德国电信公司早在 2001 年就确立了互联网、多媒体、娱乐及电子商务作为其核心支柱业务内容，2017 年其旗下子公司收购了奥地利有线电视运营商 UPC Austria。意大利电信公司旗下早在 2003 年就设立了专门的媒体集团（Telecom Italia Media）。

无线通信服务运营商转型媒体、内容及娱乐等文化创意业务板块，归根结底，原因有两个：一是产业链向下游延伸的必然选择；二是迫于基础无线通信服务价格资费不断降低、盈利大幅下降的压力。从入围百强各行业总资产利润率指标对比可以发现，虽然无线通信服务年均营业收入指数达到 71.79，排名入围前三，但年均总资产利润率只有 5.61%，大大低于 20 个入围百强行业的年均总资产利润率 8.31%，尚不足互联网信息服务业（16.05%）的 35%。可以说，向媒体、内容、娱乐领域战略转型，既是无线通信服务业链延伸发展的必然趋势，也是其希望提升盈利能力的主要突破路径。

三　影视娱乐业上榜公司数量震荡、业绩多下滑，出版业维持乏力

影视娱乐业 2012—2016 年上榜公司数量呈"V"字形变化。2012 年入围百强数量为 6 家，2013 年下跌至最低点 4 家之后逐步爬升，2016 年

有 8 家影视娱乐公司入围百强。虽然入围百强数量有所增加，但是，五年间影视娱乐业的营业收入指数、无形资产指数、所得税指数皆出现明显下降，跌幅分别达到 21.68%、29.02%、13.18%。

影视娱乐业始终入围的企业是华特迪士尼公司、时代华纳公司、21 世纪福克斯公司（Twenty–First Century Fox Inc）、维旺迪集团（Vivendi）4 家。只有华特迪士尼公司一家能够在各具体指标表现上全线飘红，营业收入指数、无形资产指数、所得税指数五年增幅分别为 38.59%、21.51%、61.87%，龙文化指数从 74.39 提高至 111.94，百强排名从第 12 名上升至第 8 名，保持了其在影视娱乐业中的领先地位。强劲的增长势头支撑了华特迪士尼公司在 2017—2018 年突破重重阻力，最终实现对 21 世纪福克斯公司的收购。其余 3 家表现则不大乐观，甚至出现龙文化指数百强排名的严重下滑，维旺迪集团从 60.62 滑至 17.17，排名从第 18 名滑落到第 46 名。

出版业 2012—2016 年入围百强数量从 8 家减少到 6 家。2012 年、2013 年和 2015 年出版业入围百强的公司数量都保持在 8 家，但是，在 2014 年跌至 7 家，2016 年降至 6 家。从具体业绩指标来看，入围百强的出版业上市公司五年间的营业收入指数基本维持在 9 左右徘徊不前，总资产利润率略跌 0.38%—6%；无形资产指数有一定上升，从 2012 年的 27.83 波动提升至 2016 年的 33.35；但所得税指数则从 8.39 降至 7.02。行业整体增长乏力。

出版业入围百强的龙头企业都在寻求各种方式谋变求存。RELX 集团加大对跨媒体策略应用的重视，以扭转印刷品占收入来源大头的现状，着力开发数字业务，以数字形式作为自有版权价值链延伸的有效方式，五年间营业收入指数从 9.69 提高至 9.83，是上榜出版公司唯一营收指数实现增加的。德国阿克塞尔施普林格出版公司（Axel Springer SE）代表了出版企业的另一出路——着重无形资产积累和开发，2015 年与麦克米伦集团（Macmillan Science and Education）多数业务合并，使德国阿克塞尔施普林格出版公司成为国际学术期刊出版中期刊数量最多的"老大"，扩充高等教育及医学等专业领域学习的专业品牌和业务市场，无形资产从 9.44 增加到 14.51，增幅高达 53.71%；但其营业收入指数和所得税指数却仍然出现略微下滑态势。

四　纯粹游戏公司入围数量减少，拼不过综合娱乐集团

2012—2013 年，每年有 3 家游戏公司（合计有 5 家）入围全球文化创意产业上市公司龙文化指数百强，分别是美国动视暴雪公司（Activision

Blizzard Inc)、日本 DeNA 公司、格力株式会社、任天堂公司、GungHo 公司。然而，从 2014 年开始仅有动视暴雪公司一家能够守住百强席位，且排在广播电视第 50 名开外。

然而，游戏业务本身不但没有衰落，反而非常繁荣。数据显示，2012—2016 年，全球游戏市场规模从 4444 亿元激增至 6474 亿元，年均增速 9.75%。[①] 2016 年，游戏相关收入占腾讯控股有限公司总收入的 47%，占索尼公司总收入的 21.70%，占微软公司总收入的近 10%。也就是说，虽然纯粹的游戏公司发展不佳，但是，游戏业务本身却仍然如火如荼。在游戏市场竞争过程中，综合型娱乐集团比纯粹游戏公司更有竞争力。

纯粹游戏公司拼不过综合娱乐集团，其根本原因在于游戏本身的内容高风险属性。游戏本身属于风险很高的内容行业，与电影业具有一定相似性。单纯的游戏产品，开发投入很大，然而，能否获得较高的收益却具有极大的不确定性。在这种情况下，综合娱乐集团便在两个方面显现出优势：一是多业务组合的"风险分散机制"，带来"东方不亮西方亮"的经营效果；二是 IP 全产业链开发运营机制，即使游戏不赚钱还可以靠衍生品、IP 授权等长产业链盈利。

第四节　2012—2016 年龙文化指数百强中的中国地位与差距

基于 2012—2016 年全球文化创意产业上市公司龙文化指数百强的世界演变态势与行业竞争格局分析，本报告对中国 2012—2016 年来文化创意产业发展现状及优劣势地位进行分析，得到以下主要结论。

一　稳居第四，增幅第一但数量太少

2012—2016 年，中国入围全球文化创意产业上市公司龙文化指数百强的公司数量排名一直稳居第 4 名，且增长幅度全球第一。2012 年，中国入围百强的公司数量仅有 5 家，其后逐年增长，到 2015 年，已经达到

[①] Newzoo, *NEWZOO'S Global Games Market Report*, https://newzoo.com/solutions/standard-market-forecasts/global-games-market-report. 2018 年 5 月 20 日。

最高峰值的9家，增幅达到了80%，这一增速是德国增速的两倍、美国的4.93倍。然而，需要看到的是，中国入围百强的公司数量依然太少，2016年也仅有9家公司入围，仅占美国入围公司数量的20.93%。

二 缺少撼动世界市场的超级巨头

中国文化创意产业尚缺乏能够与国外巨头相抗衡的超级巨头。从前十强榜单来看，五年间仅有中国移动1家公司在2012—2015年入围，且龙文化指数排名由第8名下降至第10名，2016年更是被挤出前10名，列第12名。从前30强来看，2012—2016年中国仅有中国移动、中国电信、阿里巴巴集团3家能够进入30强，且中国电信排名一直靠后，并在2016年被挤出。入围的3家公司中只有阿里巴巴集团奋力上游，自2015年开始进入30强并在2016年上升到第22名。此外，腾讯控股有限公司排名也在一直努力提升，到2016年已升至第32名，接近30强水平。然而，相比苹果公司、英国电话电报公司、三星电子公司、华特迪士尼公司、谷歌公司等超级巨头而言，中国的差距依然很大。

特别需要指出的是，从营业收入区域结构分析可以发现，中国文化创意产业巨头的营业收入几乎100%都来自中国本土市场，海外收入占比极低，甚至为0。相比之下，西方强国文化创意产业巨头海外收入占比很多都超过了50%，如2017财年，美国苹果公司海外收入占比高达63.21%，谷歌公司为52.69%，脸书公司为56.38%；日本索尼公司海外收入占比更是高达68.53%。而且西方产业巨头在全球文化创意产业多个领域都拥有足够撼动世界市场的影响力。按照这一标准，中国与美国、日本、英国、德国、法国等世界强国相比，差距很大。

三 内容生产行业无一入围，明显落后于世界强国

内容生产是文化创意产业的核心。本报告通过梳理全球文化创意产业上市公司龙文化指数百强所在细分行业属性发现，百强企业涉及的内容生产类细分行业包括出版业、影视娱乐业、广播电视业、广告业及游戏业5个行业。在上述5个内容生产行业中，2016年共有40家企业入围全球百强，其中，出版业6家，广播电视业20家，影视娱乐业8家，广告服务业5家，游戏业1家。

从区域分布来看，共有9个国家入围。美国共有24家，占60%，其中，广播电视业13家，影视娱乐业6家，出版业2家，广告服务业2家，游戏业1家；英国有5家，占12.5%，其中，广播电视业2家，出版业2

家，广告服务业1家；德国、法国各有3家，占7.5%，其中，德国有2家出版企业，1家广播电视企业；法国则是广播电视业、影视娱乐业和广告服务业各1家。此外，日本、荷兰等国各有1家企业入围。

然而，中国全部9家入围全球文化创意产业上市公司龙文化指数百强的企业，基本都集中在无线通信服务业、互联网信息服务业等相关行业，处于文化创意产业价值链的传输分发与销售等中下游环节，没有一家是以文化创意内容生产为主营业务。由此可见，在文化创意产业核心的内容生产环节，中国仍然大大落后于世界传统强国。

第七章　全球八大文化创意产业强国上市公司龙文化指数十强研究

在经济全球化趋势日益加强的今天，文化创意产业在世界各国经济发展中的战略地位日益彰显，已成为世界经济增长的新动力，引领着全球未来经济的发展。本章筛选了美国、英国、法国、德国、澳大利亚、日本、韩国、印度八个国家的文化创意产业上市公司十强数据进行分析，希望能够更为深入地了解全球文化创意产业主要国家上市公司发展状况，更加清楚地把握全球文化创意产业的发展现状，研究未来的发展趋势，进而对中国文化创意产业的发展提供借鉴和启发。

第一节　美国文化创意产业上市公司龙文化指数十强

在美国，文化创意产业又被称为"版权产业"，分为核心版权产业（主要包括图书、报纸、期刊、电影、电视剧制作、音乐、广播和电视广播，以及包括视频游戏在内所有格式的软件等）、交叉版权产业（包括CD播放器、电视机、录像机、个人电脑和使用相关产品的制造商、批发商和零售商等）、部分版权产业（包括从服装、纺织品、珠宝到玩具和游戏等众多行业）和版权相关产业（包括运输服务、电信和批发和零售贸易等行业）四大类，这四大类产业合称为"全部版权产业"。[①] 美国从20世纪以来就重视文化创意产业的发展，采用一系列政策和法规来扶持美国文化创意产业的发展。对内创造良好的发展环境和条件，鼓励本国文化企业在激烈的市场竞争中，不断地兼并重组；对外通过不断地扩大美

[①] 吴德金：《美国文化产业发展研究》，博士学位论文，吉林大学，2015年。

国文化产品的对外输出，占领海外文化市场的主要份额。经过几十年的发展，美国的文化创意产业已经相当发达，被公认为是世界上文化创意产业政策法规最完善、发展模式最先进、最具创意创新能力的国家，拥有很多值得借鉴的发展经验。①

2016年12月，美国国际知识产权联盟（International Intellectual Property Alliance，IIPA）发布的《美国经济中的版权产业：2016年度报告》显示，美国全部版权产业为美国经济贡献了近2.1万亿美元的增加值，是无可争议的美国经济支柱产业。其中，核心版权产业增加值高达12356亿美元，就业人口贡献率近4%，贡献了近8%的GDP。② 目前，文化创意产业已经成为美国最富有活力的支柱产业，为美国经济的增长带来了强劲动力。

通过分析2012—2016年美国文化创意产业上市公司综合发展龙文化指数十强演变趋势，可以看到美国文化创意产业头部企业的发展现状与演变趋势。

一 龙文化指数三大梯队格局落定

2012—2016年，美国文化创意产业上市公司龙文化指数总体呈缓慢增长趋势，文化创意企业的综合实力依然非常强劲。具体来看，龙文化指数可以分为三大梯队：第一梯队的龙文化指数在170以上，代表企业有苹果公司、美国电话电报公司和威瑞森通信公司，苹果公司和美国电话电报公司两家龙文化指数你追我赶，但美国电话电报公司在2015年和2016年抢占优势，连续两年高于苹果公司，在2016年达到最高，为330.31；威瑞森通信公司在2015年、2016年增长最为迅速，龙文化指数达到250左右，与苹果公司和美国电话电报公司并驾齐驱。第二梯队以康卡斯特公司和微软公司为代表，龙文化指数大部分在100—170之间浮动。第三梯队的龙文化指数在100以下，但最低的也在50以上（见图7-1）。可见，美国文化创意企业实力还是非常雄厚的。

---

① 冯子标、焦斌龙：《分工、比较优势与文化产业发展》，商务印书馆2005年版，第30页。
② 陈广玉：《美国经济中的版权产业：2016年度报告》，http：//www.istis.sh.cn/list/list.asp？id=10520，2017年3月6日。

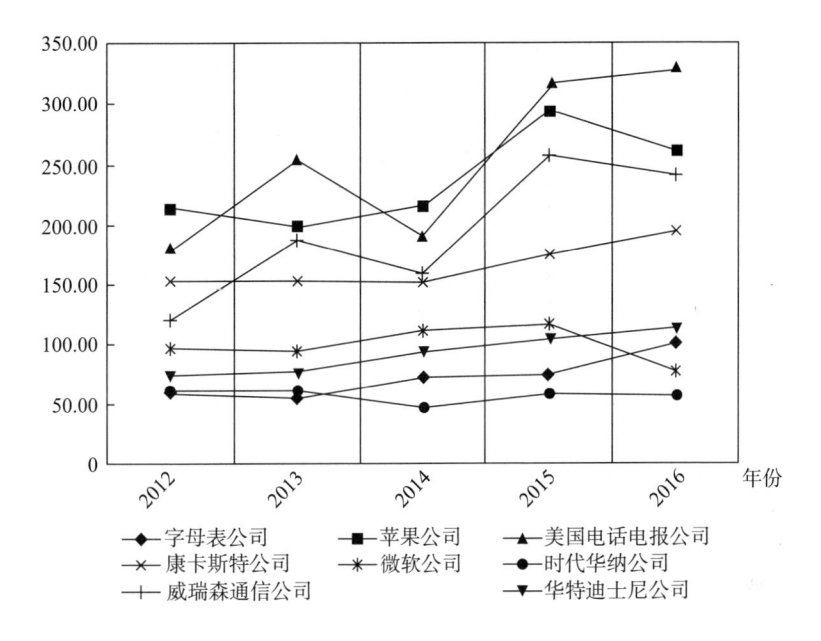

图 7-1　2012—2016 年美国主要文化创意产业上市公司龙文化指数演变

二　龙文化指数成绩突出，文化创意产业上市公司综合实力强大

美国文化创意产业上市公司表现突出。2012—2016 年，龙文化指数成绩优异，文化创意产业上市公司在各个细分指标中也表现俱佳。具体分析如下：

（一）十强中巨头企业"霸主"地位难撼

2012—2016 年美国文化创意产业上市公司龙文化指数前十强榜单中，苹果公司、美国电话电报公司、威瑞森通信公司、康卡斯特公司、微软公司、华特迪士尼公司、时代华纳公司和字母表公司 8 家文化创意产业上市公司一直占据每年的十强位置，大型企业对市场的垄断性地位明显。其中，前六强排名基本稳定，席位基本被锁定。苹果公司和美国电话电报公司此消彼长，轮流占据冠亚军位置。威瑞森通信公司在 2013 年完成对威瑞森无线公司的 45% 的股权收购，市值超过谷歌公司，更重要的是，能够更好地整合其手机与有线电视业务，并投入更多的资金升级移动网络，因而在 2013 年挤掉康卡斯特公司从第 4 名上升到第 3 名，之后也一直都保持名次不变（见图 7-2）。

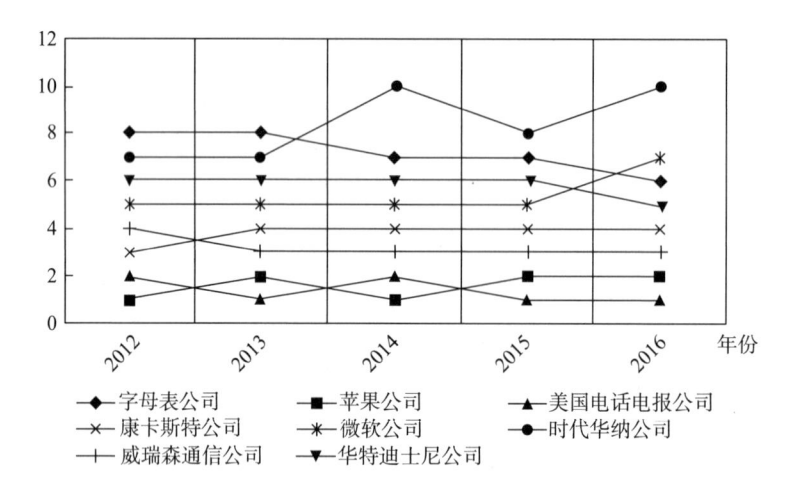

图 7-2 2012—2016 年美国主要文化创意产业上市公司龙文化指数排名变化

此外，入围十强榜单的企业还有 3M 公司（2013 年排第 10 名）、特许通讯公司（Charter Communications Inc）（2016 年排第 8 名）、易贝公司（eBay Inc）（2014 年排第 9 名）、脸书公司（2015 年排第 9 名）、时代华纳有线公司（2012 年排第 9 名；2013 年排第 10 名；2015 年排第 10 名）、21 世纪福克斯公司（Twenty-First Century Fox Inc）（2013 年排第 9 名）。这些公司突然挤入十强，主要和公司战略有关，如 2016 年的特许通信公司突然"杀入"主要是因为在 2016 年 5 月完成了对时代华纳有线公司、光明屋网络公司（Bright House Networks）的收购，并购使特许通信公司一跃成为美国第二大有线电视公司，新公司的体量是原来的 4 倍，拥有近 5000 万家庭和企业用户。

（二）三大行业近乎垄断十强，市场领先格局明显

美国基于其强大的经济基础和科技实力，在文化消费领域，形成了良好的互动和循环状态。当今世界，美国的电影产业成了引领和影响世界电影业发展的文化符号[1]，电视工业是美国文化创意产业发展的重要组成部分[2]，互联网科技发展更是一直领跑世界。从 2012—2016 年美国文化创意产业上市公司龙文化指数前十强的行业分布也可以看出美国在这

---

[1] 王海龙：《美国文化创意产业发展动力学因素探析》，《广西民族大学学报》（哲学社会科学版）2017 年第 6 期。

[2] Walter A. Friedman, Geoffrey Jones, "Creative Industries in History", *Business History Review*, Vol. 85, No. 2, 2011, pp. 237-244.

些行业中的强大实力。

在前十强榜单中，广播电视业（包括广播电视播放设备、无线通信服务、有线电视和其他电视服务等）、电影娱乐业、互联网和软件服务业（字母表公司、雅虎公司、脸书公司等）三大行业几乎占据了入围十强的企业行业类别，只有一家纸业企业——3M公司"独树一帜"。3M公司最初是制造砂纸产品，经过不断地开拓创新，已开发了近7万种产品，成为一家世界领先的多元化科技创新企业。

三 美国十强企业盈利能力增长可能已进入"瓶颈期"

总资产利润率是衡量企业盈利能力的重要指标，对判断一个企业的竞争实力和发展能力有重要意义。分析发现，2012—2016年，美国文化创意产业上市公司龙文化指数前十强的营业收入总体呈上升趋势，但是，总资产利润率波动变化不明显，这也暴露出美国文化创意产业上市公司发展可能遭遇"瓶颈期"。在成本增加、市场份额缩减的情况下，盈利能力未能找到新的突破口，美国文化创意产业上市公司的雄风正在受到多方面的挑战，苹果公司和微软公司便是如此。苹果公司的总资产利润率从2012年的31.67%下降到2016年的19.08%，下降幅度最为明显；微软公司下滑趋势也比较明显，2012年还在18%以上，2016年仅为10%（见图7-3）。

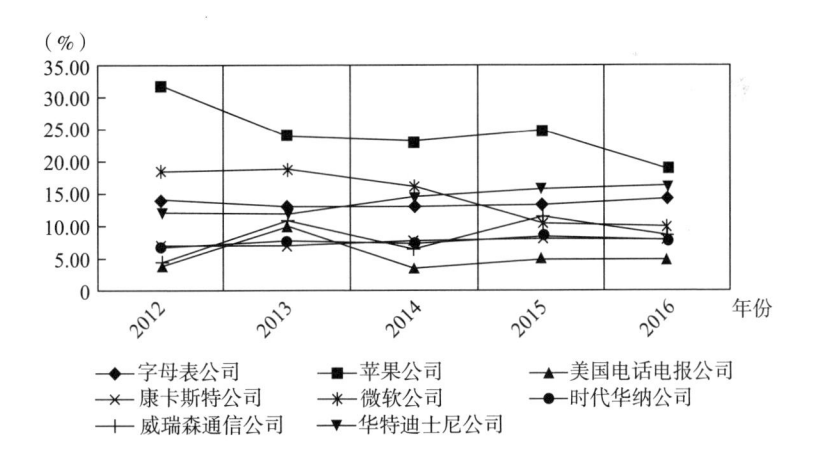

图7-3 2012—2016年美国文化创意产业上市公司十强主要企业总资产利润率

总资产利润率有明显增加的是华特迪士尼公司。华特迪士尼公司的总资产利润率在2013年之后稳步上升，一方面是美国经济改善，另一方面是其接连发行了多部影视爆款作品。此外,与其海外(尤其是中国)市场的增长有很大关系。而字母表公司、康卡斯特公司、时代华纳公司表现比较"淡定",波动不是很明显。

四 美国文化创意产业上市公司重视无形资产,头部企业实力突出

随着世界经济竞争程度的不断加剧,无形资产在竞争中占据了越来越重要的位置,技术及品牌的竞争成为主流。美国作为世界上对无形资产立法保护和规定都比较成熟的国家,其文化创意产业上市公司对无形资产的重视和开发也都比较成熟。

在这五年中,文化创意产业上市公司的无形资产大部分表现良好,稳步上升。这主要是因为,美国文化创意企业在一开始就比较注重无形资产的开发和保护,经过几十年的发展,已经形成了完善的无形资产开发链,对无形资产的开发也比较充分。其中,我们可以看到,美国电话电报公司、康卡斯特公司、威瑞森通信公司3家企业的无形资产达到300多亿美元,这主要和行业性质、发展历史、企业整合能力有很大的关系。其中,美国电话电报公司无形资产上升幅度最为明显,2014年及之前还是400亿美元左右,2015年突增到670多亿美元,2016年达到近700亿美元,这主要和企业并购有很大的关系。2015年美国电话电报公司与最大的卫星电视服务供应商直播电视集团(DirecTV)合并交易,2016年以854亿美元收购时代华纳公司,与旗下资产涵盖了华纳兄弟以及TBS和CNN等有线电视网络的娱乐巨头时代华纳公司合为一体,从一家电信公司变身为一家媒体巨头,无形资产猛增。同样,威瑞森通信公司2015年无形资产的突增(从2014年的308.85亿美元上升到2015年的358.4亿美元)也跟对美国在线(AOL)的收购有很大关系。

2012—2016年美国文化创意公司龙文化指数十强如表7-1所示。

第二节 英国文化创意产业上市公司龙文化指数十强

英国在全球最早提出了"创意产业"的概念,同时也是世界上第一个通过中央政府出台政策来推动创意产业发展的国家。1997年,布莱尔政府创立英国文化、媒体和体育部(以下简称文体部,DCMS),大力推

第七章　全球八大文化创意产业强国上市公司龙文化指数十强研究 / 173

表 7-1　2012—2016 年美国文化创意上市公司龙文化指数十强

排名	2012 年		2013 年		2014 年		2015 年		2016 年	
	公司名称	龙文化指数	公司名称	龙文化指数	公司名称	龙文化指数	公司名称	龙文化指数	公司名称	龙文化指数
1	苹果公司（Apple Inc）	212.82	美国电话电报公司（AT&T Inc）	253.28	苹果公司（Apple Inc）	215.22	美国电话电报公司（AT&T Inc）	318.56	美国电话电报公司（AT&T Inc）	330.31
2	美国电话电报公司（AT&T Inc）	177.38	苹果公司（Apple Inc）	199.33	美国电话电报公司（AT&T Inc）	187.97	苹果公司（Apple Inc）	294.50	苹果公司（Apple Inc）	261.46
3	康卡斯特公司（Comcast Corp）	153.19	威瑞森通信公司（Verizon Communications Inc）	186.68	威瑞森通信公司（Verizon Communications Inc）	158.22	威瑞森通信公司（Verizon Communications Inc）	257.50	威瑞森通信公司（Verizon Communications Inc）	240.43
4	威瑞森通信公司（Verizon Communications Inc）	119.94	康卡斯特公司（Comcast Corp）	152.22	康卡斯特公司（Comcast Corp）	151.92	康卡斯特公司（Comcast Corp）	174.75	康卡斯特公司（Comcast Corp）	193.78
5	微软公司（Microsoft Corp）	96.29	微软公司（Microsoft Corp）	94.38	微软公司（Microsoft Corp）	111.32	微软公司（Microsoft Corp）	117.33	华特迪士尼公司（Walt Disney Co）	111.94

续表

排名	2012年 公司名称	龙文化指数	2013年 公司名称	龙文化指数	2014年 公司名称	龙文化指数	2015年 公司名称	龙文化指数	2016年 公司名称	龙文化指数
6	华特迪士尼公司（Walt Disney Co）	74.39	华特迪士尼公司（Walt Disney Co）	75.76	华特迪士尼公司（Walt Disney Co）	92.67	华特迪士尼公司（Walt Disney Co）	104.69	字母表公司（Alphabet Inc）	99.68
7	时代华纳公司（Time Warner Inc）	61.05	时代华纳公司（Time Warner Inc）	62.36	字母表公司（Alphabet Inc）	71.58	字母表公司（Alphabet Inc）	74.02	微软公司（Microsoft Corp）	77.56
8	字母表公司（Alphabet Inc）	58.94	字母表公司（Alphabet Inc）	55.04	雅虎公司（Yahoo Inc）	55.53	时代华纳公司（Time Warner Inc）	58.22	特许通信公司（Charter Communications Inc）	73.27
9	时代华纳有线公司（Time Warner Cable Inc）	45.62	21世纪福克斯公司（Twenty-First Century Fox Inc）	45.68	易贝公司（eBay Inc）	54.83	脸书公司（Facebook Inc）	54.05	IBM公司（International Business Machines Corp）	61.45
10	3M公司（3M Co）	37.54	时代华纳有线公司（Time Warner Cable Inc）	43.66	时代华纳有线公司（Time Warner Inc）	46.33	时代华纳有线公司（Time Warner Cable Inc）	45.54	时代华纳有线公司（Time Warner Inc）	56.77

进创意产业发展。1998年和2001年，英国文体部两次发表创意产业纲领性文件（Creative Industries Mapping Document），对创意产业发展战略进行规划定位。2005年，文体部发布《创意经济方案》；2006年，又公布《英国创意产业比较分析》。经过20多年的发展，英国文化创意产业为经济发展做出了巨大的贡献，也在世界奠定了领先地位。根据2017年7月英国文体部发布的统计数据，目前英国创意产业就业人数近200万人，比上年增长5%，增速是英国整体就业增速的4倍。同年11月，英国文体部再次公布创意产业对英国经济的贡献统计数据，包括广告和市场营销、艺术和电影、电视和广播以及博物馆和画廊行业在内的文化创意产业对经济的贡献为每年增长3.6%，接近2500亿英镑，占英国总增加值（GVA）的14.2%。① 文化创意产业让这个古老的国家表现出新的增长活力。政府也在积极努力保持该产业的领先优势，2016年3月，英国再次发布文化白皮书，从全民共享文化、推动各地区文化资源、扩大海外影响力、提升文化组织筹资能力及经营韧性四个方面对英国未来的文化发展进行阐述，说明英国对于文化创意产业未来发展的重视。

文化创意产业蓬勃发展，上市公司作为行业龙头企业肩负着重大的发展责任。本报告通过2012—2016年英国文化创意产业上市公司综合发展龙文化指数（LCI）十强数据发现：龙文化指数喜忧参半，竞争格局尚未稳固。在2012—2016年英国文化创意产业上市公司龙文化指数十强中，只有英国电信集团（BT Group PLC）、天空广播公司（Sky PLC）、沃达丰集团和WPP集团4家企业连续5年挤入十强，其他企业竞争地位尚不稳固；同样，英国文化创意产业上市公司龙文化指数也变化不一，英国电信集团、天空广播公司和WPP集团3家表现良好，龙文化指数呈上升趋势，培生集团（Pearson PLC）呈下降趋势，沃达丰集团、自由全球公司（Liberty Global Plc‐Consolidated）有起有伏，总体而言，喜忧参半，也意味着英国文化创意产业市场格局还未完全稳定，在细分指标中也可以看出这一点。

一　十强"守擂"难，行业龙头未见分晓

在2012—2016年英国文化创意产业上市公司龙文化指数十强（见图7-4）中，除沃达丰集团稳居第1名之外，其他席位没有企业可以长期

---

① GOV. UK., *Creative Industries' Record Contribution to UK Economy*, https://www.gov.uk/government/news/creative‐industries‐record‐contribution‐to‐uk‐economy, 2017年11月29日。

停留，总是有所变动。英国电信集团和WPP集团这五年一直在五强浮动，地位尚未稳固。在后五强中，只有天空广播公司（Sky PLC）一直保持在榜单之中，其他企业浮沉明显：自由全球公司在2012年未能入围十强，2013—2015年都在"亚军"位置，2016年跌落至第6名；RELX集团2012年排第5名，之后三年都列第6名，2016年无缘十强；培生集团前三年还占有一席之地，之后两年未能进入十强。十强席位未稳定，充分说明英国文化创意产业市场竞争的激烈性，互不相让，未来谁能稳占十强地位，还是需要拭目以待。

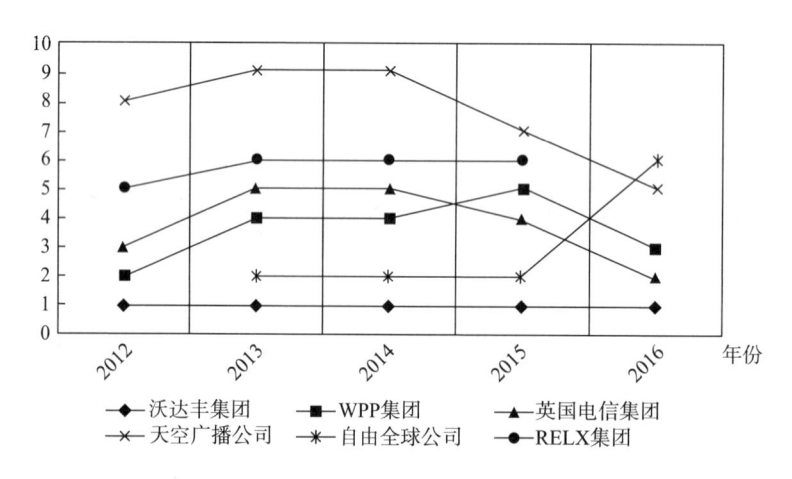

图7-4　2012—2016年英国文化创意产业上市公司十强主要企业排名

二　广播电视业与新闻出版业成为行业担当

英国是世界上电视业最为发达的国家之一，节目创意、内容生产、媒体市场、产业政策、技术研发等都较为成熟①，拥有欧洲最多的独立节目制作公司，仅伦敦就有上千家公司。据欧洲视听实验室发布的数据，2017年，欧盟境内面向海外市场播出的频道总数为4063个，其中，英国就有758个，是欧盟境内国际频道最集中的国家。在2012—2016年英国文化创意产业上市公司龙文化指数十强中，沃达丰集团、自由全球公司、天空广播公司等上市公司表现不凡，成为文化创意产业的发展担当。天空广播公司的营业收入、无形资产和龙文化指数都有所上升，其中龙文

---

① 李宇：《新兴媒体环境中英国电视业的发展现状和主要特点——基于英国电视业近年数据统计分析》，《现代视听》2017年第10期。

化指数（LCI）更是在前三年的不足 10 的情况下 2015 年及之后飞跃到 38 以上。这与天空广播公司经营战略的调整有密切的关系。天空广播公司 2015 年成功地引进了《权力的游戏》。《权力的游戏》第五季最终成为天空广播公司有史以来收视率最高的娱乐节目，天空广播公司还制作了原创剧《雪岛迷踪》（Fortitude），也获得了较好的收视效果。

英国的图书和期刊出版在世界上享有重要地位，特别是近年来，随着互联网、信息技术、远程通信等高科技的出现和应用，给英国的出版业发展带来了发展机遇。在十强中，培生集团、RELX 集团均有入围，但表现有喜有忧。RELX 集团虽然营业收入略有下降，但其他指标表现比较稳定，说明 RELX 集团为产业升级所做的种种努力取得了一定的成绩，相对 RELX 集团的"定力"，培生集团的所有指标都呈下降趋势，产业转型策略还需继续完善。出版业为迎合时代发展要求，在积极升级转型，但仍因行业固有特征，经济效益仍难取得较好的成绩。RELX 集团这几年艰难成长，有所收获，总资产利润率从 2012 年的 10.78% 增加到 2015 年的 11.73%，增加了 1%，而培生集团的总资产利润率跌落明显（见图 7 - 5）。在全球出版行业艰难的情况下，出版业还需要继续探索发展路径，出版业转型任重而道远。

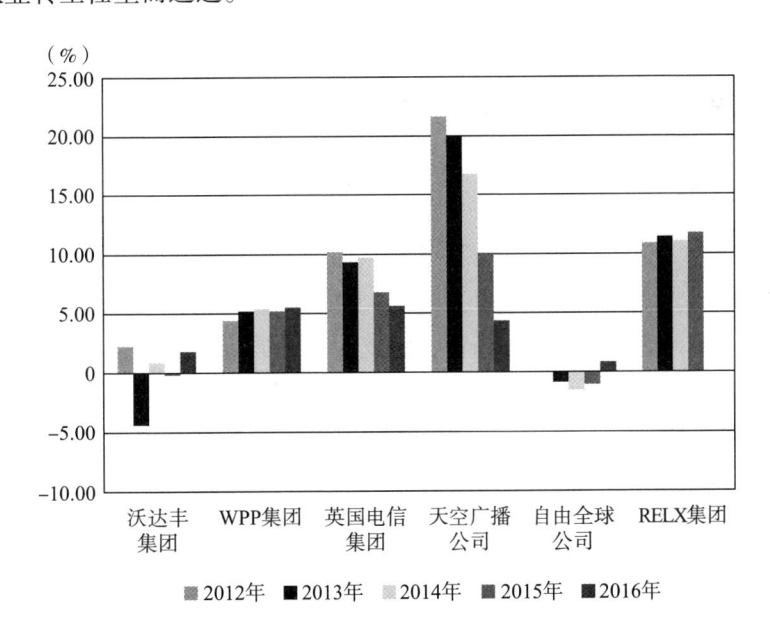

图 7 - 5　2012—2016 年英国文化创意产业上市公司十强主要企业总资产利润率变化

众所周知，英国的创意能力是享誉全球的，尤其是英国广告业以其创新力与原创性著称，并赢得了许多全球知名奖项。但是，在综合发展十强中，只有 WPP 集团一家广告公司入围，而且只"停留"了 3 年，说明其竞争优势地位正受到严重威胁。

三 互联网软件与服务业发展明显落后

互联网技术是现在各国争先发展的行业，在当今世界经济格局中居于非常重要的地位。然而，近些年来，英国的互联网和软件服务业发展明显滞后于美国，甚至也落后于中国等一些新兴市场国家。从全球文化创意产业上市公司综合发展龙文化指数排名（见表 7-2）来看，英国只有 IHS Markit 公司这一家企业在 2016 年入围全球十强榜单。

文化创意产业需要创意，但产业发展也需要跟上新技术发展的潮流，并制定前瞻性的发展战略。英国文化创意产业发展不能固守"创意"，需要从技术创新、经营战略、营销策略等方面全面加强改进，特别是在全球网络社会崛起的时代，要利用以"互联网＋"为代表的一系列新技术、新思维全力推动互联网相关的新兴文化创意产业的发展，否则将在新一轮科技浪潮中失去竞争优势。

第三节　法国文化创意产业上市公司龙文化指数十强

法国是闻名遐迩的文化创新大国，从音乐、舞蹈到电影、戏剧等，创造了多个文化"传奇"。仅 2015 年，法国就举办 5.8 万多场音乐演出，蓬皮杜现代艺术中心吸引观众 300 万人次，新建立的路易威登艺术中心观众达 100 万人次。如今，创新、创意成为法国文化的基因符号和代名词。作为电影生产大国、欧洲第一大电影市场，以广告、建筑、电子游戏、视觉艺术为代表的法国文化创意产业产值高达 124 亿欧元。

法国文化创意产业的发展模式是典型的国家主导模式，政府在文化创意产业发展中扮演了重要的角色。20 世纪 70 年代初，关贸总协定谈判时，法国政府认为，文化产品与普通商品有着根本不同，对于国家和民族文化独立有着重要的意义，坚决反对把文化列入一般性服务贸易，

第七章 全球八大文化创意产业强国上市公司龙文化指数十强研究 / 179

表7-2 2012—2016年英国文化创意产业上市公司龙文化指数十强

排名	2012年 公司名称	龙文化指数	2013年 公司名称	龙文化指数	2014年 公司名称	龙文化指数	2015年 公司名称	龙文化指数	2016年 公司名称	龙文化指数
1	沃达丰集团（Vodafone Group PLC）	140.10	沃达丰集团（Vodafone Group PLC）	75.55	沃达丰集团（Vodafone Group PLC）	76.40	沃达丰集团（Vodafone Group PLC）	137.81	沃达丰集团（Vodafone Group PLC）	129.06
2	WPP集团（WPP PLC）	23.89	自由全球公司（Liberty Global Plc – Consolidated）	33.43	自由全球公司（Liberty Global Plc – Consolidated）	36.60	自由全球公司（Liberty Global Plc – Consolidated）	39.34	英国电信集团（BT Group PLC）	34.11
3	英国电信集团（BT Group PLC）	18.54	WPP集团（WPP PLC）	25.49	WPP集团（WPP PLC）	26.63	英国电信集团（BT Group PLC）	35.34	WPP集团（WPP PLC）	30.84
4	自由全球子公司环球集团（Liberty Global Plc Global Group）	18.45	英国电信集团（BT Group PLC）	15.46	英国电信集团（BT Group PLC）	20.71	WPP集团（WPP PLC）	25.41	里德爱思唯尔公司（RELX PLC）	20.23
5	里德爱思唯尔集团（RELX Group plc）	15.33	里德爱思唯尔集团（RELX Group plc）	13.95	里德爱思唯尔集团（RELX Group plc）	19.09	里德爱思唯尔集团（RELX Group plc）	19.02	天空广播公司（Sky PLC）	16.78

续表

排名	2012年 公司名称	2012年 龙文化指数	2013年 公司名称	2013年 龙文化指数	2014年 公司名称	2014年 龙文化指数	2015年 公司名称	2015年 龙文化指数	2016年 公司名称	2016年 龙文化指数
6	培生集团（Pearson PLC）	13.76	途易旅游公共有限公司（TUI Travel PLC）	12.85	途易旅游公共有限公司（TUI Travel PLC）	14.47	天空广播公司（Sky PLC）	18.42	自由全球公司（Liberty Global Plc – Consolidated）	14.19
7	途易旅游公共有限公司（TUI TRAVEL PLC）	12.24	培生集团（Pearson PLC）	11.82	培生集团（Pearson PLC）	11.96	里德爱思唯尔公司（RELX PLC）	18.35	INFO集团（IHS Makt LtoL）	12.38
8	天空广播公司（Sky PLC）	9.94	天空广播公司（Sky PLC）	9.95	天空广播公司（Sky PLC）	9.91	国际游戏科技公司（International Game Technology PLC）	11.35	国际游戏科技公司（International Game Technology PLC）	12.15
9	途迈酷客公司（Thomas Cook Group PLC）	9.57	国际游戏科技公司（International Game Technology PLC）	8.81	迪克森卡彭机公司（Dixons Carphone Plc）	9.28	迪克森卡彭机公司（Dixons Carphone Plc）	9.50	自由全球公司（Liberty Global Plc LiLAC Group）	9.82
10	国际游戏科技公司（International Game Technology PLC）	8.59	途迈酷客公司（Thomas Cook Group PLC）	8.10	国际游戏科技公司（Internatievd Game Technology PLC）	9.2	培生集团（Pearson PLC）	6.86	迪克森卡彭机公司（Dixons Carphone Plc）	9.42

提出了历史上著名的"文化例外"原则。① 法国文化创意产业发展强调文化与国家形象互相结合，使文化创意产业发展具有鲜明的特色。② 除了对本国文化的保护，法国还十分注重对文化遗产的传承与创新。2016 年 7 月，法国正式实施《创作自由、建筑和遗产保护法》，规定加强艺术创新，推动作曲家、演员之间分享著作权；对音乐、艺术发展进行追踪、评估，确保所有领域演员的权利平等。近年来，为吸引外国片商到法国拍摄、制作影片，法国出台了《国际影视制作免税优惠政策》。2017 年，法国国家文化创意预算资金达 7.77 亿欧元，同比增长 4.2%。③ 在国家的大力支持下，法国文化创意产业蓬勃发展，文化创意产业上市公司也取得了不错的成绩。

一 上市公司龙文化指数变化平稳，文化市场百花齐放

2012—2016 年，法国文化创意产业上市公司龙文化指数总体而言变化比较平稳，百花齐放，文化市场有序发展。具体表现在以下三个方面：

（一）十强席位基本落定，市场竞争白热化

法国政府很早就非常重视文化创意产业的发展，这也为文化创意产业上市公司提供了良好的外部发展环境，抢占了早起步、先发展的机会。在 2012—2016 年法国文化创意产业上市公司龙文化指数十强（见图 7-6）中，有 8 家公司每年都在十强榜单中，分别是维旺迪集团、阳狮集团（Publicis Group SA）、法国拉加代尔集团（Lagardere SCA）、欧洲通信卫星公司（Eutelsat Communications SA）、德高集团（Jc Decaux SA）、哈瓦斯集团（Havas）、史迪比集团（Ste Bic S. A.）和特艺集团（Technicolor SA）。

虽然 8 家企业都能每年入围十强，但是，所占的席位并不稳定，名次在这五年中都有所浮动。维旺迪集团和阳狮集团两家企业几乎轮流做"状元"；德高集团名次有所下滑，2013 年之前还能在第 5 名、第 6 名徘徊，2014—2016 年就一直在第 8 名的位置；哈瓦斯集团和特艺集团进步明显，哈瓦斯集团 2012—2014 年为第 7 名，2016 年就上升到第 5 名，特艺集团从 2012 年的第 9 名上升到 2016 年的第 7 名。从名次的浮动上可以

---

① 方雪梅：《法国文化产业的发展模式及其启示》，《湖南科技大学学报》（社会科学版）2015 年第 1 期。
② 陈桂玲等：《美法中文化创意产业的比较及对我国的启示》，《人民论坛》2013 年第 3 期。
③ 梁成喜：《法国多措并举推动文化创新》，光明网，http://theory.gmw.cn/2018-01/30/content_27519794.htm，2018 年 1 月 30 日。

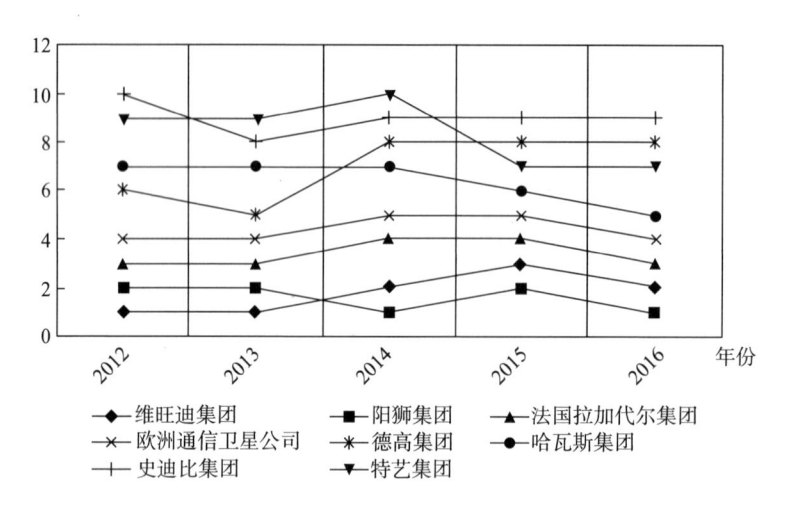

图 7-6 2012—2016 年法国文化创意产业上市公司十强主要企业排名

看到法国文化创意产业上市公司的竞争激烈程度,真正的"文化霸主"还未完全形成,企业发展你追我赶,进入一种竞争白热化阶段,最终谁能坐稳十强位置,值得拭目以待。

(二)四大指标总体而言比较稳定

法国文化创意产业以政府的干预和与引导为主,以文化和艺术为发展主轴。即使在国家经济发展缓慢或不景气的情况下,在国家公共支出预算缩减的大背景下,政府对文化预算只增不减,也足以显示出法国政府对文化事业的重视,进而为文化创意企业提供了充足的发展信心。

2012—2016 年法国文化创意产业上市公司龙文化指数十强中的维旺迪集团、阳狮集团、法国拉加代尔集团、欧洲通信卫星公司、德高集团、哈瓦斯集团和特艺集团 7 家文化创意产业上市公司,其总资产利润率、营业收入、无形资产和所得税变化浮动不大,总体发展比较稳定。维旺迪集团总资产利润率呈"V"形变化,营业收入、无形资产和所得税呈明显的下降趋势。特艺集团的总资产利润率呈倒"N"形变化,营业收入和无形资产有所上升。维旺迪集团和特艺集团总资产利润率的明显浮动与影视制作行业的高风险属性有很大的关系,市场收益不确定性比较大。阳狮集团的营业收入、无形资产和所得税呈上升趋势,但总资产利润率在 2016 年表现不佳,为负值。法国拉加代尔集团是集内容发布、制作、广播和发行领域的全球领导者,业务包括出版、旅游零售、视听媒体和体育娱乐,其总资产利润率最为突出的就是 2013 年的 17.23%,而其他年份仅为2%左右。欧洲通信卫星公司、德高集团和哈瓦斯集团发挥良好,企业发展稳定。

(三) 电影娱乐业"一枝独秀",广告业百花齐放

法国号称"世界电影之父",是世界第二大电影出口国、第三大电影生产国和动漫生产国。法国每年举办26个电影节,其中,1939年开始举办的戛纳国际电影节最负盛名。维旺迪集团作为十强中唯一一家电影娱乐业企业,不负众望地名列前茅,但是,2012年和2013年还能守住"冠军"位置,2014年及之后就一直在第2名、第3名摇摆,难回首位,这和其发展战略失误有很大的关系。维旺迪集团是动视暴雪公司母公司,曾近拥有动视暴雪公司60%的股份,2012年因巨额债务危机开始出售动视暴雪股权,2013年和动视暴雪公司业务分离,从十强名次、营业收入等指标下降也可以看出,此举对公司竞争力弱化的影响。如今在全球游戏产业发展如火如荼的时候,维旺迪集团再次布局移动游戏产业,但同时也要注意兼顾电影产业的发展,不能顾此失彼。此外,电影娱乐业作为法国文化创意产业的优势行业,拥有悠久的历史和成熟的发展经验,在新形势下,也要勇于创新,不断提高自身的竞争力。

法国广告业也在世界上占有重要位置,拥有众多知名的广告公司。在2012—2016年法国文化创意产业上市公司龙文化指数十强(见表7-3)中,广告业每年能有4—5家企业入围,阳狮集团、德高集团、卡梅杜公司(CIE Du Cambodge)、哈瓦斯集团和益普索公司(Ipsos SA, Paris 15Eme)等几乎占据"半壁江山",可见法国广告业的繁荣与成熟。阳狮集团是全球最大的广告和传播公司之一,其业务范围覆盖108个国家和地区,员工数量超过7.7万人,近几年来,发展势头良好,营业收入、无形资产等都有所增加,在十强中也在瞄准"冠军"宝座,2017年阳狮集团还与中国腾讯控股有限公司宣布建立全球战略合作伙伴关系,发展潜力巨大。

二 龙文化指数突出者较少,还需强化"龙头"作用

文化创意产业上市公司在行业发展中起着重要的"龙头"作用。维旺迪集团、阳狮集团、法国拉加代尔集团、欧洲通信卫星公司、德高集团、哈瓦斯集团和特艺集团7家发展比较良好的文化创意产业上市公司,除维旺迪集团之外,其余公司龙文化指数在2012—2016年总体变化都比较稳定。维旺迪集团在2012年(60.62)和2013年(37.43)还能"一枝独秀",但其下滑之势太快,2014年及之后就维持在15—20(见图7-7)。

表7-3　2012—2016年法国文化创意产业上市公司龙文化指数十强

排名	2012年 公司名称	2012年 龙文化指数	2013年 公司名称	2013年 龙文化指数	2014年 公司名称	2014年 龙文化指数	2015年 公司名称	2015年 龙文化指数	2016年 公司名称	2016年 龙文化指数
1	维旺迪集团（Vivendi）	60.62	维旺迪集团（Vivendi）	37.43	阳狮集团（Publicis Groupe SA）	16.24	法国SFR集团（Numericable SFR SA）	23.83	阳狮集团（Publicis Groupe SA）	18.26
2	阳狮集团（Publicis Groupe SA）	14.31	阳狮集团（Publicis Groupe SA）	15.43	维旺迪集团（Vivendi）	15.87	阳狮集团（Publicis Groupe SA）	19.16	维旺迪集团（Vivendi）	17.17
3	法国拉加代尔公司（Lagardere SCA）	5.79	法国拉加代尔公司（Lagardere SCA）	6.72	法国SFR集团（Numericable SFR SA）	15.39	维旺迪集团（Vivendi）	18.84	法国拉加代尔公司（Lagardere SCA）	5.99
4	欧洲通信卫星公司（Eutelsat Communications SA）	4.95	欧洲通信卫星公司（Eutelsat Communications SA）	5.49	法国拉加代尔公司（Lagardere SCA）	6.53	法国拉加代尔公司（Lagardere SCA）	5.40	欧洲通信卫星公司（Eutelsat Communications SA）	5.31
5	巴黎坎伯奇公司（CIE Du Cambodge, Paris）	4.56	德高集团（Jc Decaux SA）	4.17	欧洲通信卫星公司（Eutelsat Communications SA）	5.68	欧洲通信卫星公司（Eutelsat Communications SA）	5.00	哈瓦斯集团（Havas）	3.84

第七章　全球八大文化创意产业强国上市公司龙文化指数十强研究 / 185

续表

排名	2012 年 公司名称	龙文化指数	2013 年 公司名称	龙文化指数	2014 年 公司名称	龙文化指数	2015 年 公司名称	龙文化指数	2016 年 公司名称	龙文化指数
6	德高集团（Jc Decaux SA）	4.07	巴黎坎伯奇公司（CIE Du Cambodge, Paris）	4.01	巴黎坎伯奇公司（CIE Du Cambodge, Paris）	4.43	哈瓦斯集团（Havas）	3.63	FNAC集团（Groupe Fnac SA）	3.76
7	哈瓦斯集团（Havas）	3.25	哈瓦斯集团（Havas）	3.27	哈瓦斯集团（Havas）	3.62	特艺集团（Technicolor SA）	3.24	特艺集团（Technicolor SA）	3.66
8	法国电视台（Television Francaise 1SA TF1）	2.98	史迪比集团（Ste Bic SA）	2.68	德高集团（Jc Decaux SA）	3.48	德高集团（Jc Decaux SA）	3.18	德高集团（Jc Decaux SA）	3.51
9	特艺集团（Technicolor SA）	2.84	特艺集团（Technicolor SA）	2.61	史迪比集团（Ste Bic SA）	2.88	史迪比集团（Ste Bic SA）	2.90	史迪比集团（Ste Bic SA）	2.69
10	史迪比集团（Ste Bic SA）	2.80	巴黎益普索公司（Ipsos SA, Paris 15 Eme）	2.41	特艺集团（Technicolor SA）	2.74	巴黎益普索公司（Ipsos SA, Paris 15Eme）	2.21	巴黎益普索公司（Ipsos SA, Paris 15Eme）	2.47

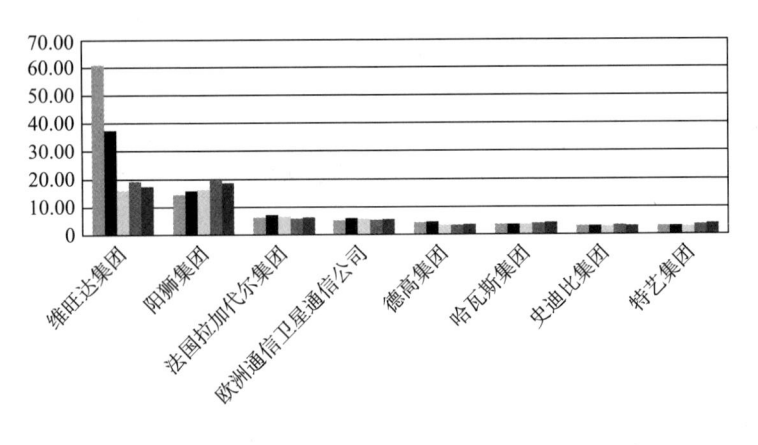

[图表：2012—2016年法国主要文化创意产业上市公司龙文化指数柱状图，涉及维旺达集团、阳狮集团、法国拉加代尔集团、欧洲通信卫星通信公司、德高集团、哈瓦斯集团、史迪比集团、特艺集团]

图7-7 2012—2016年法国主要文化创意产业上市公司龙文化指数

分析发现，除了维旺迪集团和阳狮集团的龙文化指数在10以上，其他文化创意产业上市企业的龙文化指数仅为5左右。文化创意产业的发展需要政府的支持，更需要企业的自立自强。法国拥有丰富的文化资源和悠久的文化创意产业发展历史，在新形势下，法国文化创意产业上市公司必须充分利用自身的优势，创新发展，不断提高自身的竞争力，才能真正发挥"龙头"效应，推动法国文化创意产业的创意创新发展，增强国际竞争力。

第四节 德国文化创意产业上市公司龙文化指数十强

一直以来，制造业都是德国这个老牌工业国家的产业支柱。随着文化生活水平的提高和经济结构的升级，近年来，文化创意产业在德国经济中的地位日益凸显，并保持着良好的发展势头。德国把文化创意产业定义为"文化与创意经济"，主要涵盖音乐经济、图书市场、文化艺术市场、电影经济、广播电视业、设计业、建筑业、新闻出版业、表演艺术市场、广告市场、软件与电子游戏业11个核心领域细分市场。[①] 2014—2016年，德国

---

① 张光辉：《德国文化产业与媒体发展印象》，《新闻爱好者》2014年第4期。

第七章 全球八大文化创意产业强国上市公司龙文化指数十强研究 / 187

文化创意产业对行业增加值的贡献总额不断上升，对经济增长的拉动作用越来越大。2016年，文化创意产业从业人员160多万人，其中，23%是自由文创人员，德国通过完善《艺术家社会保险法》为文化创意产业从业人员提供"艺术家社会保险"，保障其积极参与文化创意产业。①

2007年10月，德国联邦政府公布《文化创意产业倡议》，提出增强公众对文化创意产业重要性的认识、挖掘文化创意产业增长和就业潜力、提高文化创意产业竞争力和国际影响力的三点倡议。2009年11月，德国政府成立文化创意产业事务中心。2010年，文化创意产业事务中心在全国设立了8个地区性办事处。德国文化创意产业事务中心致力于挖掘并提升文化创意产业的潜力，为文化创意产业提供全方位服务。该中心目前正在重点关注"工业4.0""创客经济""创意城市发展"等主题。此外，近几年，德国修订了《专利法》《外观设计法》《规范信息社会著作权法》，不断地完善法律法规。本节主要对2012—2016年德国文化创意产业上市公司龙文化指数十强企业发展状况进行分析，希望对德国文化创意产业的发展有一个整体全面的认识，并能从中汲取到有助于中国文化创意产业发展的营养。因为仅收集到40家左右德国文化创意产业上市公司的数据，因此，2012—2016年德国文化创意产业上市公司龙文化指数十强可能无法完全反映德国文化创意产业上市公司发展的实际情况，由此得出的研究结论也仅供参考。

龙文化指数发展空间分"三大梯队"，趋势变化较稳定。根据龙文化指数表现，可以将其分为明显的三大区间：第一区间是德国电信公司（Deutsche Telekom）一家独大，龙文化指数在60以上，并且节节攀升，2016年上升至近100，遥遥领先于其他企业。第二区间是以贝塔斯曼集团（Bertelsmann）、途易股份公司（TUI AG）为代表，龙文化指数在10—20。第三区间的龙文化指数在10以下，主要有德国广播公司（ProSieben-Sat. 1 Media SE）、德国阿克塞尔施普林格出版公司（Axel Springer SE）、蒙塔鲍尔联合网络公司（United Internet AG, Matabaur）和捷孚凯纽伦堡公司（GFK AG, Nuernberg）。整体来看，德国文化创意产业上市公司龙文化指数变化幅度比较平缓，总体比较稳定。研究发现，德国文化创意

---

① 吴天阳：《德国：加大小微文创企业的扶持力度》，http://www.ccdy.cn/guancha/201804/t20180418_1381402.htm，2018年4月18日。

产业上市公司龙文化指数十强具有如下三个特点。

一 电视电影业发展良好,撑起产业"半边天"

德国是欧洲广播电视业最为发达的国家之一,其有线电视公司和电信公司等企业是欧洲传媒市场上的重要角色。2012—2016 年,德国文化创意产业上市公司龙文化指数十强中,德国电信公司、贝塔斯曼集团、德国广播公司稳居十强,德国卡贝尔控股公司和德国天空公司(Sky Deutschland AG)也都曾出现在十强榜单中。德国电信公司是欧洲最大的电信运营商,全球第五大电信运营商,足迹遍布全球近 50 个国家,公司始终保持与时俱进,不断地将新科技应用于产品和服务中,也因此始终立于不败之地,每年都占据冠军位置。德国广播公司是欧洲最成功的独立媒体公司之一,在电视和数字市场拥有强大的影响力。公司发展势头良好,总资产利润率、营业收入、无形资产等都在呈增长趋势,在十强中的排名在 2012 年还是第 5 名,2013—2016 年一直处于第 4 名。

德国也一直重视电影产业的发展,在支持电影产业发展方面,德国联邦电影基金发挥了重要作用。2015 年 12 月,德国发布了《德国电影基金指南》,为德国电影产业的发展提供良好的支持。Eventim 集团(CTS EVENTIM AG&Co. KGaA)是票务领域的欧洲市场领导者,在 26 个国家开展业务,每年通过 Eventim 集团系统销售超过 140 万张超过 20 万个活动的门票。除欧洲两万多个固定网点外,Eventim 集团还通过在线平台和呼叫中心分发门票。

二 "龙头企业"盈利能力明显,"后起之秀"潜力较大

在 2012—2016 年德国文化创意产业上市公司龙文化指数十强中,德国电信公司、贝塔斯曼集团和途易股份公司稳居前三名,由于它们的总资产基数大,所以,收益率并不高。贝塔斯曼集团在 6% 左右,德国电信公司和途易股份公司在 3% 左右,而德国广播公司(约排第 4 名)、蒙塔鲍尔联合网络公司(约排第 6 名)的总资产利润率指数比较高,几乎都在 10% 以上。但是,2012—2016 年,德国电信公司、贝塔斯曼集团和途易股份公司的总资产利润率总体在呈增加趋势(见图 7-9)。德国广播公司、联合网络公司、蒙塔鲍尔公司、捷孚凯纽伦堡公司的总资产利润率波动起伏比较大,说明上述公司虽然在迅速崛起,但发展体系还不够成熟,营收业收入有一定的波动,若能不断强化自身,也是具有较大发展潜力的。

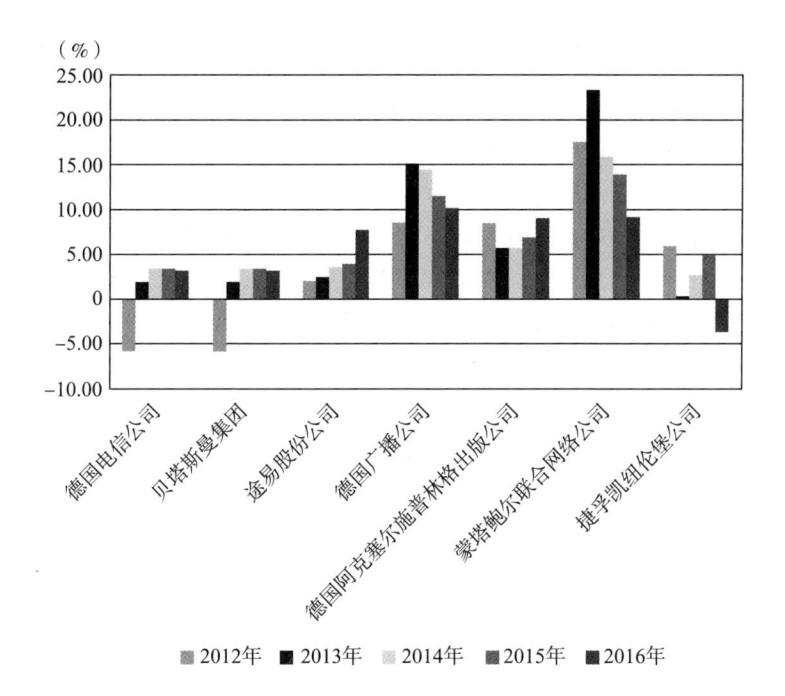

图 7-9 2012—2016 年德国文化创意产业上市公司十强主要企业总资产利润率

三 营业收入、无形资产"两极分化",垄断格局明显

德国文化创意产业市场垄断格局明显,具有领先优势的企业"一家独大",后来发展的企业虽在奋起直追,但营业收入仍存在较大差距。在德国电信公司、贝塔斯曼集团、途易股份公司、德国广播公司、德国阿克塞尔施普林格媒体公司、蒙塔鲍尔联合网络公司,Evetim 集团和捷孚凯纽伦堡公司 7 家企业数据分析中可以看到:

营业收入上,德国电信公司的营业收入指数在 75 左右,贝塔斯曼集团和途易股份公司的营业收入指数在 20 左右,而德国广播公司、德国阿克塞尔施普林格出版公司、蒙塔鲍尔联合网络公司、Eventim 集团和捷孚凯纽伦堡公司的营业收入指数不足 5,差距明显。德国电信公司的成功来自私有化转型,坚定实施改革发展策略,以欧洲为根据地,通过不断收购兼并实现国际化,从而迅速成长为具有全球影响力的电信公司。贝塔斯曼集团在全球 50 多个国家拥有 1200 家公司的股权,在全球拥有超过 10.6 万名员工,产品范围涵盖了报纸、杂志、图书出版、书籍俱乐部、音乐唱片公司、电视、广播、电影和电视制作等多个细分行

业。途易股份公司是欧洲最大的旅游公司,旗下拥有独立的旅行社、地接机构、酒店、航空公司等企业品牌。可以看到集团型企业产业链具有较大的宽度和深度,使其收入来源多样化,并且能够经得起市场的考验。

无形资产上,德国电信公司一枝独秀,凭借雄厚的实力,无形资产指数逐年如滚雪球般增长,2016年超过200,是其他公司的十倍多。德国电信公司不仅在国内收购小企业,还将目光瞄准国际,如2015年收购斯洛伐克政府持有的斯洛伐克电信公司(Slovak Telekom)49%的股份,实现完全控股。贝塔斯曼集团无形资产指数在30左右,表现也不错,并且通过加强核心业务、数字化转型、扩大增长平台和增长区域等战略,其实力得以不断增强。2016年,贝塔斯曼集团收购了包括在线视频制造商Smartclip公司、数字媒体Groupe Cerise公司以及各种电视制作、音乐和教育业务,无形资产也随之增加。大部分文化创意产业上市公司无形资产在10以下,差距明显(见图7-10)。

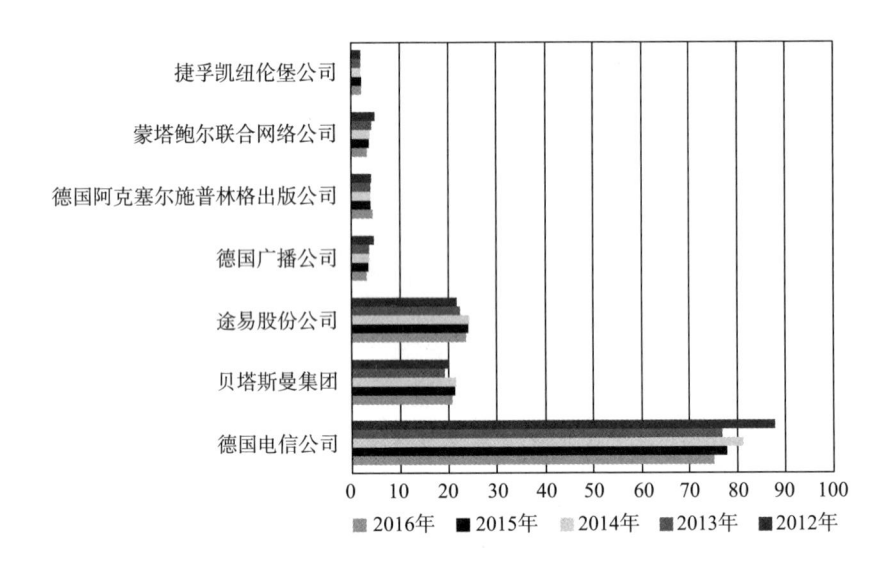

图7-10 2012—2016年德国文化创意产业上市公司十强主要企业营业收入

2012—2016年德国文化创意产业上市公司龙文化指数十强如表7-4所示。

第七章 全球八大文化创意产业强国上市公司龙文化指数十强研究 / 191

表7-4 2012—2016年德国文化创意产业上市公司龙文化指数十强

排名	2012年 公司名称	龙文化指数	2013年 公司名称	龙文化指数	2014年 公司名称	龙文化指数	2015年 公司名称	龙文化指数	2016年 公司名称	龙文化指数
1	德国电信公司（Deutsche Telekom）	61.55	德国电信公司（Deutsche Telekom）	81.60	德国电信公司（Deutsche Telekom）	92.41	德国电信公司（Deutsche Telekom）	87.61	德国电信公司（Deutsche Telekom）	99.44
2	贝塔斯曼集团（Bertelsmann SE & Co KGaAKGaA）	18.19	贝塔斯曼集团（Bertelsmann SE & Co KGaAKGaA）	21.56	贝塔斯曼集团（Bertelsmann SE & Co KGaAKGaA）	20.54	贝塔斯曼集团（Bertelsmann SE & Co KGaAKGaA）	18.95	贝塔斯曼集团（Bertelsmann SE & Co KGaAKGaA）	21.32
3	途易股份公司（TUI AG）	11.04	途易股份公司（TUI AG）	11.51	途易股份公司（TUI AG）	13.22	途易股份公司（TUI AG）	9.74	途易股份公司（TUI AG）	10.41
4	德国阿克塞尔施普林格出版公司（Axel Springer SE）	5.73	德国广播公司（ProSiebenSat.1 Media SE）	5.91	德国广播公司（ProSiebenSat.1 Media SE）	6.48	德国广播公司（ProSiebenSat.1 Media SE）	6.93	德国广播公司（ProSiebenSat.1 Media SE）	7.91
5	德国广播公司（ProSiebenSat.1 Media SE）	5.17	德国阿克塞尔施普林格出版公司（Axel Springer SE）	4.97	德国阿克塞尔施普林格出版公司（Axel Springer SE）	5.60	德国阿克塞尔施普林格出版公司（Axel Springer SE）	6.50	德国阿克塞尔施普林格出版公司（Axel Springer SE）	6.99

续表

排名	2012 年		2013 年		2014 年		2015 年		2016 年	
	公司名称	龙文化指数	公司名称	龙文化指数	公司名称	龙文化指数	公司名称	龙文化指数	公司名称	龙文化指数
6	SCA 卫生产品公司（SCA HYGIENE PRODUCTS SE）	2.88	德国卡贝尔控股公司（Kabel Deutschland Holding AG）	4.84	蒙塔鲍尔联合网络公司（United Internet AG, Montabaur）	4.56	蒙塔鲍尔联合网络公司（United Internet AG, Montabaur）	4.66	蒙塔鲍尔联合网络公司（United Internet AG, Montabaur）	5.22
7	蒙塔鲍尔联合网络公司（United Internet AG, Montabaur）	2.61	蒙塔鲍尔联合网络公司（United Internet AG, Montabaur）	2.91	德国卡贝尔控股公司（Kabel Deutschland Holding AG）	3.45	斯考特公司（Scout24 AG）	2.41	斯考特公司（Scout24 AG）	2.69
8	捷孚凯纽伦堡公司（GFK AG, Nuernberg）	2.46	捷孚凯纽伦堡公司（GFK AG, Nuernberg）	2.33	斯考特公司（Scout24 AG）	2.44	捷孚凯纽伦堡公司（GFK AG, Nuernberg）	2.04	捷孚凯纽伦堡公司（GFK AG, Nuernberg）	2.39
9	德国天空公司（Sky Deutschland AG）	1.22	德国天空公司（Sky Deutschland AG）	1.33	捷孚凯纽伦堡公司（GFK AG, Nuernberg）	2.05	德国思特广告股份有限公司（Stroeer SE & Co KGaA）	1.22	Zalando 公司（Zalando SE）	1.96
10	Eventim 集团（CTS Eventim AG & Co KGAA）	0.96	Eventim 集团（CTS Eventim AG & Co KGAA）	1.14	Eventim 集团（CTS Eventim AG & Co KGAA）	1.21	Eventim 集团（CTS Eventim AG & Co KGAA）	1.18	德国思特广告股份有限公司（Stroeer SE & Co KGaA）	1.52

第五节　澳大利亚文化创意产业上市
公司龙文化指数十强

澳大利亚是一个具有多元文化的移民国家。特殊的自然环境和地理位置使其直至 20 世纪中叶尚未形成较为协调统一的价值观和文化观，直到 20 世纪 70 年代，澳大利亚联邦政府才确立了以发展文化和树立共同的文化理念及全新的国家形象为主的国家文化政策。[①] 在这个时期，政府把主要精力投在了支持经典、高雅艺术[②]，到了 20 世纪 90 年代，澳大利亚政府开始重新思考艺术与文化创意产业的关系，关注点也转向对新兴文化创意产业的扶持。1994 年，澳大利亚发布《创意国家》（Creative Nation）战略，在促进文化艺术发展基础上，更加强调文化创意的产业化转型。2008 年，澳大利亚文化部长委员会在《打造创意创新经济》报告中将"创意产业"的范畴定义为以下七个方面：音乐与表演艺术；电影、电视与广播；广告与营销；软件开发与互动内容；写作；出版与平面媒体；建筑、设计与视觉艺术。随着创意产业在国民经济发展中的地位不断上升，2011 年 8 月，澳大利亚文化部，宽带、通信与数字经济部，创新、工业、科学与研究部，外交贸易部，教育、就业与工作关系部等多个联邦政府部门共同出台了《澳大利亚创意产业 21 世纪发展战略》[③]，将推动创新、加强基础建设、培育人才和加强产业研究成果利用四个方面确定为战略发展重点，积极通过完善政府政策、加大政府投入等措施，促进创意产业的持续发展。

目前，创意产业每年向澳大利亚经济贡献 900 亿美元[④]，就业贡献率也不断提升，文化创意产业已成为助推澳大利亚继续发展繁荣的重要动力。澳大利亚文化创意产业发展模式探索也取得了比较成功的案例，比

---

① 王曦：《澳大利亚文化创意产业发展对我国的启示——以"昆士兰模式"为例》，《中央财经大学学报》2013 年第 1 期。
② 李斌：《澳大利亚电影产业政策刍议》，《声屏世界》2016 年第 11 期。
③ 赵立、袁媛：《澳大利亚创意产业发展战略亮点解读》，《中国文化报》2012 年 2 月 10 日。
④ Creative 官网，http://www.creative3.com.au/creative3-2016/，2018 年 2 月 11 日。

如，集教育—科研—企业—咨询交叉联动的创意产业发展模式——"昆士兰模式"。文化创意产业发展如火如荼，文化创意产业上市公司也发挥着不可忽视的作用。

一 龙文化指数三强企业地位稳固

2012—2016年澳大利亚文化创意产业上市公司龙文化指数十强中，爱姆科集团（Amcor Ltd）、塔特集团（Tatts Group Ltd）、七西传媒集团（Seven West Media Ltd）、Tabcorp控股有限公司（Tabcorp Holdings Ltd）、皇冠度假酒店集团（Tah Crown Resorts Ltd）、星空娱乐有限公司（The Star Entertainment Group Ltd）和飞行中心旅游有限公司（Flight Centre Travel Group Ltd）7家企业每年都能跻身榜单。其中，爱姆科集团和塔特集团稳居三强，实力强大。

深入分析可发现，2015年是一个"转折点"（见图7-11）。这7家文化创意产业上市公司的排名在2012—2014年还相对稳定，名次变动不是很大。但是，在2015年之后，除了爱姆科集团和塔特集团，其他5家企业的名次都有上下浮动。从总资产利润率和营业收入也可以看出相似的变化。7家企业从2012—2015年的营业收入一直在呈下降趋势，2015年跌到最低点，2016年一致呈现回暖状态——营业收入都有所回升；文化创意产业上市公司的总资产利润率总是起伏不定，但是，像塔特集团、皇冠度假酒店集团和星空娱乐有限公司等企业在2016年的总资产利润率都达到最高值。

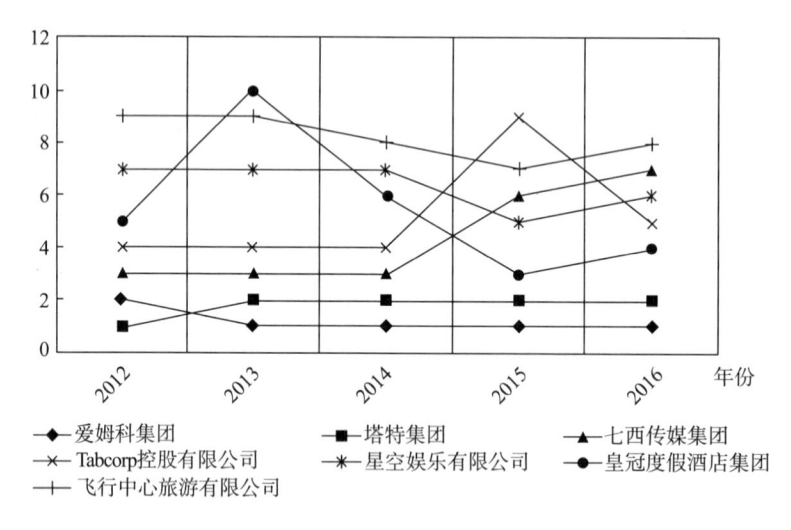

图7-11 2012—2016年澳大利亚文化创意产业上市公司十强主要企业排名

二 博彩业"绑架"文化创意产业，文化创意产业结构亟须优化

澳大利亚是全球最盛行赌博的国家之一。在2012—2016年澳大利亚文化创意产业上市公司龙文化指数十强中，塔特集团、贵族娱乐公司（Aristocrat Leisure Ltd）、皇冠度假酒店集团、Tabcorp控股有限公司和星空娱乐有限公司都隶属于博彩行业，几乎占据了龙文化指数综合发展十强的一半名额，并且其排名在不断上升，在澳大利亚文化创意产业中的重要性不断强化。博彩业的繁荣似乎并没有太令人欣慰，有报道称，澳大利亚的赌博问题已堪比美国枪支问题，但是，由于从博彩行业获得的高税收收入缓解了政府的财政压力，因此，政府不愿意改变博彩业现状，博彩业地位难以撼动。

对于文化创意产业来说，博彩业"大行其道"并不是好事。博彩业利润高、市场广阔，导致许多公司纷纷投身其中，不利于主流文创行业的培植。另外，主流文化创意产业发展势单力薄，完整的文化创意产业链尚未形成，不利于文化创意产业的成长。由此可见，博彩业的强势发展对文化创意产业结构的优化增加了一定的阻力，不利于产业的均衡可持续发展。

三 龙文化指数节节败退，文化创意产业竞争力亟待提升

综合考察2012—2016年澳大利亚文化创意产业上市公司龙文化指数前十强企业，可以看到除了星空娱乐有限公司龙文化指数略有上升之外，爱姆科集团、塔特集团、七西传媒集团、Tabcorp控股有限公司、皇冠度假酒店集团和飞行中心旅游有限公司的龙文化指数一致呈下降趋势。星空娱乐有限公司前身为（Echo Entertainment Group），旗下拥有悉尼星港（The Star Sydney）、黄金海岸新港（The Star Gold Coast）和布里斯班财富（Treasury Brisbane）等多家公司。近几年，星空娱乐有限公司非常重视企业重组和品牌塑造，企业转型发展获得一定的成绩。而其他文化创意产业上市公司表现不尽如人意，哪怕是澳大利亚文化创意产业中的"佼佼者"——博彩业，也未能表现出良好的可持续发展状态。

此外，澳大利亚文化创意产业上市公司无形资产不佳，产业价值还有待深耕。无形资产是文化创意产业上市公司立足资本市场的重要抓手。以2012—2016年澳大利亚文化创意产业上市公司龙文化指数十强（见图7-12）中的部分企业为分析对象可发现，塔特集团、七西传媒集团、Tabcorp控服有限公司、星空娱乐有限公司的无形资产都在呈下降趋势，

爱姆科集团和飞行中心旅游有限公司表现还算稳定，只有皇冠度假酒店集团这一家文化创意产业上市公司的无形资产在呈上升趋势。皇冠度假酒店集团是澳大利亚最大的博彩娱乐集团之一，拥有并经营着澳大利亚两大顶级的博彩娱乐中心——墨尔本皇冠赌场（Crown Melbourne）和皇冠珀斯（Crown Perth）。在英国，皇冠度假村（Crown Resorts）完全拥有和经营位于伦敦梅菲尔赌场（Mayfair）的高端赌场斯皮纳尔皇冠赌场（Crown Aspinall's）；在澳门，皇冠度假村持有新濠博亚娱乐有限公司33.6%的股权，经营着澳门综合度假胜地。此外，它也有其他一系列娱乐投资作为其他业务的互补项目。澳大利亚文化创意产业上市公司无形资产增长乏力（见图7-13），显示出产业经营思维的固化以及开发意识淡薄。澳大利亚文化创意产业的发展不能仅停留在重视阶段，还需要深挖其中无形资产的价值，充分发挥文化创意产业的独特优势，文化创意产业上市公司才能起到良好的"龙头"作用。

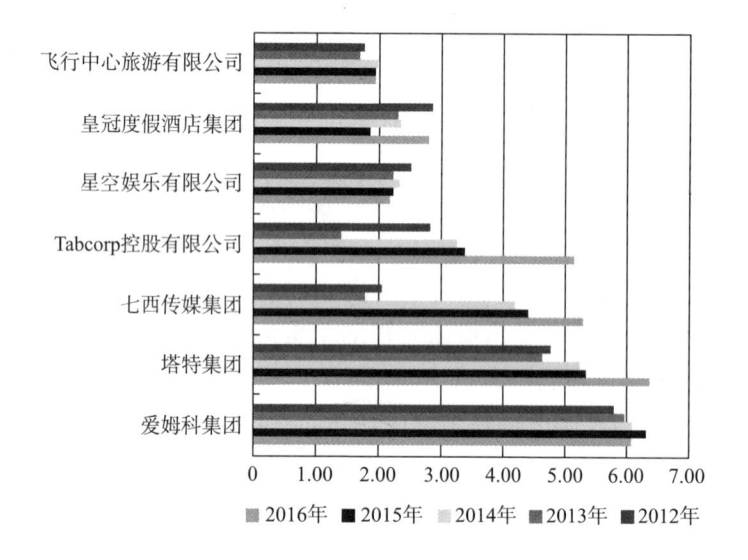

图7-12　2012—2016年澳大利亚文化创意产业上市公司十强主要企业龙文化指数

澳大利亚曾向英国、美国看齐，但是，在文化创意产业浪潮中未能赶上步伐，反而受传统的采矿业、资源出口等的拖累，产业转型缓慢，文化创意产业发展动力不足，近几年表现欠佳。澳大利亚要想振兴国内经济，还需要顺应时代发展潮流，重视文化创意产业的发展，并给予足够的支持和引导，不断优化产业结构，才能真正发挥文化创意产业在经济发展中的推动作用，提高国际竞争力。

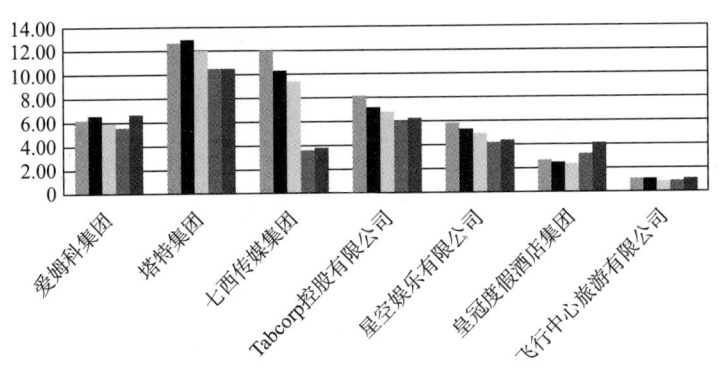

图 7-13　2012—2016 年澳大利亚文化创意产业上市公司十强主要企业无形资产

2012—2016 年澳大利亚文化创意产业上市公司龙文化指数十强如表 7-5 所示。

第六节　日本文化创意产业上市公司龙文化指数十强

日本成为现在的文化强国，是经过了一个长期的探索创新和发展的过程。明治维新到第二次世界大战结束，日本强调的是军国主义，以军事实力为立国之本；第二次世界大战结束后到 20 世纪 80 年代，强调的是经济发展，以经济实力为发展依托；从 20 世纪末至今，日本逐步实现了从"经济立国"向"文化立国"的过渡转化，文化创意产业正式成为日本经济发展的支柱产业。[①] 2000 年，由国会立法，日本批准通过了《形成高度情报通讯网络社会基本法》；2001 年，又批准通过了《文化艺术振兴基本法》。之后，日本内阁政府依据上述两法律，成立了"知识财富战略本部"，最终制定并经国会批准通过了《关于促进创造、保护及应用文化产业法案》（以下简称《文化产业促进法》）；2004 年，日本政府又推

---

① 李哲：《日本文化产业发展模式及对我国的启示》，《对外经贸》2015 年第 2 期。

表 7-5　2012—2016 年澳大利亚文化创意产业上市公司龙文化指数十强

排名	2012 年 公司名称	龙文化指数	2013 年 公司名称	龙文化指数	2014 年 公司名称	龙文化指数	2015 年 公司名称	龙文化指数	2016 年 公司名称	龙文化指数
1	塔特集团（Tatts Group Ltd）	6.35	爱姆科集团（Amcor Ltd）	6.30	爱姆科集团（Amcor Ltd）	6.07	爱姆科集团（Amcor Ltd）	5.94	爱姆科集团（Amcor Ltd）	5.77
2	爱姆科集团（Amcor Ltd）	6.08	塔特集团（Tatts Group Ltd）	5.32	塔特集团（Tatts Group Ltd）	5.22	塔特集团（Tatts Group Ltd）	4.62	塔特集团（Tatts Group Ltd）	4.75
3	七西传媒集团（Seven West Media Ltd）	5.29	七西传媒集团（Seven West Media Ltd）	4.39	七西传媒集团（Seven West Media Ltd）	4.19	皇冠度假酒店集团（Crown Resorts Ltd）	2.28	贵族娱乐公司（Aristocrat Leisure Ltd）	3.13
4	Tabcorp 控股有限公司（Tabcorp Holdings Ltd Tah）	5.14	Tabcorp 控股有限公司（Tabcorp Holdings Ltd Tah）	3.37	Tabcorp 控股有限公司（Tabcorp Holdings Ltd Tah）	3.23	贵族娱乐公司（Aristocrat Leisure Ltd）	2.23	皇冠度假酒店集团（Crown Resorts Ltd）	2.84
5	皇冠度假酒店集团（Crown Resorts Ltd）	2.80	柒控股集团（Seven Group Holdings Ltd）	3.20	九娱乐控股有限公司（Nine Entertainment Co Holdings Ltd）	2.48	星空娱乐有限公司（The Star Entertainment Group Ltd）	2.21	Tabcorp 控股有限公司（Tabcorp Holdings Ltd Tah）	2.81

续表

排名	2012年		2013年		2014年		2015年		2016年	
	公司名称	龙文化指数	公司名称	龙文化指数	公司名称	龙文化指数	公司名称	龙文化指数	公司名称	龙文化指数
6	南方媒体集团（Southern Cross Media Group）	2.45	南方媒体集团（Southern Cross Media Group）	2.29	皇冠度假酒店集团（Crown Resorts Ltd）	2.33	七西传媒集团（Seven West Media Ltd）	1.76	星空娱乐有限公司（The Star Entertainment Group Ltd）	2.50
7	星空娱乐有限公司（The Star Entertainment Group Ltd）	2.17	星空娱乐有限公司（The Star Entertainment Group Ltd）	2.20	星空娱乐有限公司（The Star Entertainment Group Ltd）	2.31	飞行中心旅游有限公司（Flight Centre Travel Group Ltd）	1.67	七西传媒集团（Seven West Media Ltd）	2.02
8	费尔法克斯传媒有限公司（Fairfax Media Ltd）	1.99	费尔法克斯传媒有限公司（Fairfax Media Ltd）	2.03	飞行中心旅游有限公司（Flight Centre Travel Group Ltd）	1.95	费尔法克斯传媒有限公司（Fairfax Media Ltd）	1.63	飞行中心旅游有限公司（Flight Centre Travel Group Ltd）	1.74
9	飞行中心旅游有限公司（Flight Centre Travel Group Ltd）	1.94	飞行中心旅游有限公司（Flight Centre Travel Group Ltd）	1.93	费尔法克斯传媒有限公司（Fairfax Media Ltd）	1.85	Tabcorp控股有限公司（Tabcorp Holdings Ltd Tah）	1.39	REA集团（REA Group Ltd）	1.71
10	九娱乐控股有限公司（Nine Entertainment Co Holdings Ltd）	1.36	皇冠度假酒店集团（Crown Resorts Ltd）	1.83	柒集团股份有限公司（Seven Group Holdings Ltd）	1.79	奥罗拉集团（Orora Ltd）	1.24	奥罗拉集团（Orora Ltd）	1.58

出了《文化产品创造、保护及活用促进基本法》；2009 年，日本政府官房知识产权战略推进事务局宣布了《知识产权战略方案 2009》；2010 年，确定《文化产业大国战略》。日本政府对文化创意产业的扶持不仅体现在法律法规和发展战略上，还体现在产官学的协同合作模式上。产指的是企业，官指的是政府，学指的是大学，这三者的结合即以企业为核心，政府提供资金、政策等方面的支持，大学提供文化资源和文化人才，企业进行资源的整合利用，形成独特的发展方式。[①]

一 龙文化指数呈"V"形变化，文化创意产业探底回升

在全球文化创意产业崛起的情况下，日本积极寻找发展突破点，在经历了几年的消沉之后，2015 年降到"低谷"，2016 年逆势上升，龙文化指数和营业收入都有所回温。一方面是日本文化创意产业上市公司总结发展经验，开始进行自身业务整合，积极拓展海外市场；另一方面是数字技术的发展与成熟为产业转型带来契机，如电通集团（Dentsu Inc）充分利用全球网络的巨大优势，努力实现客户增长；也将继续投资的业务，尤其是整合数字业务能力，确保在快速发展的数字经济中把握先机。[②] 日本电报电话公司（Nippon Telegraph & Telephone Corp）是日本最大的电信服务提供商，经过几年的消沉之后，通过多媒体应用和全球化战略，再次逆袭。

2012—2016 年日本文化创意产业上市公司龙文化指数十强名次虽然不稳定，但是，十强的大部分席位都由这几家企业轮流坐，分别是日本电报电话公司、软银公司、Kddi 电信公司、佳能公司、松下公司（Panasonic Corp）、索尼公司（Sony Corp）、富士胶片公司（Fujifilm Holdings Corp）和电通集团（见图 7 - 14）。软银公司、日本电报电话公司、Kddi 电信公司作为电信行业的龙头，位置相对稳定，主要在前三名（见图 7 - 15）。索尼公司作为全球视听、电子游戏、通信产品和信息技术等领域的先导者，是世界最早便携式数码产品的开创者，是世界最大的电子产品制造商之一，凭借着雄厚的实力，索尼公司近几年保住了第四的位置。其他几家变化波动比较大。

---

① 周虹：《日本文化产业发展的创新路径》，《人民论坛》2016 年第 28 期。
② 电通集团发布的《2015 财年综合财务报告》，http：//www.vmarketing.cn/index.php? mod =news&ac =content&id =10183，2016 年 2 月 22 日。

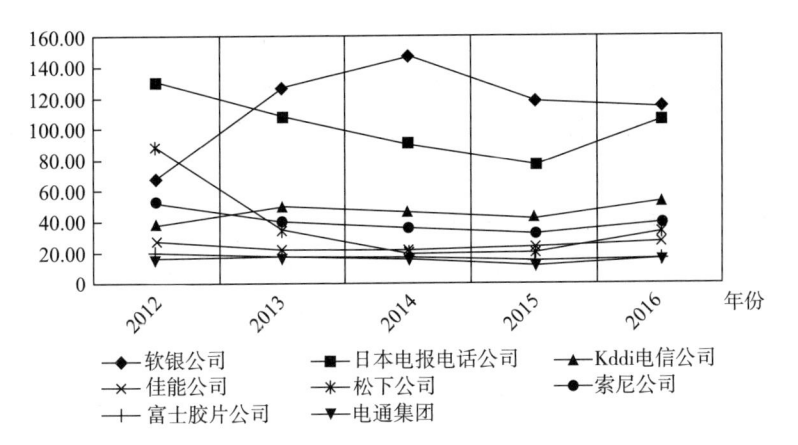

图 7-14　2012—2016 年日本主要文化创意产业上市公司龙文化指数

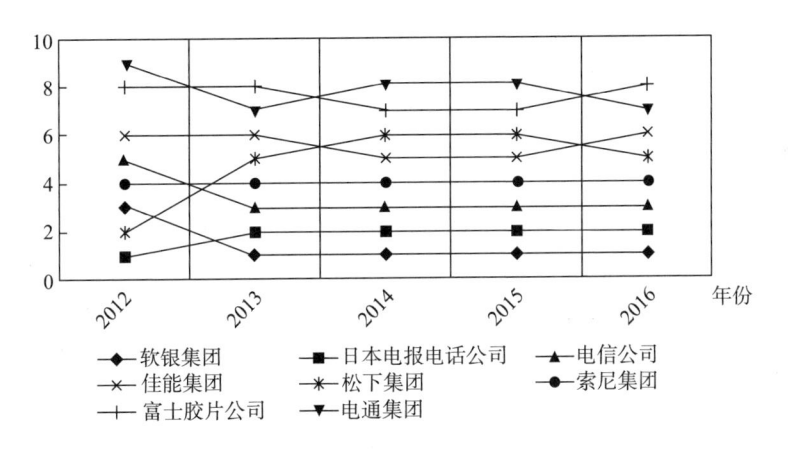

图 7-15　2012—2016 年日本文化创意产业上市公司十强主要企业排名

二　电信业是文化创意产业新"龙头",电子业风光不再

2012—2016 年日本文化创意产业上市公司龙文化指数十强中,三强主要被电信行业的日本电报电话公司、软银公司、Kddi 电信公司占据。

战后的半个多世纪里,日本实现了制造业的腾飞,电子行业更是在 20 世纪八九十年代独领风骚,孕育了索尼公司、松下公司、佳能公司、夏普公司、东芝公司、三洋公司等国际知名企业巨头,这些企业至今在世界上享有较高的声望,成为行业发展的标杆式企业。2012—2016 年日本文化创意产业上市公司龙文化指数十强中,电子行业几乎占据"半壁江山"。松下公司、索尼公司和夏普公司 3 家电子产品企业名列前茅,佳能公司、理光公司作为摄影器材及用品领域的代表企业也表现不俗,富士胶片公司、佳能公司保持每年都能入围十强的成绩。

从全球范围来看,日本的电子行业傲视群雄的风光不再。一是 2008 年国际金融危机后,日本电子产品海外市场需求急剧萎缩,同时日元的升值更是雪上加霜;二是韩国三星电子公司、LG 电子公司和中国香港电子企业的迅速崛起,挤压了日本电子行业的成长空间。2012—2016 年,索尼公司和松下公司营业收入、无形资产、所得税和龙文化指数等几乎所有的指标都呈下降趋势。松下公司的所得税指数下滑最明显,从 2012 年的 202.58 下降到 2014 年的 -0.77。

2012—2016 年日本文化创意产业上市公司龙文化指数十强如表 7-6 所示。

第七节　韩国文化创意产业上市公司龙文化指数十强

20 世纪七八十年代,韩国把制造业作为经济发展的支柱产业,至 90 年代,开始大力发展服务业,将其作为与制造业并重的产业。虽然文化概念在许多行业开始广泛应用,但是,直至 1997 年亚洲金融危机席卷东亚,韩国文化创意产业才真正列入政府的议事日程。1998 年,韩国正式提出了"文化立国"战略,将文化产业作为 21 世纪发展韩国国家经济的战略性支柱产业来培育。在韩国的产业结构中,文化产业已经成为最活跃、成长最快、吸纳就业人数最多的支柱产业之一,在其经济发展中起着重要作用,已经成为世界公认的文化产品出口大国和文化创意产业强国。①

韩国文化创意产业的发展,离不开政府的扶持。从 1998 年开始,韩国就陆续推出了《国民政府的新文化政策》《文化产业发展五年计划》《文化产业发展推进计划》《21 世纪文化产业的设想》等政策,也颁布了《文化产业振兴基本法》等多部法律,2001 年还成立了文化振兴院专门支持文化产业发展。

---

① 姜剑云、孙耀庆:《韩国文化产业研究综述》,《当代韩国》2016 年第 2 期。

表7-6 2012—2016年日本文化创意产业上市公司龙文化指数十强

排名	2012年 公司名称	2012年 龙文化指数	2013年 公司名称	2013年 龙文化指数	2014年 公司名称	2014年 龙文化指数	2015年 公司名称	2015年 龙文化指数	2016年 公司名称	2016年 龙文化指数
1	日本电报电话公司（Nippon Telegraph & Telephone Corp）	130.40	软银公司（Softbank Group Corp）	126.15	软银公司（Softbank Group Corp）	147.03	软银公司（Softbank Group Corp）	117.88	软银公司（Softbank Group Corp）	114.33
2	松下公司（Panasonic Corp）	87.36	日本电报电话公司（Nippon Telegraph & Telephone Corp）	108.24	日本电报电话公司（Nippon Telegraph & Telephone Corp）	90.49	日本电报电话公司（Nippon Telegraph & Telephone Corp）	76.70	日本电报电话公司（Nippon Telegraph & Telephone Corp）	105.45
3	软银公司（Softbank Group Corp）	66.87	Kddi电信公司（Kddi Corp）	48.70	Kddi电信公司（Kddi Corp）	46.34	Kddi电信公司（Kddi Corp）	43.01	Kddi电信公司（Kddi Corp）	52.47
4	索尼公司（Sony Corp）	52.61	索尼公司（Sony Corp）	39.72	索尼公司（Sony Corp）	35.54	索尼公司（Sony Corp）	32.19	索尼公司（Sony Corp）	39.61
5	Kddi电信公司（Kddi Corp）	38.26	松下公司（Panasonic Corp）	32.83	佳能公司（Canon Inc）	21.04	佳能公司（Canon Inc）	23.77	松下公司（Panasonic Corp）	32.64

续表

排名	2012年 公司名称	龙文化指数	2013年 公司名称	龙文化指数	2014年 公司名称	龙文化指数	2015年 公司名称	龙文化指数	2016年 公司名称	龙文化指数
6	佳能公司（Canon Inc）	26.81	佳能公司（Canon Inc）	22.07	松下公司（Panasonic Corp）	19.28	松下公司（Panasonic Corp）	19.82	佳能公司（Canon Inc）	26.72
7	夏普公司（Sharp Corp）	19.10	电通公司（Dentsu Inc）	16.97	富士胶片公司（Fujifilm Holdings Corp）	16.83	富士胶片公司（Fujifilm Holdings Corp）	13.93	电通公司（Dentsu Inc）	15.63
8	富士胶片公司（Fujifilm Holdings Corp）	18.96	富士胶片公司（Fujifilm Holdings Corp）	16.87	电通公司（Dentsu Inc）	14.88	电通公司（Dentsu Inc）	10.86	富士胶片公司（Fujifilm Holdings Corp）	14.95
9	电通公司（Dentsu Inc）	15.82	理光公司（Ricoh Co Ltd）	12.27	理光公司（Ricoh Co Ltd）	12.26	乐天株式会社（Rakuten Inc）	9.92	日本雅虎公司（Yahoo Japan Corp）	11.73
10	日本雅虎公司（Yahoo Japan Corp）	12.58	日本雅虎公司（Yahoo Japan Corp）	10.95	日本雅虎公司（Yahoo Japan Corp）	10.00	理光公司（Ricoh Co Ltd）	9.64	乐天株式会社（Rakuten Inc）	10.33

韩国文化创意产业宏伟目标的实现，需要文化创意产业上市公司拉动引领。本节采用龙文化指数深入分析2012—2016年韩国文化创意产业上市公司综合发展十强的企业状况，对韩国文化创意产业有一个清晰的宏观了解和趋势研判。

一 电子产品业"一马当先"，电影娱乐业繁而不强

韩国凭借一系列扶持电子行业的政策，在几次科技转型的世界大潮中，不断研制顶尖技术，不但赶超日本，而且在世界电子行业中站稳了脚跟，跨入世界电子行业大国。韩国电子信息通信产业振兴会（KEA）发表的 CEO 报告显示，2017年，韩国电子行业的生产规模为1217.17亿美元，较上年增长了10.3%。占全球总生产的比重从2016年的6.6%小幅扩大至6.8%，排在全球第3位，超过了电子强国日本。[1]

近几年，韩国电影娱乐业繁荣发展，在海外尤其是中国等地的亚洲市场上刮起一阵阵"韩流"。但是，从2012—2016年韩国文化创意产业上市公司龙文化指数十强（见图7-16和表7-7）的数据可以看到，只有2016年电影行业的 CJ CGV 公司（CJ CGV Co Ltd）入围十强名单，但成绩并不出色，排在第10名。CJ CGV 公司是全球第五大影院公司，目前在7个国家的401个地点运营3033个屏幕。此外，韩国还有许多"有名"的电影娱乐公司，但是，其国际市场竞争力并不强大。电影方面，许多叫好的电影是少数大型投资发行公司制作的高成本电影实现的，因此，不能保证市场的活力，迫切需要解决产业内部结构性问题。[2] 在娱乐方面，韩国的综艺、电视在亚洲市场还占有一定的份额，但在国际市场竞争力不足，尤其是与欧美国家相比明显式微。在中国市场"入口"缩小时，韩国娱乐产业面临巨大转型压力。总之，韩国电影娱乐业在国内繁荣，但竞争力不够强大，还需要不断优化产业结构，拓展市场，提高国际竞争力。

二 双重夹击下文化创意产业龙文化指数保持较稳发展态势

韩国文化创意产业的发展一直处于中国与日本的双面夹击之下。从2012—2016年韩国文化创意产业上市公司龙文化指数十强主要企业的数

---

[1] 高冰冰：《去年韩国电子产业生产规模排全球第三，市场规模第五》，http://china.ajunews.com/view/20180126085432906，2018年1月26日。

[2] 朴希晟：《2016年韩国电影产业扫描》，《电影艺术》2017年第3期。

据来看，韩国文化创意产业发展虽然受到一定影响，但依然保持稳定。三星电子公司（Samsung Electronics Co Ltd）是韩国最大的电子工业企业，是韩国民族工业的象征，不仅积极自主研发产品，还与美国苹果公司有密切的业务往来。LG 电子公司（LG Electronics Inc）基数大、实力雄厚，总资产利润率保持比较稳定。纳弗公司（NAVER Corp）、康原公司（Kangwon Land Inc）和 Cheil 通讯公司（Cheil Communications Inc）虽然也有点下滑，但还是保持较稳定的发展态势。纳弗公司的总资产利润率最高，在 15% 以上。纳弗公司是韩国最大的搜索引擎和门户网站，世界第五大搜索引擎网站。2016 年 4 月，《2016 全球 App 发展报告：策略游戏用户忠诚度最高》发布，纳弗公司在全球 App 发行商综合排名中列第 6 位。[①] 纳弗公司最近几年积极拓展业务，在数字货币、物流等领域都开始有所涉猎。CJO 购物公司的总资产利润率下降最明显，从 2012 年的 10% 下滑到 2016 年的 2%，主要是海外购物吸引力下降导致，尤其是失去大量中国购物消费。

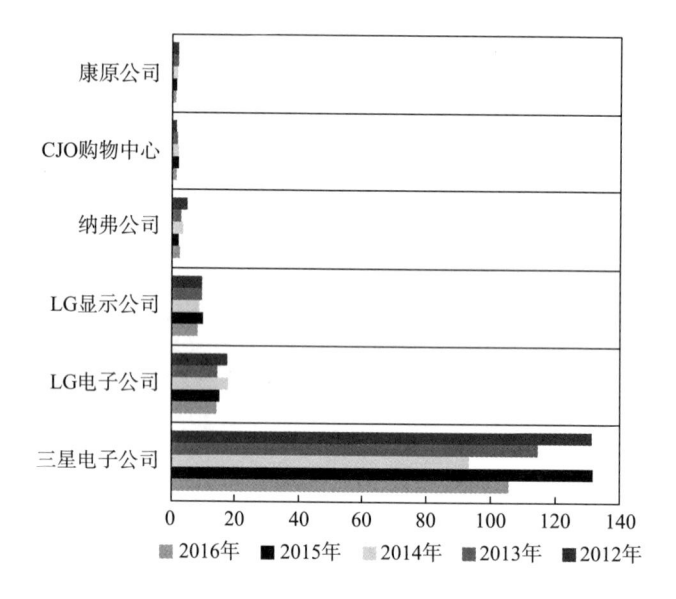

图 7-16 2012—2016 年韩国文化创意产业上市公司十强主要企业龙文化指数

---

① 《2016 全球 App 发展报告：策略游戏用户忠诚度最高》，http：//games.qq.com/a/20160427/055846.htm，2016 年 4 月 27 日。

第七章 全球八大文化创意产业强国上市公司龙文化指数十强研究 / 207

表 7-7　2012—2016 年韩国文化创意产业上市公司龙文化指数十强

排名	2012 年 公司名称	2012 年 龙文化指数	2013 年 公司名称	2013 年 龙文化指数	2014 年 公司名称	2014 年 龙文化指数	2015 年 公司名称	2015 年 龙文化指数	2016 年 公司名称	2016 年 龙文化指数
1	三星电子公司（Samsung Electronics Co Ltd）	106.04	三星电子公司（Samsung Electronics Co Ltd）	131.78	三星电子公司（Samsung Electronics Co Ltd）	93.61	三星电子公司（Samsung Electronics Co Ltd）	114.73	三星电子公司（Samsung Electronics Co Ltd）	131.43
2	LG 电子公司（LG Electronics Inc）	14.52	LG 电子公司（LG Electronics Inc）	15.16	LG 电子公司（LG Electronics Inc）	18.15	LG 电子公司（LG Electronics Inc）	14.57	LG 电子公司（LG Electronics Inc）	17.84
3	LG 显示公司（LG Display Co Ltd）	8.45	LG 显示公司（LG Display Co Ltd）	10.03	LG 显示公司（LG Display Co Ltd）	8.66	LG 显示公司（LG Display Co Ltd）	9.75	LG 显示公司（LG Display Co Ltd）	9.59
4	纳弗公司（NAVER CORP）	2.66	洛特希马特公司（Lotte Himart Co Ltd）	2.41	纳弗公司（NAVER Corp）	3.42	纳弗公司（NAVER Corp）	2.81	纳弗公司（NAVER Corp）	4.98
5	洛特希马特公司（Lotte Himart Co Ltd）	2.17	纳弗公司（NAVER Corp）	2.02	CJO 购物公司（CJO Shopping Co Ltd）	1.97	康原公司（Kangwon Land Inc）	2.01	可可公司（Kakao Corp）	3.69

续表

排名	2012 年 公司名称	龙文化指数	2013 年 公司名称	龙文化指数	2014 年 公司名称	龙文化指数	2015 年 公司名称	龙文化指数	2016 年 公司名称	龙文化指数
6	CJO 购物公司（CJO Shopping Co Ltd）	1.65	CJO 购物公司（CJO Shopping Co Ltd）	1.98	康原公司（Kangwon Land Inc）	1.91	可可公司（Kakao Corp）	1.96	康原公司（Kangwon Land Inc）	1.97
7	康原公司（Kangwon Land Inc）	1.39	康原公司（Kangwon Land Inc）	1.35	可可公司（Kakao Corp）	1.72	CJO 购物公司（CJO Shopping Co Ltd）	1.77	CJO 购物公司（CJO Shopping Co Ltd）	1.48
8	Cheil 通讯公司（Cheil Communications Inc）	0.93	万金公司（Woongjin Co Ltd）	1.06	Interpark 控股公司（Interpark Holdings Corp）	1.26	Cheil 通讯公司（Cheil Communications Inc）	1.44	Interpark 控股公司（Interpark Holdings Corp）	1.19
9	CJ E&M 公司（CJ E&M CORP）	0.79	CJ Hellovision 公司（CJ Hellovision Co Ltd）	1.04	Cheil 通讯公司（Cheil Communications Inc）	1.08	Interpark 控股公司（Interpark Holdings Corp）	1.35	Cheil 通讯公司（Cheil Communications Inc）	1.16
10	CJ Hellovision 公司（CJ Hellovision Co Ltd）	0.77	Interpark 控股公司（Interpark Holdings Corp）	1.03	CJ Hellovision 公司（CJ Hellovision Co Ltd）	1.03	稻谷科技有限公司（Daou Technology Inc）	1.16	CJ CGV 公司（CJ CGV Co Ltd）	1.13

从龙文化指数综合来看，韩国大部分文化创意产业上市公司保持较稳定且小幅度增长的趋势，说明在文创市场日趋激烈的竞争中，韩国文化创意产业上市公司依旧能保持稳定和增长，发展态势良好。韩国文化创意产业还需要不断优化产业结构，加大科技产业的扶持，强化电影娱乐产业的优势，不断提高国际竞争力。

第八节　印度文化创意产业上市公司龙文化指数十强

印度没有明确提出"文化产业"或"内容产业""创意产业"等概念。目前，被印度官方认可的相关产业被称为"娱乐与媒介业"，主要包括电影业、广播业、唱片业和出版业。电影业一直充当印度文化创意产业的主力军，它对印度文化创意产业的发展有着很大的影响。据印度电影联盟统计，2014年，印度制作的电影多达1966部。现在，印度现代化的电影城吸引了越来越多的青年，同时它还利用由电影所带来的附加效应，将电影与其他娱乐活动联系起来，把电影院打造成一个以饮食和娱乐相配套的多功能电影城。近些年来，随着技术的发展，印度影视产业开始一边向不同的传统媒介扩展，一边开发手机、互联网等新媒介的内容领域，因此出现了将新兴的数字内容产业划入文化相关产业的趋势。

进入21世纪，印度政府在文化创意产业方面制定了许多新的政策，在资金、人才培养等领域加大扶持力度，不断规范文化市场的竞争环境。印度政府为外国资本进入文化创意产业提供了宽松的环境。以出版业为例，"2002年，印度政府允许在电影产业中100%由外国投资，并且无须预置进入标准。同年，印度政府允许外资在新闻类出版物上持有最高26%的份额，不过，限定其评论内容和报纸管理必须由印度一方控制。2003年11月，印度政府允许指定经济区域的印刷设备可以100%由外国投资。2004年，在科学和技术杂志、期刊出版领域，经过FIPB的同意，可以100%由外国投资"。[①] 这些措施为印度文化创意产业的发展提供了

---

① 刘道捷：《印度图书出版业概况》，《出版参考》2007年第24期。

良好的外部支持，也为文化创意产业上市公司提供了良好的外部条件。①

一 龙文化指数和无形资产偏低，文化创意产业竞争力亟待提升

印度文化创意产业链开发比较薄弱，大部分停留在产业链初级阶段。从 2012—2014 年印度文化创意产业上市公司龙文化指数十强（见表 7-8）中可以发现，大部分企业的无形资产指数不到 0.5，仅达到全球平均水平的一半左右。从龙文化指数来看，大部分企业仅为 1 左右，也是偏低。

表 7-8 2012—2014 年印度文化创意产业上市公司龙文化指数十强

排名	2012 年		2013 年		2014 年	
	公司名称	龙文化指数	公司名称	龙文化指数	公司名称	龙文化指数
1	印度巴帝集团（Bharti Infratel Ltd）	1.65	印度巴帝集团（Bharti Infratel Ltd）	2.07	视讯工业有限公司（Videocon Industries Ltd）	6.23
2	拉杰什出口公司（Rajesh Exports Ltd）	1.26	泽娱乐企业有限公司（Zee Entertainment Enterprises Ltd）	1.21	印度巴帝集团（Bharti Infratel Ltd）	2.53
3	泽娱乐企业有限公司（Zee Entertainment Enterprises Ltd）	1.09	拉杰什出口公司（Rajesh Exports Ltd）	1.08	拉杰什出口公司（Rajesh Exports Ltd）	1.77
4	太阳电视网络有限公司（Sun TV Network Ltd）	1.00	太阳电视网络有限公司（Sun TV Network Ltd）	1.00	泽娱乐企业有限公司（Zee Entertainment Enterprises Ltd）	1.18
5	马克斯金融服务有限公司（Max Financial Services Ltd）	0.81	马克斯金融服务有限公司（Max Financial Services Ltd）	0.59	史里甘尼什珠宝屋有限公司（Shree Ganesh Jewellery House Ltd）	1.03
6	吉坦贾利宝石有限公司（Gitanjali Gems Ltd）	0.70	网络传媒投资有限公司网络传媒投资有限公司（Network 18 Media & Investments Ltd）	0.56	太阳电视网络有限公司（Sun TV Network Ltd）	0.96

---

① 印度文化创意产业上市公司 2015 年、2016 年数据更新不及时，在此仅对 2012—2014 年数据进行分析，特此说明。

续表

排名	2012 年		2013 年		2014 年	
	公司名称	龙文化指数	公司名称	龙文化指数	公司名称	龙文化指数
7	史里甘尼什珠宝屋有限公司（Shree Ganesh Jewellery House Ltd）	0.45	PC 珠宝有限公司（PC Jeweller Limited）	0.44	马克斯金融服务有限公司（Max Financial Services Ltd）	0.84
8	DB 公司（DB Corp Ltd）	0.38	吉坦贾利宝石有限公司（Gitanjali Gems Ltd）	0.44	PC 珠宝有限公司（PC Jeweller Limited）	0.55
9	苏拉那有限公司（Surana Corp Ltd）	0.37	DB 公司（DB Corp Ltd）	0.42	莱科斯互联网有限公司（Lycos Internet Ltd）	0.53
10	PC 珠宝有限公司（PC Jeweller Limited）	0.35	TV18 广播有限公司（TV18 Broadcast Ltd）	0.40	网络传媒投资有限公司网络传媒投资有限公司（Network 18 Media & Investments Ltd）	0.50

总资产利润率和营业收入变化呈相反趋势，也和经济发展程度、无形资产产业链的开发有密切的关系。在2012—2014年印度文化创意产业上市公司龙文化指数十强中，泽娱乐企业有限公司（Zee Entertainment Enterprises Ltd）和太阳电视网格有限公司（Sun TV Network Ltd）总资产利润率最高，都保持在20%以上，但是，营业收入指数很低且增幅也很小；拉杰什出口公司（Rajesh Exports Ltd）的营业收入增幅最高，但是，总资产利润率较低，在5%左右，这与其行业属性有着密切的关系。就印度经济和互联网普及程度来说，电视广播仍是人们了解外面的世界和休闲娱乐的主要工具，因而该行业在印度具有广阔的市场。泽娱乐企业有限公司、太阳电视网络有限公司作为印度广播电视行业的佼佼者，行业地位几乎已然稳定，营业收入基数较高，虽然每年增幅较小，但仍能获取较高的利润。拉杰什出口公司属于珠宝行业，营业收入高，但是，珠

宝行业卖的几乎都是初级产品，产业链短，难以获得较高的利润。

总体而言，印度文化创意产业发展还是比较薄弱的。一方面是印度政府需要从制度和政策上规范指导文化创意产业的发展；另一方面是文化创意产业上市公司不能再"坐吃山空"，只停留在对资源的初级加工上，而必须延长产业链，重视并开发无形资产。印度科技发达，在全球"互联网＋"背景下，印度文化创意产业也可以借助先进的技术，进行产业战略布局，培育新的增长点，不断提高产业国际竞争力。

二 广播电视业和珠宝首饰业龙文化指数突出

印度电视业的发展始于1959年，到20世纪90年代后期，印度电视业逐渐形成国家电视台、本土商业电视台和外国卫星电视三足鼎立的格局。[①] 在2012—2014年印度文化创意产业上市公司龙文化指数前十强中，印度巴蒂集团（Bharti Infratel Ltd）、泽娱乐企业有限公司、太阳电视网络有限公司和TV18广播有限公司（TV18 Broadcast Ltd）都名列榜单，其中，印度巴蒂集团、泽娱乐企业有限公司和太阳电视网络有限公司都名列前茅。印度巴蒂集团是印度最大的电信塔基础设施服务提供商之一，该公司在18个州拥有超过39363个独立塔，在印度拥有11个电信圈。泽娱乐企业有限公司是印度最大的整合媒体娱乐公司，也是印度最受欢迎的娱乐品牌之一。截至2012年年底，旗下的泽TV（Zee TV）在印度国内拥有28个频道，在国外也拥有18个频道，具有一定影响力的国际传媒集团。太阳电视网络有限公司目前成长为印度最大的电视网络，其中包含电影、娱乐、音乐、纪录片和新闻等信息娱乐的32个电视频道和45个FM电台以印度语言播放各自的独特内容和品牌个性。

印度拥有丰富的矿石资源，珠宝、黄金行业发达，是世界上最大的珠宝首饰出口国。在2012—2014年印度文化创意产业上市公司龙文化指数十强中，拉杰什出口公司、吉坦贾利宝石有限公司（Gitanjali Gems Ltd）、史里甘尼什珠宝屋有限公司（Shree Ganesh Jewellery House Ltd）、苏拉那有限公司（Surana Corp Ltd）、PC珠宝有限公司（PC Jeweller Limited）都曾进入榜单，撑起印度文化创意产业"半边天"。

---

① 李宇：《印度电视业现状纵览》，《传媒》2012年第6期。

第九节 八国文化创意产业上市公司龙文化指数十强比较

一 文化创意产业上市公司龙文化指数不断提升，总体态势良好

总体而言，八国文化创意产业上市公司龙文化指数在不断提升，各国文化创意产业上市公司实力在不断增强（见图7-17），但同样都在近两年进入"瓶颈期"，需要寻找新的发展突破口。具体来讲，美国龙文化指数成绩突出，文化创意产业上市公司综合实力强大，尤其是近三年的三强龙文化指数均值，是其他国家的5倍以上，遥遥领先于其他国家。英国文化创意产业起步早，但是，发展速度并不及美国，因此，美国文化市场竞争格局基本尘埃落定，而英国文化创意产业上市公司依然在你追我赶、此消彼长，市场依然处于变动中。法国文化创意产业在政府的大力推动下平稳发展，同样，靠"政府之手"推动不断发展的还有韩国。德国产业转型比较成功，文化创意产业上市公司也不断在崛起。此外，日本文化创意产业在亚洲处于领先位置，龙文化指数居于全球第3名，并且发展态势良好。印度在八国中居于末位，其文化创意产业发展还处于起步阶段，龙文化指数最低，说明印度的文化创意产业上市公司还需继续提升，在国家层面也需要相关政策的配套支撑。

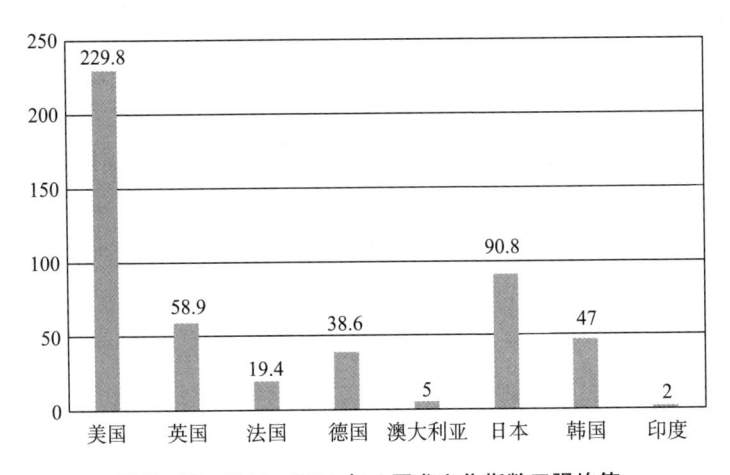

图7-17 2014—2016年八国龙文化指数三强均值

从文化创意产业上市公司龙文化指数十强企业的无形资产指标来看，2012—2016 年，美国、英国、德国、韩国、印度等国家的无形资产均值总体呈现不断增长的趋势，说明文化创意产业上市公司对技术创新、无形资产的高度重视。特别是 2015 年、2016 年呈现高速增长态势（见表 7-9），其中，美国文化创意产业上市公司龙文化指数十强企业的无形资产均值增长幅度达 36.36%，由 2012 年的 146.52 增加至 2016 年的 230.24，间接地说明美国文化创意产业上市公司在全球文化市场影响力不断提升的重要原因是对创新与无形资产的重视与开发；2015—2016 年，日本文化创意产业上市公司无形资产均值增长幅度高达 45%，由 2015 年的 41.94 增加至 2016 年的 60.68，说明日本文化创意产业对无形资产的投入与开放力度不断加强。与此同时，法国、澳大利亚等国家的文化创意产业上市公司无形资产均值则呈现大幅下降趋势，这与两个国家新兴互联网经济发展较弱的现状也较为一致。

表 7-9　　　2012—2016 年八国文化创意上市公司龙文化指数十强无形资产比较

年份	美国	英国	法国	德国	澳大利亚	日本	韩国	印度
2012	146.52	49.76	18.68	22.55	6.77	27.52	2.14	0.1
2013	148.51	56.37	15.37	25.06	5.73	45.99	2.29	0.34
2014	142.71	62.36	17.88	29.03	5.31	45.5	2.6	0.38
2015	186.83	68.66	17.5	27.31	4.19	41.94	2.46	—
2016	230.24	57.36	13.12	29.87	4.35	60.86	3.41	—

二　美国遥遥领先，其他国家与美国的差距大

从 2014—2016 年美国龙文化指数的均值来看，美国文化创意产业上市公司龙文化指数远远高于欧洲国家，是英国的 4 倍、法国的 20 倍。美国作为娱乐大国，广播电视业（包括广播电视播放设备、有线电视和其他电视服务等）和电影娱乐业表现突出；美国也是世界上科技最为发达的国家，互联网和软件服务业也很发达。从 2012—2016 年无形资产均值来看，美国文化创意产业上市公司的优势更加突出，近五年十强企业的无形资产均值高达 170.96，遥遥领先，远远高于其他 7 个国家。从具体数据来看，美国近五年十强企业无形资产均值是英国的 3 倍、德国的 6.3 倍、澳大利亚的 32 倍、韩国的 66 倍、印度的 633 倍（见图 7-18）。究其根源，美国从顶层设计上确立了科技创新的国家战略，从政策体系上建构起尊重创

新、吸引创新人才、培育科技创新能力的制度安排,特别是建构了完善的知识产权保护制度,为文化创意产业的创新发展提供了保障;同时,美国的文化企业也普遍重视培育创新精神,鼓励研发投入与内部创新发明,从而不断增加无形资产投入和产出,提升创新能力。

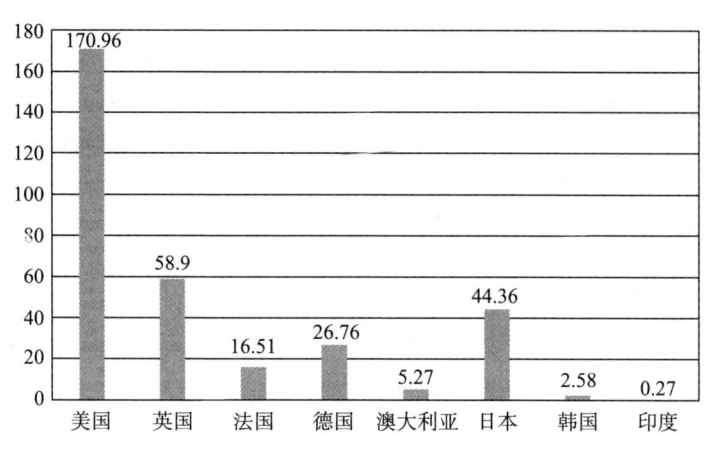

图 7-18 2012—2016 年八国龙文化指数十强的无形资产均值比较

数据(美国:170.96,英国:58.9,法国:16.51,德国:26.76,澳大利亚:5.27,日本:44.36,韩国:2.58,印度:0.27)

三 欧洲国家的互联网行业全面落后

欧洲国家的互联网行业已经全面落后于美国和东亚地区,这从两个方面可以验证:一是从 2001—2016 年欧洲国家互联网行业上市公司数量比较可以验证;二是从 2012—2016 年欧洲国家互联网上市公司龙文化指数比较可以验证。

纵观 2001—2016 年全球文化创意产业上市公司数量的演变规律可发现,在全球互联网行业竞速发展中,欧洲各国互联网行业明显处于弱势。从近些年来互联网行业上市公司数量峰值比较来看,欧洲三大核心成员国——英国、法国、德国分别仅有 41 家、18 家和 19 家,而美国最多达 219 家,数量遥遥领先于欧洲各国。除此之外,欧洲的互联网行业也与东亚地区存在较大差距,以日本和中国为例,2000 年以来,日本互联网行业增长幅度最大,比重从 2000 年的 5.9%增长到 2016 年的 30.3%,遥遥领先其他行业,成为日本文化创意产业支柱行业,最高峰时拥有 57 家互联网上市公司。与此同时,中国互联网行业发展速度迅猛,互联网上市公司数量后来者居上,达到 52 家。虽然东亚地区互联网上市公司数量相比美国还有很大差距,但是,已经大大领先于欧洲传统强国。

2012—2016 年全球八国文化创意产业上市公司龙文化指数反映了美

国、欧洲国家和亚洲国家互联网行业实力的差异与战略的不同。其一，美国互联网行业的上市公司优势突出。有7家互联网类文化创意产业上市公司（见表7-10），而且龙文化指数均值高达90.53，远远高于欧洲国家。这反映出美国互联网行业起步早、发展相对成熟，且互联网行业龙头上市公司规模大、实力强，在全球文化市场中处于领先地位。其二，亚洲的日本和韩国文化创意产业上市公司十强中的互联网类上市公司也较多，特别是韩国近五年进入十强的企业达到6家，主要聚焦在互联网出版、门户与网络游戏领域；日本有3家互联网文化创意产业上市公司，龙文化指数均值达20.45。其三，相比美国、亚洲的日本和韩国，欧洲国家的互联网行业全面落后。从2012—2016年的数据来看，英国、法国和德国的文化创意产业上市公司龙文化指数十强中，互联网行业的上市公司仅有2—3家，欧洲三国的龙文化指数均值仅为9.26，远远低于美国。

表7-10　　2012—2016年八国龙文化指数十强中的互联网类文化创意产业上市公司

国家（数量）	公司名称	互联网相关业务	总资产利润率（%）	营业收入	无形资产	所得税	龙文化指数
美国（7）	苹果公司（Apple Inc）	在线服务与互联网播放设备	24.60	192.11	22.48	638.16	236.66
	IBM公司（International Business Machines Corp）	互联网软件与服务	10.48	84.13	128.83	19.85	61.45
	字母表公司（Alphabet Inc）	互联网软件与服务	13.65	68.51	57.04	136.70	71.85
	易贝公司（eBay Inc）	互联网软件与电子商务	7.82	17.48	28.22	142.84	54.83
	微软公司（Microsoft Corp）	软件开发	14.84	83.39	62.72	212.85	99.38
	脸书公司（Facebook Inc）	互联网软件与社交媒体	12.54	17.85	63.40	104.78	54.05
	雅虎公司（Yahoo Inc）	互联网软件与门户服务	18.67	4.51	16.46	165.50	55.53

续表

国家（数量）	公司名称	互联网相关业务	总资产利润率（%）	营业收入	无形资产	所得税	龙文化指数
英国（2）	INFO集团（IHS Markit Ltd）	互联网新兴服务和网络搜索门户	0.99	2.88	39.58	-0.23	12.38
	国际游戏优胜科技有限公司（International Game Technology Userjoy Technology Co Ltd PLC）	娱乐与游戏服务	3.32	4.50	25.40	5.66	10.22
法国（2）	维旺迪集团（Vivendi）	电影娱乐、互联网与游戏	1.57	20.69	62.86	23.29	29.99
	FNAC集团（Groupe Fnac SA）	互联网设备及电子产品零售	0.92	6.25	7.19	1.17	3.76
德国（3）	蒙塔鲍尔联合网络公司（United Internet AG, Montabaur）	互联网出版和网络搜索门户	15.85	3.84	3.92	6.72	3.99
	斯考特公司（Scout24 AG）	互联网出版和网络搜索门户	2.41	0.43	7.25	0.83	2.52
	Zalando公司（Zalando SE）	电子商务	7.60	4.24	0.11	3.55	1.96
日本（3）	索尼公司（Sony Corp）	消费类电子产品与游戏	1.08	75.90	36.09	46.41	39.93
	日本雅虎公司（Yahoo Japan Corp）	互联网出版和网络搜索门户	20.69	5.11	3.06	31.11	11.31
	乐天株式会社（Rakuten Inc）	电子商务	1.88	6.73	13.70	15.57	10.13
韩国（6）	纳弗公司（NAVER Corp）	互联网出版和网络搜索门户	19.05	2.65	0.32	8.39	3.18
	可可公司（Kakao Corp）	互联网出版和网络搜索门户	3.79	0.87	6.51	1.07	2.46

续表

国家（数量）	公司名称	互联网相关业务	总资产利润率（%）	营业收入	无形资产	所得税	龙文化指数
韩国（6）	CJO购物公司（CJO Shopping Co Ltd）	电子商务	6.15	2.09	2.48	1.98	1.77
	稻谷科技有限公司（Daou Technology Userjoy Technology Co Ltd Inc）	互联网出版和网络搜索门户	4.14	0.92	0.25	2.97	1.16
	Interpark控股公司（Interpark Holdings Corp）	电子商务	1.48	3.03	1.59	0.41	1.21
	洛特希马特公司（Lotte Himart Co Ltd）	电脑及电子产品零售	4.78	3.00	4.50	1.11	2.29
印度（1）	莱科斯互联网有限公司（Lycos Internet Ltd）	互联网软件和服务	25.04	0.31	0.20	1.21	0.53

究其原因，昔日的世界经济中心在互联网时代落后了，一方面，欧洲各国对待新技术、新事物较为传统、守旧，其根深蒂固的传统思维，以及欧洲各国间语言的障碍与文化观念的差异，与倡导开放、创新、共享的互联网存在脱节；另一方面，很大程度上是由于欧洲国家网生代人口稀少、老龄化严重，难以快速形成互联网行业所必需的规模效应基础，以及严格的保护个人隐私数据的监管政策与传统产业保护政策等都直接影响了欧洲互联网企业的做大做强，使互联网等新兴行业难以快速突破传统行业的禁锢。

第八章　全球文化创意产业核心行业上市公司龙文化指数十强研究

随着技术创新的驱动，发展文化创意产业已成为当今世界各国经济发展的战略性选择。新闻出版业、广播电视业（根据国际产业分类标准，这里主要指电视广播站、电视台等非有线和付费电视业）、有线与付费电视业是各国普及的文化创意产业形式，经过多年发展，已形成比较成熟的产业形态。网络文化业、广告服务业、家庭娱乐业、影视娱乐业、娱乐休闲业因为附加值高，而成为各国重点发展的文化创意产业领域。因此，选取这八大行业的全球上市公司龙文化指数十强企业，分析比较其2012—2016年龙文化指数以及营业收入指数、总资产利润率和无形资产指数等发展演变状况，希望能够更加深入地理解文化创意产业核心行业的发展演变趋势特征。

第一节　全球新闻出版业上市公司龙文化指数十强

互联网的全球普及，云计算、大数据、VR/AR、人工智能等新技术的崛起使信息传播载体多元化，改变了人们获取信息的渠道和消费习惯，给新闻出版业带来了巨大的压力。面对数字化浪潮，传统的新闻出版行业持续调整内部结构，不断创新运用数字化技术，努力向数字化模式转换。但是，由于原有广告资源向新兴媒体分流以及数字版权的保护难度进一步加大，新闻出版业上市公司面临的生存困境并没有得到明显改善，形势越发严峻。

一　新闻出版业十强龙文化指数总体态势

2012—2016年新闻出版业上市公司龙文化指数梯度特征明显（见

图8-1）。第一梯队是汤森路透集团，龙文化指数大于24；第二梯队是贝塔斯曼集团与RELX集团两个公司，龙文化指数在13—23；第三梯队是以培生集团、荷兰威科集团（Wolters Kluwer NV）为代表的龙文化指数在13以下的公司。

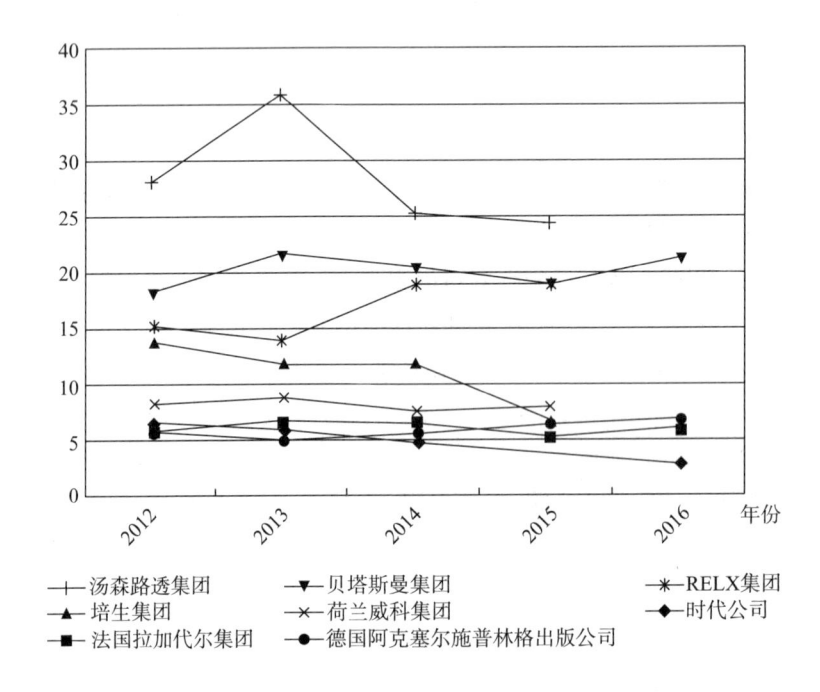

图8-1　2012—2016年新闻出版行业上市公司龙文化指数十强主要企业排名

新闻出版业的龙头公司汤森路透集团2013年龙文化指数爆发式增长28.2%，2014年起颓势渐显，经营情况不容乐观，而贝塔斯曼集团、RELX集团的龙文化指数在短暂下滑后均有回升。然而，龙头企业的良好表现难以掩盖新闻出版行业的普遍颓势，十强榜单中近七成的上市公司龙文化指数呈现小幅回落态势，表明在互联网，特别是移动互联网带来自媒体、社交媒体崛起背景下，以往的新闻出版"精英中心主义"被颠覆，传统新闻出版行业集体式微。

2012—2016年新闻出版行业上市公司竞争激烈，排名波动较大。前十强榜单中，只有贝塔斯曼集团、法国拉加代尔公司（Lagardere SCA）、德国阿克塞尔施普林格出版公司（Axel Springer SE）这三家公司一直名列榜单。

其中，贝塔斯曼集团前三年均位居第 2 名，2015 年被 RELX 集团赶超，居第 3 名，2016 年跃居第 1 名；法国拉加代尔公司与德国阿克塞尔施普林格出版公司排名比较靠后，2015 年分别跌落到第 8 名、第 9 名，2016 年排名有比较大的提高，分别为第 5 名、第 2 名。

从数据来看，连续四年在十强的榜单上的公司有 5 家，分别是汤森路透集团、RELX 集团、培生集团、荷兰威科集团、时代公司。其中，汤森路透集团 2012—2015 年连续四年排第 1 名；荷兰 RELX 集团前三年均位于第 3 名，2015 年上升至第 2 名；培生集团前三年均位于第 4 名，2015 年跌落到第 8 名；荷兰威科集团前三年均位于第 5 名，2015 年跌落到第 7 名；时代公司的排名不断下降，从 2012 年的第 6 下降到 2016 年的第 9 名。

此外，入围十强榜单的公司还有西班牙普利萨公司（Promotora De Informaciones SA）（2012 年排第 9 名；2013 年排第 9 名；2016 年排第 10 名）、英富曼集团（Informa Plc）（2013 年排第 10 名；2014 年排第 9 名；2016 年排第 4 名）、Sanoma 公司（2012 年排第 10 名；2016 年排第 6 名）、美国新闻集团（News Corp）（2015 年排第 6 名；2016 年排第 3 名）、麦克拉奇报业公司（McClatchy Co）（2014 年排第 10 名）、梅雷迪思公司（Meredith Corp）（2016 年排第 7 名）、每日邮报和通用信托公司（Daily Mail & General Trust PLC）（2016 年排第 8 名）。新闻集团自 2015 年上榜后发展较为迅速（见表 8-1），新闻集团几乎涉足了所有媒体领域，旗下拥有《泰晤士报》《太阳报》《英国新闻》（原新闻国际）、道琼斯公司、图书出版商哈珀柯林斯公司（Harper Collins）等，业务遍及 70 余个国家和地区，同时在纽约证券交易所、伦敦证券交易所和澳大利亚证券交易所公开上市[①]，公司实施资本扩张战略，大肆进行收购、兼并，近年来进军扩展网络市场且成效显著。

二　新闻出版业十强区域分布格局

尽管全球的新闻出版业呈现下滑态势，但是，国家和地区格局基本稳定，市场主要被美国、英国、德国、西班牙、芬兰、法国、荷兰的新闻出版业上市公司占据。

---

① News Corporation 官网，https://newscorp.com/，2018 年 7 月 23 日。

表8-1　2012—2016年新闻出版行业上市公司十强

排名	2012年 公司名称	龙文化指数	2013年 公司名称	龙文化指数	2014年 公司名称	龙文化指数	2015年 公司名称	龙文化指数	2016年 公司名称	龙文化指数
1	汤森路透集团（Thomson Reuters Corp）	28.05	汤森路透集团（Thomson Reuters Corp）	35.96	汤森路透集团（Thomson Reuters Corp）	25.20	汤森路透集团（Thomson Reuters Corp）	24.41	贝塔斯曼集团（Bertelsmann SE & Co KGaAKGaA）	21.32
2	贝塔斯曼集团（Bertelsmann SE & Co KGaAKGaA）	18.19	贝塔斯曼集团（Bertelsmann SE & Co KGaAKGaA）	21.56	贝塔斯曼集团（Bertelsmann SE & Co KGaAKGaA）	20.54	里德爱思唯尔集团（RELX Group plc）	19.02	德国阿克塞尔施普林格出版公司（Axel Springer SE）	6.99
3	里德爱思唯尔集团（RELX Group plc）	15.33	里德爱思唯尔集团（RELX Group plc）	13.95	里德爱思唯尔集团（RELX Group plc）	19.09	贝塔斯曼集团（Bertelsmann SE & Co KGaA）	18.95	美国新闻集团（News Corp）	6.63
4	培生集团（Pearson PLC）	13.76	培生集团（Pearson PLC）	11.82	培生集团（Pearson PLC）	11.96	RELX集团（RELX NV）	18.35	英富曼公司（Informa Plc）	6.21
5	荷兰威科集团（Wolters Kluwer NV）	8.36	荷兰威科集团（Wolters Kluwer NV）	8.82	荷兰威科集团（Wolters Kluwer NV）	7.61	里德爱思唯尔公司（RELX PLC）	18.35	法国拉加德尔公司（Lagardere SCA）	5.99

第八章　全球文化创意产业核心行业上市公司龙文化指数十强研究 / 223

续表

排名	2012年 公司名称	2012年 龙文化指数	2013年 公司名称	2013年 龙文化指数	2014年 公司名称	2014年 龙文化指数	2015年 公司名称	2015年 龙文化指数	2016年 公司名称	2016年 龙文化指数
6	时代公司（Time Inc）	6.57	法国拉加代尔公司（Lagardere SCA）	6.72	法国拉加代尔公司（Lagardere SCA）	6.53	美国新闻集团（News Corp）	8.14	Sanoma公司（Sanoma Corp）	3.17
7	法国拉加代尔公司（Lagardere SCA）	5.79	时代公司（Time Inc）	5.99	德国阿克塞尔施普林格出版公司（Axel Springer SE）	5.60	荷兰威科集团（Wolters Kluwer NV）	8.11	梅雷迪思公司（Meredith Corp）	3.07
8	德国阿克塞尔施普林格出版公司（Axel Springer SE）	5.73	德国阿克塞尔施普林格出版公司（Axel Springer SE）	5.97	时代公司（Time Inc）	4.77	培生集团（Pearson PLC）	6.86	每日邮报和通用信托公司（Daily Mail & General Trust PLC）	3.05
9	普利萨公司（Promotora De Informaciones SA）	4.71	普利萨公司（Promotora De Informaciones SA）	4.77	英富曼公司（Informa Plc）	4.42	德国阿克塞尔施普林格出版公司（Axel Springer SE）	6.50	时代公司（Time Inc）	2.96
10	Sanoma公司（Sanoma Corp）	4.64	英富曼公司（Informa Plc）	3.85	麦克拉奇公司（McClatchy Co The）	4.35	法国拉加代尔公司（Lagardere SCA）	5.40	普利萨公司（Promotora De Informaciones SA）	2.35

根据 2012—2016 年新闻出版业上市公司十强总部所在地分布情况（见图 8-2），可以看到新闻出版业的欧洲与北美市场十分强势。总部位于美国的新闻出版业上市公司数量最多，保持在两家以上，2014 年达到顶峰，为 3 家。美国是最早在新闻出版业领域运用电子技术、数字技术的国家之一，整体呈现出快速数字化趋势，自助出版也迅猛发展，由于政府对版权保护高度重视，实行图书出口免税等积极的财税政策，美国在其他国家深受技术革新压力以及侵权之弊时，新闻出版行业依然健康发展，保证了最大的市场份额。

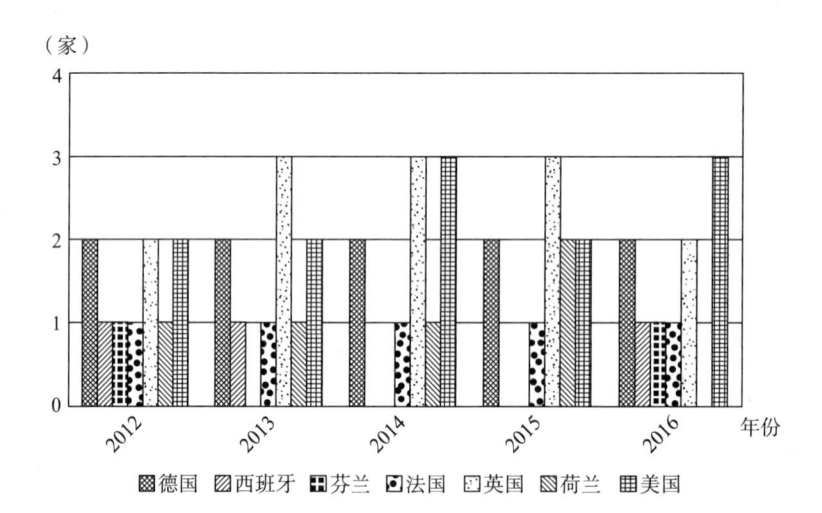

图 8-2 2012—2016 年新闻出版业上市公司十强总部所在地情况

欧洲是新闻出版业聚集的主要市场。为了应对数字媒体的崛起，欧洲的新闻出版业上市公司在数字化和营销方面开展多渠道合作，总部位于英国的新闻出版业上市公司数量稳定在两家以上，总部位于德国的新闻出版业上市公司数量保持在两家，总部位于法国的新闻出版行业上市公司数量每年有 1 家，总部位于荷兰的新闻出版业上市公司数量 2012—2014 年为 1 家，2015 年增加到两家。

三 新闻出版业十强经济效益分析

2012—2016 年新闻出版业上市公司十强营业收入、总资产利润率均呈略微下降趋势（见图 8-3），表明新闻出版业面临严峻挑战，数字出版尚未成为主要增长极，公司内部经营业务结构需要进一步深化。

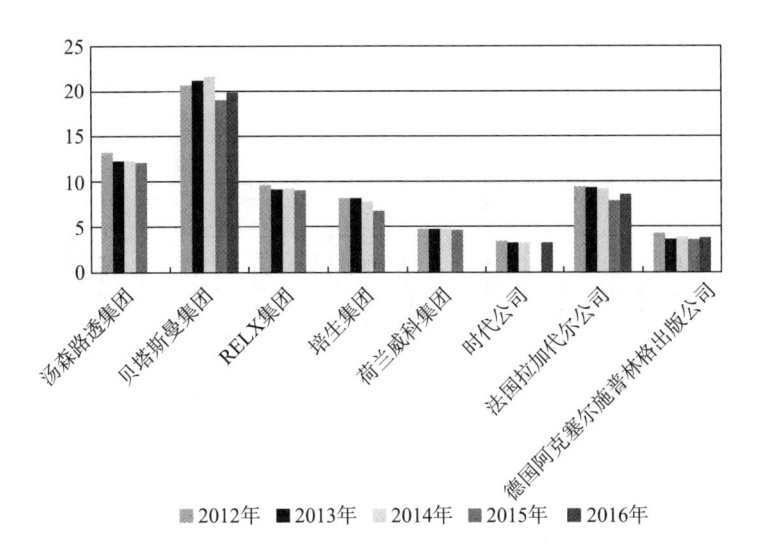

图 8-3　2012—2016 年新闻出版业上市公司十强主要企业营业收入情况

从营业收入来看，新闻出版业上市公司的经营情况出现明显差异。贝塔斯曼集团和汤森路透集团这两家上市公司的营业收入指数都超过了 12，即超过了 2012 年全球文化创意产业上市公司平均营业收入水平的 12 倍；RELX 集团、培生集团、法国拉加代尔公司 3 家上市公司的营业收入指数超过 6。其中，塔斯曼集团的营业收入一直保持在 19.5 以上，是综合排第 1 名的汤森路透集团营业收入的 1.5 倍。

不同上市公司的盈利能力差异不大，总资产利润率普遍下降（见图 8-4）。总资产利润率下降幅度最大的是培生集团，从 2012 年的 3.82% 下降到 2015 年的 -3.72%，降幅为 1.97%。培生集团是世界上最大的教育出版集团之一，其总资产利润率下降的主要原因是受到来自互联网媒体的全方位冲击，2013 年培生集团在预测收益疲软之后投资于数字学习和新兴市场，但其数字化转型效果甚微，更是忽略了自身在教育市场中的既有优势，一味地通过收购"数字化"产品失去了业务重心。① 法国拉加代尔公司总资产利润率波动比较大，2013 年因免税业务扩大以及在欧洲收购兼并了多家公司，总资产利润率一度达到 17.23%，2015 年大幅回落。汤森路透集团、荷兰威科集团的总资产利润率一直在 3%—7% 徘徊。

---

① 《折载数字化转型，培生到底经历了什么？》，http://edu.qq.com/a/20170227/027377.htm，2018 年 7 月 21 日。

```
(%)
20
15
10
5
0
-5
```

汤森路透集团　贝塔斯曼集团　RELX集团　培生集团　荷兰威科集团　时代公司　法国拉加代尔公司　德国阿克塞尔施普林格出版公司

■2012年　■2013年　■2014年　■2015年　■2016年

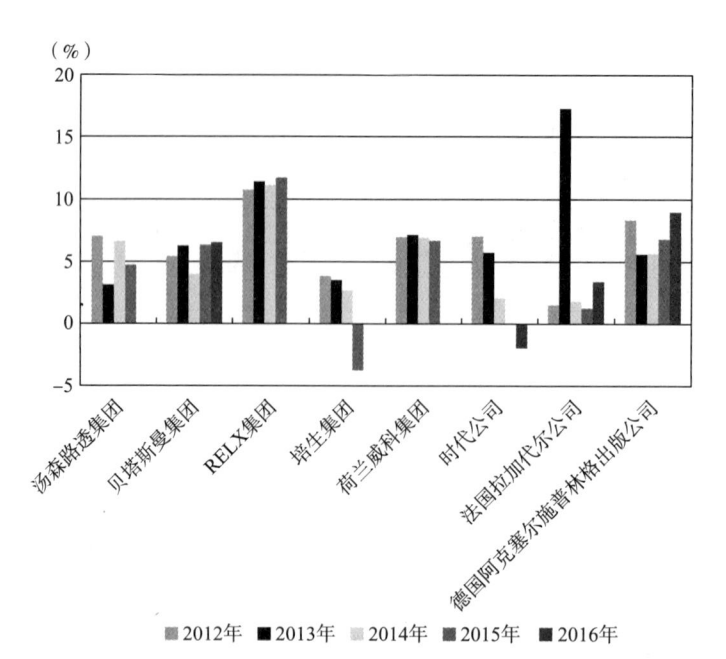

图 8-4　2012—2016 年新闻出版行业上市公司龙文化指数十强主要企业总资产利润率

四　新闻出版业十强无形资产比较

2012—2016 年新闻出版业上市公司十强中，除汤森路透集团、培生集团、时代公司以外，其他公司的无形资产维持稳定，略微上升。阿克塞尔施普林格公司的无形资产规模增幅最大，无形资产指数从 2012 年的 9.44 迅速增加到 2016 年的 14.51，增长了 53.7%。德国阿克塞尔施普林格出版公司是欧洲最大的数字出版公司，总部位于德国柏林，公司不断推动营销和投资拓展线上媒体领域①，2015 年收购了美国新闻网站商业内幕网（Business Insider），加大了对数字媒体的运营，积极开拓英语媒体领域，促进了无形资产的增加。

不同上市公司的无形资产规模差距明显。汤森路透集团、贝塔斯曼集团、RELX 集团、培生集团的无形资产指数在 20 以上，远超其他公司，说明这几家公司重视对无形资产的投入，核心竞争力强。时代公司、法国拉加代尔公司两家公司的无形资产指数不足 15，且没有增长，与其他十强企业相比，有比较大的差距（见图 8-5 和表 8-2）。

---

① 杰罗姆：《到美国圈地、扫货，德国报业巨头 Springer 打造全球"最数字化"传统媒体》，http://www.tmtpost.com/1453472.html，2015 年 12 月 10 日。

第八章　全球文化创意产业核心行业上市公司龙文化指数十强研究 / 227

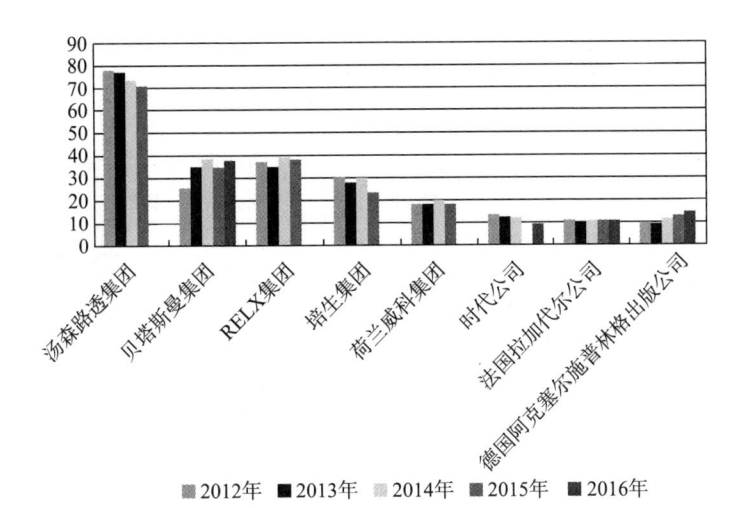

图 8 – 5　2012—2016 年新闻出版业上市公司龙文化指数十强主要企业无形资产

表 8 – 2　　　　　　2012—2016 年新闻出版业上市公司十强

排名	公司名称	公司总部所在地	总资产利润率（%）	营业收入指数	无形资产指数	所得税指数	龙文化指数
	2012 年						
1	汤森路透集团 （Thomson Reuters Corp）	美国	6.99	13.27	78.01	6.59	28.05
2	贝塔斯曼集团 （Bertelsmann SE & Co KGaA）	德国	5.38	20.67	25.45	21.35	18.19
3	里德爱思唯尔集团 （RELX Group plc）	英国	10.78	9.69	37.07	7.51	15.33
4	培生集团 （Pearson PLC）	英国	3.82	8.22	30.25	10.10	13.76
5	荷兰威科集团 （Wolters Kluwer NV）	荷兰	6.97	4.75	18.35	6.31	8.36
6	时代公司 （Time Inc）	美国	6.98	3.43	13.24	6.34	6.57
7	法国拉加代尔公司 （Lagardere SCA）	法国	1.56	9.46	10.82	2.16	5.79
8	德国阿克塞尔施普林格出版公司 （Axel Springer SE）	德国	8.35	4.25	9.44	6.78	5.73

续表

2012年							
排名	公司名称	公司总部所在地	总资产利润率（%）	营业收入指数	无形资产指数	所得税指数	龙文化指数
9	普利萨公司（Promotora De Informaciones SA）	西班牙	-4.64	3.51	14.52	-1.13	4.71
10	Sanoma公司（Sanoma Corp）	芬兰	2.65	3.05	11.46	1.96	4.64

2013年							
排名	公司名称	公司总部所在地	总资产利润率（%）	营业收入指数	无形资产指数	所得税指数	龙文化指数
1	汤森路透集团（Thomson Reuters Corp）	美国	3.15	12.37	76.92	34.68	35.96
2	贝塔斯曼集团（Bertelsmann SE & Co KGaA）	德国	6.28	21.19	34.94	22.76	21.56
3	里德爱思唯尔集团（RELX Group plc）	英国	11.40	9.19	35.11	5.18	13.95
4	培生集团（Pearson PLC）	英国	3.49	8.18	28.03	5.90	11.82
5	荷兰威科集团（Wolters Kluwer NV）	荷兰	7.14	4.78	18.45	7.72	8.82
6	法国拉加代尔公司（Lagardere SCA）	法国	17.23	9.33	9.69	6.35	6.72
7	时代公司（Time Inc）	美国	5.75	3.27	12.62	5.11	5.99
8	德国阿克塞尔施普林格出版公司（Axel Springer SE）	德国	5.59	3.62	9.34	4.78	4.97
9	普利萨公司（Promotora De Informaciones SA）	西班牙	-14.70	3.66	11.12	2.45	4.77
10	英富曼公司（Informa Plc）	英国	4.26	1.73	10.85	0.81	3.85

续表

2014 年							
排名	公司名称	公司总部所在地	总资产利润率（%）	营业收入指数	无形资产指数	所得税指数	龙文化指数
1	汤森路透集团（Thomson Reuters Corp）	美国	6.61	12.31	73.21	2.54	25.20
2	贝塔斯曼集团（Bertelsmann SE & Co KGaA）	德国	3.97	21.65	38.44	15.57	20.54
3	里德爱思唯尔集团（RELX Group plc）	英国	11.09	9.29	39.21	18.17	19.09
4	培生集团（Pearson PLC）	英国	2.68	7.84	30.38	4.25	11.96
5	荷兰威科集团（Wolters Kluwer NV）	荷兰	6.95	4.75	20.08	2.07	7.61
6	法国拉加代尔公司（Lagardere SCA）	法国	1.81	9.30	10.81	4.74	6.53
7	德国阿克塞尔施普林格出版公司（Axel Springer SE）	德国	5.66	3.94	11.72	4.30	5.60
8	时代公司（Time Inc）	美国	2.08	3.20	12.28	1.48	4.77
9	英富曼公司（Informa Plc）	英国	-1.08	1.83	12.18	1.34	4.42
10	麦克拉奇公司（McClatchy Co (The)）	美国	23.78	1.12	4.11	9.48	4.35
2015 年							
排名	公司名称	公司总部所在地	总资产利润率（%）	营业收入指数	无形资产指数	所得税指数	龙文化指数
1	汤森路透集团（Thomson Reuters Corp）	美国	4.70	12.16	70.88	2.34	24.41
2	里德爱思唯尔集团（RELX Group plc）	英国	11.73	9.09	38.21	19.05	19.02

续表

2015 年						
排名	公司名称	公司总部所在地	总资产利润率（%）	营业收入指数	无形资产指数	所得税指数	龙文化指数
3	贝塔斯曼集团（Bertelsmann SE & Co KGaA）	德国	6.33	18.97	34.42	16.05	18.95
4	RELX 集团（RELX NV）	荷兰	11.73	8.77	36.86	18.37	18.35
5	里德爱思唯尔公司（RELX PLC）	英国	11.73	8.77	36.86	18.37	18.35
6	美国新闻集团（News Corp）	美国	0.37	8.60	15.81	5.60	8.14
7	荷兰威科集团（Wolters Kluwer NV）	荷兰	6.69	4.65	18.35	5.52	8.11
8	培生集团（Pearson PLC）	英国	−3.72	6.80	23.53	−5.18	6.86
9	德国阿克塞尔施普林格出版公司（Axel Springer SE）	德国	6.78	3.64	12.89	6.32	6.50
10	法国拉加代尔公司（Lagardere SCA）	法国	1.30	7.95	10.99	1.72	5.40

2016 年						
排名	公司名称	公司总部所在地	总资产利润率（%）	营业收入指数	无形资产指数	所得税指数	龙文化指数
1	贝塔斯曼集团（Bertelsmann SE & Co KGaA）	德国	6.54	19.78	37.34	20.49	21.32
2	德国阿克塞尔施普林格出版公司（Axel Springer SE）	德国	8.92	3.83	14.51	6.17	6.99
3	美国新闻集团（News Corp）	美国	1.17	8.73	18.66	−2.39	6.63
4	英富曼公司（Informa Plc）	英国	3.56	1.92	19.10	0.29	6.21

续表

2016 年						
排名	公司名称	公司总部所在地	总资产利润率（%）	营业收入指数	无形资产指数	所得税指数	龙文化指数
5	法国拉加代尔公司（Lagardere SCA）	法国	3.42	8.61	10.84	3.37	5.99
6	Sanoma 公司（Sanoma Corp）	芬兰	6.03	1.91	7.23	2.02	3.17
7	梅雷迪思公司（Meredith Corp）	美国	4.19	1.74	5.66	3.37	3.07
8	每日邮报和通用信托公司（Daily Mail & General Trust PLC）	英国	9.69	2.73	6.32	1.96	3.05
9	时代公司（Time Inc）	美国	-1.88	3.24	9.18	-1.46	2.96
10	普利萨公司（Promotora De Informaciones SA）	西班牙	2.34	1.55	2.52	4.26	2.35

第二节　全球广播电视业上市公司龙文化指数十强

广播电视业发展成熟，是传统的文化创意产业之一。网络媒体、手机媒体等新媒体的出现，打破了时间、空间的限制，冲击着广播电视业的传统优势，导致电视媒体的受众严重分流。面对新媒体业的迅速发展及互联网在线视频用户数量的不断增长，全球广播电视业一直在积极主动与互联网等新媒体传播方式进行媒介融合，扬长避短，发扬内容优势，努力适应新形势，以突破现实困境。

一　广播电视业十强龙文化指数总体态势

2012—2016 年广播电视业上市公司龙文化指数可以分为两个梯队。第一梯队是维亚康姆公司（Viacom Inc）和贝塔斯曼集团两个公司，龙文化指数大于 18；第二梯队是以联视通信公司、台格纳公司（TEGNA Inc）为代表的龙文化指数在 10 以下的公司。第一梯队的广播电视业上市公司龙文化指数略有回落，英国独立广播集团（ITV PLC）、辛克莱广播集团（Sinclair Broadcast Group Inc）等第二梯队的上市公司龙文化指数反而有所上升，主要是因为这些公司的总资产利润率比较高，盈利能力每年都在增强，缩小了与第一梯队上市公司的差距（见图 8-6）。

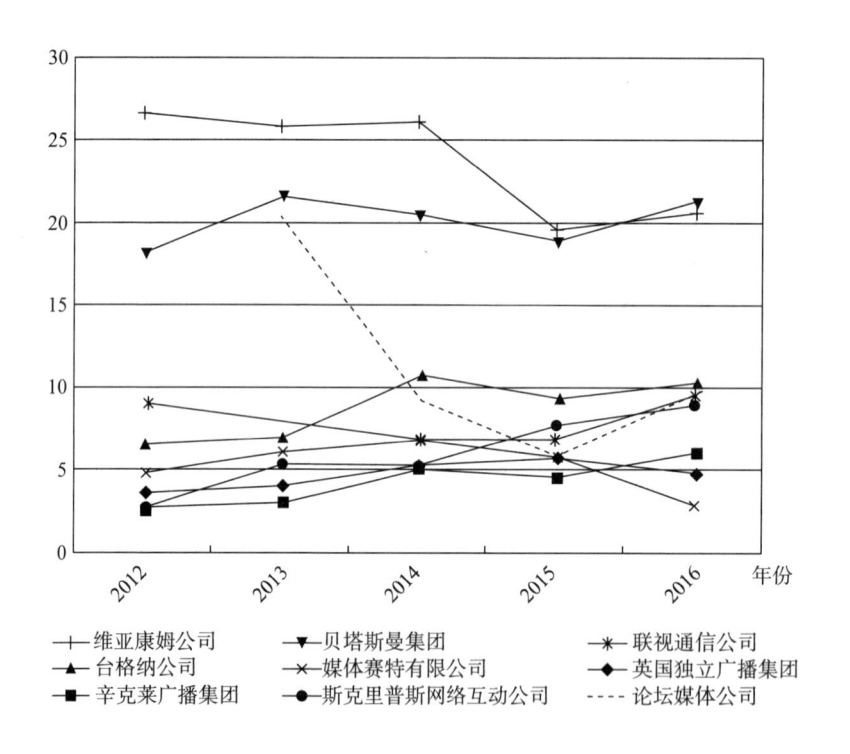

图 8-6　2012—2016 年广播电视业上市公司十强主要企业龙文化指数

此外，广播电视业上市公司前十强的整体龙文化指数高于新闻出版行业上市公司的龙文化指数，这表明广播电视业数字化转型的成果更好。

2012—2016 年广播电视业上市公司排名比较稳定（见表 8-3）。综合发展十强榜单中，维亚康姆公司、贝塔斯曼集团、台格纳公司、媒体赛特有限公司（Mediaset SPA）、英国独立广播集团、斯克里普斯网络互动公司（Scripps Networks Interactive Inc）、辛克莱广播集团 7 家上市公司占据每年的十强名额。其中，前两名地位稳固，维亚康姆公司和贝塔斯

第八章　全球文化创意产业核心行业上市公司龙文化指数十强研究 / 233

曼集团分别占据第 1 名、第 2 名的位置。维亚康姆公司是美国跨国媒体集团，目前运营的品牌约 170 个，包括 BET 电视网（BET Networks）、维亚康姆公司和派拉蒙影业（Paramount Pictures Inc）等，在 160 多个国家中约有 7 亿用户①，所以，能牢牢占据榜首。台格纳公司发展良好，前两年排第 4 名，之后三年超越联视通信公司、论坛媒体公司（Tribune Media Co）排名进步到第 3 名。相反，英国独立电视台前两年仅次于台格纳公司排第 6 名，之后两年由于意大利足球界的各项费用上涨以及广告收入的减少，电视转播分部收入显著下降，排名跌落至第 8 名。英国独立广播集团、斯克里普斯网络互动公司、辛克莱广播集团的排名波动起伏，有升有降。斯克里普斯网络互动公司 2015 年由于电视服务提供商支付的广告费增长，排名冲到了第 4 名。

表 8-3　　2012—2016 年广播电视行业上市公司前十强

排名	2012 年	2013 年	2014 年	2015 年	2016 年
1	维亚康姆公司（Viacom Inc）	维亚康姆公司（Viacom Inc）	维亚康姆公司（Viacom Inc）	维亚康姆公司（Viacom Inc）	贝塔斯曼集团（Bertelsmann SE & Co KGaA）
2	贝塔斯曼集团（Bertelsmann SE & Co KGaA）	贝塔斯曼集团（Bertelsmann SE & Co KGaA）	贝塔斯曼集团（Bertelsmann SE & Co KGaA）	贝塔斯曼集团（Bertelsmann SE & Co KGaA）	维亚康姆公司（Viacom Inc）
3	联视通信公司（Univision Communications Inc）	论坛媒体公司（Tribune Media Co）	台格纳公司（TEGNA Inc）	台格纳公司（TEGNA Inc）	台格纳公司（TEGNA Inc）
4	台格纳公司（TEGNA Inc）	台格纳公司（TEGNA Inc）	论坛媒体公司（Tribune Media Co）	斯克里普斯网络互动公司（Scripps Networks Interactive Inc）	论坛媒体公司（Tribune Media Co）

---

① Viacom Media Networks 官网，http://www.viacom.com/brands/pages/default.aspx，2018 年 7 月 23 日。

续表

排名	2012 年	2013 年	2014 年	2015 年	2016 年
5	媒体赛特有限公司（Mediaset SPA）	媒体赛特有限公司(Mediaset SPA)	联视通信公司（Univision Communications Inc）	联视通信公司（Univision Communications Inc）	联视通信公司（Univision Communications Inc）
6	英国独立广播集团（ITV PLC）	斯克里普斯网络互动公司(Scripps Networks Interactive Inc)	联视控股公司（Univision Holdings Inc）	论坛媒体公司（Tribune Media Co）	斯克里普斯网络互动公司(Scripps Networks Interactive Inc)
7	日本电视广播网公司（Nippon Television Holdings Inc）	英国独立广播集团（ITV PLC）	媒体赛特有限公司(Mediaset SPA)	媒体赛特有限公司(Mediaset SPA)	辛克莱广播集团（Sinclair Broadcast Group Inc）
8	法国电视台(Television Francaise 1 SA TF1)	柒控股集团（Seven Group Holdings Ltd）	斯克里普斯网络互动公司(Scripps Networks Interactive Inc)	英国独立广播集团（ITV PLC）	英国独立广播集团（ITV PLC）
9	斯克里普斯网络互动公司(Scripps Networks Interactive Inc)	辛克莱广播集团（Sinclair Broadcast Group Inc）	英国独立广播集团（ITV PLC）	辛克莱广播集团（Sinclair Broadcast Group Inc）	AMC 网络公司（AMC Networks Inc）
10	辛克莱广播集团（Sinclair Broadcast Group Inc）	日本电视广播网公司（Nippon Television Holdings Inc）	辛克莱广播集团（Sinclair Broadcast Group Inc）	媒介综合集团（Media General Inc）	媒体赛特有限公司（Mediaset SPA）

此外，入围十强榜单的公司还有联视通信公司（2012 年排第 3 名；2014 年排第 5 名；2015 年排第 5 名；2016 年排第 5 名）、论坛媒体公司（Tribune Media Co）（2013 年排第 3 名；2014 年排第 4 名；2015 年排第 6 名；2016 年排第 4 名）、日本电视广播网公司（Nippon Television Holdings Inc）（2012 年排第 7 名；2013 年排第 10 名）、Television Francaise 1 SA TF1 公司（2012 年排第 8 名）、柒控股集团（Seven Group Holdings Ltd，2013 年排第 8 名）、联视控股公司（Univision Holdings Inc）（2014 年排第 6 名）、媒介综合集团（Media General Inc）（2015 年排第 10 名）。联视通信公司、

论坛媒体公司虽有四年上榜，但观其不断下降的排名可知，这两家公司面临加剧的市场竞争没有特别大的优势。其他上市公司上榜时间短，排名靠后，比如法国电视台（Television Francaise 1 SA TF1）、柒控股集团。

二 广播电视业十强区域分布格局

自广播电视诞生以来，世界各个国家都先后发展了广播电视业，广播电视业的整体格局基本固定。

从2012—2016年广播电视业上市公司十强总部所在地分布情况（见图8-7）可以看到，美国是世界上广播电视业最发达的国家，总部位于美国的广播电视业上市公司数量最多，占50%以上，2014年达到6家。美国的广播电视业上市公司商业化特征显著，比如维亚康姆公司、台格纳公司、斯克里普斯网络互动公司等，以全球为市场，通过与图书、报刊、广播、电视、电影、音乐、广告等行业的公司兼并整合，发展为跨国、跨行业的全球化信息产业集团，形成了强大的产业链。

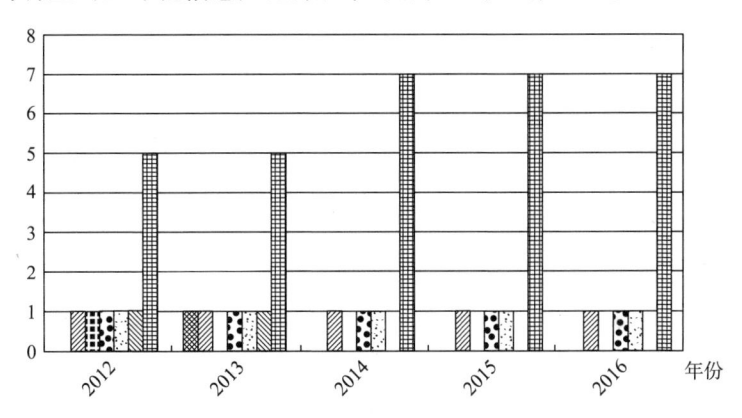

图8-7 2012—2016年广播电视业上市公司十强总部所在地情况

总部位于德国、英国、意大利的广播电视行业上市公司稳定在1家，这些上市公司数字地面电视发展较快，国家的政策环境起到了重要作用，比如英国1995年公布了《数字地面电视发展纲要》，为数字电视的发展指明了道路。①

十强中总部位于日本、法国、澳大利亚的广播电视业上市公司数量

---

① 《英国数字电视决策模式、策略及政策》，http：//www.xinhuanet.com/zgjx/2007-08/12/content_6507728.htm，2018年7月22日。

减少，2014 年以后被美国的广播电视公司赶超。

三　广播电视业十强经济效益分析

2012—2016 年广播电视业上市公司十强营业收入波动变化不明显，半数公司的总资产利润率均呈下降趋势，这表明广播电视业尽管受到了新媒体的分流，但由于基数大，短期内的影响不明显。

从营业收入来看，广播电视业上市公司的经营情况呈现明显的两极分化现象（见图 8-8）。贝塔斯曼集团、维亚康姆公司的营业收入指数达到 13 以上，即 2012 年全球平均水平的 13 倍以上，尤其是贝塔斯曼集团自 2012 年起营业收入指数大于 20，且连续三年上升。贝塔斯曼集团是国际媒体、服务和教育巨头，总部位于德国，拥有广播公司 RTL 集团（RTL Group）、商业图书出版商企鹅兰登书屋（Penguin Random House）、杂志出版商古纳雅尔（Gruner Jahr）、音乐公司（BMG）、服务提供商欧唯特（Arvato）、贝塔斯曼印刷集团（Bertelsmann Printing Group）、贝塔斯曼教育集团（Bertelsmann Education Group）和贝塔斯曼投资公司（Bertelsmann Investments）等多个部门[①]，2015 年，由于数字化转型与搭建增长平台，营业收入略有下降，但营业收入指数仍然达到了 18.97，2016 年迅速回升。联视通信公司、台格纳公司、媒体赛特有限公司、英国独立广播集团、斯克里普斯网络互动公司、辛克莱广播集团、论坛媒体公司这几家公司的营业收入指数基本都在 5 以下。

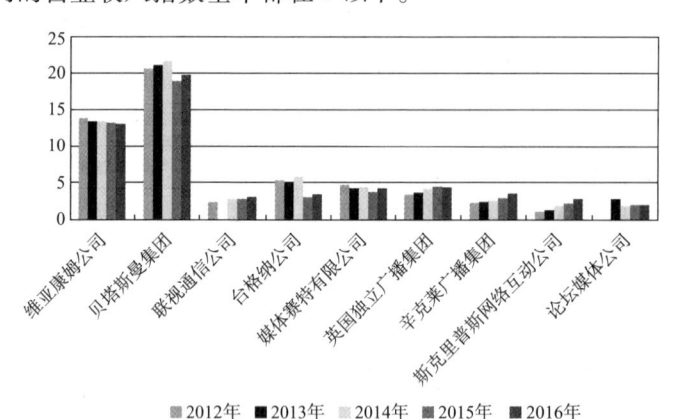

图 8-8　2012—2016 年广播电视业上市公司十强主要企业营业收入演变

[①] Bertelsmann at a Glance，https://www.bertelsmann.com/company/company-profile/，2018 年 7 月 23 日。

近几年来，大部分广播电视业上市公司的盈利情况均不理想（见图8-9）。维亚康姆公司、联视通信公司、斯克里普斯网络互动公司、辛克莱广播集团、论坛媒体公司总资产利润率逐年下降，其余公司的总资产利润率波动起伏，没有明显提高。总资产利润率下降幅度最大的是论坛媒体公司，由于剥离出版业务的论坛出版公司（Tribune Publishing Co）成为一家独立的上市公司①，2014年、2015年总资产利润率大幅降低，2015年仅为-3%。英国独立广播集团（ITV PLC）前三年的总资产利润率连续增长，2014年甚至达到了24%，但2015年、2016年有所回落。

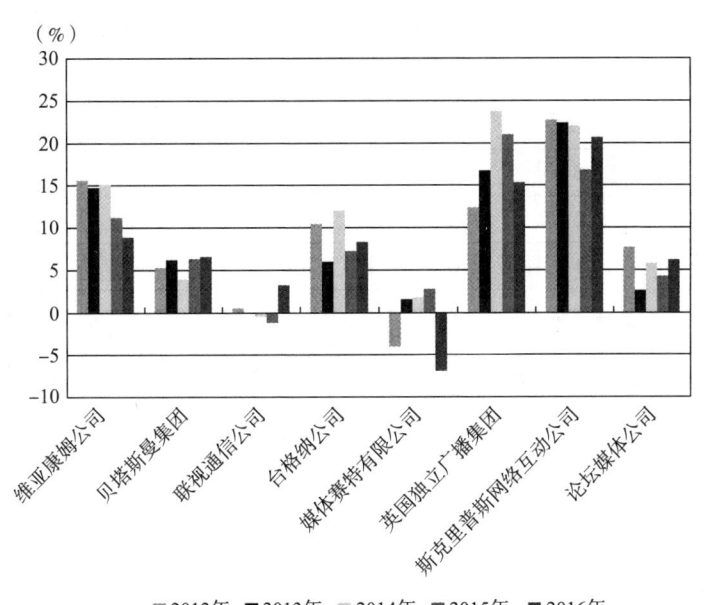

图8-9　2012—2016年广播电视业上市公司十强主要企业总资产利润率演变

四　广播电视业十强无形资产比较

无形资产更多地决定了广播电视行业中竞争主体的价值。2012—2016年广播电视业上市公司十强的无形资产指数普遍上升（见图8-10）。2014年，电视、视频内容的移动化趋势强化，大量广播电视业的公司进一步通过并购等措施布局数字网络视频服务，无形资产上升尤为明显。比如维亚康姆公司的无形资产从2013年的33.11上升到2016年的36.91，贝塔斯曼

---

① 论坛媒体公司：Tribune Media Company（TRCO），https：//www.mg21.com/trco.html，2018年7月23日。

集团的无形资产从 2013 年的 34.94 上升到 2016 年的 37.24。

无形资产略有下降的是联视通信公司以及论坛媒体公司。联视通信公司是美国收视率最高的西班牙语广播公司，与墨西哥媒体巨头墨西哥电视集团（Grupo Televisa）是长期战略伙伴关系，但其无形资产指数从 2012 年的 26.08 减少到 2016 年的 24.88。论坛媒体公司的无形资产指数也从 2013 年的 18.46 减少到 2016 年的 15.90，2017 年频频曝出与 21 世纪福克斯公司、私募基金公司黑石公司（Blackstone）、辛克莱广播集团等公司进行并购洽谈的传闻。

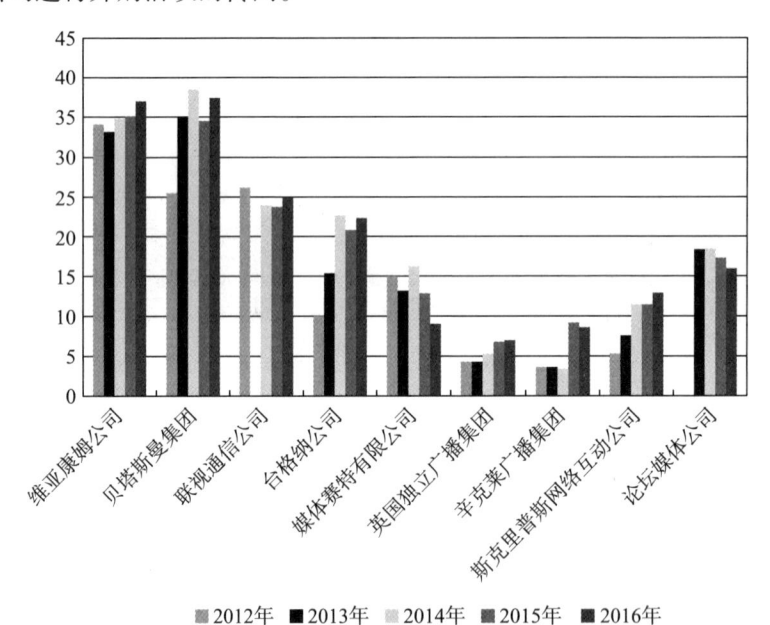

图 8-10　2012—2016 年广播电视业上市公司十强主要企业无形资产情况

2012—2016 年广播电视业上市公司十强如表 8-4 所示。

表 8-4　　　　　2012—2016 年广播电视业上市公司十强

2012 年							
排名	公司名称	公司总部所在地	总资产利润率（％）	营业收入指数	无形资产指数	所得税指数	龙文化指数
1	维亚康姆公司（Viacom Inc）	美国	15.60	13.88	34.03	45.54	26.68

续表

	2012 年						
排名	公司名称	公司总部所在地	总资产利润率（%）	营业收入指数	无形资产指数	所得税指数	龙文化指数
2	贝塔斯曼集团（Bertelsmann SE & Co KGaA）	德国	5.38	20.67	25.45	21.35	18.19
3	联视通信公司（Univision Communications Inc）	美国	0.58	2.44	26.08	2.47	9.06
4	台格纳公司（TEGNA Inc）	美国	10.51	5.35	10.01	8.20	6.56
5	媒体赛特有限公司（Mediaset SPA）	意大利	-3.98	4.73	15.00	-2.03	4.83
6	英国独立广播集团（ITV PLC）	英国	12.45	3.48	4.33	5.32	3.61
7	日本电视广播网公司（Nippon Television Holdings Inc）	日本	6.74	4.09	0.11	7.69	3.17
8	法国电视台（Television Francaise 1 SA TF1）	法国	5.80	3.37	3.86	3.80	2.98
9	斯克里普斯网络互动公司（Scripps Networks Interactive Inc）	美国	22.66	2.31	3.68	3.70	2.72
10	辛克莱广播集团（Sinclair Broadcast Group Inc）	美国	7.78	1.06	5.33	2.85	2.68
	2013 年						
排名	公司名称	公司总部所在地	总资产利润率（%）	营业收入指数	无形资产指数	所得税指数	龙文化指数
1	维亚康姆公司（Viacom Inc）	美国	14.77	13.44	33.11	43.76	25.78
2	贝塔斯曼集团（Bertelsmann SE & Co KGaA）	德国	6.28	21.19	34.94	22.76	21.56
3	论坛媒体公司（Tribune Media Co）	美国	74.13	2.83	18.46	47.25	20.43

续表

		2013 年					
排名	公司名称	公司总部所在地	总资产利润率（%）	营业收入指数	无形资产指数	所得税指数	龙文化指数
4	台格纳公司（TEGNA Inc）	美国	6.05	5.03	15.36	4.63	7.01
5	媒体赛特有限公司（Mediaset SPA）	意大利	1.54	4.34	13.27	4.20	6.11
6	斯克里普斯网络互动公司（Scripps Networks Interactive Inc）	美国	22.32	2.47	3.58	12.58	5.39
7	英国独立广播集团（ITV PLC）	英国	16.77	3.64	4.25	6.72	4.05
8	柒控股集团（Seven Group Holdings Ltd）	澳大利亚	11.02	4.66	2.16	5.32	3.20
9	辛克莱广播集团（Sinclair Broadcast Group Inc）	美国	2.54	1.33	7.61	1.69	3.06
10	日本电视广播网公司（Nippon Television Holdings Inc）	日本	6.88	3.42	0.13	6.87	2.80
		2014 年					
排名	公司名称	公司总部所在地	总资产利润率（%）	营业收入指数	无形资产指数	所得税指数	龙文化指数
1	维亚康姆公司（Viacom Inc）	美国	15.20	13.45	34.87	43.03	26.09
2	贝塔斯曼集团（Bertelsmann SE & Co KGaA）	德国	3.97	21.65	38.44	15.57	20.54
3	台格纳公司（TEGNA Inc）	美国	12.10	5.86	22.61	9.25	10.75
4	论坛媒体公司（Tribune Media Co）	美国	6.51	1.90	18.45	11.42	9.36
5	联视通信公司（Univision Communications Inc）	美国	-0.49	2.84	23.91	-2.47	7.00

续表

2012 年							
排名	公司名称	公司总部所在地	总资产利润率(%)	营业收入指数	无形资产指数	所得税指数	龙文化指数
6	联视控股公司（Univision Holdings Inc）	美国	-0.63	2.84	23.91	-2.71	6.93
7	媒体赛特有限公司（Mediaset SPA）	意大利	1.83	4.38	16.12	3.35	6.72
8	斯克里普斯网络互动公司（Scripps Networks Interactive Inc）	美国	22.02	2.60	3.42	12.34	5.29
9	英国独立广播集团（ITV PLC）	英国	23.75	4.17	5.31	8.91	5.15
10	辛克莱广播集团（Sinclair Broadcast Group Inc）	美国	5.73	1.93	11.45	3.99	5.03

2015 年							
排名	公司名称	公司总部所在地	总资产利润率(%)	营业收入指数	无形资产指数	所得税指数	龙文化指数
1	维亚康姆公司（Viacom Inc）	美国	11.27	13.21	35.16	20.95	19.50
2	贝塔斯曼集团（Bertelsmann SE & Co KGaA）	德国	6.33	18.97	34.42	16.05	18.95
3	台格纳公司（TEGNA Inc）	美国	7.30	3.04	20.82	8.46	9.41
4	斯克里普斯网络互动公司（Scripps Networks Interactive Inc）	美国	16.81	3.01	9.14	14.36	7.68
5	联视通信公司（Univision Communications Inc）	美国	-1.13	2.85	23.75	-2.90	6.82
6	论坛媒体公司（Tribune Media Co）	美国	-3.05	2.00	17.29	0.93	5.86
7	媒体赛特有限公司（Mediaset SPA）	意大利	2.78	3.80	12.85	4.02	5.82

续表

2012 年							
排名	公司名称	公司总部所在地	总资产利润率（%）	营业收入指数	无形资产指数	所得税指数	龙文化指数
8	英国独立广播集团（ITV PLC）	英国	21.01	4.52	6.81	8.88	5.66
9	辛克莱广播集团（Sinclair Broadcast Group Inc）	美国	4.30	2.21	11.37	2.41	4.59
10	媒介综合集团（Media General Inc）	美国	-0.79	1.30	10.47	0.20	3.46

2016 年							
排名	公司名称	公司总部所在地	总资产利润率（%）	营业收入指数	无形资产指数	所得税指数	龙文化指数
1	贝塔斯曼集团（Bertelsmann SE & Co KGaA）KGaA	德国	6.54	19.78	37.34	20.49	21.32
2	维亚康姆公司（Viacom Inc）	美国	8.84	13.15	36.91	22.94	20.60
3	台格纳公司（TEGNA Inc）	美国	8.34	3.52	22.31	9.59	10.29
4	论坛媒体公司（Tribune Media Co）	美国	4.62	2.05	15.90	15.35	9.79
5	联视通信公司（Univision Communications Inc）	美国	3.32	3.20	24.88	5.02	9.62
6	斯克里普斯网络互动公司（Scripps Networks Interactive Inc）	美国	20.61	3.58	8.62	19.02	9.05
7	辛克莱广播集团（Sinclair Broadcast Group Inc）	美国	6.25	2.88	12.89	5.40	6.08
8	英国独立广播集团（ITV PLC）	英国	15.43	4.37	7.06	5.98	4.82
9	AMC 网络公司（AMC Networks Inc）	美国	10.15	2.90	3.60	7.29	3.87

续表

排名	公司名称	2012 年					
		公司总部所在地	总资产利润率（％）	营业收入指数	无形资产指数	所得税指数	龙文化指数
10	媒体赛特有限公司（Mediaset SPA）	意大利	-6.89	4.27	9.05	-2.34	2.85

第三节　全球有线与付费电视业上市公司龙文化指数十强

有线电视通过线缆传输信号，抗干扰能力强，传输的信号质量好，发展速度极快。但是，随着数字化的深入及网络流媒体等科学技术的日新月异，有线与付费电视业面临着增长缓慢、消费者行为和需求变化、内容盗版猖獗等挑战，尤其是付费电视业受到了严重影响，迫使价格下降并使用户流失率增加。为发展用户、增加业务收入，有线与付费电视业上市公司纷纷转型，在其传统的有线电视网络基础上发展增强型有线数字电视业务。利用广电网络开展多元化业务成为发展的必然趋势，如开展有线数字电视基本型业务、交互式电视、电话业务、高速互联网接入、商业网络连接、广告业务，等等。

一　有线与付费电视业十强龙文化指数总体态势

2012—2016 年有线与付费电视业上市公司龙文化指数可分为三个梯队（见图 8-11）。第一梯队康卡斯特公司的龙文化指数高达 150 以上，并且呈上升趋势，是其他文化创意产业上市公司难以企及的。时代华纳有线公司和自由全球公司（Liberty Global Plc）两家公司为第二梯队，龙文化指数介于 20—50，呈略微上涨趋势。第三梯队是探索传媒公司、特许通信公司等几家公司，龙文化指数小于 20，也呈上涨趋势，但增幅更小。

图中图例：
- 康卡斯特公司
- 时代华纳有线公司
- 自由全球公司
- 探索传媒公司
- 特许通信公司
- 肖氏通信公司
- 天空广播公司
- DISH网络公司

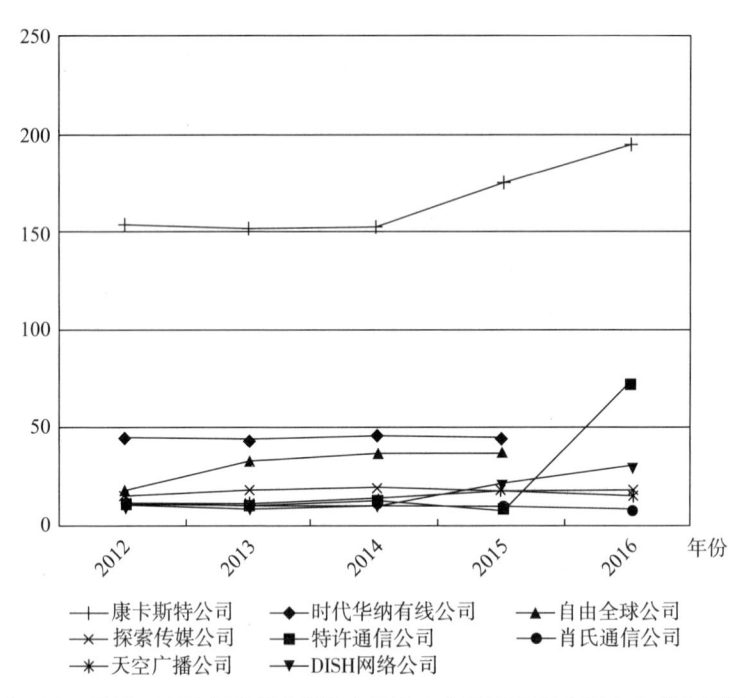

图8-11　2012—2016年有线与付费电视业上市公司十强主要企业龙文化指数

2012—2016年有线与付费电视业龙文化指数十强（见表8-5）排名与广播电视业类似，也有5家上市公司稳占每年的十强名额，分别是康卡斯特公司、探索传媒公司、特许通信公司、肖氏通信公司（Shaw Communications Inc）、DISH网络公司。康卡斯特公司连续多年蝉联冠军，无论是营业收入，还是无形资产，都远超其他有线与付费电视业上市公司，甚至在所有文化创意产业上市公司中也是遥遥领先。康卡斯特公司是美国最大的有线电视公司和第二大付费电视公司[①]，拥有并运营 Xfinity 有线/电讯服务，空中国家广播网络频道，以及包括 MSNBC、CNBC、USA Network、NBCSN 等在内的多个有线电视频道，2014 年欲以 452 亿美元收购美国第二大有线电视运营商时代华纳有线公司，尽管因美国司法部反垄断被阻止合并，2015年、2016年龙文化指数增长15.0%、10.9%。时代华纳有线公司连续四年排第2名，直到2016年被特许通信公司收购；自由全球公司的排名稳定在第3名、第4名；探索传媒公司、特许通信

---

① *Memorable Moments from Comcast and NBC Universal*，https：//corporate.comcast.com/company/history，2018年7月23日。

第八章 全球文化创意产业核心行业上市公司龙文化指数十强研究 / 245

表8-5　2012—2016年有线与付费电视业上市公司十强

排名	2012年 公司名称	龙文化指数	2013年 公司名称	龙文化指数	2014年 公司名称	龙文化指数	2015年 公司名称	龙文化指数	2016年 公司名称	龙文化指数
1	康卡斯特公司（Comcast Corp）	153.19	康卡斯特公司（Comcast Corp）	152.22	康卡斯特公司（Comcast Corp）	151.92	康卡斯特公司（Comcast Corp）	174.75	康卡斯特公司（Comcast Corp）	193.78
2	时代华纳有线公司（Time Warner Cable Inc）	45.62	时代华纳有线公司（Time Warner Cable Inc）	43.66	时代华纳有线公司（Time Warner Cable Inc）	45.44	时代华纳有线公司（Time Warner Cable Inc）	45.54	特许通信公司（Charter Communications Inc）	73.27
3	直播电视集团（DIRECTV）	28.83	自由全球公司（Liberty Global Plc）	33.43	自由全球公司（Liberty Global Plc）	36.60	蒂斯公司（Altice NV）	40.30	蒂斯公司（Altice NV）	56.92
4	自由全球公司（Liberty Global Plc）	18.45	直播电视集团（DIRECTV）	30.17	直播电视集团（DIRECTV）	31.41	自由全球公司（Liberty Global Plc）	39.34	DISH网络公司（DISH Network Corp）	30.03
5	探索传媒公司（Discovery Communications Inc）	15.68	探索传媒公司（Discovery Communications Inc）	18.62	蒂斯公司（Altice NV）	22.81	法国SFR集团（Numericable SFR SA）	23.83	探索传媒公司（Discovery Communications Inc）	18.40

续表

排名	2012年 公司名称	2012年 龙文化指数	2013年 公司名称	2013年 龙文化指数	2014年 公司名称	2014年 龙文化指数	2015年 公司名称	2015年 龙文化指数	2016年 公司名称	2016年 龙文化指数
6	格雷特兰连接公司（GreatLand Connections Inc）	11.97	格雷特兰连接公司（GreatLand Connections Inc）	11.93	探索传媒公司（Discovery Communications Inc）	19.42	DISH网络公司（DISH Network Corp）	21.75	天空广播公司（Sky PLC）	16.78
7	特许通信公司（Charter Communications Inc）	11.82	肖氏通信公司（Shaw Communications Inc）	11.05	法国SFR集团（Numericable SFR SA）	15.39	天空广播公司（Sky PLC）	18.42	自由全球子公司紫丁香集团（Liberty Global Plc LiLAC Group）	9.82
8	肖氏通信公司（Shaw Communications Inc）	10.98	特许通信公司（Charter Communications Inc）	10.78	特许通信公司（Charter Communications Inc）	12.16	探索传媒公司（Discovery Communications Inc）	18.37	肖氏通信公司（Shaw Communications Inc）	8.67
9	天空广播公司（Sky PLC）	9.94	天空广播公司（Sky PLC）	9.95	DISH网络公司（DISH Network Corp）	10.75	肖氏通信公司（Shaw Communications Inc）	10.04	德国广播公司（ProSiebenSat.1 Media SE）	7.91
10	DISH网络公司（DISH Network Corp）	9.84	DISH网络公司（DISH Network Corp）	9.42	肖氏通信公司（Shaw Communications Inc）	10.66	特许通信公司（Charter Communications Inc）	8.60	Polsat数字公司（Cyfrowy Polsat SA）	5.30

公司表现平平，排名在 2015 年甚至落到第 8 名、第 10 名，但 2016 年回升至第 5 名、第 2 名；DISH 网络公司的排名直线上升，从 2012 年的第 10 名上升到 2016 年的第 4 名。

其余还有 5 家公司入围十强榜单，分别是直播电视集团（DIRECTV）（2012 年排第 3 名；2013 年排第 4 名；2014 年排第 4 名）、格雷特兰连接公司（Great Land Connections）（2012 年排第 6 名；2013 年排第 6 名）、天空广播公司（Sky PLC）（2012 年排第 9 名；2013 年排第 9 名；2015 年排第 7 名；2016 年排第 6 名）、蒂斯公司（2014 年排第 5 名；2015 年排第 3 名；2016 年排第 3 名）、法国 SHR 集团（2014 年排第 7 名；2015 年排第 5 名）。这些公司至少有两年上榜，且排名并不是垫底，从中可以看出，与广播电视行业相比，有线与付费电视行业的上市公司排名更稳定，入围企业更固定，基本形成了几大公司垄断市场的格局。

二 有线与付费电视业十强区域分布格局

2012—2016 年有线与付费电视业上市公司十强总部主要分布在美国、英国、法国、荷兰、加拿大、波兰和德国（见图 8－12）。

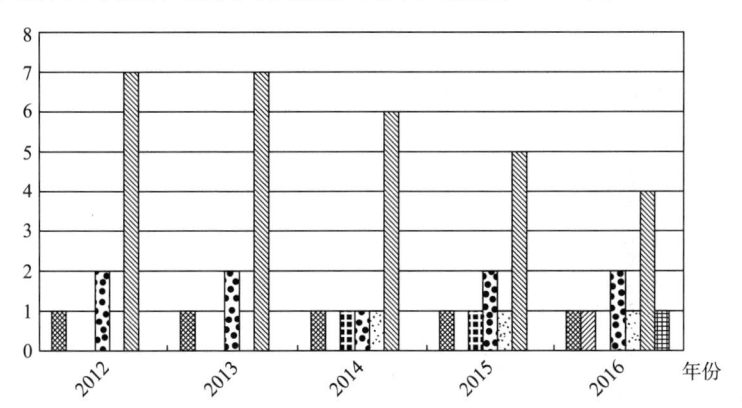

图 8－12 2012—2016 年有线与付费电视业上市公司十强总部所在地情况

美国的有线与付费电视业有 70 多年的历史，是一个非常成熟的行业。总部位于美国的有线与付费电视业上市公司也最多，2012 年、2013 年达到 7 家。美国有线与付费电视业上市公司的竞争对手众多，仅国内奈飞公司（Netflix）、葫芦公司（Hulu）和主流视频公司（Prime Video）等在线流媒体凭借便捷和相对廉价的服务，吸引了大量年轻用户，2014 年起十强中总部位于美国的有线与付费电视业的上市公司逐年减少。

总部位于英国的有线与付费电视业上市公司数量稳定在两家，2014年因欧洲的法国、德国、意大利、西班牙和英国五大市场的用户总数均呈下降趋势，天空广播公司暂时退出十强，总数减少为 1 家。

2014 年、2015 年荷兰、法国的有线与付费电视业上市公司挤入十强，美国的数量减少，荷兰蒂斯公司（Alticew）、法国 SFR 集团积极利用网络开展业务，成效显著。

三 有线与付费电视业十强经济效益分析

2012—2016 年有线与付费电视业上市公司十强发展态势稳定，营业收入稳中有升，总资产利润率略有下滑。这表明有线与付费电视业上市公司面临竞争加剧的局面，业务增长较为艰难。

有线与付费电视业上市集团的营业收入与广播电视业相比，都比较高（见图 8-13）。康卡斯特公司的营业收入指数一直保持在 60 以上，并且逐年上升，2016 年达到了 84.64。继康卡斯特公司之后营业收入第二大上市公司是直播电视集团，其营业收入达到 30 以上。直播电视集团是美国直播卫星电视服务提供商，总部位于加利福尼亚州，公司本身不发射任何卫星，通过国际空间站上的直播电视集团天线提供电视服务①。直播

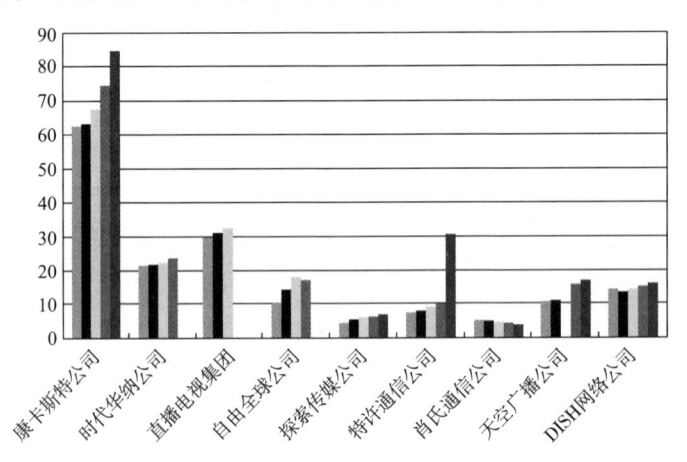

图 8-13 2012—2016 年有线与付费电视业上市
公司十强主要企业营业收入情况

---

① 《DirecTV 股东批准 485 亿美元 AT&T 收购交易》，http：//tech.qq.com/a/20140926/008897.htm，2018 年 7 月 23 日。

电视集团通过卫星传输为用户提供电视和音频服务，其竞争对手是有线电视服务和其他卫星服务，比如 DISH 网络公司，营业收入指数是 15 左右，仅为直播电视集团的一半。

有线与付费电视业上市公司的收益基本维持稳定，没有大的波动，但不同上市公司的经济效益差异比较大（见图 8-14）。总资产利润率最高的公司是直播电视集团和天空广播公司，均大于 15%。天空广播公司是欧洲最大的媒体公司和最大的付费电视广播公司，总部位于伦敦，由天空电视台和英国独立广播集团于 1990 年 11 月 2 日合并而成①，公司有预见性地看到了互联网与数字技术的巨大优势，较早地开发数字电视业务，率先占领了广阔的市场。其余大部分公司的总资产利润率在 5%—10%。英国自由全球公司尽管是 2016 年福布斯全球最具创新公司榜单中的第 88 位，但由于 2012—2016 年每年都进行大笔收购，连续四年的总资产利润率为负数。

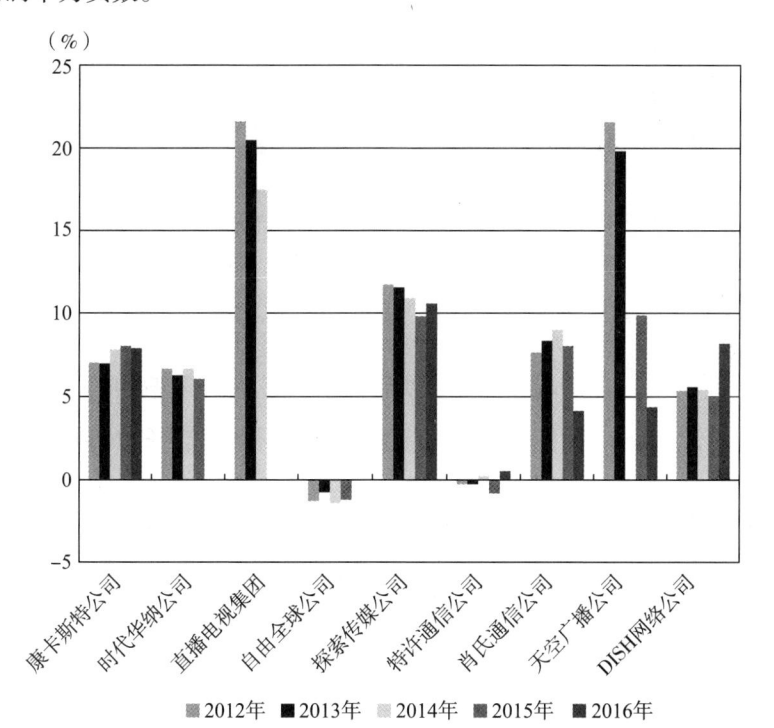

图 8-14 2012—2016 年有线与付费电视业上市公司十强主要企业总资产利润率

① 吴长伟：《天空广播领跑电视发展》，《对外传播》2013 年第 2 期。

四 有线与付费电视业十强无形资产比较

2012—2016 年有线与付费电视业上市公司十强的无形资产基本维持稳定（见图 8-15 和表 8-6）。其中，无形资产明显增加的有 5 家企业，康卡斯特公司的无形资产指数从 2012 年的 311.73 增加到 2016 年的 354.84；自由全球公司从 2012 年的 50.91 增加到 2014 年的 113.21，2015 年略降至 99.02；特许通信公司从 2012 年的 23.63 增加到 2016 年的 353.16；天空广播公司（Sky PLC）从 2012 年的 7.01 增加到 2016 年的 39.22；DISH 网络公司从 2012 年的 10.38 增加到 2016 年的 52.44。这些公司在传媒技术变革中积极投资数字版权，努力向数字化传输网络突破，实现付费电视与数字化平台的一体化运营，谋求跨越式发展。

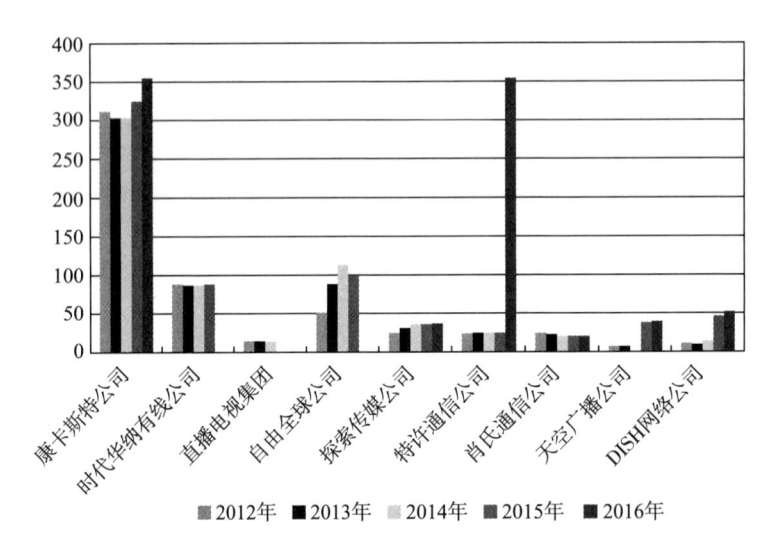

图 8-15 2012—2016 年有线与付费电视业上市公司十强主要企业无形资产情况

表 8-6 2012—2016 年有线与付费电视业上市公司十强

		2012 年					
排名	公司名称	公司总部所在地	总资产利润率（%）	营业收入指数	无形资产指数	所得税指数	龙文化指数
1	康卡斯特公司（Comcast Corp）	美国	7.04	62.55	311.73	157.14	153.19
2	时代华纳有线公司（Time Warner Cable Inc）	美国	6.70	21.38	88.39	49.40	45.62

第八章　全球文化创意产业核心行业上市公司龙文化指数十强研究 / 251

续表

\multicolumn{7}{c}{2012 年}						
排名	公司名称	公司总部所在地	总资产利润率(%)	营业收入指数	无形资产指数	所得税指数	龙文化指数
3	直播电视集团（DIRECTV）	美国	21.61	29.73	14.65	61.49	28.83
4	自由全球公司（Liberty Global Plc）	英国	-1.26	10.31	50.91	3.74	18.45
5	探索传媒公司（Discovery Communications Inc）	美国	11.74	4.49	25.63	23.59	15.68
6	格雷特兰连接公司（GreatLand Connections Inc）	美国	11.03	4.27	20.62	16.37	11.97
7	特许通信公司（Charter Communications Inc）	美国	-0.30	7.50	23.63	10.79	11.82
8	肖氏通信公司（Shaw Communications Inc）	加拿大	7.66	5.11	24.16	8.99	10.98
9	天空广播公司（Sky PLC）	英国	21.58	10.76	7.01	18.82	9.94
10	DISH 网络公司（DISH Network Corp）	美国	5.37	14.26	10.38	12.89	9.84
\multicolumn{7}{c}{2013 年}						
排名	公司名称	公司总部所在地	总资产利润率(%)	营业收入指数	无形资产指数	所得税指数	龙文化指数
1	康卡斯特公司（Comcast Corp）	美国	7.00	62.98	302.60	162.77	152.22
2	时代华纳有线公司（Time Warner Cable Inc）	美国	6.30	21.55	86.76	44.37	43.66
3	自由全球公司（Liberty Global Plc）	英国	-0.78	14.10	87.51	14.54	33.43
4	直播电视集团（DIRECTV）	美国	20.49	30.93	14.26	65.56	30.17
5	探索传媒公司（Discovery Communications Inc）	美国	11.59	5.39	31.45	26.95	18.62

续表

2012 年							
排名	公司名称	公司总部所在地	总资产利润率(%)	营业收入指数	无形资产指数	所得税指数	龙文化指数
6	格雷特兰连接公司 (GreatLand Connections Inc)	美国	11.57	4.35	20.06	16.73	11.93
7	肖氏通信公司 (Shaw Communications Inc)	加拿大	8.38	4.98	22.23	11.24	11.05
8	特许通信公司 (Charter Communications Inc)	美国	-0.28	7.94	25.72	4.91	10.78
9	天空广播公司 (Sky PLC)	英国	19.81	11.02	7.91	17.78	9.95
10	DISH 网络公司 (DISH Network Corp)	美国	5.58	13.54	10.08	12.26	9.42

2014 年							
排名	公司名称	公司总部所在地	总资产利润率(%)	营业收入指数	无形资产指数	所得税指数	龙文化指数
1	康卡斯特公司 (Comcast Corp)	美国	7.82	67.14	302.87	158.74	151.92
2	时代华纳有线公司 (Time Warner Cable Inc)	美国	6.70	22.27	86.69	49.88	45.44
3	自由全球公司 (Liberty Global Plc)	英国	-1.45	17.81	113.21	-3.07	36.60
4	直播电视集团 (DIRECTV)	美国	17.47	32.47	14.38	68.57	31.41
5	蒂斯公司 (Altice NV)	荷兰	-1.99	5.10	81.60	-8.97	22.81
6	探索传媒公司 (Discovery Communications Inc)	美国	10.91	6.12	35.59	25.00	19.42
7	法国 SFR 集团 (Numericable SFR SA)	法国	-1.70	2.81	66.50	-17.04	15.39
8	特许通信公司 (Charter Communications Inc)	美国	0.22	8.89	24.93	9.67	12.16

续表

2014 年						
排名	公司名称	公司总部所在地	总资产利润率（%）	营业收入指数	无形资产指数	所得税指数	龙文化指数
9	DISH 网络公司（DISH Network Corp）	美国	5.45	14.29	14.92	11.35	10.75
10	肖氏通信公司（Shaw Communications Inc）	加拿大	9.02	4.70	20.90	11.44	10.66

2015 年						
排名	公司名称	公司总部所在地	总资产利润率（%）	营业收入指数	无形资产指数	所得税指数	龙文化指数
1	康卡斯特公司（Comcast Corp）	美国	8.03	74.20	325.65	207.35	174.75
2	时代华纳有线公司（Time Warner Cable Inc）	美国	6.06	23.60	88.20	47.83	45.54
3	蒂斯公司（Altice NV）	荷兰	0.06	16.08	111.47	12.14	40.30
4	自由全球公司（Liberty Global Plc）	英国	-1.00	18.20	103.74	15.26	39.34
5	法国 SFR 集团（Numericable SFR SA）	法国	2.98	12.20	61.30	9.97	23.83
6	DISH 网络公司（DISH Network Corp）	美国	4.96	15.01	47.12	15.33	21.75
7	天空广播公司（Sky PLC）	英国	9.87	15.64	38.79	12.10	18.42
8	探索传媒公司（Discovery Communications Inc）	美国	9.83	6.37	35.54	21.37	18.37
9	肖氏通信公司（Shaw Communications Inc）	加拿大	8.06	4.34	20.91	9.62	10.04
10	特许通信公司（Charter Communications Inc）	美国	-0.84	9.71	24.69	-2.51	8.60

续表

		2016 年					
排名	公司名称	公司总部所在地	总资产利润率(%)	营业收入指数	无形资产指数	所得税指数	龙文化指数
1	康卡斯特公司（Comcast Corp）	美国	7.95	84.64	354.84	234.61	193.78
2	特许通信公司（Charter Communications Inc）	美国	0.55	30.53	353.16	-129.29	73.27
3	蒂斯公司（Altice NV）	荷兰	-2.54	24.18	182.33	-8.69	56.92
4	DISH 网络公司（DISH Network Corp）	美国	8.21	15.89	52.44	37.00	30.03
5	探索传媒公司（Discovery Communications Inc）	美国	10.60	6.84	36.68	20.02	18.40
6	天空广播公司（Sky PLC）	英国	4.32	17.05	39.22	5.32	16.78
7	自由全球子公司紫丁香集团（Liberty Global Plc LiLAC Group）	英国	-0.69	2.87	25.13	5.71	9.82
8	肖氏通信公司（Shaw Communications Inc）	加拿大	4.11	3.94	20.52	5.71	8.67
9	德国广播公司（ProSiebenSat.1 Media SE）	德国	9.97	4.43	13.27	10.08	7.91
10	Polsat 数字公司（Cyfrowy Polsat SA）	波兰	3.73	2.60	15.76	0.14	5.30

无形资产增幅最大的是特许通信公司，2016 年陡增 1330.4，与综合排第 1 名的康卡斯特公司的无形资产规模相当。增幅比较大的还有 DISH 网络公司。DISH 网络公司是美国第二大卫星电视服务提供商，同时也是第三大付费电视服务提供商①，2013 年起增加能够与东飞公司和有线电视公司竞争的无线互联网和移动视频服务，为美国卫星网络公司的用户提

---

① 《美国第二大卫星电视服务商》：Dish Network，https://xueqiu.com/6958804184/22003809，2018 年 7 月 23 日。

供 Dish Movie Pack 以及为其非用户提供 Sling TV①，公司相当重视对无形资产的投入，不仅无形资产规模迅速扩大，总资产利润率也保持在5%以上，有很强的竞争力。

第四节　全球广告服务业上市公司龙文化指数十强

在全球经济增长放缓的形势下，全球广告市场稳步发展，仍然保持较为强劲的增长势头。全球广告服务业正在经历由互联网技术所带来的历史性改变，信息传播数字化和营销整合化成为重要的发展特征。传统的电视媒体广告长期居于重要地位，占据较高的市场份额，但增长缓慢；纸质媒体广告的市场份额持续下降；互联网广告成为公司发展的主要动力，持续快速增长。广告服务业上市公司正在或即将以多种方式完成转型，以适应新一轮挑战。目前，国际广告市场呈现出集中化、集约化的趋势，广告公司之间的联合、兼并、收购等频频发生，出现大批跨国广告公司和集团，行业的集中度和专业水平大幅提升。

一　广告服务业十强龙文化指数总体态势

2012—2016年广告服务业上市公司十强龙文化指数总体有所上升，全球广告市场一直保持稳定增长，广告服务业上市公司顺应市场与媒体环境的变化，不断地进行内部业务的细分整合，开拓新市场新业务，发展势头良好。

根据龙文化指数可以将广告服务业上市公司十强分为三个梯队（见图8-16）。第一梯队是德高集团，龙文化指数大于3，但深受数字化狂潮影响，其龙文化指数下降幅度很大，从2012年的4.07下降至2015年的3.18，主要是由于营业收入和纳税贡献减少引起的，2016年回升至3.51。第二梯队是拉玛尔媒体公司（Lamar Media Corp）、网络代理有限公司和清晰频道户外广告公司（Clear Channel Outdoor Holdings Inc）3家龙文化指数介于1.5—3的公司，龙文化指数总体均呈上升趋势，但2014年均有不同程度的降低。第三梯队是以德国思特广告股份有限公司（Stroeer SE & Co KGaA）和国际影像传媒公司（National CineMedia Inc）

---

① Dish Network 官网，http://about.dish.com/company-info，2018年7月23日。

为代表的龙文化指数在 1.5 以下的公司，其增幅没有第二梯队的公司大，发展比较稳定。

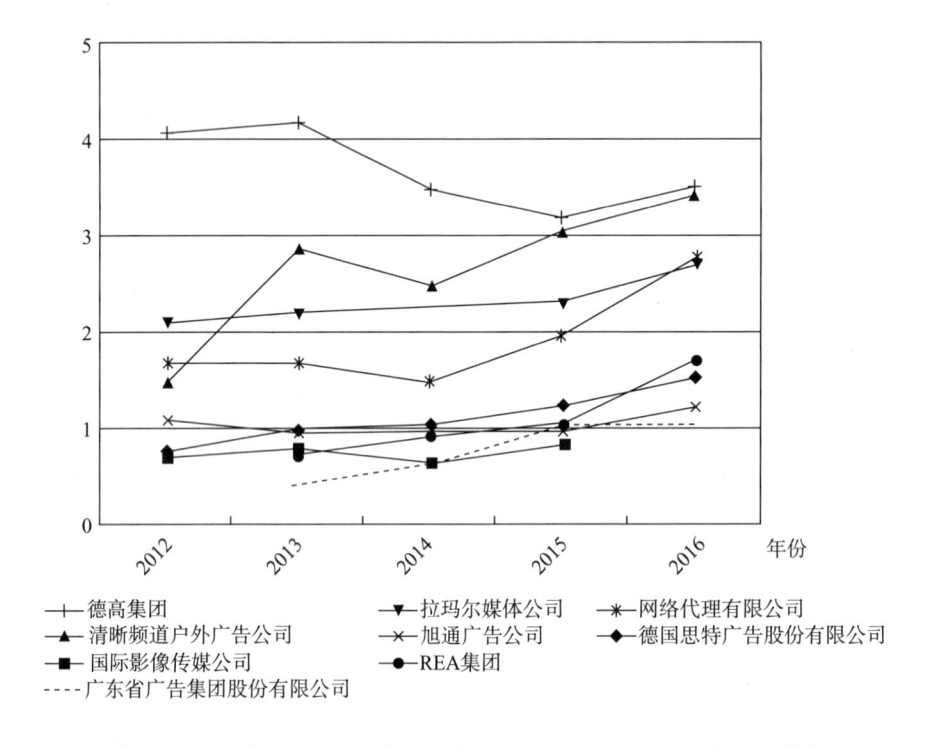

图 8-16　2012—2016 年广告服务业上市公司十强主要企业龙文化指数

2012—2016 年广告服务业上市公司十强（见表 8-7）榜单中，德高集团、网络代理有限公司、清晰频道户外广告公司、旭通广告公司（Asatsu Dk Inc）和德国思特广告股份有限公司 5 家上市公司稳居每年十强。德高集团的综合水平在广告服务业连续多年全球排名第 1，多年来一直积极扩张，收购了多个国家的小型广告公司，成为国际性户外媒体公司，在街道设施媒体、广告大牌媒体和交通媒体三大领域占据领先地位。[①] 清晰频道户外广告公司表现突出，2012 年排第 7 名，2013 年起跃居第 2 名。网络代理有限公司、旭通广告公司和德国思特广告股份有限公司和国际影像传媒公司的排名均是先升后降。

---

① 德高集团官网，http://www.jcdecaux.com.cn/jcd.php，2018 年 7 月 24 日。

第八章 全球文化创意产业核心行业上市公司龙文化指数十强研究 / 257

表8-7 2012—2016年广告服务行业上市公司十强

排名	2012年 公司名称	龙文化指数	2013年 公司名称	龙文化指数	2014年 公司名称	龙文化指数	2015年 公司名称	龙文化指数	2016年 公司名称	龙文化指数
1	德高集团（Jc Decaux SA）	4.07	德高集团（Jc Decaux SA）	4.17	德高集团（Jc Decaux SA）	3.48	德高集团（Jc Decaux SA）	3.18	德高集团（Jc Decaux SA）	3.51
2	拉玛尔媒体公司（Lamar Media Corp）	2.10	清晰频道户外广告公司（Clear Channel Outdoor Holdings Inc）	2.86	清晰频道户外广告公司（Clear Channel Outdoor Holdings Inc）	2.48	清晰频道户外广告公司（Clear Channel Outdoor Holdings Inc）	3.04	清晰频道户外广告公司（Clear Channel Outdoor Holdings Inc）	3.44
3	瓦拉西斯传媒公司（Valassis Communications Inc）	2.05	拉玛尔媒体公司（Lamar Media Corp）	2.20	网络代理有限公司（Cyber Agent Ltd）	1.48	拉玛尔媒体公司（Lamar Media Corp）	2.30	网络代理有限公司（Cyber Agent Ltd）	2.79
4	德克斯媒体公司（Dex Media Inc）	2.00	网络代理有限公司（Cyber Agent Ltd）	1.68	德克斯媒体公司（Dex Media Inc）	1.44	网络代理有限公司（Cyber Agent Ltd）	1.95	拉玛尔媒体公司（Lamar Media Corp）	2.73
5	网络代理有限公司（Cyber Agent Ltd）	1.68	德国思特广告股份有限公司（Stroeer SE & Co KGaA）	0.99	德国思特广告股份有限公司（Stroeer SE & Co KGaA）	1.03	德国思特广告股份有限公司（Stroeer SE & Co KGaA）	1.22	捷孚凯纽伦堡公司（GFK AG, Nuermberg）	2.39

续表

排名	2012年 公司名称	龙文化指数	2013年 公司名称	龙文化指数	2014年 公司名称	龙文化指数	2015年 公司名称	龙文化指数	2016年 公司名称	龙文化指数
6	分众传媒控股有限公司（Focus Media Holding Ltd）	1.57	旭通广告公司（Asatsu Dk Inc）	0.98	旭通广告公司（Asatsu Dk Inc）	0.98	REA集团（REA Group Ltd）	1.05	REA集团（REA Group Ltd）	1.71
7	清晰频道户外广告公司（Clear Channel Outdoor Holdings Inc）	1.47	国际影像传媒公司（National CineMedia Inc）	0.80	REA集团（REA Group Ltd）	0.94	广东省广告集团股份有限公司（Guangdong Advertising Group Co Ltd）	1.05	德国思特广告股份有限公司（Stroeer SE & Co KGaA）	1.52
8	旭通广告公司（Asatsu Dk Inc）	1.11	REA集团（REA Group Ltd）	0.73	国际影像传媒公司（National CineMedia Inc）	0.64	旭通广告公司（Asatsu Dk Inc）	0.97	旭通广告公司（Asatsu Dk Inc）	1.23
9	德国思特广告股份有限公司（Stroeer SE & Co KGaA）	0.75	广东省广告集团股份有限公司（Guangdong Advertising Group Co Ltd）	0.43	广东省广告集团股份有限公司（Guangdong Advertising Group Co Ltd）	0.64	国际影像传媒公司（National CineMedia Inc）	0.83	广东省广告集团股份有限公司（Guangdong Advertising Group Co Ltd）	1.04
10	国际影像传媒公司（National CineMedia Inc）	0.70	中视金桥传媒控股有限公司（Sinomedia Holding Ltd）	0.42	奥普特控股股份有限公司（OPT Holding Inc）	0.39	伊诺盛集团（Innocean Worldwide Inc）	0.57	开罗传媒有限公司（Cairo Communication SPA）	1.03

拉玛尔媒体公司（2012年排第2名；2013年排第3名；2015年排第3名；2016年排第4名）、中国广东省广告集团股份有限公司（Guangdong Advertising Group Co Ltd）（2013年排第9名；2014年排第9名；2015年排第7名；2016年排第9名）、REA集团（2013年排第8名；2014年排第7名；2015年排第6名；2016年排第6名）有四年在十强的榜单上，中国广东省广告集团股份有限公司、REA集团2013年开始上榜，尽管排名靠后但有明显进步。

其他上榜的公司还有瓦拉西斯传播公司（Valassis Communications Inc）（2012年排第3名）、德克斯媒体公司（Dex Media Inc）（2012年排第4名；2014年排第4名）、分众传媒控股有限公司（Focus Media Holding Ltd）（2012年排第6名）、奥普特控股公司（2014年排第10名）、中视金桥传媒控股有限公司（Sinomedia Holding Ltd）控股有限公司（2013年排第10名）、伊诺盛集团（Innocean Worldwide Inc）（2015年排第10名）、捷孚凯纽伦堡公司（2016年排第5名）、开罗传媒有限公司（Cairo Communication SPA）（2016年排第10名）。瓦拉西斯传播公司2012年时排第3名，2013年落榜的原因是被麦克安德鲁斯和福布斯（Mac Andrews & Forbes）的子公司支付与营销服务公司（Harland Clarke Holdings）以约18亿美元的价格收购。①

二 广告服务业十强区域分布格局

2012—2016年广告服务业上市公司十强总部主要分布在美国、日本、澳大利亚、中国、德国、法国、中国香港、意大利和韩国这些国家和地区（见图8-17）。

从全球范围来看，广告支出不断增加，对于广告服务商来说，有着广阔的发展机会。尽管新兴市场增长迅猛，美国仍然是全球广告支出的最大贡献者。总部位于美国的广告服务业上市公司2012年占比高达50%，之后三年略有下降，数量保持在3家。美国的广告服务业中网络广告发展最为迅猛，网络已经成为美国第一大广告媒体，为美国的广告服务业带来新的方向。

---

① 《Valassis将被13.1亿美元私有化》，http://finance.sina.com.cn/world/20131218/225817677185.shtml，2018年7月24日。

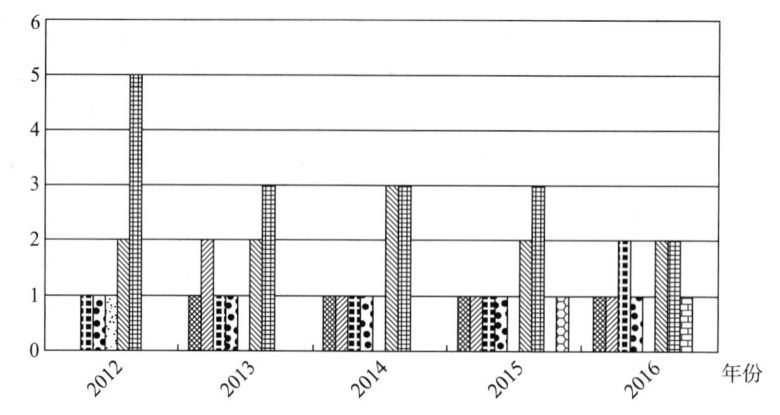

图 8-17　2012—2016 年广告服务业上市公司十强总部所在地情况

日本是仅次于美国的广告服务业最发达的国家。总部位于日本的广告服务行业上市公司稳定在两家，2014 年增加到 3 家。日本不仅有专门的广告法，还在很多法律中加入了有关广告项目的相关条款，同时还设立广告审查机构（JARO）自主约束、处理行业问题，日本的广告服务整体发展水平较高。

法国的广告服务业历史悠久，但数字媒体发展势头迅猛，再遭遇严峻的经济形势，广告市场整体呈现下滑趋势，上市公司十强中总部位于法国的广告服务业上市公司德高集团虽然占据第一的位置，但仅此 1 家进入十强榜单。

三　广告服务业十强经济效益分析

2012—2016 年广告服务业上市公司十强的营业收入、总资产利润率变化都比较大，表明广告服务业正处于转型变化期，移动广告与视频广告成长迅猛，各大上市公司正在调整战略布局。

从营业收入来看，广告服务业上市公司的营业收入可分为两种情况（见图 8-18）。拉玛尔媒体公司、网络代理有限公司、德国思特广告股份有限公司、REA 集团的营业收入明显增加，德高集团、清晰频道户外广告公司、旭通广告公司、国际影像传媒公司的营业收入明显减少。营业收入最高的是旭通广告公司，2012 年营业收入指数为 4.4。旭通广告公是日本三大广告公司之一,在 20 多个国家设有 80 个办事处①,但是,由于受累宏观经济形势以及传统媒体广告的不景气,营业收入指数逐年下降,2015 年降至 2.9。

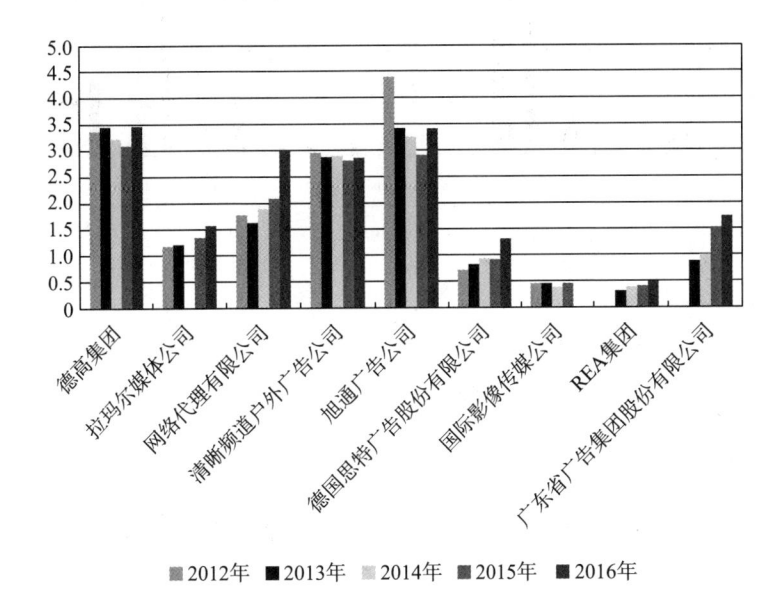

图 8 - 18 2012—2016 年广告服务业上市公司十强主要企业营业收入情况

总资产利润率最高的是 REA 集团,并且以每年 2% 的速度增加,2015 年总资产利润率高达 42.77% (见图 8 - 19),在全球的文化创意产业上市公司中仅次于 GungHo 在线娱乐公司。REA 集团是一家总部位于澳大利亚墨尔本的全球在线房地产广告公司,目前在全球拥有 13 个网站,包括澳洲的住宅与商业地产网站 realestate.com.au 和 realcommercial.com.au、意大利的 casa.it、卢森堡的 athome.lu 及中国香港的 squarefoot.hk 等房地产网络平台②,于 2014 年 4 月 2 日上线集团首个中文房产类网站 Myfun.com (买房网),正式进军中国市场,为中国消费者提供房地产信息与服务。

---

① 旭通广告公司官网,https://www.adk.jp/about/history/,2018 年 7 月 24 日。
② REA - GROUP 官网,https://www.rea-group.com/IRM/content/default.aspx,2018 年 7 月 24 日。

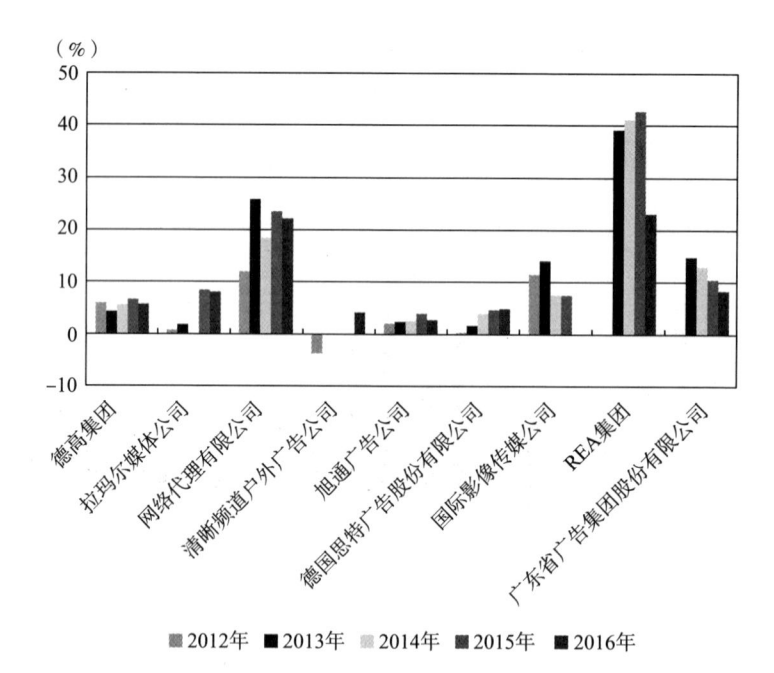

图 8-19　2012—2016 年广告服务业上市公司十强主要企业总资产利润率

清晰频道户外广告公司的总资产利润率为负数，与其排第 3 名的营业收入很不相称。清晰频道户外广告公司是美国历史上最悠久也是世界上最大的户外广告公司之一[①]，在广告牌、海报、火车站和机场的公共区域、建筑外墙、大场面展示、商场广告显示器等传统和非传统的广告媒体上提供广告。[②]

四　广告服务业十强无形资产比较

2012—2016 年广告服务业上市公司十强的无形资产与新闻出版业相比而言，规模比较小，更是远不如广播电视业、有线与付费电视业文化创意产业上市公司（见图 8-20 和表 8-8）。以无形资产规模最大的拉玛尔媒体公司为例，2016 年其无形资产指数为 7.41，不足新闻出版业贝塔斯曼集团 37.34 的一半。

[①]《户外广告公司：清晰频道户外广告》，Clear Channel Outdoor Holdings（CCO），https://www.mg21.com/cco.html，2018 年 7 月 24 日。

[②] Clear Channel Outdoor 官网，https://company.clearchanneloutdoor.com/our-story/，2018 年 7 月 24 日。

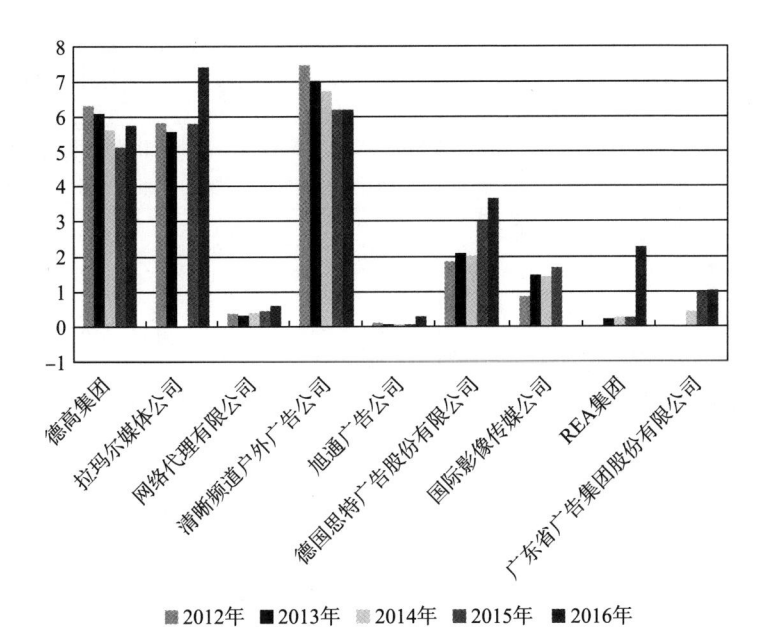

第八章　全球文化创意产业核心行业上市公司龙文化指数十强研究 / 263

图 8-20　2012—2016 年广告服务业上市公司十强主要企业无形资产情况

表 8-8　　　　　　　　2012—2016 年广告服务业上市公司十强

2012 年						
排名	公司名称	公司总部所在地	总资产利润率（%）	营业收入指数	无形资产指数	所得税指数	龙文化指数
1	德高集团（Jc Decaux SA）	法国	5.94	3.37	6.31	4.97	4.07
2	拉玛尔媒体公司（Lamar Media Corp）	美国	0.56	1.18	5.81	0.40	2.10
3	Valassis 通讯公司（Valassis Communications Inc）	美国	11.63	2.16	2.54	2.77	2.05
4	德克斯媒体公司（Dex Media Inc）	美国	2.44	1.30	5.48	0.29	2.00
5	网络代理有限公司（Cyber Agent Ltd）	日本	11.93	1.77	0.38	3.95	1.68
6	分众传媒控股有限公司（Focus Media Holding Ltd）	中国香港	15.84	0.93	1.32	3.19	1.57

续表

2012年							
排名	公司名称	公司总部所在地	总资产利润率(%)	营业收入指数	无形资产指数	所得税指数	龙文化指数
7	清晰频道户外广告公司 (Clear Channel Outdoor Holdings Inc)	美国	-3.75	2.95	7.45	-4.49	1.47
8	旭通广告公司 (Asatsu Dk Inc)	日本	2.08	4.40	0.09	0.67	1.11
9	德国思特广告股份有限公司 (Stroeer SE & Co KGaA)	德国	0.21	0.72	1.83	0.20	0.75
10	国际影像传媒公司 (National CineMedia Inc)	美国	11.35	0.45	0.84	1.12	0.70
2013年							
排名	公司名称	公司总部所在地	总资产利润率(%)	营业收入指数	无形资产指数	所得税指数	龙文化指数
1	德高集团 (Jc Decaux SA)	法国	4.38	3.46	6.08	5.50	4.17
2	清晰频道户外广告公司 (Clear Channel Outdoor Holdings Inc)	美国	-0.14	2.87	7.01	0.61	2.86
3	拉玛尔媒体公司 (Lamar Media Corp)	美国	1.87	1.21	5.58	0.94	2.20
4	网络代理有限公司 (Cyber Agent Ltd)	日本	25.76	1.62	0.31	4.03	1.68
5	德国思特广告股份有限公司 (Stroeer SE & Co KGaA)	德国	1.78	0.82	2.08	0.65	0.99
6	旭通广告公司 (Asatsu Dk Inc)	日本	2.45	3.43	0.06	0.89	0.98
7	国际影像传媒公司 (National CineMedia Inc)	美国	14.05	0.45	1.43	0.83	0.80
8	REA集团 (REA Group Ltd)	澳大利亚	39.14	0.32	0.20	1.77	0.73
9	广东省广告集团股份有限公司 (Guangdong Advertising Group Co Ltd)	中国	14.87	0.89	-0.01	0.75	0.43

续表

		2013 年					
排名	公司名称	公司总部所在地	总资产利润率(%)	营业收入指数	无形资产指数	所得税指数	龙文化指数
10	中视金桥传媒控股有限公司（Sinomedia Holding Ltd）	中国	21.09	0.28	0.03	1.06	0.42

		2014 年					
排名	公司名称	公司总部所在地	总资产利润率(%)	营业收入指数	无形资产指数	所得税指数	龙文化指数
1	德高集团（Jc Decaux SA）	法国	5.58	3.22	5.61	3.80	3.48
2	清晰频道户外广告公司（Clear Channel Outdoor Holdings Inc）	美国	0.13	2.89	6.71	-0.36	2.48
3	网络代理有限公司（Cyber Agent Ltd）	日本	18.38	1.90	0.40	3.14	1.48
4	德克斯媒体公司（Dex Media Inc）	美国	-20.79	1.77	3.24	0.53	1.44
5	德国思特广告股份有限公司（Stroeer SE & Co KGaA）	德国	4.07	0.94	1.99	0.80	1.03
6	旭通广告公司（Asatsu Dk Inc）	日本	2.64	3.27	0.05	1.01	0.98
7	REA 集团（REA Group Ltd）	澳大利亚	41.11	0.39	0.25	2.34	0.94
8	国际影像传媒公司（National CineMedia Inc）	美国	7.62	0.38	1.43	0.41	0.64
9	广东省广告集团股份有限公司（Guangdong Advertising Group Co Ltd）	中国	12.99	1.00	0.42	0.96	0.64
10	奥普特控股公司（OPT Holding Inc）	日本	7.78	0.62	0.10	0.74	0.39

		2015 年					
排名	公司名称	公司总部所在地	总资产利润率(%)	营业收入指数	无形资产指数	所得税指数	龙文化指数
1	德高集团（Jc Decaux SA）	法国	6.68	3.10	5.12	3.38	3.18

续表

		2015 年					
排名	公司名称	公司总部所在地	总资产利润率(%)	营业收入指数	无形资产指数	所得税指数	龙文化指数
2	清晰频道户外广告公司（Clear Channel Outdoor Holdings Inc）	美国	-0.33	2.79	6.18	2.10	3.04
3	拉玛尔媒体公司（Lamar Media Corp）	美国	8.45	1.35	5.78	0.92	2.30
4	网络代理有限公司（Cyber Agent Ltd）	日本	23.42	2.09	0.44	4.51	1.95
5	德国思特广告股份有限公司（Stroeer SE & Co KGaA）	德国	4.69	0.91	3.02	0.41	1.22
6	REA 集团（REA Group Ltd）	澳大利亚	42.77	0.39	0.24	2.70	1.05
7	广东省广告集团股份有限公司（Guangdong Advertising Group Co Ltd）	中国	10.50	1.53	1.00	1.40	1.05
8	旭通广告公司（Asatsu Dk Inc）	日本	3.91	2.90	0.05	1.24	0.97
9	国际影像传媒公司（National CineMedia Inc）	美国	7.52	0.44	1.69	0.74	0.83
10	伊诺盛集团（Innocean Worldwide Inc）	韩国	7.51	0.87	0.17	1.09	0.57
		2016 年					
排名	公司名称	公司总部所在地	总资产利润率(%)	营业收入指数	无形资产指数	所得税指数	龙文化指数
1	德高集团（Jc Decaux SA）	法国	5.84	3.46	5.75	3.60	3.51
2	清晰频道户外广告公司（Clear Channel Outdoor Holdings Inc）	美国	4.22	2.8	6.17	3.39	3.44
3	网络代理有限公司（Cyber Agent Ltd）	日本	22.11	3.02	0.59	6.55	2.79

续表

2015 年						
排名	公司名称	公司总部所在地	总资产利润率(%)	营业收入指数	无形资产指数	所得税指数	龙文化指数
4	拉玛尔媒体公司（Lamar Media Corp）	美国	8.05	1.58	7.41	0.59	2.73
5	捷孚凯纽伦堡公司（GFK AG, Nuernberg）	德国	-3.65	1.73	3.22	3.60	2.39
6	REA 集团（REA Group Ltd）	澳大利亚	23.18	0.49	2.24	2.98	1.71
7	德国思特广告股份有限公司（Stroeer SE & Co KGaA）	德国	4.80	1.31	3.65	0.53	1.52
8	旭通广告公司（Asatsu Dk Inc）	日本	2.75	3.43	0.29	1.49	1.23
9	广东省广告集团股份有限公司（Guangdong Advertising Group Co Ltd）	中国	8.47	1.73	1.02	1.25	1.04
10	开罗传媒有限公司（Cairo Communication SPA）	意大利	2.54	0.66	2.50	0.47	1.03

不同广告服务行业上市公司的无形资产差距比较大。德高集团、拉玛尔媒体公司、清晰频道户外广告公司的无形资产指数在 5 以上；网络代理有限公司、旭通广告公司、REA 集团、中国广东省广告集团股份有限公司的无形资产指数小于 1，但呈上升趋势。

德国思特广告股份有限公司的无形资产指数增幅最大，从 2012 年的 1.83 迅速增加到 2016 年的 3.65，几乎翻了一番。

第五节　全球网络文化业上市公司龙文化指数十强

互联网正在全面融入经济社会生产和生活各个领域，已成为全球经济增长的主要驱动力，用户与流量持续规模扩张。美国由于传统市场较成熟，各大上市公司不断拓展前沿技术应用领域，抢占了全球网络文化业的发展先机。中国、印度等国家后来居上，着力发展网络文化业，在少数领域开始呈现赶超态势。众多网络文化业上市公司基于自身差异化定位，不断开拓行业新发展空间，加速产业转型升级。

一 网络文化业十强龙文化指数总体态势

网络文化行业作为新兴行业，有巨大的发展潜力，2012—2016年网络文化业上市公司龙文化指数远远高于传统的新闻出版业和广告服务业上市公司。

2012—2016年网络文化业上市公司十强龙文化指数变化幅度很大，可以大致分为三种类型（见图8-21）：字母表公司和脸书公司的龙文化指数一直保持着强劲的上升势头；腾讯控股有限公司（Tencent Holdings LTD）、Priceline集团（Priceline Group Inc）的龙文化指数小幅上升；汤森路透集团、易贝公司、日本雅虎公司、百度公司（Baidu Inc）的龙文化指数波动下降。

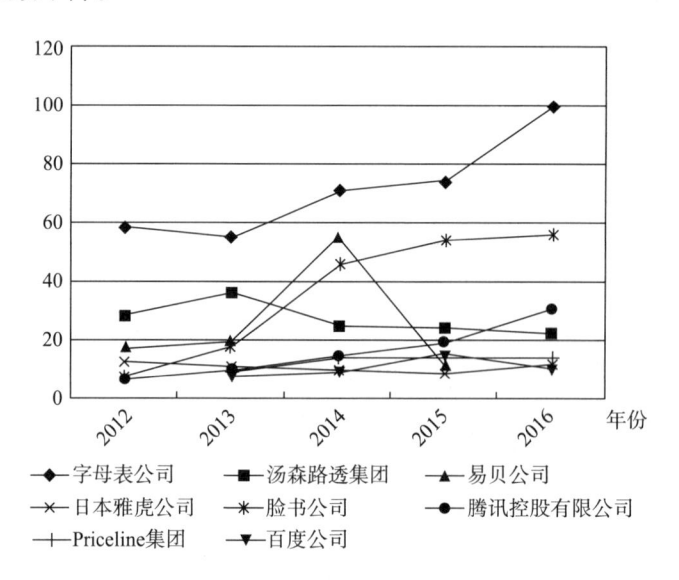

图8-21 2012—2016年网络文化业上市公司十强主要企业龙文化指数

2012—2016年，入围网络文化业上市公司十强的有15家，排名波动很大（见表8-9）。一直在榜单上的只有字母表公司、汤森路透集团、日本雅虎公司、脸书公司、腾讯控股有限公司5家企业。其中，字母表公

第八章　全球文化创意产业核心行业上市公司龙文化指数十强研究 / 269

表8-9　2012—2016年网络文化行业上市公司十强

排名	2012年 公司名称	2012年 龙文化指数	2013年 公司名称	2013年 龙文化指数	2014年 公司名称	2014年 龙文化指数	2015年 公司名称	2015年 龙文化指数	2016年 公司名称	2016年 龙文化指数
1	字母表公司（Alphabet Inc）	58.94	字母表公司（Alphabet Inc）	55.04	字母表公司（Alphabet Inc）	71.58	字母表公司（Alphabet Inc）	74.02	字母表公司（Alphabet Inc）	99.68
2	雅虎公司（Yahoo Inc）	29.07	汤森路透集团（Thomson Reuters Corp）	35.96	雅虎公司（Yahoo Inc）	55.53	脸书公司（Facebook Inc）	54.05	IBM公司（International Business Machines Corp）	61.45
3	汤森路透集团（Thomson Reuters Corp）	28.05	易贝公司（eBay Inc）	19.56	易贝公司（eBay Inc）	54.83	汤森路透集团（Thomson Reuters Corp）	24.41	脸书公司（Facebook Inc）	55.9
4	易贝公司（eBay Inc）	17.49	脸书公司（Facebook Inc）	18.46	脸书公司（Facebook Inc）	45.89	腾讯控股有限公司（Tencent Holdings LTD）	19.56	腾讯控股有限公司（Tencent Holdings LTD）	30.56
5	日本雅虎公司（Yahoo Japan Corp）	12.58	日本雅虎公司（Yahoo Japan Corp）	10.95	汤森路透集团（Thomson Reuters Corp）	25.2	百度公司（Baidu Inc）	15.28	汤森路透集团（Thomson Reuters Corp）	22.51

续表

排名	2012年 公司名称	2012年 龙文化指数	2013年 公司名称	2013年 龙文化指数	2014年 公司名称	2014年 龙文化指数	2015年 公司名称	2015年 龙文化指数	2016年 公司名称	2016年 龙文化指数
6	脸书公司（Facebook Inc）	7.82	阿里巴巴集团（Alibaba Group Holding Ltd）	10.16	阿里巴巴集团（Alibaba Group Holding Ltd）	22.45	Priceline集团（Priceline Group Inc）	14.07	Priceline集团（Priceline Group Inc）	14.11
7	LTRPA控股有限公司（Liberty TripAdvisor Holdings Inc）	7.39	腾讯控股有限公司（Tencent Holdings LTD）	10.06	腾讯控股有限公司（Tencent Holdings LTD）	14.11	易贝公司（eBay Inc）	11.56	IMFO集团（IHS Markit Ltd）	12.38
8	腾讯控股有限公司（Tencent Holdings LTD）	6.73	Priceline集团（Priceline Group Inc）	8.76	Priceline集团（Priceline Group Inc）	13.63	日本雅虎公司（Yahoo Japan Corp）	8.82	日本雅虎公司（Yahoo Japan Corp）	11.73
9	格力株式会社（Gree Inc）	6.1	百度公司（Baidu Inc）	7.73	日本雅虎公司（Yahoo Japan Corp）	10	LTRPA控股有限公司（Liberty TripAdvisor Holdings Inc）	5.66	百度公司（Baidu Inc）	10.34
10	阿里巴巴集团（Alibaba Group Holding Ltd）	6.05	雅虎公司（Yahoo Inc）	7.27	百度公司（Baidu Inc）	8.96	佩剑公司（Sabre Corp）	5.03	LTRPA控股有限公司（Liberty TripAdvisor Holdings Inc）	5.95

司每年都占据第一的位置,与其他的上市公司拉开距离;汤森路透集团的排名呈"M"形在第2—5名之间波动;脸书公司、腾讯控股有限公司2012—2015年发展良好,排名逐渐上升至第4名。

五年中有四年在十强的榜单上的公司有3家,分别是易贝公司(2012年排第4名;2013年排第3名;2014年排第3名;2015年排第7名)、Priceline集团(2013年排第8名;2014年排第8名;2015年排第6名;2016年排第6名)、百度公司(2013年排第9名;2014年排第10名;2015年排第5名;2016年排第9名)。易贝公司是全球电子商务的领导者,2015年排名大幅跌落、2016年掉出十强榜单主要是因为公司在转型突破既有模式的道路上探索了很久,经营模式从C2C转为B2C,组建新的团队、业务整合付出了高昂的成本①,而美国电商行业近年来发展迅速,尤其是亚马逊公司对易贝公司的现有市场形成了巨大冲击;2014年由于易贝公司放开了国际物流限制,与俄罗斯支付系统Qiwi展开合作,营业收入、无形资产、所得税都明显提高,龙文化指数骤升至54.83。然而2015年剥离贝宝公司(PayPal)成为一家独立上市公司,综合排名出现了下降,甚至低于2012年的龙文化指数水平。

此外,入围十强榜单的公司还有雅虎公司(2012年排第2名;2013年排第10名;2014年排第2名)、LTRPA控股有限公司(2012年排第7名;2015年排第9名;2016年排第10名)、阿里巴巴集团(Alibaba Group Holding Ltd)(2012年排第10名;2013年排第6名;2014年排第6名)、格力株式会社(2012年排第9名)、佩剑公司(2015年排第10名)、IBM公司(2016年排第2名)、IMFO集团(2016年排第7名)。美国IBM公司2016年向认知解决方案和云平台公司转型,市场表现也颇受认可,成为仅次于字母表公司、排第2名的企业。

二 网络文化业十强区域分布格局

2012—2016年网络文化业上市公司十强被总部位于美国、中国和日本的上市公司包揽,2016年新增了加拿大和英国的公司(见图8-22)。

美国在网络文化业领域独领风骚,占据绝对的统治地位。总部位于美国的网络文化业上市公司数量最多,保持在6家以上,2015年达到顶

---

① 《eBay:内忧外患 这几年都经历了啥?》,http://www.100ec.cn/detail-6321199.html,2018年7月25日。

峰的 7 家，2016 年缩减到 5 家。美国的网络文化业创造了极大的经济价值，甚至超过了许多被视作"经济引擎"的传统行业，2014 年占美国 GDP 的 6%[①]，但是，美国的互联网普及率快接近 90%[②]，市场接近饱和，网络文化业的上市公司纷纷走上全球化之路去开拓增量市场。

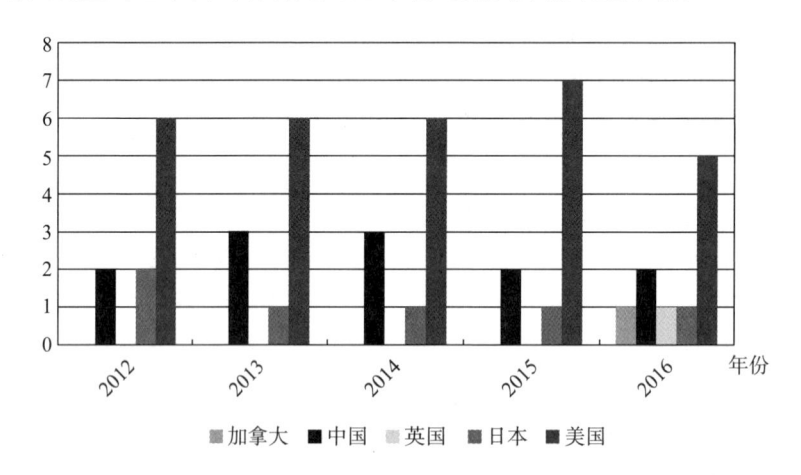

图 8-22　2012—2016 年网络文化业上市公司十强总部所在地情况

中国的网络文化业已经超过了许多欧洲国家，和美国一起处于世界上的领先地位。总部位于中国的网络文化业上市公司数量维持在两家以上，主要是腾讯控股有限公司、百度公司两家公司。中国目前的网络文化业过于集中在消费级互联网领域，在与其他产业结合的自动化和智能化方面与美国仍有较大差距[③]，正在逐步转向技术创新驱动的发展模式。

三　网络文化业十强经济效益分析

2012—2016 年网络文化业上市公司十强的营业收入呈上升趋势（见图 8-23），而大部分公司的总资产利润率呈下降趋势（见图 8-24），这表明网络文化业经过几年的高速发展，市场需求趋于稳定，上市公司的利润增长趋于平缓。

[①] 《美国互联网经济有多强大？》，http://cul.qq.com/a/20151225/023051.htm，2018 年 7 月 25 日。

[②] 《亿欧读数：2018 年全球互联网普及率将超过 50%》，https://www.iyiou.com/p/28466，2018 年 7 月 25 日。

[③] 《中国互联网产业的空心化之忧》（2018-02-20），https://www.huxiu.com/article/233358.html。

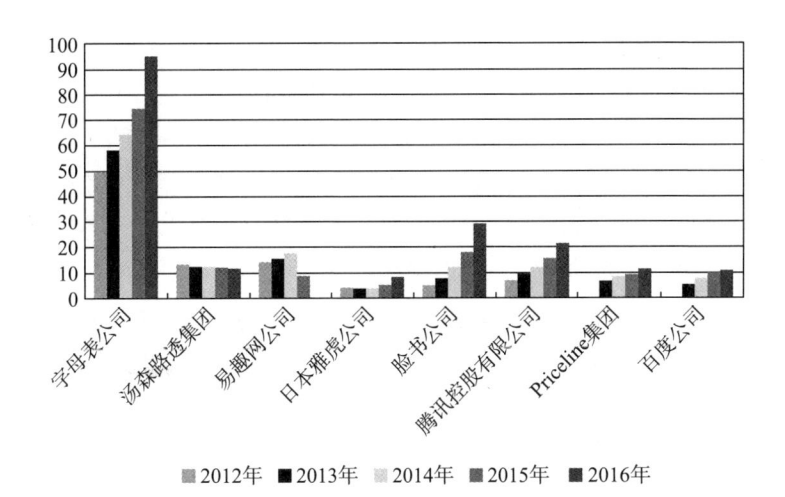

图8-23 2012—2016年网络文化业上市公司十强主要企业营业收入情况

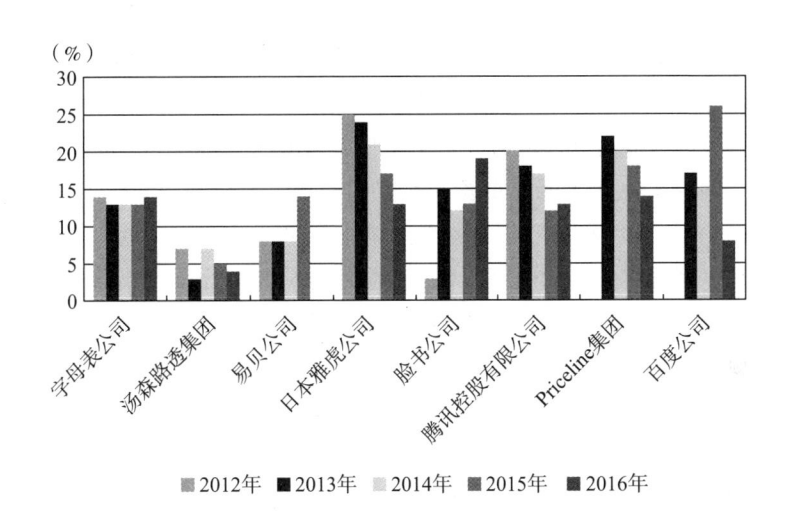

图8-24 2012—2016年网络文化业上市公司十强主要企业总资产利润率

网络文化业上市公司十强的营业收入一家独大,其余差距不大。除字母表公司保持绝对的领先优势,营业收入指数超过50以外,其他公司的营业收入指数都介于3—30。字母表公司是谷歌公司母公司,在全球范围的移动端处于强势地位,掌握着对许多用户很重要的一系列产品,例如,电子邮箱、地图和Youtnbe,其营业收入逐年上升,从2012年的50.16增长到2016年的95.03,尤其是谷歌公司企业重组为字母表公司,

2016 年增幅高达 27.25%。

  这五年间上市公司的总资产利润率波动变化比较大。字母表公司不是总资产利润率最高的公司，但胜在稳定，维持在 13%—14%。汤森路透集团、日本雅虎公司、腾讯控股有限公司、Priceline 集团、百度公司的总资产利润率尽管高，但波动下降，2016 年的总资产利润率基本与字母表公司差不多。其中，日本雅虎公司的下降幅度最大，从 2012 年的 25% 下降到 2016 年的 13%，日本雅虎公司是日本访问量最大的网站，其互联网服务在国内占主导地位，但由于经营不善，2016 年被威瑞森通信公司（Verizon Communications）收购核心互联网业务后，日本雅虎公司也是大不如前。百度公司的总资产利润率尽管总体下降，但 2015 年由于在网络营销市场的优势持续扩大，同时在国家推进"互联网+"战略的有力支撑下进军潜力巨大的服务交易市场，组建了金融服务事业群组，总资产利润率一度回升至 26%，超过了日本雅虎公司在 2012 年创下的峰值 25%。脸书公司的总资产利润率上升明显，从 2012 年的 3% 上升到 2016 年的 19%，这是因为移动广告、脸书公司旗下 Instagram 的商业账户、视频广告内容增长迅速，新兴经济体用户增长非常明显，脸书公司的盈利能力极强。

四　网络文化业十强无形资产比较

  2012—2016 年网络文化业上市公司十强的无形资产稳定，不少公司稳中有升（见图 8-25 和表 8-10）。脸书公司的无形资产指数增幅最大，从 2012 年的 4.15 迅速增加到 2016 年的 65.09，增长了 14.68 倍。脸书公司的大部分资产都是无形资产，主要包括用户数据、商标、品牌、网络域名等，随着用户数量的迅速增加，无形资产表现出强劲的增长势头。汤森路透集团的无形资产规模最大但呈下降趋势，从 2012 年的 78.01 下降到 2016 年的 67.85。汤森路透集团是一家跨国大众媒体和信息公司，总部设在加拿大，实施多元化经营战略，为全球法律金融、高等教育、科学研究等领域提供服务专业信息服务，并且积极向国际化传媒集团发展，2014 年汤森路透集团将 PE/VC 媒体资产（包括 PEHub 和 Venture Capital Journal）出售给 UCG 公司①，无形资产明显减少。

---

 ① *Historical Highlights from Across Thomson Reuters*，https：//www.thomsonreuters.com/en/about-us/company-history.html，2018 年 7 月 25 日。

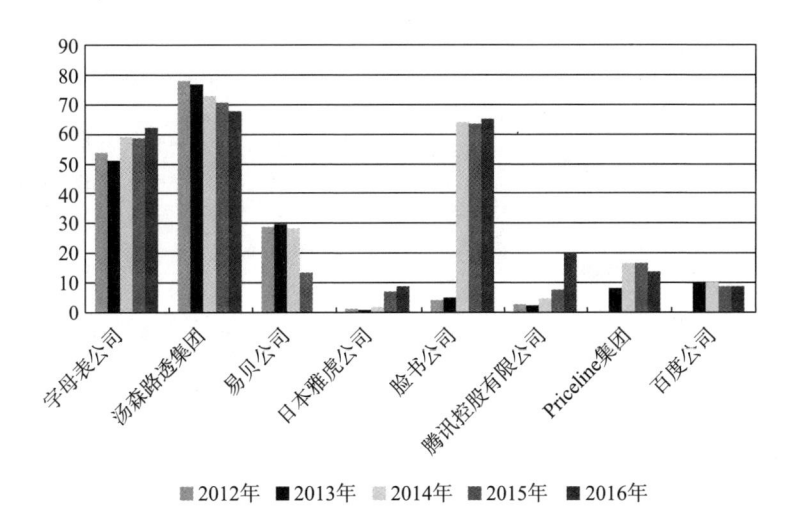

第八章 全球文化创意产业核心行业上市公司龙文化指数十强研究 / 275

图 8-25 2012—2016 年网络文化业上市公司十强主要企业无形资产情况

表 8-10　　2012—2016 年网络文化业上市公司十强

排名	公司名称	公司总部所在国家	总资产利润率(%)	营业收入指数	无形资产指数	所得税指数	龙文化指数
2012 年							
1	字母表公司 (Alphabet Inc)	美国	14.00	50.16	53.89	109.04	58.94
2	雅虎公司 (Yahoo Inc)	美国	34.00	4.98	11.91	81.43	29.07
3	汤森路透集团 (Thomson Reuters Corp)	美国	7.00%	13.27	78.01	6.59	28.05
4	易贝公司 (eBay Inc)	美国	8.00	14.07	28.92	19.94	17.49
5	日本雅虎公司 (Yahoo Japan Corp)	日本	25.00	4.30	1.08	37.81	12.58
6	脸书公司 (Facebook Inc)	美国	3.00	5.09	4.15	18.51	7.82
7	LTRPA 控股有限公司 (Liberty TripAdvisor Holdings Inc)	美国	15.00	0.16	19.22	5.20	7.39

续表

2012 年

排名	公司名称	公司总部所在国家	总资产利润率(%)	营业收入指数	无形资产指数	所得税指数	龙文化指数
8	腾讯控股有限公司（Tencent Holdings LTD）	中国	20.00	6.90	2.61	15.08	6.73
9	格力株式会社（Gree Inc）	日本	49.00	1.98	0.98	17.68	6.10
10	阿里巴巴集团（Alibaba Group Holding Ltd）	中国	16.00	5.56	6.51	9.85	6.05

2013 年

排名	公司名称	公司总部所在国家	总资产利润率(%)	营业收入指数	无形资产指数	所得税指数	龙文化指数
1	字母表公司（Alphabet Inc）	美国	13.00	58.27	51.19	93.33	55.04
2	汤森路透集团（Thomson Reuters Corp）	美国	3.00	12.37	76.92	34.68	35.96
3	易贝公司（eBay Inc）	美国	8.00	15.63	29.76	24.95	19.56
4	脸书公司（Facebook Inc）	美国	15.00	7.67	5.02	51.29	18.46
5	日本雅虎公司（Yahoo Japan Corp）	日本	24.00	3.86	0.84	32.92	10.95
6	阿里巴巴集团（Alibaba Group Holding Ltd）	中国	24.00	8.23	7.20	21.03	10.16
7	腾讯控股有限公司（Tencent Holdings LTD）	中国	18.00	9.48	2.36	24.73	10.06

2013 年

排名	公司名称	公司总部所在国家	总资产利润率(%)	营业收入指数	无形资产指数	所得税指数	龙文化指数
8	Priceline 集团（Priceline Group Inc）	美国	22.00	6.62	8.13	16.51	8.76

续表

	2013 年						
排名	公司名称	公司总部所在国家	总资产利润率(%)	营业收入指数	无形资产指数	所得税指数	龙文化指数
9	百度公司 (Baidu Inc)	中国	17.00	5.14	9.87	12.36	7.73
10	雅虎公司 (Yahoo Inc)	美国	9.00	4.56	14.86	6.27	7.27
	2014 年						
排名	公司名称	公司总部所在国家	总资产利润率(%)	营业收入指数	无形资产指数	所得税指数	龙文化指数
1	字母表公司 (Alphabet Inc)	美国	13.00	64.43	59.04	136.52	71.58
2	雅虎公司 (Yahoo Inc)	美国	19.00	4.51	16.46	165.50	55.53
3	易贝公司 (eBay Inc)	美国	8.00	17.48	28.22	142.84	54.83
4	脸书公司 (Facebook Inc)	美国	12.00	12.17	64.01	80.74	45.89
5	汤森路透集团 (Thomson Reuters Corp)	美国	7.00	12.31	73.21	2.54	25.20
6	阿里巴巴集团 (Alibaba Group Holding Ltd)	中国	12.00	12.00	24.33	42.42	22.45
7	腾讯控股有限公司 (Tencent Holdings LTD)	中国	17.00	12.10	4.77	34.09	14.11
8	Priceline 集团 (Priceline Group Inc)	美国	20.00	8.24	16.54	23.27	13.63
9	雅虎公司日本 (Yahoo Japan Corp)	日本	21.00	3.96	1.66	28.88	10.00
10	百度公司 (Baidu Inc)	中国	15.00	7.72	9.89	14.74	8.96

续表

2015 年							
排名	公司名称	公司总部所在国家	总资产利润率(%)	营业收入指数	无形资产指数	所得税指数	龙文化指数
1	字母表公司 (Alphabet Inc)	美国	13.00	74.68	58.77	138.10	74.02
2	脸书公司 (Facebook Inc)	美国	13.00	17.85	63.40	104.78	54.05
3	汤森路透集团 (Thomson Reuters Corp)	美国	5.00	12.16	70.88	2.34	24.41
4	腾讯控股有限公司 (Tencent Holdings LTD)	中国	12.00	15.55	7.46	47.28	19.56
5	百度公司 (Baidu Inc)	中国	26.00	10.21	8.62	35.34	15.28
6	Priceline 集团 (Priceline Group Inc)	美国	18.00	9.19	16.52	24.12	14.07
7	易贝公司 (eBay Inc)	美国	14.00	8.56	13.53	19.19	11.56
8	日本雅虎公司 (Yahoo Japan Corp)	日本	17.00	5.37	7.02	18.68	8.82
9	LTRPA 控股有限公司 (Liberty TripAdvisor Holdings Inc)	美国	0.00	1.56	18.23	-0.42	5.66
10	佩剑公司 (Sabre Corp)	美国	7.00	2.95	9.77	4.99	5.03
2016 年							
排名	公司名称	公司总部所在国家	总资产利润率(%)	营业收入指数	无形资产指数	所得税指数	龙文化指数
1	字母表公司 (Alphabet Inc)	美国	14.00	95.03	62.31	206.50	99.68
2	IBM 公司 (International Business Machines Corp)	美国	10.00	84.13	128.83	101.70	55.90
3	脸书公司 (Facebook Inc)	美国	19.00	29.10	65.09	67.81	30.56

续表

2016 年						
排名	公司名称	公司总部所在国家	总资产利润率(%)	营业收入指数	无形资产指数	所得税指数	龙文化指数
4	腾讯控股有限公司（Tencent Holdings LTD）	中国	13.00	21.35	19.75	-0.66	22.51
5	汤森路透集团（Thomson Reuters Corp）	加拿大	4.00	11.75	67.85	25.56	14.11
6	Priceline 集团（Priceline Group Inc）	美国	14.00	11.31	13.83	-0.23	12.38
7	INFO 集团（IHS Markit Ltd）	英国	1.00	2.88	39.58	24.82	11.73
8	日本雅虎公司（Yahoo Japan Corp）	日本	13.00	8.29	8.67	18.55	10.34
9	百度公司（Baidu Inc）	中国	8.00	10.70	8.72	9.68	7.26
10	LTRPA 控股有限公司（Liberty TripAdvisor Holdings Inc）	美国	1.00	1.61	18.79	-0.04	5.95

不同网络文化业上市公司无形资产差距很大。字母表公司、汤森路透集团和脸书公司 3 家公司的无形资产指数均在 50 以上，其他公司均小于 30，这说明对于网络文化业来说，无形资产的重要性超过其拥有的实物资本，这些上市公司非常重视其拥有的知识产权等无形资产，且有很好的无形资产基础，令其核心竞争力大大超越了其他公司。

第六节　全球家庭娱乐业上市公司龙文化指数十强

家庭娱乐业呈现日渐细分和多元化的发展趋势，家庭娱乐业文化创意产业上市公司也采取多元化的产品布局。家庭娱乐业常以游戏为核心，以知识产权为媒介，与其他娱乐产业联动融合，即泛娱乐融合。全球家庭娱乐业的整体增长推动了十强公司的强劲表现。北美、欧洲市场稳定，亚太等新兴市场占据市场半壁江山，实现强力增长，在移动游戏方面，充满潜力和机遇。互联网和计算机技术的快速发展一直推动娱乐内容和形式的转换，全球家庭娱乐业持续保持较快发展的态势。

一　家庭娱乐业十强龙文化指数总体态势

2012—2016年家庭娱乐业文化创意产业上市公司龙文化指数可分为两大梯队（见图8-26）。第一梯队只有动视暴雪公司（Activision Blizzard Inc），龙文化指数大于9；第二梯队是以耐信股份有限公司和任天堂公司（Nintendo Co Ltd）为代表的龙文化指数在6以下的公司。两大梯队间的综合发展水平差距有所扩大。2012—2016年家庭娱乐业上市公司的竞争十分激烈，十强的排名波动很大，入围公司的数量已经达到19家（见表8-11）。

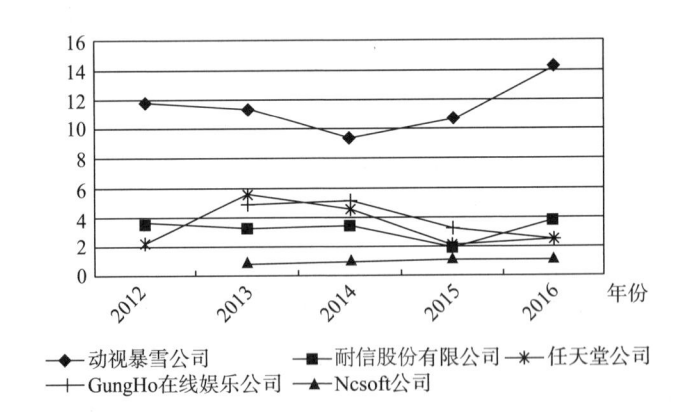

图8-26　2012—2016年家庭娱乐业上市公司十强主要企业龙文化指数

美国动视暴雪公司连续五年保持第1名。动视暴雪公司是一家互动游戏和娱乐公司，总部位于美国加利福尼亚州，2008年由雅旺迪游戏网（Vivendi Games）和动视公司Activision合并而成，旗下拥有《魔兽世界》《变形金刚》《魔兽争霸》系列、《使命召唤》系列、《守望先锋》等全球知名游戏[1]，公司的"游戏即服务"战略十分成功，鼓励玩家在游戏中消费，大部分收入都来自游戏内购。

---

[1] Activision Blizzard Inc官网，https://www.activisionblizzard.com/，2018年7月25日。

表 8-11　2012—2016 年家庭娱乐业上市公司十强

排名	2012 年		2013 年		2014 年		2015 年		2016 年	
	公司名称	龙文化指数	公司名称	龙文化指数	公司名称	龙文化指数	公司名称	龙文化指数	公司名称	龙文化指数
1	动视暴雪公司（Activision Blizzard Inc）	11.85	动视暴雪公司（Activision Blizzard Inc）	11.34	动视暴雪公司（Activision Blizzard Inc）	9.32	动视暴雪公司（Activision Blizzard Inc）	10.66	动视暴雪公司（Activision Blizzard Inc）	14.3
2	耐信股份有限公司（Nexon Co Ltd）	3.54	任天堂公司（Nintendo Co Ltd）	5.55	GungHo 在线娱乐公司（GungHo Online Entertainment Inc）	5.1	GungHo 在线娱乐公司（GungHo Online Entertainment Inc）	3.23	耐信股份有限公司（Nexon Co Ltd）	3.85
3	电子艺术公司（Electronic Arts Inc）	3.05	GungHo 在线娱乐公司（GungHo Online Entertainment Inc）	4.94	任天堂公司（Nintendo Co Ltd）	4.65	任天堂公司（Nintendo Co Ltd）	2.07	任天堂公司（Nintendo Co Ltd）	2.56
4	科乐美控股公司（Konami Holdings Corp）	2.71	耐信股份有限公司（Nexon Co Ltd）	3.29	耐信股份有限公司（Nexon Co Ltd）	3.49	耐信股份有限公司（Nexon Co Ltd）	1.95	GungHo 在线娱乐公司（GungHo Online Entertainment Inc）	2.36
5	任天堂公司（Nintendo Co Ltd）	2.2	电子艺术公司（Electronic Arts Inc）	2.35	电子艺术公司（Electronic Arts Inc）	3.13	NHN 娱乐公司（NHN Entertainment Corp）	1.09	Ncsoft 公司（Ncsoft Corp）	1.11

续表

排名	2012 年 公司名称	2012 年 龙文化指数	2013 年 公司名称	2013 年 龙文化指数	2014 年 公司名称	2014 年 龙文化指数	2015 年 公司名称	2015 年 龙文化指数	2016 年 公司名称	2016 年 龙文化指数
6	育碧娱乐软件公司（UBI Soft Entertainment SA）	1.57	科乐美控股公司（Konami Holdings Corp）	1.69	育碧娱乐软件公司（UBI Soft Entertainment SA）	2.08	Ncsoft 公司（Ncsoft Corp）	1.03	Zynga 公司（Zynga Inc）	0.79
7	北京畅游时代数码技术有限公司（Changyou. com Ltd）	1.21	Take‑Two 互动软件公司（Take‑Two Interactive Software Inc）	0.98	科乐美控股公司（Konami Holdings Corp）	1.74	北京畅游时代数码技术有限公司（Changyou. com Ltd）	0.98	金山软件有限公司（Kingsoft Co Ltd）	0.77
8	盛大游戏有限公司（Shanda Games Ltd）	1.17	盛大游戏有限公司（Sqnda Games Ltd）	0.97	Square Enix 控股有限公司（Square Enix Hldgs Co Ltd）	1.05	金山软件有限公司（Kingsoft Co Ltd）	0.71	卡普康股份有限公司（Capcom Co Ltd）	0.66
9	Zynga 公司（Zynga Inc）	1.09	Ncsoft 公司（Ncsoft Corp）	0.9	威马娱乐有限公司（Wemade Entertainment Co Ltd）	1.02	Zynga 公司（Zynga Inc）	0.68	NHN 娱乐公司（NHN Entertainment Corp）	0.64
10	新威兹控股股份有限公司（Neowiz Holdings Corp）	0.66	Square Enix 控股有限公司（Square Enix Hldgs Co Ltd）	0.86	Ncsoft 公司（Ncsoft Corp）	0.99	科伊科技控股股份有限公司（Koei Tecmo Holdings Co Ltd）	0.58	科伊科技控股有限公司（Koei Tecmo Holdings Co Ltd）	0.54

四年以上入围十强榜单的有 4 家公司，分别是耐信股份有限公司、任天堂公司、GungHo 在线娱乐公司与 Ncsoft 公司。耐信股份有限公司、任天堂公司和 GungHo 在线娱乐公司的名次略有波动，但稳定在前五名；Ncsoft 公司 2013 年排第 9 名，2014 年降至第 10 名，但之后《天堂》和《剑灵》的销售额持续增长，并且将 PC 端和移动端布局全球市场，加速推出新版本，2016 年排名冲入前五名。

其余上榜的还有电子技术公司（Electronic Arts Inc）（2012 年排第 3 名；2013 年排第 5 名；2014 年排第 5 名）、科乐美控股公司（Konami Holdings Corp）（2012 年排第 4 名；2013 年排第 6 名；2014 年排第 7 名）、Zynga 公司（2012 年排第 9 名；2015 年排第 9 名；2016 年排第 6 名）、育碧娱乐软件公司（UBI Soft Entertainment SA）（2012 年排第 6 名；2014 年排第 6 名）、北京畅游时代数码技术有限公司（Changyou.com Ltd）（2012 年排第 7 名；2015 年排第 7 名）、盛大游戏有限公司（Shanda Games Ltd）（2012 年排第 8 名；2013 年排第 8 名）、新威兹控股公司（2012 年排第 10 名）、Take-Two 互动软件公司（2013 年排第 7 名）、Square Enix 控股有限公司（2013 年排第 10 名；2014 年排第 8 名）、威马娱乐有限公司（2014 年排第 9 名）、NHN 娱乐公司（2015 年排第 5 名；2016 年排第 9 名）、金山软件有限公司（Kingsoft Co Ltd）（2015 年排第 8 名；2016 年排第 7 名）、科伊科技控股有限公司（2015 年排第 10 名；2016 年排第 10 名）、卡普康股份有限公司（2016 年排第 10 名）。这 14 家公司的上榜时间短，排名基本在第 5 名之外，综合实力与动视暴雪公司等仍有差距。其中，电子技术公司、科乐美控股公司年分别是第 3 名、第 4 名，但之后两年名次直线下降甚至掉出十强榜单，主要是因为本土游戏市场不断萎缩，业绩持续走低。

家庭娱乐业上市公司龙文化指数变化趋势各不相同。动视暴雪公司的龙文化指数呈"V"形变化，2014 年跌入低谷仅为 9.32，之后两年通过加强付费订阅、前期预购、免费游玩和微交易商业模式迅速回升，2016 年龙文化指数达 14.3，超过下跌前的水平。耐信股份有限公司发展比较稳定，龙文化指数维持在 3—4，2015 年由于收购的日本移动游戏发行商 Gloops 并未见效，手游收入下降，龙文化指数下降到 1.95。任天堂公司的龙文化指数大幅波动，2013 年达到高峰，为 5.55，2015 年陷入低谷，为 2.07。GungHo 在线娱乐公司的龙文化指数呈下降趋势，从 2013

年的 4.94 降至 2016 年的 2.36，降幅达 52.23%。Ncsoft 公司的龙文化指数尽管呈上升趋势，但增幅不明显。

二 家庭娱乐业十强区域分布格局

家庭娱乐业经过多年发展已形成比较成熟的市场格局，日本、美国、中国在世界家庭娱乐市场中占据着重要的位置。

从 2012—2016 年家庭娱乐业上市公司综合发展十强的总部所在地分布（见图 8-27）可以看出，日本在该领域是全球的"领头羊"。总部位于日本的家庭娱乐业上市公司一直保持在 3 家以上，2013 年、2014 年、2016 年达到了 5 家。日本的家庭娱乐业是日本文化创意产业的中坚力量，形成了从游戏的硬件设备到游戏的研发、发行完整的上下游产业链，并与其他文化创意产业之间形成了连贯的 IP 变现体系。日本的家庭娱乐市场主要以手游市场为主，主机和 PC 端游市场居次。

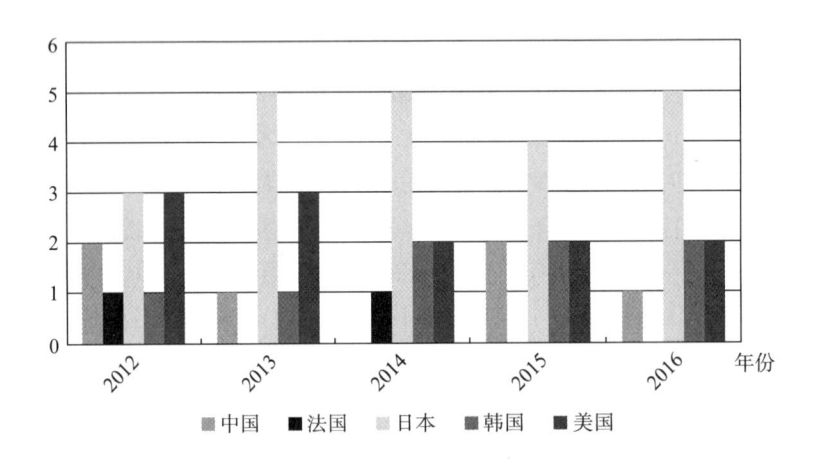

图 8-27　2012—2016 年家庭娱乐业上市公司十强总部所在地情况

美国是世界第二大游戏市场，总部位于美国的家庭娱乐业上市公司 2012 年、2013 年为 3 家，2014 年起数量有所减少，固定在两家。美国的家庭娱乐业发展历史悠久，细分产业链成熟完整，市场推广投入大，畅销榜单长期被美国的产品垄断，随着 VR 游戏热度持续走高，很多平台的游戏开发商将逐渐把重心逐渐转向 VR。

中国已成为全球第一大游戏市场，消费者越来越愿意为网络游戏等娱乐内容买单，总部位于中国的家庭娱乐行业上市公司保持在 1—2 家。

中国的家庭娱乐业发展最快的是手游,正在从爆发式增长期进入平稳高速增长。

家庭娱乐业十强上市公司还分布在法国、韩国,这些国家的家庭娱乐市场逐渐扩大,上市公司也蓬勃发展。

三 家庭娱乐业十强经济效益分析

从营业收入来看,家庭娱乐业上市公司十强的营业收入可划分为两层(见图8-28)。第一层是任天堂公司和动视暴雪公司,营业收入指数大于4。任天堂公司的营业收入略高于综合排第1名的动视暴雪公司,营业收入指数达到7.97,而动视暴雪公司为4.85。两者的变化趋势也不一致。任天堂公司的营业收入呈下降趋势,动视暴雪公司的营业收入先降后升,2016年两者的排名翻转,动视暴雪公司(6.96)的营业收入高于任天堂公司(4.75)。任天堂公司是视频游戏开发商、发行商和经销商,电子游戏业三巨头之一,总部位于日本京都,任天堂公司开发了游戏史上最热销游戏系列超级马里奥和精灵宝可梦①,2013年起日元汇率的持续下降以及支柱产业家庭游戏主机、掌机销量下滑是导致营业收入下降的主要原因。第二层是耐信股份有限公司、GungHo在线娱乐公司和Ncsoft公司,营业收入指数小于2。

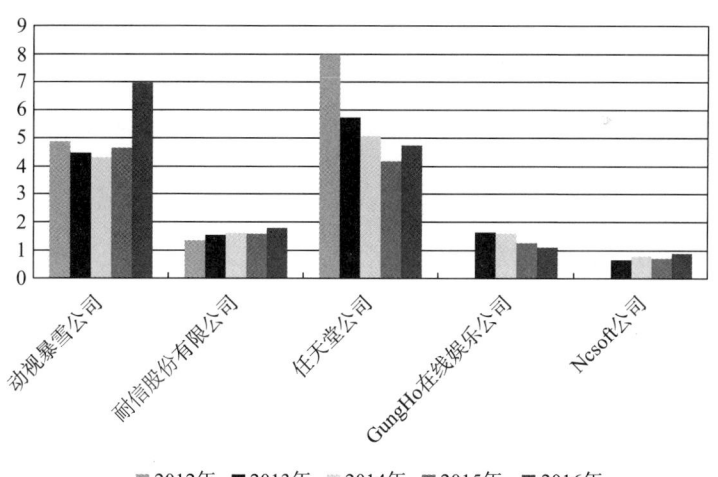

图8-28 2012—2016年家庭娱乐业上市公司十强主要企业营业收入情况

---

① Nintendo 官网,https://www.nintendo.co.jp/corporate/index.html,2018年7月26日。

家庭娱乐业上市公司总资产利润率即盈利能力两极分化明显（见图 8-29）。总资产利润率最高的公司是 GungHo 在线娱乐公司，每年的总资产利润率都在 60% 以上。GungHo 在线娱乐公司是日本的游戏开发商，2012 年年底开始在美国市场推广"Puzzle and Dragons"（《智龙迷城》），最终在全球市场取得了巨大成功①，但是，手游的生命周期短，尽管总资产利润率变化不大，营业收入却处于缩减状态。

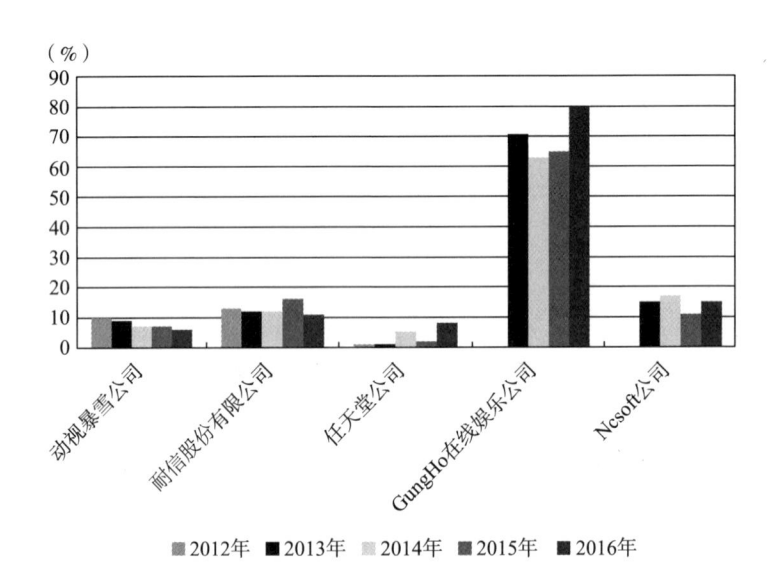

图 8-29　2012—2016 年家庭娱乐业上市公司十强主要企业总资产利润率

四　家庭娱乐业十强无形资产比较

2012—2016 年家庭娱乐业上市公司前十强无形资产变动明显（见图 8-30）。除动视暴雪公司的无形资产大幅上升外，耐信股份有限公司、任天堂公司、GungHo 在线娱乐公司、Ncsoft 公司的无形资产均略微下降。动视暴雪公司的无形资产指数达到 22，独占鳌头。2016 年推出游戏《魔兽世界》和《守望先锋》大获成功，独特的游戏内容和强劲的定制物品驱动创造了动视暴雪公司的季度和年度游戏内付费收入的新纪录，无形资产指数也迅速增至 36.8。

---

①《Puzzle & Dragon 发展之路（崛起篇）》，http：//youxiputao.com/articles/96，2018 年 7 月 26 日。

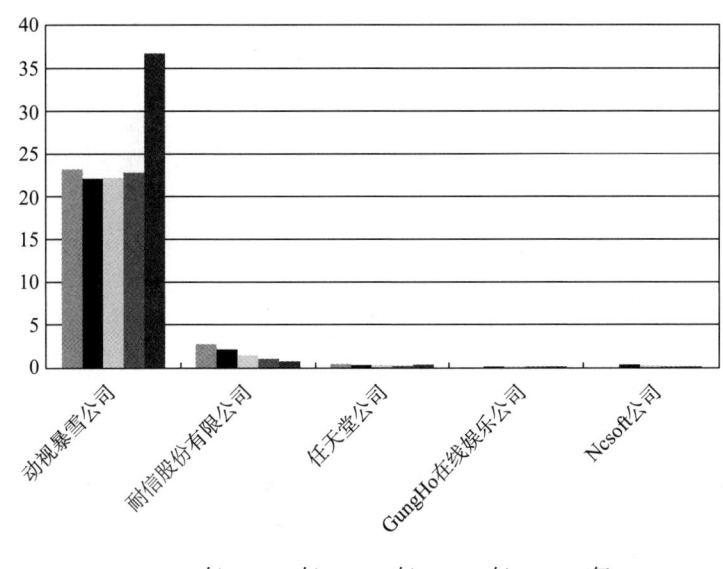

第八章　全球文化创意产业核心行业上市公司龙文化指数十强研究 / 287

图 8-30　2012—2016 年家庭娱乐业上市公司十强主要企业无形资产情况

不同年份家庭娱乐业上市公司的无形资产差距越拉越大（见表 8-12）。2012 年，动视暴雪公司的无形资产规模是排名第二的耐信股份有限公司的 8.42 倍，2016 年差距扩大到 51.1 倍，任天堂公司、GungHo 在线娱乐公司、Ncsoft 公司的无形资产规模更是不足动视暴雪公司的 2%。

表 8-12　2012—2016 年家庭娱乐业上市公司十强

排名	公司名称	公司总部所在国家	总资产利润率(%)	营业收入指数	无形资产指数	所得税指数	龙文化指数
		2012 年					
1	动视暴雪公司 (Activision Blizzard Inc)	美国	10.00	4.85	23.24	12.97	11.85
2	耐信股份有限公司 (Nexon Co Ltd)	日本	13.00	1.36	2.76	8.05	3.54
3	电子艺术公司 (Electronic Arts Inc)	美国	3.00	3.80	5.91	1.72	3.05
4	科乐美控股公司 (Konami Holdings Corp)	日本	7.00	2.83	2.63	4.46	2.71

续表

2012 年

排名	公司名称	公司总部所在国家	总资产利润率(%)	营业收入指数	无形资产指数	所得税指数	龙文化指数
5	任天堂公司（Nintendo Co Ltd）	日本	1.00	7.97	0.41	1.60	2.20
6	育碧娱乐软件公司（UBI Soft Entertainment SA）	法国	7.00	1.61	2.66	1.46	1.57
7	北京畅游时代数码技术有限公司（Changyou.com Ltd）	中国	32.00	0.62	0.57	2.83	1.21
8	盛大游戏有限公司（Shanda Games Ltd）	中国	19.00	0.75	0.44	2.82	1.17
9	Zynga 公司（Zynga Inc）	美国	-6.00	1.28	0.73	2.09	1.09
10	新威兹控股公司（Neowiz Holdings Corp）	韩国	8.00	0.66	0.20	1.50	0.66

2013 年

排名	公司名称	公司总部所在国家	总资产利润率(%)	营业收入指数	无形资产指数	所得税指数	龙文化指数
1	动视暴雪公司（Activision Blizzard Inc）	美国	9.00	4.46	22.13	12.64	11.34
2	任天堂公司（Nintendo Co Ltd）	日本	1.00	5.72	0.37	14.33	5.55
3	GungHo 在线娱乐公司（GungHo Online Entertainment Inc）	日本	71.00	1.63	0.08	14.84	4.94
4	耐信股份有限公司（Nexon Co Ltd）	日本	12.00	1.55	2.17	7.70	3.29
5	电子艺术公司（Electronic Arts Inc）	美国	0.00	3.48	5.54	-0.04	2.35
6	科乐美控股公司（Konami Holdings Corp）	日本	3.00	2.18	1.93	2.24	1.69
7	Take-Two 互动软件公司（Take-Two Interactive Software Inc）	美国	21.00	2.29	1.00	0.59	0.98

续表

排名	公司名称	公司总部所在国家	总资产利润率(%)	营业收入指数	无形资产指数	所得税指数	龙文化指数
	2013 年						
8	盛大游戏有限公司（Shanda Games Ltd）	中国	38.00	0.70	0.35	2.18	0.97
9	Ncsoft 公司（Ncsoft Corp）	韩国	15.00	0.67	0.30	2.15	0.90
10	Square Sgu Enix 控股有限公司（Square Enix Hldgs Co Ltd）	日本	5.00	1.55	0.32	1.48	0.86

排名	公司名称	公司总部所在国家	总资产利润率(%)	营业收入指数	无形资产指数	所得税指数	龙文化指数
	2014 年						
1	动视暴雪公司（Activision Blizzard Inc）	美国	7.00	4.30	22.16	5.98	9.32
2	GungHo 在线娱乐公司（GungHo Online Entertainment Inc）	日本	63.00	1.60	0.12	15.39	5.10
3	任天堂公司（Nintendo Co Ltd）	日本	5.00	5.09	0.34	11.74	4.65
4	耐信股份有限公司（Nexon Co Ltd）	日本	12.00	1.60	1.44	9.03	3.49
5	电子艺术公司（Electronic Arts Inc）	美国	15.00	4.41	5.33	2.05	3.13
6	育碧娱乐软件公司（UBI Soft Entertainment SA）	法国	8.00	1.90	2.73	2.89	2.08
7	科乐美控股公司（Konami Holdings Corp）	日本	5.00	2.02	1.69	2.72	1.74
8	Square Enix 控股有限公司（Square Enix Hldgs Co Ltd）	日本	7.00	1.56	0.28	2.13	1.05
9	威马娱乐有限公司（Wemade Entertainment Co Ltd）	韩国	51.00	0.15	0.11	2.83	1.02
10	Ncsoft 公司（Ncsoft Corp）	韩国	17.00	0.78	0.26	2.40	0.99

续表

2015 年							
排名	公司名称	公司总部所在国家	总资产利润率(%)	营业收入指数	无形资产指数	所得税指数	龙文化指数
1	动视暴雪公司（Activision Blizzard Inc）	美国	7.00	4.64	22.82	9.57	10.66
2	GungHo 在线娱乐公司（GungHo Online Entertainment Inc）	日本	65.00	1.27	0.09	9.40	3.23
3	任天堂公司（Nintendo Co Ltd）	日本	2.00	4.15	0.25	3.87	2.07
4	耐信股份有限公司（Nexon Co Ltd）	日本	16.00	1.57	1.06	4.28	1.95
5	NHN 娱乐公司（NHN Entertainment Corp）	韩国	12.00	0.57	0.81	2.36	1.09
6	Ncsoft 公司（Ncsoft Corp）	韩国	11.00	0.74	0.17	2.70	1.03
7	北京畅游时代数码技术有限公司（Changyou.com Ltd）	中国	14.00	0.76	0.41	2.26	0.98
8	金山软件有限公司（Kingsoft Co Ltd）	中国	4.00	0.90	0.41	1.33	0.71
9	Zynga 公司（Zynga Inc）	美国	-6.00	0.76	2.15	-0.36	0.68
10	科伊科技控股有限公司（Koei Tecmo Holdings Co Ltd）	日本	14.00	0.32	0.01	1.63	0.58
2016 年							
排名	公司名称	公司总部所在国家	总资产利润率(%)	营业收入指数	无形资产指数	所得税指数	龙文化指数
1	动视暴雪公司（Activision Blizzard Inc）	美国	6.00	6.96	36.80	6.19	14.30
2	耐信股份有限公司（Nexon Co Ltd）	日本	11.00	1.78	0.72	10.85	3.85
3	任天堂公司（Nintendo Co Ltd）	日本	8.00	4.75	0.37	4.96	2.56

续表

2016 年						
排名	公司名称	公司总部所在国家	总资产利润率（%）	营业收入指数	无形资产指数	所得税指数	龙文化指数
4	GungHo 在线娱乐公司（GungHo Online Entertainment Inc）	日本	80.00	1.09	0.07	6.52	2.36
5	Ncsoft 公司（Ncsoft Corp）	韩国	15.00	0.89	0.14	2.85	1.11
6	Zynga 公司（Zynga Inc）	美国	-5.00	0.78	2.01	0.15	0.79
7	金山软件有限公司（Kingsoft Co Ltd）	中国	-1.00	1.31	0.59	1.12	0.77
8	卡普康股份有限公司（Capcom Co Ltd）	日本	11.00	0.85	0.08	1.47	0.66
9	NHN 娱乐公司（NHN Entertainment Corp）	韩国	1.00	0.78	0.88	0.72	0.64
10	科伊科技控股有限公司（Koei Tecmo Holdings Co Ltd）	日本	13.00	0.36	0.01	1.46	0.54

第七节　全球影视娱乐业上市公司龙文化指数十强

全球影视娱乐业发展非常成熟，近年来，一直保持稳定增长的基本态势。美国电影制作公司的龙头地位依然不可动摇，中国影视娱乐业上市公司扩张速度惊人，中国、印度等新兴电影市场有巨大的潜力，不仅吸引了好莱坞等成熟电影，还促进了本土电影产业的发展。互联网、数字技术强烈冲击了影视娱乐业的格局，数字技术改变了电影的制作、发行、放映、营销和版权交易等各个环节，电影产业已进入了全面数字化时代。

一　影视娱乐业十强龙文化指数总体态势

2012—2016 年，影视娱乐业上市公司总体发展良好，龙文化指数

（LCI）总体呈先降后升趋势（见图 8–31），影视娱乐业上市公司顶住互联网带来的压力，积极转型升级取得了成效。

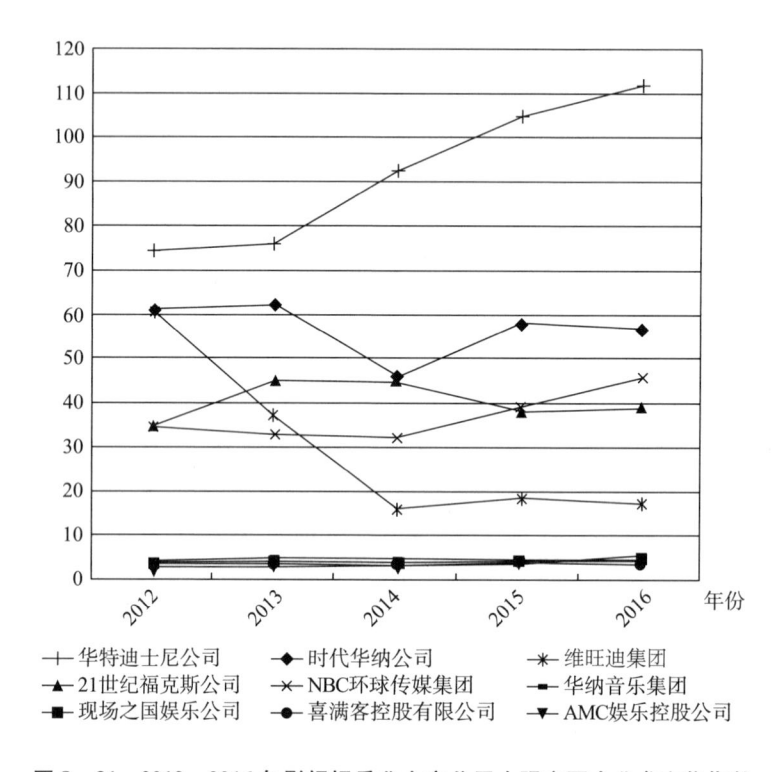

图 8–31　2012—2016 年影视娱乐业上市公司十强主要企业龙文化指数

从龙文化指数的数值来看，影视娱乐业上市公司龙文化指数整体较高，远高于家庭娱乐业和娱乐休闲业。可大致分为两个梯队，第一梯队是华特迪士尼公司、时代华纳公司等龙文化指数大于 17 的公司；第二梯队是以华纳音乐集团和现场之国娱乐公司为代表的龙文化指数在 5 以下的公司。

2012—2016 年，入围影视娱乐业上市公司十强的公司有 12 家，每年的十强比较固定（见表 8–13），比如，华特迪士尼公司、时代华纳公司、维旺迪集团、21 世纪福克斯公司、NBC 环球传媒集团（NBC Universal Media LLC）、华纳音乐集团、现场之国娱乐公司、喜满客控股有限公司（Cinemark Holdings Inc）。

表 8-13　2012—2016 年影视娱乐业上市公司十强

排名	2012 年		2013 年		2014 年		2015 年		2016 年	
	公司名称	龙文化指数	公司名称	龙文化指数	公司名称	龙文化指数	公司名称	龙文化指数	公司名称	龙文化指数
1	华特迪士尼公司（Walt Disney Co）	74.39	华特迪士尼公司（Walt Disney Co）	75.76	华特迪士尼公司（Walt Disney Co）	92.67	华特迪士尼公司（Walt Disney Co）	104.69	华特迪士尼公司（Walt Disney Co）	111.94
2	时代华纳公司（Time Warner Inc）	61.05	时代华纳公司（Time Warner Inc）	62.36	时代华纳公司（Time Warner Inc）	46.33	时代华纳公司（Time Warner Inc）	58.22	时代华纳公司（Time Warner Inc）	56.77
3	21 世纪福克斯公司（Twenty-First Century Fox Inc）	60.62	21 世纪福克斯公司（Twenty-First Century Fox Inc）	45.68	21 世纪福克斯公司（Twenty-First Century Fox Inc）	44.78	NBC 环球传媒集团（NBCUniversal Media LLC）	39.08	NBC 环球传媒集团（NBCUniversal Media LLC）	45.78
4	维旺迪集团（Vivendi）	35.11	维旺迪集团（Vivendi）	37.43	NBC 环球传媒集团（NBCUniversal Media LLC）	32.24	21 世纪福克斯公司（Twenty-First Century Fox Inc）	38.24	21 世纪福克斯公司（Twenty-First Century Fox Inc）	39.20
5	NBC 环球传媒集团（NBCUniversal Media LLC）	34.35	NBC 环球传媒集团（NBCUniversal Media LLC）	33.15	维旺迪集团（Vivendi）	15.87	维旺迪集团（Vivendi）	18.84	维旺迪集团（Vivendi）	17.17

续表

排名	2012年 公司名称	龙文化指数	2013年 公司名称	龙文化指数	2014年 公司名称	龙文化指数	2015年 公司名称	龙文化指数	2016年 公司名称	龙文化指数
6	华纳音乐集团（Warner Music Group Corp）	4.14	华纳音乐集团（Warner Music Group Corp）	4.45	华纳音乐集团（Warner Music Group Corp）	4.35	华纳音乐集团（Warner Music Group Corp）	4.56	AMC娱乐控股公司（AMC Entertainment Holdings Inc）	5.30
7	现场之国娱乐公司（Live Nation Entertainment Inc）	3.74	现场之国娱乐公司（Live Nation Entertainment Inc）	3.85	现场之国娱乐公司（Live Nation Entertainment Inc）	3.61	现场之国娱乐公司（Live Nation Entertainment Inc）	4.18	现场之国娱乐公司（Live Nation Entertainment Inc）	4.90
8	喜满客控股有限公司（Cinemark Holdings Inc）	3.42	喜满客控股有限公司（Cinemark Holdings Inc）	3.36	AMC娱乐控股公司（AMC Entertainment Holdings Inc）	3.18	AMC娱乐控股公司（AMC Entertainment Holdings Inc）	3.74	华纳音乐集团（Warner Music Group Corp）	4.56
9	特艺集团（Technicolor SA）	2.84	特艺集团（Technicolor SA）	2.61	喜满客控股有限公司（Cinemark Holdings Inc）	3.13	喜满客控股有限公司（Cinemark Holdings Inc）	3.62	特艺集团（Technicolor SA）	3.66
10	AMC娱乐控股公司（AMC Entertainment Holdings Inc）	2.75	帝王娱乐集团（Regal Entertainment Group）	2.25	梦工厂动画公司（DreamWorks Animation Inc）	3.09	特艺集团（Technicolor SA）	3.24	喜满客控股有限公司（Cinemark Holdings Inc）	3.52

华特迪士尼公司和时代华纳公司这两家上市公司每年都牢牢占据第1名、第2名的位置。维旺迪集团的排名有所下滑，从2012年的第3名下降到2016年的第5名；21世纪福克斯公司的排名稳定在第3名、第4名；NBC环球传媒集团（NBC Universal Media LLC）的排名从2012年的第5名上升到2016年的第3名；华纳音乐集团前四年位列第6名，2016年下降至第8名；现场之国娱乐公司一直稳定在第7名；喜满客控股有限公司被AMC娱乐控股公司以及特艺集团赶超，从2012年的第8名下降到2016年的第10名。

此外，入围十强榜单的企业还有特艺集团（2012年排第9名；2013年排第9名；2015年排第10名；2016年排第9名）、AMC娱乐控股公司（2012年排第10名；2014年排第8名；2015年排第8名；2016年排第6名）、帝王娱乐集团（Regal Entertainment Group）（2013年排第10名）、梦工厂动画公司（DreamWorks Animation Inc）（2014年排第10名）。梦工厂动画公司2014年上榜是因为将持有的ATV公司（AwesomenessTV）的25%股权转让给赫斯特集团，纳税贡献指数达到9.1，远超其他上市公司，但很快因亏损严重，2016年被NBC环球传媒集团以38亿美元收购。

二 影视娱乐业十强区域分布格局

经过多年的发展，影视娱乐业已形成了相对稳定的市场格局，美国和法国的影视娱乐业上市公司占据市场翘楚（见图8-32）。

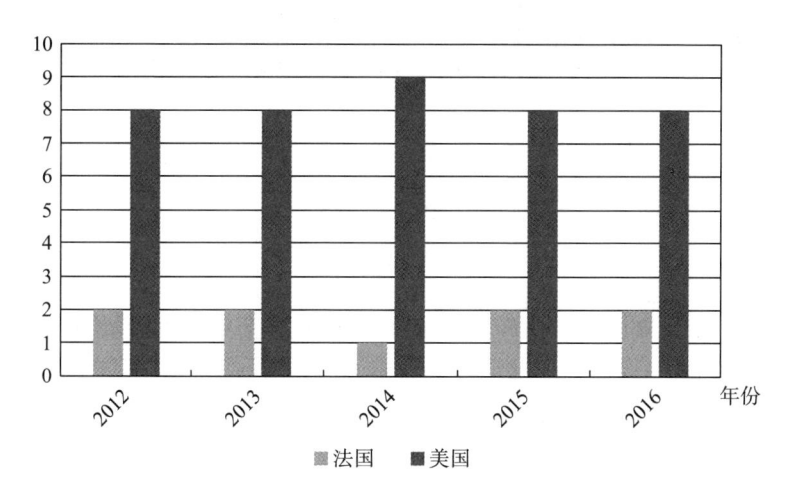

图8-32 2012—2016年影视娱乐业上市公司十强总部所在地情况

美国一直是全球电影产业的"领头羊",十强中总部位于美国的影视娱乐业上市公司稳定在 8—9 家,以好莱坞为中心形成了影视产业聚集,且内容制造端的影视娱乐巨头不断兼并收购壮大规模,美国大制片厂的市场地位不可动摇。

十强中总部位于法国的影视娱乐业上市公司基本为 2 家,维旺迪集团(Vivendi)与特艺集团,2014 年因特艺集团未上榜而总数减少为 1 家。法国的影视娱乐业蓬勃发展得益于政府的财政支持及相关保护政策,制片和发行环节的市场集中度比较高,上市公司业务构成多元化,影视在院线市场上保持着与好莱坞电影的积极竞争。①

三 影视娱乐业十强经济效益分析

2012—2016 年影视娱乐业上市公司十强营业收入稳中有升(见图 8 -33),总资产利润率普遍波动上升(见图 8 -34)。这表明虽然存在一定波动因素,影视娱乐行业已进入稳定发展期。

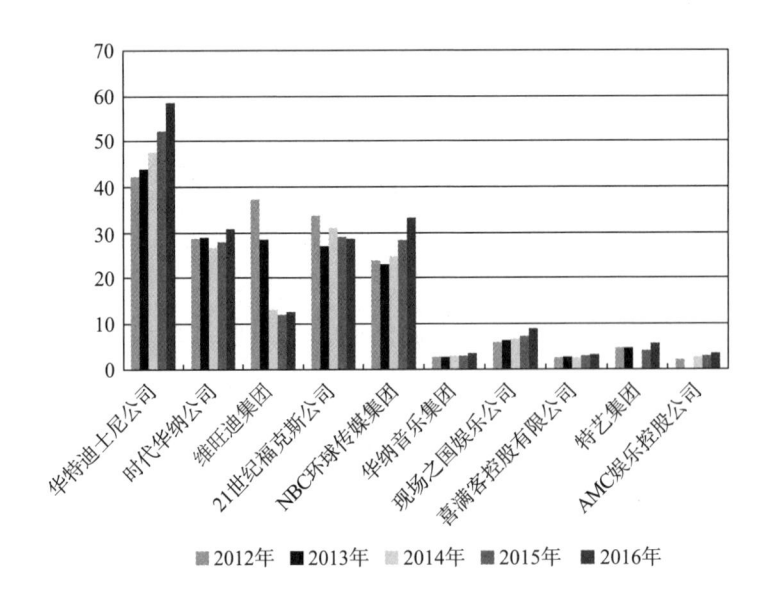

图 8 -33 2012—2016 年影视娱乐业上市公司十强营业收入情况

---

① 金雪涛:《21 世纪以来法国电影产业发展及竞争力优势探析》,《新闻界》2016 年第 4 期。

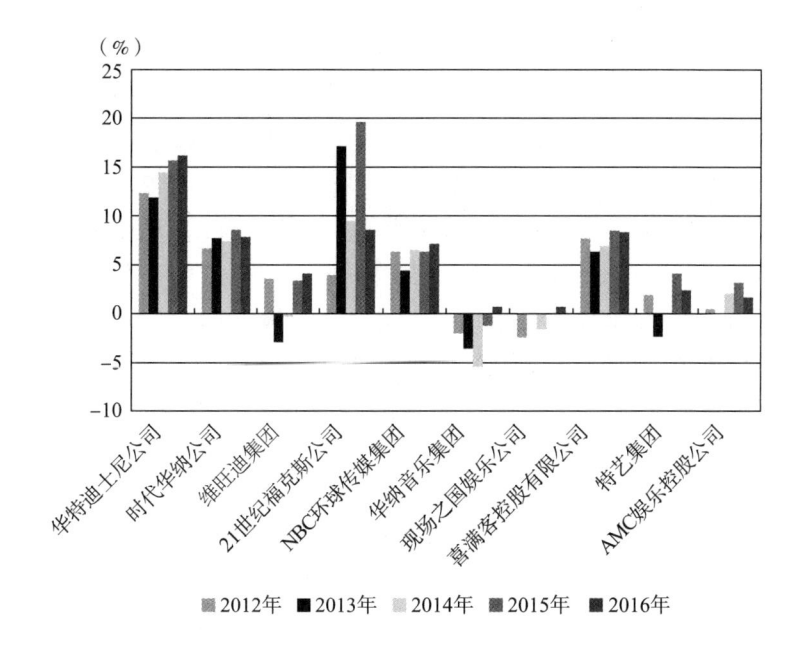

第八章 全球文化创意产业核心行业上市公司龙文化指数十强研究 / 297

图 8-34 2012—2016 年影视娱乐业上市公司十强总资产利润率

华特迪士尼公司的营业收入最高，且逐年递增，2016 年达到了 58.57，是排第 2 名的 NBC 环球传媒集团的营业收入的 1.76 倍。华特迪士尼公司是一家世界领先的多元化国际娱乐媒体企业，拥有面向国际消费者的媒体网络、度假区、体验和消费产品等业务部门①，一直坚持以创新为主导的多元化战略，逐步扩大业务触角和盈利范围，从而成为全球性的影视娱乐行业巨头。

营业收入仅次于华特迪士尼公司的是时代华纳公司和 21 世纪福克斯公司。时代华纳公司的营业收入指数稳定在 26—30，而 21 世纪福克斯公司的营业收入指数呈下降趋势。时代华纳公司是美国跨国传媒和娱乐集团，事业版图横跨电影、电视、有线电视网络和出版业务②，在互联网和新媒体的巨大冲击下，美国电话电报公司于 2016 年发起对其收购要约，2017 年 7 月刚刚获批，以 854 亿美元价格并入美国电话电报公司。

---

① Walt Disney Company 官网，https：//www.thewaltdisneycompany.com/，2018 年 7 月 28 日。

② *A Leader in Innovation for More than 100 Years*，http：//www.warnermediagroup.com/company，2018 年 7 月 28 日。

影视娱乐业上市公司十强中营业收入唯一下降的是维旺迪集团，从 2012 年的 37.23 下降到 2015 年的 11.89，降幅达 68.1%，2016 年才略上升至 12.60。维旺迪集团是总部位于法国巴黎的跨国传媒集团，业务范围从人才发现到内容的创建、制作和分发，横跨整个媒体价值链①，因其一直在寻求缩减电信业务规模，剥离最大的业务部门 SFR，增加在媒体和内容业务方面的比重，使其面临更深层次的挑战，导致了营业收入下降。

总资产利润率最高的是华特迪士尼公司，从 2012 年的 12.36% 增长至 2016 年的 16.16%，在影视娱乐业中保持领先地位。

21 世纪福克斯公司总资产利润率波动明显，2012 年仅为 3.90%，2013 年、2015 年猛增至 17.15%、19.67%，2016 年再次回落至 8.59%。21 世纪福克斯公司是 2013 年新闻集团资产分拆后成立的两家公司之一，主要资产包括福克斯社交网络（FNG）、国家地理频道、福克斯新闻频道（FNC）、福克斯商业网络（FBN）等②，2014 年因撤回对时代华纳公司的收购以及出售 CNN 以缓解反托拉斯问题，总资产利润率下降至 9.47%。

华纳音乐集团（Warner Music Group Corp）2012 年起总资产利润率均为负数，2014 年陷入低谷 -5.53%，2015 年前逐渐回升，2016 年为 0.76%。华纳音乐集团是世界三大唱片公司之一，拥有大西洋唱片公司、华纳兄弟唱片公司、Parlophone 唱片公司等著名品牌③，其总资产利润率变化与全球音乐产业转型有关，实体唱片销量和下载量下滑，而流媒体和订阅服务快速增长。

四　影视娱乐业十强无形资产比较

2012—2016 年五年间，影视娱乐业的上市公司除维旺迪集团（Vivendi）外，无形资产均有不同程度的增长（见图 8-35 和表 8-14），这主要是因为影视娱乐业是典型的轻资产行业，影视版权等无形资产是电影制作公司的核心资产和重要资源，而上市公司对无形资产的开发比较成熟。

---

① Vvivendi in Brief 官网，http://www.vivendi.com/en/vivendi-en/，2018 年 7 月 28 日。
② Cable Network Programming，https://www.21cf.com/businesses/cable-network-programming/，2018 年 7 月 28 日。
③ WMG 官网，http://www.wmg.com/，2018 年 7 月 28 日。

第八章 全球文化创意产业核心行业上市公司龙文化指数十强研究 / 299

■ 2012年 ■ 2013年 ■ 2014年 ■ 2015年 ■ 2016年

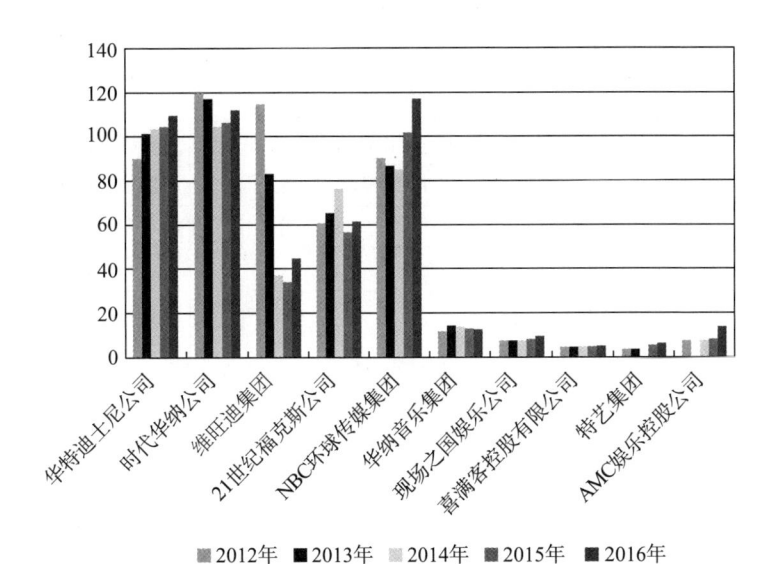

图8-35 2012—2016年影视娱乐业上市公司十强无形资产情况

表8-14　　　　　2012—2016年影视娱乐业上市公司十强

2012 年							
排名	公司名称	公司总部所在国家	总资产利润率(%)	营业收入指数	无形资产指数	所得税指数	龙文化指数
1	华特迪士尼公司 (Walt Disney Co)	美国	12.36	42.26	90.13	129.57	74.39
2	时代华纳公司 (Time Warner Inc)	美国	6.65	28.72	120.27	64.05	61.05
3	维旺迪集团 (Vivendi)	法国	3.54	37.23	114.72	62.49	60.62
4	21世纪福克斯公司 (Twenty-First Century Fox Inc)	美国	3.90	33.69	60.76	33.79	35.11
5	NBC环球传媒集团 (NBCUniversal Media LLC)	美国	6.29	23.80	90.33	8.27	34.35
6	华纳音乐集团 (Warner Music Group Corp)	美国	-2.05	2.78	11.91	0.04	4.14
7	现场之国娱乐公司 (Live Nation Entertainment Inc)	美国	-2.50	5.82	7.36	1.25	3.74

续表

2012 年							
排名	公司名称	公司总部所在国家	总资产利润率(%)	营业收入指数	无形资产指数	所得税指数	龙文化指数
8	喜满客控股有限公司（Cinemark Holdings Inc）	美国	7.68	2.47	4.43	5.26	3.42
9	特艺集团（Technicolor SA）	法国	1.92	4.72	3.59	2.71	2.84
10	AMC 娱乐控股公司（AMC Entertainment Holdings Inc）	美国	0.45	2.02	7.55	0.25	2.75

2013 年							
排名	公司名称	公司总部所在国家	总资产利润率(%)	营业收入指数	无形资产指数	所得税指数	龙文化指数
1	华特迪士尼公司（Walt Disney Co）	美国	11.84	43.87	101.15	122.04	75.76
2	时代华纳公司（Time Warner Inc）	美国	7.80	29.02	116.95	71.53	62.36
3	21 世纪福克斯公司（Twenty–First Century Fox Inc）	美国	17.15	26.96	65.07	69.12	45.68
4	维旺迪集团（Vivendi）	法国	-2.93	28.63	83.06	22.65	37.43
5	NBC 环球传媒集团（NBCUniversal Media LLC）	美国	4.50	23.04	86.70	8.42	33.15
6	华纳音乐集团（Warner Music Group Corp）	美国	-3.60	2.80	14.27	-1.27	4.45
7	现场之国娱乐公司（Live Nation Entertainment Inc）	美国	-0.09	6.31	7.35	1.26	3.85
8	喜满客控股有限公司（Cinemark Holdings Inc）	美国	6.37	2.61	4.79	4.63	3.36
9	特艺集团（Technicolor SA）	法国	-2.36	4.63	3.31	2.31	2.61
10	帝王娱乐集团（Regal Entertainment Group）	美国	9.78	2.96	1.10	4.38	2.25

续表

2014年							
排名	公司名称	公司总部所在国家	总资产利润率(%)	营业收入指数	无形资产指数	所得税指数	龙文化指数
1	华特迪士尼公司（Walt Disney Co）	美国	14.55	47.65	103.18	173.86	92.67
2	时代华纳公司（Time Warner Inc）	美国	7.40	26.71	104.42	32.17	46.33
3	21世纪福克斯公司（Twenty-First Century Fox Inc）	美国	9.47	31.11	76.33	52.13	44.78
4	NBC环球传媒集团（NBCUniversal Media LLC）	美国	6.54	24.82	85.01	5.86	32.24
5	维旺迪集团（Vivendi）	法国	-0.30	13.08	37.10	7.08	15.87
6	华纳音乐集团（Warner Music Group Corp）	美国	-5.53	2.95	13.63	-1.07	4.35
7	现场之国娱乐公司（Live Nation Entertainment Inc）	美国	-1.67	6.70	7.40	0.19	3.61
8	AMC娱乐控股公司（AMC Entertainment Holdings Inc）	美国	2.04	2.63	7.46	1.37	3.18
9	喜满客控股有限公司（Cinemark Holdings Inc）	美国	6.99	2.56	4.75	3.94	3.13
10	梦工厂动画公司（DreamWorks Animation Inc）	美国	-4.38	0.67	0.77	9.10	3.09
2015年							
排名	公司名称	公司总部所在国家	总资产利润率(%)	营业收入指数	无形资产指数	所得税指数	龙文化指数
1	华特迪士尼公司（Walt Disney Co）	美国	15.73	52.25	104.32	209.73	104.69
2	时代华纳公司（Time Warner Inc）	美国	8.53	28.00	106.31	69.03	58.22
3	NBC环球传媒集团（NBCUniversal Media LLC）	美国	6.35	28.34	101.85	9.49	39.08

续表

\	2015 年						
排名	公司名称	公司总部所在国家	总资产利润率(%)	营业收入指数	无形资产指数	所得税指数	龙文化指数
4	21 世纪福克斯公司（Twenty-First Century Fox Inc）	美国	19.67	28.87	56.13	51.97	38.24
5	维旺迪集团（Vivendi）	法国	3.39	11.89	34.39	20.46	18.84
6	华纳音乐集团（Warner Music Group Corp）	美国	-1.32	2.95	12.71	0.54	4.56
7	现场之国娱乐公司（Live Nation Entertainment Inc）	美国	0.10	7.22	8.20	0.92	4.18
8	AMC 娱乐控股公司（AMC Entertainment Holdings Inc）	美国	3.20	2.93	8.00	2.50	3.74
9	喜满客控股有限公司（Cinemark Holdings Inc）	美国	8.43	2.84	4.73	5.39	3.62
10	特艺集团（Technicolor SA）	法国	4.09	4.03	5.54	2.55	3.24
\	2016 年						
排名	公司名称	公司总部所在国家	总资产利润率(%)	营业收入指数	无形资产指数	所得税指数	龙文化指数
1	华特迪士尼公司（Walt Disney Co）	美国	16.16	58.57	109.52	224.45	111.94
2	时代华纳公司（Time Warner Inc）	美国	7.88	30.86	111.98	56.62	56.77
3	NBC 环球传媒集团（NBCUniversal Media LLC）	美国	7.11	33.26	116.90	13.48	45.78
4	21 世纪福克斯公司（Twenty-First Century Fox Inc）	美国	8.59	28.77	61.47	49.95	39.20
5	维旺迪集团（Vivendi）	法国	4.12	12.60	45.04	3.77	17.17
6	AMC 娱乐控股公司（AMC Entertainment Holdings Inc）	美国	1.73	3.41	13.71	1.68	5.30

续表

		2016 年					
排名	公司名称	公司总部所在国家	总资产利润率(%)	营业收入指数	无形资产指数	所得税指数	龙文化指数
7	现场之国娱乐公司 (Live Nation Entertainment Inc)	美国	0.71	8.80	9.23	1.24	4.90
8	华纳音乐集团 (Warner Music Group Corp)	美国	0.76	3.42	12.43	0.49	4.56
9	特艺集团 (Technicolor SA)	法国	2.47	5.70	6.24	2.15	3.66
10	喜满客控股有限公司 (Cinemark Holdings Inc)	美国	8.37	3.07	5.03	4.59	3.52

无形资产增幅最大的影视娱乐业上市公司是 NBC 环球传媒集团。NBC 环球传媒集团是康卡斯特公司旗下的公司，最重要的部门是美国电视网络三巨头之一的国家广播公司（NBC）以及环球影业。① 2012—2014 年 NBC 环球传媒集团无形资产有所减少，但 2015 年、2016 年的增幅分别为 19.8%、14.8%，2016 年的无形资产指数达到了 116.90，是 2016 年影视娱乐业上市公司中最大的无形资产规模，这主要是因为被康卡斯特公司收购后，在已经进入的多元化领域中进行纵深开发，将娱乐节目的播放平台扩展到卫星平台，并且紧握传媒领域新技术发展的脉搏，并且不断寻找机会寻求扩张。

不同影视娱乐业的上市公司无形资产差距很大。华特迪士尼公司、时代华纳公司、维旺迪集团、21 世纪福克斯公司和 NBC 环球传媒集团的无形资产指数在 34 以上，而其他上市公司的无形资产指数均在 15 以下。

第八节 全球娱乐休闲业上市公司龙文化指数十强

全球娱乐休闲业是旅游度假、酒店服务、会议展览、博彩等细分行

---

① NBC Universal 官网，http://www.nbcuniversal.com/，2018 年 7 月 28 日。

业配套组合而成的行业形式,近年来,一直保持稳定发展态势。世界经济整体正在复苏,大众娱乐消费稳增,带动娱乐休闲业需求回暖。在互联网思维盛行之下,娱乐休闲业的传统营销观念被瓦解,娱乐休闲业竞争形势严峻,不少以博彩为核心业务的公司都纷纷转型改造,进行纵向多元化经营,引入娱乐、旅游度假等非博彩项目。

一 娱乐休闲业十强龙文化指数总体态势

2012—2016年娱乐休闲业上市公司十强根据龙文化指数可分为两大梯队(见图8-36)。第一梯队是国际游戏科技公司(International Game Technology PLC)和美高梅国际酒店集团(MGM Resorts International)两家龙文化指数在7以上的公司;第二梯队是以塔特集团和拉斯维加斯金沙集团(Las Vegas Sands Corp)为代表的龙文化指数在6以下的公司。

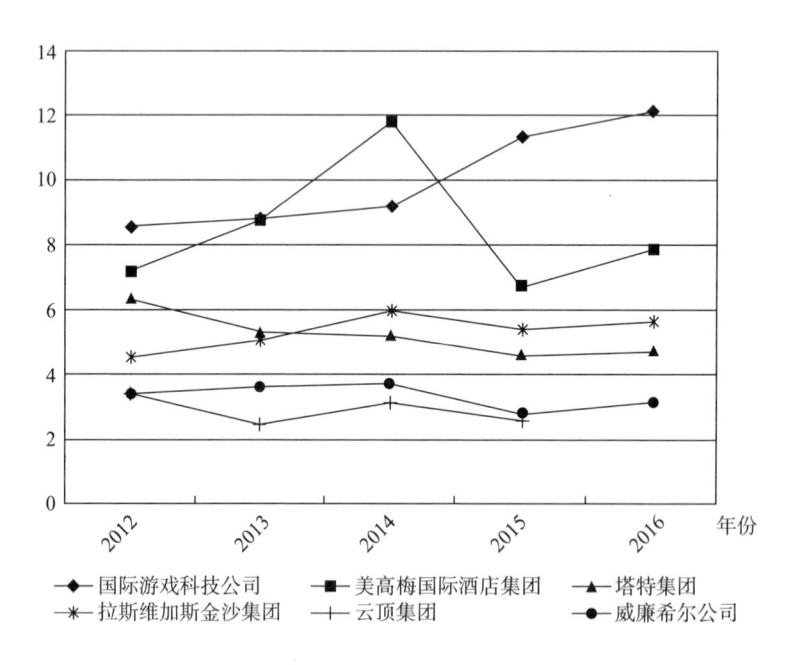

图8-36 2012—2016年娱乐休闲业上市公司十强主要企业龙文化指数

2012—2016年娱乐休闲行业上市公司十强排名竞争激烈(见表8-15)。国际游戏科技公司2012年、2013年、2015年、2016年四年保持第1名,其中2014年被美高梅国际酒店集团赶超,屈居第2名。美高梅国际酒店集团紧随其后,四年保持第2名,2014年跃居第1名。

第八章 全球文化创意产业核心行业上市公司龙文化指数十强研究 / 305

表8-15 2012—2016年娱乐休闲行业上市公司十强

排名	2012年 公司名称	龙文化指数	2013年 公司名称	龙文化指数	2014年 公司名称	龙文化指数	2015年 公司名称	龙文化指数	2016年 公司名称	龙文化指数
1	国际游戏科技公司（International Game Technology PLC）	8.59	国际游戏科技公司（International Game Technology PLC）	8.81	美高梅国际酒店集团（MGM Resorts International）	11.83	国际游戏科技公司（International Game Technology PLC）	11.35	国际游戏科技公司（International Game Technology PLC）	12.15
2	美高梅国际酒店集团（MGM Resorts International）	7.20	美高梅国际酒店集团（MGM Resorts International）	8.78	国际游戏科技公司（International Game Technology PLC）	9.21	美高梅国际酒店集团（MGM Resorts International）	6.74	美高梅国际酒店集团（MGM Resorts International）	7.88
3	塔特集团（Tatts Group Ltd）	6.35	塔特集团（Tatts Group Ltd）	5.32	拉斯维加斯金沙集团（Las Vegas Sands Corp）	5.97	拉斯维加斯金沙集团（Las Vegas Sands Corp）	5.38	拉斯维加斯金沙集团（Las Vegas Sands Corp）	5.69
4	Tabcorp控股有限公司（Tabcorp Holdings Ltd Tah）	5.14	拉斯维加斯金沙集团（Las Vegas Sands Corp）	5.12	塔特集团（Tatts Group Ltd）	5.22	阿马亚公司（Amaya Inc）	4.95	新濠国际发展有限公司（Melco International Development Ltd）	4.88
5	拉斯维加斯金沙集团（Las Vegas Sands Corp）	4.58	威廉希尔公司（William Hill PLC）	3.60	阿马亚公司（Amaya Inc）	4.76	塔特集团（Tatts Group Ltd）	4.62	塔特集团（Tatts Group Ltd）	4.75
6	佩恩国民博彩公司（Penn National Gaming Inc）	4.39	Tabcorp控股有限公司（Tabcorp Holdings Ltd Tah）	3.37	威廉希尔公司（William Hill PLC）	3.72	默林娱乐集团（Merlin Entertainments PLC）	2.95	阿马亚公司（Amaya Inc）	4.64

续表

排名	2012年 公司名称	龙文化指数	2013年 公司名称	龙文化指数	2014年 公司名称	龙文化指数	2015年 公司名称	龙文化指数	2016年 公司名称	龙文化指数
7	希腊足球博彩公司（Greek Organisation Football Prognostics SA OPAP）	3.84	成功置地有限公司（Berjaya Land Berhad）	2.75	希腊足球博彩公司（Greek Organisation Football Prognostics SA OPAP）	3.52	威廉希尔公司（William Hill PLC）	2.77	立博珊瑚集团有限公司（Ladbrokes Coral Group Plc）	3.66
8	云顶集团（Genting Malaysia Bhd）	3.42	澳门博彩控股有限公司（SJM Holdings Ltd）	2.64	Tabcorp控股有限公司（Tabcorp Holdings Ltd Tah）	3.23	希腊足球博彩公司（Greek Organisation Football Prognostics SA OPAP）	2.65	威廉希尔公司（William Hill PLC）	3.08
9	威廉希尔公司（William Hill PLC）	3.40	云顶集团（Genting Malaysia Bhd）	2.46	云顶集团（Genting Malaysia Bhd）	3.15	云顶集团（Genting Malaysia Bhd）	2.6	凯撒娱乐公司（Caesars Entertainment Corp）	3.02
10	皇冠度假酒店集团（Crown Resorts Ltd）	2.80	梅尔科皇冠娱乐有限公司（Melco Crown Entertainment Ltd）	2.37	默林娱乐集团（Merlin Entertainments PLC）	3.08	佩恩国民博彩公司（Penn National Gaming Inc）	2.43	默林娱乐集团（Merlin Entertainments PLC）	2.92

稳占每年的十强名额还有塔特集团、拉斯维加斯金沙集团与威廉希尔公司（William Hill PLC）3家公司。澳大利亚最大的博彩公司塔特集团的排名持续下降，从2012年的第3名下降到2016年的第5名，主要是因为整个博彩市场下沉，塔特集团虽然推出了多样化的娱乐产品，但收效不明显。拉斯维加斯金沙集团利用经济复苏酒店、博彩业的回暖，发展数个大规模项目，从2012年的第5名上升至2014年的第3名，之后稳定在第3名。威廉希尔公司的排名比较靠后，仅2013年排第5名。

马来西亚的云顶集团（Genting Malaysia Bhd）四年上榜十强，2012—2015年排名稳定在第8—9名，云顶集团在世界各地开发经营赌场、主题公园和综合度假村，业务从其最初的休闲和酒店业务中扩大并多元化为其他活动，扩张稳定又多元化。

其余上榜的还有13家公司，分别是Tabcorp控股有限公司（2012年排第4名；2013年排第6名；2014年排第8名）、佩恩国民博彩公司（Penn National Gaming Inc）（2012年排第6名；2015年排第10名）、希腊足球博彩公司（Greek Organisation Football Prognostics SA）（2012年排第7名；2014年排第7名；2015年排第8名）、成功置地有限公司（Berjaya Land Berhad）（2013年排第7名）、澳门博彩控股有限公司（SJM Holdings Ltd）（2013年排第8名）、阿马亚公司（2014年排第5名；2015年排第4名；2016年排第6名）、默林娱乐集团（Merlin Entertainments PLC）（2014年排第10名；2015年排第6名；2016年排第10名）、新濠国际发展有限公司（Melco International Development Ltd）（2016年排第4名）、立博珊瑚集团有限公司（Ladbrokes Coral Plc）（2016年排第7名）、凯撒娱乐公司（Caesars Entertainment Corp）（2016年排第9名）、皇冠度假酒店集团（2012年排第10名）。这些公司上榜时间比较短，受市场环境影响比较大。2016年新上榜的公司最多，达到3个。新濠国际发展有限公司2016年超过了美高梅国际酒店集团和拉斯维加斯金沙集团，排第4名。

二　娱乐休闲业十强区域分布格局

随着亚太市场的稳步增长以及互联网时代的到来，娱乐休闲业的市场格局进一步延伸变化。2012—2016年娱乐休闲业上市公司十强的总部分布在美国、英国、澳大利亚、加拿大、希腊、中国香港和马来西亚（见图8-37）。

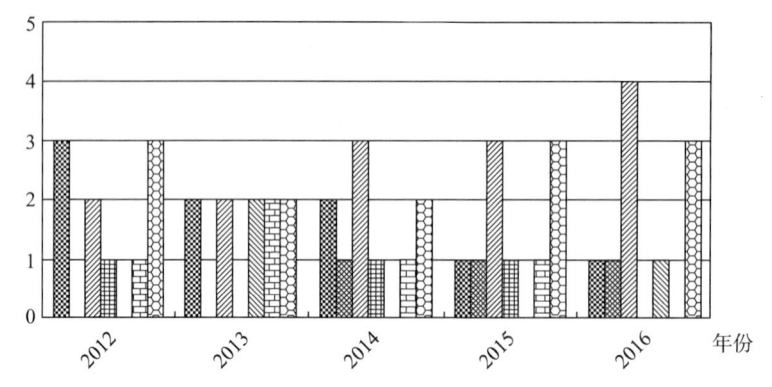

图 8-37　2012—2016 年娱乐休闲业上市公司十强总部所在地情况

美国的娱乐休闲业十分发达，总部位于美国的娱乐休闲业上市公司数量也是数一数二的，2012 年十强中属于美国的公司有 3 家，2014 年下降至 2 家，之后稳定在 3 家。美国的娱乐休闲服务已成为拉动需求、创造就业机会、增加财税收入的重要产业。

英国是娱乐休闲业发达的国家，总部位于英国的娱乐休闲业上市公司数量持续增加，从 2012 年的 2 家增加到 2016 年的 4 家，超过了美国的数量。英国允许博彩公司的合法经营，博彩投注已成为许多英国人的一种休闲娱乐方式，但是，政府放宽博彩业的法律限制后，竞争变得异常激烈。

三　娱乐休闲业十强经济效益分析

娱乐休闲业上市公司十强经营状况良好，营业收入基本稳定（见图 8-38）。拉斯维加斯金沙集团的营业收入最高，营业收入指数超过了 10；美高梅国际酒店集团的营业收入指数保持在 9—10；国际游戏科技公司、塔特集团、云顶集团和威廉希尔公司 4 家上市公司的营业收入指数保持在 2—5.5。拉斯维加斯金沙集团是总部位于美国内华达州的赌场和度假公司，经营酒店、娱乐场、度假村及会展业务，先后在中国澳门、新加坡与美国本土启动了耗资巨大的项目投资[①]，在博彩业的景气时期营业收入大幅飙升，2014 年营业收入指数达到高峰（14.24）。

[①]《拉斯维加斯金沙公司（Las Vegas Sands）》，http://www.fortunechina.com/america500/278/2018，2018 年 7 月 28 日。

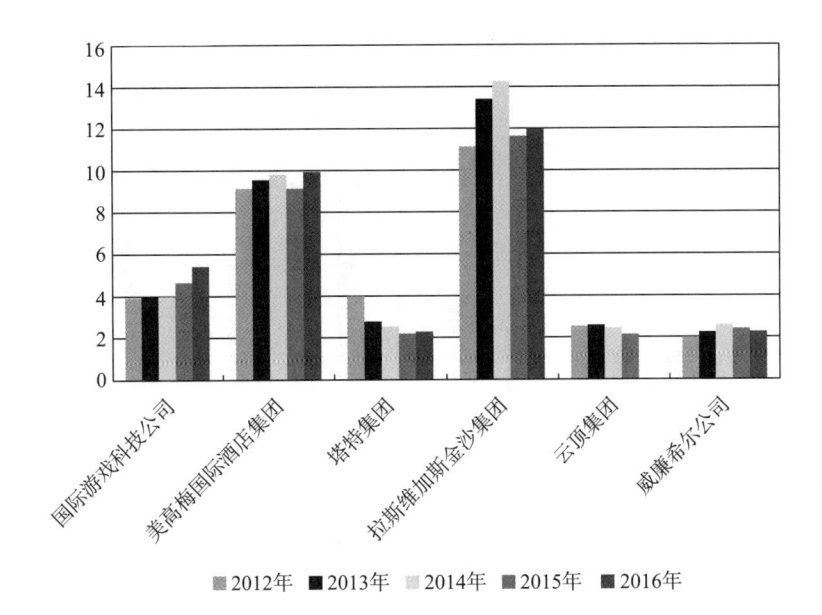

图 8-38 2012—2016 年娱乐休闲业上市公司十强主要企业营业收入情况

2012—2016 年娱乐休闲业上市公司的总资产利润率波动频繁（见图 8-39）。波动幅度最大的是美高梅国际酒店集团，2012 年总资产利润率为 -7%，2014 年涨到 2%，2015 年又跌至 -4%。美高梅国际酒店集团是美国一家集博彩、酒店和娱乐于一体的娱乐休闲公司，在拉斯维加斯、密西西比州、马里兰州、新泽西州和底特律等地拥有并经营多处度假胜地，提供博彩、酒店、娱乐、零售及其他度假服务[①]，2012 年亏损严重，依靠博彩业扭亏为盈，之后向度假村发展和转型。国际游戏科技公司、云顶集团、威廉希尔公司等公司的总资产利润率整体呈下降趋势，说明由于市场总体下滑娱乐休闲业财务状况受到很大影响。

四 娱乐休闲业十强无形资产比较

2012—2016 年娱乐休闲业上市公司十强中，除国际游戏科技公司的无形资产规模大幅上升外，美高梅国际酒店集团、塔特集团等公司的无形资产都有不同程度的缩减（见图 8-40 和表 8-16）。

[①]《美高梅国际酒店集团（MGM Resorts International）》，http://www.fortunechina.com/america500/331/2018，2018 年 7 月 28 日。

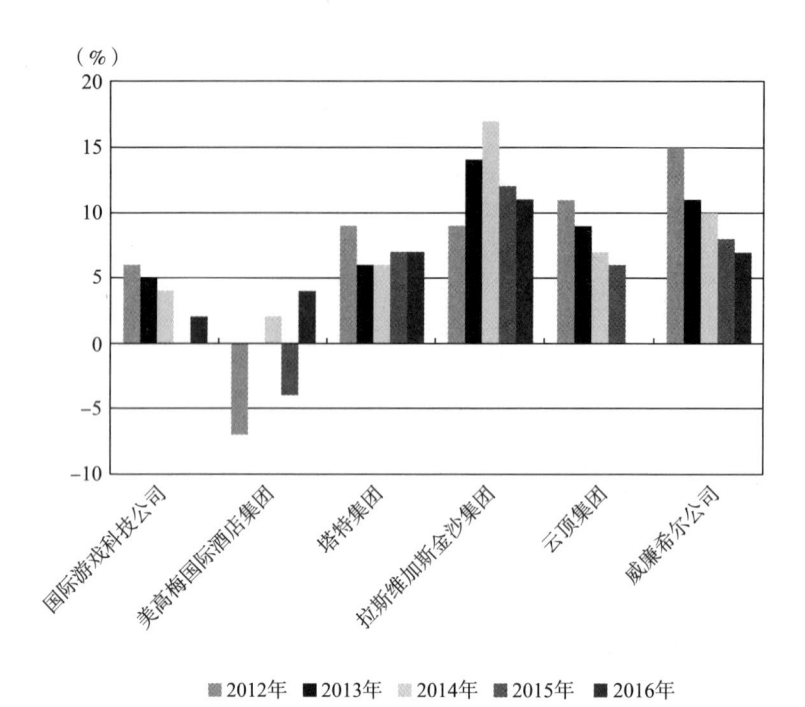

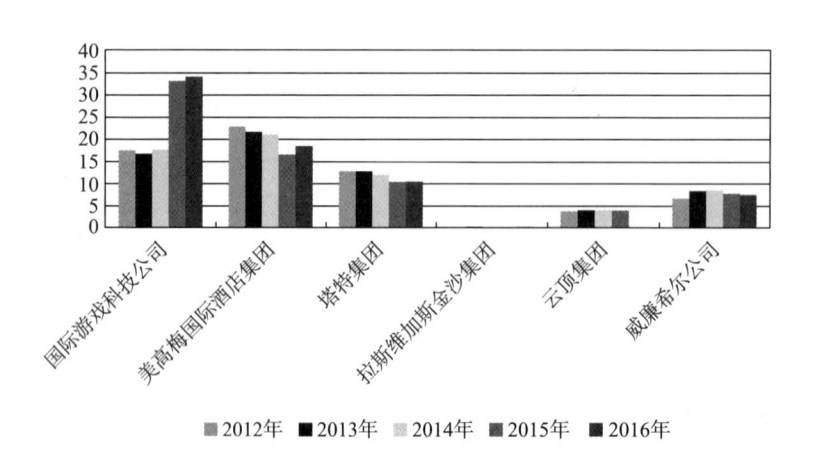

图 8-39　2012—2016 年娱乐休闲业上市公司十强主要企业总资产利润率

图 8-40　2012—2016 年娱乐休闲业上市公司十强主要企业无形资产情况

表 8-16 2012—2016 年娱乐休闲业上市公司十强

排名	公司名称	公司总部所在地	总资产利润率(%)	营业收入指数	无形资产指数	所得税指数	龙文化指数
2012 年							
1	国际游戏科技公司（International Game Technology PLC）	英国	5.83	3.95	17.41	8.56	8.59
2	美高梅国际酒店集团（MGM Resorts International）	美国	-6.60	9.16	22.86	-4.92	7.20
3	塔特集团（Tatts Group Ltd）	澳大利亚	9.11	4.04	12.70	5.71	6.35
4	Tabcorp 控股有限公司（Tabcorp Holdings Ltd Tah）	澳大利亚	15.30	3.15	8.11	6.82	5.14
5	拉斯维加斯金沙集团（Las Vegas Sands Corp）	美国	9.31	11.13	0.21	7.59	4.58
6	佩恩国民博彩公司（Penn National Gaming Inc）	美国	6.46	2.90	6.24	6.40	4.39
7	希腊足球博彩公司（Greek Organisation Football Prognostics SA OPAP）	希腊	36.87	1.67	4.28	7.16	3.84
8	云顶集团（Genting Malaysia Bhd）	马来西亚	10.78	2.55	3.98	5.64	3.42
9	威廉希尔公司（William Hill PLC）	英国	14.81	2.02	6.79	3.11	3.40
10	皇冠度假酒店集团（Crown Resorts Ltd）	澳大利亚	10.55	2.91	2.68	4.63	2.80
2013 年							
1	国际游戏科技公司（International Game Technology PLC）	英国	5.00	3.96	16.85	9.82	8.81
2	美高梅国际酒店集团（MGM Resorts International）	美国	0.00	9.56	21.60	1.28	8.78
3	塔特集团（Tatts Group Ltd）	澳大利亚	6.00	2.78	12.85	3.00	5.32

续表

2013 年

排名	公司名称	公司总部所在地	总资产利润率（%）	营业收入指数	无形资产指数	所得税指数	龙文化指数
4	拉斯维加斯金沙集团（Las Vegas Sands Corp）	美国	14.00	13.41	0.30	7.72	5.12
5	威廉希尔公司（William Hill PLC）	英国	11.00	2.26	8.46	1.95	3.60
6	Tabcorp 控股有限公司（Tabcorp Holdings Ltd Tah）	澳大利亚	6.95	1.89	7.12	2.80	3.37
7	成功置地有限公司（Berjaya Land Berhad）	马来西亚	3.81	1.55	5.16	2.94	2.75
8	澳门博彩控股有限公司（SJM Holdings Ltd）	中国澳门	18.35	11.01	1.05	0.28	2.64
9	云顶集团（Genting Malaysia Bhd）	马来西亚	8.90	2.58	4.06	2.37	2.46
10	梅尔科皇冠娱乐有限公司（Melco Crown Entertainment Ltd）	中国香港	6.59	4.96	4.44	0.10	2.37

2014 年

排名	公司名称	公司总部所在地	总资产利润率（%）	营业收入指数	无形资产指数	所得税指数	龙文化指数
1	美高梅国际酒店集团（MGM Resorts International）	美国	2.00	9.84	21.22	11.63	11.83
2	国际游戏科技公司（International Game Technology PLC）	英国	4.00	3.98	17.68	10.34	9.21
3	拉斯维加斯金沙集团（Las Vegas Sands Corp）	美国	17.00	14.24	0.25	10.03	5.97
4	塔特集团（Tatts Group Ltd）	澳大利亚	6.00	2.53	11.98	3.70	5.22
5	阿马亚公司（Amaya Inc）	加拿大	1.00	0.61	15.17	0.30	4.76
6	威廉希尔公司（William Hill PLC）	英国	10.00	2.59	8.74	1.86	3.72

续表

2014 年							
排名	公司名称	公司总部所在地	总资产利润率(%)	营业收入指数	无形资产指数	所得税指数	龙文化指数
7	希腊足球博彩公司（Greek Organisation Football Prognostics SA OPAP）	希腊	17.00	1.28	4.98	5.79	3.52
8	Tabcorp 控股有限公司（Tabcorp Holdings Ltd Tah）	澳大利亚	7.00	1.80	6.76	2.78	3.23
9	云顶集团（Genting Malaysia Bhd）	马来西亚	7.00	2.46	4.01	4.82	3.15
10	默林娱乐集团（Merlin Entertainments PLC）	英国	8.00	2.01	4.54	4.32	3.08

2015 年							
排名	公司名称	公司总部所在地	总资产利润率(%)	营业收入指数	无形资产指数	所得税指数	龙文化指数
1	国际游戏科技公司（International Game Technology PLC）	英国	0.00	4.67	33.10	1.63	11.35
2	美高梅国际酒店集团（MGM Resorts International）	美国	-4.00	9.15	16.68	-0.28	6.74
3	拉斯维加斯金沙集团（Las Vegas Sands Corp）	美国	12.00	11.64	0.21	9.88	5.38
4	阿马亚公司（Amaya Inc）	加拿大	0.00	1.07	15.17	0.60	4.95
5	塔特集团（Tatts Group Ltd）	澳大利亚	7.00	2.19	10.42	3.47	4.62
6	默林娱乐集团（Merlin Entertainments PLC）	英国	9.00	1.95	4.21	4.28	2.95
7	威廉希尔公司（William Hill PLC）	英国	8.00	2.42	7.89	-0.33	2.77
8	希腊足球博彩公司（Greek Organisation Football Prognostics SA OPAP）	希腊	18.00	0.69	4.09	4.16	2.65
9	云顶集团（Genting Malaysia Bhd）	马来西亚	6.00	2.15	4.11	3.08	2.60

续表

2015 年						
排名	公司名称	公司总部所在地	总资产利润率（%）	营业收入指数	无形资产指数	所得税指数	龙文化指数
10	佩恩国民博彩公司（Penn National Gaming Inc）	美国	1.00	2.83	3.88	2.34	2.43

2016 年						
排名	公司名称	公司总部所在地	总资产利润率（%）	营业收入指数	无形资产指数	所得税指数	龙文化指数
1	国际游戏科技公司（International Game Technology PLC）	英国	2.00	5.43	34.25	2.62	12.15
2	美高梅国际酒店集团（MGM Resorts International）	美国	4.00	9.95	18.61	0.99	7.88
3	拉斯维加斯金沙集团（Las Vegas Sands Corp）	美国	11.00	12.01	0.32	10.56	5.69
4	新濠国际发展有限公司（Melco International Development Ltd）	中国香港	10.00	3.24	13.81	0.22	4.88
5	塔特集团（Tatts Group Ltd）	澳大利亚	7.00	2.29	10.46	3.79	4.75
6	阿马亚公司（Amaya Inc）	加拿大	3.00	1.22	14.46	0.18	4.64
7	立博珊瑚集团有限公司（Ladbrokes Coral Group Plc）	英国	-6.00	2.15	11.36	-0.54	3.66
8	威廉希尔公司（William Hill PLC）	英国	7.00	2.29	7.70	1.01	3.08
9	凯撒娱乐公司（Caesars Entertainment Corp）	美国	-41.00	4.08	6.43	1.19	3.02
10	默林娱乐集团（Merlin Entertainments PLC）	英国	8.00	2.08	4.34	3.95	2.92

国际游戏科技公司的无形资产规模从 2012 年世界平均水平的 17.41 倍增加到 2016 年的 34.25 倍，增加了 96.73%，2015 年、2016 年的增幅最大，主要是因为这两年收购了美国游戏公司国际游戏科技公

司。国际游戏科技公司原是一家生产老虎机和其他游戏技术的跨国游戏公司，2006年收购美国博彩公司吉泰克公司（Gtech Corporation）增加了彩票业务活动①，成为娱乐休闲业的公司。

拉斯维加斯金沙集团的无形资产规模特别小，仅为2012年全球文化创意产业上市公司无形资产平均水平的25%左右。云顶集团的无形资产缓慢小幅增加，从2012年的3.98增加到2015年的4.11。

---

① IGT官网，https：//www.igt.com/，2018年7月29日。

第九章　全球文化创意产业龙文化指数演变趋势、世界格局与中国地位

自20世纪90年代以来，全球文化创意产业发展迅速，市场规模不断扩大，对经济增长和增加就业的贡献不断增强，已成为许多经济体的支柱产业之一。了解全球文化创意产业的发展现状、趋势、世界格局，对于促进中国文化创意产业更快、更好地发展具有重要参考价值。本章以全球53个国家和地区文化创意产业上市公司数据为样本进行定量评价研究。为了确保统计学意义，规定文化创意产业上市公司数量在30家以上的为有效数据，最终得出每年大概有20个国家和地区进入榜单参与分析。

上市公司是行业优秀企业的代表，不仅对自身的经营发展、股东权益负有重大责任，对行业发展、市场环境和社会效应都起着龙头引导和示范作用。本章以龙文化指数为核心指标，从宏观上考察各国和地区文化创意产业上市公司的龙头带动及示范效应，同时也能够对各国和地区文化创意产业上市公司的综合竞争力进行比较衡量，绘制出全球文化创意产业实力图谱。

第一节　全球文化创意产业龙文化指数总体演变趋势

文化创意产业之所以被称为"朝阳产业"，具有持久而蓬勃发展的生命力。文化创意产业自兴起以来，其发展势头丝毫没有减退。2012—2016年全球龙文化指数分析显示，全球各国和地区龙文化指数整体呈上升趋势，文化创意产业综合实力不断提升，文化创意产业上市公司发挥了良好的龙头企业作用。具体表现有在以下五个方面。

一 全球平均龙文化指数不断提高，文化创意产业上市公司竞争力增强

龙文化指数综合评价研究发现，2012年，全球龙文化指数平均值为1.18，2013年略有增长，2014年增长到1.25，2015年跃升至1.90，2016年继续保持高增长态势，增加到2.08（见图9-1）。文化创意产业是当今世界经济增长最迅速的产业之一，已成为现代后工业时代和知识经济的重要支柱[1]，从近两年龙文化指数的快速上升也可以看出（见图9-2）。因此，各国和地区紧握文化创意产业助推国家经济转型的机遇，纷纷出台各种政策机制促进本国和地区文化创意产业的发展，取得了良好的经济效益和社会效益，并且在继续"茁壮成长"。

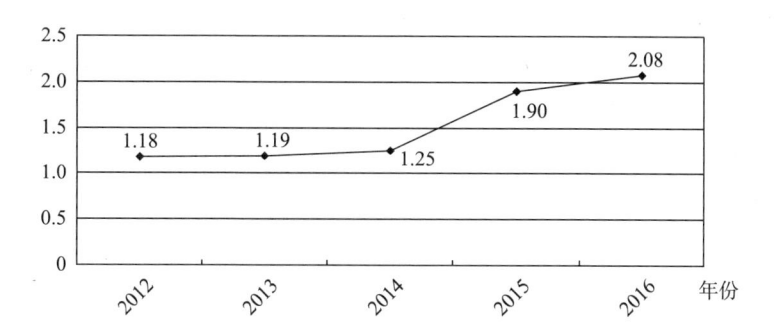

图9-1 2012—2016年全球龙文化指数均值演变趋势

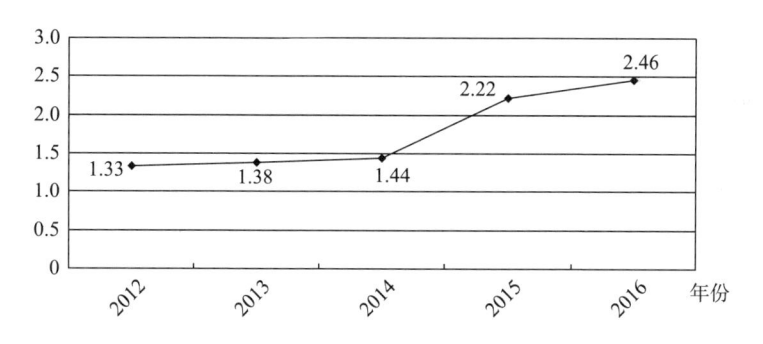

图9-2 2012—2016年全球龙文化指数十强均值

二 全球文化创意产业十强国家基本固化，世界格局基本稳定

2012—2016年，全球文化创意产业十强国家基本被美国、日本、英国、法国、德国、瑞典、加拿大、意大利、韩国和中国包揽，澳大利亚

---

[1] 辛妍：《全球文化创意产业》，《新经济导刊》2013年第4期。

只在 2013 年进入十强。由此也可以看出，世界文化创意产业格局基本确定。

此外，从龙文化指数的演变趋势可以看到，2012—2014 年，龙文化指数（LCI）稳步小幅度增长，增长率在 4% 左右；2015 年和 2016 年，"互联网+"、大数据、VR/AR 等新兴技术的应用，为文化创意产业的发展注入巨大的动力和充足的活力，2015 年龙文化指数增长率达到 54%。重要的是，位于十强的国家和地区无论在资金、人才还是技术上，都有足够强大的能力为文化创意产业的跨越式发展"续航"。因此，全球文化创意产业十强国家龙文化指数增长动力充足。

三 全球龙文化指数分为三梯队，各梯队力争上游谋发展

纵向对比来看，2012—2016 年全球主要国家和地区龙文化指数每年的排行榜单可划分为三大梯队，第一梯队的龙文化指数在 2 以上，在 2015 年之前，只有美国能够达到并且保持这个成绩，2015 年、2016 年各国和地区文化创意产业不断成熟，日本、英国、法国、德国也能达到 2 以上；第二梯队龙文化指数在 1—2，这个区间主要有中国、瑞典、韩国；第三梯队的龙文化指数在 1 以下，最低值在 0.01 以上，有马来西亚、以色列、泰国等国家。横向对比来看，这五年各梯队的指数值都有所增加，各个国家和地区也在谋求向上发展。第一梯队的最大值在 2012 年仅为 2.6825，这五年一路上升，2016 年已达到 5.8024，并且梯队内的国家和地区数量由最初的 2 个拓展到 6 个；原本第二梯队的国家和地区跻身上游，而第三梯队的国家和地区文化创意产业实力与第二梯队相距较远，并不能紧接着补充空位，这样，便导致 2016 年的时候，只有 3 个国家在第二梯队。当然，第三梯队的龙文化指数也在不断上升。由此可见，全球各国和地区文化创意产业结构较稳定，各梯队中的国家和地区在力争上游，文化创意产业实力不断加强。

四 各细分指标总体提升，无形资产贡献突出

2012—2016 年，全球主要国家和地区文化创意产业硕果累累，总资产利润率、营业收入、无形资产和所得税的平均值皆呈增长趋势（见表 9-1）。其中，无形资产的增长幅度最为突出：全球各国和地区无形资产 2012 年的均值为 1.487，2014 年的均值增长到 1.7127，2015 年突增到 2.5739，2016 年继续高速增长，增加到 3.116。无形资产是文化创意企业创新成果的重要体现，无形资产在这五年尤其是近两年迅速提升，一方

面表明企业对研发创新的重视,再加上不断更新的技术,为无形资产积累提供了便利的手段;另一方面是企业发展的转型,从实体资产转向对无形资产的注重和开发。从数据结果可以看到,无形资产对龙文化指数的影响较大,作用不可替代。因此,文化创意企业应继续加大无形资产的资金投入,高度重视无形资产创造者并完善相应的激励政策,以此增加企业无形资产产出[①],同时,加强企业对无形资产的保护,从而提高企业无形资产创新贡献。

表9-1　　　　2012—2016年全球龙文化指数均值演变趋势

年份	总资产利润率（%）	营业收入	无形资产	所得税	龙文化指数
2012	-8.62	1.3915	1.487	1.5347	1.1773
2013	-10.63	1.3812	1.5514	1.5385	1.1886
2014	-8.09	1.4053	1.7127	1.5398	1.2489
2015	-7.19	1.8249	2.5739	2.4666	1.8974
2016	-6.46	2.0257	3.116	2.3271	2.0790

五　全球文化创意产业盈利能力仍待提升

文化创意产业发展在全球如火如荼,但是,从2012—2016年全球总资产利润率表现来看,一直都在呈负值状态,表明其盈利能力整体状况欠佳,不尽如人意。这一方面是因为文化创意产业作为一个新兴产业,本身就还处于探索状态,无论是企业发展模式还是市场需求认可,都需要一定的"缓冲期";另一方面是文化创意产业属于高风险行业,其发展存在很大的不确定性,难免存在一些盲目跟风的情况,造成部分企业的亏损严重。

但同时也要看到,2012—2014年,全球文化创意产业总资产利润率在-8%左右,营业收入指数在1.4左右,2015年及之后,总资产利润率在上升,变为-7%左右,而营业收入指数也明显增加,2015年为1.8249,2016年达到2.0257,说明文化创意产业的发展形势在不断变好,越来越多的国家和地区正在探索自己的文化创意产业发展模式。文化创意产业作为"朝阳产业",潜力可期,但目前仍处于探索阶段的"黎明

---

① 张辉:《我国文化创意企业创新能力评价与提升对策研究》,《经济师》2017年第12期。

前",需要各国和地区各企业结合自身情况理性发展,积极探索属于自己的发展模式,才能真正挖掘文化创意产业所蕴含的"能量",迎来光明。

第二节　全球文化创意产业龙文化指数洲际格局

全球文化创意产业发展不平衡,形成了不同的增长中心。龙文化指数显示,文化创意产业发达地区主要集中在以美国为核心的北美地区,以英国为核心的欧洲地区和以中国、日本、韩国为核心的亚洲地区。

一　美欧龙文化指数稳居前列,亚洲差距明显

北美地区(美国、加拿大)的龙文化指数五年均值最高,达到2.29,是欧洲的1.5倍多。欧洲是文化创意产业的兴起地,英国、法国、德国、瑞士、意大利作为最早的文化创意产业发展国家,文化创意产业发展模式相对成熟。亚洲龙文化指数仅为0.47,一方面是亚洲除了中国、日本和韩国,其他国家如泰国、马来西亚、以色列的文化创意产业龙文化指数都比较低,文化创意产业营收较低;另一方面是亚洲每年的文化创意产业上市公司数量最多,有16041家,是北美洲的两倍多,而其中大部分公司的龙文化指数较低,必然会影响均值。大洋洲澳大利亚龙文化指数均值仅为0.33,还有很大的提升空间(见表9-2)。

表9-2　　　　2012—2016年各洲龙文化指数五年均值

地区	总资产利润率(%)	营业收入	无形资产	所得税	龙文化指数(LCI)
北美洲	-26.41	1.98	3.73	2.74	2.29
欧洲	-3.30	1.38	2.80	1.23	1.50
亚洲	-1.45	0.72	0.33	0.75	0.47
大洋洲	-37.08	0.46	0.64	0.36	0.33

二　北美洲龙文化指数攀升明显,其他各洲或将被西方巨头垄断

美国作为全球经济的中心,凭借其无可比拟的经济、政策、技术、文化等各种因素,在国内形成了成熟的文化创意产业链、文化市场和文化消费群体,在国际上也占据了不可撼动的文化霸主地位。2012—2016

年，以美国、加拿大为代表的北美洲龙文化指数增长趋势最明显，2012年和 2013 年仅为 1.6 左右，2014 年增长到 1.93，2015 年增长到 2.92，2016 年达到 3.42。欧洲龙文化指数也在逐渐增加，但增长幅度不及北美洲，最高年增长率为 63%。相比之下，亚洲龙文化指数相形见绌，增长成绩平平，2012 年为 0.4，2016 年也刚刚达到 0.7，增长驱动力不足，文化创意产业发展缓慢（见图 9-3）。

	2012年	2013年	2014年	2015年	2016年
◆—北美洲	1.56	1.63	1.93	2.92	3.42
■—欧洲	1.1	1.15	1.23	2.01	2.17
▲—亚洲	0.4	0.38	0.4	0.56	0.7
×—大洋洲	0.43	0.38	0.36	0.22	0.26

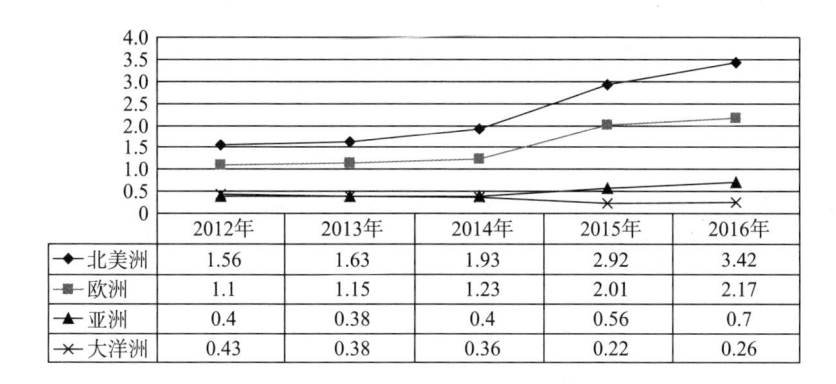

图 9-3 2012—2016 年各洲龙文化指数演变趋势

北美洲的明显增长和亚洲、大洋洲的缓慢增长与震荡下行还说明，在互联网和全球一体化背景下，亚洲和大洋洲，以及南美、非洲等地区数字创意市场正在被苹果公司、谷歌公司、亚马逊公司、脸书公司等互联网巨头垄断，本土企业已经很难发展壮大；而随着北美企业巨头在这些市场的渗透日益深入，亚洲、大洋洲及南美、非洲的大部分国家和地区的本土数字创意产业将有可能被摧毁，市场将完全被垄断，最终只能逐渐沦为西方发达国家数字创意产品消费市场。

第三节　全球文化创意产业龙文化指数区域格局

本报告通过对 2012—2016 年全球文化创意产业龙文化指数按区域分布以及均值进行整理，发现如下演变特征。

一 美国、欧洲和日本三足鼎立，中国文化创意产业正在崛起

2012—2016 年，全球主要国家和地区龙文化指数五年均值十强中，美国以 4.01 的成绩稳居第一，欧洲夺得最多席位，有法国、英国、德国、瑞典、意大利、波兰。日本无疑依然是亚洲文化创意产业实力最强的国家，龙文化指数为 2.12，排第 4 名。美国、欧洲、日本在当今世界文化创意产业格局中三足鼎立。韩国在此次排名中排第 9 名，暴露出其"韩流"的区域性。中国作为后起之秀，文化创意产业起步较晚，发展经验处于摸索阶段，在龙文化指数五年均值中排第 8 名，但也是前十名中唯一一个发展中国家。中国文化创意产业正在崛起，发展潜力值得期待（见表 9 - 3）。

表 9 - 3　2012—2016 年全球主要国家和地区龙文化指数五年均值

序号	国家和地区	总资产利润率（%）	营业收入	无形资产	所得税	龙文化指数
1	美国	-28.25	3.32	6.09	5.19	4.01
2	德国	0.04	2.50	4.55	1.87	2.45
3	英国	-9.49	1.97	5.07	1.74	2.43
4	日本	5.64	2.93	1.88	3.24	2.12
5	意大利	-1.22	0.96	3.97	1.14	1.76
6	法国	0.35	1.30	2.76	1.33	1.49
7	瑞典	-11.63	1.37	1.03	1.17	0.96
8	中国	0.71	1.50	0.52	1.65	0.96
9	韩国	-1.36	1.56	0.17	1.66	0.87
10	加拿大	-24.57	0.65	1.38	0.29	0.58
11	中国台湾	-6.29	0.55	0.33	0.46	0.35
12	澳大利亚	-37.08	0.46	0.64	0.36	0.33
13	马来西亚	-1.59	0.25	0.31	0.41	0.28
14	印度尼西亚	7.11	0.34	0.10	0.27	0.19
15	中国香港	2.53	0.22	0.05	0.10	0.09
16	波兰	0.87	0.08	0.21	0.01	0.09
17	新加坡	-9.95	0.15	0.03	0.19	0.08
18	印度	-3.54	0.15	0.03	0.10	0.06
19	泰国	4.09	0.07	0.03	0.06	0.05

二 美国龙文化指数一枝独秀，但盈利效率有待改善

美国以高度发达的经济为土壤，孕育了文化创意产业，加上先进的科技水平，为文化创意产业发展提供了良好的基础。此外，美国文化消费富足，刺激了持续研发投入和创意的迸发，反过来又提高了消费需求和创意发展的平台。①这样递进往复，形成了良性互动和循环，使美国文化创意产业至今在世界立于不败之地。2012—2016 年，美国毫无悬念地摘得"五连冠"的成绩，并且实力不断提升，龙文化指数从 2012 年的 2.68 上升到 2016 年的 5.8，五年增长了 116.42%，遥遥领先于其他国家（见图 9－4）。

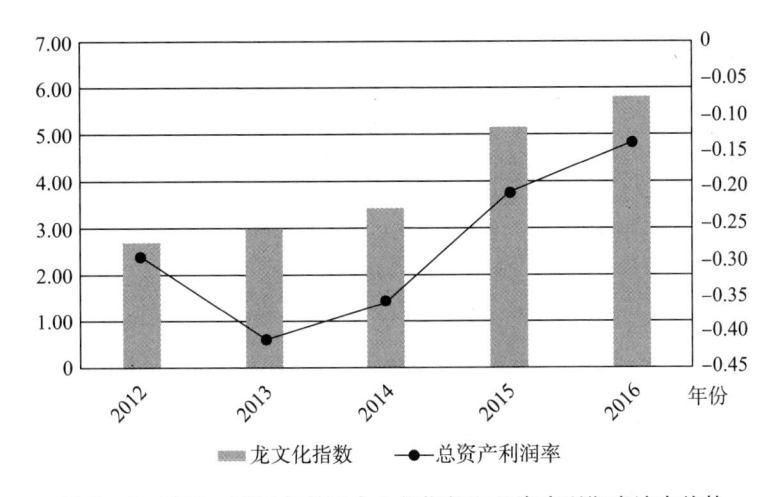

图 9－4 2012—2016 年美国龙文化指数和总资产利润率演变趋势

然而需要看到的是，美国总资产利润率呈现出负值状态，2012 年的总资产利润率为 -29.63%，2016 年虽然上升到 -14%，但仍然是负值亏损状态，说明美国文化创意产业整体的盈利效率还有待于进一步改善。

三 英国、法国、德国文化创意产业难分高低，各有千秋

英国和法国作为较早发展文化创意产业的发达国家，龙文化指数综合实力毫不示弱，积极采取各种措施来促进文化创意产业发展，一直紧追美国。英国文化创意产业在这五年里实现了"质"的飞跃，从第二梯队跃进第一梯队，2012 年龙文化指数还是 1.63，2015 年跨越式上升，达

---

① 王海龙：《美国文化创意产业发展动力学因素探析》，《广西民族大学学报》（哲学社会科学版）2017 年第 6 期。

到 3.77，2016 年略有回落。德国是传统的工业国，文化创意产业相对欧洲其他发达国家起步比较晚，产业转型和结构调整也相对复杂。在政府和文化企业的努力下，许多没落的工业区华丽转身成为文化创意产业区，再焕活力。龙文化指数不仅从第二梯队上升到第一梯队，而且在全球的排名中也从第 6 名上升到第 2 名（见图 9 - 5）。德国文化创意产业的崛起之路，值得中国尤其是中国东北传统工业区转型借鉴和学习。

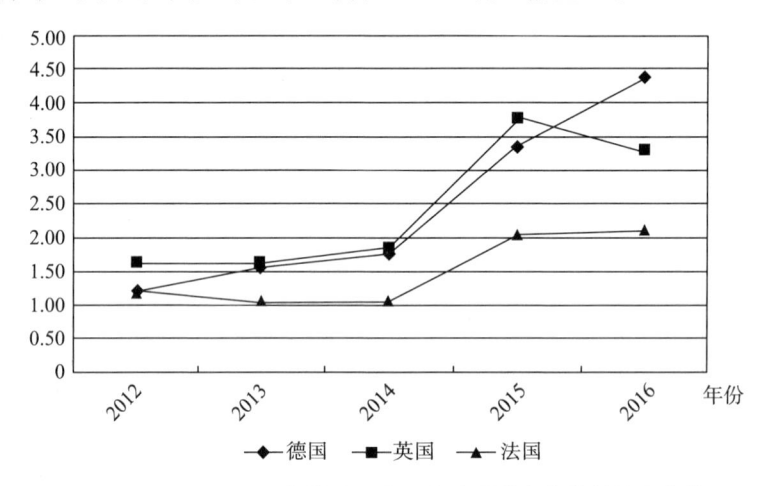

图 9 - 5　2012—2016 年德国、英国和法国龙文化指数演变趋势

四　日本和韩国龙文化指数波动上扬，文化创意产业顽强增长

日本和韩国在亚洲文化创意产业发展中一直起着引领作用。数据显示，日本、韩国文化创意产业上市公司龙文化指数呈"V"形发展趋势（见图 9 - 6），在世界文化创意产业多方崛起的背景下顽强成长。

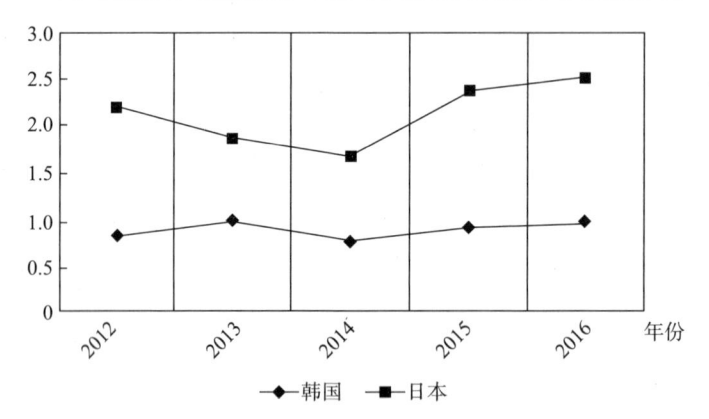

图 9 - 6　2012—2016 年日本和韩国龙文化指数演变趋势

日本素有"酷日本"之称。2002年,"Cool Japan"(酷日本)一词诞生,特指以内容产品、设计、饮食、观光、传统文化、动漫为代表的,风靡海外的日本文化产品和服务,并且形成了日本经济增长的重要组成部分——国家总酷值GNC(Gross National Cool)。[①] 日本文化创意产业在2012—2014年,受国际金融危机和各国文化创意产业崛起的影响,日本龙文化指数呈下降趋势,但是,日本积极寻求发展突破口和新的契机,龙文化指数在2015年反转上升,由2014年的1.66上升到2016年的2.38。

此外,韩国龙文化指数波动中有所上升,国际竞争力有待于进一步提升。韩国这五年的龙文化指数一直上升,但上升幅度不大,从2012年的0.8上升到2016年的0.98。韩国文化创意产业最知名的当属消费电子产业和娱乐产业,尤其是娱乐产业比较发达。但是,从国际影响力和竞争力上来看,韩国的文化创意产业仅在亚洲区域负有盛名,在国际上的竞争力还不够强大,仍有很大的提升空间。

第四节 中国文化创意产业龙文化指数的世界地位与差距

中国自大力发展文化创意产业以来,文化创新能力不断提升,文化创意产业竞争力不断增强,龙文化指数稳步增加,但是,仍然与美国等发达国家存在很大的差距。

一 中国文化创意产业龙文化指数均值升至全球第7名

对全球53个国家和地区文化创意产业上市公司龙文化指数国家和地区均值排名(见表9-4)统计发现,中国2012年和2013年在全球中的排名处于第9位,之后两年排名略有进步,排到第8位,2016年排名升至第7位。但是,从国家和地区龙文化指数均值比较来看,2012年,中国比美国低2.01,2016年这一差距已经增加到4.41,差距有明显扩大之势。

[①] 张志宇、常凤霞:《"酷日本机构"与中国文化产业的发展》,《同济大学学报》(社会科学版)2017年第5期。

表9-4　2012—2016年文化创意产业上市公司龙文化指数全球十强国家

排名	2012年		2013年		2014年		2015年		2016年	
	国家	龙文化指数	国家	龙文化指数	国家	龙文化指数	国家	龙文化指数	国家	龙文化指数
1	美国	2.68	美国	2.98	美国	3.41	美国	5.15	美国	5.8
2	日本	2.19	日本	1.86	英国	1.85	英国	3.77	德国	4.37
3	意大利	1.76	英国	1.62	德国	1.77	德国	3.35	英国	3.28
4	英国	1.63	意大利	1.61	日本	1.66	日本	2.38	日本	2.51
5	德国	1.2	德国	1.55	意大利	1.66	法国	2.03	意大利	2.16
6	法国	1.2	法国	1.06	法国	1.07	意大利	1.61	法国	2.1
7	韩国	0.81	瑞典	1.01	瑞典	0.91	瑞典	1.17	中国	1.39
8	瑞典	0.78	韩国	0.96	中国	0.85	中国	1.15	加拿大	1.03
9	中国	0.67	中国	0.73	韩国	0.74	韩国	0.9	韩国	0.96
10	加拿大	0.43	澳大利亚	0.38	加拿大	0.45	加拿大	0.69	瑞典	0.94

二　龙文化指数稳步上升，文化创意产业平稳发展

2012—2016年，中国龙文化指数稳步上升，2012年为0.67，2013年为0.73，2014年增长到0.85，2015年为1.15，2016年上升到1.39，每年增长幅度大致相当（见表9-4）。同时，营业收入、无形资产、所得税也在稳定持续增长（见表9-5），营业收入前三年的平均增长率约为15%，2014年之后文化创意产业经过十多年的探索终于有所突破，营业收入增长幅度上升，由2014年的1.33增长到2015年的1.75，增长率为31%。无形资产和所得税增长最明显：无形资产2012年仅为0.23，2016年已增长到0.90，所得税2012年为1.29，2016年增长到2.25。无形资产和所得税指数的增加，表明中国文化创意产业对无形资产的重视和创新研发在不断加强，文化创意产业营收能力不断进步。总资产利润率除2013年受国际金融危机"后遗症"的影响为负值之外，其他时间表现大致良好，在1%左右。自2000年"文化产业"一词首度正式纳入中央文件以来，中国文化创意产业经历了从"零星之火"到"燎原之势"的显著变化，目前正稳步迈向国家支柱性产业。

表 9-5　　　　　　　　2012—2016 年中国龙文化指数情况

年份	总资产利润率（%）	营业收入	无形资产	所得税	龙文化指数
2012	1.45	1.01	0.23	1.29	0.67
2013	-0.38	1.21	0.27	1.35	0.73
2014	0.88	1.33	0.49	1.44	0.85
2015	0.71	1.75	0.70	1.91	1.15
2016	0.89	2.19	0.90	2.25	1.39

三　中国文化创意产业主要指标与美国相比有很大差距

美国是世界公认的文化大国和文化强国，中国是一个文化大国，但是，从龙文化指数对比来看，中国与"文化强国"的目标还相去甚远。2012—2016 年，中国每年的文化创意产业上市公司数量大致是美国的一半，但是，综合实力相差不止一半。2012 年和 2013 年中国龙文化指数仅是美国的 1/4，尽管中国在奋力追赶，2014—2016 年差距并没有缩小。从各项细分指标来看，美国实力仍超越中国。每年的文化创意产业上市公司数量是中国的两倍左右，目前的市场垄断和完整的产业链，使美国营业收入和所得税大幅高于中国。中国无形资产指数与美国的差距在缩小，表明中国文化创意产业发展模式在逐渐转型（见图 9-7）。

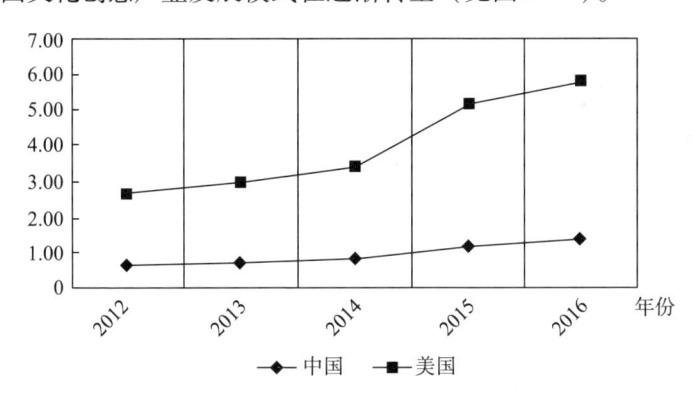

图 9-7　2012—2016 年中国与美国龙文化指数对比情况

中美比较而言，只有在盈利能力指标——总资产利润率均值方面，中国高于美国（见表 9-6）。美国文化创意产业上市公司总资产利润率均值之所以一直为负值，其主要原因在于美国文化创意产业上市公司总体数量庞大，其中有个别公司经营状况较差，陷入严重亏损状态，拖累了整体的总资产利润率均值。结合前文关于全球文化创意产业上市公司龙文化指数百强的分析我们知道，入围全球百强的美国公司的总资产利润率是正的，而且 2016 年是以 8% 的总资产利润率排在全球第一，而中国是 6%。

表 9-6　2012—2016 年中国与美国文化创意上市公司各项指标对比

年份	国家	公司数量	总资产利润率（%）	营业收入	无形资产	所得税	龙文化指数
2012	中国	353	1.45	1.01	0.23	1.29	0.67
	美国	636	-29.63	2.52	4.32	3.11	2.68
2013	中国	349	-0.38	1.21	0.27	1.35	0.73
	美国	643	-40.92	2.54	4.48	4.00	2.98
2014	中国	348	0.88	1.33	0.49	1.44	0.85
	美国	604	-35.80	2.84	5.02	4.64	3.41
2015	中国	262	0.71	1.75	0.70	1.91	1.15
	美国	453	-20.93	3.90	7.32	7.33	5.15
2016	中国	215	0.89	2.19	0.90	2.25	1.39
	美国	424	-13.98	4.80	9.31	6.86	5.80

综上所述，中国若想实现"文化强国"的目标，还有一段漫长的路要走。

四　中国应借鉴英国、法国和德国，增强创意创新能力

"创意创新"不仅是一种理念，还是能够创造经济效益的巨大力量。从产业结构转型升级的角度看，文化创意产业通过创造性思维对传统文化资源再优化配置，推动不同行业、不同领域重组、提升与合作，从而驱动相关产品制造和后续产品开发，形成一次投入、多次产出、上下联动、左右衔接的产业链条。欧洲的英国、法国和德国在"创意+文化""创意+产业"等方面做得最为突出，如今是全球各国和地区学习的典范。2012—2016 年，英国、法国和德国在"创意创新"的"魔法效应"下，古老的城市文化和传统产业再焕活力，龙文化指数也在步步高升，都高于中国。以 2016 年为例，英国和德国的龙文化指数达到 3 以上，法国也在 2 以上，而中国只有 1.39。因此，中国文化创意产业不仅需要运用产业思维运营，还需要有创新、有创造，通过技术创新和内容创意巧妙地将文化与产品、服务结合在一起，形成创意创新资产的国际竞争力。

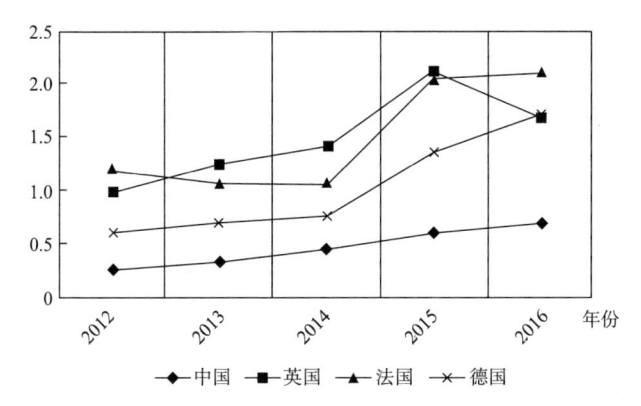

图 9-8　2012—2016 年中国与英国、法国、德国龙文化指数对比情况

五　中国、日本和韩国三足鼎立，文化创意产业竞争进入"白热化"

中国、日本和韩国三国发展一直备受世界瞩目，近几年随着中国经济的崛起，中国、日本和韩国的竞争进入更加激烈的状态。2012—2016年的五年里，日本文化创意产业上市公司龙文化指数一直高于中国和韩国，但是，在 2015 年之后开始下滑，而与此同时，韩国和中国在紧追日本，尤其是中国，崛起的速度快于韩国（见图 9-9）。2012 年，中国与日本的龙文化指数相差不到 1，2016 年，日本龙文化指数为 2.19，中国为 1.39，差距缩小。从 20 世纪末开始，日本和韩国就十分重视文化创意产业的发展，体现在"文化立国"方针政策、完善本国法律法规、开拓多渠道融资方式、培养产业人才等方面。中国要积极借鉴日本和韩国的发展经验，在文化创意产业战略、法律法规和人才培养等方面，进一步加强力度，同时，要培养中国文化创意产业特色品牌和精品项目，不断提升中国文化创意产业国际竞争力。

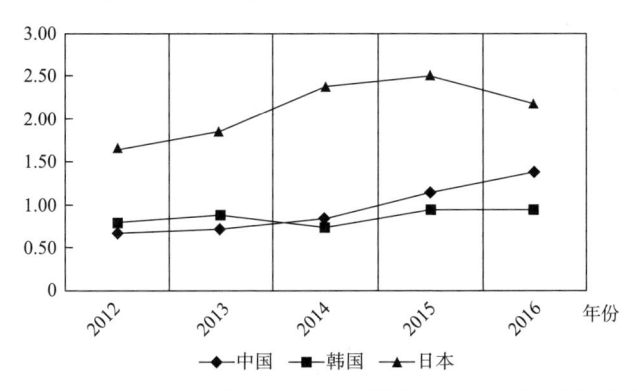

图 9-9　2012—2016 年中国与日本和韩国龙文化指数对比情况

六 中国领军"一带一路"沿线国家和地区,积极构建文化创意产业共同体

从 2012—2016 年中国与"一带一路"沿线部分排名靠前的国家和地区比较来看,2012 年和 2013 年中国龙文化指数与之相差不大,之后,中国文化创意产业快速崛起,到了 2016 年,中国已经远远领先"一带一路"沿线国家和地区,达到 1.39,而其他国家和地区还停留在 0.2 左右,甚至不到 0.1。中国的营业收入、无形资产和所得税也表现突出,远远高于其他国家和地区(见图 9-10)。

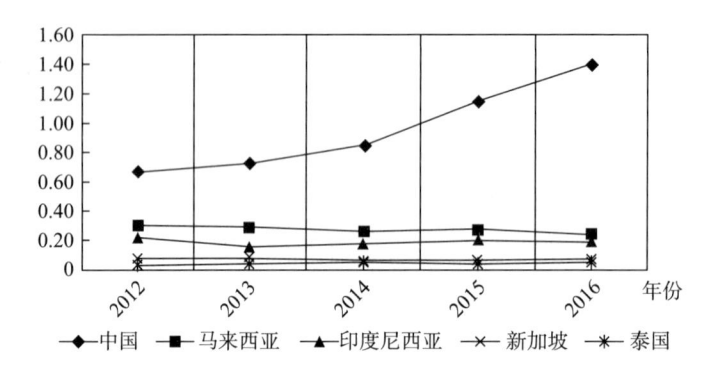

图 9-10 2012—2016 年中国与"一带一路"部分沿线
国家和地区龙文化指数对比情况

"一带一路"倡议的提出为文化创意产业的区域协同发展提供了良好契机,中国要积极发挥"雁头"和典范作用,从科技创新能力构建、加快研发成果转化、夯实创新制度保障和达成知识产权共识方面发挥良好的作用,将中国的资金、技术、文化资源与沿线国家的资源优势充分结合,形成互惠互利、共同繁荣的"利益共同体"[①],努力构建全球文化创意产业协同发展共同体。

---

① 辜胜阻、王建润:《深化"丝绸之路经济带"能源合作的战略构想》,《安徽大学学报》(哲学社会科学版)2016 年第 5 期。

下 篇

全球文化创意产业上市公司专项研究报告

第十章 全球文化创意产业上市公司经济效益研究报告

本章对全球文化创意产业上市公司的经济效益发展研究主要从以下四个维度展开：一是总资产规模，评价文化创意产业上市公司的体量大小，进而反映其在全球文化创意产业市场中的地位；二是营业收入，直观反映文化创意产业上市公司创造经济收入的能力水平；三是税前利润，反映文化创意产业上市公司的盈利能力；四是基本每股收益，反映上市公司为股东创造价值的能力。①

第一节 全球文化创意产业上市公司总资产规模研究

总资产规模是衡量一个上市公司经济效益发展的重要指标。一个没有足够规模的企业很难在激烈的市场竞争中站稳脚跟，总资产规模是企业创造经济效益、获取未来可持续发展的坚实基础。② 本小节将从2012—

---

① 需要说明的是，限于数据可得性，第十章经济效益研究、第十一章创意创新研究、第十二章社会贡献研究章节的全球文化创意产业上市公司与中篇的龙文化指数报告研究样本不同，未能纳入美国电报电话公司等上市公司参与评价研究。具体缺失公司及对应缺失年份如下：AT&T（2012—2016）、Samsung Electronics（2012—2016）、Microsoft（2012—2016）、Canon（2012—2016）、Telecom Italia SPA（2012—2016）、China Mobile Ltd（2012—2016）、China United Telecommunications Corp Ltd（2012—2016）、China Telecom Corp Ltd（2012—2016）、Verizon Communications Inc（2012—2016）、Deutsche Telekom（2012—2016）、Telefonica SA（2012—2016）、Hon Hai Precision Industry Co Ltd（2012—2016）、Nippon Telegraph & Telephone Corp Ntt（2012—2016）、Softbank Group Corp（2012—2016）、Kddi Corp（2012—2016）、Vodafone Group PLC（2012—2016）、BT Group PLC（2012—2016）、America Movil SA De CV, Mexico（2012—2016）、Alibaba Group Holding Ltd（2015—2016）、JD.com Inc（2016）。

② 臧志彭、解学芳：《中国文化及相关产业上市公司研究报告（2011—2013）》，知识产权出版社2015年版，第21页。

2016 年全球文化创意产业上市公司总资产规模总体特征、2000—2016 年全球 16 个主要国家和地区文化创意产业上市公司总资产规模演变趋势、2012—2016 年全球文化创意产业上市公司总资产规模百强、2013—2016 年全球文化创意产业上市公司总资产规模的国家和地区排名四个方面来对全球文化创意产业上市公司总资产规模进行评价研究。

一 2012—2016 年全球主要国家和地区文化创意产业上市公司总资产规模总体特征

2012—2016 年全球主要国家和地区文化创意产业上市公司数量和总资产规模总值变动较为平稳（见图 10 - 1）。其中，2012—2014 年在上市公司数量相对稳定的情况下，资产总值缓慢提升，2013 年增长率为 1.53%，2014 年升至 5.94%，发展态势良好。2015 年和 2016 年，由于印度等一些国家上市公司数据未能及时披露，造成这两年文化创意产业上市公司数量出现异常骤减，相应地，其总资产规模总值有所下降。2016 年是这五年来全球文化创意产业上市公司中参与总资产统计的公司数量最少的一年，然而，其总资产规模总值却高达 33.80 万亿元人民币，仅次于 2014 年的 35.56 万亿元，资产总值增长率约为 15.25%，贡献了 2012 年以来最高的增长率。

图 10 - 1　2012—2016 年全球文化创意产业上市公司数量和总资产规模总值

观察全球文化创意产业上市公司总资产规模均值，即平均每家上市公司的总资产规模，2012—2016 年，逐年增加，稳步提升。其中，2015

年的均值增长率最高,将近24%;2016年的均值增长率虽有所下降但紧随其后,约为17.40%(见图10-2)。需要特别注意的是,2016年全球文化创意产业上市公司总资产规模均值为137.03亿元,创造了五年来的最高峰。

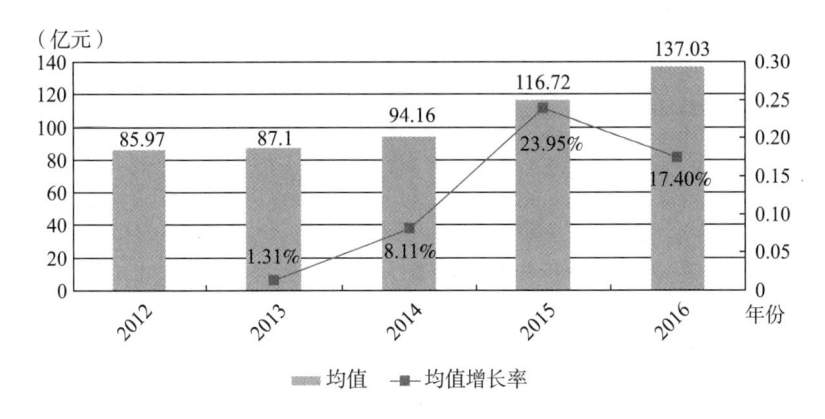

图10-2 2012—2016年全球文化创意产业上市公司总资产规模均值

二 2000—2016年全球16个主要国家和地区文化创意产业上市公司总资产规模演变趋势

为了从更长远的历史时期深入理解和把握全球文化创意产业上市公司发展演变趋势特征,本报告根据数据可得性和地域分布均衡性综合考虑,选取了2000—2016年美国、日本、英国、中国、加拿大、印度、中国台湾、中国香港、澳大利亚、法国、韩国、德国、意大利、南非、巴西、俄罗斯全球16个文化创意产业发展比较好的国家和地区的汇总数据[①],进行更为科学的总体趋势分析研判。

从总值来看,2000—2016年,全球16个主要国家和地区文化创意产业上市公司总资产规模总值基本在25万亿元以上,整体增长平稳(见图10-3)。从均值来看,2000—2014年,总资产规模均值即单个企业平均资产规模变动较为稳定,2014—2016年出现波动。

---

① 选取16个国家和地区分别是:美国、日本、英国、中国、加拿大、印度、中国台湾、中国香港、澳大利亚、法国、韩国、德国、意大利、南非、巴西、俄罗斯。第十章、第十一章、第十二章和第十三章研究的16个国家和地区与此相同。

(万亿元)

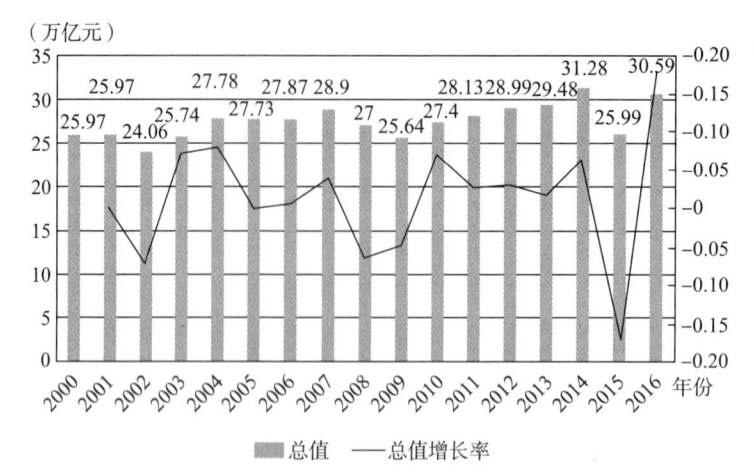

图 10-3 2000—2016 年全球 16 个主要国家和地区文化
创意产业上市公司总资产规模总值

具体来看,在上市公司数量发展相对稳定的前提下,2002 年出现了第一个波谷,资产总值为 24.06 万亿元,增长率 -7.35%,均值为 81.11 亿元,增长率 -8.88%,这显然是受到了 2001 年互联网泡沫破裂和美国"9·11"恐怖事件的影响;2007 年出现了第一个小高峰,资产总值高达 28.90 万亿元,均值为 95.60 亿元,过度繁荣的经济增长也为 2008 年的经济危机埋下伏笔;2009—2014 年全球 16 个主要国家和地区文化创意产业迅速回暖,强劲上扬;2015 年上市公司总资产均值大幅提升,高达 132.99 亿元,增长率约为 30.20%。文化创意产业以其创新性、强渗透性、高知识性,正日益成为各国抗击金融风险,推进经济转型和保证持续发展的战略性产业。

三 2012—2016 年全球主要国家和地区文化创意产业上市公司总资产规模百强

(一) 2012—2016 年上市公司规模总量 20 强演变特征分析

从 2012—2016 年全球主要国家和地区文化创意产业上市公司规模总量 20 强来看,头部排名持续固化(见表 10-1)。美国的苹果公司、康卡斯特公司、字母表公司和日本的索尼公司始终位列前五名,企业竞争力优势明显。

部分企业排名变动幅度较大:美国的雅虎公司从 2012 年的第 49 名下降到 2013 年的第 53 名,继而升到 2014 年的第 8 名,然后 2015 年又跌落到第 16 名,2016 年降至第 18 名,呈波浪式排名变化;美国的脸书公司

表10-1 2012—2016年全球主要国家和地区文化创意产业上市公司资产规模总量20强

排名	2012年 公司名称	2012年 公司总部所在地	2013年 公司名称	2013年 公司总部所在地	2014年 公司名称	2014年 公司总部所在地	2015年 公司名称	2015年 公司总部所在地	2016年 公司名称	2016年 公司总部所在地
1	索尼公司（Sony Corp）	日本	苹果公司（Apple Inc）	美国	苹果公司（Apple Inc）	美国	苹果公司（Apple Inc）	美国	苹果公司（Apple Inc）	美国
2	苹果公司（Apple Inc）	美国	康卡斯特公司（Comcast Corp）	美国	康卡斯特公司（Comcast Corp）	美国	康卡斯特公司（Comcast Corp）	美国	康卡斯特公司（Comcast Corp）	美国
3	康卡斯特公司（Comcast Corp）	美国	索尼公司（Sony Corp）	日本	索尼公司（Sony Corp）	日本	字母表公司（Alphabet Inc）	美国	字母表公司（Alphabet Inc）	美国
4	字母表公司（Alphabet Inc）	美国	字母表公司（Alphabet Inc）	美国	字母表公司（Alphabet Inc）	美国	索尼公司（Sony Corp）	日本	索尼公司（Sony Corp）	日本
5	维旺迪集团（Vivendi）	法国	华特迪士尼公司（Walt Disney Co）	美国	华特迪士尼公司（Walt Disney Co）	美国	华特迪士尼公司（Walt Disney Co）	美国	特许通信公司（Charter Communications Inc）	美国
6	华特迪士尼公司（Walt Disney Co）	美国	时代华纳公司（Time Warner Inc）	美国	自由全球公司（Liberty Global Plc）	英国	蒂斯公司（Altice NV）	荷兰	IBM公司（International Business Machines Corp）	美国
7	时代华纳公司（Time Warner Inc）	美国	自由环球公司（Liberty Global Plc）	美国	时代华纳公司（Time Warner Inc）	美国	自由环球公司（Liberty Global Plc）	英国	华特迪士尼公司（The Walt Disney Co）	美国

续表

排名	2012年 公司名称	2012年 公司总部所在地	2013年 公司名称	2013年 公司总部所在地	2014年 公司名称	2014年 公司总部所在地	2015年 公司名称	2015年 公司总部所在地	2016年 公司名称	2016年 公司总部所在地
8	松下公司（Panasonic Corp）	日本	自由全球子公司环球集团（Liberty Global Plc Group）	英国	雅虎公司（Yahoo Inc）	美国	亚马逊公司（Amazon.com Inc）	美国	蒂斯公司（Altice NV）	荷兰
9	21世纪福克斯公司（Twenty-First Century Fox Inc）	美国	维旺迪集团（Vivendi）	法国	松下公司（Panasonic Corp）	日本	时代华纳公司（Time Warner Inc）	美国	亚马逊公司（Amazon.com Inc）	美国
10	NBC环球传媒集团（NBCUniversal Media LLC）	美国	松下公司（Panasonic Corp）	日本	21世纪福克斯公司（Twenty-First Century Fox Inc）	美国	NBC环球传媒集团（NBCUniversal Media LLC）	美国	自由全球公司（Liberty Global Plc）	英国
11	时代华纳有线公司（Time Warner Cable Inc）	美国	NBC环球传媒集团（NBCUniversal Media LLC）	美国	亚马逊公司（Amazon.com Inc）	美国	21世纪福克斯公司（Twenty-First Century Fox Inc）	美国	NBC环球传媒集团（NBCUniversal Media LLC）	美国
12	爱立信公司（Ericsson）	瑞典	21世纪福克斯公司（Twenty-First Century Fox Inc）	美国	NBC环球传媒集团（NBCUniversal Media LLC）	美国	脸书公司（Facebook Inc）	美国	时代华纳公司（Time Warner Inc）	美国

第十章 全球文化创意产业上市公司经济效益研究报告 / 339

续表

排名	2012年 公司名称	2012年 公司总部所在地	2013年 公司名称	2013年 公司总部所在地	2014年 公司名称	2014年 公司总部所在地	2015年 公司名称	2015年 公司总部所在地	2016年 公司名称	2016年 公司总部所在地
13	WPP集团（WPP PLC）	英国	时代华纳有线公司（Time Warner Cable Inc）	美国	时代华纳有线公司（Time Warner Cable Inc）	美国	时代华纳有线公司（Time Warner Cable Inc）	美国	脸书公司（Facebook Inc）	美国
14	诺基亚公司（Nokia Corp）	芬兰	爱立信公司（Ericsson）	瑞典	蒂斯公司（Altice NV）	荷兰	腾讯控股有限公司（Tencent Holdings LTD）	中国	腾讯控股有限公司（Tencent Holdings LTD）	中国
15	富士胶片公司（Fujifilm Holdings Corp）	日本	易贝公司（eBay Inc）	美国	维旺迪集团（Vivendi）	法国	松下公司（Panasonic Corp）	日本	自由全球子公司（Liberty Global Plc Global Group）	英国
16	自由全球子公司（Liberty Global Plc Global Group）	英国	WPP集团（WPP PLC）	美国	易贝公司（eBay Inc）	美国	雅虎公司（Yahoo Inc）	美国	诺基亚公司（Nokia Corp）	芬兰
17	易贝公司（eBay Inc）	美国	亚马逊公司（Amazon.com Inc）	美国	WPP集团（WPP PLC）	英国	特许通信公司（Charter Communications Inc）	美国	21世纪福克斯公司（Twenty-First Century Fox Inc）	美国

续表

排名	2012 年		2013 年		2014 年		2015 年		2016 年	
	公司名称	公司总部所在地	公司名称	公司总部所在地	公司名称	公司总部所在地	公司名称	公司总部所在地	公司名称	公司总部所在地
18	3M 公司（3M Co）	美国	诺基亚公司（Nokia Corp）	芬兰	爱立信公司（Ericsson）	瑞典	维旺迪集团（Vivendi）	法国	雅虎公司（Yahoo Inc）	美国
19	汤森路透集团（Thomson Reuters Corp）	美国	自由传媒集团（Liberty Media Corp SiriusXM Group）	美国	阿里巴巴集团（Alibaba Group Holding Ltd）	中国	乐天株式会社（Rakuten Inc）	日本	乐天株式会社（Rakuten Inc）	日本
20	亚马逊公司（Amazon.com Inc）	美国	3M 公司（3M Co）	美国	脸书公司（Facebook Inc）	美国	爱立信公司（Ericsson）	瑞典	维旺迪集团（Vivendi）	法国

名次一路提升，从 2012 年的第 57 名，到 2013 年的第 47 名，再到 2014 年的第 20 名，2015 年成为第 12 名，但 2016 年略微下降至第 13 名；中国的腾讯控股有限公司与此类似，2012 年排在第 77 名，2013 年升至第 51 名，2014 年第 32 名，2015 年又升至第 14 名，2016 年保持该位次不变；反观法国的维旺迪集团排名则一路下降，从 2012 年的第 5 名，到 2013 年第 9 名，2014 年第 15 名，再到 2015 年第 18 名，2016 年的第 20 名，虽然尚未跌出 20 强，但连续下降的名次依然值得警惕，瑞典的爱立信公司也是如此。

荷兰的蒂斯公司（Altice NV）2014 年进入 100 强榜单，排在第 14 名，2015 年则位列第 6 名。作为欧洲电信和媒体巨头的蒂斯公司由亿万富翁 Patrick Drahi 创立于 2001 年，是一家专门以电信、媒体和娱乐为主的跨国集团，拥有 5000 万固定用户和移动订阅用户，在欧洲多个国家，以及以色列都有市场。近几年蒂斯公司迅速扩张，2013 年 11 月底以 14 亿美元收购法国电信公司（Orange Dominicana S. A），2014 年 3 月收购了法国最大的电信运营商 SFR，2015 年 9 月以 177 亿美元收购美国有线电视系统公司，这是该公司排名猛增的主要原因。蒂斯公司的崛起与互联网大潮息息相关，不仅反映了欧洲的现状，也是全球文化创意产业发展正发生的当下变革。

2000—2016 年全球主要国家和地区文化创意产业上市公司总资产规模均值如图 10-4 所示。

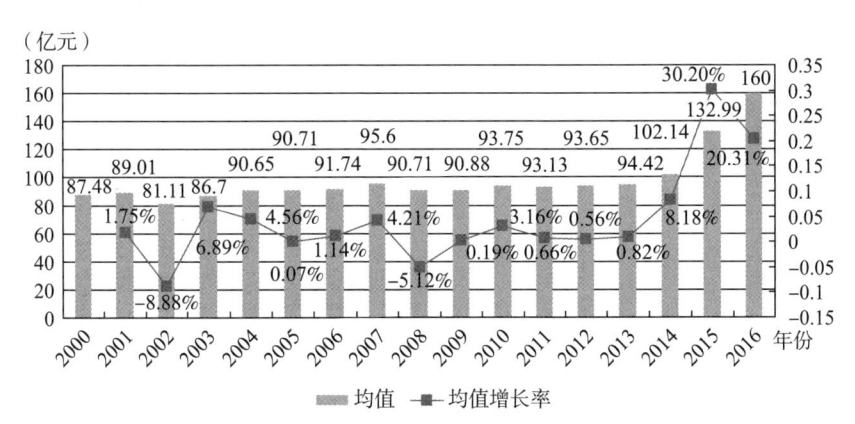

图 10-4　2000—2016 年全球 16 个主要国家和地区
文化创意产业上市公司总资产规模均值

从 2012—2016 年全球主要国家和地区文化创意产业上市公司规模总量 20 强（见表 10-2 和图 10-5）来看，共有美国、日本、法国、芬兰、瑞

表10-2　2012—2016年全球文化创意产业上市公司资产规模总量20强美国公司排名

排名	2012年公司名称	2013年公司名称	2014年公司名称	2015年公司名称	2016年公司名称
2	苹果公司（Apple Inc）	苹果公司（Apple Inc）	苹果公司（Apple Inc）	苹果公司（Apple Inc）	苹果公司（Apple Inc）
3	康卡斯特公司（Comcast Corp）	康卡斯特公司（Comcast Corp）	康卡斯特公司（Comcast Corp）	康卡斯特公司（Comcast Corp）	康卡斯特公司（Comcast Corp）
4	字母表公司（Alphabet Inc）	字母表公司（Alphabet Inc）	字母表公司（Alphabet Inc）	字母表公司（Alphabet Inc）	字母表公司（Alphabet Inc）
6	华特迪士尼公司（Walt Disney Co）	华特迪士尼公司（Walt Disney Co）	华特迪士尼公司（Walt Disney Co）	华特迪士尼公司（Walt Disney Co）	特许通信公司（Charter Communications Inc）
7	时代华纳公司（Time Warner Inc）	时代华纳公司（Time Warner Inc）	时代华纳公司（Time Warner Inc）	亚马逊公司（Amazon.com Inc）	IBM公司（International Business Machines Corp）
9	21世纪福克斯公司（Twenty-First Century Fox Inc）	NBC环球传媒集团（NBCUniversal Media LLC）	雅虎公司（Yahoo Inc）	时代华纳公司（Time Warner Inc）	华特迪士尼公司（Walt Disney Co）
10	NBC环球传媒集团（NBCUniversal Media LLC）	21世纪福克斯公司（Twenty-First Century Fox Inc）	21世纪福克斯公司（Twenty-First Century Fox Inc）	NBC环球传媒集团（NBCUniversal Media LLC）	亚马逊公司（Amazon.com Inc）

第十章 全球文化创意产业上市公司经济效益研究报告 / 343

续表

排名	2012年 公司名称	2013年 公司名称	2014年 公司名称	2015年 公司名称	2016年 公司名称
11	时代华纳有线公司（Time Warner Cable Inc）	时代华纳有线公司（Time Warner Cable Inc）	亚马逊公司（Amazon.com Inc）	21世纪福克斯公司（Twenty-First Century Fox Inc）	NBC环球传媒集团（NBCUniversal Media LLC）
17	易贝公司（eBay Inc）	易贝公司（eBay Inc）	NBC环球传媒集团（NBCUniversal Media LLC）	脸书公司（Facebook Inc）	时代华纳公司（Time Warner Inc）
18	3M公司（3M Co）	亚马逊公司（Amazon.com Inc）	时代华纳有线公司（Time Warner Cable Inc）	时代华纳有线公司（Time Warner Cable Inc）	脸书公司（Facebook Inc）
19	汤森路透集团（Thomson Reuters Corp）	自由传媒集团（Liberty Media Corp SiriusXM Group）	易贝公司（eBay Inc）	雅虎公司（Yahoo Inc）	21世纪福克斯公司（Twenty-First Century Fox Inc）
20	亚马逊公司（Amazon.com Inc）	3M公司（3M Co）	脸书公司（Facebook Inc）	特许通信公司（Charter Communications Inc）	雅虎公司（Yahoo Inc）

典、英国、中国、荷兰 8 个国家上榜。

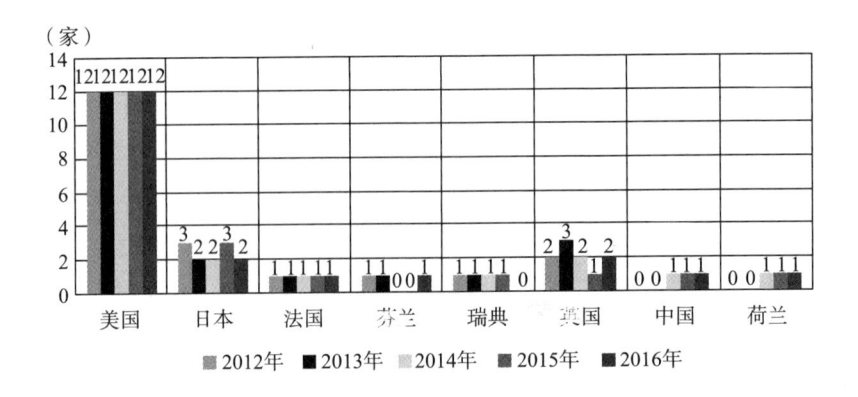

图 10-5　2012—2016 年全球主要国家和地区
文化创意产业上市公司资产规模总量 20 强

美国五年间 20 强各占 12 席，且排名靠前，整体实力最强。在美国，与文化创意产业相关的产业被称为"版权产业"，顶尖文化创意企业众多，涉及领域广泛，如苹果公司、康卡斯特公司、字母表公司、华特迪士尼公司、时代华纳公司、21 世纪福克斯公司、亚马逊公司、脸书公司、雅虎公司等。

法国五年来入选 20 强的这一家企业始终都是维旺迪集团（Vivendi），主要经营五大块业务集团：影视、出版、音乐、电信和网络。芬兰、瑞典、中国、荷兰 4 个国家在五年间均入选了 0—1 家，芬兰的诺基亚公司、瑞典的爱立信公司和荷兰的蒂斯公司"一枝独秀"，而中国是"花开两朵"：2012—2013 年没有中国企业入选，2014 年阿里巴巴公司位列第 19 名，之后腾讯控股有限公司突飞猛进，在 2015 年、2016 年均为第 14 名。

观察五年来进入 20 强的行业情况，共涉及 13 种行业类型，其中电影娱乐业每年至少有 5 家企业入围，有线电视和其他电视服务业每年均不少于 4 家，是相对强势的两个行业类型。电子商务业、广播电视播放设备业和消费类电子产品业 3 个行业每年均有 1—2 家入围资产规模前 20 强，发展较为稳定。互联网软件与服务业由 2012 年、2013 年的 1 家猛然升至 2014 年的 3 家，2015 年、2016 年则分别有 4 家企业进入全球文化创意产业上市公司资产规模总量 20 强，是近年来飞速扩张的新兴行业类型。而计算机编程和数据处理服务业等、广告代理服务业、电台广播站业、再生纸和纸板产品业（不包含纸容器及纸盒）、互联网出版、广播和网络搜索门户业、杂类出版业、摄影及影印设备制造业7个行业在这五年来也有企业位列资产规模20强（见图10-6）。

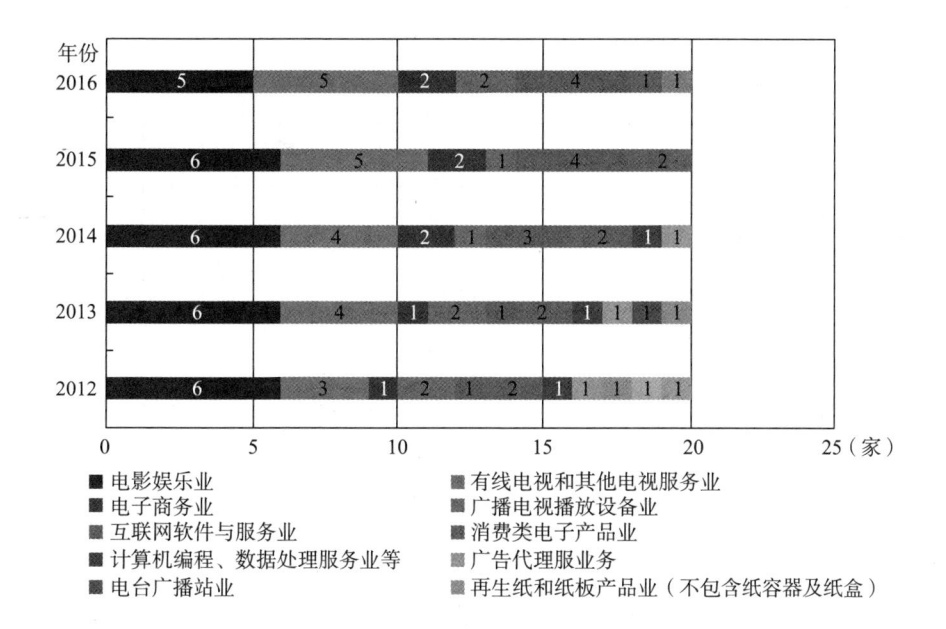

图10-6 2012—2016年进入资产规模20强的行业情况和历年变化趋势

（二）五年来主要国家和地区进入百强的演变情况分析

观察2012—2016年主要国家和地区文化创意产业上市公司资产规模总量百强数量（见图10-7），美国每年均有40家以上的企业进入全球文化创意产业规模总量百强，始终遥遥领先于其他国家和地区；日本和中国（含中国台湾）在上市公司数量上较为接近，其中，2012—2014年日本多于中国，2015—2016年中国赶超了日本，但与美国相比仍有较大差距；五年来英国、法国的上市公司数量变动较为平稳，英国平均每年8家左右，而法国平均每年不到5家。上述5个国家的百强上市公司数量相对领先于其他国家。

美国、日本、中国、英国和法国5个国家在文化创意产业发展方面特色鲜明，并产生了巨大的经济效益。以日本为例，对其2012—2016年文化创意产业的百强企业进行重点分析。日本和中国的文化创意产业上市公司在数量上不相上下，但日本领军企业的发展优于中国。日本的索尼公司长年排在前5名，松下公司也在第10名左右；而中国的腾讯控股有限公司在2012—2016年全球文化创意产业上市公司规模总量前百强中最好的名次为第14名。

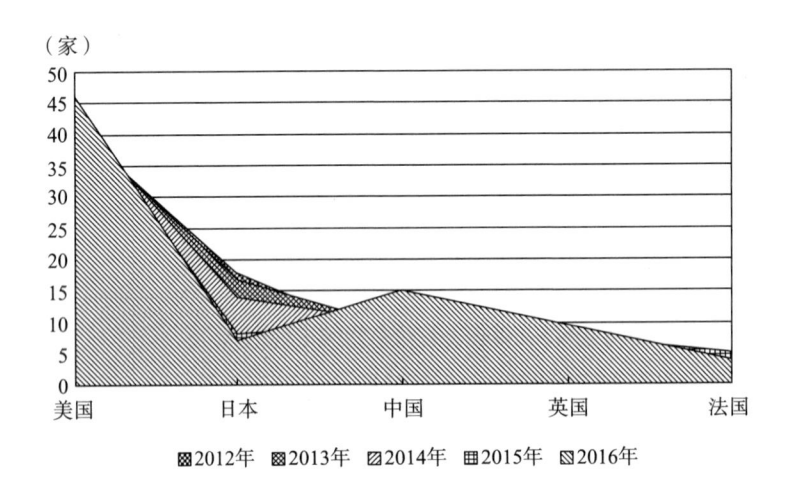

图 10-7　2012—2016年主要国家文化创意产业上市公司资产规模总量百强公司数量

观察2012—2016年全球文化创意产业上市公司规模总量百强日本企业的行业类型，发现消费类电子产品业、造纸业、印刷业、玩具与游戏业四大行业比较突出（见表10-3）。消费类电子产品业最为强势，如索尼公司、松下公司、夏普公司、亚马达公司（Yamada Denki Co Ltd）、尼康公司（Nikon Corp）等公司均进入百强榜单，且名次靠前；造纸业、印刷业的发展十分耀眼，如王子控股株式会社（Oji Holdings Corp）、日本制纸株式会社（Nippon Paper Industries Co Ltd）、凸版印刷株式会社（Toppan Printing Co Ltd）、大日本印刷株式会社（Dai Nippon Printing Co Ltd）等，堪称传统文化创意产业适应新时代变革的典范。此外，日本的玩具与游戏行业也相当出色，其中，任天堂公司为现代电子游戏产业的开创者，开发了游戏史上最热销游戏系列超级马里奥和精灵宝可梦，2012—2016年均榜上有名。

表 10-3　　2012—2016 年资产规模总量百强日本公司的排名变化及经营范围

公司名称	2012 年	2013 年	2014 年	2015 年	2016 年	经营范围
索尼公司（Sony Corp）	1	3	3	4	4	数码产品、电子游戏、电影娱乐、金融、信息技术等
松下公司（Panasonic Corp）	8	10	9	15	—	家电、数码、办公产品、航空等
富士胶片公司（Fujifilm Holdings Corp）	15	21	24	28	—	影像、医疗、印刷、高性能材料等
理光集团（Ricoh Co Ltd）	22	29	36	37	35	办公设备、光学仪器、数码相机
电通集团（Dentsu Inc）	25	27	28	31	27	日本最大的广告与传播集团
乐天株式会社（Rakuten Inc）	27	22	23	19	19	经营证券、职业棒球队、旅游网站等，是日本电子商店街乐天市场的经营者
夏普公司（Sharp Corp）	29	36	52	—	54	电器及电子产品
王子控股株式会社（Oji Holdings Corp）	31	43	47	—	—	日本最大的造纸公司，包括新闻用纸、特殊用纸、生活用纸
凸版印刷株式会社（Toppan Printing Co Ltd）	38	49	48	—	—	印刷、包装、电子产品、数字成像和光导发光
大日本印刷株式会社（Dai Nippon Printing Co Ltd）	41	56	56	—	—	印刷、信息通讯、生活时尚、工业用品及电子产品
日本制纸株式会社（Nippon Paper Industries Co Ltd）	42	59	70	—	—	经营生产和销售新闻纸、印刷出版用纸、情报用纸、产业用纸
任天堂公司（Nintendo Co Ltd）	45	70	75	76	71	电子游戏软硬件开发与发行

续表

公司名称	2012年	2013年	2014年	2015年	2016年	经营范围
亚马达公司（Yamada Denki Co Ltd）	59	78	89	—	—	销售和修理家电产品，出租和销售影像软件、书籍，也开展装修和住宅业务。
富士传媒控股（Fuji Media Holdings Inc）	76	92	93	—	—	有广播业务，视频音乐，生活信息，城市发展等七个业务部门
柯尼卡美能达控股株式会社（Konica Minolta Inc）	78	96	—	—	—	影像、医疗、印刷、高性能材料等领域
尼康公司（Nikon Corp）	83	98	—	—	—	数码、光学和影像产品
木星通讯（Jupiter Telecommunications Co Ltd）	89	91	—	—	—	日本最大的有线电视运营商，向用户提供有线电视、高速互联网接入和电话业务
日本雅虎公司（Yahoo Japan Corp）	95	—	—	74	65	互联网公司，其门户网站是日本访问量最大的网站

（三）"一带一路"沿线国家和地区进入百强情况分析

2012—2016年"一带一路"沿线国家和地区进入全球文化创意产业上市公司规模总量百强的只有马来西亚和新加坡。但考虑到日本、韩国是中国的"一带一路"建设从地理上和经济上都无法避开的国家，所以，有必要进行中国与这4个国家的竞争力分析。

2012—2016年"一带一路"沿线国家和地区最显著的变化是：中国的百强企业数目整体在增加，而日本在不断减少（见图10-8）。2012—2014年，日本整体的文化创意环境及入选文化创意企业在全球范围内都有较大的影响力，其中2012年入选榜单的有18家，2013年有17家，2014年为14家，不断减少，之后被中国赶超，入选榜单的企业数量在2015年降为8家，2016年仅为7家，松下公司、富士胶片公司等昔日30

强的企业在这一年均跌至百强榜单之外，被其他国家的类似企业所超越。此外，造纸业巨头如王子控股株式会社、日本制纸株式会社，印刷业领军企业如凸版印刷株式会社、大日本印刷株式会社均自 2015 年便在百强榜单消失，可见，传统文化创意产业正遭受着来自新兴文化业态的强烈冲击。这些变化除了受到文化市场自然波动的影响，2011 年，东京 9.0 级地震及福岛核泄漏事件、2016 年熊本县 7.0 级地震等各种灾害都在不同程度上影响了日本国家及地方的经济文化发展，加之严重的老龄化社会危机，使日本各个文化创意产业生产和消费的国际影响力均进入下滑期。

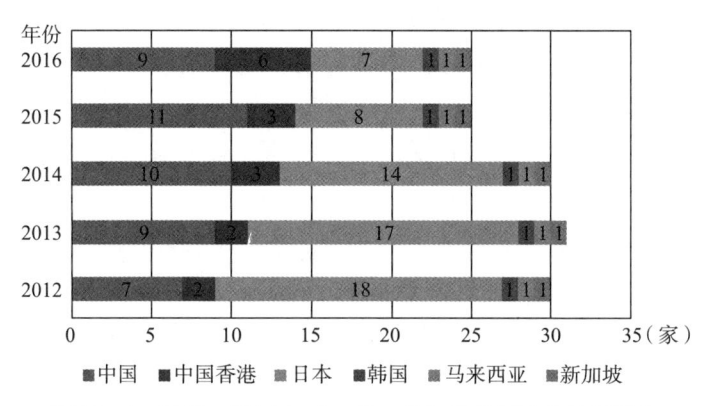

图 10-8　2012—2016 年"一带一路"沿线国家和地区进入
资产规模百强企业数量

2012—2016 年，韩国、马来西亚、新加坡始终都是同一家企业入选百强榜单。韩国的 LG 电子公司的名次变化呈"V"形，自 2012—2016 年分别是第 24 名、第 23 名、第 22 名、第 23 名、第 25 名；同为云顶集团的子公司，马来西亚云顶集团（Genting Berhad）比新加坡云顶集团（Genting Singapore PLC）发展实力强，五年来始终都在百强名单中，且位次相差至少第 50 名（2012 年相差第 50 名，2013 年第 54 名，2014 年第 52 名，2015 年第 53 名，2016 年第 58 名）。但两家企业的排名整体都在缓慢下滑。

从数量上看，2012—2016 年中国百强企业始终多于韩国、马来西亚和新加坡，且在 2014 年之后赶超了日本。在中国香港上市的文化创意产业百强企业的数量更是成倍增加，值得注意的是，2016 年中国共有 6 家企业进入榜单，其中有 4 家均属于杂类娱乐游戏服务业，它们分别是新濠国际发展有限公司（中国澳门企业）、金沙中国有限公司（中国香港企业）、新濠博亚娱乐有限公司（中国香港企业）、银河娱乐集团（中国香港企业），产业集聚效应显著。

四 2012—2016 年全球主要国家和地区文化创意产业上市公司总资产均值排名

观察 2012—2016 年全球主要国家和地区文化创意产业上市公司总资产均值十强（见表 10-4），芬兰以 360.64 亿元遥遥领先于其他国家和地区；墨西哥和荷兰的排名十分瞩目，其中，墨西哥与美国相差不远，以 221.25 亿元的总资产均值排第 3 名，荷兰则紧随其后。此外，巴西、日本、法国、南非、英国、中国澳门等国家和地区也进入了全球十强。鉴于前文已对美国、日本、英国、巴西进行过分析阐述，且公司数量在 30 家以下对应的排名不具有统计学意义，故此处着重对十强里的芬兰、墨西哥、荷兰、法国、南非等国家进行深入探究。

表 10-4　2012—2016 年全球主要国家和地区文化创意产业上市公司总资产均值排名

排名	公司总部所在地	公司数量（五年合计）	总资产均值（亿元）
1	芬兰	122	360.64
2	美国	2833	238.50
3	墨西哥	47	221.25
4	荷兰	127	204.55
5	巴西	101	164.88
6	日本	1603	157.99
7	法国	452	139.93
8	南非	91	139.01
9	英国	925	134.32
10	中国澳门	18	128.84
11	百慕大	31	111.33
12	瑞典	375	111.03
13	西班牙	72	93.67
14	瑞士	99	84.63
15	智利	65	80.45
16	中国	1520	74.87
17	德国	370	72.97

续表

排名	公司总部所在地	公司数量（五年合计）	总资产均值（亿元）
18	葡萄牙	64	69.41
19	俄罗斯	5	61.74
20	加拿大	519	60.29
21	比利时	46	59.54
22	阿根廷	5	56.03
23	柬埔寨	5	47.65
24	中国台湾	976	45.02
25	马来西亚	319	40.65
26	印度尼西亚	205	38.05
27	意大利	212	34.59
28	澳大利亚	717	32.89
29	韩国	1002	32.56
30	新加坡	274	26.20
31	希腊	79	25.50
32	土耳其	133	24.69
33	菲律宾	94	19.09
34	新西兰	44	18.04
35	中国香港	932	16.59
36	丹麦	116	15.03
37	以色列	176	13.19
38	印度	799	13.18
39	委内瑞拉	5	12.44
40	波兰	334	9.59
41	巴拿马	2	8.84
42	挪威	7	7.62
43	巴基斯坦	40	6.01
44	泰国	345	5.82
45	开曼群岛	19	5.06
46	越南	106	2.57
47	英属维尔京群岛	2	1.76
48	爱尔兰	5	1.53

续表

排名	公司总部所在地	公司数量（五年合计）	总资产均值（亿元）
49	塞浦路斯	1	1.43
50	泽西岛	9	1.35
51	马耳他	4	1.25
52	安圭拉	4	0.19
53	伯利兹	1	0.00

芬兰总人口不到 500 万，2012—2016 年其上市公司 122 家，虽远远低于美国的 2833 家，但实现了 360.64 亿元的总资产均值，排在全球第 1 名。2012—2016 年全球文化创意产业上市公司规模总量百强中，芬兰每年均有 3 家企业上榜（见图 10-9）：首先是诺基亚公司（Nokia Corp），其次是芬欧汇川集团（Upm Kymmene Corp）和斯道拉恩索森林工业公司（Stora Enso OYJ），两家公司则同属于造纸业。现在芬兰拥有众多文化创意品牌，例如"圣诞老人""愤怒的小鸟"，以及计算机奇才林纳斯·托瓦兹（Linus Torvalds）创造的开源系统 Linux 等。芬兰具备深厚的文化创意基础，这些都是芬兰文化创意产业优势突出的原因。

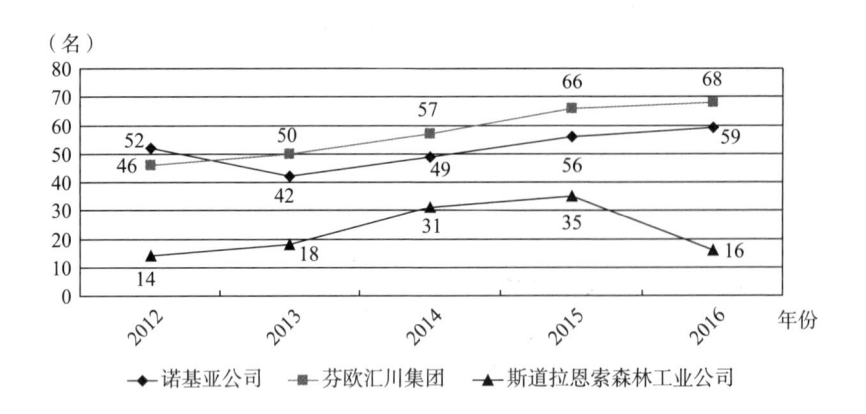

图 10-9 2012—2016 年芬兰百强文化创意企业排名

2012—2016 年法国文化创意产业上市公司有 452 家，仅次于美国、日本、英国，总资产均值 139.93 亿元，略高于南非和英国；而南非上市公司数量 91 家，仅多于墨西哥，总资产均值为 139.01 亿元，在英国的

134.32 亿元之上。作为发展中国家的墨西哥，2012—2016 年文化创意产业上市公司仅有 47 家，然而却以 221.25 亿元的总资产均值排在全球第 3 名。墨西哥电视集团（Grupo Televisa SAB）是西班牙语世界最大的电视广播公司和付费电视服务提供商，2012 年在全球文化创意产业上市公司资产规模总量 100 强中排在第 69 名，2013 年升至第 58 名，2014 年为第 54 名，2015 年又略微上升至第 50 名。墨西哥电视集团在墨西哥城经营 4 个广播频道，生产和分销 25 个付费电视品牌，并通过联视通信公司将其版权、模式和内容出口到美国与其他 50 多个国家和地区。[①②]

荷兰素以创新的企业家精神和天马行空、不拘一格的创意闻名于世，2012—2016 年这五年间共拥有 127 家文化创意产业上市公司，以 204.55 亿元的总资产均值全球第 4 名位列。荷兰人民以创新意识作为自己的文化传统，无论是时尚、广告、娱乐或媒体，荷兰总有办法将创意人才从世界各地吸引而来，让自己成为多元文化融合的创意之都。除了前文介绍过的蒂斯公司，荷兰还有两个企业会偶尔出现在全球文化创意产业上市公司资产规模总量百强的榜单中。其中，威科集团（Wolters Kluwer NV）在 2013 年排在第 100 名，2014 年上升 1 名，2015 年继续上升至第 86 名。它成立于 1836 年，始终为全球众多专业人士提供法律、商业、财税、会计、财务、审计、风险管理、合规及医疗卫生等方面的专业资讯，客户遍布世界近 180 个国家和地区，并在 40 个国家建立了分支机构。[③] 而 RELX 集团属于期刊印刷与出版业，在 2015 年全球文化创意产业上市公司资产规模总量百强中排第 53 名，2016 年上升到了第 51 名，是传统文化创意产业学习的典范。此外，由节目定位、品牌意识、市场调研等部分组成的"荷兰模式"也大获成功、影响全球，国内从荷兰引进改版的《中国好声音》即是典型案例之一。

2012—2016 年全球文化创意产业上市公司总资产均值差距较大，大

---

① Grupo Televisa SAB: Files an Amendment to its Annual Report in Mexico for the Year ended December 31, 2014 | 4 - Traders, http：//www.4 - traders.com/GRUPO - TELEVISA - SAB - 6492889/news/Grupo - Televisa - SAB - files - an - amendment - to - its - Annual - Report - in - Mexico - for - the - year - ended - December - 3 - 21513032/，2018 年 5 月 17 日。

② Televisa_ Televisa 品牌专区，http：//mp.ppsj.com.cn/brand/Televisa.html，2018 年 5 月 17 日。

③ 荷兰威科集团官方网站，http：//www.wolterskluwerchina.com.cn/about - wolters - kluwer/gai - lan.html，2015 年 5 月 17 日。

致可以分为5个梯队。总资产均值在200亿元以上的4个国家为第一梯队,其中,芬兰遥遥领先于位列其后的美国、墨西哥和荷兰(见图10-10)。第二梯队的总资产均值在100亿—200亿元,共有8个国家和地区,包括法国(139.93亿元)、南非(139.01亿元)、英国(134.32亿元)、瑞典(111.03亿元)、西班牙(93.67亿元)和瑞士(84.63亿元)6个国家,以及中国澳门(128.84亿元)和百慕大(111.33亿元)两个地区。第三梯队为总资产均值在50亿—100亿元的10个国家,中国位列其中。第四梯队共有17个国家和地区,总资产均值在10亿—50亿元。其余总资产均值不足10亿元的14个国家和地区为第五梯队。

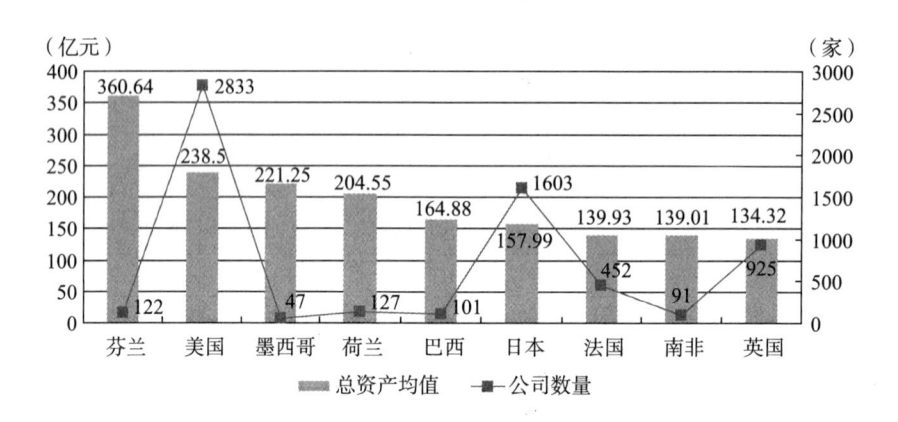

图 10-10 2012—2016 年全球文化创意产业十强
主要国家的上市公司数量及总资产均值

剔除公司数量在30家以下对应的数据信息,剩下38个国家和地区,其中,有15个国家和地区在亚洲、14个在欧洲,远远超过北美洲(4个)、南美洲(2个)、大洋洲(2个)和非洲(1个)的企业分布数量(见图10-11),可见,全球文化创意产业的洲际分布不均,且差异悬殊。

亚洲区域尽管企业数量最多,但每个国家营业收入平均值过低,总资产均值仅为59.54亿元,排在第5名,比大洋洲(只有澳大利亚和新西兰两个国家有企业上榜)略高。北美洲以210.15亿元在各大洲文化创意产业上市公司总资产规模均值的排名中居首位,但经济发展十分不平衡,除了美国和加拿大两国为发达国家,其余都为发展中国家和地区,发展中国家则以墨西哥为首。南非是非洲唯一一个有企业上榜的国家,以 91 家上市公司和 139.01 亿元的总资产均值位列十强,使非洲得以在洲际排名中排在第 2 名。巴西和智利是南美洲有企业入选的仅有的两个国家,总资产均值高达 131.82 亿元,排在第 3 名。欧洲区域包含芬兰、荷兰、法国、英国、瑞典、西班牙、瑞士、德国、葡萄牙、比利时、意大利、希腊、丹麦和波兰 14 个国家,总资产均值 106.90 亿元,低于北美洲、非洲和南美洲(见图 10 - 12)。

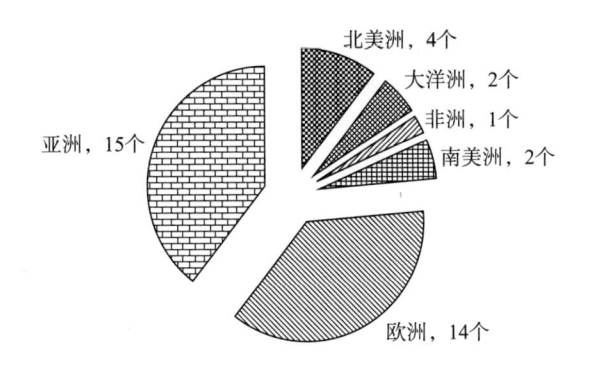

图 10 - 11　2012—2016 年文化创意产业上市公司的洲际分布

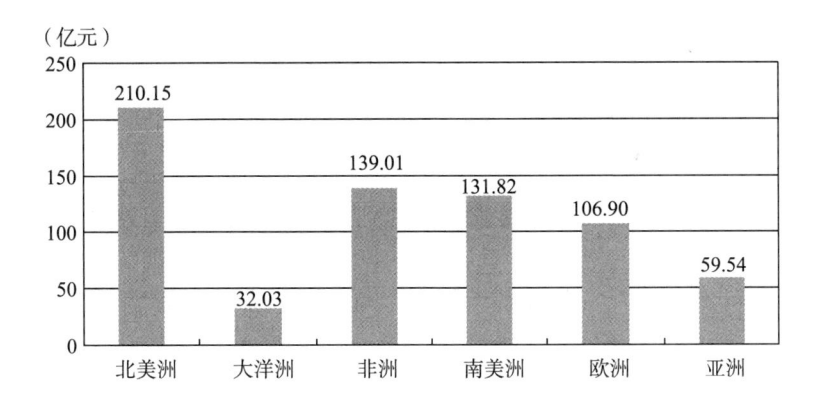

图 10 - 12　2012—2016 年各大洲文化创意产业
上市公司总资产规模均值

这里的"一带一路"沿线国家和地区主要讨论越南、泰国、巴基斯坦、波兰、印度、以色列、中国台湾、菲律宾、土耳其、希腊、新加坡、韩国、马来西亚、中国香港、中国、日本 16 个国家和地区。观察 2012—

2016年"一带一路"沿线国家和地区的上市公司数量及总资产规模均值，日本的上市公司数量最多，且以157.99亿元的总资产规模均值远远超出其他国家和地区，而中国以74.87亿元的资产均值位列第2。韩国、中国香港、印度的上市公司总资产规模均值仅有32.56亿元、16.59亿元和13.18亿元。希腊和菲律宾企业数量较少，但资产规模均值分别为25.5亿元和19.09亿元，在"一带一路"沿线国家和地区文化创意产业上市公司总资产规模中排名靠前（见图10－13）。总的来说，"一带一路"沿线国家和地区主要为发展中国家和地区，由于本身经济条件限制，整体文化创意产业实力不高，产业重要地位也未获得足够重视。

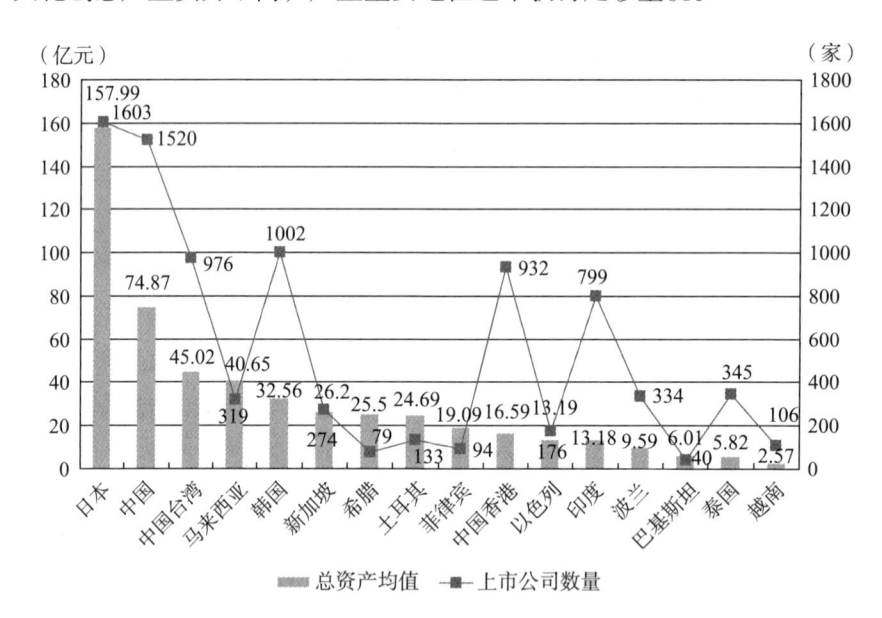

图10－13　2012—2016年"一带一路"沿线国家和地区总资产规模均值

第二节　全球文化创意产业上市公司营业收入研究

营业收入是指在一定时期内企业销售商品或提供劳务所获得的货币收入，包括主营业务收入和其他业务收入。营业收入的实现关系到企业再生产活动的正常进行，是企业的主要经营成果，是现金流入量的重要组成部分,是取得利润的重要保障。本节采用营业收入作为经济评价指标,用以衡量文化创意产业上市公司经济效益发展情况,进而详细解析其发展规模、生存能力、成长能力与持续经营能力。

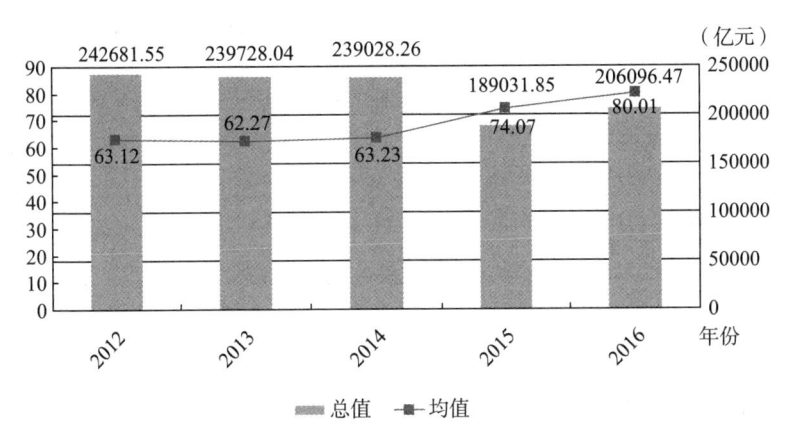

本节主要从 2012—2016 年全球文化创意产业上市公司营业收入总体特征、2000—2016 年全球 16 个主要国家和地区文化创意产业上市公司营业收入演变趋势、2012—2016 年全球主要国家和地区文化创意产业上市公司营业收入百强、2012—2016 年全球文化创意产业上市公司营业收入国家和地区排名四个方面来对全球文化创意产业上市公司的营业收入进行研究。

一 2012—2016 年全球文化创意产业上市公司营业收入总体特征

2012—2016 年全球文化创意产业上市公司营业收入均值为 67.25 亿元,总体呈现出企业数量波动,营业收入总值起伏,但营业收入均值持续走高的变化态势(见图 10-14)。由于上市公司数量波动较大,故营业收入合计总值仅供参考,将重点主要放在营业收入均值的变化特征上。

图 10-14 2012—2016 年全球文化创意产业上市公司营业收入总值与均值

2012 年以来,全球文化创意产业上市公司营业收入均值上升趋势显著。2012 年全球文化创意产业上市公司营业收入均值达到 63.12 亿元,2013 年小幅衰减为 62.27 亿元,2014 年回升至 63.23 亿元。在 2015 年营业收入均值出现新的飞跃,营业收入均值增长至 74.07 亿元,比 2014 年增长了 10.84 亿元,是营业收入均值的涨幅最高峰。2016 年均值则达到了 80.01 亿元,为历年营业收入均值的最高点,比 2013 年均值增加了

17.74 亿元,增幅达到 28.49%,约比五年内营业收入均值 67.25 亿元高出 12.76 亿元。可见,2016 年全球文化创意产业上市公司的营业收入在五年内表现最佳。

全球文化创意产业上市公司营业收入均值在 2015 年波动起伏较大。通过对比 2013—2016 年全球文化创意产业上市公司营业收入均值增长率(见图 10-15)可知,文化创意企业在 2013—2014 年营业收入均值较为稳定,2013 年营业收入均值负增长 1.35%,2014 年正向增长率达到 1.54%。此后,营业收入均值持续增长,表明企业个体的盈利能力在逐渐升高。2015 年均值增长率达到新高,增长至 17.14%。2015 年均值的大幅上涨,结合企业数量的下降,表明了市场的产业结构和行业需求可能发生了较大转型,从事传统业态的企业部分被淘汰,部分正在经历新兴业态的转型。随着文化创意产业市场宏观生态的调整与升级,企业后续发展将得到更好的保障。2016 年,营业收入均值增长放缓,达到 9.03%。

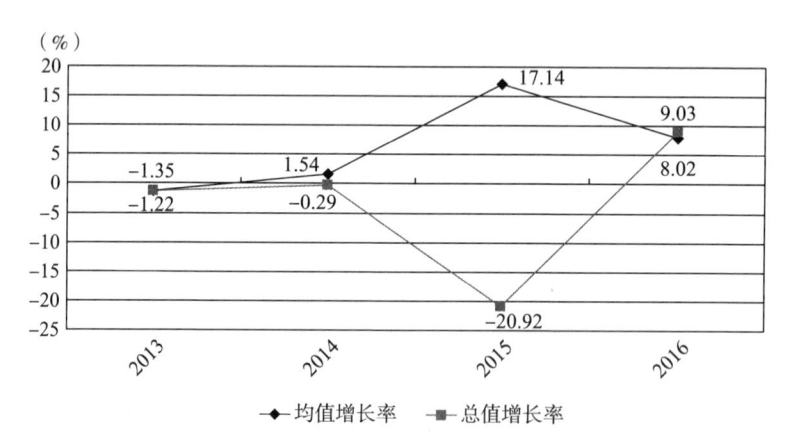

图 10-15 2013—2016 年全球文化创意产业上市公司营业收入均值增长率

二 2000—2016 年全球 16 个主要国家和地区文化创意产业上市公司营业收入演变趋势

本节从全球美国、日本、英国、中国、加拿大、印度、中国台湾、澳大利亚、法国、中国香港、韩国、德国、意大利、南非、巴西、俄罗斯 16 个主要国家和地区入手,探寻作为全球文化创意产业发展较为领先的国家和地区上市公司营业收入发展情况。

2000—2016 年全球 16 个主要国家和地区文化创意产业上市公司营业收入均值(见图 10-16)显著上升。基于收集到的资料可得,2010—

2016年全球16个主要国家和地区的文化创意产业上市公司营业收入均值达到67.89亿元。历年营业收入均值略有起伏，但总体发展趋势向好。依据数值特征可划分为三个时期：第一时期为2000—2007年。进入21世纪后，文化创意产业作为可持续发展的朝阳产业，越来越受到各个国家和地区的重视，各国逐渐建设和整合起文化创意产业相关企业，互联网企业则刚刚兴起，新兴业态勃发。营业收入均值达到71.23亿元，是为第一个小高峰。第二时期为2008—2014年，2008年席卷全球的国际金融危机爆发，各行业深受其害，但文化创意产业受危机影响较小，各项经济指标开始逆势上扬，不少国家和地区将文化创意产业提升至重点产业进行培育。在国际金融危机爆发的2008年中，文化创意产业营业收入均值下降到68.66亿元，2009年继续下滑至66.83亿元，是这一时期内的最低谷，应是国际金融危机效应所致。但2010年后，文化创意产业快速回升并超过了67.89亿元的营业收入均值。这一时期内，文化创意产业获得了较快的发展，互联网公司快速崛起，在全球范围内发挥着巨大影响力。第三时期为2015—2016年，营业收入均值一路高涨，2015年为84.64亿元，2016年为最高峰，达到92.72亿元，创下历史新高。

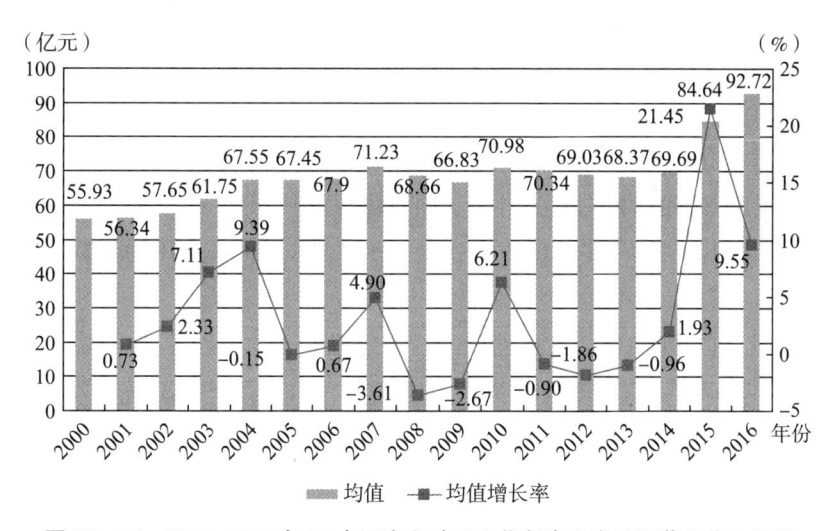

图10-16　2000—2016年16个国家和地区文化创意上市公司营业收入均值

文化创意产业营业收入均值增长率在2015年迎来高峰。通过对比2001—2016年全球16个国家和地区文化创意产业上市公司营业收入均值增长率可见，均值增长率在2008年国际金融危机时期迎来最低谷。并于

2009年开始"回弹",表现了在国际金融危机后文化创意产业的反弹效应。在2015年营业收入均值增长率迎来最高峰,达到21.45%。2016年均值增长率正向增长,达到9.55%,增长趋势依然可观。营业收入均值增长率持续走高,表明了整体行业盈利能力的升高,企业未来发展趋势向好。

三 2012—2016年全球主要国家和地区文化创意产业上市公司营业收入百强

本节主要关注的是全球主要国家和地区文化创意产业营业收入百强上市公司,通过对2012—2016年上市公司营业收入进行排名,以进一步分析主要国家和地区及领先文化创意企业发展的现状与未来趋势。

(一)2012—2016年十强演变特征分析

在营业收入的比较上,全球文化创意产业上市公司领先地位有固化趋势。从2012—2016年全球主要国家和地区文化创意产业上市公司营业收入百强(见表10-5)来看,十强排名持续固化。美国苹果公司(Apple Inc)始终保持第1名的位置,企业实力长期保持领先。第2名位置先后有日本松下公司及索尼公司更替,最后在2014—2015年固化为美国企业亚马逊公司。排第3—6名,主要在松下公司、索尼公司、字母表公司、康卡斯特公司内产生。排第7—9名在韩国LG电子公司(LG Electronics Inc)、美国百思买公司(Best Buy Co Inc)和华特迪士尼公司3家公司内产生。2012年芬兰诺基亚公司排第10名,作为曾经的移动通信市场的霸主,诺基亚公司在发展中未能抓住智能机发展战略机遇,2012年第一季度诺基亚全球手机销量第1名的地位被三星超越,结束了长达14年的领先地位。2013年,微软公司宣布以约54.4亿欧元价格收购诺基亚设备与服务部门,并获得相关专利和品牌的授权。诺基亚公司于2014年正式退出手机市场,同时也没有能够再次达到2012年营业收入排在前10名的位置。2013年与2014年瑞典爱立信公司(Ericsson)成为第10名,但在2015年被美国3M公司所超越。2016年美国IBM公司与NBC环球传媒集团也以黑马之姿一个突进到第5名,一个位列第10名。NBC环球传媒集团主要从事媒体和娱乐行业,作为卡斯塔特子公司之一,NBC环球传媒集团拥有美国最大的广播放送电视网络之一的国家广播公司及环球影业的电影娱乐业。2016年,NBC环球传媒集团以接近40亿美元收购梦工厂动画,增强了公司在动画电影方面的实力,有利于建立完善的娱乐消费品链条、提高主题公园吸引力和拓展儿童电视领域的市场。

表10-5　2012—2016年全球主要国家和地区文化创意产业上市公司营业收入百强

排名	2012年 公司名称	2012年 公司总部所在地	2013年 公司名称	2013年 公司总部所在地	2014年 公司名称	2014年 公司总部所在地	2015年 公司名称	2015年 公司总部所在地	2016年 公司名称	2016年 公司总部所在地
1	苹果公司（Apple Inc）	美国	苹果公司（Apple Inc）	美国	苹果公司（Apple Inc）	美国	苹果公司（Apple Inc）	美国	苹果公司（Apple Inc）	美国
2	松下公司（Panasonic Corp）	日本	索尼公司（Sony Corp）	日本	亚马逊公司（Amazon.com Inc）	美国	亚马逊公司（Amazon.com Inc）	美国	亚马逊公司（Amazon.com Inc）	美国
3	索尼公司（Sony Corp）	日本	松下公司（Panasonic Corp）	日本	索尼公司（Sony Corp）	日本	字母表公司（Alphabet Inc）	美国	字母表公司（Alphabet Inc）	美国
4	康卡斯特公司（Comcast Corp）	美国	亚马逊公司（Amazon.com Inc）	美国	松下公司（Panasonic Corp）	日本	康卡斯特公司（Comcast Corp）	美国	康卡斯特公司（Comcast Corp）	美国
5	亚马逊公司（Amazon.com Inc）	美国	康卡斯特公司（Comcast Corp）	美国	康卡斯特公司（Comcast Corp）	美国	索尼公司（Sony Corp）	日本	IBM公司（International Business Machines Corp）	美国
6	字母表公司（Alphabet Inc）	美国	字母表公司（Alphabet Inc）	美国	字母表公司（Alphabet Inc）	美国	松下公司（Panasonic Corp）	日本	索尼公司（Sony Corp）	日本
7	LG电子公司（LG Electronics Inc）	韩国	LG电子公司（LG Electronics Inc）	韩国	LG电子公司（LG Electronics Inc）	韩国	华特迪士尼公司（Walt Disney Co）	美国	华特迪士尼公司（Walt Disney Co）	美国

续表

排名	2012年 公司名称	2012年 公司总部所在地	2013年 公司名称	2013年 公司总部所在地	2014年 公司名称	2014年 公司总部所在地	2015年 公司名称	2015年 公司总部所在地	2016年 公司名称	2016年 公司总部所在地
8	百思买公司（Best Buy Co Inc）	美国	华特迪士尼公司（Walt Disney Co）	美国	华特迪士尼公司（Walt Disney Co）	美国	LG电子公司（LG Electronics Inc）	韩国	LG电子公司（LG Electronics Inc）	韩国
9	华特迪士尼公司（Walt Disney Co）	美国	百思买公司（Best Buy Co Inc）	美国	百思买公司（Best Buy Co Inc）	美国	百思买公司（Best Buy Co Inc）	美国	百思买公司（Best Buy Co Inc）	美国
10	诺基亚公司（Nokia Corp）	芬兰	爱立信公司（Ericsson）	瑞典	爱立信公司（Ericsson）	瑞典	3M公司（3M Co）	美国	NBC环球传媒集团（NBCUniversal Media LLC）	美国
11	维旺迪集团（Vivendi）	法国	直播电视集团（DIRECTV）	美国	直播电视集团（DIRECTV）	美国	爱立信公司（Ericsson）	瑞典	3M公司（3M Co）	美国
12	爱立信公司（Ericsson）	瑞典	3M公司（3M Co）	美国	21世纪福克斯公司（Twenty-First Century Fox Inc）	美国	21世纪福克斯公司（Twenty-First Century Fox Inc）	美国	时代华纳公司（Time Warner Inc）	美国
13	21世纪福克斯公司（Twenty-First Century Fox Inc）	美国	夏普公司（Sharp Corp）	日本	3M公司（3M Co）	美国	NBC环球传媒集团（NBCUniversal Media LLC）	美国	特许通信公司（Charter Communications Inc）	美国

续表

排名	2012年 公司名称	2012年 公司总部所在地	2013年 公司名称	2013年 公司总部所在地	2014年 公司名称	2014年 公司总部所在地	2015年 公司名称	2015年 公司总部所在地	2016年 公司名称	2016年 公司总部所在地
14	夏普公司（Sharp Corp）	日本	时代华纳公司（Time Warner Inc）	美国	时代华纳公司（Time Warner Inc）	美国	时代华纳公司（Time Warner Inc）	美国	脸书公司（Facebook Inc）	美国
15	3M公司（3M Co）	美国	维旺迪集团（Vivendi）	法国	夏普公司（Sharp Corp）	日本	京东商城（JD.com Inc）	中国	21世纪福克斯公司（Twenty-First Century Fox Inc）	美国
16	直播电视集团（DIRECTV）	美国	国际纸业公司（International Paper Co）	美国	NBC环球传媒集团（NBCUniversal Media LLC）	美国	时代华纳有线公司（Time Warner Cable Inc）	美国	诺基亚公司（Nokia Corp）	芬兰
17	时代华纳公司（Time Warner Inc）	美国	21世纪福克斯公司（Twenty-First Century Fox Inc）	美国	途易股份公司（TUI AG）	德国	国际纸业公司（International Paper Co）	美国	爱立信公司（Telefonaktiebolaget LM Ericsson）	瑞典
18	国际纸业公司（International Paper Co）	美国	富士胶片公司（Fujifilm Holdings Corp）	日本	途易旅游公共有限公司（TUI Travel PLC）	英国	途易股份公司（TUI AG）	德国	蒂基公司（Altice NV）	荷兰
19	富士公司（Fujifilm Holdings Corp）	日本	途易股份公司（TUI AG）	德国	富士胶片公司（Fujifilm Holdings Corp）	日本	苏宁集团（Suning Commerce Group Co Ltd）	中国	苏宁集团（Suning Commerce Group Co Ltd）	中国

续表

排名	2012 年 公司名称	2012 年 公司总部所在地	2013 年 公司名称	2013 年 公司总部所在地	2014 年 公司名称	2014 年 公司总部所在地	2015 年 公司名称	2015 年 公司总部所在地	2016 年 公司名称	2016 年 公司总部所在地
20	电通公司（Dentsu Inc）	日本	电通公司（Dentsu Inc）	日本	国际纸业公司（International Paper Co）	美国	富士胶片公司（Fujifilm Holdings Corp）	日本	国际纸业公司（International Paper Co）	美国
21	理光公司（Ricoh Co Ltd）	日本	NBC 环球传媒集团（NBCUniversal Media LLC）	美国	时代华纳有线公司（Time Warner Cable Inc）	美国	贝塔斯曼集团（Bertelsmann SE & Co KGaA）	德国	腾讯控股有限公司（Tencent Holdings LTD）	中国
22	NBC 环球传媒集团（NBCUniversal Media LLC）	美国	途易旅游公共有限公司（TUI Travel PLC）	英国	贝塔斯曼集团（Bertelsmann SE & Co KGaA）	德国	金佰利公司（Kimberly-Clark Corp）	美国	自由全球公司（Liberty Global Plc）	英国
23	途易股份公司（TUI AG）	德国	理光公司（Ricoh Co Ltd）	日本	理光公司（Ricoh Co Ltd）	日本	自由全球公司（Liberty Global Plc）	英国	途易股份公司（TUI AG）	德国
24	途易旅游公共有限公司（TUI Travel PLC）	英国	时代华纳有线公司（Time Warner Cable Inc）	美国	金佰利公司（Kimberly-Clark Corp）	美国	理光公司（Ricoh Co Ltd）	日本	夏普公司（Sharp Corp）	日本
25	时代华纳有线公司（Time Warner Cable Inc）	美国	贝塔斯曼集团（Bertelsmann SE & Co KGaA）	德国	WPP 集团（WPP PLC）	英国	脸书公司（Facebook Inc）	美国	贝塔斯曼集团（Bertelsmann SE & Co KGaA）	德国

续表

排名	2012年 公司名称	2012年 公司总部所在地	2013年 公司名称	2013年 公司总部所在地	2014年 公司名称	2014年 公司总部所在地	2015年 公司名称	2015年 公司总部所在地	2016年 公司名称	2016年 公司总部所在地
26	亚马达公司（Yamada Denki Co Ltd）	日本	金佰利公司（Kimberly-Clark Corp）	美国	京东商城（JD.com Inc）	中国	自由全球子公司环球集团（Liberty Global Plc Global Group）	英国	理光公司（Ricoh Co Ltd）	日本
27	金佰利公司（Kimberly-Clark Corp）	美国	亚马达公司（Yamada Denki Co Ltd）	日本	自由环球公司（Liberty Global Plc）	英国	蒂斯公司（Altice NV）	荷兰	斯台普斯公司（Staples Inc）	美国
28	贝塔斯曼集团（Bertelsmann SE & Co KGaA）	德国	WPP集团（WPP PLC）	英国	自由全球子公司环球集团（Liberty Global Plc Global Group）	英国	TCL公司（TCL Corporation）	中国	金佰利公司（Kimberly-Clark Corp）	美国
29	理光公司（Ricoh Co Ltd）	日本	诺基亚公司（Nokia Corp）	芬兰	易贝公司（eBay Inc）	美国	天空广播公司（Sky PLC）	英国	自由全球子公司环球集团（Liberty Global Plc Global Group）	英国
30	托邦印刷有限公司（Topan Printing Co Ltd）	日本	苏宁集团（Suning Commerce Group Co Ltd）	中国	苏宁集团（Suning Commerce Group Co Ltd）	中国	腾讯控股有限公司（Tencent Holdings LTD）	中国	天空广播公司（Sky PLC）	英国

续表

排名	2012 年 公司名称	2012 年 公司总部所在地	2013 年 公司名称	2013 年 公司总部所在地	2014 年 公司名称	2014 年 公司总部所在地	2015 年 公司名称	2015 年 公司总部所在地	2016 年 公司名称	2016 年 公司总部所在地
31	大日本印刷公司（Dai Nippon Printing Co Ltd）	日本	易贝公司（eBay Inc）	美国	诺基亚公司（Nokia Corp）	芬兰	中兴通讯公司（Zte Corp）	中国	TCL 公司（TCL Corporation）	中国
32	WPP 集团（WPP PLC）	英国	凸版印刷集团（Toppan Printing Co Ltd）	日本	TCL 公司（TCL Corporation）	中国	宏盟公司（Omnicom Group Inc）	美国	宏盟公司（Omnicom Group Inc）	美国
33	苏宁集团（Suning Commerce Group Co Ltd）	中国	哥伦比亚广播公司（CBS Corp）	美国	亚马达公司（Yamada Denki Co Ltd）	日本	DISH 网络公司（DISH Network Corp）	美国	DISH 网络公司（DISH Network Corp）	美国
34	王子控股株式会社（Oji Holdings Corp）	日本	大日本印刷公司（Dai Nippon Printing Co Ltd）	日本	宏盟公司（Omnicom Group Inc）	美国	DBS 公司（DISH DBS Corp）	美国	DBS 公司（DISH DBS Corp）	美国
35	途迈酷客公司（Thomas Cook Group PLC）	英国	斯道拉恩索奥吉公司（Stora Enso OYJ, Helsinki）	芬兰	瑞典 Cellulosa 公司（Svenska Cellulosa Sca AB）	瑞典	哥伦比亚广播公司（CBS Corp）	美国	中兴通讯公司（Zte Corp）	中国

续表

排名	2012年 公司名称	2012年 公司总部所在地	2013年 公司名称	2013年 公司总部所在地	2014年 公司名称	2014年 公司总部所在地	2015年 公司名称	2015年 公司总部所在地	2016年 公司名称	2016年 公司总部所在地
36	斯道拉恩索奥吉公司（Stora Enso OYJ, Helsinki）	芬兰	宏盟公司（Omnicom Group Inc）	美国	DISH网络公司（DISH Network Corp）	美国	诺基亚公司（Nokia Corp）	芬兰	西岩公司（West Rock Co）	美国
37	DISH网络公司（DISH Network Corp）	美国	途迈酷客（Thomas Cook Group PLC）	美国	拉斯维加斯金沙集团（Las Vegas Sands Corp）	美国	瑞典Cellulosa公司（Svenska Cellulosa Sca AB）	瑞典	瑞典Cellulosa公司（Svenska Cellulosa Sca AB）	瑞典
38	宏盟公司（Omnicom Group Inc）	美国	自由环球公司（Liberty Global Plc）	美国	凸版印刷集团（Toppan Printing Co Ltd）	日本	维亚康姆公司（Viacom Inc）	美国	哥伦比亚广播公司（CBS Corp）	美国
39	哥伦比亚广播公司（CBS Corp）	美国	自由全球子公司（Liberty Global Plc Global Group）	美国	DBS公司（DISH DBS Corp）	美国	法国SFR集团（Numericable SFR SA）	法国	维亚康姆公司（Viacom Inc）	美国
40	易贝公司（eBay Inc）	美国	瑞士历峰集团（Cie Financiere Richemont AG, Zug）	瑞士	途迈酷客公司（Thomas Cook Group PLC）	英国	汤森路透集团（Thomson Reuters Corp）	美国	维旺迪集团（Vivendi）	法国

续表

排名	2012年 公司名称	2012年 公司总部所在地	2013年 公司名称	2013年 公司总部所在地	2014年 公司名称	2014年 公司总部所在地	2015年 公司名称	2015年 公司总部所在地	2016年 公司名称	2016年 公司总部所在地
41	芬欧汇川集团（Upm-Kymmene Corp）	芬兰	芬欧汇川集团（Upm-Kymmene Corp）	芬兰	大日本印刷公司（Dai Nippon Printing Co Ltd）	日本	途迈酷客公司（Thomas Cook Group PLC）	英国	玩具公司（Toys "R" Us Inc）	美国
42	斯道拉恩索奥吉公司（Stora Enso OYJ, Helsinki）	芬兰	DISH网络公司（DISH Network Corp）	美国	瑞士历峰集团（Cie Financiere Richemont AG, Zug）	瑞士	维旺迪集团（Vivendi）	法国	国美电器（GOME Electrical Appliances Holding Ltd）	中国香港
43	维亚康姆公司（Viacom Inc）	美国	TCL公司（TCL Corporation）	中国	哥伦比亚广播公司（CBS Corp）	美国	玩具公司（Toys "R" Us Inc）	美国	拉斯维加斯金沙集团（Las Vegas Sands Corp）	美国
44	玩具公司（Toys "R" Us Inc）	美国	瑞典Cellulosa公司（Svenska Cellulosa Sca AB）	瑞典	维亚康姆公司（Viacom Inc）	美国	拉斯维加斯金沙集团（Las Vegas Sands Corp）	美国	汤森路透集团（Thomson Reuters Corp）	加拿大
45	迪克森零售公司（Dixons Retail Plc）	英国	维亚康姆公司（Viacom Inc）	美国	迪克森卡彭机公司（Dixons Carphone Plc）	英国	西岩公司（West Rock Co）	美国	芬欧汇川集团（Upm-Kymmene Corp）	芬兰

续表

排名	2012年 公司名称	2012年 公司总部所在地	2013年 公司名称	2013年 公司总部所在地	2014年 公司名称	2014年 公司总部所在地	2015年 公司名称	2015年 公司总部所在地	2016年 公司名称	2016年 公司总部所在地
46	中兴通讯公司（Zte Corp）	中国	拉斯维加斯金沙集团（Las Vegas Sands Corp）	美国	斯道拉恩索奥吉公司（Stora Enso OYJ, Helsinki）	芬兰	唐纳利有限公司（Videocon Industries Ltd）	美国	斯道拉恩索奥吉公司（Stora Enso OYJ, Helsinki）	芬兰
47	汤森路透集团（Thomson Reuters Corp）	美国	DBS公司（DISH DBS Corp）	美国	维旺迪集团（Vivendi）	法国	芬欧汇川集团（Upm–Kymmene Corp）	芬兰	施乐公司（Xerox Corp）	美国
48	DBS公司（DISH DBS Corp）	美国	王子控股株式会社（Oji Holdings Corp）	日本	中兴通讯公司（Zte Corp）	中国	斯道拉恩索奥吉公司（Stora Enso OYJ, Helsinki）	芬兰	阳狮集团（Publicis Groupe SA）	法国
49	L-3通信控股公司（L-3 Communications Holdings Inc）	美国	瑞典Cellulosa公司（Svenska Cellulosa Sca AB）	瑞典	芬欧汇川集团（Upm–Kymmene Corp）	芬兰	阳狮集团（Publicis Groupe SA）	法国	Priceline集团（Priceline Group Inc）	美国

续表

排名	2012年 公司名称	2012年 公司总部所在地	2013年 公司名称	2013年 公司总部所在地	2014年 公司名称	2014年 公司总部所在地	2015年 公司名称	2015年 公司总部所在地	2016年 公司名称	2016年 公司总部所在地
50	Cellulosa公司（Svenska Cellulosa Sca AB）	瑞典	汤森路透集团（Thomson Reuters Corp）	美国	天空广播公司（Sky PLC）	英国	L-3通信控股公司（L-3 Communications Holdings Inc）	美国	途迈酷客公司（Thomas Cook Group PLC）	英国
51	博报堂DY控股株式会社（Hakuhodo DY Holdings Inc）	日本	L-3通信控股公司（L-3 Communications Holdings Inc）	美国	王子控股株式会社（Oji Holdings Corp）	日本	国美电器（GOME Electrical Appliances Holding Ltd）	中国香港	L3技术公司（L3 Technologies Inc）	美国
52	瑞士历峰集团（Cie Financiere Richemont AG, Zug）	瑞士	玩具公司（Toys "R" Us Inc）	美国	汤森路透集团（Thomson Reuters Corp）	美国	百度公司（Baidu Inc）	中国	百度公司（Baidu Inc）	中国
53	日本制纸株式会社（Nippon Paper Industries Co Ltd）	日本	中兴通讯公司（Zte Corp）	中国	脸书公司（Facebook Inc）	美国	四川长虹电气有限公司（Sichuan Chang Hong Electric Co Ltd）	中国	班卓尔公司（Bunzl PLC）	英国
54	爱姆科集团（Amcor Ltd）	澳大利亚	爱姆科集团（Amcor Ltd）	澳大利亚	玩具公司（Toys "R" Us Inc）	美国	班卓尔公司（Bunzl PLC）	英国	美高梅国际酒店集团（MGM Resorts International）	美国

第十章 全球文化创意产业上市公司经济效益研究报告 / 371

续表

排名	2012年 公司名称	2012年 公司总部所在地	2013年 公司名称	2013年 公司总部所在地	2014年 公司名称	2014年 公司总部所在地	2015年 公司名称	2015年 公司总部所在地	2016年 公司名称	2016年 公司总部所在地
55	拉斯维加斯金沙集团（Las Vegas Sands Corp）	美国	京东商城（JD.com Inc）	中国	腾讯控股有限公司（Tencent Holdings LTD）	中国	特许通信公司（Charter Communications Inc）	美国	爱姆科集团（Amcor Ltd）	澳大利亚
56	黑莓公司（BlackBerry Ltd）	加拿大	天空广播公司（Sky PLC）	英国	阿里巴巴集团（Alibaba Group Holding Ltd）	中国	爱姆科集团（Amcor Ltd）	澳大利亚	RELX集团（RELX NV）	荷兰
57	TCL公司（TCL Corporation）	中国	澳门博彩控股有限公司（SJM Holdings Ltd）	中国香港	L-3通信控股公司（L-3 Communications Holdings Inc）	美国	游戏站公司（GameStop Corp）	美国	里德爱思唯尔公司（RELX PLC）	英国
58	天空广播公司（Sky PLC）	英国	迪克森零售公司（Dixons Retail Plc）	英国	唐纳利有限公司（Videocon Industries Ltd）	美国	Priceline集团（Priceline Group Inc (The)）	美国	易贝公司（eBay Inc）	美国
59	自由全球子公司环球集团（Liberty Global Plc Global Group）	英国	博报堂DY控股公司（Hakuhodo DY Holdings Inc）	英国	博报堂DY控股公司（Hakuhodo DY Holdings Inc）	日本	美高梅国际酒店集团（MGM Resorts International）	美国	奈飞公司（Netflix Inc）	美国

续表

排名	2012年 公司名称	2012年 公司总部所在地	2013年 公司名称	2013年 公司总部所在地	2014年 公司名称	2014年 公司总部所在地	2015年 公司名称	2015年 公司总部所在地	2016年 公司名称	2016年 公司总部所在地
60	澳门博彩控股有限公司（SJM Holdings Ltd）	中国香港	日本制纸株式会社（Nippon Paper Industries Co Ltd）	日本	澳门博彩控股有限公司（SJM Holdings Ltd）	中国香港	里德爱思唯尔集团（RELX Group plc）	英国	Expedia公司（Expedia Inc）	美国
61	唐纳利利有限公司（Videocon Industries Ltd）	美国	唐纳利利有限公司（Videocon Industries Ltd）	美国	爱姆科集团（Amcor Ltd）	澳大利亚	RELX集团（RELX NV）	荷兰	游戏站（GameStop Corp）	美国
62	柯尼卡美能达公司（Konica Minolta Inc）	日本	班卓尔公司（Bunzl PLC）	英国	班卓尔公司（Bunzl PLC）	英国	里德爱思唯尔公司（RELX PLC）	英国	现场之国娱乐公司（Live Nation Entertainment Inc）	美国
63	里德爱思唯尔集团（RELX Group plc）	英国	周大福公司（Chow Tai Fook Jewellery Group Ltd）	中国香港	美高梅国际酒店集团（MGM Resorts International）	美国	Veritiv公司（Veritiv Corp）	美国	Veritiv公司（Veritiv Corp）	美国
64	法国拉加代尔公司（Lagardere SCA）	法国	美高梅国际酒店集团（MGM Resorts International）	美国	日本制纸株式会社（Nippon Paper Industries Co Ltd）	日本	新闻集团（News Corp）	美国	新闻集团（News Corp）	美国

第十章 全球文化创意产业上市公司经济效益研究报告 / 373

续表

排名	2012年 公司名称	2012年 公司总部所在地	2013年 公司名称	2013年 公司总部所在地	2014年 公司名称	2014年 公司总部所在地	2015年 公司名称	2015年 公司总部所在地	2016年 公司名称	2016年 公司总部所在地
65	T-Gaia公司（T-Gaia Corp）	日本	腾讯控股有限公司（Tencent Holdings LTD）	中国	西岩公司（West Rock Co）	美国	易贝公司（eBay Inc）	美国	法国拉加代尔公司（Lagardere SCA）	法国
66	西岩公司（West Rock Co）	美国	柯尼卡美能达公司（Konica Minolta Inc）	日本	国美电器（GOME Electrical Appliances Holding Ltd）	中国香港	法国拉加代尔公司（Lagardere SCA）	法国	唯品会公司（Vipshop Holdings Ltd）	中国
67	美高梅国际酒店集团（MGM Resorts International）	美国	拉加代尔公司（Lagardere SCA）	法国	四川长虹电气有限公司（Sichuan Chang Hong Electric Co Ltd）	中国	互众集团（Interpublic Group of Companies Inc）	美国	日本雅虎公司（Yahoo Japan Corp）	日本
68	游戏站公司（GameStop Corp）	美国	阳狮集团（Publicis Groupe SA）	法国	阳狮集团（Publicis Groupe SA）	法国	蒙迪南非公司[Mondi PLC/Ltd（ZAF）]	南非	互众集团（Interpublic Group of Companies Inc）	美国
69	阳狮集团（Publicis Groupe SA）	法国	四川长虹电气有限公司（Sichuan Chang Hong Electric Co Ltd）	中国	法国拉加代尔公司（Lagardere SCA）	法国	蒙迪英国公司[Mondi PLC/Ltd（GBR）]	英国	电通公司（Dentsu Inc）	日本

续表

排名	2012 年 公司名称	2012 年 公司总部所在地	2013 年 公司名称	2013 年 公司总部所在地	2014 年 公司名称	2014 年 公司总部所在地	2015 年 公司名称	2015 年 公司总部所在地	2016 年 公司名称	2016 年 公司总部所在地
70	班卓尔公司（Bunzl PLC）	英国	西岩公司（West Rock Co）	美国	里德爱思唯尔集团（RELX Group plc）	英国	富士康移动公司（FIH Mobile Ltd）	中国	蒙迪南非公司［Mondi PLC/Ltd（ZAF）］	南非
71	摩托罗拉公司（Motorola Solutions Inc）	美国	里德爱思唯尔集团（RELX Group plc）	英国	金沙中国有限公司（Sands China Ltd）	中国香港	现场之国娱乐公司（Live Nation Entertainment Inc）	美国	蒙迪英国公司［Mondi PLC/Ltd（GBR）］	英国
72	美国新闻集团（News Corp）	美国	国美电器（GOME Electrical Appliances Holding Ltd）	中国香港	柯尼卡美能达公司（Konica Minolta Inc）	日本	密封空气公司（Sealed Air Corp）	美国	乐天株式会社（Rakuten Inc）	日本
73	爱迪生公司（Edion Corp）	日本	游戏站公司（GameStop Corp）	美国	游戏站公司（GameStop Corp）	美国	培生集团（Pearson PLC）	英国	比克相机公司（Bic Camera Inc）	日本
74	凯撒娱乐公司（Caesars Entertainment Corp）	美国	金沙中国有限公司（Sands China Ltd）	中国香港	银河娱乐集团（Galaxy Entertainment Group Ltd）	中国香港	金沙中国有限公司（Sands China Ltd）	中国香港	哈曼国际工业公司（Harman International Industries Inc）	美国

第十章 全球文化创意产业上市公司经济效益研究报告 / 375

续表

排名	2012 年 公司名称	2012 年 公司总部所在地	2013 年 公司名称	2013 年 公司总部所在地	2014 年 公司名称	2014 年 公司总部所在地	2015 年 公司名称	2015 年 公司总部所在地	2016 年 公司名称	2016 年 公司总部所在地
75	四川长虹电气有限公司（Sichuan Changhong Electric Co Ltd）	中国	美国新闻集团（News Corp）	美国	特许通信公司（Charter Communications Inc）	美国	奈飞公司（Netflix Inc）	美国	唐纳利有限公司（Videocon Industries Ltd）	美国
76	培生集团（Pearson PLC）	英国	摩托罗拉公司（Motorola Solutions Inc）	美国	美国新闻集团（News Corp）	美国	Expedia 公司（Expedia Inc）	美国	ARRIS 国际公司（ARRIS International plc）	美国
77	K 股份有限公司（K's Holdings Corp）	日本	蒙迪南非公司［Mondi PLC/Ltd（ZAF）］	南非	凯撒娱乐公司（Caesars Entertainment Corp）	美国	银河娱乐集团（Galaxy Entertainment Group Ltd）	中国香港	银河娱乐集团（Galaxy Entertainment Group Ltd）	中国香港
78	任天堂公司（Nintendo Co Ltd）	日本	蒙迪英国公司［Mondi PLC/Ltd（GBR）］	英国	蒙迪有限公司［Mondi PLC/Ltd（NZL）］	新西兰	西格内特珠宝有限公司（Signet Jewelers Ltd）	百慕大	密封空气公司（Sealed Air Corp）	美国
79	富士传媒控股（Fuji Media Holdings Inc）	日本	凯撒娱乐公司（Caesars Entertainment Corp）	美国	蒙迪英国公司［Mondi PLC/Ltd（GBR）］	美国	比克相机公司（Bic Camera Inc）	日本	金沙中国有限公司（Sands China Ltd）	中国香港

续表

排名	2012 年		2013 年		2014 年		2015 年		2016 年	
	公司名称	公司总部所在地	公司名称	公司总部所在地	公司名称	公司总部所在地	公司名称	公司总部所在地	公司名称	公司总部所在地
80	密封空气公司（Sealed Air Corp）	美国	银河娱乐集团（Galaxy Entertainment Group Ltd）	中国香港	Priceline 集团（Priceline Group Inc）	美国	有线电视系统公司（Cablevision Systems Corp）	美国	动视暴雪公司（Activision Blizzard Inc）	美国
81	国美电器（GOME Electrical Appliances Holding Ltd）	中国香港	阿里巴巴集团（Alibaba Group Holding Ltd）	中国	周大福公司（Chow Tai Fook Jewellery Group Ltd）	中国香港	CSC 控股有限责任公司（CSC Holdings LLC）	美国	探索传媒公司（Discovery Communications Inc）	美国
82	特许通信公司（Charter Communications Inc）	美国	培生集团（Pearson PLC）	英国	拉杰什出口公司（Rajesh Exports Ltd）	印度	探索传媒公司（Discovery Communications Inc）	美国	西格内特珠宝有限公司（Signet Jewelers Ltd）	百慕大
83	蒙迪南非公司[Mondi PLC/Ltd（ZAF）]	南非	比克相机公司（Bic Camera Inc）	日本	培生集团（Pearson PLC）	英国	澳门博彩控股有限公司（SJM Holdings Ltd）	中国香港	清晰频道通信公司（iHeartMedia Inc）	美国
84	蒙迪英国公司[Mondi PLC/Ltd（GBR）]	英国	特许通信公司（Charter Communications Inc）	美国	百度公司（Baidu Inc）	中国	清晰频道通信公司（iHeartMedia Inc）	美国	富士康移动公司（FIH Mobile Ltd）	中国

第十章 全球文化创意产业上市公司经济效益研究报告 / 377

续表

排名	2012年		2013年		2014年		2015年		2016年	
	公司名称	公司总部所在地	公司名称	公司总部所在地	公司名称	公司总部所在地	公司名称	公司总部所在地	公司名称	公司总部所在地
85	周大福公司（Chow Tai Fook Jewellery Group Ltd）	中国香港	脸书公司（Facebook Inc）	美国	比克相机公司（Bic Camera Inc）	日本	唯品会公司（Vipshop Holdings Ltd）	中国	上海钢联电子商务股份有限公司（Shanghai Ganglian E-Commerce Co Ltd）	中国
86	银河娱乐集团（Galaxy Entertainment Group Ltd）	中国香港	爱迪生公司（Edion Corp）	日本	密封空气公司（Sealed Air Corp）	美国	哈曼国际工业公司（Harman International Industries Inc）	美国	培生集团（Pearson PLC）	英国
87	互众集团（Interpublic Group of Companies Inc）	美国	密封空气公司（Sealed Air Corp）	美国	互众集团（Interpublic Group of Companies Inc）	美国	艾利丹尼森公司（Avery Dennison Corp）	美国	艾利丹尼森公司（Avery Dennison Corp）	美国
88	OfficeMax公司（OfficeMax Inc）	美国	T-Gaia公司（T-Gaia Corp）	日本	Veritiv公司（Veritiv Corp）	美国	纽威公司（Newell Brands Inc）	美国	神州数码集团有限公司（Digital China Group Co Ltd）	中国

续表

排名	2012年 公司名称	2012年 公司总部所在地	2013年 公司名称	2013年 公司总部所在地	2014年 公司名称	2014年 公司总部所在地	2015年 公司名称	2015年 公司总部所在地	2016年 公司名称	2016年 公司总部所在地
89	腾讯控股有限公司（Tencent Holdings LTD）	中国	K股份有限公司（K's Holdings Corp）	日本	电通公司（Dentsu Inc）	日本	乐天株式会社（Rakuten Inc）	日本	摩托罗拉公司（Motorola Solutions Inc）	美国
90	巴诺公司（Barnes & Noble Inc）	美国	互众集团（Interpublic Group of Companies Inc）	美国	现场之国娱乐公司（Live Nation Entertainment Inc）	美国	电通公司（Dentsu Inc）	日本	FNAC集团（Groupe Fnac SA）	法国
91	任天堂公司（Nintendo Co Ltd）	日本	黑莓公司（BlackBerry Ltd）	加拿大	富士康移动公司（FIH Mobile Ltd）	中国	美国包装公司（Packaging Corp of America）	美国	美国包装公司（Packaging Corp of America）	美国
92	CSC控股有限责任公司（CSC Holdings LLC）	美国	Priceline集团（Priceline Group Inc）	美国	纳斯帕斯公司（Naspers Ltd）	新西兰	美泰公司（Mattel Inc）	美国	网易公司（Netease Inc）	中国

第十章　全球文化创意产业上市公司经济效益研究报告 / 379

续表

排名	2012年 公司名称	2012年 公司总部所在地	2013年 公司名称	2013年 公司总部所在地	2014年 公司名称	2014年 公司总部所在地	2015年 公司名称	2015年 公司总部所在地	2016年 公司名称	2016年 公司总部所在地
93	有线电视系统公司（Cablevision Systems Corp）	美国	富士康传媒控股（Fuji Media Holdings Inc）	日本	爱迪生公司（Edion Corp）	日本	摩托罗拉公司（Motorola Solutions Inc）	美国	美泰公司（Mattel Inc）	美国
94	维珍传媒公司（Virgin Media Inc）	美国	纳斯帕斯公司（Naspers Ltd）	新西兰	有线电视系统公司（Cablevision Systems Corp）	美国	墨西哥电视集团（Grupo Televisa SAB）	墨西哥	特艺集团（Technicolor SA）	法国
95	京东商城（JD. com Inc）	中国	美泰公司（Mattel Inc）	美国	CSC控股有限责任公司（CSC Holdings LLC）	美国	萨皮有限公司（Sappi Ltd）	新西兰	澳门博彩控股有限公司（SJM Holdings Ltd）	中国香港
96	金沙中国有限公司（Sands China Ltd）	中国香港	现场之国娱乐公司（Live Nation Entertainment Inc）	美国	艾利丹尼森公司（Avery Dennison Corp）	美国	日本雅虎公司（Yahoo Japan Corp）	日本	深圳华侨城（Shenzhen Overseas Chinese Town Holdings Co Ltd）	中国
97	比克相机公司（Bic Camera Inc）	日本	巴诺公司（Barnes & Noble Inc）	美国	清晰频道通信公司（iHeartMedia Inc）	美国	同拓公司（Domtar Corp）	美国	自由传媒公司（Liberty Media Corp – Consolidated）	美国

续表

排名	2012年 公司名称	2012年 公司总部所在地	2013年 公司名称	2013年 公司总部所在地	2014年 公司名称	2014年 公司总部所在地	2015年 公司名称	2015年 公司总部所在地	2016年 公司名称	2016年 公司总部所在地
98	美泰公司（Mattel Inc）	美国	DS 史密斯公司（DS SmithPLC）	英国	DS 史密斯公司（DS SmithPLC）	英国	墨西哥电视集团（Grupo Televisa SAB）	墨西哥	迈克尔斯公司（Michaels Companies Inc）	美国
99	萨皮有限公司（Sappi Ltd）	新西兰	清晰频道通信公司（iHeartMedia Inc）	美国	探索传媒公司（Discovery Communications Inc）	美国	深圳华侨城公司（Shenzhen Overseas Chinese Town Holdings Co Ltd）	中国	雅虎公司（Yahoo Inc）	美国
100	伦戈股份有限公司（Rengo Co Ltd）	日本	有线电视系统公司（Cablevision Systems Corp）	美国	富士传媒控股（Fuji Media Holdings Inc）	日本	雅虎公司（Yahoo Inc）	美国	国际游戏科技公司（International Game Technology PLC）	英国

消费类电子产品制造业排名稳健，互联网相关企业排名逐渐上升。在榜单中，既有排名持续上升的企业，也有排名持续下滑的企业。相对而言，从事高科技含量的消费类电子产品制造的企业排名相对稳健，如日本松下公司和索尼公司，在榜单中未曾跌出前六名。韩国LG电子公司也排名稳健，始终处于第7名与第8名。相较之下，从事互联网业务的相关企业，如主营业务全部来自互联网的社交网站脸书公司，在2012年尚未进入榜单中，但在2013年排名第85名，2014年上升至第53名，2015年继续上升到第25名，2016年升至第14名，可见上升速度之快。一般而言，在主营收入上，互联网企业由于盈利模式不明朗，尽管市场份额占据较大，但商业收益回报率较低。随着新商业模式的探索和盈利模式的清晰化，互联网企业将逐渐在经济收益上取得更好的成绩。

（二）2012—2016年30强演变特征分析

美国文化创意产业上市公司在30强前端企业排名中占总量一半，日本企业下滑显著，中国入选企业数量波动不定（见图10-17）。将2012—2016年全球文化创意产业上市公司营业收入30强所在国家进行梳理，可发现共有10个国家入榜，分别是美国、日本、中国、瑞典、荷兰、韩国、英国、法国、芬兰与德国。其中，美国占入选企业总量的一半，2012年、2013年、2015年入榜企业为14家，2014年为15家，2016年达到16家，数量占比53.33%。且美国文化创意产业上市公司在十强排名中，也表现优异。2012—2014年有6家企业入榜，2015年上升到7家，2016年更是包揽8个位置，占80%。可见，美国在前端文化创意产业发展上的领先优势有扩大趋势。相比较之下，日本企业则处于逐年下滑中，2012年入选企业最多，达到9家，但2013年下降至7家，2014年继续下降至5家，直至2016年，仅有3家企业进入30强，分别是排在第6名的索尼公司，排在第24名的夏普公司，排在第26名的理光公司。索尼公司、夏普公司及理光公司都是从事消费类电子产品制造和售卖的企业，其行业分类较为单一。中国入选企业数量起伏不定，2012年没有企业进入30强，2013年苏宁集团（Suning Commerce Group Co Ltd）排在第30名；2014年京东商城（JD.com Inc）和苏宁集团同时入选，京东商城排在第26名。2015年入选企业达到4家，排名最高的是第15名的京东商城。2016年最高排位则是苏宁集团，排在第19名。英国入选企业数量有所波动，但2015年及2016年均入选3家企业。此外，德国、芬兰、法国、瑞典、韩国等国家的入选企业数量保持稳定。

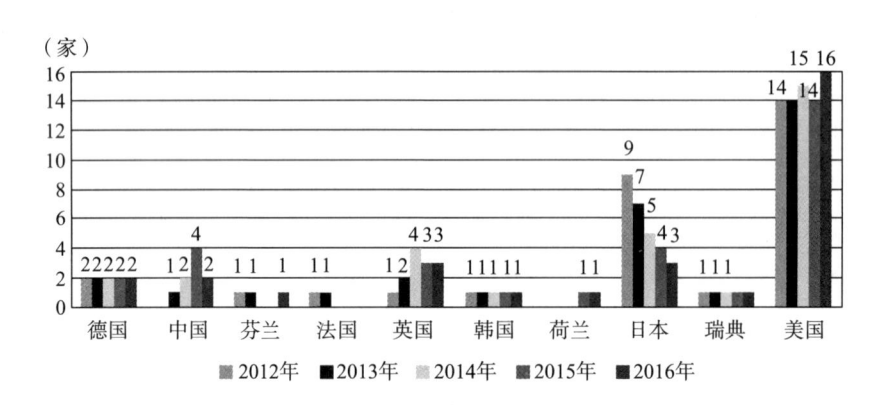

图 10-17　2012—2016 年全球文化创意产业上市公司营业收入 30 强所在国家

（三）2012—2016 年不同国家和地区进入百强的演变情况分析

百强企业内部营业收入差距巨大（见图 10-18）。2016 年全球文化创意产业上市公司百强企业的营业收入总和为 131411.58 亿元，平均企业营业收入为 1314.1158 亿元，排在第 1 名的企业营业收入总值为 14291.54 亿元，排在第 100 名的企业营业收入总值为 298.23 亿元，排在第 1 名与第 100 名的企业营业收入相差 13993.31 亿元，为排第 100 企业的 47.92 倍，表明即使是在百强企业之间，经济收益差距仍然巨大。

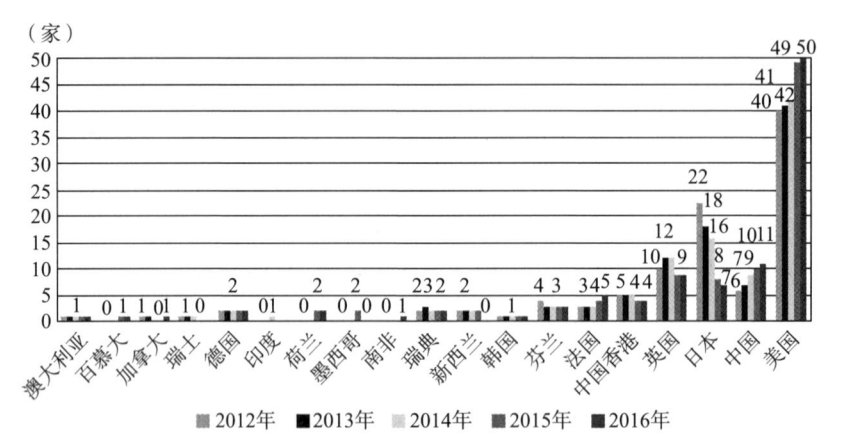

图 10-18　2012—2016 年全球文化创意产业上市公司营业收入百强所在国家和地区

在百强排名榜单（见表10-6）中，美国文化创意企业领先优势显著，中国企业正奋力追赶。对2012—2016年全球文化创意产业上市公司营业收入百强所在国家和地区的数量进行梳理，可见，美国领先优势显著，每年入榜企业数量都在40家以上，且有逐年增加的趋势，2016年甚至到达50家，约占50%。日本则与美国趋势相反，逐年入榜企业减少，2012年入榜企业最多，为22家，约占22%，但在2016年仅入榜6家，占比下降到6%。中国则后来居上，每年入榜企业持续增加，现已排名第2名。2012年入榜企业6家，2013年增加1家，2014年已经增加至9家，2015年再增加1家，2016年已经的11家，占比总量达到11%。中国入榜企业的行业分类主要有以下三种。

表10-6　　2012—2016年中国入选全球文化创意产业上市公司营业收入百强的企业及排名

公司名称	2012年	2013年	2014年	2015年	2016年
苏宁集团（Suning Commerce Group Co Ltd）	33	30	30	19	19
腾讯控股有限公司（Tencent Holdings LTD）	89	65	55	30	21
京东商城（JD.com Inc）	95	55	26	15	—
TCL集团（TCL Corporation）	57	43	32	28	31
中兴通讯公司（Zte Corp）	46	53	48	31	35
百度公司（Baidu Inc）	—	—	84	52	52
唯品会控股有限公司（Vipshop Holdings Ltd）	—	—	—	85	66
富士康移动公司（FIH Mobile Ltd）	—	—	91	70	84
上海钢联电子商务有限公司（Shanghai Ganglian E-Commerce Co Ltd）	—	—	—	—	85

续表

公司名称	2012 年	2013 年	2014 年	2015 年	2016 年
神州数码集团 （Digital China Group Co Ltd）	—	—	—	—	88
网易公司 （Netease Inc）	—	—	—	—	92
深圳华侨城控股有限公司（Shenzhen Overseas Chinese Town Holdings Co Ltd）	—	—	—	99	96
四川长虹电器有限公司 （Sichuan Chang Hong Electric Co Ltd）	75	69	67	53	—
阿里巴巴集团 （Alibaba Group Holding Ltd）	—	81	56	—	—

注：不包括中国台湾和中国香港地区的公司。

其一，互联网电子商务类，如京东商城、阿里巴巴集团都是近年来发展优异、走势良好的平台式电子商务企业。

其二，互联网相关网站，如中国最大的搜索引擎百度公司，近年来积极涉猎文化创意领域，腾讯控股有限公司与网易公司则开发出多款热门游戏，商业收益巨大。

其三，科技含量较高的高新科技类企业，如中兴通讯公司（Zte Corp），主要提供综合通信解决方案，富士康移动公司（FIH Mobile Ltd）则专门从事计算机、通信、消费性电子等3C产品研发制造，富士股份有限公司移动公司2017年排在《财富》全球500强第27名。上海钢联电子商务股份有限公司（Shanghai Ganglian E-Commerce Co Ltd）是集钢铁资讯、电子商务、网络技术服务于一体的全国性大型综合信息技术服务企业，提供专业的钢铁资讯交互平台、一站式钢铁电子商务服务，属于典型的互联网信息服务企业。TCL集团（TCL Corporation）也主要从事消费类电子产品的制造与销售。神州数码集团有限公司（Digital China Group Co Ltd）则是中国领先的整合信息技术服务商。中国在互联网企业和高新科技企业方面表现较为优异，部分企业已经具备与国际接轨的能力。但是，在文化创意产业核心内容生产领域，仍需要进一步发展与培育。

四 2012—2016 年全球文化创意产业上市公司营业收入均值国家和地区排名

当前全球经济处于复苏阶段，经济增长疲软乏力，跨国贸易持续低迷。作为具有精神慰藉效应的特殊需求，文化创意产业具有"反经济周期"调节的规律性，自身具有较强的经济危机免疫力和经济危机抗衰退能力。① 文化创意产业在推动各国经济复苏、优化产业结构中将发挥越来越重要的作用。2012—2016 年全球文化创意产业上市公司共涉及 53 个国家和地区，企业营业收入均值为 67.25 亿元。芬兰在营业收入均值对比中拔得头筹，达到 264.76 亿元（见表 10 - 7）。

表 10 - 7　　2012—2016 年全球主要国家和地区文化创意产业上市公司营业收入均值一览

排名	公司总部所在地	公司数量	文化创意公司营业收入均值（亿元）
1	芬兰	121	264.76
2	美国	2831	155.89
3	日本	1603	122.80
4	中国澳门	18	108.21
5	新西兰	91	106.60
6	墨西哥	46	96.23
7	百慕大	31	87.89
8	瑞典	375	85.43
9	荷兰	126	84.26
10	英国	924	80.87
11	法国	475	70.11
12	瑞士	99	65.84
13	德国	371	64.39
14	巴西	101	62.19
15	西班牙	72	51.63
16	中国	1646	46.99
17	俄罗斯	5	45.85
18	比利时	46	45.48

---

① 周正刚：《文化产业：后危机时期经济社会发展的战略选择》，《湖湘论坛》2012 年第 4 期。

续表

排名	公司总部所在地	公司数量	文化创意公司营业收入均值(亿元)
19	葡萄牙	65	41.00
20	加拿大	518	38.28
21	阿根廷	5	36.80
22	韩国	1002	32.39
23	中国台湾	975	31.21
24	智利	65	27.71
25	澳大利亚	718	26.63
26	柬埔寨	5	26.14
27	希腊	79	22.04
28	土耳其	133	21.66
29	意大利	212	21.33
30	印度尼西亚	205	21.26
31	马来西亚	319	15.62
32	中国香港	932	13.94
33	丹麦	116	13.49
34	委内瑞拉	5	10.24
35	新加坡	274	9.52
36	以色列	176	9.45
37	印度	802	9.34
38	新西兰	44	8.82
39	菲律宾	95	8.35
40	巴拿马	2	7.05
41	越南	106	5.42
42	挪威	7	5.25
43	波兰	331	5.25
44	泰国	345	4.59
45	开曼群岛	19	4.53
46	巴基斯坦	41	2.94
47	新泽西州	9	1.16
48	爱尔兰	5	1.06
49	马耳他	4	0.93

续表

排名	公司总部所在地	公司数量	文化创意公司营业收入均值（亿元）
50	安圭拉	4	0.06
51	英属维尔京群岛	2	0.04
52	塞浦路斯	1	0.01
53	伯利兹	1	0.00
总计		16603	67.25

总体来看，53个国家和地区的文化创意企业营业收入均值总计达2128.93亿元，营业收入均值达67.25亿元。仅有排在第19名的葡萄牙以上的国家和地区才达到了平均值，可见先头国家与后位国家和地区差距较大。将53个国家和地区分为三个梯队进行分析，可以发现：

第一梯队，营业收入均值在50亿元以上，包揽了排位前15名，包括芬兰、美国、日本、澳门、南非、墨西哥、百慕大、瑞典、荷兰、英国、法国、瑞士、德国、巴西和西班牙。企业数量为7284家，占43.87%，营业收入总量达1507.1亿元，是营业收入分布的主体。也就是说，近七成的营业收入集中于四成的文化创意企业中，集中于15个国家和地区中，大部分的营业收入的商业收益都被几个国家的企业所垄断。

第二梯队，营业收入10亿元以上50亿元以下，排在第16—34名，以排在第34名的中美洲国家委内瑞拉为止，企业数量占42.47%，是企业数量分布的主体，但营业收入总量达538.06亿元，除去前端的小部分国家，大多数国家都处于第二梯队中，企业数量多，但营业收入均值小，与总体均值差距较大。

第三梯队，营业收入10亿元以下，企业数量共有2268家，占13.66%，营业收入总量达83.77亿元。

具体来看，基于收集到的资料有限，公司数量在30家以下对应的地区排名不具有统计学意义，故制图时未纳入统计，仅供参考。

芬兰以营业收入均值高达264.76亿元占据首位。文化创意产业在芬兰国民经济中占有重要地位，直接贡献率在3%—3.6%。① 美国排在第2

---

① 《芬兰文化创意产业期待进入中国市场——专访芬兰文化部长》，人民网，http://sh.people.com.cn/n/2014/0911/c357188-22267048.html，2018年7月30日。

名，营业收入均值为155.89亿元，在均值上依旧领先于其他国家和地区。日本以122.80亿元排在第3名。部分国家和地区企业由于数量少，故出现均值较高的情况，以中国澳门、墨西哥、百慕大为甚，但究其文化创意产业实际发展情况，则在企业数量、行业分类、经济收益上都有较大的进步空间。中国排在第16名，文化创意产业上市公司营业收入均值较低，仅为46.99亿元，表明中国企业数量虽然多，但营业收入较低，营业收益有待于提高（见图10-19）。

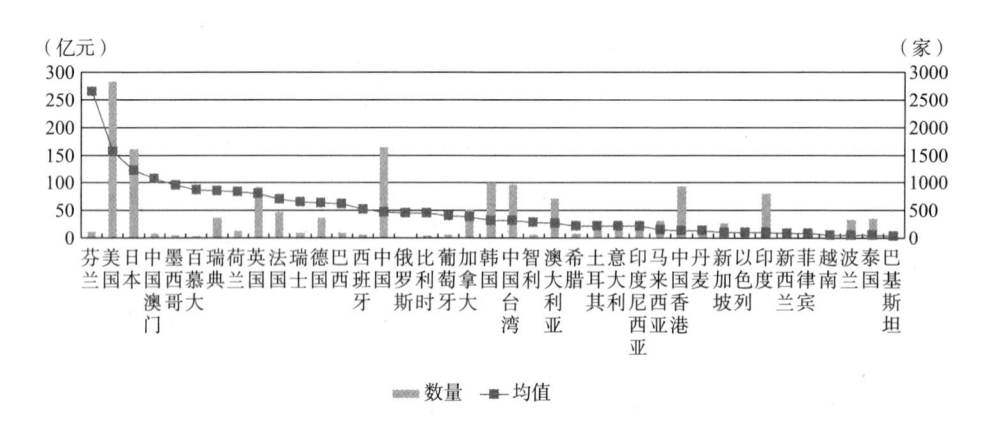

图10-19　2016年全球主要国家和地区文化创意产业上市公司营业收入均值

全球文化创意产业的洲际分布差异较大，营业收入差距悬殊。按照洲际进行划分，如图10-20所示，亚洲地区包含日本、中国、韩国、中国台湾、土耳其、印度尼西亚、马来西亚、中国香港、新加坡、以色列、印度、菲律宾、越南、泰国、巴基斯坦15个国家和地区。企业数量最多，高达8654家，营业收入总值达355.48亿元。亚洲地区尽管企业数量最多，甚至比其余洲国家总和更多，但每个国家营业收入平均值过低。北美地区包括美国、墨西哥、加拿大、百慕大4个国家和地区，企业数量达到3426家，营业收入均值达到378.29亿元。在北美地区，尤其以美国为主，企业营业收入能力较强。欧洲地区包含芬兰、瑞典、荷兰、英国、法国、瑞士、德国、西班牙、俄罗斯、比利时、葡萄牙、希腊、意大利、丹麦、波兰15个国家，企业数量达到3417家，营业收入均值总值最高，达到961.73亿元。欧洲文化创意企业发展总体较为稳定。南美洲地区包含巴西和智利，企业数量达到166家，营业收入均值达到89.9亿元。大洋洲地区包括新西兰和澳大利亚，企业数量达到762家，营业收入均值总计达到35.45亿元。非洲地区没有企业入榜。

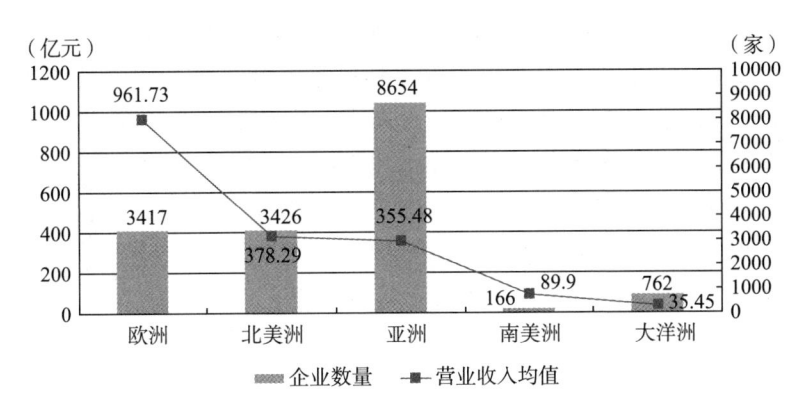

图10-20　2012—2016年各大洲文化创意产业上市公司营业收入均值

"一带一路"沿线国家和地区入榜企业差距较大，中国成为文化创意产业发展中的"领头羊"（见图10-21）。基于当前可收集到的资料，"一带一路"沿线国家和地区为中国、俄罗斯、希腊、葡萄牙、马来西亚、新加坡、以色列、印度、菲律宾、越南、波兰、泰国、巴基斯坦13个国家。中国企业营业收入均值达到46.99亿元，排在第1名。俄罗斯均值45.86亿元，排在第2名。希腊以均值22.04亿元，排在第3名。印度企业营业收入均值较低，为9.34亿元。

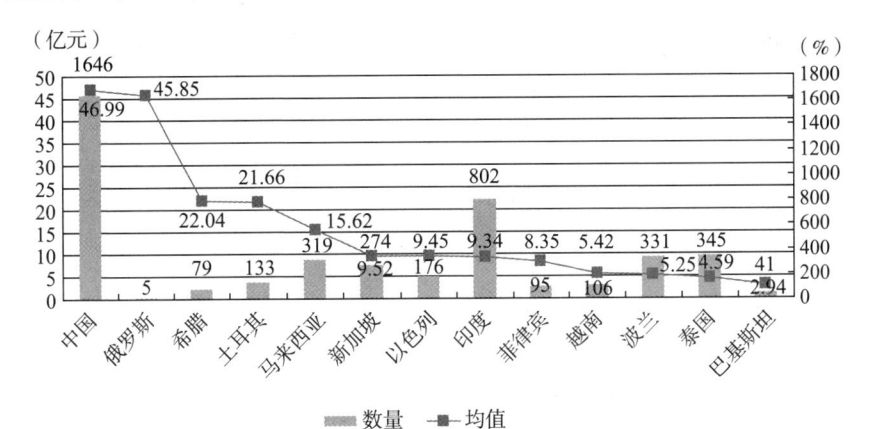

图10-21　2016年全球文化创意产业上市公司"一带一路"沿线国家和地区

通过对全球文化创意产业上市公司营业收入数据的解析，可得到如下结论：随着居民消费结构的不断升级，文化消费支出已经成为除基本保障支出外的最大支出项目。新兴业态不断蓬勃发展，营业收入总值与均值都在持续上升中。但是，部分发达国家和地区产业发展优势显著，在多数细分产业形成了垄断态势，发展中国家和地区竞争激烈，生存空间较为狭窄，国家和地区间实力分化较为严重。在文化创意产业的未来发展中，发展中国家和地区，一方面要积极借助政府政策及公共组织的能量，形成发展驱动力，进一步培育和发展文化创意产业；另一发面要广泛挖掘自身文化资源，维护本民族文化利益，利用文化特色打造优势行业。

第三节　全球文化创意产业上市公司税前利润研究

一般而言，在财务分析中，税前利润用以评价企业资产的运营效益和盈利能力——企业的各项资产投入使用后，经过不断的循环周转，为企业创造的收益。本节主要采用税前利润作为经济评价指标，主要是可以将文化创意产业上市公司统一放入国际视野中进行横向和纵向比较分析。因为每个国家和地区的所得税率不同，各项退税、返税等优惠政策也有所差异，故采用税前利润指标比采用净利润指标更具有可对比性，使企业在不同资本结构中也能进行比对与考察。

本节主要从 2012—2016 年全球文化创意产业上市公司税前利润总体特征、2000—2016 年全球 16 个主要国家和地区文化创意产业上市公司税前利润演变趋势、2012—2016 年全球文化创意产业上市公司税前利润百强、2012—2016 年全球主要国家和地区文化创意产业上市公司数量和税前利润均值排名四个方面来对全球文化创意产业上市公司的税前利润进行评价。

一　2012—2016 年全球文化创意产业上市公司税前利润总体特征

2012—2016 年全球文化创意产业上市公司税前利润总计 96976.18 亿元，税前利润均值为 5.84 亿元，总体呈现出税前利润总值波动，但税前利润均值持续走高的发展态势（见图 10–22）。

第十章 全球文化创意产业上市公司经济效益研究报告

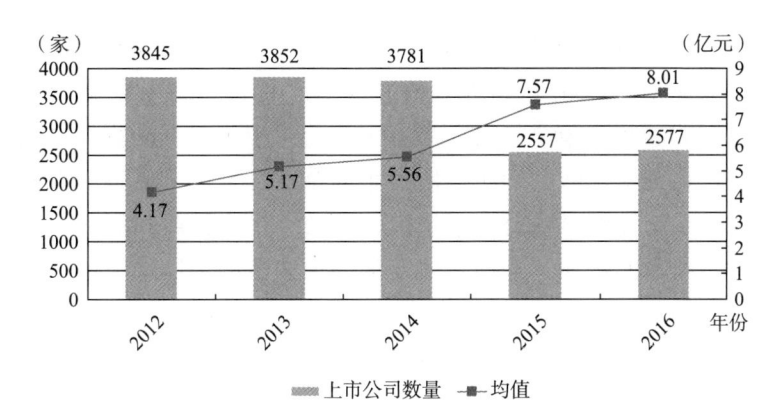

图 10-22　2012—2016 年全球文化创意产业上市公司数量与税前利润均值

2012 年以来，全球文化创意产业上市公司税前利润均值不断上涨。2012—2016 年文化创意产业上市公司税前利润均值持续走高，2012 年税前利润均值达到 4.17 亿元，2013 年增长 1 亿元，达到 5.17 亿元，2014 年达到 5.56 亿元。在 2015 年税前利润均值出现了新的飞跃，企业均值增长至 7.57 亿元，比 2014 年增长了 2.01 亿元，是税前利润均值的涨幅最高峰。2016 年税前利润则达到了 8.01 亿元，为历年最高值。2016 年全球文化创意产业整体盈利形势较好。

全球文化创意产业上市公司的税前利润均值呈现出增长态势。税前利润均值始终保持着正向增长，2013 年增长率为 24.14%，2014 年为 39%，成为历年最高值。2015 年轻微下滑至 36.15%，在 2016 年迎来了增长率最低值 6.55%，表明在经历了强势上涨后，均值的增长速度进一步放缓（见图 10-23）。

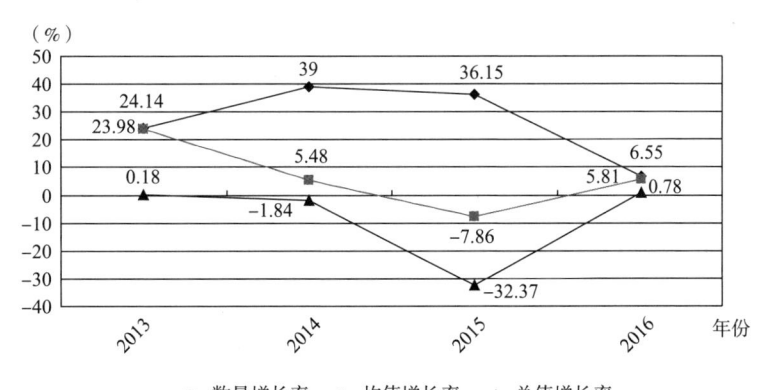

图 10-23　2013—2016 年全球文化创意上市公司税前利润均值演变

在研究 2012—2016 年全球文化创意产业上市公司税前利润的范围波动中，主要选取了税前利润极大值、极小值和全距三组数据进行分析（见图10-24）。极大值是指同年所有上市公司中税前利润所得值最大的企业，极小值则是税前利润所得值最小的企业。全距又称范围误差和极差，用来表示统计资料中的变异量数，即同年企业税前利润极大值减去极小值之后所得的数据，是标志值变动的最大范围，反映了最大值和最小值间的差距。

	2012年	2013年	2014年	2015年	2016年
全距	3887.35	3525.21	3493.4	4836.97	4483.12
极大值	3518.29	3083.54	3295.19	4557.85	4077.81
极小值	-369.07	-441.67	-198.21	-279.12	-405.31

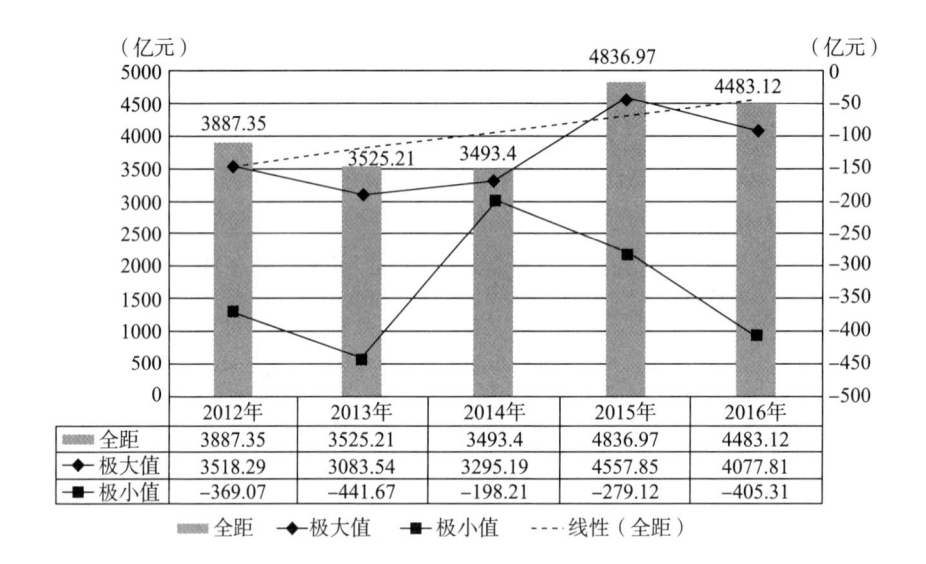

图 10-24　2012—2016 年全球文化创意产业上市公司税前利润极大值、极小值和全距

税前利润极大值、极小值和全距三组数据显示，龙头企业对文化创意产业发展的影响重大，且市场竞争逐步加剧（见图 10-24）。2012 年全球文化创意产业上市公司税前利润极大值为 3518.29 亿元，占 2012 年税前利润总值的 21.92%；2013 年轻微下滑至 3083.54 亿元，占同年总值的 15.48%；2014 年小幅回升至 3295.19 亿元，占同年总值的 15.68%；但在 2015 年税前利润极大值猛升至 4557.85 亿元，是历年最高峰，占 2015 年利润总值的 23.54%；而在 2016 年数值小幅回落至 4077.81 亿元，仍是历年第二高点，占同年税前利润总值的 19.77%。可见，文化创意产业内的龙头企业是行业利润的重要来源。相比之下，极小值波动较小，

2012 年极小值为 -369.07 亿元；2013 年则是历年最低谷，为 -441.67 亿元；2014 年回升至 -198.21 亿元，是极小值的历年最高值，2015 年则为 -279.12 亿元；2016 年再度下降至 -405.31 亿元。在 2012—2016 年全距的比较中，2015 年以 4836.97 亿元为全距最高值，2014 年 3493.4 亿元为最低值，线性趋势显示全距的差值在逐渐增大，数据的离散程度增加，可见，龙头企业与末端企业之间产生了进一步分化，市场竞争进一步加剧。

二 2000—2016 年全球 16 个主要国家和地区文化创意产业上市公司税前利润演变趋势

本节从全球 16 个主要国家和地区（美国、日本、英国、中国、加拿大、印度、中国台湾、澳大利亚、法国、中国香港、韩国、德国、意大利、南非、巴西、俄罗斯）入手，探寻作为全球文化创意产业发展先头部队的国家和地区的企业税前利润发展情况。

2000—2016 年全球 16 个主要国家和地区的文化创意产业上市公司的税前利润均值呈现出曲折上升的态势（见图 10-25）。值得关注的是三个年份的异常值，分别是 2001 年的 -2.48 亿元、2002 年的 -1.82 亿元及 2008 年的 -1.14 亿元。结合公司数量及全球大势判断，基本可以断定 2001 年及 2002 年的税前利润负值与当时的互联网泡沫破裂有很大关系。同理，2008 年的 -1.14 亿元亏损，应该与 2008 年国际全球金融危机有密切关系。除去上述年份外，全球文化创意产业上市公司的税前利润均值上升趋势明显，尽管遭遇了 2008 年国际金融危机的影响，但反弹速度较快，在 2013 年已达到 5.79 亿元，超过危机之前的 2007 年的 5.16 亿元，此后持续增长，直至 2016 年创下历史新高，达到 9.9 亿元，对比全球产业税前利润均值的 8.01 亿元，溢出 123.6%，由此可见，16 个国家和地区是全球文化创意产业的主要贡献者和"领头羊"。

文化创意产业逆势上扬，后续发展潜力较大。通过对比 2001—2016 年 16 个国家和地区文化创意产业上市公司三组数据（数量、均值和总值）的增长率（见图 10-26）可知，税前利润的总值增长率和均值增长率高度重合，在 2009 年同时达到高峰，均值增长率为 374.60%，是自 2008 年经济衰退增长率负值之后的强烈反弹，表明了文化创意产业抗击国际金融危机的能力较强，对于文化创意产业而言，危机是挑战，更是一种机遇。自 2008 年后，除去 2011 年税前利润总值和均值为负增长外，其余年份均为正向增长,也表现了文化创意产业的发展潜力。随着市场的进一步稳定,总值和均值的增长率也逐渐稳定且放缓,文化创意产业进入平稳发展时期。

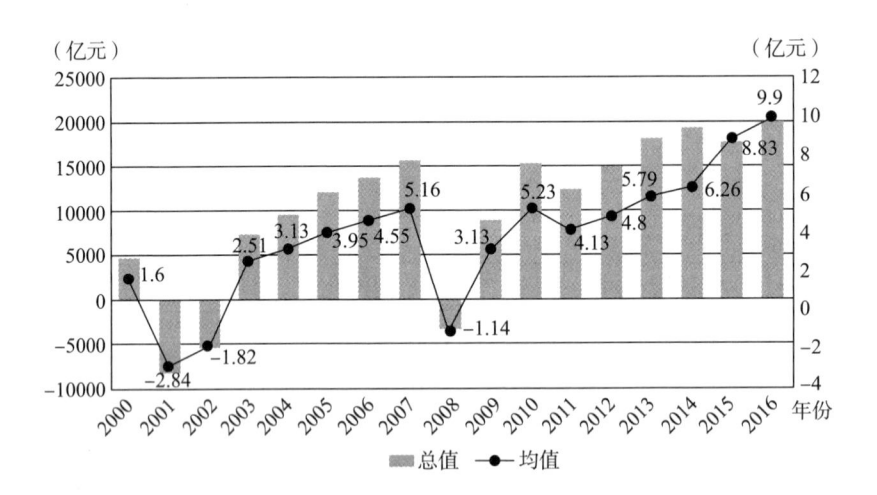

图 10-25　2000—2016 年全球 16 个主要国家和地区文化创意上市公司税前利润

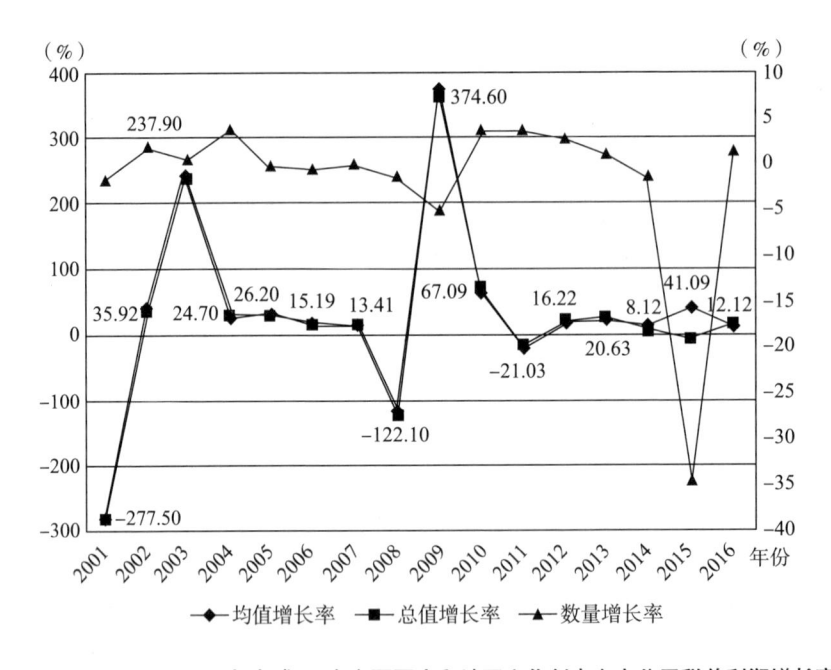

图 10-26　2001—2016 年全球 16 个主要国家和地区文化创意上市公司税前利润增长率

文化创意产业头部企业与末端企业差距逐渐拉大。在2000—2016年全球16个国家和地区文化创意产业上市公司税前利润的波动中，极大值发展迅猛，差距逐年拉大，极小值发展相对平稳，全距差值同样逐年增加。极大值增长迅速，2002年为极大值最低谷，企业收益305.5亿元；2015年为极大值最高峰，企业收益高达4557亿元。极小值普遍波动较小，最低值为2002年的-3651亿元。极小值的历年最高值为2006年的-111亿元。在全距的比较中，最大值为2015年的4836亿元，最小值为2003年的598.1亿元（见图10-27）。线性趋势可明显观察到全距的差值在快速增大，对于最大全距与最小全距，差值可达4237.9亿元。表明在16个国家和地区间，文化创意产业的发展龙头与末端企业差距巨大，且这种差距还有逐年增大的趋势。目前而言，在16个国家和地区发展中，已经出现了头部企业与末端企业差距巨大的现象，且这种差距有逐年增大的趋势。推而广之，这种现象在全球范围内将更加严重。如何进一步发挥领先国家和头部企业的榜样作用及带动作用，同时避免中小型文化创意企业或是弱势国家被过度"文化入侵"将是未来全球性产业发展的难题与重点。

三 2012—2016年全球文化创意产业上市公司税前利润百强

本小节主要关注的是全球文化创意产业税前利润百强上市公司，通过对2012—2016年全球主要国家和地区上市公司税前利润总值百强榜单（见表10-8），以进一步分析各个国家及头部文化创意企业发展的现状与未来趋势。

2012—2016年，全球经济增速略有回升，但仍处于历史较低水平，全球货币政策总体宽松，整体增速分化态势逐渐明显。发达国家增速较为显著，美国、英国等国家逐渐回归危机前的经济常态。[①] 文化创意产业发展增速持续显著，经济贡献份额持续增加，在产业经济领域内"一枝独秀"。经过近年来的发展，文化创意产业的产品生产与服务供应链逐渐成熟，产业生态及企业发展逐步成熟，新兴技术研发与内容多样生产日益成为发展的核心竞争力与商业竞争的增长点。

（一）2012—2016年十强演变特征分析

全球文化创意产业上市公司百强中的头部排序持续固化，市场竞争

---

① 商务部综合司：《世界经济贸易形势》，http://zhs.mofcom.gov.cn/article/Nocategory/201411/20141100787734.shtml，2018年7月30日。

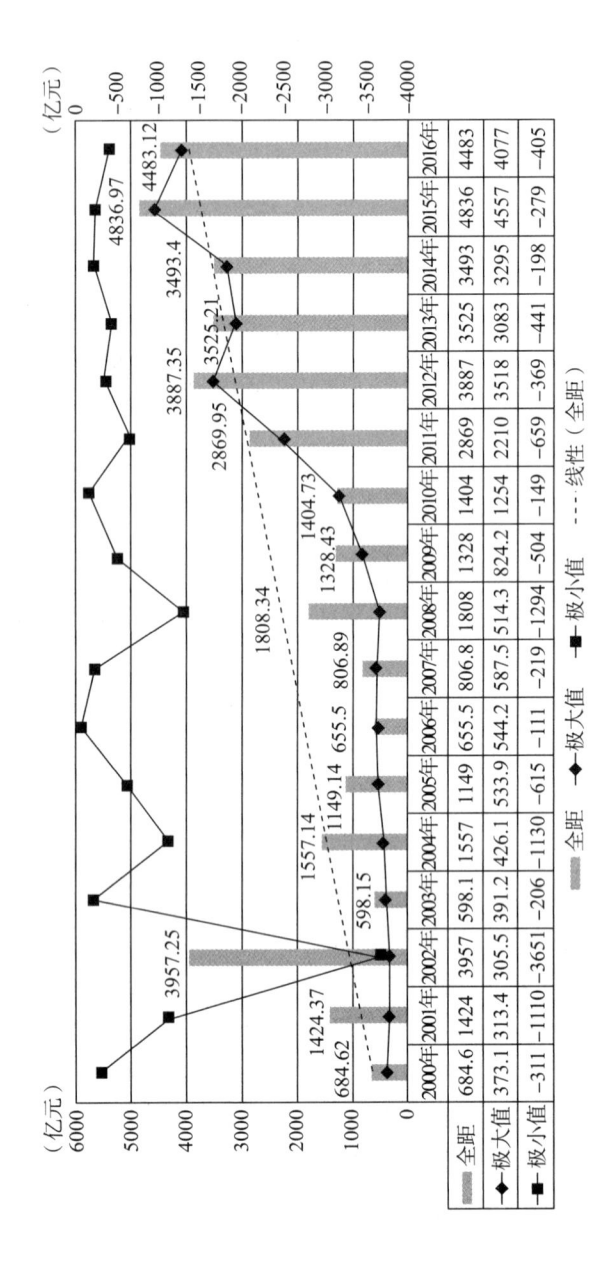

图 10-27 2000—2016 年全球 16 个主要国家和地区上市公司税前利润极值和全距

	2000年	2001年	2002年	2003年	2004年	2005年	2006年	2007年	2008年	2009年	2010年	2011年	2012年	2013年	2014年	2015年	2016年
全距	684.6	1424	3957	598.1	1557	1149	655.5	806.8	1808	1328	1404	2869	3887	3525	3493	4836	4483
极大值	373.1	313.4	305.5	391.2	426.1	533.9	544.2	587.5	514.3	824.2	1254	2210	3518	3083	3295	4557	4077
极小值	−311	−1110	−3651	−206	−1130	−615	−111	−219	−1294	−504	−149	−659	−369	−441	−198	−279	−405

表10-8　2012—2016年全球主要国家和地区文化创意产业上市公司税前利润百强榜单

排名	2012年 公司名称	2012年 公司总部所在地	2013年 公司名称	2013年 公司总部所在地	2014年 公司名称	2014年 公司总部所在地	2015年 公司名称	2015年 公司总部所在地	2016年 公司名称	2016年 公司总部所在地
1	苹果公司（Apple Inc）	美国	苹果公司（Apple Inc）	美国	苹果公司（Apple Inc）	美国	苹果公司（Apple Inc）	美国	苹果公司（Apple Inc）	美国
2	字母表公司（Alphabet Inc）	美国	字母表公司（Alphabet Inc）	美国	字母表公司（Alphabet Inc）	美国	字母表公司（Alphabet Inc）	美国	字母表公司（Alphabet Inc）	美国
3	康卡斯特公司（Comcast Corp）	美国	康卡斯特公司（Comcast Corp）	美国	康卡斯特公司（Comcast Corp）	美国	华特迪士尼公司（Walt Disney Co）	美国	华特迪士尼公司（Walt Disney Co）	美国
4	华特迪士尼公司（Walt Disney Co）	美国	华特迪士尼公司（Walt Disney Co）	美国	华特迪士尼公司（Walt Disney Co）	美国	康卡斯特公司（Comcast Corp）	美国	康卡斯特公司（Comcast Corp）	美国
5	3M公司（3M Co）	美国	自由传媒集团（Liberty Media Corp SiriusXM Group）	美国	雅虎公司（Yahoo Inc）	美国	21世纪福克斯公司（Twenty-First Century Fox Inc）	美国	脸书公司（Facebook Inc）	美国
6	雅虎公司（Yahoo Inc）	美国	21世纪福克斯公司（Twenty-First Century Fox Inc）	美国	3M公司（3M Co）	美国	3M公司（3M Co）	美国	IBM公司（International Business Machines Corp）	美国
7	时代华纳公司（Time Warner Inc）	美国	论坛媒体公司（Tribune Media Co）	美国	21世纪福克斯公司（Twenty-First Century Fox Inc）	美国	脸书公司（Facebook Inc）	美国	腾讯控股有限公司（Tencent Holdings LTD）	中国

续表

排名	2012 年 公司名称	2012 年 公司总部所在地	2013 年 公司名称	2013 年 公司总部所在地	2014 年 公司名称	2014 年 公司总部所在地	2015 年 公司名称	2015 年 公司总部所在地	2016 年 公司名称	2016 年 公司总部所在地
8	直播电视集团（DIRECTV）	美国	3M 公司（3M Co）	美国	阿里巴巴集团（Alibaba Group Holding Ltd）	中国	凯撒娱乐公司（Caesars Entertainment Corp）	美国	3M 公司（3M Co）	美国
9	维亚康姆公司（Viacom Inc）	美国	时代华纳公司（Time Warner Inc）	美国	脸书公司（Facebook Inc）	美国	百度公司（Baidu Inc）	中国	时代华纳公司（Time Warner Inc）	美国
10	NBC 环球传媒集团（NBCUniversal Media LLC）	美国	直播电视集团（DIRECTV）	美国	腾讯控股有限公司（Tencent Holdings LTD）	中国	腾讯控股有限公司（Tencent Holdings LTD）	中国	NBC 环球传媒集团（NBCUniversal Media LLC）	美国
11	时代华纳有线公司（Time Warner Cable Inc）	美国	阿里巴巴集团（Alibaba Group Holding Ltd）	中国	时代华纳公司（Time Warner Inc）	美国	时代华纳公司（Time Warner Inc）	美国	21 世纪福克斯公司（Twenty–First Century Fox Inc）	美国
12	易贝公司（eBay Inc）	美国	维亚康姆公司（Viacom Inc）	美国	直播电视集团（DIRECTV）	美国	NBC 环球传媒集团（NBCUniversal Media LLC）	美国	亚马逊公司（Amazon.com Inc）	美国
13	索尼公司（Sony Corp）	日本	易贝公司（eBay Inc）	美国	拉斯维加斯金沙集团（Las Vegas Sands Corp）	美国	Priceline 集团（Priceline Group Inc）	美国	易贝公司（eBay Inc）	美国

第十章　全球文化创意产业上市公司经济效益研究报告 / 399

续表

排名	2012 年 公司名称	2012 年 公司总部所在地	2013 年 公司名称	2013 年 公司总部所在地	2014 年 公司名称	2014 年 公司总部所在地	2015 年 公司名称	2015 年 公司总部所在地	2016 年 公司名称	2016 年 公司总部所在地
14	瑞士历峰集团（Cie Financiere Richemont AG, Zug）	瑞士	瑞士历峰集团（Cie Financiere Richemont AG, Zug）	瑞士	易贝公司（eBay Inc）	美国	时代华纳有线公司（Time Warner Cable Inc）	美国	金佰利公司（Kimberly-Clark Corp）	美国
15	维旺迪集团（Vivendi）	法国	金佰利公司（Kimberly-Clark Corp）	美国	维亚康姆公司（Viacom Inc）	美国	拉斯维加斯金沙集团（Las Vegas Sands Corp）	美国	Priceline 集团（Priceline Group Inc）	美国
16	金佰利公司（Kimberly-Clark Corp）	美国	拉斯维加斯金沙集团（Las Vegas Sands Corp）	美国	NBC 环球传媒集团（NBCuniversal Media LLC）	美国	索尼公司（Sony Corp）	日本	索尼公司（Sony Corp）	日本
17	哥伦比亚广播公司（CBS Corp）	美国	腾讯控股有限公司（Tencent Holdings LTD）	中国	时代华纳有线公司（Time Warner Cable Inc）	美国	维亚康姆公司（Viacom Inc）	美国	美国卫星网络公司（DISH Network Corp）	美国
18	腾讯控股有限公司（Tencent Holdings LTD）	中国	时代华纳有线公司（Time Warner Cable Inc）	美国	Priceline 集团（Priceline Group Inc）	美国	易贝公司（eBay Inc）	美国	拉斯维加斯金沙集团（Las Vegas Sands Corp）	美国
19	日本雅虎公司（Yahoo Japan Corp）	日本	论坛出版公司（Tribune Publishing Co）	美国	金沙中国有限公司中国（Sands China Ltd）	中国香港	天空广播公司（Sky PLC）	英国	哥伦比亚广播公司（CBS Corp）	美国

续表

排名	2012 年		2013 年		2014 年		2015 年		2016 年	
	公司名称	公司总部所在地	公司名称	公司总部所在地	公司名称	公司总部所在地	公司名称	公司总部所在地	公司名称	公司总部所在地
20	汤森路透集团（Thomson Reuters Corp）	美国	哥伦比亚广播公司（CBS Corp）	美国	金佰利公司（Kimberly-Clark Corp）	美国	爱立信公司（Ericsson）	瑞典	百度公司（Baidu Inc）	中国
21	21 世纪福克斯公司（Twenty–First Century Fox Inc）	美国	脸书公司（Facebook Inc）	美国	WPP 集团（WPP PLC）	英国	里德爱思唯尔集团（RELX Group plc）	英国	网易公司（Netease Inc）	中国
22	拉斯维加斯金沙集团（Las Vegas Sands Corp）	美国	爱立信公司（Ericsson）	瑞典	百度公司（Baidu Inc）	中国	哥伦比亚广播公司（CBS Corp）	美国	RELX 集团（RELX NV）	荷兰
23	百度公司（Baidu Inc）	中国	NBC 环球传媒集团（NBCUniversal Media LLC）	美国	爱立信公司（Ericsson）	瑞典	RELX 集团（RELX NV）	荷兰	里德爱思唯尔公司（RELX PLC）	英国
24	天空广播公司（Sky PLC）	英国	Priceline 集团（Priceline Group Inc）	美国	瑞士历峰集团（Cie Financiere Richemont AG, Zug）	瑞士	里德爱思唯尔公司（RELX PLC）	英国	维亚康姆公司（Viacom Inc）	美国
25	里德爱思唯尔集团（RELX Group plc）	英国	柯达公司（Eastman Kodak Co）	美国	哥伦比亚广播公司（CBS Corp）	美国	日本雅虎公司（Yahoo Japan Corp）	日本	宏盟公司（Omnicom Group Inc）	美国

第十章　全球文化创意产业上市公司经济效益研究报告 / 401

续表

排名	2012 年 公司名称	2012 年 公司总部所在地	2013 年 公司名称	2013 年 公司总部所在地	2014 年 公司名称	2014 年 公司总部所在地	2015 年 公司名称	2015 年 公司总部所在地	2016 年 公司名称	2016 年 公司总部所在地
26	WPP 集团（WPP PLC）	英国	金沙中国有限公司（Sands China Ltd）	中国香港	里德爱思唯尔集团（RELX Group plc）	英国	松下公司（Panasonic Corp）	日本	百思买公司（Best Buy Co Inc）	美国
27	Priceline 集团（Priceline Group Inc）	美国	WPP 集团（WPP PLC）	英国	汤森路透集团（Thomson Reuters Corp）	美国	宏盟公司（Omnicom Group Inc）	美国	日本雅虎公司（Yahoo Japan Corp）	日本
28	宏盟公司（Omnicom Group Inc）	美国	松下公司（Panasonic Corp）	日本	日本雅虎公司（Yahoo Japan Corp）	日本	诺基亚公司（Nokia Corp）	芬兰	贝塔斯曼集团（Bertelsmann SE & Co KGaA）	德国
29	阿里巴巴集团（Alibaba Group Holding Ltd）	中国	日本雅虎公司（Yahoo Japan Corp）	日本	Pagine Gialle 公司（Seat Pagine Gialle SPA）	意大利	贝塔斯曼集团（Bertelsmann SE & Co KGaA）	德国	探索传媒公司（Discovery Communications Inc）	美国
30	云顶集团（Genting Berhad）	马来西亚	百度公司（Baidu Inc）	中国	富士胶片公司（Fujifilm Holdings Corp）	日本	富士胶片公司（Fujifilm Holdings Corp）	日本	自由亿客行公司（Liberty Expedia Holdings Inc）	美国
31	爱立信公司（Ericsson）	瑞典	天空广播公司（Sky PLC）	英国	天空广播公司（Sky PLC）	英国	探索传媒公司（Discovery Communications Inc）	美国	自由宽带公司（Liberty Broadband Corp）	美国

续表

排名	2012年 公司名称	2012年 公司总部所在地	2013年 公司名称	2013年 公司总部所在地	2014年 公司名称	2014年 公司总部所在地	2015年 公司名称	2015年 公司总部所在地	2016年 公司名称	2016年 公司总部所在地
32	探索传媒公司（Discovery Communications Inc）	美国	法国拉加代尔公司（Lagardere SCA）	法国	宏盟公司（Omnicom Group Inc）	美国	亚马逊公司（Amazon.com Inc）	美国	维旺迪集团（Vivendi）	法国
33	富士胶片公司（Fujifilm Holdings Corp）	日本	里德爱思唯尔集团（RELX Group plc）	英国	探索传媒公司（Discovery Communications Inc）	美国	金佰利公司（Kimberly-Clark Corp）	美国	深圳华侨城公司（Shenzhen Overseas Chinese Town Holdings Co Ltd）	中国
34	动视暴雪公司（Activision Blizzard Inc）	美国	贝塔斯曼集团（Bertelsmann SE & Co KGaA）KGaA	德国	松下公司（Panasonic Corp）	日本	金沙中国有限公司（Sands China Ltd）	中国香港	自由传媒公司（Liberty Media Corp-Consolidated）	美国
35	阳狮集团（Publicis Groupe SA）	法国	探索传媒公司（Discovery Communications Inc）	美国	纳斯帕斯公司（Naspers Ltd）	新西兰	阳狮集团（Publicis Groupe SA）	法国	DBS公司（DISH DBS Corp）	美国
36	贝塔斯曼集团（Bertelsmann SE & Co KGaA）KGaA	德国	宏盟公司（Omnicom Group Inc）	美国	阳狮集团（Publicis Groupe SA）	法国	国际纸业公司（International Paper Co）	美国	云顶集团（Genting Berhad）	马来西亚

续表

排名	2012年 公司名称	2012年 公司总部所在地	2013年 公司名称	2013年 公司总部所在地	2014年 公司名称	2014年 公司总部所在地	2015年 公司名称	2015年 公司总部所在地	2016年 公司名称	2016年 公司总部所在地
37	纽普公司（NewPage Corp）	美国	富士胶片公司（Fujifilm Holdings Corp）	日本	百思买公司（Best Buy Co Inc）	美国	汤森路透集团（Thomson Reuters Corp）	美国	新濠国际发展有限公司（Melco International Development Ltd）	中国香港
38	金沙中国有限公司（Sands China Ltd）	中国香港	雅虎公司（Yahoo Inc）	美国	瑞典 Cellulosa 公司（Svenska Cellulosa Sca AB）	瑞典	维旺迪集团（Vivendi）	法国	斯克里普斯网络互动公司（Scripps Networks Interactive Inc）	美国
39	摩托罗拉公司（Motorola Solutions Inc）	美国	阳狮集团（Publicis Groupe SA）	法国	银河娱乐集团（Galaxy Entertainment Group Ltd）	中国香港	百思买公司（Best Buy Co. Inc）	美国	金沙中国有限公司（Sands China Ltd）	中国香港
40	AOL公司（AOL Inc）	美国	云顶集团（Genting Berhad）	马来西亚	台格纳公司（TEGNA Inc）	美国	网易公司（Netease Inc）	中国	美高梅国际酒店集团（MGM Resorts International）	美国
41	L-3通信控股公司（L-3 Communications Holdings Inc）	美国	动视暴雪公司（Activision Blizzard Inc）	美国	云顶集团（Genting Berhad）	马来西亚	DBS公司（DISH DBS Corp）	美国	杭州海克视觉数码科技有限公司（Hangzhou Hik-Vision Digital Technology Co Ltd）	中国

续表

排名	2012 年 公司名称	2012 年 公司总部所在地	2013 年 公司名称	2013 年 公司总部所在地	2014 年 公司名称	2014 年 公司总部所在地	2015 年 公司名称	2015 年 公司总部所在地	2016 年 公司名称	2016 年 公司总部所在地
42	纳斯帕斯公司（Naspers Ltd）	新西兰	银河娱乐集团（Galaxy Entertainment Group Ltd）	中国香港	电通公司（Dentsu Inc）	日本	芬欧汇川集团（Upm-Kymmene Corp）	芬兰	电通公司（Dentsu Inc）	日本
43	自由集团（Liberty Ventures）	美国	DBS 公司（DISH DBS Corp）	美国	深圳华侨城公司（Shenzhen Overseas Chinese Town Holdings Co Ltd）	中国	瑞典 Cellulosa 公司（Svenska Cellulosa Sca AB）	瑞典	瑞典 Cellulosa 公司（Svenska Cellulosa Sca AB）	瑞典
44	LTRPA 控股有限公司（Liberty TripAdvisor Holdings Inc）	美国	理光公司（Ricoh Co Ltd）	日本	视讯工业有限公司（Videocon Industries Ltd）	印度	墨西哥电视集团（Grupo Televisa SAB）	墨西哥	芬欧汇川集团（Upm-Kymmene Corp）	芬兰
45	墨西哥电视集团（Grupo Televisa SAB）	墨西哥	瑞典 Cellulosa 公司（Svenska Cellulosa Sca AB）	瑞典	DBS 公司（DISH DBS Corp）	美国	深圳华侨城公司（Shenzhen Overseas Chinese Town Holdings Co Ltd）	中国	国际纸业公司（International Paper Co）	美国
46	国际纸业公司（International Paper Co）	美国	周大福公司（Chow Tai Fook Jewellery Group Ltd）	中国香港	DISH 网络公司（DISH Network Corp）	美国	DISH 网络公司（DISH Network Corp）	美国	潘多拉公司（Pandora AS）	丹麦

第十章 全球文化创意产业上市公司经济效益研究报告 / 405

续表

排名	2012年 公司名称	2012年 公司总部所在地	2013年 公司名称	2013年 公司总部所在地	2014年 公司名称	2014年 公司总部所在地	2015年 公司名称	2015年 公司总部所在地	2016年 公司名称	2016年 公司总部所在地
47	格力株式会社（Gree Inc）	日本	东方乐园公司（Oriental Land Co Ltd）	日本	LG电子公司（LG Electronics Inc）	韩国	斯克里普斯网络互动公司（Scripps Networks Interactive Inc）	美国	维素公司（Verso Corp）	美国
48	东方乐园公司（Oriental Land Co Ltd）	日本	九娱乐控股有限公司（Nine Entertainment Co Holdings Ltd）	澳大利亚	贝塔斯曼集团（Bertelsmann SE & Co KGaA）	德国	动视暴雪公司（Activision Blizzard Inc）	美国	动视暴雪公司（Activision Blizzard Inc）	美国
49	德纳股份有限公司（DeNA Co Ltd）	日本	摩托罗拉公司（Motorola Solutions Inc）	美国	肖氏通信公司（Shaw Communications Inc）	加拿大	海康威视科技公司（Hangzhou Hik-Vision Digital Technology Co Ltd）	中国	天狼星公司（Sirius XM Holdings Inc）	美国
50	格雷特兰连接公司（GreatLand Connections Inc）	美国	DISH网络公司（DISH Network Corp）	美国	理光公司（Ricoh Co Ltd）	日本	法国SFR集团（Numericable SFR SA）	法国	任天堂公司（Nintendo Co Ltd）	日本

续表

排名	2012年 公司名称	2012年 公司总部所在地	2013年 公司名称	2013年 公司总部所在地	2014年 公司名称	2014年 公司总部所在地	2015年 公司名称	2015年 公司总部所在地	2016年 公司名称	2016年 公司总部所在地
51	肖氏通信公司（Shaw Communications Inc）	加拿大	深圳华侨城公司（Shenzhen Overseas Chinese Town Holdings Co Ltd）	中国	东方乐园公司（Oriental Land Co Ltd）	日本	英国独立广播集团（ITV PLC）	英国	东方乐园公司（Oriental Land Co Ltd）	日本
52	银河娱乐集团（Galaxy Entertainment Group Ltd）	中国香港	美泰公司（Mattel Inc）	美国	斯克里普斯网络互动公司（Scripps Networks Interactive Inc）	美国	Expedia公司（Expedia Inc）	美国	自由集团（Liberty Ventures）	美国
53	美泰公司（Mattel Inc）	美国	墨西哥电视集团（Grupo Televisa SAB）	墨西哥	英国独立广播集团（ITV PLC）	英国	肖氏通信公司（Shaw Communications Inc）	加拿大	汤森路透集团（Thomson Reuters Corp）	加拿大
54	斯克里普斯网络互动公司（Scripps Networks Interactive Inc）	美国	百思买公司（Best Buy Co Inc）	美国	乐天株式会社（Rakuten Inc）	日本	摩托罗拉公司（Motorola Solutions Inc）	美国	天空广播公司（Sky PLC）	英国

续表

排名	2012 年 公司名称	2012 年 公司总部所在地	2013 年 公司名称	2013 年 公司总部所在地	2014 年 公司名称	2014 年 公司总部所在地	2015 年 公司名称	2015 年 公司总部所在地	2016 年 公司名称	2016 年 公司总部所在地
55	DISH 网络公司（DISH Network Corp）	美国	L-3 通信控股公司（L-3 Communications Holdings Inc）	美国	动视暴雪公司（Activision Blizzard Inc）	美国	斯道拉恩索奥吉公司（Stora Enso OYJ, Helsinki）	芬兰	自由传媒集团（Liberty Media Corp SiriusXM Group）	美国
56	周大福公司（Chow Tai Fook Jewellery Group Ltd）	中国香港	格雷特兰连接公司（GreatLand Connections Inc）	美国	永利公司（Wynn Resorts Ltd）	美国	东方乐园公司（Oriental Land Co Ltd）	日本	纳弗公司（NAVER Corp）	韩国
57	里德爱思唯尔公司（RELX PLC）	英国	肖氏通信公司（Shaw Communications Inc）	加拿大	GungHo 在线娱乐公司（GungHo Online Entertainment Inc）	日本	爱姆科集团（Amcor Ltd）	澳大利亚	青藤纤维公司（Fibria Celulose SA）	巴西
58	澳门博彩控股有限公司（SJM Holdings Ltd）	中国香港	汤森路透集团（Thomson Reuters Corp）	美国	L-3 通信控股公司（L-3 Communications Holdings Inc）	美国	天狼星公司（Sirius XM Holdings Inc）	美国	蒙迪南非公司 [Mondi PLC/Ltd (ZAF)]	南非
59	朱陀特电信有限公司（Jupiter Telecommunications Co Ltd）	日本	澳门博彩控股有限公司（SJM Holdings Ltd）	中国香港	电子艺术公司（Electronic Arts Inc）	美国	云顶集团（Genting Berhad）	马来西亚	蒙迪英国公司 [Mondi PLC/Ltd (GBR)]	英国

续表

排名	2012 年 公司名称	2012 年 公司总部所在地	2013 年 公司名称	2013 年 公司总部所在地	2014 年 公司名称	2014 年 公司总部所在地	2015 年 公司名称	2015 年 公司总部所在地	2016 年 公司名称	2016 年 公司总部所在地
60	RELX 集团（RELX NV）	荷兰	永利公司（Wynn Macau Ltd）	澳门	爱姆科集团（Amcor Ltd）	澳大利亚	蒙迪南非公司[Mondi PLC/Ltd（ZAF）]	南非	巴西 Klabin 公司（Klabin SA, Brasil）	巴西
61	深圳华侨城公司（Shenzhen Overseas Chinese Town Holdings Co Ltd）	中国	斯克里普斯网络互动公司（Scripps Networks Interactive Inc）	美国	芬欧汇川集团（Upm-Kymmene Corp）	芬兰	蒙迪英国公司[Mondi PLC/Ltd（GBR）]	英国	L3 科技公司（L3 Tehnologies Inc）	美国
62	永利公司（Wynn Macau Ltd）	中国澳门	永利公司（Wynn Resorts Ltd）	美国	澳门博彩控股有限公司（SJM Holdings Ltd）	中国香港	电通公司（Dentsu Inc）	日本	摩托罗拉公司（Motorola Solutions Inc）	美国
63	希腊足球博彩公司（Greek Organisation fl Football Prognostics SA OPAP）	希腊	纳斯帕斯公司（Naspers Ltd）	新西兰	网易公司（Netease Inc）	中国	禧玛诺公司（Shimano Inc）	日本	互众集团（Interpublic Group of Companies Inc）	美国
64	巴黎坎伯奇公司（CIE Du Cambodge, Paris）	法国	里德爱思唯尔公司（RELX PLC）	英国	周大福公司（Chow Tai Fook Jewellery Group Ltd）	中国香港	潘多拉公司（Pandora AS）	丹麦	清华同方公司（Tsinghua Tongfang Co Ltd）	中国

第十章 全球文化创意产业上市公司经济效益研究报告 / 409

续表

排名	2012年 公司名称	2012年 公司总部所在地	2013年 公司名称	2013年 公司总部所在地	2014年 公司名称	2014年 公司总部所在地	2015年 公司名称	2015年 公司总部所在地	2016年 公司名称	2016年 公司总部所在地
65	电通公司（Dentsu Inc）	日本	GungHo在线娱乐公司（GungHo Online Entertainment Inc）	日本	海康威视科技公司（Hangzhou Hik-Vision Digital Technology Co Ltd）	中国	理光公司（Ricoh Co Ltd）	日本	特许通信公司（Charter Communications Inc）	美国
66	尼康公司（Nikon Corp）	日本	乐天株式会社（Rakuten Inc）	日本	永利公司（Wynn Macau Ltd）	中国澳门	互众集团（Interpublic Group of Companies Inc）	美国	银河娱乐集团（Galaxy Entertainment Group Ltd）	中国香港
67	DBS公司（DISH DBS Corp）	美国	RELX集团（RELX NV）	荷兰	天狼星公司（Sirius XM Holdings Inc）	美国	西岩公司（West Rock Co）	美国	凯撒收购公司（Caesars Acquisition Co）	美国
68	永利公司（Wynn Resorts Ltd）	美国	里德爱思唯尔公司（RELX PLC）	英国	蒙迪南非公司[Mondi PLC/Ltd（ZAF）]	南非	乐天株式会社（Rakuten Inc）	日本	皇冠度假酒店集团（Crown Resorts Ltd）	澳大利亚
69	理光公司（Ricoh Co Ltd）	日本	朱庇特电信有限公司（Jupiter Telecommunications Co Ltd）	日本	蒙迪英国公司[Mondi PLC/Ltd（GBR）]	英国	蒂芙尼公司（Tiffany & Co）	美国	英国独立广播集团（ITV PLC）	英国
70	瑞典Cellulosa公司（Svenska Cellulosa Sca AB）	瑞典	电通公司（Dentsu Inc）	日本	TCL公司（TCL Corporation）	中国	北极星工业公司（Polaris Industries Inc）	美国	云顶集团（Genting Malaysia Bhd）	马来西亚

续表

排名	2012年 公司名称	2012年 公司总部所在地	2013年 公司名称	2013年 公司总部所在地	2014年 公司名称	2014年 公司总部所在地	2015年 公司名称	2015年 公司总部所在地	2016年 公司名称	2016年 公司总部所在地
71	培生集团（Pearson PLC）	英国	网易公司（Netease Inc）	中国	RELX集团（RELX NV）	荷兰	中兴通讯公司（Zte Corp）	中国	德国广播公司（ProSiebenSat.1 Media SE）	德国
72	新加坡云顶集团（Genting Singapore PLC）	新加坡	国际纸业公司（International Paper Co）	美国	西岩公司（West Rock Co）	美国	德国广播公司（ProSiebenSat.1 Media SE）	德国	西格内特珠宝有限公司（Signet Jewelers Ltd）	百慕大
73	网易公司（Netease Inc）	中国	新媒体投资公司（New Media Investment Group Inc）	美国	蒙塔鲍尔联合网络公司（United Internet AG, Montabaur）	德国	美国包装公司（Packaging Corp of America）	美国	台格纳公司（TEGNA Inc）	美国
74	互众集团（Interpublic Group of Companies Inc）	美国	爱姆科集团（Amcor Ltd）	澳大利亚	里德爱思唯尔公司（RELX PLC）	英国	西格内特珠宝有限公司（Signet Jewelers Ltd）	百慕大	Suzano公司（Suzano Bahia Sul Papel e Celulose SA）	巴西
75	欧洲通信卫星公司（Eutelsat Communications SA）	法国	欧洲通信卫星公司（Eutelsat Communications SA）	法国	德国广播公司（ProSiebenSat.1 Media SE）	德国	欧洲通信卫星公司（Eutelsat Communications SA）	法国	瑞声科技控股有限公司（AAC Technologies Holdings Inc）	中国香港

续表

排名	2012 年 公司名称	2012 年 公司总部所在地	2013 年 公司名称	2013 年 公司总部所在地	2014 年 公司名称	2014 年 公司总部所在地	2015 年 公司名称	2015 年 公司总部所在地	2016 年 公司名称	2016 年 公司总部所在地
76	合格纳公司（TEGNA Inc）	美国	尼康公司（Nikon Corp）	日本	论坛媒体公司（Tribune Media Co）	美国	纳弗公司（NAVER Corp）	韩国	孩之宝公司（Hasbro Inc）	美国
77	OfficeMax 公司（OfficeMax Inc）	美国	西岩公司（West Rock Co）	美国	美高梅中国控股有限公司（MGM China Holdings Ltd）	中国澳门	游戏站公司（Game Stop Corp）	美国	施乐公司（Xerox Corp）	美国
78	纳弗公司（NAVER Corp）	韩国	德国广播公司（Pro Sieben Sat. 1 Media SE）	德国	蒂芙尼公司（Tiffany & Co）	美国	合格纳公司（TEGNA Inc）	美国	美国包装公司（Packaging Corp of America）	美国
79	蒂芙尼公司（Tiffany & Co）	美国	美高梅中国控股有限公司（MGM China Holdings Ltd）	中国澳门	墨西哥电视集团（Grupo Televisa SAB）	墨西哥	TCL 公司（TCL Corporation）	中国	途易股份公司（TUI AG）	德国
80	皇冠度假酒店集团（Crown Resorts Ltd）	澳大利亚	英国独立广播集团（ITV PLC）	英国	加明有限公司（Garmin Ltd）	瑞士	CSC 控股有限责任公司（CSC Holdings LLC）	美国	乐天株式会社（Rakuten Inc）	日本

续表

排名	2012年 公司名称	2012年 公司总部所在地	2013年 公司名称	2013年 公司总部所在地	2014年 公司名称	2014年 公司总部所在地	2015年 公司名称	2015年 公司总部所在地	2016年 公司名称	2016年 公司总部所在地
81	斯道拉恩索奥吉公司（Stora Enso OYJ, Helsinki）	芬兰	新加坡云顶集团（Genting Singapore PLC）	新加坡	互众集团（Interpublic Group of Companies Inc）	美国	孩之宝公司（Hasbro Inc）	美国	蒂芙尼公司（Tiffany & Co）	美国
82	Catalyst造纸公司（Catalyst Paper Corp）	加拿大	荷兰威科集团（Wolters Kluwer NV）	荷兰	北极星工业公司（Polaris Industries Inc）	美国	荷兰威科集团（Wolters Kluwer NV）	荷兰	自由全球子公司环球集团（Liberty Global Plc Global Group）	英国
83	加明有限公司（Garmin Ltd）	瑞士	蒙迪南非公司[Mondi PLC/Ltd（ZAF）]	南非	CSC控股有限责任公司（CSC Holdings LLC）	美国	途易股份公司（TUI AG）	德国	德国阿克塞尔施普林格出版集团（Axel Springer SE）	德国
84	Bandai Namco控股有限公司（BANDAI NAMCO Holdings Inc）	日本	蒙迪英国公司[Mondi PLC/Ltd（GBR）]	英国	PT公司（PT First Media Tbk）	印度尼西亚	蒙塔鲍尔联合网络公司（United Internet AG, Montabaur）	德国	禧玛诺公司（Shimano Inc）	日本
85	荷兰威科集团（Wolters Kluwer NV）	荷兰	王子控股株式会社（Oji Holdings Corp）	日本	潘多拉公司（Pandora AS）	丹麦	荷兰威科集团（Wolters Kluwer NV）	荷兰	加明有限公司（Garmin Ltd）	瑞士

第十章　全球文化创意产业上市公司经济效益研究报告 / 413

续表

排名	2012 年		2013 年		2014 年		2015 年		2016 年	
	公司名称	公司总部所在地	公司名称	公司总部所在地	公司名称	公司总部所在地	公司名称	公司总部所在地	公司名称	公司总部所在地
86	云顶集团（Genting Malaysia Bhd）	马来西亚	芬欧汇川集团（Upm-Kymmene Corp）	芬兰	任天堂公司（Nintendo Co Ltd）	日本	AMC 网络公司（AMC Networks Inc）	美国	欧洲通信卫星公司（Eutelsat Communications SA）	法国
87	爱姆科集团（Amcor Ltd）	澳大利亚	加明有限公司（Garmin Ltd）	瑞士	荷兰威科集团（Wolters Kluwer NV）	荷兰	GungHo 在线娱乐公司（GungHo Online Entertainment Inc）	日本	LG 电子公司（LG Electronics Inc）	韩国
88	德国广播公司（ProSieben Sat.1 Media SE）	德国	天狼星公司（Sirius XM Holdings Inc）	美国	皇冠度假酒店集团（Crown Resorts Ltd）	澳大利亚	迈克尔斯公司（Michaels Companies Inc）	美国	斯道拉恩索奥吉公司（Stora Enso OYJ, Helsinki）	芬兰
89	乐天株式会社（Rakuten Inc）	日本	培生集团（Pearson PLC）	英国	欧洲通信卫星公司（Eutelsat Communications SA）	法国	加明有限公司（Garmin Ltd）	瑞士	迈克尔斯公司（Michaels Companies Inc）	美国
90	亚马达公司（Yamada Denki Co Ltd）	日本	柒控股集团（Seven Group Holdings Ltd）	澳大利亚	国际纸业公司（International Paper Co）	美国	耐信股份有限公司（Nexon Co Ltd）	日本	威瑞信公司（Verisign Inc）	美国

续表

排名	2012年 公司名称	2012年 公司总部所在地	2013年 公司名称	2013年 公司总部所在地	2014年 公司名称	2014年 公司总部所在地	2015年 公司名称	2015年 公司总部所在地	2016年 公司名称	2016年 公司总部所在地
91	纽威公司（Newell Brands Inc）	美国	TCL公司（TCL Corporation）	中国	途易股份公司（TUI AG）	德国	瑞声科技控股有限公司（AAC Technologies Holdings Inc）	中国香港	密封空气公司（Sealed Air Corp）	美国
92	巴西Klabin公司（Klabin SA, Brasil）	巴西	梅尔科皇冠娱乐有限公司（Melco Crown Entertainment Ltd）	中国香港	禧玛诺公司（Shimano Inc）	日本	银河娱乐集团（Galaxy Entertainment Group Ltd）	中国香港	自由全球公司（Liberty Global Plc）	英国
93	富士传媒控股（Fuji Media Holdings Inc）	日本	北极星工业公司（Polaris Industries Inc）	美国	新加坡云顶集团（Genting Singapore PLC）	新加坡	康原公司（Kangwon Land Inc）	韩国	哈曼公司国际工业公司（Harman International Industries Inc）	美国
94	西格内特珠宝有限公司（Signet Jewelers Ltd）	百慕大	游戏站公司（GameStop Corp）	美国	纳弗公司（NAVER Corp）	韩国	LG电子公司（LG Electronics Inc）	韩国	康原公司（Kangwon Land Inc）	韩国
95	英国独立广播集团（ITV PLC）	英国	西格内特珠宝有限公司（Signet Jewelers Ltd）	百慕大	柯尼卡美能达公司（Konica Minolta Inc）	日本	史迪比集团（Ste Bic SA）	法国	游戏站公司（GameStop Corp）	美国

第十章　全球文化创意产业上市公司经济效益研究报告 / 415

续表

排名	2012 年 公司名称	2012 年 公司总部所在地	2013 年 公司名称	2013 年 公司总部所在地	2014 年 公司名称	2014 年 公司总部所在地	2015 年 公司名称	2015 年 公司总部所在地	2016 年 公司名称	2016 年 公司总部所在地
96	国际游戏科技公司（International Game Technology PLC）	英国	德纳股份有限公司（DeNA Co Ltd）	日本	荷兰威科集团（Wolters Kluwer NV）	荷兰	班卓尔公司（Bunzl PLC）	英国	自由传媒集团（Liberty Media Corp Media Group）	美国
97	环球娱乐公司（Universal Entertainment Corp）	日本	云顶集团（Genting Malaysia Bhd）	马来西亚	美国包装公司（Packaging Corp of America）	美国	德国阿克塞尔施普林格出版公司（Axel Springer SE）	德国	班卓尔公司（Bunzl PLC）	英国
98	美高梅中国控股有限公司（MGM China Holdings Ltd）	中国澳门	台格纳公司（TEGNA Inc）	美国	游戏站公司（GameStop Corp）	美国	威瑞信公司（Verisign Inc）	美国	艾利丹尼森公司（Avery Dennison Corp）	美国
99	德国阿克塞尔施普林格出版公司（Axel Springer SE）	德国	海康威视科技公司（Hangzhou Hik-Vision Digital Technology Co Ltd）	中国	麦克拉奇公司（McClatchy Co（The））	美国	美泰公司（Mattel Inc）	美国	肖氏通信公司（Shaw Communications Inc）	加拿大
100	Tabcorp 控股有限公司（Tabcorp Holdings Ltd Tah）	澳大利亚	纽威公司（Newell Brands Inc）	澳大利亚	任天堂公司（Nintendo Co Ltd）	日本	自由传媒集团（Liberty Media Corp SiriusXM Group）	美国	东洋股份有限公司（Toho Co Ltd）	日本

加剧，后续企业排名更迭频繁。从2012—2016年全球文化创意产业上市公司税前利润百强来看，顶部排名持续固化。美国的苹果公司、字母表公司始终保持第1名、第2名的位置，康卡斯特公司和华特迪士尼公司交替成为第3名和第4名，企业盈利能力优势显著。第5名的企业则是每年易主，3M公司、自由传媒集团、雅虎公司、21世纪福克斯公司、脸书公司先后排名第5位。

历年榜单中，企业排名变化不定，部分企业发展势头良好，不断冲击榜单高排位，但部分企业却下滑趋势显著，排名持续下跌。前者值得关注的是中国企业腾讯控股有限公司，2012年税前利润列第19名，此后排名逐年上升，2013年排在第17名，2014年及2015年均排在第10名，2016年则排在第7名，是中国排名最高的文化创意企业；中国排在第1名的搜索引擎企业百度公司则呈现波动式起伏的态势。2012年排在第24名，但2013年排名下降至第31名，2014年上升至第22名，2015年则超越了腾讯控股有限公司，排在第9名，但在2016年又下降至第20名，可见市场瞬息万变，竞争激烈；而中国电商翘楚阿里巴巴集团，也在榜单中波动式起伏。最好成绩是2014年排在第8名。2017年淘宝总成交额1682亿元，刷新纪录。然而，阿里巴巴集团旗下阿里影业的发展不太顺利，自2014年借壳文化中国以来，阿里影业一直处于"巨额烧钱"状态，巨额的前期投入力图增加企业市场份额，强化市场领先地位，但未见明显成效。传统老牌电商企业易贝公司的排名则相对稳定，2012年为最高排名，位列第12名，2013年下降至第13名，2014年再次下降1名至第14名，2015年则下降至第18名，2016年回到第13名。随着各国电子商务系统的兴起，对于老牌的电子商务网站易贝公司是强烈的冲击，如何创新发展转型升级以开辟崭新市场是当前的难题。

（二）2012—2016年30强的演变特征分析

美国文化创意产业上市公司在全球头部企业排名中占据绝对优势。将2012—2016年全球主要国家和地区文化创意产业上市公司税前利润30强上市公司数量（见图10-28）进行梳理，可以发现美国占比均超过一半，是名副其实的文化创意产业领导强国。2012年美国文化创意产业上市公司进入30强榜单已达19家，2013年上升到21家，2014年下降为19家，2015年为近年来最低值，为17家，但也占比超过一半。2016年上升为22家，占比最终达到76.6%。美国上市公司排名多是占据了最前端排名，2012 年与 2013 年甚至实现了包揽税前利润前十名，可见，美国文化创意产业 2012—2013 年绝对盈利能力优势。

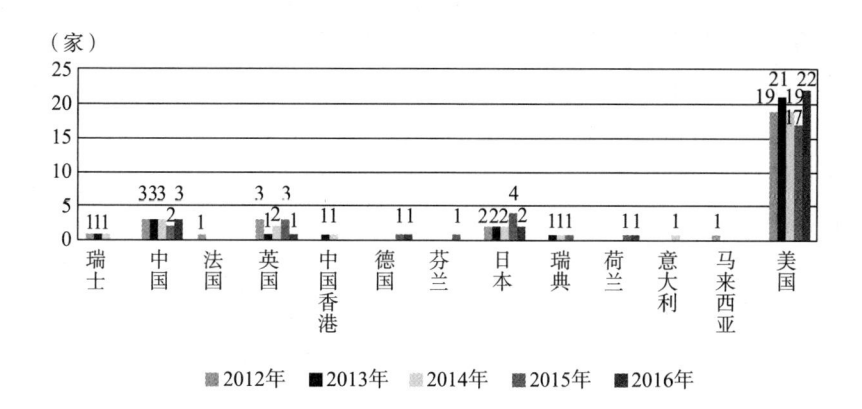

图 10-28　2012—2016 年全球主要国家和地区文化创意产业税前利润 30 强上市公司数量

其余国家上市公司与美国差距较大，入选企业都徘徊在 5 家以内。中国继美国之后排在第 2 名，但入榜 30 强企业始终徘徊在 2—3 家，明显不能与美国的遥遥领先相比，但排位名次在逐渐上升，腾讯控股有限公司排第 7 名，是除美国企业外的其余国家的最高排位。日本除在 2015 年达到入榜 4 家企业外，其余年份也依旧仅入榜两家企业。2016 年日本企业的最高排位为第 16 名，是家喻户晓的索尼公司。英国入榜企业数量也始终徘徊在 1—3 家，2016 年仅入榜 1 家企业，排在第 23 名的里德爱思唯尔公司，成立于 1993 年，下属有里德爱思唯尔集团和爱思唯尔里德金融集团两家公司。里德爱思唯尔集团在英国注册，负责集团内所有图书出版和线上数据库等业务；爱思唯尔里德金融集团在荷兰注册，专为集团提供财政、金融和保险服务。2015 年荷兰入选 30 强的唯一公司正是里德爱思唯尔在荷兰设立的分公司。集团的两家公司均上榜，体现了集团本身的雄厚实力，而随着互联网业态的兴盛，线上数据与电子出版将有进一步的发展。其余法国、德国、荷兰、瑞士、意大利、中国香港等国家和地区，多是只有 1 家企业入榜，且排名在后，说明国家和地区间文化创意产业发展差异较大。

内容产出与技术研发并重是文化创意产业前端企业的行业特征。将

2012—2016 年全球文化创意产业细分行业税前利润 30 强上市公司数量（见图 10-29）进行整理，可见互联网业排在第 1 名，五年来基本都占据 30 强企业行业分类的前列，2014 年达到 11 家，占比近 37%。作为传统行业的电视广播服务也依旧在行业分类上表现出色。精品内容产出成为电视与广播行业企业的主导业务，如 NBC 环球传媒集团，生产大量新闻、电视剧与娱乐节目，投放在自有的渠道中，受到广泛欢迎。在内容输出上，难以被其他公司所替代，竞争优势显著。其次是近年来行业发展迅速、商业利润回报丰盛的电影娱乐行业，如华特迪士尼公司、21 世纪福克斯公司等企业。此外，出版行业、博彩业、广告业、纸制品制造业、消费类电子产品业等行业每年都有较为固定的企业进入 30 强，变化不大。旅行代理业、休闲业、娱乐设施分类则进入榜单的次数有限，与其他行业相比不固定。

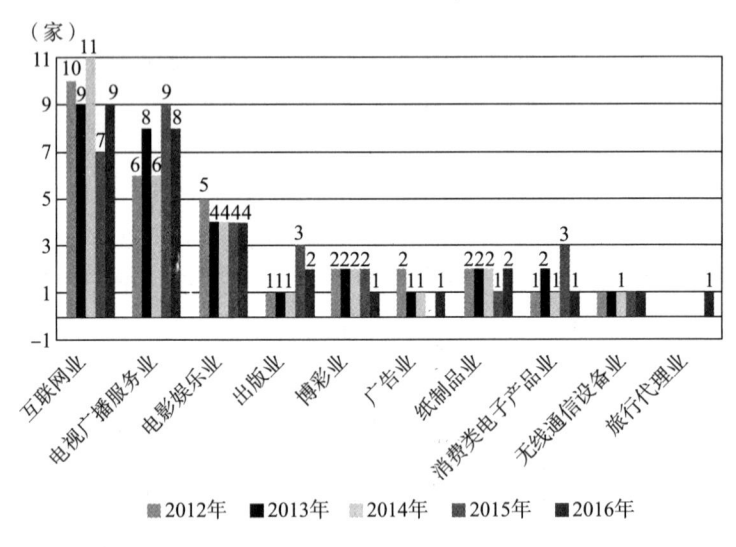

图 10-29　2012—2016 年全球文化创意产业细分行业税前利润 30 强上市公司数量

（三）2012—2016 年主要国家和地区文化创意产业上市公司百强的演变特征分析

百强榜单中，美国文化创意企业垄断半壁江山，日本企业下滑严重，中国入榜企业不稳定，亟待后续发展。对 2012—2016 年全球主要国家和地区文化创意产业上市公司百强数量分布（见图 10-30）进行绘图分析，可见每个国家和地区每年百强榜单入榜数量和趋势。美国作为绝对的文化创意产业领导者,每年的企业入榜数量都在38%以上,2015年上涨到42家,2016年则占据半壁江山。排在第2名的日本入榜企业却连年减少,从2012年15家,到2013年和2012年减少到12家,2015年入榜企业为11家,2016年为8家,表现了日本文化创意产业明显的下滑趋势。日本文化创意产业的下滑主要源于社会老龄化危机的严重。因为通常而言,年轻一代是文化创意产业的忠实拥护者和重度用户,他们乐于尝试新兴产品与服务。入榜的11家企业类型也证明了这一点,以GungHo在线娱乐公司、索尼公司为代表的游戏产业,以日本雅虎公司、禧玛诺公司(Shimano Inc)为代表的互联网电子商务,以富士胶片公司、松下公司为代表的消费类电子产品,其主要受众即为年轻一代。随着社会老龄化的日益严重,文化创意产业必须对其发展策略与发展方向进行调整,以及时避开老龄化危机。中国入榜企业始终保持在7家左右,如果加上中国台湾和中国澳门的企业数量,2012年总数量达11家,2013年上涨到14家,2014年为13家,但2015年和2016年下滑至10家,中国及中国台湾的企业数目变化不大,主要是中国澳门再无企业入榜百强。中国澳门企业主营业务以传统的博彩行业为主,从一个侧面说明了该行业受新业态冲击较大,且商业收益发展相对不稳定,排位相对较后,需要更长久的时间来经受市场的考验。英国则始终保持着稳定的入榜企业数量,彰显了文化创意老牌国家和老牌企业的雄厚经济实力。

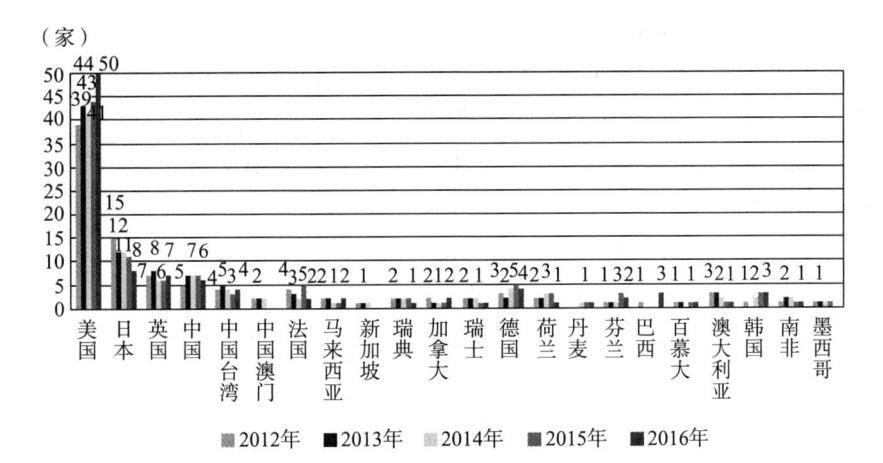

图10-30 2012—2016年全球主要国家和地区文化创意产业上市公司百强数量分布

发展中国家入榜数量少且排名靠后,且逐渐消失在榜单中。在榜单上,除美国、日本、英国等发达国家外,仅有中国和马来西亚、墨西哥、南非属于发展中国家。南非2012年与2013年入榜企业为纳斯帕斯公司(Naspers Ltd),是跨国媒体集团,主要从事付费电视与互联网平台、印刷媒体、图书出版及科技市场等业务。且有趣的是,纳斯帕斯公司的全资子公司米歇尔中国有限公司 [MIH China(BVI)Limited] 是中国企业腾讯控股有限公司的控股股东,拥有腾讯控股有限公司35.24%的股权。但在此之后,纳斯帕斯公司排名逐渐下滑,2015—2016年从在百强榜单中消失。另一家经营纸制品制作的蒙迪公司(Mondi PLC/Ltd)成为南非上榜的企业。墨西哥电视集团(Grupo Televisa SAB)则是一家传媒企业,在2016年也从在榜单中消失。这主要是由于美国企业入榜数量越来越多,挤占了其他国家文化企业的生存空间,"马太效应"带来的强者越强、弱者越弱的惯性同样出现在了文化创意产业领域。但是,作为提供内容与精神文化服务的产业,文化创意产业应该提供更多机会促进不同的国家和企业发展,这将有助于保持文化的多样性和文化可能性,以提供更具特色的文化创意产品和文化创意服务。

(四)"一带一路"沿线国家和地区进入百强榜单的情况分析

"一带一路"沿线国家和地区入榜企业少,排名靠后,行业较为单一,在文化创意产业的发展上仍需努力。2012—2016年,除中国与中国台湾、中国澳门外,还有马来西亚、新加坡、希腊、印度尼西亚、印度5个国家有文化创意产业上市公司进入百强榜单内(见图10-31)。但多数国家的企业数量及排名均靠后。希腊在2012年入榜1家企业,印度尼西亚和印度在2014年各入榜1家企业,但此外的年份无企业入榜。马来西亚的云顶集团及其下属企业保持着五年来均有企业入榜。中国澳门及中国台湾的入榜企业较为稳定,但主营业务较为单一,以旅游及博彩业为主,未能有较新业态的企业出现。可见,"一带一路"沿线国家和地区的入榜企业多是科技含量较低、产业链单一,落在以仰仗自然环境等先天资产和依靠博彩娱乐等服务为主的文化创意产业外围圈,其文化创意特性较为不足,亟待培育文化创意产业核心领域的上市公司。

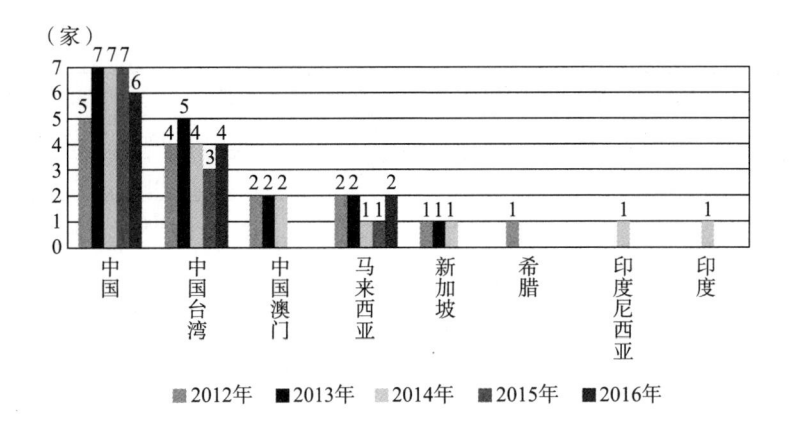

图10-31 2012—2016年"一带一路"沿线国家和地区
文化创意产业上市公司分布

四 2012—2016年全球主要国家和地区文化创意产业上市公司数量和税前利润均值排名

近五年以来,全球文化创意产业上市公司税前利润均值为5.84亿元,共涉及53个国家和地区(见表10-9)。美国在公司数量及税前利润均值中都拔得头筹,上市企业税前利润均值为21.07亿元。共有8个国家和地区的税前利润均值呈现负值,分别是以色列和塞浦路斯的税前利润均值为-0.09亿元,安圭拉为-0.10亿元,巴拿马为-0.11亿元,英属维尔京群岛为-0.28亿元,委内瑞拉为-0.33亿元,意大利为-0.89亿元,西班牙为-3.21亿元。均值盈利国家占总体的83.02%,表明文化创意产业能在较大程度上带来较高的商业利润回报,但同样也存在激烈的市场竞争与亏损的风险。发展文化创意产业,不但需要对于国际宏观市场的了解和分析,更需要国家内部政策的扶持与优化,以培育文化创意产业成为国民支柱性产业。

表10-9 2012—2016年全球主要国家和地区文化创意产业上市公司数量和税前利润均值排名

排名	公司总部所在地	参与统计公司数量(家)	文化创意公司税前利润均值(亿元)
1	美国	2831	21.07
2	中国澳门	18	19.84

续表

排名	公司总部所在地	参与统计公司数量（家）	文化创意公司税前利润均值（亿元）
3	墨西哥	47	15.69
4	南非	91	10.18
5	柬埔寨	5	10.16
6	阿根廷	5	9.63
7	俄罗斯	5	9.26
8	瑞士	99	8.90
9	荷兰	127	7.07
10	瑞典	375	5.46
11	英国	925	4.71
12	中国	1646	4.68
13	日本	1603	4.66
14	法国	475	4.34
15	德国	371	3.66
16	百慕大	31	3.49
17	葡萄牙	65	3.36
18	巴西	101	2.84
19	中国台湾	976	2.61
20	马来西亚	319	2.56
21	比利时	46	2.45
22	丹麦	116	2.33
23	印度尼西亚	205	2.13
24	希腊	79	2.11
25	新西兰	44	1.57
26	智利	65	1.52
27	新加坡	274	1.33
28	澳大利亚	718	1.29
29	韩国	1002	1.23
30	菲律宾	95	0.79
31	土耳其	133	0.60
32	巴基斯坦	41	0.38
33	中国香港	932	0.37

续表

排名	公司总部所在地	参与统计公司数量	文化创意公司税前利润均值（亿元）
34	波兰	334	0.37
35	泰国	345	0.34
36	加拿大	518	0.31
37	芬兰	122	0.29
38	越南	106	0.27
39	泽西岛	9	0.26
40	印度	803	0.23
41	开曼群岛	19	0.09
42	马耳他	4	0.08
43	挪威	7	0.05
44	爱尔兰	5	0.03
45	伯利兹	1	0.00
46	以色列	176	-0.09
47	塞浦路斯	1	-0.09
48	安圭拉	4	-0.10
49	巴拿马	2	-0.11
50	英属维尔京群岛	2	-0.28
51	委内瑞拉	5	-0.33
52	意大利	212	-0.89
53	西班牙	72	-3.21
	总计	16612	5.84

总体来看，53个国家和地区的文化创意企业税前利润均值达到5.84亿元，仅有排在第9名的荷兰及以上国家和地区才达到全球平均值，可见国家和地区间文化创意产业差距较大。将53个国家和地区分为三个梯队进行分析，可以发现：

第一梯队，税前利润均值≥5亿元以上，包揽了排位前十名，五年合计数量一共为3603家，占总数的21.69%，税前总量达117.26亿元，是利润均值分布的主体。也就是说，近七成的利润收益集中于两成的文化创意企业中，集中于10个国家和地区中，大部分税前利润的商业收益都被几个国家的企业所垄断。

第二梯队，0≤税前利润均值＜5亿元，排在第11—45名，以中美洲国家伯利兹为止，数量一共为12535家，占总数的75.46%，是企业数量分布的主体，但税前总量仅为57.33亿元。超过七成的企业仅收到三成的税前利润。除去前段的少部分国家和地区，大多数国家和地区都处于第二梯队中，企业数量多，但税前利润均值小，甚至与平均均值差距较大。

第三梯队，税前利润均值＜0亿元，进入亏损状态的国家和地区。企业数量一共为474家，占总数的2.85%，税前亏损总量为5.1亿元。

部分发达国家企业数量较少，但均值依旧排位较高，表明企业竞争能力强，经济实力雄厚。具体来看，基于收集到的资料有限，公司数量在30家以下对应的国家和地区排名不具有统计学意义，因此，制图时未纳入统计，上述分析也仅供参考。

美国无论在上市公司数量还是均值上都遥遥领先，以绝对优势领先于其他国家和地区。而排名第二、第三的均为发展中国家，墨西哥企业税前利润均值达到15.69亿元，南非企业税前利润均值达到10.18亿元。部分国家和地区企业呈现出数量少、均值高的现象，排在第2名、第3名的墨西哥和南非都有此现象。中国则排在第9名，文化创意产业上市公司税前利润均值达到4.68亿元，仅是美国税前利润的22.21%，说明在税前利润总值和均值上和美国仍有较大差距，中国的文化创意产业发展任重而道远。

此外，发达国家共有18个，分别是美国、瑞士、荷兰、瑞典、英国、日本、法国、德国、葡萄牙、比利时、希腊、丹麦、新西兰、新加坡、澳大利亚、韩国、加拿大、芬兰。发展中国家有15个，包括墨西哥、南非、俄罗斯、中国、巴西、马来西亚、印度尼西亚、智利、菲律宾、葡萄牙、巴基斯坦、波兰、泰国、越南、印度等，且排名普遍靠后（见图10-32）。发达国家在文化创意产业发展领域更具主导权。全球普遍税前利润均值为5.84亿元，但实际上仅有美国、墨西哥、南非、俄罗斯、瑞士、荷兰6个国家在均值线以上，其余30个国家和地区均在均值线以下，表明了全球产业发展中的"马太效应"与国家和地区分化较为严重。

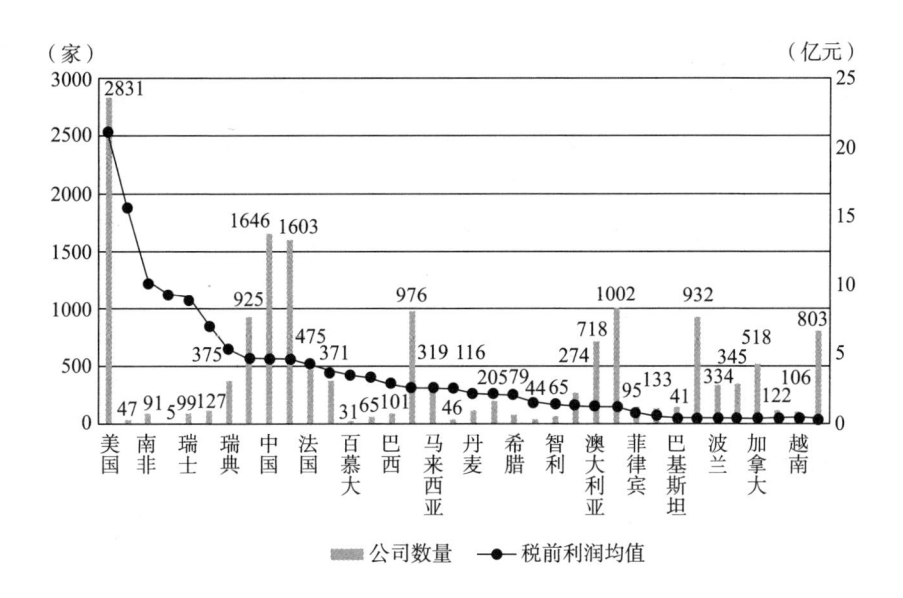

图 10-32　2012—2016 年全球主要国家和地区文化创意
产业上市公司数量和税前利润均值

按照洲际进行划分，亚洲地区包含中国、日本、中国台湾、马来西亚、印度尼西亚、新加坡、韩国、菲律宾、葡萄牙、巴基斯坦、中国香港、泰国、越南、印度 14 个国家和地区（见图 10-33）。企业税前利润总值达 22.18 亿元，除日本和韩国外，作为大部分是发展中国家的亚洲地区，文化创意上市公司均值只排在第 3 名，占第 2 名北美均值的 54.68%，占第 1 名欧洲均值的 40.84%，说明企业普遍发展规模较小，经济收益较低，但数量较大，后续发展潜力大，企业应积极开拓市场，开发文化创意产品，增强企业竞争力和经济收益。欧洲地区包含瑞士、荷兰、瑞典、英国、俄罗斯、法国、德国、葡萄牙、比利时、丹麦、希腊、波兰、芬兰 13 个国家，企业税前利润均值总值最高，达 54.31 亿元。欧洲作为众多发达国家所在地区，企业数量排在第 3 名，但平均值最高，达到 54.31 亿元，说明企业普遍实力强劲，经济收益高，已经具有稳定的发展和商业模式。北美地区包括美国、墨西哥、加拿大、百慕大 4 个国家和地区，文化创意企业税前利润均值达到 40.56 亿元。尽管北美洲企业数量排在第 2 名，税前利润均值排在第 2 名，但地区内美国的实力仍是文化创意产业发展最强劲的国家。南美洲地区包含巴西和智利，文化创意企业税前利润均值达到 4.36 亿元。大洋洲地区包括新西兰和澳大利亚，文化创意企业税前利润均值达到 2.86 亿元。大洋洲目前的文化创意产业仍以文化旅游业为主，需要大力发展其他类型的文化创意新兴行业。非洲地区仅有南非入榜，文化创意企业税前利润均值为 10.18 亿元。南美洲和非洲整体的文化创意产业发展目前最为落后，文化创意企业数量少、收益低，与其他地区有明显差距。

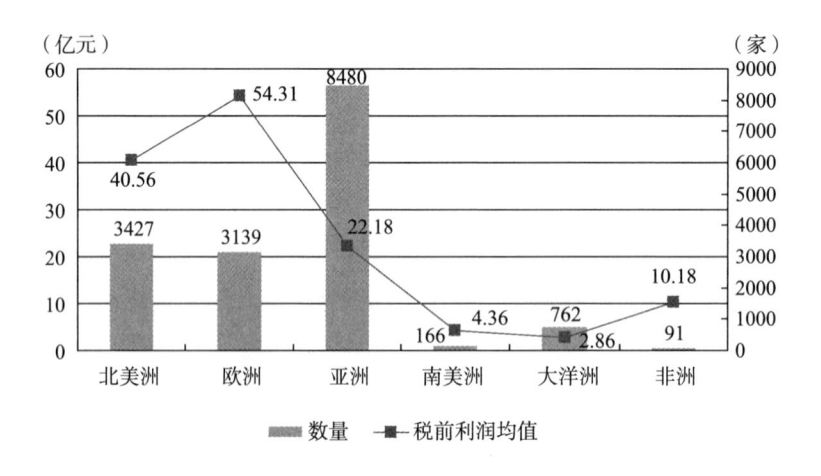

图 10-33　2012—2016 年全球文化创意产业上市公司洲际比较

"一带一路"沿线国家和地区入榜企业数量少，税前利润均值低，仍需继续开拓文化创意产业（见图 10-34）。基于当前可收集到的资料，"一带一路"沿线国家和地区有中国、中国台湾、中国澳门、中国香港、马来西亚、新加坡、希腊、印度尼西亚、印度、菲律宾、巴基斯坦、波兰、俄罗斯、泰国、越南 15 个。中国企业数量最多，为 1646 家，税前利润均值为 4.68 亿元，排在第 2 名。企业数量较多，具有较大发展潜力，但均值略低，说明企业经济收益较低，仍需继续发展。俄罗斯税前均值最高，达到 9.26 亿元，但企业数量过少并非是健康的产业发展模式，仍需在企业数量及主营行业分类上多加尝试。中国台湾和中国香港企业数量将近，但均值差异明显，中国台湾税前利润均值为 2.61 亿元；中国香港仅为 0.37 亿元。中国香港近年来在艺术品、古董及工艺品、文化教育及图书馆、档案保存和博物馆服务、表演艺术、电影及录像和音乐、电视及电台、出版、软件、电脑游戏及互动媒体、设计、建筑、广告、娱乐服务产业方面发展不俗。2005—2015 年，文化创意产业的名义增加值的平均每年升幅为 7.6%，高于中国台湾名义本地生产总值同期 5.4% 的增幅。①

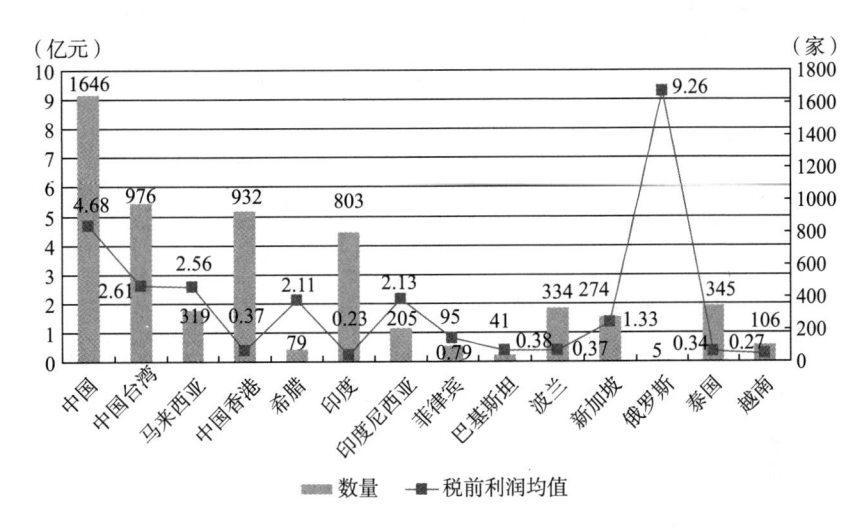

图 10-34　2012—2016 年"一带一路"国家和地区文化创意产业上市公司数量和税前利润均值

通过对全球文化创意产业上市公司税前利润数据的解析，可得到如下结论：总体而言，全球文化创意产业近年来已进入产业结构调整与转型升级阶段。处于产业链末端，无法跟上新兴市场与技术发展的企业将被竞争淘汰，这种调整将保障市场健康长远的发展。美国在文化创意产业发展方面垄断情况严重，表现为企业数量多，行业分类广，税前利润总值高，税前利润均值高。在各项榜单中位列第 1 名，遥遥领先于其他国家和地区，且其所占数额有继续增加的趋势。其他国家和地区则入围企业数量少，行业分类单一，税前利润总值小，税前利润均值低，全球文化创意产业发展严重不均衡。对于文化创意产品而言，单一国家和地区的全方位垄断对于整个全球市场发展是极为不利的，被同质化、统一化的行业发展标准与发展模式将剥夺行业发展的多样性与独特性。如何全方位开拓独特的文化创意产业发展属性，达到百花齐放的发展态势，

---

① 《中国香港文创产业发展报告：看看香港 11 个文创行业现状》，http://www.sohu.com/a/160196699_99921598，2018 年 7 月 30 日。

创造更多可能性，是当前各个国家和地区及企业发展所需深思的问题。

第四节　全球文化创意产业上市公司每股收益研究

为了对全球文化创意产业上市公司的盈利能力进行深入评价，本节选取的指标为"基本每股收益（扣除后）"。每股收益主要是指EPS，又称每股税后利润、每股盈余，指税后利润与股本总数的比率。它是测定股票投资价值的重要指标之一。基本每股收益在扣除优先股东的利息后，更能体现每股创造的税后利润，综合反映公司获利能力，因而是反映一定时期内公司盈利水平和盈利能力的重要指标。基本每股收益数值越大，则公司盈利能力越强。

本节主要从2012—2016年全球文化创意产业上市公司基本每股收益总体特征、2012—2016年全球文化创意产业上市公司基本每股收益百强和2012—2016年全球文化创意产业上市公司基本每股收益的国家和地区排名三个方面来对全球文化创意产业上市公司的基本每股收益进行评价。

一　2012—2016年全球文化创意产业上市公司基本每股收益总体特征

2012—2016年，全球经济持续回暖，但仍处于历史较低水平。部分国家贸易保护主义抬头，美国经济逐渐复苏和增速加快，但欧元地区经济持续低迷，2016年英国"脱欧事件"对欧盟系统造成了巨大影响。在东亚地区，日本政治与经济大幅波动，经济增长动力有限，文化创意产业份额下滑。中国进入经济转型期，文化创意产业发展增速，经济贡献份额持续增加，全球文化创意产业竞争加剧。

2012年以来，全球文化创意产业上市公司基本每股收益总值和均值都呈现震荡波动下行趋势（见图10-35）。2012—2016年全球文化创意产业上市公司基本每股收益均值在2012年达到历史最高值7.56元，2013年下滑至5.83元，2014年下跌至最低值3.82元，2015年回升达到5.48元，2016年再度回落至4.03元。

第十章 全球文化创意产业上市公司经济效益研究报告 / 429

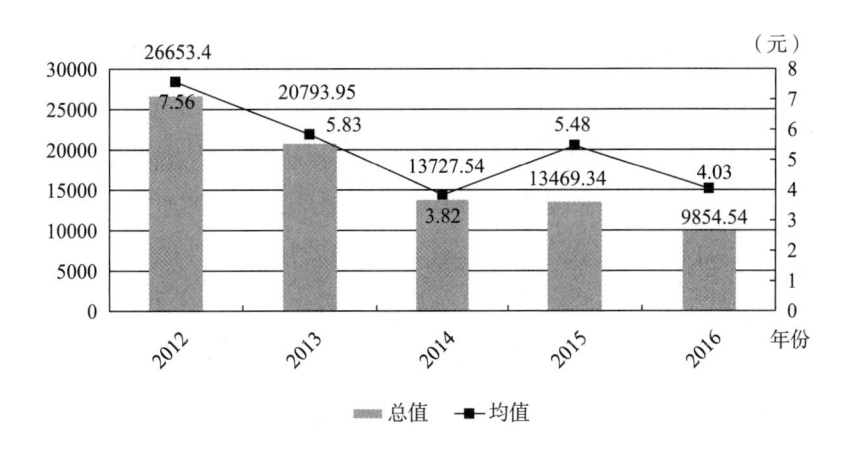

图 10-35 2012—2016 年全球文化创意产业上市公司基本每股收益总值及均值

基本每股收益均值变化逐渐趋向稳定。通过对比 2013—2016 年全球文化创意产业上市公司基本每股收益数据（均值和总值）的增长率可见，上市公司的数量、基本每股收益总值及基本每股收益均值均处于负增长态势（见图 10-36）。2013 年基本每股收益均值增长率为 -22.88%，2014 年继续下滑至 -24.48%，持续的均值负增长可能源于市场的内部调整。在 2015 年之后，负增长趋势减弱，基本每股收益均值在 2015 年达到最高峰，正向增长 43.46%。2016 年基本每股均值增长率下滑至 -26.46%。

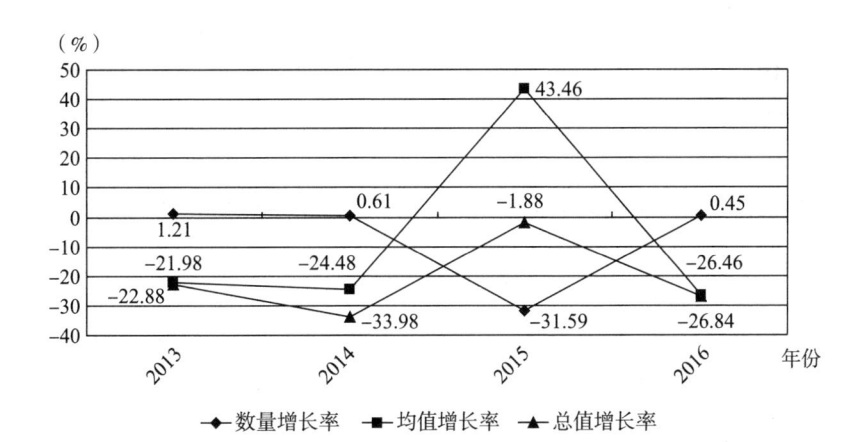

图 10-36 2013—2016 年全球文化创意产业上市公司基本每股收益总值及均值增长率

二 2012—2016 年全球文化创意产业上市公司基本每股收益百强

本节主要关注的是全球文化创意产业基本每股收益的百强上市企业，通过对 2012—2016 年企业的基本每股收益进行排名，以进一步分析各个国家及头部文化创意企业发展的现状与未来趋势。

（一）五年来前十强演变特征分析

全球文化创意产业上市公司排位变化较大，更迭频繁，市场竞争激烈。从 2012—2016 年全球主要国家和地区文化创意产业上市公司每股收益百强（见表 10-10）来看，排名波动变化较大。每年的排在第 1 名的企业皆不相同。2012 年排在第 1 名的企业是来自日本的 GungHo 在线娱乐公司（GungHo Online Entertainment Inc），以经营网络游戏为主。2013 年排在第 1 名的企业是来自中国的长港敦新企业有限公司（Changgang Dunxin Enterprise Co Ltd），是集专业造纸、纸箱等于一体的纸制品生产企业。2014 年排在第 1 名的企业来自英国的阿森纳控股公司（Arsenal Holdings PLC），以经营体育产业为主。2015 年是来自德国的数字交易平台提供商斯考特公司（Scout24 AG），2016 年是来自美国的旅游企业皮斯莫海岸村公司（Pismo Coast Village Inc）。

榜单排位的持续变化表明企业基本每股收益每年波动较大，盈利能力不稳定。但也存在盈利能力较为稳定和盈利能力持续提升的企业。前者是 2016 年排在第 1 名的皮斯莫海岸村公司（Pismo Coast Village Inc），在 2012 年排在第 5 名，2013 年、2014 年及 2015 年都保持在第 2 名，直到 2016 年荣登榜首。始终保持前 5 位的皮斯莫海岸村公司表现了其稳定的经济收益能力。值得关注的是，中国企业百度公司和网易公司（Netease Inc）。2012 年，百度公司未能入榜，2013 年则位列第 73 名，2014 年上升至第 54 名，2015 年上升至第 16 名，但 2016 年却下跌至第 62 名，表明了其基本每股收益波动起伏较大，产品和服务的盈利能力不稳定。网易公司在 2012 年未能入榜，在 2013 年排在第 60 名，2014 年上升 4 名到第 56 名，2015 年上升至第 28 名，2016 年排在第 15 名，始终保持着稳定的增长。长久而稳定的产品和服务是市场盈利的重要因素，如何打造这样的文化品牌与文化商品是文化创意企业都需要思考的问题。

第十章　全球文化创意产业上市公司经济效益研究报告 / 431

表 10-10　2012—2016 年全球主要国家和地区文化创意产业上市公司每股收益百强

排名	2012 年 公司名称	2012 年 公司总部所在地	2013 年 公司名称	2013 年 公司总部所在地	2014 年 公司名称	2014 年 公司总部所在地	2015 年 公司名称	2015 年 公司总部所在地	2016 年 公司名称	2016 年 公司总部所在地
1	GungHo 在线娱乐公司（GungHo Online Entertainment Inc）	日本	长港敦新企业有限公司（Changgang Dunxin Enterprise Co Ltd）	中国	阿森纳控股公司（Arsenal Holdings PLC）	英国	斯考特公司（Scout24 AG）	德国	皮斯莫海岸村公司（Pismo Coast Village Inc）	美国
2	巴黎坎伯公司（CIE Du Cambodge, Paris）	法国	皮斯莫海岸村公司（Pismo Coast Village Inc）	美国	皮斯莫海岸村公司（Pismo Coast Village Inc）	美国	皮斯莫海岸村公司（Pismo Coast Village Inc）	美国	夏纳赌场公司（Ste Fermiere Du Casino Municipal De cannes）	法国
3	Wowow 公司（Wowow Inc）	日本	寻友网络公司（Friend Finder Networks Inc）	美国	美国比尔特里特公司（American Biltrite Inc）	美国	夏纳赌场公司（Ste Fermiere Du Casino Municipal De cannes）	法国	Priceline 集团（Priceline Group Inc）	美国
4	Titlisbahnen 公司（Titlisbahnen Bergbahnen-Engelberg-Truebsee-Titlis AG Bet, Wolfenschiessen）	瑞士	阿森纳控股公司（Arsenal Holdings PLC）	英国	夏纳赌场公司（Ste Fermiere Du Casino Municipal De cannes）	法国	阿菲尼昂集团控股有限公司（Affinion Group Holdings Inc）	美国	自由亿客行公司（Liberty Expedia Holdings Inc）	美国

续表

排名	2012 年		2013 年		2014 年		2015 年		2016 年	
	公司名称	公司总部所在地	公司名称	公司总部所在地	公司名称	公司总部所在地	公司名称	公司总部所在地	公司名称	公司总部所在地
5	皮斯莫海岸村公司（Pismo Coast Village Inc）	美国	论坛出版公司（Tribune Publishing Co）	美国	玛贝拉集团（Marbella Country Club SA）	智利	Priceline 集团（Priceline Group Inc）	美国	维索公司（Verso Corp）	美国
6	领航公司（Pilot Corp）	日本	美国比尔特里特公司（American Biltrite Inc）	美国	巴黎坎伯奇公司（CIE Du Cambodge, Paris）	法国	Titlisbahnen 公司（Titlisbahnen Bergbahnen-Engelberg-Truebsee-Titlis AG Bet, Wolfenschiessen）	瑞士	宇母表公司（Alphabet Inc）	美国
7	富通集团（FTGroup Co Ltd）	日本	论坛媒体公司（Tribune Media Co）	美国	Priceline 集团（Priceline Group Inc）	美国	凯撒娱乐公司（Caesars Entertainment Corp）	美国	APG-SGA 公司（APG SGA SA）	瑞士
8	GEO 控股公司（GEO Holdings Corp）	日本	媒体科博公司（Media Kobo Inc）	日本	Titlisbahnen 公司（Titlisbahnen Bergbahnen-Engelberg-Truebsee-Titlis AG Bet, Wolfenschiessen）	瑞士	塔埃里希塔米迪亚公司（Tamedia AG, Zuerich）	瑞士	纳弗公司（NAVER Corp）	韩国

第十章 全球文化创意产业上市公司经济效益研究报告 / 433

续表

排名	2012 年		2013 年		2014 年		2015 年		2016 年	
	公司名称	公司总部所在地	公司名称	公司总部所在地	公司名称	公司总部所在地	公司名称	公司总部所在地	公司名称	公司总部所在地
9	媒体全球链接有限公司（Media Global Links Co Ltd）	日本	朱庇特电信有限公司（Jupiter Telecommunications Co Ltd）	日本	Cphchemie & Papier 股份有限公司（Cphchemie & Papier Holding AG, Perlen）	瑞士	玛贝拉集团（Marbella Country Club SA）	智利	Titlisbahnen 公司（Titlisbahnen Bergbahnen-Engelberg-Truebsee-Titlis AG Bet, Wolfenschiessen）	瑞士
10	富士传媒控股（Fuji Media Holdings Inc）	日本	自由传媒集团（Liberty Media Corp SiriusXM Group）	美国	电缆公司（Cable One Inc）	美国	字母表公司（Alphabet Inc）	美国	电缆公司（Cable One Inc）	美国
11	网络代理有限公司（Cyber Agent Ltd）	日本	巴黎坎伯奇公司（CIE Du Cambodge, Paris）	法国	Guillin SA 集团（Groupe Guillin SA（Ex Feg））	法国	APG–SGA 公司（APG SGA SA）	瑞士	特许通信公司（Charter Communications Inc）	美国
12	神奇公司（WonderCorp）	日本	夏纳赌场公司（Ste Fermiere Du Casino Municipal De cannes）	法国	字母表公司（Alphabet Inc）	美国	南山置业有限公司（NS Homeshopping Co Ltd）	韩国	亚洲控股有限公司（Asia Holdings Co Ltd）	韩国

续表

排名	2012年 公司名称	2012年 公司总部所在地	2013年 公司名称	2013年 公司总部所在地	2014年 公司名称	2014年 公司总部所在地	2015年 公司名称	2015年 公司总部所在地	2016年 公司名称	2016年 公司总部所在地
13	阿森纳控股公司（Arsenal Holdings PLC）	英国	国家事故帮助热线有限公司（National Accident Helpline Ltd）	英国	南山置业有限公司（NS Homeshopping Co Ltd）	韩国	纳弗公司（NAVER Corp）	韩国	GS家居购物公司（GS Home Shopping Inc）	韩国
14	阿里亚公司（Aeria Inc）	日本	柯达公司（Eastman Kodak Co）	美国	APG–SGA公司（APG SGA SA）	瑞士	电缆公司（Cable One Inc）	美国	南山置业有限公司（NS Homeshopping Co Ltd）	韩国
15	阿尔法集团公司（Alpha Group Inc）	日本	GMO云公司（GMO Cloud KK）	日本	Kuoni旅行公司（Kuoni Reisen Holding AG, Zuerich）	瑞士	Kuoni旅行公司（Kuoni Reisen Holding AG, Zuerich）	瑞士	网易公司（Netease Inc）	中国
16	尼菲公司（Nifty Corp）	日本	纳弗公司（NAVER Corp）	韩国	GS家居购物公司（GS Home Shopping Inc）	韩国	百度公司（Baidu Inc）	中国	IBM公司（International Business Machines Corp）	美国
17	Zappallas公司（Zappallas Inc）	日本	苹果公司（Apple Inc）	美国	亚洲控股有限公司（Asia Holdings Co Ltd）	韩国	CJO购物公司（CJO Shopping Co Ltd）	韩国	Cham Paper控股有限公司（Cham Paper Group Holding AG）	瑞士

续表

排名	2012年 公司名称	2012年 公司总部所在地	2013年 公司名称	2013年 公司总部所在地	2014年 公司名称	2014年 公司总部所在地	2015年 公司名称	2015年 公司总部所在地	2016年 公司名称	2016年 公司总部所在地
18	媒体科博公司（Media Kobo Inc）	日本	Priceline集团（Priceline Group Inc）	美国	蒙切纳海拉布伦公司（Munchener Tierpark Hellabrunn AG）	德国	蒂沃利公司（Tivoli A/S）	丹麦	Ncsoft公司（Ncsoft Corp）	韩国
19	进出口有限公司（Access Co Ltd）	日本	字母表公司（Alphabet Inc）	美国	塔埃里希·塔米迪亚公司（Tamedia AG, Zuerich）	瑞士	铁硼公司（Fe Bording AS）	丹麦	圣保罗中央情报局（Cia Melhoramentos De Sao Paulo）	巴西
20	Fisco株式会社（Fisco Ltd）	日本	Titlisbahnen公司（Titlisbahnen Berghahnen-Engelberg – Truebsee-Titlis AG Bet, Wolfenschiessen）	瑞士	CJ O购物公司（CJ O Shopping Co Ltd）	韩国	GS家居购物公司（GS Home Shopping Inc）	韩国	工作索引公司（Job Index）	丹麦
21	朱庇特电信有限公司（Jupiter Telecommunications Co Ltd）	日本	新媒体投资公司（New Media Investment Group Inc）	美国	纳弗公司（NAVER Corp）	韩国	智利希波德罗摩协会（Sociedad Hipodromo Chile Sa Hipodromo）	智利	BMK公司（Bicicletas Monark SA Mona Bmk）	巴西

续表

排名	2012年 公司名称	公司总部所在地	2013年 公司名称	公司总部所在地	2014年 公司名称	公司总部所在地	2015年 公司名称	公司总部所在地	2016年 公司名称	公司总部所在地
22	阿卡迪亚高尔夫有限公司（Accordia Golf Co Ltd）	日本	联视控股公司（Univision Holdings Inc）	美国	蒂沃利公司（Tivoli A/S）	丹麦	哈德拉造纸有限公司（Hadera Paper Ltd）	以色列	塔埃里希塔米迪亚公司（Tamedia AG, Zuerich）	瑞士
23	Excite株式会社（Excite KK）	日本	CJO购物公司（CJO Shopping Co Ltd）	韩国	智利希波德罗摩协会（Sociedad Hipodromo Chile Sa Hipodromo）	智利	Bet-At-Home公司（Bet-At-Home Com）	德国	L3技术公司（L3 Technologies Inc）	美国
24	铁津公司（Tetsujin Inc）	日本	Kuoni旅行公司（Kuoni Reisen Holding AG, Zuerich）	瑞士	克莱尔方丹公司（Exacompta-Clairefontaine SA）	法国	苹果公司（Apple Inc）	美国	苹果公司（Apple Inc）	美国
25	Septeni控股有限公司（Septeni Holdings Co Ltd）	日本	GS家居购物公司（GS Home Shopping Inc）	韩国	铁硼公司（Fe Bording AS）	丹麦	工作索引公司（Job Index）	丹麦	3M公司（3M Co）	美国

续表

排名	2012年 公司名称	2012年 公司总部所在地	2013年 公司名称	2013年 公司总部所在地	2014年 公司名称	2014年 公司总部所在地	2015年 公司名称	2015年 公司总部所在地	2016年 公司名称	2016年 公司总部所在地
26	夏纳赌场公司（Ste Fermiere Du Casino Municipal De cannes）	法国	Guillin SA 集团（Groupe Guillin SA（Ex Feg））	法国	IDW 媒体控股公司（IDW Media Holdings Inc）	美国	Gyldendal 公司（Gyldendal AS）	丹麦	CVO 公司（Cenveo Inc）	美国
27	净空公司（Interspace Co Ltd）	日本	APG–SGA 公司（APG SGA SA）	瑞士	新泽西控股公司（NJ Holdings Inc）	日本	NHN 娱乐公司（NHN Entertainment Corp）	韩国	FactSet 研究系统公司（FactSet Research Systems Inc）	美国
28	GMO 合作伙伴公司（GMO AD Partners Inc）	日本	电缆公司（Cable One Inc）	美国	Ncsoft 公司（Ncsoft Corp）	韩国	网易公司（Netease Inc）	中国	任天堂公司（Nintendo Co Ltd）	日本
29	欧亚旅游有限公司（Eurasia Travel Co Ltd）	日本	比克相机公司（Bic Camera Inc）	日本	BMK 公司（Bicicletas Monark SA Mona Bmk）	巴西	3M 公司（3M Co）	美国	潘多拉公司（Pandora AS）	丹麦
30	泰泽公司（Taisei Co）	日本	法国拉加代尔公司（Lagardere SCA）	法国	Gyldendal 公司（Gyldendal AS）	丹麦	史迪比集团（Ste Bic SA）	法国	CCL 工业公司（CCL Industries Inc）	加拿大
31	GMO 云公司（GMO Cloud KK）	日本	蒂沃利公司（Tivoli A/S）	丹麦	爱丁堡公司（Edding AG）	德国	BMK 公司（Bicicletas Monark SA Mona Bmk）	巴西	Gyldendal 公司（Gyldendal AS）	丹麦

续表

排名	2012 年		2013 年		2014 年		2015 年		2016 年	
	公司名称	公司总部所在地	公司名称	公司总部所在地	公司名称	公司总部所在地	公司名称	公司总部所在地	公司名称	公司总部所在地
32	Adways 公司（Adways Inc）	日本	祖埃里希塔米迪亚公司（Tamedia AG, Zuerich）	瑞士	Bet-At-Home 公司（Bet-At-Home Com）	德国	北极星工业公司（Polaris Industries Inc）	美国	铁硼公司（Fe Bording AS）	丹麦
33	Keiozu 股份有限公司（Keiozu Holdings Co）	日本	智利希波德罗摩协会（Sociedad Hipodromo Chile Sa Hipodromo）	智利	热带娱乐公司（Tropicana Entertainment Inc）	美国	禧玛诺公司（Shimano Inc）	日本	西格内特珠宝有限公司（Signet Jewelers Ltd）	百慕大
34	Marvelous AQL 公司（Marvelous Inc）	日本	亚洲控股有限公司（Asia Holdings Co Ltd）	韩国	斯皮根韩国有限公司（Spigen Korea Co Ltd）	韩国	Ncsoft 公司（Ncsoft Corp）	韩国	史迪比集团（Ste Bic S A）	法国
35	内容媒体公司（Content Media Corp PLC）	英国	爱丁堡公司（Edding AG）	德国	勃朗峰公司（Compagnie Du Mont-Blanc）	法国	CCL 工业公司（CCL Industries Inc）	加拿大	山荣公司（Sam Jung Pulp Co Ltd）	韩国
36	苹果公司（Apple Inc）	美国	西岩公司（West Rock Co）	美国	工作索引公司（Job Index）	丹麦	时代华纳有线公司（Time Warner Cable Inc）	美国	丘吉尔唐斯公司（Churchill Downs Inc）	美国

第十章 全球文化创意产业上市公司经济效益研究报告 / 439

续表

排名	2012年 公司名称	2012年 公司总部所在地	2013年 公司名称	2013年 公司总部所在地	2014年 公司名称	2014年 公司总部所在地	2015年 公司名称	2015年 公司总部所在地	2016年 公司名称	2016年 公司总部所在地
37	M3公司（M3 Inc）	日本	铁硼公司（Fe Bording AS）	丹麦	L-3通信控股公司（L-3 Communications Holdings Inc）	美国	罗拉塔媒体公司（Roularta Media Groep NV, Roeselare）	比利时	易贝公司（eBay Inc）	美国
38	价值商务有限公司（Valuecommerce Co Ltd）	日本	勃朗峰公司（Compagnie Du Mont-Blanc）	法国	3M公司（3M Co）	美国	新威兹控股公司（Neowiz Holdings Corp）	韩国	金佰利公司（Kimberly-Clark Corp）	美国
39	Catalyst造纸公司（Catalyst Paper Corp）	加拿大	Kinepolis股份有限公司（Kinepolis Group SA, Bruxelles）	比利时	雅虎公司（Yahoo Inc）	美国	西格内特珠宝有限公司（Signet Jewelers Ltd）	美国	自由宽带公司（Liberty Broadband Corp）	美国
40	日本国际金融有限公司（IFIS Japan Ltd）	日本	东方乐园公司（Oriental Land Co Ltd）	日本	史迪比集团（Ste Bic SA）	法国	Expedia公司（Expedia Inc）	美国	MCH股份集团（MCH Group AG）	瑞士
41	SCA卫生产品公司（SCA HYGIENE PRODUCTS SE）	德国	宾士域公司（Brunswick Corp）	美国	永利公司（Wynn Resorts Ltd）	美国	弗雷斯利公司（Orell Fuessli Holding AG, Zuerich）	瑞士	华特迪士尼公司（Walt Disney Co）	美国

续表

排名	2012 年 公司名称	公司总部所在地	2013 年 公司名称	公司总部所在地	2014 年 公司名称	公司总部所在地	2015 年 公司名称	公司总部所在地	2016 年 公司名称	公司总部所在地
42	内布拉斯卡图书控股公司（Negbraka Book Holdings Inc）	美国	L-3 通信控股公司（L-3 Communications Holdings Inc）	美国	时代华纳有线公司（Time Warner Cable Inc）	美国	Factset 研究系统公司（FactSet Research Systems Inc）	美国	弗雷斯利公司（Orell Fuessli Holding AG, Zuerich）	瑞士
43	加拉克斯公司（Galax Co Ltd）	日本	BMK 公司（Bicicletas Monark SA Mona Bmk）	巴西	科斯塔技术公司（Costar Technologies Inc）	美国	斯皮根韩国有限公司（Spigen Korea Co Ltd）	韩国	自由集团（Liberty Ventures）	美国
44	PGM 股份有限公司（PGM Holdings KK）	日本	ULS 技术有限公司（ULS Technology Plc）	美国	阿兹特卡电视台（TV Azteca SA De CV）	墨西哥	MCH 股份集团（MCH Group AG）	瑞士	德国乌尔茨堡 Koenig & Bauer 公司（Koenig & Bauer AG, Wuerzburg）	德国
45	Sky Perfect JSAT 控股有限公司（Sky Perfect JSAT Holdings Inc）	日本	Ncsoft 公司（Ncsoft Corp）	韩国	Pelikan 公司（Pelikan Holding AG, Baar/Zg）	瑞士	高尔夫尊公司（Golfzon）	韩国	斯皮根韩国有限公司（Spigen Korea Co Ltd）	韩国
46	IDW 媒体控股公司（IDW Media Holdings Inc）	美国	永利公司（Wynn Resorts Ltd）	美国	北极星工业公司（Polaris Industries Inc）	美国	AMC 网络公司（AMC Networks Inc）	美国	斯克里普斯网络互动公司（Scripps Networks Interactive Inc）	美国

第十章 全球文化创意产业上市公司经济效益研究报告 / 441

续表

排名	2012年 公司名称	2012年 公司总部所在地	2013年 公司名称	2013年 公司总部所在地	2014年 公司名称	2014年 公司总部所在地	2015年 公司名称	2015年 公司总部所在地	2016年 公司名称	2016年 公司总部所在地
47	Pixel Companyz 公司（Pixel Companyz Inc）	日本	3M 公司（3M Co）	美国	统一核心控股公司（Uni Core Holdings Corp）	中国	天空广播公司（Sky PLC）	英国	塔里亚诺萨公司（Trigano SA）	法国
48	IG 港口公司（IG Port Inc）	日本	史迪比集团（Ste Bic SA）	法国	同拓公司（Domtar Corp）	美国	华特迪士尼公司（Walt Disney Co）	美国	禧玛诺公司（Shimano Inc）	日本
49	字母表公司（Alphabet Inc）	美国	时代华纳有线公司（Time Warner Cable Inc）	美国	苹果公司（Apple Inc）	美国	Hostelworld 集团（Hostelworld Group Plc）	英国	哈曼公司国际工业公司（Harman International Industries Inc）	美国
50	太洋商事株式会社（Taiyo Shokai Inc）	日本	福利弗利萨公司（Folli Follie SA）	希腊	格雷文萨博物馆（Musee Grevin SA）	法国	哈曼公司国际工业公司（Harman International Industries Inc）	美国	高尔夫尊公司（Golfzon）	韩国
51	比克相机公司（Bic Camera Inc）	日本	Kartn 公司（Kartonsan）	土耳其	WPP 集团（WPP PLC）	英国	维亚康姆公司（Viacom Inc）	美国	亚马逊公司（Amazon.com Inc）	美国

续表

排名	2012年 公司名称	公司总部所在地	2013年 公司名称	公司总部所在地	2014年 公司名称	公司总部所在地	2015年 公司名称	公司总部所在地	2016年 公司名称	公司总部所在地
52	Cph 股份有限公司（Cph Chemie & Papier Holding AG, Perlen）	瑞士	Gyldendal 公司（Gyldendal AS）	丹麦	黄页有限公司（Yellow Pages Ltd）	加拿大	斯克里普斯网络互动公司（Scripps Networks Interactive Inc）	美国	时代华纳公司（Time Warner Inc）	美国
53	Priceline 集团（Priceline Group Inc）	美国	光通信国际有限公司（Hikari Tsushin Inc）	日本	新威兹控股公司（Neowiz Holdings Corp）	韩国	时代华纳公司（Time Warner Inc）	美国	Manutan 国际有限公司（Manutan International）	法国
54	雪峰公司（Snow Peak Inc）	日本	电报媒体公司（Telegraaf Media Groep NV）	荷兰	百度公司（Baidu Inc）	中国	高蒙公司（Gaumont）	法国	高蒙公司（Gaumont）	法国
55	电脑仓库公司（Pc Depot Corp）	日本	格雷文萨博物馆（Musee Grevin SA）	法国	MCH 股份集团（MCH Group AG）	瑞士	潘多拉公司（Pandora AS）	丹麦	Bet-At-Home 公司（Bet-At-Home Com）	德国
56	梦域动漫公司（Cyberstep Inc）	日本	NV 船公司（Barco NV, Kortrijk）	比利时	网易公司（Netease Inc）	中国	阳狮集团（Publicis Groupe SA）	法国	宏盟公司（Omnicom Group Inc）	美国

第十章 全球文化创意产业上市公司经济效益研究报告 / 443

续表

排名	2012年 公司名称	2012年 公司总部所在地	2013年 公司名称	2013年 公司总部所在地	2014年 公司名称	2014年 公司总部所在地	2015年 公司名称	2015年 公司总部所在地	2016年 公司名称	2016年 公司总部所在地
57	新泽西控股公司（NJ Holdings Inc）	日本	黄页公司（Yellow Pages Ltd）	加拿大	CCL工业公司（CCL Industries Inc）	加拿大	美国包装公司（Packaging Corp Of America）	美国	美国包装公司（Packaging Corp Of America）	美国
58	日本雅虎公司（Yahoo Japan Corp）	日本	WPP集团（WPP PLC）	英国	高蒙公司（Gaumont）	法国	宏盟公司（Omnicom Group Inc）	美国	CEWE基金会（CEWE Stiftung & Co KGAA）	德国
59	CJO购物公司（CJO Shopping Co Ltd）	韩国	斯图姆鲁格公司（Sturm Ruger & Co Inc）	美国	维亚康姆公司（Viacom Inc）	美国	迪拉克斯公司（Deluxe Corp）	美国	迪拉克斯公司（Deluxe Corp）	美国
60	百讯达公司（PubliGroupe SA）	瑞士	网易公司（Netease Inc）	中国	CJ E&M公司（CJ E&M CORP）	韩国	Cogeco公司（Cogeco Inc）	加拿大	欣文化公司（Xing AG）	德国
61	Carview公司（Carview Corp）	日本	万金公司（Woongjin Co Ltd）	韩国	直播电视集团（DIRECTV）	美国	科吉通信公司（Cogeco Communications Inc）	加拿大	斯图姆鲁格公司（Sturm Ruger & Co Inc）	美国
62	空间网络公司（Space Shower Networks Inc）	日本	金佰利公司（Kimberly-Clark Corp）	美国	禧玛诺公司（Shimano Inc）	日本	北京畅游时代数码技术有限公司（Changyou.com Ltd）	中国	百度公司（Baidu Inc）	中国

续表

排名	2012年 公司名称	2012年 公司总部所在地	2013年 公司名称	2013年 公司总部所在地	2014年 公司名称	2014年 公司总部所在地	2015年 公司名称	2015年 公司总部所在地	2016年 公司名称	2016年 公司总部所在地
63	三和股份有限公司（Sanwa Co Ltd）	日本	北极星工业公司（Polaris Industries Inc）	美国	Factset 研究系统公司（FactSet Research Systems Inc）	美国	自由亿客行公司（Liberty Expedia Holdings Inc）	美国	凯撒收购公司（Caesars Acquisition Co）	美国
64	APG–SGA 公司（APG SGA SA）	瑞士	Bet–At–Home 公司（Bet–At–Home Com）	德国	西格内特珠宝有限公司（Signet Jewelers Ltd）	百慕大	21 世纪福克斯公司（Twenty–First Century Fox Inc）	美国	孩之宝公司（Hasbro Inc）	美国
65	J–Stream 网络公司（J–Stream Inc）	日本	MCH 股份集团（MCH Group AG）	瑞士	弗吉尼亚州范盖尔德皇冠酒店（Crown Van Gelder NV）	荷兰	游戏站公司（GameStop Corp）	美国	德国阿克塞尔施普林格出版公司（Axel Springer SE）	德国
66	维珍传媒公司（Virgin Media Inc）	美国	IDW 媒体控股公司（IDW Media Holdings Inc）	美国	合格纳公司（TEGNA Inc）	美国	Manutan 国际有限公司（Manutan International）	法国	斯坦普斯网站（Stamps.com Inc）	美国
67	Guillin SA 集团（Groupe Guillin SA）	法国	内容媒体公司（Content Media Corp PLC）	美国	论坛媒体公司（Tribune Media Co）	美国	丘吉尔唐斯公司（Churchill Downs Inc）	美国	尼纳造纸公司（Neenah Paper Inc）	美国

第十章　全球文化创意产业上市公司经济效益研究报告 / 445

续表

排名	2012 年 公司名称	2012 年 公司总部所在地	2013 年 公司名称	2013 年 公司总部所在地	2014 年 公司名称	2014 年 公司总部所在地	2015 年 公司名称	2015 年 公司总部所在地	2016 年 公司名称	2016 年 公司总部所在地
68	GS 家居购物公司（GS Home Shopping Inc）	韩国	直播电视集团（DIRECTV）	美国	时代华纳公司（Time Warner Inc）	美国	Namuga 公司（Namuga Co Ltd）	韩国	维尔度假村公司（Vail Resorts Inc）	美国
69	超级媒体公司（SuperMedia Inc）	美国	北京畅游时代数码技术有限公司（Changyou.com Ltd）	中国	潘多拉公司（Pandora AS）	丹麦	蒂芙尼公司（Tiffany & Co）	美国	威瑞信公司（Verisign Inc）	美国
70	祖埃里希塔米迪亚公司（Tamedia AG, Zuerich）	瑞士	克莱尔方丹公司（Exacompta-Clairefontaine SA）	法国	奈飞公司（Netflix Inc）	美国	孩之宝公司（Hasbro Inc）	美国	帕约特公司（Fountaine Pajot）	法国
71	LTRPA 控股有限公司（Liberty TripAdvisor Holdings Inc）	美国	洛特希马特公司（Lotte Himart Co Ltd）	韩国	碧姬时尚公司（Bijou Brigitte Modische Accessoires AG）	德国	CEWE 基金会（CEWE Stiftung & Co KGAA）	德国	自由传媒集团（Liberty Media Corp Media Group）	美国
72	奥乐芭公司（All About Inc）	日本	维亚康姆公司（Viacom Inc）	美国	新大洋制纸株式会社（Shindaeyang Paper Co Ltd）	韩国	尼拿纸业公司（Neenah Paper Inc）	美国	欢聚时代公司（YY Inc）	中国
73	NCXX 集团（NCXX Group Inc）	日本	百度公司（Baidu Inc）	中国	麦克拉奇公司（McClatchy Co (The)）	美国	CMC 集团（CMC Corp）	日本	新大洋制纸株式会社（Shindaeyang Paper Co Ltd）	韩国

续表

排名	2012年 公司名称	2012年 公司总部所在地	2013年 公司名称	2013年 公司总部所在地	2014年 公司名称	2014年 公司总部所在地	2015年 公司名称	2015年 公司总部所在地	2016年 公司名称	2016年 公司总部所在地
74	信仰公司（Faith Inc）	日本	瑞士历峰集团（Cie Financiere Richemont AG, Zug）	瑞士	Fimalac公司（Fimalac SA）	法国	次文化公司（Xing AG）	德国	百思买公司（Best Buy Co Inc）	美国
75	BMK公司（Bicicletas Monark SA Mona Bmk）	巴西	阳狮集团（Publicis Groupe SA）	法国	华特迪士尼公司（Walt Disney Co）	美国	L-3通信控股公司（L-3 Communications Holdings Inc）	美国	AMC网络公司（AMC Networks Inc）	美国
76	AOL公司（AOL Inc）	美国	理光公司（Ricoh Co Ltd）	日本	阳狮集团（Publicis Groupe SA）	法国	塔里亚诺萨公司（Trigano SA）	法国	哈特曼公司（Broedrene Hartmann A/S）	丹麦
77	纳弗公司（NAVER Corp）	韩国	克利尔沃特纸业公司（Clearwater Paper Corp）	美国	宏盟公司（Omnicom Group Inc）	美国	阿德尔公司（Adel Kalemcilik AS）	土耳其	晨星公司（Morningstar Inc）	美国
78	亚洲控股有限公司（Asia Holdings Co Ltd）	韩国	碧姬时尚公司（Bijou Brigitte Modische Accessoires AG）	德国	光通信国际有限公司（Hikari Tsushin Inc）	日本	斯图姆鲁格公司（Sturm Ruger & Co Inc）	美国	晨星阿拉伯胶通讯公司（Acacia Communications Inc）	美国

第十章 全球文化创意产业上市公司经济效益研究报告 / 447

续表

排名	2012 年		2013 年		2014 年		2015 年		2016 年	
	公司名称	公司总部所在地	公司名称	公司总部所在地	公司名称	公司总部所在地	公司名称	公司总部所在地	公司名称	公司总部所在地
79	NV 船公司（Barco NV, Kortrjik）	比利时	西格内特珠宝有限公司（Signet Jewelers Ltd）	百慕大	Manutan 国际有限公司（Manutan International）	法国	格雷文萨博物馆（Musee Grevin SA）	法国	维亚康姆公司（Viacom Inc）	美国
80	VLC 控股有限公司（VLC Holdings Co Ltd）	日本	西格内特珠宝有限公司（Signet Jewelers Ltd）	百慕大	天堂动物园公司（Pairi Daiza SA）	比利时	体育利娱乐媒体公司（MSG Networks Inc）	美国	康卡斯特集团（Comcast Corp）	美国
81	蒂沃利公司（Tivoli A/S）	丹麦	Factset 研究系统公司（FactSet Research Systems Inc）	美国	尼纳造纸有限公司（Neenah Paper Inc）	美国	威瑞信公司（Verisign Inc）	美国	艾利丹尼森公司（Avery Dennison Corp）	美国
82	三宝公司（Sambo Corrugated Board Co Ltd）	韩国	美国包装公司（Packaging Corp of America）	美国	CEWE 基金会（CEWE Stiftung & Co KGAA）	德国	康卡斯特公司（Comcast Corp）	美国	克鲁克公司（KRUK SA）	波兰
83	东信公司（Toshin Corp）	日本	可可公司（Kakao Corp）	韩国	美国包装公司（Packaging Corp of America）	美国	伊诺盛集团（Innocean Worldwide Inc）	韩国	蒂芙尼公司（Tiffany & Co）	美国

续表

排名	2012年		2013年		2014年		2015年		2016年	
	公司名称	公司总部所在地	公司名称	公司总部所在地	公司名称	公司总部所在地	公司名称	公司总部所在地	公司名称	公司总部所在地
84	勃朗峰公司（Compagnie Du Mont-Blanc）	法国	CEWE基金会（CEWE Stiftung & Co KGAA）	德国	迪拉克斯公司（Deluxe Corp）	美国	摩托罗拉公司（Motorola Solutions Inc）	美国	脸书公司（Facebook Inc）	美国
85	L-3通信控股公司（L-3 Communications Holdings Inc）	美国	Autobytel公司（Autobytel Inc）	美国	塞奎娜公司（Sequana）	法国	FNAC集团（Groupe Fnac SA）	法国	哥伦比亚广播公司（CBS Corp）	美国
86	Kinepolis股份有限公司（Kinepolis Group SA, Bruxelles）	比利时	摩托罗拉公司（Motorola Solutions Inc）	美国	金佰利公司（Kimberly-Clark Corp）	美国	维尔度假村公司（Vail Resorts Inc）	美国	真致网络公司（ZEAL Network SE）	德国
87	东方乐园公司（Oriental Land Co Ltd）	日本	因搭思公司（Intops Co Ltd）	韩国	科吉通信公司（Cogeco Communications Inc）	加拿大	克鲁克公司（KRUK SA）	波兰	游戏站公司（GameStop Corp）	美国
88	伊格布电子有限公司（IGB Eletronica SA）	巴西	Manutan国际有限公司（Manutan International）	法国	Mixi公司（Mixi Inc）	日本	麦克唐纳德威勒联合有限公司（MacDonald Dettwiler and Associates Ltd）	加拿大	CJO购物公司（CJO Shopping Co Ltd）	韩国

第十章　全球文化创意产业上市公司经济效益研究报告 / 449

续表

排名	2012 年		2013 年		2014 年		2015 年		2016 年	
	公司名称	公司总部所在地	公司名称	公司总部所在地	公司名称	公司总部所在地	公司名称	公司总部所在地	公司名称	公司总部所在地
89	智能数字综合安防有限公司（Intelligent Digital Integrated Security Co Ltd）	韩国	AMC 网络公司（AMC Networks Inc）	美国	斯克里普斯网络互动公司（Scripps Networks Interactive Inc）	美国	梅雷迪思公司（Meredith Corp）	美国	北极星工业公司（Polaris Industries Inc）	美国
90	史迪比集团（Ste Bic SA）	法国	高蒙公司（Gaumont）	法国	培乐集团（AH Belo Corp）	美国	艾利丹尼森公司（Avery Dennison Corp）	美国	摩托罗拉公司（Motorola Solutions Inc）	美国
91	时代华纳有线公司（Time Warner Cable Inc）	美国	禧玛诺公司（Shimano Inc）	日本	泽兰家族公司（Zeeland Family Plc）	芬兰	晨星公司（Morningstar Inc）	美国	LSC 通信公司（LSC Communications Inc）	美国
92	Ncsoft 公司（Ncsoft Corp）	韩国	Fimalac 公司（Fimalac SA）	法国	天空广播公司（Sky PLC）	英国	帕约特公司（Fountaine Pajot）	法国	新浪公司（Sina Corp）	中国
93	新大洋制纸株式会社（Shindaeyang Paper Co Ltd）	韩国	时代华纳公司（Time Warner Inc）	美国	CMC 集团（CMC Corp）	日本	克利尔沃特纸业公司（Clearwater Paper Corp）	美国	雪松集市有限公司（Cedar Fair LP）	美国

续表

排名	2012 年		2013 年		2014 年		2015 年		2016 年	
	公司名称	公司总部所在地	公司名称	公司总部所在地	公司名称	公司总部所在地	公司名称	公司总部所在地	公司名称	公司总部所在地
94	六旗娱乐公司（Six Flags Entertainment Corp）	美国	AMC 娱乐控股公司（AMC Entertainment Holdings Inc）	美国	蒂芙尼公司（Tiffany & Co）	美国	西岩公司（West Rock Co）	美国	汉克造纸有限公司（Hankuk Paper Manufacturing Co Ltd）	韩国
95	铁硼公司（Fe Bording AS）	丹麦	搜房控股有限公司（SouFun Holdings Ltd）	中国	AMC 网络公司（AMC Networks Inc）	美国	慧聪印刷网络公司（Schweitzer-Mauduit Intl Inc）	美国	J2 全球公司（J2 Global Inc）	美国
96	真致网络公司（ZEAL Network SE）	德国	Take–Two 互动软件公司（Take–Two Interactive Software Inc）	美国	Cogeco 公司（Cogeco Inc）	加拿大	亚洲控股有限公司（Asia Holdings Co Ltd）	韩国	美国卫星网络公司（DISH Network Corp）	美国
97	3M 公司（3M Co）	美国	威瑞信公司（Verisign Inc）	美国	ADL 合作伙伴（Adl Partner）	法国	哥伦比亚广播公司（CBS Corp）	美国	萨加通信公司（Saga Communications Inc）	美国

续表

排名	2012年 公司名称	2012年 公司总部所在地	2013年 公司名称	2013年 公司总部所在地	2014年 公司名称	2014年 公司总部所在地	2015年 公司名称	2015年 公司总部所在地	2016年 公司名称	2016年 公司总部所在地
98	高蒙公司（Gaumont）	法国	宏盟公司（Omnicom Group Inc）	美国	领航公司（Pilot Corp）	日本	米奎尔和科斯塔公司（Miquel Y Costas Y Miquel SA, Barcelona）	西班牙	自由市场公司（MercadoLibre Inc）	阿根廷
99	NextStar广播集团公司（Nexstar Broadcasting Group Inc）	美国	Overstock公司（Overstock.com Inc）	美国	德国卡贝尔控股公司（Kabel Deutschland Holding AG）	德国	欢聚时代公司（YY Inc）	中国	宾士域公司（Brunswick Corp）	美国
100	卡马克电影公司（Carmike Cinemas Inc）	美国	Cogeco公司（Cogeco Inc）	加拿大	百思买公司（Best Buy Co Inc）	美国	闪印公司（Cimpress NV）	荷兰	CMC集团（CMC Corp）	日本

(二) 五年来 30 强演变特征分析

日本曾经的文化创意产业位次不保，基本每股收益下滑严重。将 2012—2016 年的全球文化创意产业上市公司 30 强所在国家（见图 10-37）进行梳理，可发现日本下滑严重。2012 年曾以 25 家企业进入 30 强的绝对优势，但 2013 年入榜企业跌落至 4 家，2014 年继续缩减至 1 家，2015 年没有企业入榜，2016 年仅有排在第 28 名的任天堂公司入榜。回顾 2012 年，日本整体的文创环境及入选文创企业都在全球范围内有较大影响力，2012 年排名首位的公司 GungHo 在线娱乐公司，创造性地发布了一款消除类智能手机游戏《智龙迷城》，游戏规则简单，游戏采用消除形式进行战斗的 RPG 养成，同时拥有大量宠物设定，充分结合了收集和养成要素，受到了市场的强烈反响，被称为"日本第一国民手游"。但是，随着其他游戏厂家的纷纷效仿后，《智龙迷城》逐渐式微，GungHo 在线娱乐公司也从昔日的行业巨头沦落，不复当日荣光。同样的情况不仅仅出现于手机游戏行业，日本的诸多文化创意产业在 2012 年后都逐渐丧失了其行业"领头羊"的位置，被其他国家的企业所超越。2016 年还停留在百强榜单的企业有实力雄厚的老牌游戏企业任天堂公司，排在第 28 名，任天堂尽管在 2016 年之前未曾进入过榜单，但作为现代电子游戏产业的开创者，电子游戏业三巨头之一，任天堂公司持续研发不断推出新品，在国际上具有强大的影响力与号召力。如何持续保有创造力与创新力，持续推出受欢迎的产品和服务，是文化创意产业需要深思的问题。除了游戏产业，日本在电视产业及动漫产业近年来出产的具有话题性和影响力的

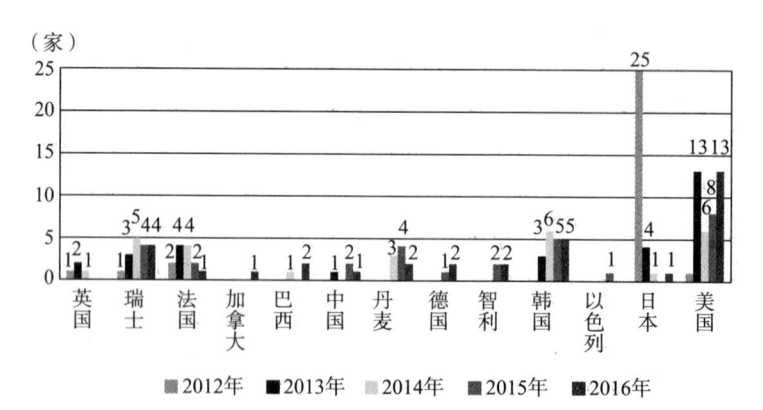

图 10-37 2012—2016 年全球文化创意产业上市公司基本
每股收益 30 强所在国家和地区

佳作逐渐减少，曾经霸占电视的综艺节目质量下降严重，曾经于2012年排在第3名的付费电视企业Wowow公司（Wowow Inc）再未进入排名榜单。此外，日本自2011年以来连续不断的自然灾害，如2011年东京9.0地震及其并发的福岛核电站泄漏事件、2016年古城熊本县爆发的7.0地震都在不同程度上影响了国家及地方的经济发展及文化发展，加之严重的老龄化社会危机，使日本各个文化创意产业的生产和消费的国际影响力均进入下滑期。

美国在日本式微后迅速占据较大优势，中国入榜企业过少。由于日本企业在2012年的出色霸榜，故美国2012年30强仅入榜1家企业，为排在第5名的皮斯莫海岸村公司，主营旅游度假产业。但自2013年伊始，美国迅速占据优势，2013年与2016年都入榜13家企业，2014年及2015年入榜6家和8家，在所有国家中位列第1名。中国入榜企业过少，2012年与2014年都无企业入榜，2013年入榜1家企业，为排在第1名的长港敦新企业有限公司（Changgang Dunxin Enterprise Co Ltd），是一家纸制品制造公司。2015年入榜2家企业，分别是排在第16名的百度公司及排在第28名的网易公司；2016年入榜1家企业，排名上升至第15名的网易公司，是唯一一家进入30强的中国企业。同时可以从榜单发现的是，一方面企业更替频繁，另一方面许多经济规模、营业收入或是税前利润榜上名列前茅的企业在这里却未能入榜。

（三）五年来百强的演变特征分析

总体来看，将2012—2016年全球文化创意产业基本每股收益百强的上市企业所在国家和地区的数量（见图10-38）进行制图，可见每个国家每年百强榜单入榜数量和趋势。

美国作为绝对的文化创意产业领导者，每年的企业入榜数量都在持续增加，2012年仅为16家，2013年已经上涨至37家，是2012年的2.31倍。2014年为35家，2015年继续上涨至42家，2016年超过总数一半，占据53个席位。

美国雄厚的经济发展实力和集群优势已经成功打造出了美国文化创意企业的品牌效应，而另一文化创意产业强国日本却是连年下跌，自2012年创下了54家企业入榜的壮举后，此后每年入榜的企业数目都仅为个位数，2016年日本仅入榜3家企业，表明了日本文化创意产业的生产和消费的国际影响力下跌严重。

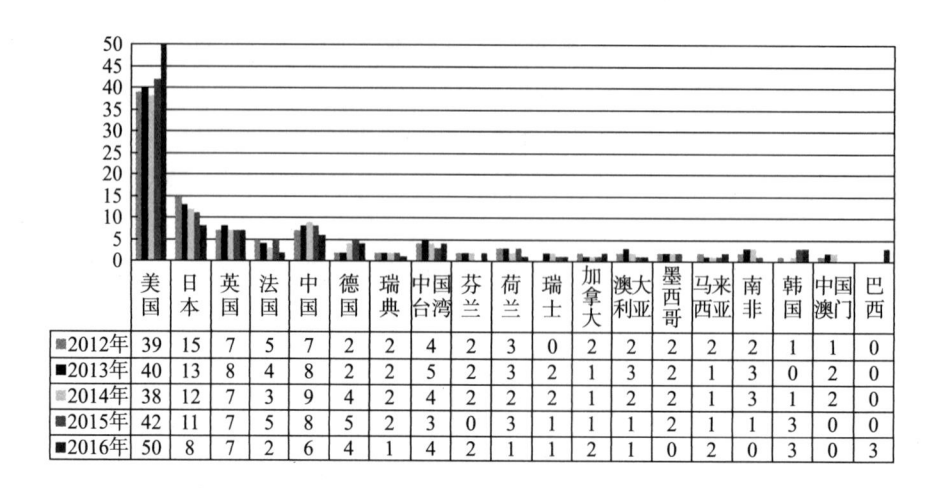

	美国	日本	英国	法国	中国	德国	瑞典	中国台湾	芬兰	荷兰	瑞士	加拿大	澳大利亚	墨西哥	马来西亚	南非	韩国	中国澳门	巴西
2012年	39	15	7	5	7	2	2	4	2	3	0	2	2	2	2	2	1	1	0
2013年	40	13	8	4	8	2	2	5	2	3	2	1	3	2	1	3	0	2	0
2014年	38	12	7	3	9	4	2	4	2	2	2	1	2	2	1	3	1	2	0
2015年	42	11	7	5	8	5	2	3	0	3	1	1	1	2	1	1	3	0	0
2016年	50	8	7	2	6	4	1	4	2	1	1	2	1	0	2	0	3	0	3

图 10 - 38 2012—2016 年全球文化创意产业上市公司基本
每股收益百强所在国家和地区

韩国也是新近崛起的入榜大国，表现优异。在 2012 年入榜 8 家企业，而在 2016 年已经上涨到 11 家企业，是继美国之后的第二位入榜大国。韩国内容产业振兴院发布的数据显示，2016 年韩国文化创意产业出口额同比增长 9.7%，达 62.11 亿美元。韩国文化创意产业出口形势十分喜人。其中，游戏产业出口额同比大增 7.2%，达 34.46 亿美元，占出口总额的 55.5%。卡通、知识信息、音乐等产业的出口额也分别增加了 5.92 亿美元、5.79 亿美元、4.52 亿美元，同比增幅为 7.3%、11.1%、18.7%。此外，2016 年韩国文化创意产业的国内销售额同比增长 5.2%，折合人民币 6380 亿元。① 发展游戏、动漫、音乐等优势产业，积极开拓海外市场，是韩国文化创意产业的成功之道。

中国入榜企业始终保持在第 6 名左右，相对稳定，但距离美国、法国，甚至韩国，都有不小的差距，如何在竞争激烈的国际市场，开拓自身的文化创意优势产业，保持高增长的盈利能力，需要中国文化创意企业深思。

（四）"一带一路"沿线国家和地区进入百强的情况分析

仅有中国、中国台湾、中国澳门、希腊、新加坡及马来西亚 6 个

---

① 《2016 年韩文化产业出口同比增长 9.7%》，http://www.mofcom.gov.cn/article/i/jyjl/j/201706/20170602591296.shtml，2018 年 7 月 31 日。

"一带一路"沿线国家和地区进入基本每股收益百强榜单（见图 10 - 39）。在 2012—2016 年，除中国、中国台湾和中国澳门外，仅有希腊、新加坡及马来西亚有文化创意产业上市公司进入百强榜单内。希腊在 2012 年入榜 1 家企业后再无企业进入榜单。新加坡在 2012—2014 年有 1 家企业入榜，但 2015 年后也消失无踪。马来西亚在 2012 年及 2016 年有两家企业入榜，在 2013—2015 年也仅有 1 家企业入榜。中国表现稍好，2012 年入榜 7 家企业，2013 年及 2015 年入榜 8 家企业，2014 年入榜企业最多，达到 9 家。但在 2016 年，入榜企业下降到 6 家。中国台湾和中国澳门的入榜企业多隶属于博彩行业。可见，当前"一带一路"沿线国家和地区的文化创意上市公司建设仍然任重而道远。

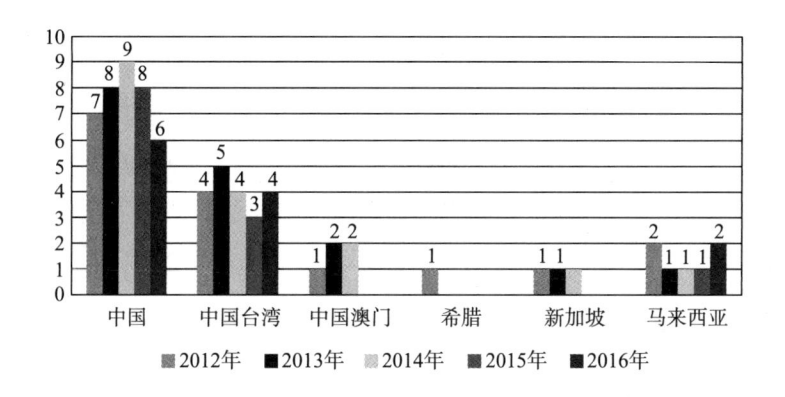

图 10 - 39　2012—2016 年"一带一路"沿线国家和地区文化创意产业
上市公司基本每股收益百强

三　2012—2016 年全球文化创意产业上市公司基本每股收益的国家和地区排名

在 2012—2016 年全球文化创意产业上市公司中，参与基本每股收益分析的企业基本每股收益均值为 5.42 元，共涉及 52 个国家和地区（见表 10 - 11）。法国的基本每股收益均值排在第 1 名，达到了 23.28 元。首先，法国作为世界文化创意大国，长期以来坚持"文化例外"原则，以保护本国文化不遭受别国文化冲击，有效地保护了法国文化创意产业的繁荣发展。其次，法国的文化市场一直享受公共政策的大力支持，政府的高度重视和强有力的资金支持，富有远见的法律、政策"红利"等为法国的文化创意产业的蓬勃发展起到了极大的推进作用。美国文化创意企业基本每股收益达到9.80元。从比较视角来看，共有14个国家和地区的基本每股收益均值呈现负值，亏损的国家和地区占比总体达到了26.92%，且仅有前十名的国家和地区超过了基本每股收益的均值，有80.77%的国家和地区在均值线以下。这说明有大部分国家和地区的文化创意产业发展情况不佳，25%的国家的文化创意企业盈利能力较差。

表10-11　　2012—2016年全球文化创意产业上市公司基本每股收益的国家和地区排名

排名	公司总部所在地	公司数量（家）	公司基本每股收益均值（元）
1	法国	422	23.28
2	德国	331	15.73
3	智利	40	15.47
4	阿根廷	5	15.30
5	日本	1605	12.30
6	美国	2702	9.80
7	丹麦	110	9.65
8	中国	1553	9.55
9	比利时	45	8.04
10	英国	834	7.55
11	巴西	96	4.26
12	韩国	964	4.19
13	俄罗斯	5	3.23
14	百慕大	31	3.05
15	墨西哥	45	2.17
16	芬兰	115	1.91
17	瑞典	341	1.14
18	波兰	297	1.03
19	土耳其	129	0.81
20	越南	94	0.79
21	葡萄牙	65	0.62
22	澳大利亚	611	0.43

续表

排名	公司总部所在地	公司数量（家）	公司基本每股收益均值（元）
23	柬埔寨	5	0.42
24	泽西岛	3	0.41
25	巴基斯坦	39	0.41
26	中国台湾	873	0.29
27	新西兰	36	0.26
28	泰国	324	0.17
29	马来西亚	310	0.12
30	中国香港	914	0.12
31	马耳他	3	0.09
32	西班牙	69	0.07
33	爱尔兰	5	0.06
34	印度尼西亚	188	0.05
35	菲律宾	90	0.04
36	加拿大	515	0.02
37	新加坡	252	0.01
38	塞浦路斯	1	-0.01
39	委内瑞拉	5	-0.04
40	印度	760	-0.04
41	伯利兹	1	-0.06
42	以色列	160	-0.15
43	安圭拉	4	-0.16
44	中国澳门	18	-0.50
45	挪威	7	-0.56
46	希腊	79	-0.57
47	意大利	166	-0.59
48	荷兰	121	-1.00
49	巴拿马	2	-1.61
50	开曼群岛	17	-3.91
51	瑞士	90	-8.92
52	南非	87	-61.56
	总计	15584	5.42

总体来看，在不计算亏损值的前提下，52个国家和地区的文化创意企业基本每股收益平均值达到 5.42 元。仅有排在第 10 名的英国以上才达到平均值。将 52 个国家和地区分为三个梯队进行分析（见图 10-40），可以发现：

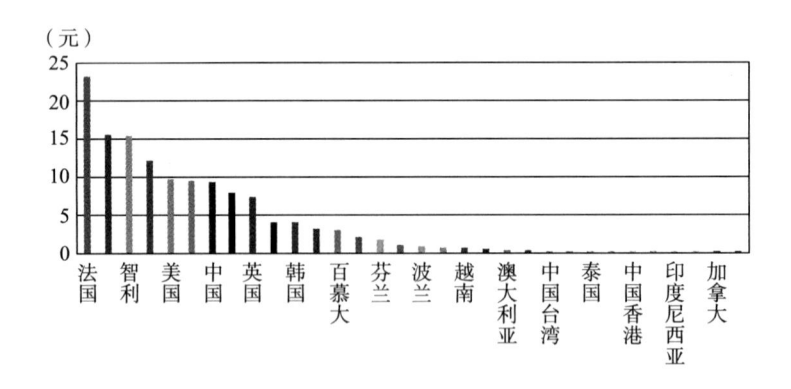

图 10-40 2012—2016 年全球各国和地区文化创意产业上市公司基本每股收益均值

第一梯队，基本每股收益均值在 1 元以上，一直到第 18 名的波兰为止，企业数量占总数的 61.22%，可见绝大多数企业集中于第一梯队，是全球文化创意产业基本每股收益最多的国家和地区，全球绝大部分的利润集中于这 18 个国家和地区的文化创意产业中。

第二梯队，基本每股收益均值在 0—1 元，排在第 19—37 名，到新加坡为止，数量占总数的 29.04%。第二梯队主要是部分发展中国家和地区，数量占比超过 25%，但基本每股收益占有量较小，部分文化创意企业处于规模小、收益低的态势。

第三梯队，是基本每股收益均值 0 元以下，主要是进入亏损状态的国家和地区。企业数量占总数的 9.74%，基本每股收益呈现负值，表明亏损状况较为严重。尤其是南非，企业数量为 87 家，但亏损达到了 61.56 元。处于这一梯队的国家和地区部分是发达国家，部分是发展中国家和地区，在文化创意产业发展的全球浪潮中，已经逐渐掉队，亟待全面推动和促进文化创意产业盈利能力的增长。

具体来看，法国企业整体每股收益均值最高，达到了 23.28 元，遥遥领先于排在第 2 名的德国。排在第 3 名的智利是发展中国家，由于企业数量较少，每股收益均值较高，排名靠前。日本与美国则排在第 4 名、第 5 名。日本基本每股收益均值达到 12.30 元。美国则由于企业数目最大，故基本每股收益均值排名相对较后，为 9.80 元。中国上市文化创意企业每股基本收益均值 9.55 元，排在第 7 名，与第 1 名法国的每股基本收益均值相差 13.73 元，差距较大。在图中共有 16 个发达国家，分别是法国、德国、日本、美国、丹麦、比利时、英国、韩国、芬兰、瑞典、葡萄牙、澳大利亚、新西兰、西班牙、加拿大、新加坡。发展中国家则有 13 个，包括智利、中国、巴西、俄罗斯、墨西哥、波兰、土耳其、越南、巴基斯坦、泰国、马来西亚、印度尼西亚、菲律宾，排名普遍较后，企业数量及均值较低。可见，发达国家仍是基本每股收益领域的强者。

按照洲际（见图 10-41）进行划分，亚洲地区包含中国、日本、中国台湾、马来西亚、印度尼西亚、新加坡、韩国、菲律宾、土耳其、巴基斯坦、中国香港、泰国、越南 13 个国家和地区。亚洲地区企业数量是第 1 名，但多是以中低端、科技含量有限或是处于文化创意产业外围圈的企业为主，未来发展则需要从低端企业逐渐转型升级，以更新科技和增加文化创意元素为主要方向。欧洲地区包含瑞典、英国、俄罗斯、法国、德国、葡萄牙、西班牙、比利时、丹麦、波兰、芬兰 11 个国家，参与分析的企业数量达到 2634 家，基本每股收益均值总值最高，达 72.24 元。欧洲在全球范围内的文化创意产业上一直发挥着强有力的集聚效应，企业基本每股收益总值和均值的高指标也体现了这一点。北美洲地区包括美国、墨西哥、加拿大、百慕大 4 个国家和地区，企业基本每股收益均值达到 15.03 元。北美洲由于美国各方面数据的强劲拉升，所以指标表现较好，但墨西哥和加拿大的文化创意产业发展并未靠前，应当充分发挥集聚效应，在北美洲地区内寻找适合自身的产业结构与定位。南美洲地区包含巴西和智利，企业基本每股收益均值达到 19.73 元。大洋洲地区包括新西兰和澳大利亚，企业基本每股收益均值为 0.69 元。相对而言，洲际差异较为明显，各个国家和地区的企业受宏观发展环境因素制约相对较大。

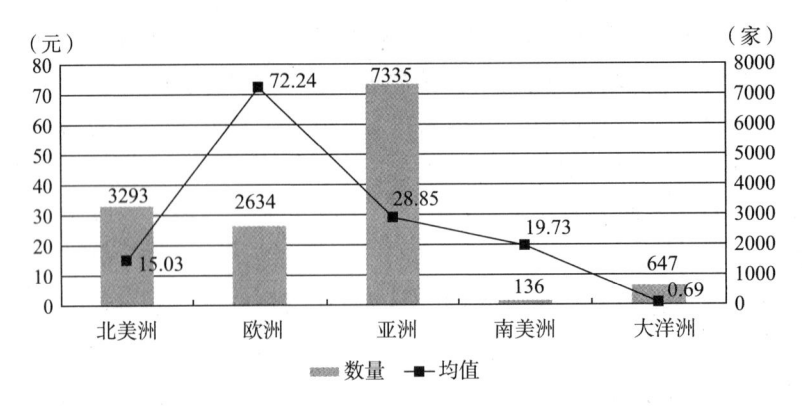

图 10-41 2012—2016 年全球文化创意产业上市公司所属洲际分布格局

除中国及俄罗斯外,"一带一路"沿线国家和地区入榜企业基本每股收益均值较低(见图 10-42)。主要包括中国、中国台湾、中国香港、马来西亚、新加坡、印度尼西亚、菲律宾、巴基斯坦、波兰、俄罗斯、泰国、越南 12 个国家和地区。企业基本每股收益均值总计达 15.80 元。但事实上,均值总计主要来自中国及俄罗斯,中国基本每股收益均值最高,达 9.55 元,俄罗斯位列第 2 名,为 3.23 元。除中国和俄罗斯外,第 3 名波兰每股收益均值为 1.03 元,剩余国家和地区皆为 1.00 元以下,可见,企业整体收益水平较低,亟待进一步成长。

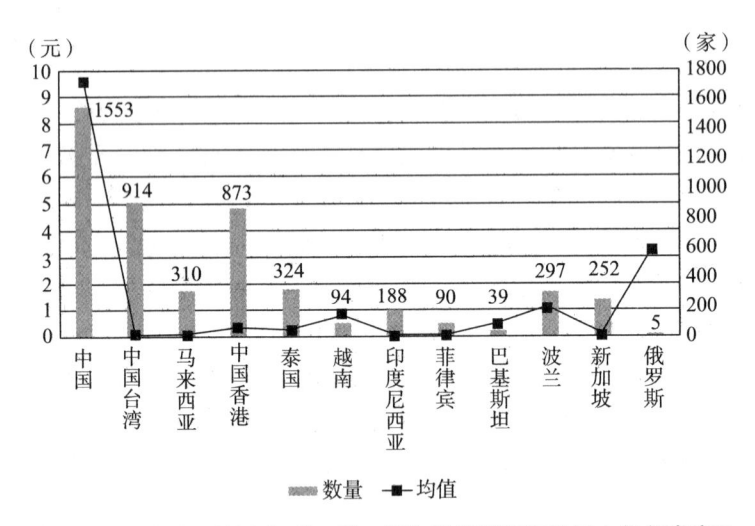

图 10-42 2012—2016 年"一带一路"沿线国家和地区文化创意产业上市公司基本每股收益

通过对全球文化创意产业上市公司基本每股收益数据的解析，可以发现，总体而言，文化创意产业上市公司大部分仍然处于成长期，尤以发展中国家和地区为甚，基本每股收益较低，入榜企业过少，行业分类较为单一。

第十一章　全球文化创意产业上市公司创意创新研究报告

文化创意产业是20世纪90年代基于知识经济兴起的一种新的财富创造形式，虽然各国和地区对文化创意产业有不同的定义与侧重，但是，在内涵与外延上大致相同。文化创意产业如今已成为许多国家和地区产业创新和经济发展的重要力量。

全球新一轮科技革命、产业变革和军事变革加速演进，创新驱动成为许多国家谋求竞争优势的核心战略。作为创新型国家，一个基本的特征就是要求有较高的创新性投入，而落到行业领域，就是看一个个企业的创意创新发展。研发投入是企业创新发展的关键，而无形资产又是企业创新成果的重要体现，因而本章主要从研发投入和无形资产两个维度对全球文化创意产业上市公司进行分析，从宏观与微观、纵向与横向等多个视角评价全球文化创意产业上市公司的创意创新发展状况，把脉发展方向，以期为中国文化创意产业的发展提供有价值的参考和启发。[①]

第一节　全球文化创意产业上市公司研发投入研究

文化创意企业的核心能力是其创意创新的能力，持续创新是文化企业获得竞争优势的根本。企业创新的动力来自研发投入的支撑，研究投入是企业创新发展过程中不可或缺的重要支撑。无论是内容创新、形式创新，还是技术创新，都建立在可持续的创新活动与大规模的研发投入

---

① 葛祥艳、解学芳：《全球文化创意产业上市公司研发投入研究》，《中国国情国力》2018年第7期。

基础上。此外，大部分研究证实，研发投入对企业绩效有积极的促进作用。梁莱歆等（2006）以深圳证券交易所上市公司作为研究样本，实证分析得出企业的研发投入和企业的盈利能力、发展能力、总资产利润率存在正相关关系。① 在文化创意产业领域，文化生产是复杂、矛盾且充满竞争的商业过程，企业规模和内容创新生产能力尤为重要。② 杨和乔丹（Young and Jordan，2008）以美国上市公司为研究样本，发现采取积极研发战略的企业，其经营绩效普遍较高。③ 在新兴的网络游戏、网络视听、移动互联网等新兴文化创意产业领域，对高新技术创新与应用的依赖度大，当期研发投入对促进文化创意产业上市公司绩效的提升有明显的作用。④

由此可以看出，文化企业作为文化创意产业创新主体，研发投入是其持续成长的"必需品"。因此，本节通过研发投入总额和研发投入占营业收入比重两个指标考察全球文化创意产业上市公司研发投入状况，以客观把脉各国文化创意产业上市公司对研发投入的重视程度以及研发投入对文化企业盈利能力的影响。与此同时，通过全球文化创意产业研发投入来对比观察中国文化创意产业发展状况，从比较中获取发展经验与启迪。

一　2012—2016年全球文化创意产业上市公司研发投入总体特征

文化创意产业在各国和地区经济发展中的战略性地位日益彰显，已成为世界经济增长的新动力，引领着全球未来经济的发展。文化创意产业的核心竞争力在于创新，只有在企业将研发投入作为重要战略的时候，企业才能获得持久创新的动力，才可能成为创新的主体，才能在市场上获得持久发展优势。

（一）研发投入总额的总体特征

对全球文化创意产业上市公司研发投入数据（见图11-1）的整理与分析发现，2012—2016年，参与研发投入分析的全球文化创意产业上市

---

① 梁莱歆、严绍东：《中国上市公司R&D支出及其经济效果的实证研究》，《科学学与科学技术管理》2006年第7期。

② ［英］大卫·赫斯蒙德夫：《文化产业学》，张菲娜译，中国人民大学出版社2016年版，第24页。

③ Young, R. and Jordan, E., "Top Management Support: Mantra or Necessity", *International Journal of Project Management*, No.7, 2008, pp.713-725.

④ 臧志彭：《政府补助、研发投入与文化产业上市公司绩效——基于161家文化上市公司面板数据中介效应实证》，《华东经济管理》2015年第6期。

公司研发投入均值为 5.48 亿元。

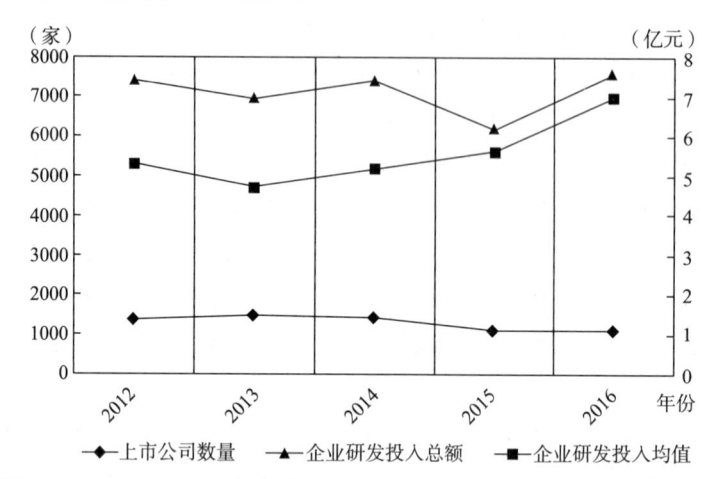

图 11-1　2012—2016 年全球文化创意产业上市公司研发投入演变趋势

文化创意产业上市公司研发投入总额，呈现波动上升趋势，文化创意产业上市公司研发投入均值总体保持上扬姿态，创新驱动意识不断强化。文化企业对研发投入的重视推动着创新活动的持续性，通过不断引进创新资源与文化科技人才的自我强化过程，逐渐形成创新梯度的跃迁，这对科技创新频繁的文化创意产业领域具有重要意义。2013 年，文化创意产业上市公司研发投入均值从 2012 年的 5.31 亿元降到 4.73 亿元，一方面是由于 2013 年上市公司数量增多、基数大，研发投入总额却减少，导致均值变低；另一方面是由于互联网技术的快速发展，文化创意产业面临转型与探索的新阶段，发展潜力并未被完全开发出来。2014 年开始，文化创意产业上市公司研发投入均值都保持在 5 亿元以上，2016 年高达 6.99 亿元。文化创意产业上市公司研发投入均值持续增加，一方面，反映了文化创意产业发展与创新之间的密切关联，无论这种创新是基于技术还是形式，都表现出文化创意产业上市公司对于研发投入与企业创新发展的重视；另一方面，反映了文化企业的融资能力，通过并购、股权投资等方式增强资本的实力，尤其是 2016 年融资规模爆发式的增长，带来了研发投入的突增。①

---

① 这里说的全球文化创意产业上市公司数量是指公开披露了研发投入数据的上市公司数量，由于研发投入数据缺失较多，所以，与前面章节上市公司数量明显不同。下同。

(二) 研发投入比重的总体特征

文化创意产业上市公司研发投入比重稳步上升，科技创新能力不断提高。从2012—2016年全球文化创意产业上市公司研发投入比重（见图11-2）来看，除了2015年有所回落，总体呈上升趋势。2012年，研发投入比重为7.26%，之后一直保持增加趋势，到2014年研发投入比重已达到8.02%，反映出文化创意产业上市公司对创意创新活动的重视；2015年研发投入均值突然回落到7.87%，2016年又跃升到8.48%。这一数据变化，既反映了全球经济增长疲软的现状，也说明文化创意产业自身的调整。与此同时，互联网和新技术的高速发展以及大数据的深度应用，推动着文化生产与文化消费方式的变革，文化消费热潮的高涨成为文化企业上市的助推器，文化企业投入大量的研发费用创新产品与服务，深挖文化市场新需求、新潜力。

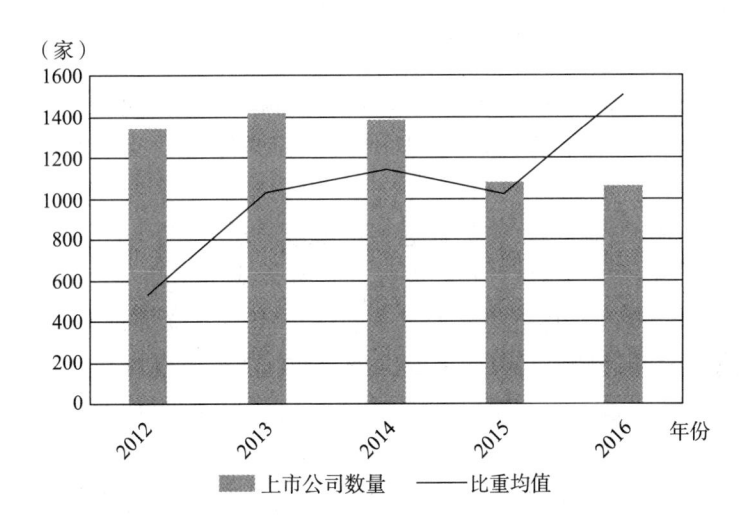

图 11-2　2012—2016 年全球文化创意产业上市公司研发投入比重

注：需要说明的是，采用的上市公司数量并不相同，但数量差距不大，且大体趋势一致。

二　2000—2016 年全球 16 个主要国家和地区文化创意产业上市公司研发投入演变趋势

基于全球各国和地区经济发展水平和文化创意产业发展状况，下面选取全球16个主要国家和地区作为数据样本，即美国、日本、英国、中国、加拿大、印度、中国台湾、澳大利亚、法国、中国香港、韩国、德国、意大利、南非、巴西、俄罗斯。通过对这16个文化创意产业发展较为成熟和先进的国家和地区的数据汇总分析,可以推演出全球文化创意产业上市公司发展起落走向以及演变趋势特征(见图11-3)。

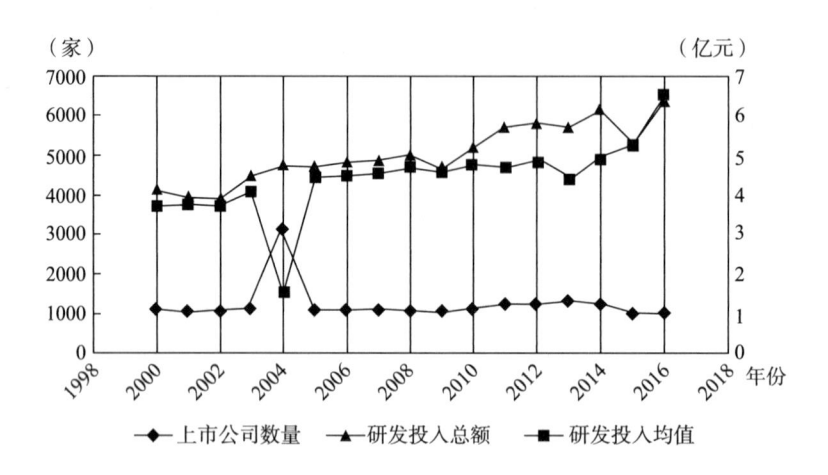

图11-3 2000—2016年全球16个主要国家和地区文化创意产业上市公司研发投入演变趋势

16个主要国家和地区文化创意产业上市公司总体保持增长趋势,研发投入均值与上市公司数量和研发投入总额形成了密切的逻辑关系。网络社会崛起,助推文化创意产业发展进入一个与互联网创新互动互促、密切相关的新发展阶段。具体来看,2000—2002年,16个主要国家和地区的文化创意产业上市公司研发投入均值3亿多元,2003年、2005年这两个阶段的研发投入均值都攀升至4亿—5亿元,而2004年研发投入均值跌落明显,其主要原因是2004年参与统计的上市公司数量猛增,高达3000多家,而研发投入总额只呈现略微增长,也就是说,大量低研发投入的企业进入拉低了整体的研发投入均值水平。此外,2015年、2016年上市公司研发投入均值攀升,分别达到5.28亿元、6.49亿元。可见,伴随互联网与文化创意产业行业的深度融合,文化企业研发投入均值周期性增长日益缩短,意味着文化创意产业上市公司创新发展战略面临着更大挑战,重视研发投入对文化企业创意技术、生产技术、展示技术、传播技术等的持续创新与跃迁发展的作用也越发显得重要。

三 2012—2016 年全球文化创意产业上市公司研发投入百强

国家和地区间的文化创意产业研发投入比较，彰显的是国家和地区层面文化创意产业整体实力之间的"较量"与创新力的比较。通过对全球文化创意产业上市公司研发投入百强进行比较，可以直接观测到文化创意产业上市公司之间的层次落差，尤其是对同一文化创意产业上市公司研发创新有更深刻的启发作用。

（一）文化创意产业上市公司研发投入百强企业三大梯队

文化企业研发投入与文化创意产业的行业属性、经济发展和政策导向等有密切的关系。从 2016 年全球文化创意产业上市公司研发投入数据来看，百强企业在地区分布、行业领域和研发投入额度方面具有明显的不均衡性，实际上，从另一角度说明文化创意产业上市公司研发投入的持续性不但有助于突破传统文化创意产业的固有地理界线，创新发展出新业态、新模式、新产品，也加速了文化创意产业不同形态细分行业的跨区域、跨界深度融合，重塑着全球文化创意产业价值链。①

首先，文化创意产业上市公司研发投入总额百强企业"三大梯队"划分明显。根据研发投入额指标，可以将文化创意产业上市公司百强企业划分为"三大梯队"，其中，第一梯队落差大，第二、第三梯队区间内变化幅度小。具体来看，第一梯队的文化创意产业上市公司研发费用在 100 亿元以上，有 11 家企业入选，分别是亚马逊公司、字母表公司、苹果公司、脸书公司、IBM 公司、诺基亚公司、索尼公司、爱立信公司、中兴通讯公司、腾讯控股有限公司和 3M 公司。研发投入最高的是亚马逊公司，达 1068.75 亿元，是百强中唯一投入过千亿元的企业，且亚马逊公司的研发投入总额是第一梯队最后一名企业研发投入的近十倍，反映出亚马逊公司长期对技术创新、产品创新与服务创新等的高度重视。脸书公司同样比较重视研发投入，一直在寻求更进一步发展，深入挖掘视频、图片和文字等信息的潜在价值，在人工智能领域进行大量研发投入。中国的中兴通讯公司的主要业务包括基础网络、统一通信与协同、云计算与信息技术。作为高科技企业，研发实力是确保竞争优势的基础公司，然而，与亚马逊公司、谷歌公司、苹果公司、脸书公司、IBM 公司、诺

---

① 谈国新、郝挺雷：《科技创新视角下我国文化产业向全球价值链高端跃升的路径》，《华中师范大学学报》（人文社会科学版）2015 年第 2 期。

基亚公司、索尼公司、爱立信公司等公司相比,中兴通讯公司还是有很大的研发投入差距,这也是 2018 年发生"芯片事件"的重要原因,同时,也为中国企业的发展战略敲响了警钟。第二梯队研发费用在 10 亿—100 亿元,有 54 家企业在这个区间,是"三大梯队"中企业数量最多的,但大部分企业的研发费用总额集中在"尾部",即有 30 家文化企业的研发投入在 10 亿—20 亿元。第三梯队的研发投入在 10 亿元以下,有 35 家文化创意产业上市公司,研发投入额度最集中,最低研发投入为 6.05 亿元;从地理布局来看,主要分布在发达国家和地区或者崛起的发展中国家和地区,如美国(13 家)、中国(9 家)、日本(两家)、芬兰(两家)、瑞典(两家)等。从共性助推要素来看,这些国家高度重视科技创新、创意驱动、创新政策以及与其他创新要素的联动,聚焦创新战略和创新人才,关注内容创意与研发精神等实践,为中国文化创意产业创新能力的提升提供了借鉴。

其次,美国独占鳌头,中国文化创意产业上市公司虽然数量排在第 2 名,但研发投入强度仍有很大差距。在百强企业中,入围两家以上的国家和地区有 10 个(见图 11-4),其中美国入围 48 家,是中国的两倍多,遥遥领先于其他国家和地区;在文化创意产业上市公司研发投入十强中,美国更是占据"半壁江山",当之无愧是世界上最大的文化创意产业科技研发强国。近年来,中国积极建设创新型国家,2015 年提出"大众创业、万众创新",并深入实施国家创新驱动发展战略,在此背景下,文化创意产业研发投入力度不断加大,2016 年中国有 22 家企业进入全球文化创意产业上市公司百强,数量仅次于美国。此外,其他国家和地区进入百强的企业数量相对零散,如瑞典、日本、芬兰各有 3 家进入百强,韩国、中国台湾、英国、法国均有两家文化创意产业上市公司进入百强,其中韩国实施新的内容基金,重点扶持内容产业的数字化①,刺激了文化创新活动;法国专门对智能手机与平板电脑征收新税用于扶持创新活跃的数字创意产业的发展。中国文化创意产业上市公司数量虽然占据优势,但与美国相比还有较大的差距,百强企业数量不足美国的半数;在研发投

---

① Kim, Y. J., "Content Industry Support Fund in Digital Media Environment: Focusing on New Content Fund in Korea and Culture Tax in France", *The Journal of the Korea Contents Association*, Vol. 14, No. 2, 2014, pp. 146-160.

入上，中国文化创意产业上市公司研发投入总额与美国相去甚远，与其他国家相比也仍有悬殊。从文化创意产业上市公司研发投入十强企业数据来看，中国的中兴通讯公司和腾讯控股有限公司跻身其中，但排在最后两个席位，研发投入总额分别为127.62亿元、118.45亿元，比第8名瑞典的文化创意产业上市企业（245.72亿元）要低很多。这也给我们以警示，虽然中国文化创意产业上市公司研发投入总规模已居世界第2名，但无论是研发投入力度还是研发投入结构，中国和欧美各国存在很大落差，中国文化创意产业创新投入仍有很大的提升空间。

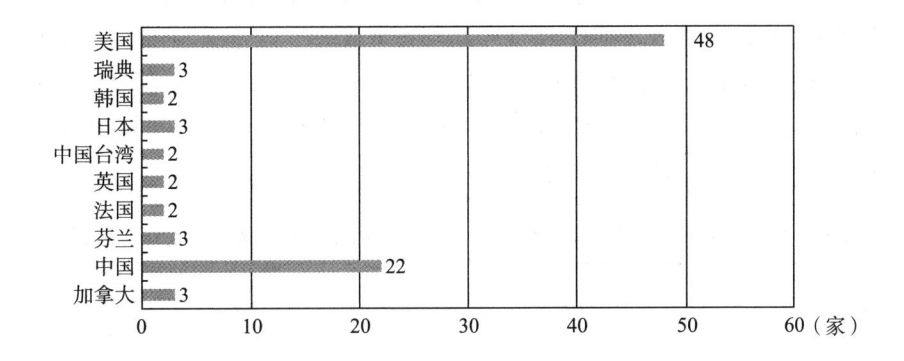

国家/地区	数量（家）
美国	48
瑞典	3
韩国	2
日本	3
中国台湾	2
英国	2
法国	2
芬兰	3
中国	22
加拿大	3

图11-4　2016年全球主要国家和地区文化创意产业上市公司研发投入总额百强分布

再次，互联网软件和服务技术行业的文化创意产业上市公司研发投入力度大，研发创新活动活跃。互联网时代，技术创新更迭加速，互联网类文化创意产业上市公司层出不穷。从数据来看，在研发投入百强名单中，26家企业属于文化软件和服务行业；十强名单中有3家来自文化软件与服务业，充分说明基于技术创新产生的互联网软件和服务业，其持久的竞争力来自源源不断的研发投入和活跃的创新能力。此外，互联网相关的电子文化产品企业（9家）、通信设备企业（9家）、软件开发企业（家庭娱乐软件游戏和应用软件企业各6家）、网络零售与技术硬件企业（各5家）、电子设备企业（3家）等的研发投入大，这与企业性质、市场需求、行业特点、政策扶持等密切相关。文化创意产业上市公司研发投入与其他行业具有明显的不同，忽视文化与创意对产业创新发展的本质作用是危险的，研发投入更多的是致力于挖掘潜在的创造力与文化内容的灵魂、激活静态的文化资源，通过创意、创新作用于文化创意生产、传播与销售整个产业链，真正实现文化创意产业最深层次的价值转换。①

最后，在文化创意产业上市公司研发投入十强中，互联网服务和通信设备行业的企业"势均力敌"。互联网服务业和通信设备业各有3家企业跻身研发投入十强名单，是分布最集中的两大行业。其中，互联网服务行业的3家企业分别为字母表公司、脸书公司和腾讯控股有限公司，分别排在第2名、第4名和第10名，这3家企业致力于新产品、新服务、新功能与新用户体验的研发、创新与升级，且紧跟全球最新科技创新动态，将AR、VR、AI等新科技应用于文化创意产业领域，其自主创新与原创能力和研发投入形成了良性互动。在3家通信设备企业中，爱立信公司和中兴通讯公司的研发投入相对靠后，分别排在第8名、第9名。其中，爱立信公司加大技术创新力度，向未来布局5G研发，在网络部分的研发投入也在继续增长（见表11-1）。

表11-1 2016年全球主要国家和地区文化创意产业上市公司研发投入总额百强

排名	公司名称	公司总部所在地	研发投入总额（亿元）
1	亚马逊公司（Amazon.com Inc）	美国	1068.75
2	字母表公司（Alphabet Inc）	美国	926.76
3	苹果公司（Apple Inc）	美国	667.43
4	脸书公司（Facebook Inc）	美国	393.28
5	IBM公司（International Business Machines Corp）	美国	382.12
6	诺基亚公司（Nokia Corp）	芬兰	343.83
7	索尼集团（Sony Corp）	日本	274.39
8	爱立信公司（Telefonaktiebolaget LM Ericsson）	瑞典	245.72
9	中兴通讯公司（Zte Corp）	中国	127.62
10	腾讯控股有限公司（Tencent Holdings LTD）	中国	118.45
11	3M公司（3M Co）	美国	115.28
12	百度公司（Baidu Inc）	中国	97.14

---

① Escalonaorcao, A. I., Escolanoutrilla, S., Sáezpérez, L. A., Sánchezvalverde, García B., "The Location of Creative Clusters in Non‐metropolitan Areas: A Methodological Proposition", *Journal of Rural Studies*, Vol. 45, 2016, pp. 112–122.

第十一章 全球文化创意产业上市公司创意创新研究报告

续表

排名	公司名称	公司总部所在地	研发投入总额（亿元）
13	易贝公司（eBay Inc）	美国	74.02
14	携程公司（Ctrip.com International Ltd）	中国	73.57
15	雅虎公司（Yahoo Inc）	美国	70.13
16	动视暴雪公司（Activision Blizzard Inc）	美国	63.65
17	奈飞公司（Netflix Inc）	美国	56.62
18	欧特克公司（Autodesk Inc）	美国	50.9
19	推特公司（Twitter Inc）	美国	47.41
20	ARRIS 国际公司（ARRIS International plc）	美国	39.01
21	摩托罗拉公司（Motorola Solutions Inc）	美国	36.74
22	加明有限公司（Garmin Ltd）	瑞士	31.09
23	网易公司（Netease Inc）	中国	29.16
24	哈曼公司国际工业公司（Harman International Industries Inc）	美国	28.78
25	施乐公司（Xerox Corp）	美国	25.32
26	艾斯兰系统公司（Aselsan AS）	土耳其	24.84
27	海康威视科技公司（Hangzhou Hik-Vision Digital Technology）	中国	24.33
28	高途乐贸易公司（GoPro Inc）	美国	23.85
29	搜狐公司（Sohu.com Inc）	中国	23.46
30	国际游戏优胜科技有限公司（International Game TechnologyUserjoy Technology Co Ltd PLC）	英国	22.83
31	金佰利公司（Kimberly-Clark Corp）	美国	21.79
32	Zynga 公司（Zynga Inc）	美国	21.28
33	乐活公司（Fitbit Inc）	美国	21.27
34	黑莓公司（BlackBerry Ltd）	加拿大	20.33
35	LG 电子公司（LG Electronics Inc）	韩国	20.31
36	GoDaddy 公司（GoDaddy Inc）	美国	19.12
37	金山软件有限公司（Kingsoft Co Ltd）	中国	18.4
38	亚美亚公司（Avaya Inc）	美国	18.27
39	孩之宝公司（Hasbro Inc）	美国	17.7

续表

排名	公司名称	公司总部所在地	研发投入总额（亿元）
40	Yandex 公司（Yandex NV）	俄罗斯	17.41
41	L3 技术公司（L3 Technologies Inc）	美国	17.14
42	斐波霍姆通信技术有限公司（Fiberhome Telecommunication Technologies Co Ltd）	中国	16.76
43	Zillow 股份有限公司（Zillow Group Inc）	美国	14.93
44	新浪公司（Sina Corp）	中国	14.37
45	美泰公司（Mattel Inc.）	美国	14.31
46	特艺集团（Technicolor SA）	法国	14.12
47	Tomtom 公司（Tomtom NV）	荷兰	14
48	Atlassian 公司（Atlassian Corp Plc）	英国	13.84
49	科学游戏公司（Scientific Games Corp）	美国	13.61
50	完美世界有限公司（Perfect World Co Ltd）	中国	13.51
51	康普控股有限公司（CommScope Holding Co Inc）	美国	13.34
52	环球旅讯公司（IAC/InterActiveCorp）	美国	13.15
53	开放文本公司（Open Text Corp）	加拿大	12.89
54	苏宁集团（Suning Commerce Group Co Ltd）	中国	12.56
55	Allscripts 医疗保健解决方案公司（Allscripts Healthcare Solutions Inc）	美国	12.49
56	贵族娱乐公司（Aristocrat Leisure Ltd）	澳大利亚	12.34
57	北极星工业公司（Polaris Industries Inc）	美国	12.3
58	SNAP 公司（SNAP INC）	美国	12.2
59	瑞声科技控股有限公司（AAC Technologies Holdings Inc）	中国香港	11.69
60	海信电气有限公司（Hisense Electric Co Ltd）	中国	11.55
61	ACI 全球公司（ACI Worldwide Inc）	美国	11.29
62	阿卡迈科技公司（Akamai Technologies Inc）	美国	11.14
63	路飞公司（Shutterfly Inc）	美国	11.09
64	微博公司（Weibo Corp）	中国	10.24
65	歌尔声学股份有限公司（Goertek Inc）	中国	10.24
66	瑞典 Cellulosa 公司（Svenska Cellulosa Sca AB）	瑞典	9.88

续表

排名	公司名称	公司总部所在地	研发投入总额（亿元）
67	斯道拉恩索奥吉公司（Stora Enso OYJ, Helsinki）	芬兰	9.7
68	潘多拉公司媒体公司（Pandora Media Inc）	美国	9.41
69	宾士域公司（Brunswick Corp）	美国	9.25
70	BRP公司（BRP Inc）	加拿大	9.24
71	安讯士网络通讯有限公司（Axis AB）	瑞典	9.24
72	Yelp公司（Yelp Inc）	美国	9.21
73	清华同方集团（Tsinghua Tongfang Co Ltd）	中国	9.06
74	雅典娜健康公司（athenahealth Inc）	美国	8.94
75	密封空气公司（Sealed Air Corp）	美国	8.69
76	猎豹移动公司（Cheetah Mobile Inc）	中国	8.67
77	科韬集团（Criteo SA）	法国	8.22
78	禧玛诺公司（Shimano Inc）	日本	8.09
79	北京畅游时代数码技术有限公司（Changyou.com Ltd）	中国	8.08
80	大同有限公司（Tatung Co Ltd）	中国香港	7.98
81	富士康移动公司（FIH Mobile Ltd）	中国	7.79
82	路坦力公司（Nutanix Inc）	美国	7.73
83	Box公司（Box Inc）	美国	7.7
84	网龙公司（NetDragon WebSoft Inc）	中国香港	7.6
85	山东晨鸣纸业集团股份有限公司（Shandong Chenming Paper Holdings Ltd）	中国	7.36
86	艾默尔公司（Amer Sports Corp）	芬兰	7.17
87	同步技术公司（Synchronoss Technologies Inc）	美国	7.09
88	云网页公司（Wix.com Ltd）	以色列	7
89	Ncsoft公司（Ncsoft Corp）	韩国	6.86
90	乐西互联网公司（Leshi Internet Leshi Internet Information and Technology Corp）	中国	6.81
91	CLDR公司（Cloudera Inc）	美国	6.8
92	大北公司（GN Store Nord A/S）	丹麦	6.69
93	霍顿公司（Hortonworks Inc）	美国	6.59

续表

排名	公司名称	公司总部所在地	研发投入总额（亿元）
94	自由市场公司（MercadoLibre Inc）	阿根廷	6.54
95	谐波公司（Harmonic Inc）	美国	6.54
96	欢聚时代公司（YY Inc）	中国	6.46
97	Veeva系统公司（Veeva Systems Inc）	美国	6.43
98	中国环球出版传媒有限公司（Chinese Universe Publishing & Media Co Ltd）	中国	6.14
99	乐天株式会社（Rakuten Inc）	日本	6.12
100	Zen公司（Zendesk Inc）	美国	6.05

（二）2012—2016年研发投入比重百强

文化创意产业上市公司百强不仅拥有较强的自我生存能力，更有较大的创新辐射带动能力。在互联网时代，创新驱动加速了文化创意产业上市公司业态培育与产品更新换代的进程，形成新的文化创意产品与服务、新展现方式、新运行机制与新运营模式。追踪全球文化创意产业上市公司研发投入百强企业的地理聚焦，可以更好地了解文化创意产业研发创新的分布规律，从而对未来发展潜力与发展走向做出准确研判。

研发投入百强企业分布区域先扩散后集中，形成行业垄断。2012年研发投入比重百强企业所在的国家和地区有美国、加拿大、中国、澳大利亚、中国台湾等18个，2014年扩展至21个国家和地区，说明越来越多的国家和地区的文化创意产业开始重视研发创新，不断加大研发投入，促使技术与文化资源融合以及高端创新人才的交流，实现与文化生产链条的无缝隙链接，给文化创意产业发展带来突破式变革。

欧美国家研发投入增长疲软，亚洲国家和地区潜力后发。2012—2016年，全球主要国家和地区跻身百强的企业数量此消彼长（见表11-2）。总体来看，欧美发达国家的研发投入增长疲软，德国、法国、英国、瑞典等欧洲国家甚至在2013年之后一直在走"下坡路"，而亚洲的一些国家和地区的发展呈现"一路高歌"的良好势头。中国台湾、韩国、中国香港、澳大利亚近几年文化创意产业研发投入呈现出"一路高歌"的状态。由于中国台湾科技发展基础良好，政策支持力度大，吸引

第十一章 全球文化创意产业上市公司创意创新研究报告 / 475

表 11-2　2012—2016 年全球主要国家和地区文化创意产业上市公司研发投入比重百强排名

排名	2012 年 公司名称	总部所在地	2013 年 公司名称	总部所在地	2014 年 公司名称	总部所在地	2015 年 公司名称	总部所在地	2016 年 公司名称	总部所在地
1	纽祖鲁公司（NEWZULU LTD）	澳大利亚	Symbid 公司（Symbid Corp）	荷兰	MPorium 集团有限公司（MPorium Group PLC）	英国	中华网龙游戏公司（Chinese Gamer International Corp）	中国台湾	飞鱼科技公司（Feiyu Technology Userjoy Technology Co Ltd International Co Ltd）	中国
2	傲库路思公司（Oculus Visiontech Inc）	加拿大	巴伦森娱乐艺术公司（Barunson Entertainment & Arts Corp）	韩国	Looksmart 搜索引擎（Looksmart Inc）	美国	合作有限公司（Collaborate Corp Ltd）	澳大利亚	第一集团有限公司（1ST Group Ltd）	澳大利亚
3	软星娱乐公司（Softstar Entertainment Inc）	中国台湾	森西奥科技公司（SENSIO Technologies Inc）	加拿大	中华网龙游戏公司（Chinese Gamer International Corp）	中国台湾	星库公司（Star Vault AB）	瑞典	MOST 公司（MobileSmith Inc）	美国
4	NEON 公司（Neonode Inc）	瑞典	推特公司（Twitter Inc）	美国	霍顿公司（Hortonworks Inc）	美国	MOST 公司（MobileSmith Inc）	美国	宏道公司（Broadvision Inc）	美国
5	塔维斯托克投资公司（Tavistock Investments PLC）	英国	Proxama 公司（Proxama PLC）	英国	NextGen 动画媒体有限公司（NextGen Animation Media Ltd）	印度	500 彩票网（500.com Ltd）	中国	派克汉尼汾公司（ParkerVision Inc）	美国

续表

排名	2012年		2013年		2014年		2015年		2016年	
	公司名称	总部所在地	公司名称	总部所在地	公司名称	总部所在地	公司名称	总部所在地	公司名称	总部所在地
6	MITK公司（Mitek Systems Inc）	美国	凯捷金融公司（Cachet financial Solutions Inc）	美国	光知科技有限公司（KuangChi Science Ltd）	中国香港	库纳开曼群岛有限公司（Qunar Cayman Islands Ltd）	中国	Exeo娱乐公司（Exeo Entertainment Inc）	美国
7	NextGen动画媒体有限公司（NextGen Animation Media Ltd）	印度	霍顿公司（Hortonworks Inc）	美国	大宇公司（Astro Corp）	中国台湾	凯捷金融公司（Cachet financial Solutions Inc）	美国	捍卫者集团（ApplyDirect Ltd）	澳大利亚
8	Hiwave技术有限公司（HiWave Technologies PLC）	英国	Rightster集团有限公司（Rightster Group PLC）	英国	UrtheCast公司（UrtheCast Corp）	加拿大	NextGen动画媒体有限公司（NextGen Animation Media Ltd）	印度	大宇公司（Astro Corp）	中国台湾
9	MeetMe公司（MeetMe Inc）	美国	VMOB集团有限公司（VMob Group Ltd）	新西兰	MeetMe公司（MeetMe Inc）	美国	NEON公司（Neonode Inc）	瑞典	中华网龙游戏公司（Chinese Gamer International Corp）	中国台湾

第十一章　全球文化创意产业上市公司创意创新研究报告 / 477

续表

排名	2012年 公司名称	总部所在地	2013年 公司名称	总部所在地	2014年 公司名称	总部所在地	2015年 公司名称	总部所在地	2016年 公司名称	总部所在地
10	思可信公司（MobileIron Inc）	美国	NextGen动画媒体有限公司（NextGen Animation Media Ltd）	印度	人人网（Renren Inc）	中国	霍顿公司（Hortonworks Inc）	美国	中国台湾靛蓝有限公司（Taiwan Indigena Botancia Co Ltd）	中国台湾
11	黑线安全公司（Blackline Safety Corp）	加拿大	VUZI公司（Vuzix Corp）	美国	纽祖鲁公司（NEWZULU LTD）	澳大利亚	大联合有限公司（Big Un Ltd）	澳大利亚	NEON公司（Neonode Inc）	瑞典
12	定位技术公司（Location Based Technologies Inc）	美国	Holosfind公司（Holosfind）	法国	VUZI公司（Vuzix Corp）	美国	访问智能公司（Access Intelligence PLC）	英国	米高梅无线有限公司（Mgm Wireless Ltd）	澳大利亚
13	技术通信公司（Technical Communications Coo）	美国	黑线安全公司（Blackline Safety Corp）	加拿大	Zynga公司（Zynga Inc）	美国	Zynga公司（Zynga Inc）	美国	LVH公司（Livehire Ltd）	澳大利亚
14	楚光控股有限公司（Chukong Holdings Ltd）	开曼群岛	MeetMe公司（MeetMe Inc）	美国	Urbanimmersive公司（Urbanimmersive Inc）	加拿大	傅奇网络游戏（X-Legend Entertainment Co Ltd）	中国台湾	傅奇网络游戏（X-Legend Entertainment Co Ltd）	中国台湾

续表

排名	2012年 公司名称	2012年 总部所在地	2013年 公司名称	2013年 总部所在地	2014年 公司名称	2014年 总部所在地	2015年 公司名称	2015年 总部所在地	2016年 公司名称	2016年 总部所在地
15	Zynga公司（Zynga Inc）	美国	Option公司（Option NV）	比利时	拉布拉多技术公司（Labrador Technologies Inc）	加拿大	昱泉国际公司（InterServ International Inc）	中国台湾	欧空局有限公司（ESA Co Ltd）	韩国
16	Box公司（Box Inc）	美国	Cytta公司（Cytta Corp）	美国	敬业公司（Engagement Labs Inc）	加拿大	APIC公司（Apigee Corp）	美国	星库公司（Star Vault AB）	瑞典
17	Serko公司（Serko Ltd）	新西兰	太字公司（Astro Corp）	中国台湾	黑线安全公司（Blackline Safety Corp）	加拿大	Atlassian公司（Atlassian Corp Plc）	澳大利亚	Aeeris公司（Aeeris Ltd）	澳大利亚
18	奇虎360科技有限公司（Qihoo 360 Technology Co Ltd）	中国	中华网龙游戏公司（Chinese Gamer International Corp）	中国台湾	宏道公司（Broadvision Inc）	美国	黑线安全公司（Blackline Safety Corp）	加拿大	霍顿公司（Hortonworks Inc）	美国
19	ARC公司（Arcontech Group PLC）	英国	微博公司（Weibo Corp）	中国	FTC公司（Filtronic PLC）	英国	Infraware公司（Infraware Inc）	韩国	合作有限公司（Collaborate Corp Ltd）	澳大利亚

续表

排名	2012年 公司名称	总部所在地	2013年 公司名称	总部所在地	2014年 公司名称	总部所在地	2015年 公司名称	总部所在地	2016年 公司名称	总部所在地
20	人人网（Renren Inc）	中国	Looksmart搜索引擎（Looksmart Inc）	美国	CSLT公司（Castlight Health Inc）	美国	MeetMe公司（MeetMe Inc）	美国	Atlassian公司（Atlassian Corp Plc）	英国
21	纳弗公司（NAVER Corp）	韩国	软星娱乐公司（Softstar Entertainment Inc）	中国台湾	Serko公司（Serko Ltd）	新西兰	芯片利媒体公司（Chips & Media Inc）	韩国	SNAP公司（SNAP INC）	美国
22	PNI数字媒体公司（PNI Digital Media Inc）	加拿大	蜻蜓广发有限公司（Dragonfly GF Co Ltd）	韩国	推特公司（Twitter Inc）	美国	UrtheCast公司（UrtheCast Corp）	加拿大	亚洲娱乐博彩公司（Entertainment Gaming Asia Inc）	中国香港
23	宏道公司（Broadvision Inc）	美国	人人网（Renren Inc）	中国	威迪克公司（VendTek Systems Inc）	加拿大	思可信公司（MobileIron Inc）	美国	软星娱乐公司（Softstar Entertainment Inc）	中国台湾
24	美国音乐公司（MakeMusic Inc）	美国	Serko公司（Serko Ltd）	新西兰	INST公司（Instructure Inc）	美国	优胜科技有限公司（Userjoy Technology Co Ltd）	中国台湾	Zynga公司（Zynga Inc）	美国
25	威马娱乐有限公司（Wemade Entertainment Co Ltd）	韩国	中国育儿网络控股有限公司（China Parenting Network Holdings Ltd）	中国	软星娱乐公司（Softstar Entertainment Inc）	中国台湾	CSLT公司（Castlight Health Inc）	美国	Spookfish公司（Spookfish Ltd）	澳大利亚

续表

排名	2012年 公司名称	总部所在地	2013年 公司名称	总部所在地	2014年 公司名称	总部所在地	2015年 公司名称	总部所在地	2016年 公司名称	总部所在地
26	威廉斯控股有限公司（Williams Grand Prix Holdings PLC）	德国	INTh公司（Intertainment Media Inc）	加拿大	美高梅无线有限公司（Mgm Wireless Ltd）	澳大利亚	WNTDF公司（Wanted Technologies Corp）	加拿大	芯片和媒体公司（Chips & Media Inc）	韩国
27	Mgame公司（Mgame Corp）	韩国	PNI数字媒体公司（PNI Digital Media Inc）	加拿大	技术通信公司（Technical Communications Coo）	美国	技术通信公司（Technical Communications Coo）	美国	迅雷集团（Xunlei Ltd）	中国
28	猎豹移动公司（Cheetah Mobile Inc）	中国	Zynga公司（Zynga Inc）	美国	库纳开曼群岛有限公司（Qunar Cayman Islands Ltd）	中国	云网页公司（Wix.com Ltd）	以色列	思可信公司（MobileIron Inc）	美国
29	统一在线公司（Unified Online Inc）	美国	EFactor集团公司（EFactor Group Corp）	美国	Yappn公司（Yappn Corp）	美国	ALBAL公司（Adgorithms LTD）	以色列	APIC公司（Apigee Corp）	美国
30	INTh公司（Intertainment Media Inc）	加拿大	MPorium集团有限公司（Mporium Group PLC）	英国	国际数据广播公司（International Datacasting Corp）	加拿大	Opower公司（Opower Inc）	美国	ADJ公司（Adslot Ltd）	澳大利亚

续表

排名	2012年 公司名称	2012年 总部所在地	2013年 公司名称	2013年 总部所在地	2014年 公司名称	2014年 总部所在地	2015年 公司名称	2015年 总部所在地	2016年 公司名称	2016年 总部所在地
31	WNTDF公司（Wanted Technologies Corp）	加拿大	美高梅无线有限公司（Mgm Wireless Ltd）	澳大利亚	APIC公司（Apigee Corp）	美国	推特公司（Twitter Inc）	美国	携程公司（Ctrip.com International Ltd）	中国
32	Zen公司（Zendesk Inc）	美国	Mgame公司（Mgame Corp）	韩国	纳弗公司（NAVER Corp）	韩国	软星娱乐公司（Softstar Entertainment Inc）	中国台湾	CSLT公司（Castlight Health Inc）	美国
33	Looksmart搜索引擎（Looksmart Inc）	美国	MITK公司（Mitek Systems Inc）	美国	森西奥科技公司（SENSIO Technologies Inc）	加拿大	统一在线公司（Unified Online Inc）	美国	CLDR公司（Cloudera Inc）	美国
34	云网页公司（Wix.com Ltd）	以色列	AVAN公司（Avantel Ltd）	印度	云网页公司（Wix.com Ltd）	以色列	北京四维图新科技股份有限公司（NavInfo Co Ltd）	中国	昱泉国际公司（InterServ International Inc）	中国台湾
35	TIVO公司（TIVO Inc）	美国	安道公司（Broadvision Inc）	美国	统一在线公司（Unified Online Inc）	美国	飞鱼科技公司（Feiyu Technology International Co Ltd）	中国	国双公司（Gridsum Holding Inc）	中国

续表

排名	2012年 公司名称	总部所在地	2013年 公司名称	总部所在地	2014年 公司名称	总部所在地	2015年 公司名称	总部所在地	2016年 公司名称	总部所在地
36	推特公司（Twitter Inc）	美国	威廉斯控股有限公司（Williams Grand Prix Holdings PLC）	德国	Upland软件公司（Upland Software Inc）	美国	网龙公司（NetDragon WebSoft Inc）	中国香港	欧特克公司（Autodesk Inc）	美国
37	库纳开曼群岛有限公司（Qunar Cayman Islands Ltd）	中国	技术通信公司（Technical Communications Coo）	美国	蜻蜓广发有限公司（Dragonfly GF Co Ltd）	韩国	Cyren有限公司（CYREN Ltd）	美国	云支付公司（CloudBuy PLC）	英国
38	中国自由职业者在线有限公司（China freelance Online Co Ltd）	中国	Urbanimmersive公司（Urbanimmersive Inc）	加拿大	育碧娱乐软件公司（UBI Soft Entertainment SA）	法国	RNWK公司（RealNetworks Inc）	美国	云网页公司（Wix.com Ltd）	以色列
39	优胜科技有限公司（Quotient TechnologyInc）	美国	INST公司（Instructure Inc）	美国	卡普康股份有限公司（Capcom Co Ltd）	日本	WK公司（Workiva Inc）	美国	ALBAL公司（Adgorithms LTD）	以色列
40	WI2WI公司（WI2WI）	美国	CLRX公司（CollabRx Inc）	美国	WK公司（Workiva Inc）	美国	Box公司（Box Inc）	美国	AEYE公司（AudioEye Inc）	美国

续表

排名	2012 年 公司名称	2012 年 总部所在地	2013 年 公司名称	2013 年 总部所在地	2014 年 公司名称	2014 年 总部所在地	2015 年 公司名称	2015 年 总部所在地	2016 年 公司名称	2016 年 总部所在地
41	VUZI 公司（Vuzix Corp）	美国	育碧娱乐软件公司（UBI Soft Entertainment SA）	法国	Teletypos 公司（Teletypos SA）	希腊	AWOX 公司（AwoX SA）	法国	佰信中国控股有限公司（Heng Xin China Holdings Ltd）	中国香港
42	WK 公司（Workiva Inc）	美国	纳弗公司（NAVER Corp）	韩国	威马娱乐有限公司（Wemade Entertainment Co Ltd）	韩国	INST 公司（Instructure Inc）	美国	Urbanimmersive 公司（Urbanimmersive Inc）	加拿大
43	育碧娱乐软件公司（UBI Soft Entertainment SA）	法国	纽祖鲁公司（NEWZULU LTD）	澳大利亚	微博公司（Weibo Corp）	中国	Onthehouse 有限公司（Onthehouse Holdings Ltd）	澳大利亚	MEET 有限公司（The Meet Group Inc）	美国
44	铱象电子股份有限公司（International Games System Co Ltd）	中国台湾	JoyCity 公司（JoyCity Corp）	韩国	昱泉国际公司（InterServ International Inc）	中国台湾	美高梅无线有限公司（Mgm Wireless Ltd）	澳大利亚	HLB 有限公司（HLB Co Ltd）	韩国

续表

排名	2012 年 公司名称	总部所在地	2013 年 公司名称	总部所在地	2014 年 公司名称	总部所在地	2015 年 公司名称	总部所在地	2016 年 公司名称	总部所在地
45	Invisio 通讯公司（Invisio Communications）	瑞典	Cipherloc 公司（Cipherloc Corp）	美国	ARC 公司（Arcontech Group PLC）	英国	钛象电子股份有限公司（International Games System Co Ltd）	中国台湾	自由宽带公司（Liberty Broadband Corp）	美国
46	Lenco 移动公司（Lenco Mobile Inc）	美国	钛象电子股份有限公司（International Games System Co Ltd）	中国台湾	Cyren 有限公司（CYREN Ltd）	美国	鹿特丹国际出版公司（And International Publishers NV, Rotterdam）	荷兰	技术通信公司（Technical Communications Coo）	美国
47	卡普康股份有限公司（Capcom Co Ltd）	日本	ARC 公司（Arcontech Group PLC）	英国	Atlassian 公司（Atlassian Corp Plc）	澳大利亚	Qumu 公司（Qumu Corp）	美国	INST 公司（Instructure Inc）	美国
48	Jacada 公司（Jacada Ltd）	以色列	Euroinvestor 公司（Euroinvestor.com A/S）	丹麦	鹿特丹国际出版公司（International Publishers NV, Rotterdam）	荷兰	Marin 软件公司（Marin Software Inc）	美国	Transys Tem 公司（Transys Tem Inc）	中国台湾

续表

排名	2012 年		2013 年		2014 年		2015 年		2016 年	
	公司名称	总部所在地	公司名称	总部所在地	公司名称	总部所在地	公司名称	总部所在地	公司名称	总部所在地
49	Option 公司（Option NV）	比利时	WK 公司（Workiva Inc）	美国	云游控股有限公司（Forgame Holdings Ltd）	中国香港	路坦力公司（Nutanix Inc）	美国	WK 公司（Workiva Inc）	美国
50	MKTO 公司（Marketo Inc）	美国	APIC 公司（Apigee Corp）	美国	Qumu 公司（Qumu Corp）	美国	携程公司（Ctrip.com International Ltd）	中国	优胜科技有限公司（Userjoy Technology Co Ltd）	中国台湾
51	传奇网络游戏（X-Legend Entertainment Co Ltd）	中国台湾	思可信公司（MobileIron Inc）	美国	Opower 公司（Opower Inc）	美国	微博公司（Weibo Corp）	中国	鹦鹉公司（Parrot SA）	法国
52	Opower 公司（Opower Inc）	美国	奇虎360 科技有限公司（Qihoo 360 Technology Co Ltd）	中国	AWOX 公司（AwOX SA）	法国	Zen 公司（Zendesk Inc）	美国	深圳市中青宝旺网络科技有限公司（Shenzhen Zhongqingbaowang Network Technology Co Ltd）	中国

续表

排名	2012 年 公司名称	总部所在地	2013 年 公司名称	总部所在地	2014 年 公司名称	总部所在地	2015 年 公司名称	总部所在地	2016 年 公司名称	总部所在地
53	Cipherloc 公司（Cipherloc Corp）	美国	库纳开曼群岛有限公司（Qunar Cayman Islands Ltd）	中国	钛象电子股份有限公司（International Games System Co Ltd）	中国台湾	艾斯兰系统公司（Aselsan A S）	土耳其	高速乐贸易公司（GoPro Inc）	美国
54	优胜游戏科技公司（Userjoy Technology Co Ltd Co Ltd）	中国台湾	韦格纳公司（Wegener Corp）	美国	思可信公司（MobileIron Inc）	美国	Exeo 娱乐公司（Exeo Entertainment Inc）	美国	FirstWave 云技术有限公司（FirstWave Cloud Technology Ltd）	澳大利亚
55	MMRG 全球公司（MMRGlobal Inc）	美国	Box 公司（Box Inc）	美国	优胜科技有限公司（Userjoy Technology Ltd）	中国台湾	迅雷集团（Xunlei Ltd）	中国	黑线安全公司（Blackline Safety Corp）	加拿大
56	电子艺术公司（Electronic Arts Inc）	美国	云网页公司（Wix.com Ltd）	以色列	JoyCity 公司（JoyCity Corp）	韩国	威马娱乐有限公司（Wemade Entertainment Co Ltd）	韩国	群登科技有限公司（AcSiP Technology Corp）	中国台湾
57	阿尔法波特科技有限公司（AlphaPoint Technology Inc）	美国	雅达利公司（Atari）	法国	思泰科技公司（SMTrack Berhad）	马来西亚	XO 集团（XO Group Inc）	美国	艾斯兰系统公司（Aselsan AS）	土耳其

续表

排名	2012年 公司名称	总部所在地	2013年 公司名称	总部所在地	2014年 公司名称	总部所在地	2015年 公司名称	总部所在地	2016年 公司名称	总部所在地
58	Trulia公司（Trulia Inc）	美国	WNTDF公司（Wanted Technologies Corp）	加拿大	传奇网络游戏（X-Legend Entertainment Co Ltd）	中国台湾	CBX公司（Cortex Business Solutions Inc）	加拿大	WTC公司（Wisetech Global Ltd）	澳大利亚
59	立方公司（Immediatek Inc）	美国	Teletypos公司（Teletypos SA）	希腊	RNWK公司（RealNetworks Inc）	美国	BNFT公司（Benefitfocus Inc）	美国	XO集团（XO Group Inc）	美国
60	罗斯林数据技术有限公司（Rosslyn Data Technologies PLC）	英国	G5娱乐公司（G5 Entertainment AB）	瑞典	Mobity控股公司（Mobivity Holdings Corp）	美国	ARC公司（Arcontech Group PLC）	英国	Zen公司（Zendesk Inc）	美国
61	NEWR公司（New Relic Inc）	美国	怪物艺术公司（Monster Arts Inc）	美国	雅达利公司（Atari）	法国	Demandware公司（Demandware Inc）	美国	Box公司（Box Inc）	美国
62	Nearmap公司（Nearmap Ltd）	澳大利亚	传奇网络游戏（X-Legend Entertainment Co Ltd）	中国台湾	PCLK公司（Point Click Care Corp）	加拿大	脸书公司（Facebook Inc）	美国	推特公司（Twitter Inc）	美国

续表

排名	2012年 公司名称	总部所在地	2013年 公司名称	总部所在地	2014年 公司名称	总部所在地	2015年 公司名称	总部所在地	2016年 公司名称	总部所在地
63	完美世界有限公司（Perfect World Co Ltd）	中国	优胜游戏科技公司（Userjoy Technology Userjoy Technology Co Ltd Co Ltd）	中国台湾	LifeLogger 科技公司（LifeLogger Technologies Corp）	中国台湾	诺伊利昂公司（Neulion Inc）	美国	TWLO 公司（Twilio Inc）	美国
64	艾斯兰系统公司（ISSC Technologies Corp）	土耳其	威马娱乐有限公司（Wemade Entertainment Co Ltd）	韩国	携程公司（Ctrip.com International Ltd）	中国	Urbanimmersive 公司（Urbanimmersive Inc）	加拿大	次文化公司（Xing AG）	德国
65	创杰科技公司（ISSC Technologies Corp）	中国台湾	PCLK 公司（Point Click Care Corp）	加拿大	MITK 公司（Mitek Systems Inc）	美国	MPorium 集团有限公司（Mporium Group PLC）	英国	Cyren 有限公司（CYREN Ltd）	美国
66	亿泰利多媒体公司（M-etel Co）	中国台湾	电子艺术公司（Electronic Arts Inc）	美国	摩纳克集团（Monaker Group Inc）	美国	领英公司（LinkedIn Corp）	美国	Marin 软件公司（Marin Software Inc）	美国
67	Tuto4PC.com 集团公司（tuto4PC.com Group SA）	法国	罗斯林数据技术有限公司（Rosslyn Data Technologies PLC）	英国	B&O 公司（Bang & Olufsen As）	丹麦	SciQuest 有限公司（SciQuest Inc）	美国	CNXR 公司（Connecture Inc）	美国

续表

排名	2012年 公司名称	总部所在地	2013年 公司名称	总部所在地	2014年 公司名称	总部所在地	2015年 公司名称	总部所在地	2016年 公司名称	总部所在地
68	金山软件有限公司（Kingsoft Co Ltd）	中国	SciQuest有限公司（SciQuest Inc）	美国	Box公司（Box Inc）	美国	云游控股有限公司（Forgame Holdings Ltd）	中国香港	网龙公司（NetDragon WebSoft Inc）	中国香港
69	YDLE公司（Yodlee Inc）	美国	晨星阿拉伯胶通讯公司（Acacia Communications Inc）	美国	淘米控股有限公司（Taomee Holdings Ltd）	中国	Zillow股份有限公司（Zillow Group Inc）	美国	玻璃桥企业有限公司（GlassBridge Enterprises Inc）	美国
70	脸书公司（Facebook Inc）	美国	Opower公司（Opower Inc）	美国	WNTDF公司（Wanted Technologies Corp）	加拿大	RSupport有限公司（RSupport Co Ltd）	韩国	Qumu公司（Qumu Corp）	美国
71	TRUE公司（TrueCar Inc）	美国	西安海天天线控股有限公司（Xian Haitian Antenna Holdings Co Ltd）	中国	螺旋玩具公司（Spiral Toys Inc）	美国	DSP集团公司（DSP Group Inc）	美国	云游控股有限公司（Forgame Holdings Ltd）	中国香港
72	DragonWave公司（DragonWave Inc）	加拿大	依马狮视听传媒（Net Insight AB）	瑞典	BNFT公司（Benefitfocus Inc）	美国	琥珀路公司（Amber Road Inc）	美国	Zillow股份有限公司（Zillow Group Inc）	美国

续表

排名	2012年 公司名称	总部所在地	2013年 公司名称	总部所在地	2014年 公司名称	总部所在地	2015年 公司名称	总部所在地	2016年 公司名称	总部所在地
73	Cyren有限公司（Cyren Ltd）	美国	Cyren有限公司（Cyren Ltd）	美国	艾斯兰系统公司（Aselsan AS）	土耳其	EVDY公司（Everyday Health Inc）	美国	路坦力公司（Nutanix Inc）	美国
74	淘米控股有限公司（Taomee Holdings Ltd）	中国	艾斯兰系统公司（Aselsan AS）	土耳其	路坦力公司（Nutanix Inc）	美国	台联电讯公司（Tainet Communication System Corp）	中国台湾	Rusgg公司（rusgg Inc）	美国
75	领英公司（LinkedIn Corp）	美国	RNWK公司（RealNetworks Inc）	美国	OHE公司（Orion Health Group Ltd）	新西兰	新浪公司（Sina Corp）	中国	Onvia公司（Onvia Inc）	美国
76	DSP集团公司（DSP Group Inc）	美国	猎豹移动公司（Cheetah Mobile Inc）	美国	云支付公司（CloudBuy PLC）	英国	金山软件有限公司（Kingsoft Co Ltd）	中国	DSP集团公司（DSP Group Inc）	美国
77	Urbanimmersive公司（Urbanimmersive Inc）	加拿大	完美世界有限公司（Perfect World Co Ltd）	中国	中国育儿网络控股有限公司（China Parenting Network Holdings Ltd）	中国	雅虎公司（Yahoo Inc）	美国	中国销售技术有限公司（China Binary Sale Technology Ltd）	中国香港

续表

排名	2012年 公司名称	总部所在地	2013年 公司名称	总部所在地	2014年 公司名称	总部所在地	2015年 公司名称	总部所在地	2016年 公司名称	总部所在地
78	SciQuest有限公司（SciQuest Inc）	美国	傲库路思公司（Oculus Visiontech Inc）	加拿大	奇虎360科技有限公司（Qihoo 360 Technology Co Ltd）	中国	CNXR公司（Connecture Inc）	美国	深圳市金山科技用户欢乐科技有限公司（Shenzhen Kingsun Science And Technology Ltd）	中国
79	云游控股有限公司（Forgame Holdings Ltd）	中国香港	Shop公司（Shopify Inc）	加拿大	金山软件有限公司（Kingsoft Co Ltd）	中国	JoyCity公司（JoyCity Corp）	韩国	RNWK公司（RealNetworks Inc）	美国
80	美高梅无线有限公司（Mgm Wireless Ltd）	澳大利亚	国际数据广播公司（International Datacasting Corp）	加拿大	Marin软件公司（Marin Software Inc）	美国	Transys Tem公司（Transys Tem Inc）	中国台湾	台联电讯公司（Tainet Communication System Corp）	中国台湾
81	CNXR公司（Connecture Inc）	美国	Lenco移动公司（Lenco Mobile Inc）	美国	VMOB集团有限公司（VMOB Group Ltd）	新西兰	谐波公司（Harmonic Inc）	美国	BNFT公司（Benefitfocus Inc）	美国
82	依马狮视听传媒（Net Insight AB）	瑞典	EVDY公司（Everyday Health Inc）	美国	Zen公司（Zendesk Inc）	美国	乔麦克斯有限公司（Joymax Co Ltd）	韩国	谐波公司（Harmonic Inc）	美国

续表

排名	2012 年		2013 年		2014 年		2015 年		2016 年	
	公司名称	总部所在地	公司名称	总部所在地	公司名称	总部所在地	公司名称	总部所在地	公司名称	总部所在地
83	ChyronHego 公司（ChyronHego Corp）	美国	ADJ 公司（Adslot Ltd）	澳大利亚	Mgame 公司（Mgame Corp）	韩国	MB 公司（MINDBODY Inc）	美国	Okta 公司（Okta Inc）	美国
84	Halogen 软件公司（Halogen Software Inc）	加拿大	金山软件有限公司（Kingsoft Co Ltd）	中国	先进稳定技术集团（Advanced Stabilized Technologies Group AB0）	瑞典	深圳市中青宝旺网络科技有限公司（Shenzhen Zhongqingbaowang Network Technology Userjoy Technology Co Ltd Co Ltd）	中国	ARC 公司（Arcontech Group PLC）	英国
85	RNWK 公司（RealNetworks Inc）	美国	立方公司（Immediatek Inc）	美国	完美世界有限公司（Perfect World Co Ltd）	中国	VJET 公司（voxeljet AG）	德国	迪吉利提货币集团公司（Digiliti Money Group Inc）	美国
86	OHE 公司（Orion Health Group Ltd）	新西兰	Aconex 有限公司（Aconex Ltd）	澳大利亚	SciQuest 有限公司（SciQuest Inc）	美国	Upland 软件公司（Upland Software Inc）	美国	Anlab 公司（Anlab Inc）	韩国

第十一章　全球文化创意产业上市公司创意创新研究报告 / 493

续表

排名	2012 年		2013 年		2014 年		2015 年		2016 年	
	公司名称	总部所在地	公司名称	总部所在地	公司名称	总部所在地	公司名称	总部所在地	公司名称	总部所在地
87	VCST 公司（Viewcast. Com Inc）	美国	FTC 公司（Filtronic PLC）	英国	自由宽带公司（Liberty Broadband Corp）	美国	AfterMaster 公司（AfterMaster Inc）	美国	优胜科技有限公司（Hangzhou Electronic Soul Network Technology Userjoy Technology Co Ltd Co Ltd）	中国
88	CARB 公司（Carbonite Inc）	美国	Marin 软件公司（Marin Software Inc）	美国	Jobookit 控股有限公司（Jobookit Holdings Ltd）	以色列	INTh 公司（Intertainment Media Inc）	加拿大	微博公司（Weibo Corp）	中国
89	Marin 软件公司（Marin Software Inc）	美国	W12WI 公司（W12WI）	美国	电信信息技术公司（Teles AG Informationstechnologien, Berlin）	德国	Yandex 公司（Yandex NV）	荷兰	黑莓公司（BlackBerry Ltd）	加拿大
90	乔麦克斯有限公司（Joymax Co Ltd）	韩国	酷 6 传媒公司（Ku6 Media Co Ltd）	中国	YDLE 公司（Yodlee Inc）	美国	北京畅游时代数码技术有限公司（Changyou. com Ltd）	中国	eGain 公司（eGain Corp）	美国

续表

排名	2012年 公司名称	总部所在地	2013年 公司名称	总部所在地	2014年 公司名称	总部所在地	2015年 公司名称	总部所在地	2016年 公司名称	总部所在地
91	网元公司（Net Element Inc）	美国	ATEME公司（Assistance Technique et Etude de Materiels Electroniques SA）	法国	Transys Tem公司（Transys Tem Inc）	中国台湾	G5娱乐公司（G5 Entertainment AB）	瑞典	北京畅游时代数码技术有限公司（Changyou.com Ltd）	中国
92	次文化公司（Xing AG）	德国	TIVO公司（Inc）	美国	斯波卡阿克西尼亚农场51组公司（The Farm 51 Group Spolka Akcyjna）	波兰	蓝港互动公司（Linekong Interactive Group Co Ltd）	中国香港	钛象电子股份有限公司（International Games System Co Ltd）	中国台湾
93	鲁比肯专项目公司（Rubicon Project Inc（The））	美国	NEWR公司（New Relic Inc）	美国	合作有限公司（Collaborate Corp Ltd）	澳大利亚	梭子鱼网络有限公司（Barracuda Networks Inc）	美国	琥珀路公司（Amber Road Inc）	美国
94	昱泉国际公司（InterServ International Inc）	中国台湾	卡普康股份有限公司（Capcom Co Ltd）	日本	雅虎公司（Yahoo Inc）	美国	TIVO公司（TIVO Inc）	美国	云支出软件公司（Coupa Software Inc）	美国
95	安德里亚电子公司（Andrea Electronics Corp）	美国	E2open公司（E2open Inc）	美国	圆刚科技股份有限公司（Avermedia Technologies Inc）	中国台湾	MITK公司（Mitek Systems Inc）	美国	MITK公司（Mitek Systems Inc）	美国

第十一章 全球文化创意产业上市公司创意创新研究报告 / 495

续表

排名	2012 年		2013 年		2014 年		2015 年		2016 年	
	公司名称	总部所在地	公司名称	总部所在地	公司名称	总部所在地	公司名称	总部所在地	公司名称	总部所在地
96	电信信息技术公司（Teles AG Informationstechnologien, Berlin）	德国	领英公司（LinkedIn Corp）	美国	安德里亚电子公司（Andrea Electronics Corp）	美国	Anlab 公司（Anlab Inc）	韩国	同步技术公司（Synchronoss Technologies Inc）	美国
97	三洋株式会社（Sankyo Co Ltd）	日本	电信信息技术公司（Teles AG Informationstechnologien, Berlin）	德国	PATI 游戏公司（PATI Games Corporation）	韩国	电动汽车广播设备有限公司（Evs Broadcast Equipment SA, Liege）	比利时	金山软件有限公司（Kingsoft Co Ltd）	中国
98	Ncsoft 公司（Ncsoft Corp）	韩国	淘米控股有限公司（Taomee Holdings Ltd）	中国	Shop 公司（Shopify Inc）	加拿大	实际公司（Actua Corp）	美国	Apptio 公司（Apptio Inc）	美国
99	携程公司（Ctrip.com International Ltd）	中国	YDLE 公司（Yodlee Inc）	美国	网龙公司（NetDragon WebSoft Inc）	中国香港	BCOV 公司（Brightcove Inc）	美国	完美世界有限公司（Perfect World Co Ltd）	中国
100	思译公司（Systran SA）	法国	SYNC 公司（Synacor Inc）	美国	福蒂斯公司（Fortis Inc）	韩国	Matrix 公司（Matrix Inc）	美国	Matrix 公司（Matrix Inc）	美国

外部订单,比如台积电公司、富士康移动公司、和硕科技公司和台达电子公司都属于美国苹果公司产业链,同时,来自苹果公司的零部件和代工订单技术要求,推动了中国台湾文化科技产业不断加大研发投入,提高自身的技术水平。中国台湾在2013年之前,只有1家企业进入全球研发投入比重百强榜单之中,2014年、2015年各有5家,2016年有6家入围百强名单。中国台湾研发投入的成长主要是基于地区的政策导向,2014年前后,中国台湾对自身的发展战略进行深刻反思,认为不能单纯地把发展目光局限于贸易、金融、航运、旅游、专业服务等产业,从长远看,需要新型产业业态的支撑和引领。于是,中国台湾开始出台一系列政策,加大研发投入、引进人才等措施,发展初见成效。和韩国相比较言,中国发展比较稳定,中国入围百强的企业数量一直在9—11家,几乎每年都有企业挤入十强,甚至三强,表明中国企业对研发创新的重视程度已经达到世界级。韩国重视新技术、新产品的研发,企业始终保持着较高的技术研发投入,每年都有5家左右的企业列入百强名单。

四 2012—2016年全球主要国家和地区文化创意产业上市公司研发投入占比均值排名

全球文化创意产业上市公司研发投入占比均值差异大。文化创意产业上市公司研发投入占比均值能从宏观上反映一个国家和地区对研发创新的重视程度。以互联网为代表的一系列科技创新是一种集聚创新,是文化创意产业创新发展的重要因素。

从2012—2016年全球主要国家和地区文化创意产业上市公司研发投入占比均值数据(见表11-3)来看,欧美研发投入占比高,亚洲研发投入不足,与欧美差距较大。具体来看,北美洲的加拿大和美国的文化创意产业上市公司研发投入占比均值最高,分别为16.73%、11.45%,所采集的企业数量达1746家,其中美国是所有国家和地区样本企业中数量最多的,为1570家,这必然会导致研发投入占比均值有所降低,但却仍保持前三的地位,充分说明美国研发投入和创新能力的强大,同时说明美国长期通过税收优惠政策鼓励企业加强技术创新与研发活动、加大对无形资产投入力度的重要性。[1] 亚洲国家和地区伴随经济的稳健增长,文

---

[1] 解学芳、臧志彭:《国外文化产业财税扶持政策法规体系研究:最新进展、模式与启示》,《国外社会科学》2015年第4期。

化创意企业纷纷转型,越来越重视技术创新与内容创新,不断加大研发投入,其中以色列(11.38%)、中国(8.39%)和中国台湾(7.17%)3个国家和地区的文化创意产业上市公司研发投入占比均值是亚洲国家和地区中排名最靠前的,但在22个国家和地区中相对靠后。这也说明,相比欧洲文化企业,亚洲国家和地区文化创意产业上市公司研发投入力度尚可,但重视程度还不够,研发创新意识与创新能力还需要进一步提高。

表11-3 2012—2016年全球主要国家和地区文化创意产业上市公司研发投入占比均值排名

排名	公司总部所在地	公司数量(家)	文化创意公司研发投入占比均值(%)
1	加拿大	176	16.73
2	澳大利亚	178	12.04
3	美国	1570	11.45
4	以色列	106	11.38
5	瑞典	100	10.99
6	荷兰	46	10.11
7	中国	593	8.39
8	丹麦	40	7.34
9	中国台湾	674	7.17
10	英国	345	7.11
11	德国	142	6.77
12	法国	153	6.44
13	韩国	600	5.69
14	中国香港	260	5.19
15	土耳其	39	4.99
16	印度	126	4.13
17	芬兰	83	3.64
18	波兰	36	3.03
19	日本	655	2.86
20	新加坡	40	2.49

续表

排名	公司总部所在地	公司数量（家）	文化创意公司研发投入占比均值（%）
21	马来西亚	79	1.63
22	意大利	33	0.89
23	开曼群岛	4	23.22
24	俄罗斯	1	20.85
25	新西兰	21	18.93
26	马耳他	1	14.27
27	比利时	23	13.65
28	阿根廷	5	9.87
29	爱尔兰	5	7.38
30	瑞士	18	6.44
31	斯洛文尼亚	5	5.31
32	希腊	24	4.25
33	泽西岛	6	4.07
34	菲律宾	15	2.73
35	挪威	3	1.74
36	南非	27	1.23
37	巴西	14	1.01
38	印度尼西亚	8	0.47
39	泰国	12	0.34
40	巴拿马	2	0.28
41	西班牙	18	0.26
42	巴基斯坦	5	0.17
43	智利	5	0.16
44	百慕大	5	0.00
45	葡萄牙	1	0.00
	总计	6302	7.88

注：基于统计学意义，文化创意产业上市公司数量不足30家的国家和地区未参与排名分析。

第二节 全球文化创意产业上市公司无形资产研究[①]

文化创意产业相对于其他产业，明显特点在于其持续的内容创新与创意，而创意创新成果转化及呈现最主要的载体就是无形资产。无形资产作为文化企业创意创新资源与创意创新能力的核心体现，其发展现状和存在问题对文化企业发展及投资决策具有重要参考价值，对整个行业及国家和地区经济的发展具有重要意义。

2017年11月20日，世界知识产权组织（WIPO）发布的《2017世界知识产权报告》显示，全球销售的制成品近1/3的价值源于品牌、外观设计和技术等无形资产。[②] 无形资产是全球价值链的核心所在，决定了产品的市场成功率，这是企业在激烈的市场竞争中脱颖而出的决胜法宝，也是国家抢占发展先机的"秘密武器"。中国实行的新《企业会计准则——无形资产》将无形资产定义为："无形资产是指企业拥有或者控制的，没有实物形态的可辨认的非货币性资产，无形资产主要包括专利权、非专利技术、商标权、著作权、土地使用权、特许权等。"[③] 从定义可知，无形资产对特定企业个体具有依附性，为企业独占或垄断性拥有；无形资产虽然不具有实物形态，但在经济实践中"存在"，享有法律或契约的保护。无形资产对重创意、轻资产的文化创意产业而言，意义更加不同。

但是，在评价企业发展时，往往重视营收、纳税、就业人员等可见的经济指标，容易忽视构成企业整体价值的各类无形资产。伴随互联网时代的崛起，社会进入了一个无形资产是企业最大资产的时代。[④] 对于文化企业来说，无形资产比其他传统产业具有更重要的意义，主要在于文化本身就是一种无形的资产，基于文化而衍生的产业本身就离不开无形

[①] 葛样艳、解学芳：《全球文化创意产业创新动态与中国借鉴——基于2012—2016年文创上市公司无形资产数据》，《太原学院学报》（社会科学版）2018年第5期。

[②] WIPO, *World Intellectual Property Report 2017—Intangible Capital in Global Value Chains*, http://www.wipo.int/publications/en/details.jsp?id=4225, 2017-11-10.

[③] 财政部：《企业会计准则——无形资产》，2006年第6号。

[④] Osinski, M., Selig, P. M., Matos, F. and Roman, D. J., "Methods of Evaluation of Intangible Assets and Intellectual Capital", *Journal of Intellectual Capital*, Vol. 18, No. 3, 2017.

资产。再者，文化企业作为以内容生产和传播为核心的生产组织，具有非物质价值属性的无形资产始终是文化企业拥有的主要资产形式和最主要的运营对象①，要比其他产业更加重视和保护。因此，本报告以全球文化创意产业上市公司无形资产为分析对象，通过多维度的透视分析，可以了解全球文化企业发展经营状况，把脉发展过程中存在的问题，同时，取长补短，为文化创意产业无形资产开发提供一些借鉴和启发。

一 2012—2016 年全球文化创意产业上市公司无形资产的总体特征

无形资产均值和极值的变化凸显出无形资产优势所在。受传统产业发展观念的束缚，很多企业长期把发展指标落在有形资产上，包括许多后来兴起的文化企业，这便导致无形资产在一段时间内成长缓慢。2012—2014 年，无形资产均值仅维持在 20 多亿元。在全球产业经济升级转型的大背景下，无形资产所蕴藏的巨大价值开始受到越来越多企业的重视，并借助"互联网+"与"文化+"的机会，深入开发文化创意产业链，拓展无形资产的开发领域。2015 年无形资产均值迅速增加到 34.26 亿元，增长率由 2014 年的 11.83% 迅速上升到 39%，2016 年继续保持高增长率，均值增长到 42.43 亿元。在文化创意产业无形资产加快发展的过程中，起步晚的文化企业在奋力发展，基础良好的文化企业无形资产发展优势更加突出。在极值方面，无形资产的极小值由前两年的负值转为 0，极大值在 2013 年、2014 年经过两年的经济恢复和文化创意产业调整也迅速增长，2015 年和 2016 年分别为 6867.11 亿元、7482.81 亿元，全距在变大，表明无形资产优势企业强者更强（见表 11-4）。可以推测，未来会有越来越多的文化企业意识到无形资产这块"宝藏"，无形资产更多的价值将会得到更大价值的发挥，甚至成为企业提高核心竞争力的主要力量。

二 2000—2016 年全球 16 个主要国家和地区文化创意产业上市公司无形资产演变趋势

无形资产作为文化创意产业发展的生命源泉，其发展状况对于文化企业的可持续性成长具有重要意义。因此，本报告选取了 2000—2016 年

---

① 姬彦凤：《中国文化类上市公司无形资产经营研究》，硕士学位论文，上海市社会科学院，2017 年。

全球 16 个主要国家和地区作为数据样本,包括美国、日本、英国、中国、加拿大、印度、中国台湾、澳大利亚、法国、中国香港、韩国、德国、意大利、南非、巴西、俄罗斯。通过 16 个国家和地区文化创意产业上市公司发展较为成熟和先进的国家和地区的无形资产发展状况,研究分析全球的文化创意产业上市公司无形资产发展演变态势。

表 11-4　　2012—2016 年全球主要国家和地区文化创意产业上市公司无形资产　　单位:家、亿元人民币

年份	上市公司数量	均值	合计	极小值	极大值	全距
2012	3793	21.09	79985.13	-6.26	6573.65	6579.91
2013	3819	21.90	83651.93	-7.66	6381.09	6388.75
2014	3735	24.49	91451.79	0.00	6386.70	6386.70
2015	2447	34.26	83824.65	0.00	6867.11	6867.11
2016	2390	42.43	101418.10	0.00	7482.81	7482.81
总计	16184	27.21	440331.60	-7.66	7482.81	7490.47

(一)全球主要国家和地区文化创意产业上市公司无形资产在全球占据垄断性地位

在互联网时代,市场结构高度垄断,商业竞争异常激烈,必须不断地实现技术或商业模式的进步与创新①,而有如此迅速反应能力的,主要是那些拥有雄厚资本及先进技术的主要国家和地区。通过截取 2012—2016 年全球主要国家和地区文化创意产业上市公司数量和无形资产现状(见图 11-5),横向对比后可以发现:在 2012—2016 年文化创意产业上市公司数量和无形资产总值中,主要国家和地区占据绝对性地位。在文化创意产业上市公司数量上,主要国家和地区的上市公司数量占全球的 80% 左右。主要国家和地区文化创意产业上市公司无形资产垄断性地位的形成,不仅在于雄厚的经济实力,还有先进的技术为其创造良好的发展优势。

---

① 傅瑜、隋广军、赵子乐:《单寡头竞争性垄断:新型市场结构理论构建——基于互联网平台企业的考察》,《中国工业经济》2014 年第 1 期。

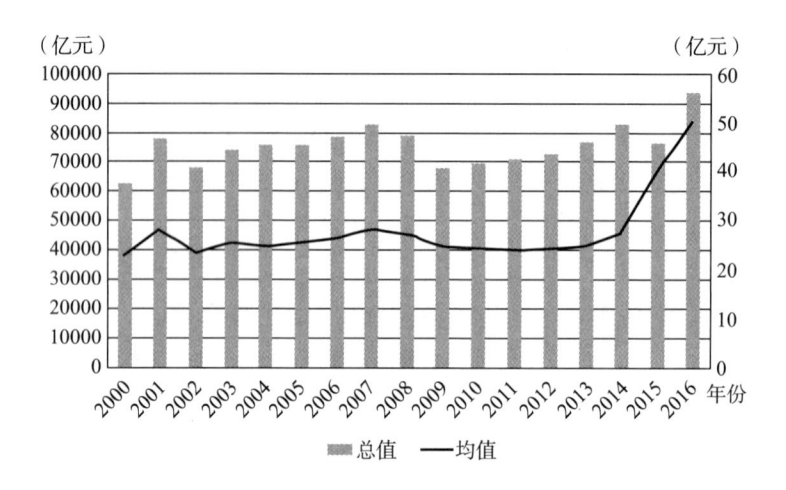

图 11-5 2012—2016 年全球主要国家和地区文化创意产业
上市公司数量和无形资产现状

(二) 技术创新成为无形资产开发的强动力

技术创新是促进经济增长方式转变的核心动力,主要通过应用新技术、新工艺,开发新产品和提供新服务,占据市场并实现市场价值。[①] 在无形资产的开发上,技术创新一方面为其提供更加便捷的技术支持,另一方面技术创新过程也是技术类无形资产的诞生过程,同时也可以丰富无形资产内涵,拓展其外延。2000—2016 年,全球主要国家和地区文化创意产业上市公司无形资产极值变化出现两次明显的波动,分别在 2001 年和 2014 年,这和技术的进步有很大的关系(见图 11-6 和表 11-5)。21 世纪初,互联网技术突飞猛进,为文化创意产业上市公司无形资产的开发提供了强有力的技术支持,也出现了无形资产发展的"领头羊",其极大值达到 13980.77 亿元;之后无形资产极值变化比较稳定,2008 年因为国际金融危机,无形资产极小值持续下跌,2013 年跌到最低点;极大值变化一直比较缓和,未能有所突破。2014 年,科技发展再次有所新发展,移动互联网技术、VR、AI 的成熟为文化创意产业上市公司无形资产的开发带来新"工具",脸书公司、推特公司、百度公司、腾讯控股有限

---

① Connie, Z., "The Inner Circle of Technology Userjoy Technology Co Ltd. Innovation: A Case Study of Two Chinese Firms", *Technological Forecasting and Social Change*, Vol. 82, 2014, pp. 140–148.

公司、阿里巴巴集团等依托互联网技术而发展起来的文化创意上市企业再逢"春天",产业转型升级,无形资产的价值得到更大效应的显现,2016 年无形资产最大值达到 7482.81 亿元。

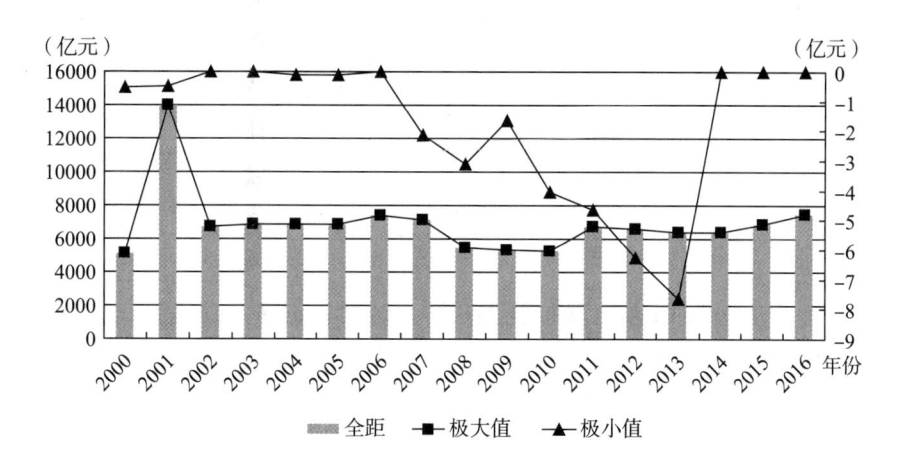

图 11-6　2000—2016 年主要国家和地区文化创意产业上市公司无形资产极值变化

表 11-5　全球 16 个主要国家和地区文化创意产业上市公司无形资产　　单位:亿元

年份	上市公司数量	均值	合计	极小值	极大值	全距
2000	2770	22.58	62543.36	-0.51	5141.52	5142.03
2001	2799	27.81	77849.75	-0.49	13980.77	13981.26
2002	2868	23.79	68242.98	0.00	6714.58	6714.58
2003	2877	25.66	73823.44	0.00	6892.55	6892.55
2004	3064	24.81	76015.66	-0.10	6881.88	6881.98
2005	2979	25.46	75839.69	-0.13	6861.59	6861.72
2006	2956	26.56	78521.71	-0.01	7399.90	7399.90
2007	2951	28.10	82915.40	-2.12	7160.26	7162.38
2008	2936	27.01	79293.84	-3.12	5482.06	5485.18
2009	2774	24.44	67807.47	-1.65	5361.45	5363.10
2010	2883	24.10	69482.08	-4.04	5279.03	5283.07
2011	2982	23.88	71216.46	-4.66	6747.74	6752.40

续表

年份	上市公司数量	均值	合计	极小值	极大值	全距
2012	3056	23.79	72690.60	-6.26	6573.65	6579.91
2013	3099	24.79	76832.57	-7.66	6381.09	6388.75
2014	3031	27.33	82849.86	0.00	6386.70	6386.70
2015	1912	40.13	76721.51	0.00	6867.11	6867.11
2016	1866	50.02	93334.03	0.00	7482.81	7482.81
总计	47803	26.90	1285980.42	-7.66	13980.77	13988.43

三 2012—2016年全球主要国家和地区文化创意产业上市公司无形资产百强

无形资产是企业实现技术创新的核心体现，是企业形成竞争优势的重要源泉，对公司业务战略和价值创造至关重要。通过无形资产百强企业的现状和动态变化，可以推演出文化创意产业的行业发展状况和创新绩效。从全球文化创意产业上市公司无形资产数据来看，百强企业在总体发展、区域分布和行业领域方面具有明显的不均衡性。

（一）总体态势：头轻尾重，长尾态势明显

从整体来看，2016年全球文化创意产业上市公司无形资产百强呈现先陡后缓的变化趋势，尾部企业数量很多，长尾态势明显。根据无形资产百强出现的三次明显落差变化，可将其划分为四个梯队。第一梯队被美国两家电视行业巨头——康卡斯特公司和特许通信公司占领，两家通过收购、合并、充足和投资等方式，无形资产如"滚雪球"一般，达到7400亿元之多，其实力无出其右。第二梯队是排名第3—17名的企业，无形资产总额在1000亿—4000亿元，区间内的总额变化幅度较大，难分伯仲，如电影娱乐行业的NBC环球传媒集团、时代华纳公司和华特迪士尼公司，都在积极采取各种措施来不断壮大自身，齐头并进。剩下的"长尾巴"以第50名为"分水岭"，划为第三梯队和第四梯队。第三梯队无形资产总额在390亿—1000亿元，入围的企业依然是各个国家和地区各个行业的龙头，比如第18名的维旺迪集团是法国排第1名的文化传媒集团，其业务范围涉及音乐、电视、电影、出版、电信、互联网和游戏等。此外，还有第22名的英国天空广播公司、第32名的日本索尼公司、第 44 名的瑞典爱立信公司等，无论是在国内还是国际上，都有较大的影响力和竞争力。第四梯队内的无形资产总额在 340 亿元以下，聚集了 50 家企业，区间内数值变化幅度平缓，入围的企业总部所在地依然是美国、日本、法国等发达国家和地区，发展中国家和地区企业能够挤入其中的寥寥无几。总体来说，全球文化创意产业在无形资产上寡头垄断企业已形成，地位稳固，其所拥有的绝对性资源和优势难以企及。

技术创新是企业实现突破的关键。在 2012—2016 年全球文化创意产业上市公司无形资产百强中，2013 年是波动变化最明显的一年，这一年的榜单中涌现出许多新的上市公司，30 强企业几乎重新"洗牌"，但是，这些企业在百强榜单中也几乎都是昙花一现。一方面是因为 2012 年国际金融危机的波及，许多文创企业放慢成长脚步甚至后退；另一方面最主要的原因是一些文创企业具有创新精神和前瞻性眼光，积极进行技术创新、累积无形资产实力，如 2013 年的霍顿公司、Holosfind 公司和 Serko 公司都是应用技术为客户提供最优解决方案的企业。之后，随着其他文化创意企业元气恢复和无形资产的增加，这些企业优势不再，也就淡出百强企业榜单。

（二）主要国家和地区实力对比：美国和英国创新能力优势明显，中国、日本和韩国遭遇"瓶颈"

依托雄厚的经济实力、完备的体制和先进的技术，美国、英国、法国等欧美发达国家的无形资产表现突出且稳定，以日本、韩国和中国为代表的亚洲主要国家和地区任重而道远（见图 11-7 和图 11-8）。

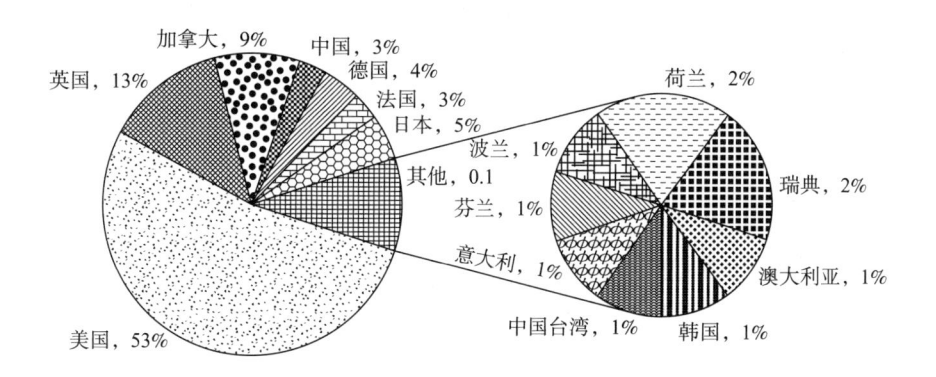

图 11-7　2016 年全球主要国家和地区文化创意产业上市公司无形资产百强分布

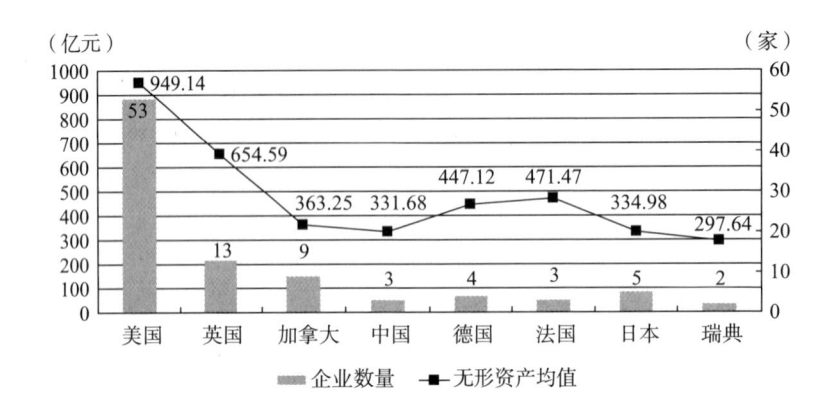

```
(亿元)                                                      (家)
1000  949.14                                                 60
 900 ┌──┐                                                    
 800 │53│                                                    50
 700 │  │   654.59                                           
 600 │  │  ┌──┐                                              40
 500 │  │  │  │          447.12  471.47                      
 400 │  │  │13│  363.25          ┌──┐   334.98               30
 300 │  │  │  │  ┌──┐  331.68    │  │   ┌──┐   297.64        
 200 │  │  │  │  │ 9│  ┌──┐  ┌──┐│  │   │  │   ┌──┐          20
 100 │  │  │  │  │  │  │ 3│  │ 4││ 3│   │ 5│   │ 2│          10
   0 └──┴──┴──┴──┴──┴──┴──┴──┴──┴──┴───┴──┴───┴──┘           0
      美国  英国 加拿大 中国  德国  法国   日本   瑞典
         ▭ 企业数量    ■─ 无形资产均值
```

图 11-8　2016 年全球主要国家和地区文化创意产业上市公司无形资产百强分布

其一，美国文化创意产业上市企业无形资产"一枝独秀"，文化霸主地位稳固。美国是世界上最早重视和开发无形资产的国家，无论是从学术理论研究还是制度设计上，都形成了完善的体系，为美国无形资产的开发创造了良好的外部环境。2012—2016 年，美国的文化创意产业上市公司跻身百强榜单的数量大致每年在 50 家左右，稳占半壁江山（见图 11-9），除 2013 年受国际金融危机影响上市公司入围数量有所下降之外。在 2016 年文化创意产业上市公司无形资产百强中，美国毫无意外地占据最多席位，有 53 家成功入围，其中，第 1 名、第 2 名都花落美国，而十强中康卡斯特公司、特许通信公司、IBM 公司、NBC 环球传媒集团、时代华纳公司、华特迪士尼公司、自由亿客行公司、自由传媒公司 8 家都是美国企业，无形资产均值达到 949.14 亿元，稳居第 1 名。美国企业之所以表现突出，内在原因一方面是大部分的美国文化创意产业上市公司成立比较早，发展比较成熟，无形资产范围较广；另一方面是美国许多文化创意产业上市公司规模较大，资金雄厚，有充足的条件进行研发投入来扩充无形资产。

其二，"创意"成为英国无形资产发展的驱动力。英国最早提出文化创意产业理念，创意让古老的文化在 21 世纪再次焕发活力。这五年里，英国每年都有十家左右的企业入围百强；在 2016 年全球文化创意产业无形资产百强中，英国有 13 家企业跻身榜单，其中，自由全球公司成功进入十强、RELX 集团、IHS 公司、天空广播公司、国际游戏科技公司、优胜科技有限公司（Userjoy Technology Co Ltd PLC）位列 30 强，无形资产均值为 65459 亿元,仅次于美国。除了深厚的文化积累,英国文化创意产业无形资产的发展还得益于政策引领。如天空广播公司所代表的电影娱乐产业,英国为持续性激励影视文化业的快速发展,1950 年首次在全球制定并开征具有英联邦自身特色的"伊迪税"税种,这是世界上首次专门扶持创意产业发展的独特税种,这也为英国电影产业发展与繁荣奠定了雄厚的经济基础。① 此外,英国不断加大对电影产业、电子游戏制造、剧院剧本创作等创意产业的税收扶持,一些世界级重大创意产业项目层出不穷。

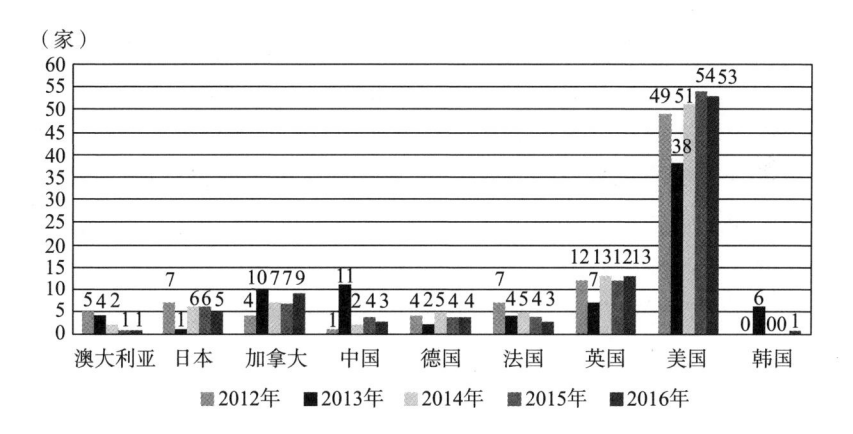

图 11-9 2012—2016 年全球文化创意产业上市公司无形资产百强部分国家企业数量

其三,加拿大无形资产表现稳定,法国、德国龙头企业国际竞争力还有待于提升。文化创意产业已经成为加拿大经济发展的关键元素,政府也采取了一系列财税政策来支持文化创意产业的发展,确保其持久、强劲的增长态势。在 2016 年百强排名中,加拿大有 9 家企业入围,其中汤森路透集团获得第 12 名的最好成绩,无形资产均值为 363.25 亿元,总体发挥比较稳定。相比而言,2016 年法国和德国的无形资产均值达到 400 亿元以上,但入围的企业数量不及加拿大。综观 2012—2016 年入围无形资产百强的企业数量,法国文化创意产业上市公司数量呈逐年下降趋势,

---

① 李丽萍、杨京钟:《英国文化创意产业税收激励政策对中国的启示》,《山东财经大学学报》2016 年第 2 期。

企业国际竞争力亟待提升；德国文化创意产业上市公司表现稳定，每年有 4 家左右企业入围，但是能跻身 30 强的，每年只有 1 家，并且排名靠后。

其四，中国、日本、韩国各自遇到发展"瓶颈"，创新驱动是关键。中国、韩国和日本文化创意产业发展模式各有特色，但其目前都遇到发展"瓶颈"。日本 2012—2016 年文化创意产业上市公司入围百强榜单的数量较稳定，为 6 家左右（2013 年除外），但是其挤入 30 强的企业数量在下降，2012 年有 3 家，2015 年仅剩 1 家，2016 年无缘 30 强。韩国的文化创意产业在世界具有一定的知名度，但仅无形资产而言，其国际竞争力明显不足，仅 2013 年和 2016 年榜上有名，而 2016 年只有可可公司位于榜单，无形资产为 212.6 亿元，排在第 82 名，比较靠后。中国和日本无形资产均值旗鼓相当，皆为 330 多亿元，但企业数量和名次都不如日本。2016 年中国有 3 家企业入围百强榜单，分别是携程公司、腾讯控股有限公司和百度公司，排名也比较靠后。综上可知，日本亟须培养世界级文化创意产业上市公司，韩国亟待提升无形资产国际竞争力，而中国的文化创意产业在国际上至今尚未形成自己鲜明独特的优势，更需要通过创新寻求发展道路。在新经济形势下，中国、日本、韩国需要积极从技术创新、制度创新、管理创新和商业模式创新等着手，不断拓宽发展思维，创新无形资产的运营方法和路径，进而充实、提高和扩大无形资产的内在价值，突破"瓶颈"，积极发挥在亚洲乃至全球文化创意产业发展中的示范和带动作用。

（三）行业分布特征：电视广播业稳坐"老大"，电影娱乐业、广告业和出版业竞争力下降

电视广播业无形资产实力雄厚。电视广播业作为文化创意产业中发展历史最悠久的行业之一，虽然受到电信技术、互联网的冲击，但仍是当今社会最为强势的媒体，也是文化创意产业中无形资产最雄厚的行业。电视广播业的无形资产主要涉及专营权、转播权、商标权、著作权、专利权、经营管理和技术秘密等，一方面每个内容都有着不可估量的潜力，如电视转播权中的体育赛事转播权，在无形资产中占据极其重要的份额；另一方面是电视广播业越来越走向产业化和集团化，在兼并、联合的过程中，资产重组是关键，无形资产便在这过程中发生"化学效应"，实现效益最大化。

第十一章　全球文化创意产业上市公司创意创新研究报告 / 509

2012—2016 年，电视广播业企业无疑是每年入围数量最多的，30 强中大概有十家企业属于电视广播业（见图 11-10）。2016 年广播电台行业有 37 家，其中有 5 家企业跻身前十强，分别是康卡斯特公司、特许通信公司、蒂斯公司、自由全球公司、自由传媒集团。该行业入围企业数量较多，无形资产之所以高，其中一个很重要的原因是"许可证"自由全球公司。特别是美国联邦通信委员会（FCC）给予美国企业颁发的无线网络、移动电话、漫游协定许可证，在美国广播电视类企业的无形资产中比重是最大的。

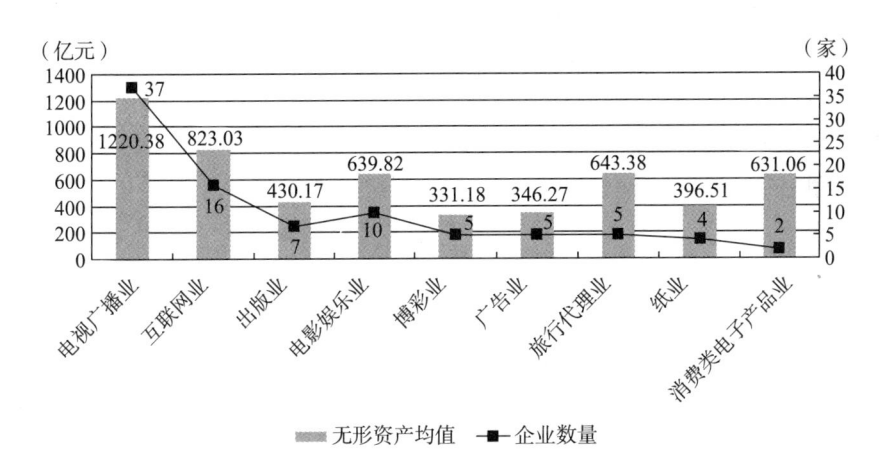

图 11-10　2016 年全球主要国家和地区文化创意产业上市公司无形资产百强行业分布

互联网业独特的优势在无形资产开发领域发挥着驱动和引领作用。互联网技术的成熟与应用，为无形资产的开发和内涵拓展带来了契机：互联网技术的出现，一方面为其提供更加便捷的技术支持，另一方面互联网技术演进和创新的过程也是技术类无形资产的诞生过程，同时也可以丰富无形资产内涵，拓展其外延。在 2016 年全球文化创意产业上市公司无形资产百强中，互联网业的公司有 16 家，无形资产均值达到 823.03 亿元，仅次于电视广播业。入围 30 强的企业有 IBM 公司、汤森路透集团、脸书公司、字母表公司和 IHS 公司，中国只有百度一家互联网企业入围，排在第 90 名，无形资产为 183.88 亿元，远远低于百强中行业平均值。在互联网公司，无形资产决定着企业的核心竞争力、发展潜力。① 在科技高度发达的时代，技术更新较快，互联网企业应不断地进行新产品开发、产品更新升级等，才能持续满足顾客多样化的需求，保证市场竞争力的增长。而中国的互联网上市公司更应注重研发投入，把握核心竞争力，加强无形资产投资，以期为企业带来更多潜在收益。

电影娱乐业企业全 IP（Intellectual Property，知识产权）产业链开发充分，无形资产表现良好。随着知识产权价值的日益凸显和"互联网+"思维的影响，IP 资源在各个领域尤其是以内容创意为主的行业如文学、影视、动漫等的关注度持续升温。借助信息技术和高科技技术，电影产业与音乐、游戏、玩具等产业相互渗透、相互融合，IP 全产业链不断延伸，发展如火如荼。2016 年全球文化创意产业上市公司无形资产百强中，电影娱乐业有 10 家企业入围，其中，NBC 环球传媒集团、时代华纳公司、华特迪士尼公司成功进入十强。这 3 家企业也是行业龙头，在 IP 无形资产深入挖掘上起到了良好的示范作用，比如华特迪士尼公司影视产业收益主要来自发行录像制品收益、电视播放收益、衍生产品收益、特许经营收益和主题公园增值收益五个方面。② 随着人们生活水平的提高，电影娱乐业仍具有较大的成长空间，应不断创新发展出新业态、新模式、新产品，加速电影娱乐业的跨区域、跨界深度融合，深挖无形资产价值链。

出版业和广告业风光减退。数字时代是最坏的时代，也是最好的时代。2012—2016 年，出版业和广告业的无形资产都在呈下降趋势，广告业下降幅度最明显：2012 年还是第 9 名，2016 年最好成绩就只有第 28 名。数字技术是灾难，也是机遇。一直作为全球出版业龙头的英国 RELX 集团实行将内容、数据、分析与技术手段在全球化平台上整合运用这一战略，开发创新型的解决方案，成功突破发展困境，发展比较稳定，在全球主要国家和地区文化创意产业上市公司无形资产百强排名中也保持着 20 强的良好成绩（见表 11-6）。

---

① 崔也光、贺春阳、陶宇：《中国互联网上市公司无形资产现状分析——基于中美不同交易所的视角》，《首都经济贸易大学学报》2017 年第 6 期。

② 王广振、王新娟：《互联网电影企业：产业融合与电影产业链优化》，《东岳论丛》2015 年第 2 期。

表11-6　2012—2016年全球主要国家和地区文化创意产业上市公司无形资产百强

排名	2012年 公司名称	2012年 公司总部所在地	2013年 公司名称	2013年 公司总部所在地	2014年 公司名称	2014年 公司总部所在地	2015年 公司名称	2015年 公司总部所在地	2016年 公司名称	2016年 公司总部所在地
1	康卡斯特公司（Comcast Corp）	美国	Symbid公司（Symbid Corp）	荷兰	康卡斯特公司（Comcast Corp）	美国	康卡斯特公司（Comcast Corp）	美国	康卡斯特公司（Comcast Corp）	美国
2	时代华纳公司（Time Warner Inc）	美国	巴伦森娱乐艺术公司（Barunson Entertainment & Arts Corp）	韩国	自由环球公司（Liberty Global Plc）	英国	蒂斯公司（Altice NV）	荷兰	特许通信公司（Charter Communications Inc）	美国
3	维旺迪集团（Vivendi）	法国	森西奥科技公司（SENSIO Technologies Inc）	加拿大	自由全球子公司环球集团（Liberty Global PlcGlobal Group）	英国	时代华纳公司（Time Warner Inc）	美国	蒂斯公司（Altice NV）	荷兰
4	NBC环球传媒集团（NBCUniversal Media LLC）	美国	推特公司（Twitter Inc）	美国	时代华纳公司（Time Warner Inc）	美国	华特迪士尼公司（Walt Disney Co）	美国	IBM公司（International Business Machines Corp）	美国
5	华特迪士尼公司（Walt Disney Co）	美国	Proxama公司（Proxama PLC）	英国	华特迪士尼公司（Walt Disney Co）	英国	自由全球公司（Liberty Global Plc）	英国	NBC环球传媒集团（NBCUniversal Media LLC）	美国
6	时代华纳有线公司（Time Warner Cable Inc）	美国	凯捷金融公司（Cachet financial Solutions Inc）	美国	时代华纳有线公司（Time Warner Cable Inc）	美国	NBC环球传媒集团（NBCUniversal Media LLC）	美国	时代华纳公司（Time Warner Inc）	美国

续表

排名	2012 年 公司名称	2012 年 公司总部所在地	2013 年 公司名称	2013 年 公司总部所在地	2014 年 公司名称	2014 年 公司总部所在地	2015 年 公司名称	2015 年 公司总部所在地	2016 年 公司名称	2016 年 公司总部所在地
7	汤森路透集团（Thomson Reuters Corp）	美国	霍顿公司（Hortonworks Inc）	美国	NBC 环球传媒集团（NBCUniversal Media LLC）	美国	自由全球子公司环球集团（Liberty Global Plc Global Group）	英国	华特迪士尼公司（Walt Disney Co）	美国
8	21 世纪福克斯公司（Twenty–First Century Fox Inc）	美国	Rightster 集团有限公司（Rightster Group PLC）	英国	蒂斯公司（Altice NV）	荷兰	时代华纳有线公司（Time Warner Cable Inc）	美国	自由亿客行公司（Liberty Expedia Holdings Inc）	美国
9	WPP 集团（WPP PLC）	英国	VMOB 集团有限公司（VMob Group Ltd）	新西兰	21 世纪福克斯公司（Twenty–First Century Fox Inc）	美国	自由传媒集团（Liberty Media Corp SiriusXM Group）	美国	自由全球公司（Liberty Global Plc）	英国
10	字母表公司（Alphabet Inc）	美国	NextGen 动画媒体有限公司（NextGen Animation Media Ltd）	印度	自由传媒集团（Liberty Media Corp SiriusXM Group）	美国	汤森路透集团（Thomson Reuters Corp）	美国	自由传媒集团（Liberty Media Corp-Consolidated）	美国
11	自由全球子公司环球集团（Liberty Global Plc Global Group）	英国	VUZI 公司（Vuzix Corp）	美国	汤森路透集团（Thomson Reuters Corp）	美国	脸书公司（Facebook Inc）	美国	自由传媒集团（Liberty Media Corp SiriusXM Group）	美国
12	哥伦比亚广播公司（CBS Corp）	美国	Holosfind 公司（Holosfind）	美国	法国 SFR 集团（Numericable SFR SA）	法国	法国 SFR 集团（Numericable SFR SA）	法国	汤森路透集团（Thomson Reuters Corp）	加拿大

续表

排名	2012 年		2013 年		2014 年		2015 年		2016 年	
	公司名称	公司总部所在地	公司名称	公司总部所在地	公司名称	公司总部所在地	公司名称	公司总部所在地	公司名称	公司总部所在地
13	索尼集团（Sony Corp）	日本	黑线安全公司（Blackline Safety Corp）	加拿大	脸书公司（Facebook Inc）	美国	字母表公司（Alphabet Inc）	美国	脸书公司（Facebook Inc）	美国
14	里德爱思唯尔集团（RELX Group plc）	英国	MeetMe 公司（MeetMe Inc）	美国	字母表公司（Alphabet Inc）	美国	21 世纪福克斯公司（Twenty-First Century Fox Inc）	美国	字母表公司（Alphabet Inc）	美国
15	维亚康姆公司（Viacom Inc）	美国	Option 公司（Option NV）	比利时	WPP 集团（WPP PLC）	英国	DISH 网络公司（DISH Network Corp）	美国	21 世纪福克斯公司（Twenty-First Century Fox Inc）	美国
16	培生集团（Pearson PLC）	英国	Cytta 公司（Cytta Corp）	美国	里德爱思唯尔集团（RELX Group plc）	英国	阳狮集团（Publicis Groupe SA）	法国	自由全球子公司（Liberty Global Plc Global Group）	英国
17	易贝公司（eBay Inc）	美国	太宇公司（Astro Corp）	中国台湾	贝塔斯曼集团（Bertelsmann SE & Co KGaA）	德国	天空广播公司（Sky PLC）	英国	DISH 网络公司（DISH Network Corp）	美国
18	清晰频道通信公司（iHeartMedia Inc）	美国	中华网龙游戏公司（Chinese Gamer International Corp）	中国台湾	哥伦比亚广播公司（CBS Corp）	美国	里德爱思唯尔集团（RELX Group plc）	英国	维旺迪集团（Vivendi）	法国

续表

排名	2012年 公司名称	2012年 公司总部所在地	2013年 公司名称	2013年 公司总部所在地	2014年 公司名称	2014年 公司总部所在地	2015年 公司名称	2015年 公司总部所在地	2016年 公司名称	2016年 公司总部所在地
19	3M公司（3M Co）	美国	微博公司（Weibo Corp）	中国	维旺迪集团（Vivendi）	法国	RELX集团（RELX NV）	荷兰	RELX集团（RELX NV）	荷兰
20	宏盟集团（Omnicom Group Inc）	美国	Looksmart搜索引擎（Looksmart Inc）	美国	探索传媒公司（Discovery Communications Inc）	美国	里德爱思唯尔公司（RELX PLC）	英国	里德爱思唯尔公司（RELX PLC）	英国
21	松下公司（Panasonic Corp）	日本	软星娱乐公司（Softstar Entertainment Inc）	中国台湾	维亚康姆公司（Viacom Inc）	美国	哥伦比亚广播公司（CBS Corp）	美国	INFO集团（IHS Markit Ltd）	英国
22	联视通信公司（Univision Communications Inc）	美国	蜻蜓广发有限公司（Dragonfly GF Co Ltd）	韩国	索尼公司（Sony Corp）	日本	探索传媒（Discovery Communications Inc）	美国	天空广播公司（Sky PLC）	英国
23	探索传媒公司（Discovery Communications Inc）	美国	人人网（Renren Inc）	中国	培生集团（Pearson PLC）	英国	3M公司（3M Co）	美国	诺基亚公司（Nokia Corp）	芬兰
24	阳狮集团（Publicis Groupe SA）	法国	Serko公司（Serko Ltd）	新西兰	易贝公司（eBay Inc）	美国	维亚康姆公司（Viacom Inc）	美国	贝塔斯曼集团（Bertelsmann SE & Co KGaA）KGaA	德国

第十一章　全球文化创意产业上市公司创意创新研究报告 / 515

续表

排名	2012年 公司名称	2012年 公司总部所在地	2013年 公司名称	2013年 公司总部所在地	2014年 公司名称	2014年 公司总部所在地	2015年 公司名称	2015年 公司总部所在地	2016年 公司名称	2016年 公司总部所在地
25	贝塔斯曼集团（Bertelsmann SE & Co KGaA）KGaA	德国	中国育儿网络控股有限公司（China Parenting Network Holdings Ltd）	中国	阳狮集团（Publicis Groupe SA）	法国	贝塔斯曼集团（Bertelsmann SE & Co KGaA）	德国	维亚康姆公司（Viacom Inc）	美国
26	肖氏通信公司（Shaw Communications Inc）	加拿大	INTh 公司（Intertainment Media Inc）	加拿大	宏盟公司（Omnicom Group Inc）	美国	维旺迪集团（Vivendi）	法国	动视暴雪公司（Activision Blizzard Inc）	美国
27	L-3通信控股公司（L-3 Communications Holdings Inc）	美国	PNI数字媒体公司（PNI Digital Media Inc）	加拿大	清晰频道通信公司（iHeartMedia Inc）	美国	优胜科技有限公司（International Game Technology Userjoy Technology Co Ltd PLC）	英国	探索传媒公司（Discovery Communications Inc）	美国
28	特许通信公司（Charter Communications Inc）	美国	Zynga公司（Zynga Inc）	美国	电通公司（Dentsu Inc）	日本	Expedia公司（Expedia Inc）	美国	阳狮集团（Publicis Groupe SA）	法国
29	电通公司（Dentsu Inc）	日本	EFactor集团公司（EFactor Group Corp）	美国	苹果公司（Apple Inc）	美国	索尼公司（Sony Corp）	日本	3M公司（3M Co）	美国
30	动视暴雪公司（Activision Blizzard Inc）	美国	MPorium集团有限公司（Mporium Group PLC）	美国	特许通信公司（Charter Communications Inc）	英国	西岩公司（West Rock Co）	美国	优胜科技有限公司（International Game Technology Userjoy Technology Co Ltd PLC）	英国

排名	2012年 公司名称	2012年 公司总部所在地	2013年 公司名称	2013年 公司总部所在地	2014年 公司名称	2014年 公司总部所在地	2015年 公司名称	2015年 公司总部所在地	2016年 公司名称	2016年 公司总部所在地
31	美高梅国际酒店集团（MGM Resorts International）	美国	美高梅无线有限公司（Mgm Wireless Ltd）	澳大利亚	3M公司（3M Co）	美国	宏盟公司（Omnicom Group Inc）	美国	Expedia公司（Expedia Inc）	美国
32	诺基亚公司（Nokia Corp）	芬兰	Mgame公司（Mgame Corp）	韩国	阿里巴巴集团（Alibaba Group Holding Ltd）	中国	苹果公司（Apple Inc）	美国	索尼公司（Sony Corp）	日本
33	凯撒娱乐公司（Caesars Entertainment Corp）	美国	MITK公司（Mitek Systems Inc）	美国	联视控股公司（Univision Holdings Inc）	美国	携程公司（Ctrip.com International Ltd）	中国	携程公司（Ctrip.com International Ltd）	中国
34	途易旅游公共有限公司（TUI Travel PLC）	英国	AVAN公司（Avantel Ltd）	印度	联视通信公司（Univision Communications Inc）	美国	清晰频道通信公司（iHeartMedia Inc）	美国	宏盟公司（Omnicom Group Inc）	美国
35	富士胶片公司（Fujifilm Holdings Corp）	日本	宏道公司（Broadvision Inc）	美国	L-3通信控股公司（L-3 Communications Holdings Inc）	美国	特许通信公司（Charter Communications Inc）	美国	电通公司（Dentsu Inc）	日本

续表

排名	2012年 公司名称	2012年 公司总部所在地	2013年 公司名称	2013年 公司总部所在地	2014年 公司名称	2014年 公司总部所在地	2015年 公司名称	2015年 公司总部所在地	2016年 公司名称	2016年 公司总部所在地
36	爱立信公司（Ericsson）	瑞典	威廉斯控股有限公司（Williams Grand Prix Holdings PLC）	德国	合格纳公司（TEGNA Inc）	美国	联视通信公司（Univision Communications Inc）	美国	苹果公司（Apple Inc）	美国
37	格雷特兰连接公司（GreaLand Connections Inc）	美国	技术通信公司（Technical Communications Coo）	美国	动视暴雪公司（Activision Blizzard Inc）	美国	培生集团（Pearson PLC）	英国	清晰频道通信公司（iHeartMedia Inc）	美国
38	自由集团（Liberty Ventures）	美国	Urbanimmersive公司（Urbanimmersive Inc）	加拿大	爱立信公司（Ericsson）	瑞典	动视暴雪公司（Activision Blizzard Inc）	美国	自由全球子公司紫丁香集团（Liberty Global Plc LiLAC Group）	英国
39	LTRPA控股有限公司（Liberty TripAdvisor Holdings Inc）	美国	INST公司（Instructure Inc）	美国	美高梅国际酒店集团（MGM Resorts International）	美国	电通公司（Dentsu Inc）	日本	联视通信公司（Univision Communications Inc）	美国
40	荷兰威科集团（Wolters Kluwer NV）	荷兰	CLRX公司（CollabRx Inc）	美国	肖氏通信公司（Shaw Communications Inc）	加拿大	肖氏通信公司（Shaw Communications Inc）	加拿大	哥伦比亚广播公司（CBS Corp）	美国

续表

排名	2012年 公司名称	2012年 公司总部所在地	2013年 公司名称	2013年 公司总部所在地	2014年 公司名称	2014年 公司总部所在地	2015年 公司名称	2015年 公司总部所在地	2016年 公司名称	2016年 公司总部所在地
41	亚美亚公司（Avaya Inc）	美国	育碧娱乐软件公司（UBI Soft Entertainment SA）	法国	途易旅游公共有限公司（TUI Travel PLC）	英国	台格纳公司（TEGNA Inc）	美国	西岩公司（West Rock Co）	美国
42	优胜科技有限公司（International Game Technology Userjoy Technology Co Ltd PLC）	英国	纳弗公司（NAVER Corp）	韩国	科学游戏公司（Scientific Games Corp）	美国	L-3通信控股公司（L-3 Communications Holdings Inc）	美国	台格纳公司（TEGNA Inc）	美国
43	苹果公司（Apple Inc）	美国	纽祖鲁公司（NEWZULU LTD）	澳大利亚	荷兰威科集团（Wolters Kluwer NV）	荷兰	荷兰威科集团（Wolters Kluwer NV）	荷兰	L3技术公司（l3 Technologies Inc）	美国
44	国际纸业公司（International Paper Co）	美国	JoyCity公司（JoyCity Corp）	韩国	LTRPA控股有限公司（Liberty TripAdvisor Holdings Inc）	美国	LTRPA控股有限公司（Liberty TripAdvisor Holdings Inc）	美国	爱立信（Telefonaktiebolaget LM Ericsson）	瑞典
45	途易股份公司（TUI AG）	德国	Cipherloc公司（Cipherloc Corp）	美国	论坛媒体公司（Tribune Media Co）	美国	爱立信公司（Ericsson）	瑞典	肖氏通信公司（Shaw Communications Inc）	加拿大

续表

排名	2012年 公司名称	2012年 公司总部所在地	2013年 公司名称	2013年 公司总部所在地	2014年 公司名称	2014年 公司总部所在地	2015年 公司名称	2015年 公司总部所在地	2016年 公司名称	2016年 公司总部所在地
46	美国新闻集团（News Corp）	美国	钰象电子股份有限公司（International Games System Co Ltd）	中国台湾	富士公司（Fujifilm Holdings Corp）	日本	论坛媒体公司（Tribune Media Co）	美国	腾讯控股有限公司（Tencent Holdings LTD）	中国
47	媒体赛特有限公司（Mediaset SPA）	意大利	ARC公司（Arcontech Group PLC）	英国	Polsat数字公司（Cyfrowy Polsat SA）	波兰	美高梅国际酒店集团（MGM Resorts International）	美国	英富曼公司（Informa Plc）	英国
48	途迈酷客公司（Thomas Cook Group PLC）	英国	Euroinvestor公司（Euroinvestor.com A/S）	丹麦	优胜科技有限公司（International Game Technology Userjoy Technology Co Ltd PLC）	英国	Priceline集团（Priceline Group Inc）（The）	美国	LTRPA控股有限公司（Liberty TripAdvisor Holdings Inc）	美国
49	直播电视集团（DIRECTV）	美国	WK公司（Workiva Inc）	美国	松下公司（Panasonic Corp）	日本	科学游戏公司（Scientific Games Corp）	美国	美国新闻集团（News Corp）	美国
50	普利萨公司（Promotora De Informaciones SA）	西班牙	APIC公司（Apigee Corp）	美国	迪克森卡彭公司（Dixons Carphone Plc）	英国	美国新闻集团（News Corp）	美国	美高梅国际酒店集团（MGM Resorts International）	美国

续表

排名	2012 年 公司名称	2012 年 公司总部所在地	2013 年 公司名称	2013 年 公司总部所在地	2014 年 公司名称	2014 年 公司总部所在地	2015 年 公司名称	2015 年 公司总部所在地	2016 年 公司名称	2016 年 公司总部所在地
51	时代公司（Time Inc）	美国	思可信公司（MobileIron Inc）	美国	Priceline 集团（Priceline Group Inc）	美国	阿马亚公司（Amaya Inc）	加拿大	科学游戏公司（Scientific Games Corp）	美国
52	天狼星公司（Sirius XM Holdings Inc）	美国	奇虎360科技有限公司（Qihoo 360 Technology Co Ltd）	中国	雅虎公司（Yahoo Inc）	美国	亚美亚公司（Avaya Inc）	美国	论坛媒体公司（Tribune Media Co）	美国
53	密封空气公司（Sealed Air Corp）	美国	库纳开曼群岛有限公司（Qunar Cayman Islands Ltd）	中国	媒体赛特有限公司（Mediaset SPA）	意大利	Polsat 数字公司（Cyfrowy Polsat SA）	波兰	Polsat 数字公司（Cyfrowy Polsat SA）	波兰
54	魁北克公司（Quebecor Inc）	加拿大	韦格纳公司（Wegener Corp）	美国	凯撒娱乐公司（Caesars Entertainment Corp）	美国	富士胶片公司（Fujifilm Holdings Corp）	日本	天狼星公司（Sirius XM Holdings Inc）	美国
55	塔特集团（Tatts Group Ltd）	澳大利亚	Box 公司（Box Inc）	美国	途易股份公司（TUI AG）	德国	康普控股有限公司（CommScope Holding Co Inc）	美国	乐天株式会社（Rakuten Inc）	日本

续表

排名	2012年 公司名称	2012年 公司总部所在地	2013年 公司名称	2013年 公司总部所在地	2014年 公司名称	2014年 公司总部所在地	2015年 公司名称	2015年 公司总部所在地	2016年 公司名称	2016年 公司总部所在地
56	理光公司（Ricoh Co Ltd）	日本	云网页公司（Wix.com Ltd）	以色列	亚美亚公司（Avaya Inc）	美国	天狼星公司（Sirius XM Holdings Inc）	美国	培生集团（Pearson PLC）	英国
57	英富曼公司（Informa Plc）	英国	雅达利公司（Atari）	法国	Expedia公司（Expedia Inc）	美国	途易股份公司（TUI AG）	德国	亚马逊公司（Amazon.com Inc）	美国
58	七西传媒集团（Seven West Media Ltd）	澳大利亚	WNTDF公司（Wanted Technologies Corp）	加拿大	阿马亚公司（Amaya Inc）	加拿大	易贝公司（eBay Inc）	美国	德国阿克塞尔施普林格出版公司（Axel Springer SE）	德国
59	华纳音乐集团（Warner Music Group Corp）	美国	Teletypos公司（Teletypos SA）	希腊	DISH网络公司（DISH Network Corp）	美国	亚马逊公司（Amazon.com Inc）	美国	易贝公司（eBay Inc）	美国
60	雅虎公司（Yahoo Inc）	美国	G5娱乐公司（G5 Entertainment AB）	瑞典	直播电视集团（DIRECTV）	美国	德国阿克塞尔施普林格出版公司（Axel Springer SE）	德国	阿马亚公司（Amaya Inc）	加拿大
61	Expedia公司（Expedia Inc）	美国	怪物艺术公司（Monster Arts Inc）	美国	美国新闻集团（News Corp）	美国	媒体赛特有限公司（Mediaset SPA）	意大利	康普控股有限公司（CommScope Holding Co Inc）	美国

续表

排名	2012 年 公司名称	公司总部所在地	2013 年 公司名称	公司总部所在地	2014 年 公司名称	公司总部所在地	2015 年 公司名称	公司总部所在地	2016 年 公司名称	公司总部所在地
62	Sanoma 公司（Sanoma Corp）	芬兰	傅奇网络游戏（X-Legend Entertainment Co Ltd）	中国台湾	天狼星公司（Sirius XM Holdings Inc）	美国	IHS 公司（IHS Inc）	美国	Priceline 集团（Priceline Group Inc）	美国
63	互众集团（Interpublic Group of Companies Inc）	美国	优胜科技有限公司（Userjoy Technology Userjoy Technology Co Ltd Co Ltd）	中国台湾	途迈酷客公司（Thomas Cook Group PLC）	英国	途迈酷客公司（Thomas Cook Group PLC）	英国	新濠国际发展有限公司（Melco International Development Ltd）	中国香港
64	艾米娅公司（Aimia Inc）	加拿大	威马娱乐有限公司（Wemade Entertainment Co Ltd）	韩国	华纳音乐集团（Warner Music Group Corp）	美国	华纳音乐集团（Warner Music Group Corp）	美国	AMC 娱乐控股公司（AMC Entertainment Holdings Inc）	美国
65	拉加代尔公司（Lagardere SCA）	法国	PCLK 公司（Point Click Care Corp）	加拿大	乐天株式会社（Rakuten Inc）	日本	乐天株式会社（Rakuten Inc）	日本	施乐公司（Xerox Corp）	美国
66	朱庇特电信有限公司（Jupiter Telecommunications Co Ltd）	日本	电子艺术公司（Electronic Arts Inc）	美国	国际纸业公司（International Paper Co）	美国	英富曼公司（Informa Plc）	英国	亚美亚公司（Avaya Inc）	美国

第十一章 全球文化创意产业上市公司创意创新研究报告 / 523

续表

排名	2012年 公司名称	2012年 公司总部所在地	2013年 公司名称	2013年 公司总部所在地	2014年 公司名称	2014年 公司总部所在地	2015年 公司名称	2015年 公司总部所在地	2016年 公司名称	2016年 公司总部所在地
67	金佰利公司（Kimberly-Clark Corp）	美国	罗斯林数据技术有限公司（Rosslyn Data Technologies PLC）	英国	IHS公司（IHS Inc）	美国	纽威公司（Newell Brands Inc）	美国	德国广播公司（ProSiebenSat.1 Media SE）	德国
68	DISH网络公司（DISH Network Corp）	美国	SciQuest有限公司（SciQuest Inc）	美国	时代公司（Time Inc）	美国	辛克莱广播集团（Sinclair Broadcast Group Inc）	美国	途迈酷客公司（Thomas Cook Group PLC）	英国
69	黑莓公司（BlackBerry Ltd）	加拿大	晨星阿拉伯胶通讯公司（Acacia Communications Inc）	美国	英富曼公司（Informa Plc）	英国	互众集团（Interpublic Group of Companies Inc）	美国	辛克莱广播集团（Sinclair Broadcast Group Inc）	美国
70	合格纳公司（TEGNA Inc）	美国	Opower公司（Opower Inc）	美国	理光公司（Ricoh Co Ltd）	日本	国际纸业公司（International Paper Co）	美国	华纳音乐集团（Warner Music Group Corp）	美国
71	维珍传媒公司（Virgin Media Inc）	美国	西安海天天线控股有限公司（Xian Haitian Antenna Holdings Co Ltd）	中国	塔特集团（Tatts Group Ltd）	澳大利亚	密封空气公司（Sealed Air Corp）	美国	国际纸业公司（International Paper Co）	美国

续表

排名	2012年 公司名称	2012年 公司总部所在地	2013年 公司名称	2013年 公司总部所在地	2014年 公司名称	2014年 公司总部所在地	2015年 公司名称	2015年 公司总部所在地	2016年 公司名称	2016年 公司总部所在地
72	亚马逊公司（Amazon.com Inc）	美国	依马狮视听传媒（Net Insisht AB）	瑞典	亚马逊公司（Amazon.com Inc）	美国	德国广播公司（ProSiebenSat.1 Media SE）	德国	互众集团（Interpublic Group of Companies Inc）	美国
73	纳斯帕斯公司（Naspers Ltd）	南非	Cyren有限公司（CYREN Ltd）	美国	德国阿克塞尔施普林格出版公司（Axel Springer SE）	德国	法国拉加代尔公司（Lagardere SCA）	法国	途易股份公司（TUI AG）	德国
74	德国阿克塞尔施普林格出版公司（Axel Springer SE）	德国	艾斯兰系统公司（Aselsan AS）	土耳其	辛克莱广播集团（Sinclair Broadcast Group Inc）	美国	媒介综合集团（Media General Inc）	美国	ARRIS国际公司（ARRIS International plc）	美国
75	积云传媒公司（Cumulus Media Inc）	美国	RNWK公司（RealNetworks Inc）	美国	密封空气公司（Sealed Air Corp）	美国	塔特集团（Tatts Group Ltd）	澳大利亚	立博珊瑚集团有限公司（Ladbrokes Coral Group Plc）	英国
76	康普控股有限公司（CommScope Holding Co Inc）	美国	猎豹移动公司（Cheetah Mobile Inc）	中国	诺基亚公司（Nokia Corp）	芬兰	理光公司（Ricoh Co Ltd）	日本	理光公司（Ricoh Co Ltd）	日本

第十一章　全球文化创意产业上市公司创意创新研究报告 / 525

续表

排名	2012年 公司名称	2012年 公司总部所在地	2013年 公司名称	2013年 公司总部所在地	2014年 公司名称	2014年 公司总部所在地	2015年 公司名称	2015年 公司总部所在地	2016年 公司名称	2016年 公司总部所在地
77	纽威公司（Newell Brands Inc）	美国	完美世界有限公司（Perfect World Co Ltd）	中国	互众集团（Interpublic Group of Companies Inc）	美国	佩剑公司（Sabre Corp）	美国	密封空气公司（Sealed Air Corp）	美国
78	巴黎坎伯奇公司（CIE Du Cambodge, Paris）	法国	傲库路思公司（Oculus Visiontech Inc）	加拿大	法国拉加代尔公司（Lagardere SCA）	法国	时代公司（Time Inc）	美国	法国拉加代尔公司（Lagardere SCA）	法国
79	德国广播公司（ProSiebenSat.1 Media SE）	德国	Shop公司（Shopify Inc）	加拿大	媒介综合集团（Media General Inc）	美国	马克公司（Markit Ltd）	英国	科鲁斯娱乐公司（Corus Entertainment Inc）	加拿大
80	马克公司（Markit Ltd）	英国	国际数据广播公司（International Datacasting Corp）	加拿大	瑞典Cellulosa公司（Svenska Cellulosa Sca AB）	瑞典	斯克里普斯网络互动公司（Scripps Networks Interactive Inc）	美国	佩剑公司（Sabre Corp）	美国
81	Tabcorp控股有限公司（Tabcorp Holdings Ltd Tah）	澳大利亚	Lenco移动公司（Lenco Mobile Inc）	美国	纽威公司（Newell Brands Inc）	美国	魁北克公司（Quebecor Inc）	加拿大	塔特集团（Tatts Group Ltd）	澳大利亚

续表

排名	2012 年 公司名称	2012 年 公司总部所在地	2013 年 公司名称	2013 年 公司总部所在地	2014 年 公司名称	2014 年 公司总部所在地	2015 年 公司名称	2015 年 公司总部所在地	2016 年 公司名称	2016 年 公司总部所在地
82	乐天株式会社（Rakuten Inc）	日本	EVDY 公司（Everyday Health Inc）	美国	百度公司（Baidu Inc）	中国	墨西哥电视集团（Grupo Televisa SAB）	墨西哥	可可公司（Kakao Corp）	韩国
83	瑞典 Cellulosa 公司（Svenska Cellulosa Sca AB）	瑞典	ADJ 公司（Adslot Ltd）	澳大利亚	魁北克公司（Quebecor Inc）	加拿大	Cogeco 公司（Cogeco Inc）	加拿大	瑞典 Cellulosa 公司（Svenska Cellulosa Sca AB）	瑞典
84	西岩公司（West Rock Co）	美国	金山软件有限公司（Kingsoft Co Ltd）	中国	艾米娅公司（Aimia Inc）	加拿大	58 同城公司（58.com Inc）	中国	魁北克公司（Quebecor Inc）	加拿大
85	费尔法克斯传媒有限公司（Fairfax Media Ltd）	澳大利亚	立方公司（Immediatek Inc）	美国	七西传媒集团（Seven West Media Ltd）	澳大利亚	百度公司（Baidu Inc）	中国	开放文本公司（Open Text Corp）	加拿大
86	AMC 娱乐控股公司（AMC Entertainment Holdings Inc）	美国	Aconex 有限公司（Aconex Ltd）	澳大利亚	德国广播公司（ProSiebenSat.1 Media SE）	德国	开放文本公司（Open Text Corp）	加拿大	现场之国娱乐公司（Live Nation Entertainment Inc）	美国
87	IHS 公司（IHS Inc）	美国	FTC 公司（Filtronic PLC）	美国	天空广播公司（Sky PLC）	英国	科吉通信公司（Cogeco Communications Inc）	加拿大	时代公司（Time Inc）	美国

第十一章　全球文化创意产业上市公司创意创新研究报告 / 527

续表

排名	2012 年		2013 年		2014 年		2015 年		2016 年	
	公司名称	公司总部所在地	公司名称	公司总部所在地	公司名称	公司总部所在地	公司名称	公司总部所在地	公司名称	公司总部所在地
88	AMC 娱乐公司（AMC Entertainment Inc）	美国	Marin 软件公司（Marin Software Inc）	美国	积云传媒公司（Cumulus Media Inc）	美国	艾米娅公司（Aimia Inc）	加拿大	媒体赛特有限公司（Mediaset SPA）	意大利
89	清晰频道户外广告公司（Clear Channel Outdoor Holdings Inc）	美国	W I2WI 公司（W I2WI）	美国	交互式数据控股公司（Interactive Data Holdings Corp）	美国	现场之国娱乐公司（Live Nation Entertainment Inc）	美国	Allscripts 医疗保健解决方案公司（Allscripts Healthcare Solutions Inc）	美国
90	现场之国娱乐公司（Live Nation Entertainment Inc）	美国	酷6传媒公司（Ku6 Media Co Ltd）	中国	威廉希尔公司（William Hill PLC）	英国	瑞典 Cellulosa 公司（Svenska Cellulosa Sca AB）	瑞典	百度公司（Baidu Inc）	中国
91	Com Hem 股份有限公司（Com Hem Holding AB）	瑞典	法国安特姆集团（ATEME Assistance Technique et Etude de Materiels Electroniques SA）	法国	Sanoma 公司（Sanoma Corp）	芬兰	AMC 娱乐公司（AMC Entertainment Inc）	美国	日本雅虎公司（Yahoo Japan Corp）	日本

续表

排名	2012 年 公司名称	2012 年 公司总部所在地	2013 年 公司名称	2013 年 公司总部所在地	2014 年 公司名称	2014 年 公司总部所在地	2015 年 公司名称	2015 年 公司总部所在地	2016 年 公司名称	2016 年 公司总部所在地
92	菁藤纤维公司（Fibria Celulose SA）	巴西	TIVO 公司（TIVO Inc）	美国	巴黎坎伯奇公司（CIE Du Cambodge, Paris）	法国	环球旅讯公司（IAC/InterActive Corp）	美国	斯克里普斯网络互动公司（Scripps Networks Interactive Inc）	美国
93	天空广播公司（Sky PLC）	英国	NEWR 公司（New Relic Inc）	美国	Cogeco 公司（Cogeco Inc）	加拿大	AMC 娱乐控股公司（AMC Entertainment Holdings Inc）	美国	班卓尔公司（Bunzl PLC）	英国
94	法国 SFR 集团（Numericable SFR SA）	法国	卡普康股份有限公司（Capcom Co Ltd）	日本	墨西哥电视集团（Grupo Televisa SAB）	墨西哥	威廉希尔公司（William Hill PLC）	英国	耐力国际集团控股有限公司（Endurance International Group Holdings Inc）	美国
95	威廉希尔公司（William Hill PLC）	英国	E2open 公司（E2open Inc）	美国	马克公司（Markit Ltd）	英国	腾讯控股有限公司（Tencent Holdings LTD）	中国	Zillow 股份有限公司（Zillow Group Inc）	美国
96	阿里巴巴集团（Alibaba Group Holding Ltd）	中国	领英公司（LinkedIn Corp）	美国	科吉通信公司（Cogeco Communications Inc）	加拿大	班卓尔公司（Bunzl PLC）	美国	艾米娅公司（Aimia Inc）	加拿大

续表

排名	2012年 公司名称	2012年 公司总部所在地	2013年 公司名称	2013年 公司总部所在地	2014年 公司名称	2014年 公司总部所在地	2015年 公司名称	2015年 公司总部所在地	2016年 公司名称	2016年 公司总部所在地
97	班卓尔公司（Bunzl PLC）	英国	电信信息技术公司（Teles AG Informationstechologien, Berlin）	德国	斯考特公司（Scout24 AG）	德国	Zillow 股份有限公司（Zillow Group Inc）	美国	威廉希尔公司（William Hill PLC）	英国
98	南方媒体集团（Southern Cross Media Group）	澳大利亚	淘米控股有限公司（Taomee Holdings Ltd）	中国	康普控股有限公司（CommScope Holding Co Inc）	美国	积云传媒公司（Cumulus Media Inc）	美国	GoDaddy 公司（GoDaddy Inc）	美国
99	德高集团（Jc Decaux SA）	法国	YDLE 公司（Yodlee Inc）	美国	开放文本公司（Open Text Corp）	加拿大	GoDaddy 公司（GoDaddy Inc）	美国	Cogeco 公司（Cogeco Inc）	加拿大
100	哈瓦斯公司（Havas）	法国	SYNC 公司（Synacor Inc）	美国	佩剑公司（Sabre Corp）	美国	日本雅虎公司（Yahoo Japan Corp）	日本	科吉通信公司（Cogeco Communications Inc）	加拿大

四 2012—2016 年全球文化创意产业上市公司无形资产均值的国家和地区排名

创新是文化创意产业的核心与源泉，创新成果的主要体现是企业所拥有的无形资产，无形资产也是将创新优势转化为持续竞争优势的保障。因此，无形资产是预测一个产业未来发展潜力的指标，也是衡量一个国家和地区经济发展可持续性的重要标准。由此，下面从 2012—2016 年主要国家和地区全球文化创意产业上市公司无形资产均值（见表 11-7）来审视各个国家和地区文化创意产业创新能力的情况[①]，以及与全球其他国家和地区相比所处的位次。

表 11-7　2012—2016 年全球主要国家和地区文化创意产业上市公司无形资产均值排名

排名	公司总部所在地	参与统计的公司数量（家）	文化创意公司无形资产均值（亿元）
1	荷兰	122	121.72
2	美国	2811	84.31
3	英国	918	65.97
4	法国	450	51.02
5	芬兰	121	48.63
6	西班牙	72	30.32
7	百慕大	31	27.84
8	墨西哥	46	27.47
9	德国	364	27.36
10	加拿大	517	25.99
11	瑞典	365	21.68
12	巴西	101	19.74
13	葡萄牙	63	19.53
14	比利时	43	19.42
15	南非	89	18.82
16	意大利	205	15.18

① 最终筛选出有效数据为 38 个国家和地区（公司数量均在 30 家以上）。

续表

排名	公司总部所在地	参与统计的公司数量（家）	文化创意公司无形资产均值（亿元）
17	日本	1601	13.23
18	澳大利亚	705	12.12
19	瑞士	98	11.4
20	新西兰	43	9.71
21	希腊	79	7.54
22	马来西亚	295	6.44
23	中国	1506	6.22
24	丹麦	116	5.19
25	波兰	321	4.29
26	中国台湾	937	3.57
27	韩国	994	2.58
28	以色列	171	2.27
29	印度尼西亚	203	2.03
30	土耳其	133	2.02
31	智利	64	1.9
32	菲律宾	90	1.59
33	中国香港	900	1.04
34	印度	774	0.74
35	泰国	345	0.67
36	新加坡	269	0.66
37	巴基斯坦	40	0.12
38	越南	92	0.09
39	中国澳门	18	11.24
40	俄罗斯	5	10.82
41	阿根廷	5	5.77
42	柬埔寨	5	4.62
43	挪威	7	2.4
44	巴拿马	2	0.82
45	泽西岛	9	0.43
46	英属维尔京群岛	2	0.17

续表

排名	公司总部所在地	参与统计的公司数量（家）	文化创意公司无形资产均值（亿元）
47	开曼群岛	17	0.16
48	爱尔兰	5	0.04
49	安圭拉	4	0.04
50	马耳他	4	0.03
51	斯洛文尼亚	5	0.01
52	塞浦路斯	1	0
53	伯利兹	1	0
总计		16184	27.21

（一）三大梯队落差分明，荷兰、美国、英国、法国位居前列

随着工业经济逐步向知识经济转型，社会生产的主体生产资料开始由有形的劳动力、资本要素演变为无形资本[①]，作为社会生产系统基本组成细胞的企业，其核心竞争力也在同路径演变。核心竞争力演变机制的建立效率与行业属性、国家经济发展、文化传统和政策导向等有密切的关系。2012—2016年全球文化创意产业上市公司国家和地区排名中，第一梯队全部被欧美发达国家包揽，即荷兰、美国、英国、法国，无形资产均值在50亿元以上，远远高于其他两个梯队，实力强大，荷兰更是以121.72亿元的均值高居首位。

第二梯队无形资产的均值在10亿—50亿元，主要有芬兰、西班牙、百慕大、墨西哥、德国、加拿大、瑞典、巴西、葡萄牙、比利时、南非、意大利、日本、澳大利亚、瑞士15个国家和地区，这一梯队内无形资产均值落差较小，但仍然主要是发达国家和地区入选。发达国家和地区之所以能够迅速占领无形资产发展制高点，一方面是经济发达，具有良好的资金、技术、人才支持；另一方面是国家和地区文化多元，具有良好的创新意识、开拓精神和应变能力，在企业核心竞争力有所调整时，其所依附的管理理念、模式、制度、流程、人员、软件系统、设备设施等

---

① 张建华：《知识经济背景下企业核心竞争力演变研究》，《中国科技论坛》2013年第2期。

也能够迅速得到整合、重塑与优化。

第三梯队无形资产均值在 10 亿元以下，入围的国家和地区有 19 个，大部分都是"一带一路"沿线国家和地区，分别是新西兰、希腊、马来西亚、中国、丹麦、波兰、中国台湾、韩国、以色列、印度尼西亚、土耳其、智利、菲律宾、中国香港、印度、泰国、新加坡、巴基斯坦、越南。其中，印度、泰国、新加坡、巴基斯坦、越南这几个国家，不足 1 亿元，一方面是因为经济实力相对较弱；另一方面是其传统经济发展模式意识根深蒂固，企业发展理念与知识经济发展要求存在错位，对无形资产的关注和重视程度不足。

（二）"一带一路"沿线国家和地区文化创意产业劣势明显

从 2012—2016 年全球文化创意产业上市公司无形资产的国家和地区排名数据来看，"一带一路"沿线国家和地区有日本、希腊、马来西亚、中国、丹麦、中国台湾、韩国、以色列、印度尼西亚、土耳其、菲律宾、中国香港、印度、泰国、新加坡、巴基斯坦、越南 17 个国家和地区纳入排名，几乎占据一半的榜单；但同时也应看到，除日本位列第 17 名，其他"一带一路"沿线国家和地区的无形资产排名均比较靠后，无形资产均值也偏低，实力远远低于欧美国家。①

"一带一路"沿线国家和地区文化创意产业发展潜力巨大，应互通合作构建全球文化创意产业共同体。鉴于经济实力和科技水平限制，"一带一路"沿线国家和地区的文化创意产业起步比较晚，无形资产开发条件不足。但是，也需要充分意识到，这些国家和地区文化资源丰富，人力资源规模庞大且年轻化，文化创意产业发展潜力很大。新加坡、马来西亚、印度尼西亚、印度、泰国、土耳其、南非等是"一带一路"沿线的重要国家和地区，形成了文化资源的流通带、文化市场的增长带、文化消费的潜力带。借助"一带一路"倡议发展契机，沿线国家和地区可以加强文化创意产业技术、资金、人才、资源的交流和合作，打破西方发达国家文化创意产业的垄断局面，改变自身只是发达国家文化资源库和文化产品销售市场的局面，推动建立全球文化创意产业共同体。

中国在"一带一路"倡议中承担着重要的枢纽作用。近年来，中国

---

① 解学芳、葛祥艳：《全球视野中"一带一路"国家文化创意产业创新能力与中国路径研究——基于 2012—2016 年全球数据》，《青海社会科学》2018 年第 4 期。

经济发展保持稳健增长，文化创意产业被作为战略支柱产业重点打造，但就文化创意产业发展实力与竞争力而言，中国尚不及日本和韩国。在全球文化创意产业上市公司无形资产的国家和地区排名中，中国排在第23名，上市公司无形资产均值为6.22亿元，仅为日本的一半。在文化创意产品创新力和原创力方面，中国与韩国也有较大的差距。但就整体而言，中国比"一带一路"沿线其他国家和地区文化创意产业发展较好，无形资产的开发也有相对成熟的经验和完善的体制。因此，中国一方面要积极向欧盟、美国、日本、韩国学习文化创意产业创新发展经验和无形资产开发体系，另一方面又要与"一带一路"沿线国家和地区建立良好的合作关系，积极传输文化创意产业发展人才、技术，带动整体文化创意产业的崛起，并形成规模优势和结构优势。

第十二章　全球文化创意产业上市公司社会贡献研究报告

《中华人民共和国公司法》明确规定，公司从事经营活动，必须"承担社会责任"。文化创意产业上市公司在为客户创造价值、为股东创造利润的同时，还承担了为社会创造就业岗位、为国家创造税收收入的重任。2015年9月，中共中央办公厅、国务院办公厅印发了《关于推动国有文化企业把社会效益放在首位、实现社会效益和经济效益相统一的指导意见》，其中要求建立健全文化企业两个效益相统一的评价考核机制，明确社会效益指标考核权重占50%以上。① 中国政策大环境对文化企业社会贡献给予了越来越高的重视。

基于上述背景，本报告选取全球文化创意产业上市公司从业人数作为反映其就业贡献的评价指标，选取所得税额作为反映其纳税贡献的评价指标，通过就业贡献和纳税贡献的总体演变趋势分析、百强企业分析及国家和地区排名分析，形成全球文化创意产业上市公司社会贡献的研究报告。

第一节　全球文化创意产业上市公司就业贡献研究

充分就业是国家宏观经济政策的核心目标之一。对任何一个国家来说，就业都是关系到其经济发展和社会稳定的首要问题，保持尽可能高的就业率是各国政府努力的方向。各行业、各部门由于各自不同的生产

---

① 人民网：《中共中央办公厅　国务院办公厅印发〈关于推动国有文化企业把社会效益放在首位、实现社会效益和经济效益相统一的指导意见〉》，http://politics.people.com.cn/n/2015/0915/c1001-27583682.html，2018年7月30日。

运营特点，对就业量的需求并不相同，因而对解决就业问题所做的贡献也有差异，充分发掘那些就业贡献大的行业和部门的潜力，对提高一国的就业率至关重要。①

就业是民生之本，能否实现充分就业不仅关系到人们的切身利益和生活质量，还关系到整个社会的稳定与发展。② 文化创意产业上市公司作为整个社会物质财富创造的主体，其产出对整个社会经济贡献度系统将产生重大的影响。文化创意产业上市公司作为规模化的经济主体，应努力创造就业机会。研究文化创意产业上市公司就业贡献，不仅可以为企业的社会贡献提供重要的参考指标，还可以为国家制定关于产业就业的相关政策提供参考。

本节将从 2012—2016 年全球文化创意产业上市公司就业贡献总体特征、2000—2016 年全球 16 个主要国家和地区文化创意产业上市公司就业贡献演变趋势、2012—2016 年全球文化创意产业上市公司就业贡献百强和 2012—2016 年全球文化创意产业上市公司就业贡献均值国家和地区排名四个方面来对全球文化创意产业上市公司就业贡献进行系统研究。

一 2012—2016 年全球文化创意产业上市公司就业贡献总体特征

全球文化创意产业上市公司就业贡献均值呈现出先减后增的发展趋势。从全球文化创意产业上市公司就业贡献均值（见图 12-1）来看，2012—2016 年分别达到 4977 人、4783 人、4878 人、5756 人、5977 人，从每年增幅来看，2012—2016 年分别为 -3.89%、1.98%、17.99%、3.69%。具体观察可见，除 2013 年均值比 2012 年减少了 194 人、下降 3.8% 之外，2013—2016 年均值逐年增加，2014—2015 年增幅更是超过 15%，总体上呈现增长态势。全球经济发展进程已推进到一定程度，人力资源从生产率较低的行业（农业等）转移到生产率较高的行业（工业、服务业等）的结构性再配置过程严重放缓，2013 年文化创意产业公司就业人数出现短暂、轻微的减少可能也是一种合理的现象③；2014 年以来，全球文化创意产业上市公司就业均值呈现逐年增加趋势。

---

① 景平：《基于投入产出法的就业贡献模型及实证研究》，《统计与决策》2005 年第 9 期。
② 印凡成、王玉良、黄健元：《基于投入产出就业贡献模型的就业拉动效应探究》，《统计与决策》2010 年第 4 期。
③ 《2013 年国际劳工组织〈全球就业趋势〉报告：失业率回升、发展中国家劳动力结构调整放缓》，http://www.unmultimedia.org/radio/chinese/archives/178199/，2018 年 5 月 20 日。

第十二章　全球文化创意产业上市公司社会贡献研究报告 / 537

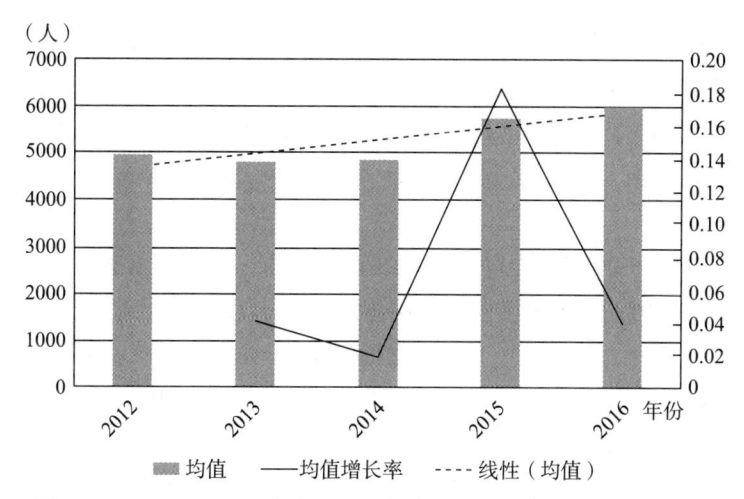

图 12-1　2012—2016 年全球文化创意产业上市公司就业人数均值

二　2000—2016 年全球 16 个主要国家和地区文化创意产业上市公司就业贡献演变趋势

本报告统计了全球文化创意产业发展较好的美国、英国、中国、德国、法国、印度、意大利、澳大利亚、巴西、加拿大、日本、韩国、俄罗斯、南非等 16 个主要国家和地区 2000—2016 年文化创意产业上市公司就业数据。

从全球 16 个主要国家和地区文化创意产业上市公司就业人数均值（见图 12-2）看，2000—2003 年公司就业均值基本保持稳定，平均年增

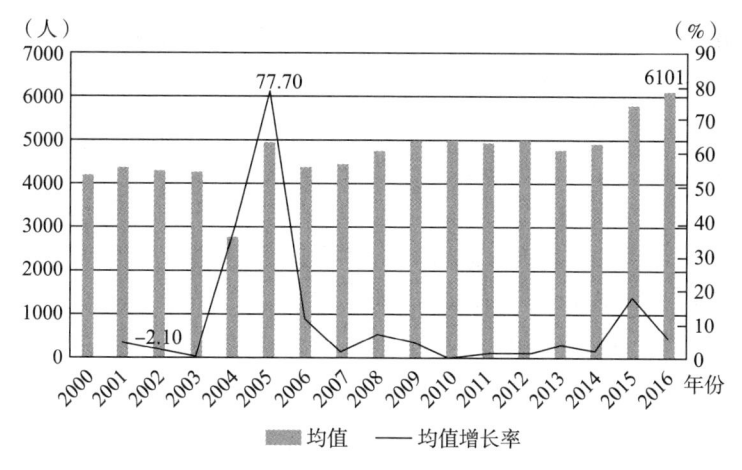

图 12-2　2000—2016 年全球 16 个主要国家和地区文化创意
产业上市公司就业人数均值

幅为 0.75%，2004 年公司就业均值大幅度下降，降幅为 35.75%，到 2005 年就业均值大幅度回升，就业均值达 4899 人，增幅为 77.69%。2006—2014 年公司就业均值基本保持稳定，平均年增幅为 1.51%；2015—2016 年，公司就业均值大幅度增长，增幅分别为 17.75% 和 5.57%。

三 2012—2016 年全球文化创意产业上市公司就业贡献百强

上文从 2012—2016 年全球文化创意产业上市公司就业贡献总体特征以及 2000—2016 年全球 16 个主要国家和地区文化创意产业上市公司就业贡献总体特征两个方面对全球文化创意产业上市公司的就业贡献情况进行了分析，在宏观层面，对全球文化创意产业上市公司就业数据的变化进行了统计分析。本节将从微观层面对 2012—2016 年全球文化创意产业上市公司就业贡献百强进行进一步的分析。

（一）就业贡献 30 强总体特征

美国文化创意产业上市公司占据 30 强优势位置。2012—2016 年，全球文化创意产业上市公司就业贡献 30 强基本固定，康卡斯特公司、华特迪士尼公司、3M 公司、时代华纳公司、维亚康姆公司、苹果公司、21 世纪福克斯公司、宏盟公司等 12 家美国文化创意产业上市公司，以及索尼公司、贝塔斯曼公司连续五年进入 30 强。

全球文化创意产业上市公司中就业贡献龙头公司带动效应显著。从 2012—2016 年全球主要国家和地区文化创意产业上市公司就业贡献百强排名（见表 12-1）来看，2012—2015 年松下公司连续四年占据首位。2016 年 IBM 公司跃居首位。亚马逊公司作为网络电子商务公司近几年在就业贡献方面势头强劲。其在，2012—2016 年的排名分别为第 10 名、第 7 名、第 4 名、第 2 名和第 2 名，主要是因为亚马逊公司全球业务的扩张，亚马逊公司 35.4% 的用户来自北美地区、31.8% 的用户来自欧洲地区、24.1% 的用户来自亚太地区。① 从中国企业来看，腾讯控股有限公司在 2012 年排在第 80 名，2013 年排在第 70 名，2014 年排在第 67 名，2015 年排在第 49 名，2016 年排在第 42 名。京东商城在 2012 年排在第 68 名，2013 年排在第 47 名，2014 年排在第 20 名，2015 年排在第 10 名。可

---

① 搜狐新闻：《为什么亚马逊会有今天的成功？》，https://m.sohu.com/a/134402144_714867/? pvid =000115_ 3w_ a，2018 年 5 月 20 日。

表12－1　2012—2016年全球主要国家和地区文化创意产业上市公司就业贡献百强

排名	2012年 公司名称	公司总部所在地	2013年 公司名称	公司总部所在地	2014年 公司名称	公司总部所在地	2015年 公司名称	公司总部所在地	2016年 公司名称	公司总部所在地
1	松下公司（Panasonic Corp）	日本	松下公司（Panasonic Corp）	日本	松下公司（Panasonic Corp）	日本	松下公司（Panasonic Corp）	日本	IBM公司（International Business Machines Corp）	美国
2	华特迪士尼公司（Walt Disney Co）	美国	华特迪士尼公司（Walt Disney Co）	美国	华特迪士尼公司（Walt Disney Co）	美国	亚马逊公司（Amazon.com Inc）	美国	亚马逊公司（Amazon.com Inc）	美国
3	索尼公司（Sony Corp）	日本	索尼公司（Sony Corp）	美国	WPP集团（WPP PLC）	英国	华特迪士尼公司（Walt Disney Co）	美国	华特迪士尼公司（Walt Disney Co）	美国
4	康卡斯特公司（Comcast Corp）	美国	百思买公司（Best Buy Co Inc）	美国	亚马逊公司（Amazon.com Inc）	美国	康卡斯特公司（Comcast Corp）	美国	康卡斯特公司（Comcast Corp）	美国
5	WPP集团（WPP PLC）	英国	康卡斯特公司（Comcast Corp）	美国	康卡斯特公司（Comcast Corp）	美国	NBC环球传媒集团（NBCUniversal Media LLC）	美国	百思买公司（Best Buy Co Inc）	美国
6	爱立信公司（Ericsson）	瑞典	WPP集团（WPP PLC）	英国	NBC环球传媒集团（NBCUniversal Media LLC）	美国	百思买公司（Best Buy Co Inc）	美国	贝塔斯曼集团（Bertelsmann SE & Co KGaA）	德国
7	理光公司（Ricoh Co Ltd）	日本	亚马逊公司（Amazon.com Inc）	美国	索尼公司（Sony Corp）	日本	贝塔斯曼集团（Bertelsmann SE & Co KGaA）	德国	苹果公司（Apple Inc）	美国

续表

排名	2012年 公司名称	2012年 公司总部所在地	2013年 公司名称	2013年 公司总部所在地	2014年 公司名称	2014年 公司总部所在地	2015年 公司名称	2015年 公司总部所在地	2016年 公司名称	2016年 公司总部所在地
8	贝塔斯曼集团（Bertelsmann SE & Co KGaA）	德国	爱立信公司（Ericsson）	瑞典	百思买公司（Best Buy Co Inc）	美国	爱立信公司（Ericsson）	瑞典	爱立信公司（Telefonaktiebolaget LM Ericsson）	瑞典
9	诺基亚公司（Nokia Corp）	芬兰	贝塔斯曼集团（Bertelsmann SE & Co KGaA）	德国	爱立信公司（Ericsson）	瑞典	苹果公司（Apple Inc）	美国	诺基亚公司（Nokia Corp）	法国
10	亚马逊公司（Amazon.com Inc）	美国	理光公司（Ricoh Co Ltd）	日本	贝塔斯曼集团（Bertelsmann SE & Co KGaA）	德国	京东商城（JD.com Inc）	中国	3M公司（3M Co）	美国
11	3M公司（3M Co）	美国	3M公司（3M Co）	美国	理光公司（Ricoh Co Ltd）	日本	3M公司（3M Co）	美国	特许通信公司（Charter Communications Inc）	美国
12	富士胶片公司（Fujifilm Holdings Corp）	日本	苹果公司（Apple Inc）	美国	苹果公司（Apple Inc）	美国	中兴通讯公司（Zte Corp）	中国	中兴通讯公司（Zte Corp）	中国
13	中兴通讯公司（Zte Corp）	中国	富士胶片公司（Fujifilm Holdings Corp）	日本	3M公司（3M Co）	美国	游戏站（GameStop Corp）	美国	阳狮集团（Publicis Groupe SA）	法国

第十二章　全球文化创意产业上市公司社会贡献研究报告 / 541

续表

排名	2012年 公司名称	2012年 公司总部所在地	2013年 公司名称	2013年 公司总部所在地	2014年 公司名称	2014年 公司总部所在地	2015年 公司名称	2015年 公司总部所在地	2016年 公司名称	2016年 公司总部所在地
14	苹果公司（Apple Inc）	美国	途易股份公司（TUI AG）	DEU（德国）	富士康移动公司（FIH Mobile Ltd）	中国	富士康移动公司（FIH Mobile Ltd）	中国	宏盟公司（Omnicom Group Inc）	美国
15	途易股份公司（TUI AG）	德国	宏盟公司（Omnicom Group Inc）	美国	富士胶片公司（Fujifilm Holdings Corp）	日本	阳狮集团（Publicis Groupe SA）	法国	斯台普斯公司（Staples Inc）	美国
16	宏盟公司（Omnicom Group Inc）	美国	中兴通讯公司（Zte Corp）	中国	途易股份公司（TUI AG）	德国	途易股份公司（TUI AG）	德国	美高梅国际酒店集团（MGM Resorts International）	美国
17	福斯特电气有限公司（Foster Electric Co Ltd）	日本	国际纸业公司（International Paper Co）	美国	中兴通讯公司（Zte Corp）	中国	宏盟公司（Omnicom Group Inc）	美国	富士康移动公司（FIH Mobile Ltd）	中国
18	富士康移动公司（FIH Mobile Ltd）	中国	游戏站公司（GameStop Corp）	美国	宏盟公司（Omnicom Group Inc）	美国	TCL公司（TCL Corporation）	中国	字母表公司（Alphabet Inc）	美国
19	国际纸业公司（International Paper Co）	美国	凯撒娱乐公司（Caesars Entertainment Corp）	美国	游戏站公司（GameStop Corp）	美国	唐纳利有限公司（Videocon Industries Ltd）	美国	游戏站公司（GameStop Corp）	美国

续表

排名	2012 年 公司名称	2012 年 公司总部所在地	2013 年 公司名称	2013 年 公司总部所在地	2014 年 公司名称	2014 年 公司总部所在地	2015 年 公司名称	2015 年 公司总部所在地	2016 年 公司名称	2016 年 公司总部所在地
20	玩具公司（Toys "R" Us Inc）	美国	美高梅国际酒店集团（MGM Resorts International）	美国	京东商城（JD.com Inc）	中国	美高梅国际酒店集团（MGM Resorts International）	美国	玩具公司（Toys "R" Us Inc）	美国
21	凯撒娱乐公司（Caesars Entertainment Corp）	美国	玩具公司（Toys "R" Us Inc）	美国	美高梅国际酒店集团（MGM Resorts International）	美国	玩具公司（Toys "R" Us Inc）	美国	途易股份公司（TUI AG）	德国
22	美高梅国际酒店集团（MGM Resorts International）	美国	富士康移动公司（FIH Mobile Ltd）	中国	凯撒娱乐公司（Caesars Entertainment Corp）	美国	字母表公司（Alphabet Inc）	美国	NBC 环球传媒集团（NBCUniversal Media LLC）	美国
23	游戏站公司（GameStop Corp）	美国	阳狮集团（Publicis Groupe SA）	法国	唐纳利有限公司（Videocon Industries Ltd）	美国	云顶集团（Genting Berhad）	马来西亚	电通公司（Dentsu Inc）	日本
24	维旺迪集团（Vivendi）	法国	福斯特电气有限公司（Foster Electric Co Ltd）	日本	玩具公司（Toys "R" Us Inc）	美国	四川长虹电气有限公司（Sichuan Changhong Electric Co Ltd）	中国	国际纸业公司（International Paper Co）	美国
25	汤森路透集团（Thomson Reuters Corp）	美国	汤森路透集团（Thomson Reuters Corp）	美国	阳狮集团（Publicis Groupe SA）	法国	时代华纳有线公司（Time Warner Cable Inc）	美国	迈克尔斯公司（Michaels Companies Inc）	美国

续表

排名	2012年 公司名称	2012年 公司总部所在地	2013年 公司名称	2013年 公司总部所在地	2014年 公司名称	2014年 公司总部所在地	2015年 公司名称	2015年 公司总部所在地	2016年 公司名称	2016年 公司总部所在地
26	金佰利公司（Kimberly-Clark Corp）	美国	金佰利公司（Kimberly-Clark Corp）	美国	诺基亚公司（Nokia Corp）	芬兰	国际纸业公司（International Paper Co）	美国	互众集团（Interpublic Group of Companies Inc）	美国
27	阳狮集团（Publicis Groupe SA）	法国	唐纳利有限公司（Videocon Industries Ltd）	美国	国际纸业公司（International Paper Co）	美国	诺基亚公司（Nokia Corp）	法国	蒂斯公司（Altice NV）	荷兰
28	唐纳利有限公司（Videocon Industries Ltd）	美国	诺基亚公司（Nokia Corp）	法国	途易旅游公共有限公司（TUI Travel PLC）	英国	汤森路透集团（Thomson Reuters Corp）	美国	云顶集团（Genting Berhad）	马来西亚
29	途易旅游公共有限公司（TUI Travel PLC）	英国	途易旅游公共有限公司（TUI Travel PLC）	英国	福斯特电气有限公司（Foster Electric Co Ltd）	日本	迈克尔斯公司（Michaels Companies Inc(The)）	美国	拉斯维加斯金沙集团（Las Vegas Sands Corp）	美国
30	字母表公司（Alphabet Inc）	美国	时代华纳有线公司（Time Warner Cable Inc）	美国	时代华纳有线公司（Time Warner Cable Inc）	美国	互众集团（Interpublic Group of Companies Inc）	美国	六旗娱乐公司（Six Flags Entertainment Corp）	美国

续表

排名	2012年 公司名称	2012年 公司总部所在地	2013年 公司名称	2013年 公司总部所在地	2014年 公司名称	2014年 公司总部所在地	2015年 公司名称	2015年 公司总部所在地	2016年 公司名称	2016年 公司总部所在地
31	L-3通信控股公司（L-3 Communications Holdings Inc）	美国	迈克尔斯公司（Michaels Companies Inc）	美国	字母表公司（Alphabet Inc）	美国	电通公司（Dentsu Inc）	日本	瑞典Cellulosa公司（Svenska Cellulosa Sca AB）	瑞典
32	时代华纳有线公司（Time Warner Cable Inc）	美国	夏普公司（Sharp Corp）	日本	汤森路透集团（Thomson Reuters Corp）	美国	拉斯维加斯金沙集团（Las Vegas Sands Corp）	美国	瑞声科技控股有限公司（AAC Technologies Holdings Inc）	中国香港
33	夏普公司（Sharp Corp）	日本	凸版印刷集团（Toppan Printing Co Ltd）	日本	迈克尔斯公司（Michaels Companies Inc）	美国	瑞典Cellulosa公司（Svenska Cellulosa Sca AB）	瑞典	汤森路透集团（Thomson Reuters Corp）	加拿大
34	迈克尔斯公司（Michaels Companies Inc）	美国	拉斯维加斯金沙集团（Las Vegas Sands Corp）	美国	夏普公司（Sharp Corp）	日本	墨西哥电视集团（Grupo Televisa SAB）	墨西哥	雪松集市有限公司（Cedar Fair LP）	美国
35	凸版印刷集团（Toppan Printing Co Ltd）	日本	L-3通信控股公司（L-3 Communications Holdings Inc）	美国	凸版印刷集团（Toppan Printing Co Ltd）	日本	六旗娱乐公司（Six Flags Entertainment Corp）	美国	唐纳利有限公司（Videocon Industries Ltd）	美国

续表

排名	2012年 公司名称	2012年 公司总部所在地	2013年 公司名称	2013年 公司总部所在地	2014年 公司名称	2014年 公司总部所在地	2015年 公司名称	2015年 公司总部所在地	2016年 公司名称	2016年 公司总部所在地
36	21世纪福克斯公司(Twenty-First Century Fox Inc)	美国	字母表公司(Alphabet Inc)	美国	拉斯维加斯金沙集团(Las Vegas Sands Corp)	美国	金佰利公司(Kimberly-Clark Corp)	美国	国美电器(GOME Electrical Appliances Holding Ltd)	中国香港
37	拉斯维加斯金沙集团(Las Vegas Sands Corp)	美国	维旺迪集团(Vivendi)	法国	互众集团(Interpublic Group of Companies Inc)	美国	国美电器(GOME Electrical Appliances Holding Ltd)	中国香港	金佰利公司(Kimberly-Clark Corp)	美国
38	互众集团(Interpublic Group of Companies Inc)	美国	互众集团(Interpublic Group of Companies Inc)	美国	百度公司(Baidu Inc)	中国	百度公司(Baidu Inc)	中国	AMC娱乐控股公司(AMC Entertainment Holdings Inc)	美国
39	培生集团(Pearson PLC)	英国	雪松集市有限公司(Cedar Fair LP)	美国	L-3通信控股公司(L-3 Communications Holdings Inc)	美国	西岩公司(West Rock Co)	美国	自由全球公司(Liberty Global Plc)	英国
40	雪松集市有限公司(Cedar Fair LP)	美国	培生集团(Pearson PLC)	英国	雪松集市有限公司(Cedar Fair LP)	英国	雪松集市有限公司(Cedar Fair LP)	美国	歌尔声学股份有限公司(Goertek Inc)	中国

续表

排名	2012年 公司名称	2012年 公司总部所在地	2013年 公司名称	2013年 公司总部所在地	2014年 公司名称	2014年 公司总部所在地	2015年 公司名称	2015年 公司总部所在地	2016年 公司名称	2016年 公司总部所在地
41	柯尼卡美能达公司（Konica Minolta Inc）	日本	国美电器（GOME Electrical Appliances Holding Ltd）	中国香港	瑞典Cellulosa公司（Svenska Cellulosa Sca AB）	瑞典	L-3通信控股公司（L-3 Communications Holdings Inc）	美国	西岩公司（West Rock Co）	美国
42	六旗娱乐公司（Six Flags Entertainment Corp）	美国	六旗娱乐公司（Six Flags Entertainment Corp）	美国	电通公司（Dentsu Inc）	日本	蒂斯公司（Altice NV）	荷兰	腾讯控股有限公司（Tencent Holdings LTD）	中国
43	大日本印刷公司（Dai Nippon Printing Co Ltd）	日本	柯尼卡美能达公司（Konica Minolta Inc）	日本	金佰利公司（Kimberly-Clark Corp）	美国	培生集团（Pearson PLC）	英国	L3技术公司（L3 Technologies Inc）	美国
44	国美电器（GOME Electrical Appliances Holding Ltd）	中国香港	美国全国广播公司（NBCUniversal Media LLC）	美国	国美电器（GOME Electrical Appliances Holding Ltd）	中国香港	自由环球公司（Liberty Global Plc）	英国	施乐公司（Xerox Corp）	美国
45	电通公司（Dentsu Inc）	日本	大日本印刷公司（Dai Nippon Printing Co Ltd）	日本	柯尼卡美能达公司（Konica Minolta Inc）	日本	瑞声科技控股股份有限公司（AACTechnologies Holdings Inc）	中国香港	培生集团（Pearson PLC）	英国
46	伟易达集团（VTech Holdings Ltd）	中国香港	电通公司（Dentsu Inc）	日本	六旗娱乐公司（Six Flags Entertainment Corp）	日本	凯撒娱乐公司（Caesars Entertainment Corp）	美国	美泰公司（Mattel Inc）	美国

续表

排名	2012年 公司名称	2012年 公司总部所在地	2013年 公司名称	2013年 公司总部所在地	2014年 公司名称	2014年 公司总部所在地	2015年 公司名称	2015年 公司总部所在地	2016年 公司名称	2016年 公司总部所在地
47	迪克森零售公司（Dixons Retail Plc）	英国	京东商城（JD.com Inc）	中国	培生集团（Pearson PLC）	英国	歌尔声学股份有限公司（Goertek Inc）	中国	RELX集团（RELX NV）	荷兰
48	NBC环球传媒集团（NBCUniversal Media LLC）	美国	周大福公司（Chow Tai Fook Jewellery Group Ltd）	中国香港	墨西哥电视集团（Grupo Televisa SAB）	墨西哥	美泰公司（Mattel Inc）	美国	里德爱思唯尔公司（RELX PLC）	英国
49	瑞典Cellulosa公司（Svenska Cellulosa Sca AB）	瑞典	创维数码控股有限公司（Skyworth Digital Holdings Ltd）	中国香港	大日本印刷公司（Dai Nippon Printing Co Ltd）	日本	腾讯控股有限公司（Tencent Holdings LTD）	中国	天空广播公司（Sky PLC）	英国
50	DISH网络公司（DISH Network Corp）	美国	自由环球公司（Liberty Global Plc）	英国	自由环球公司（Liberty Global Plc）	英国	RELX集团（RELX NV）	荷兰	凯撒娱乐公司（Caesars Entertainment Corp）	美国
51	RS公司（RS Legacy Corp）	美国	自由全球子公司环球集团（Liberty Global Plc Global Group）	英国	自由全球子公司环球集团（Liberty Global Plc Global Group）	英国	里德爱思唯尔公司（RELX PLC）	英国	西格内特珠宝有限公司（Signet Jewelers Ltd）	百慕大
52	时代华纳公司（Time Warner Inc）	美国	时代华纳公司（Time Warner Inc）	美国	周大福公司（Chow Tai Fook Jewellery Group Ltd）	中国香港	里德爱思唯尔集团（RELX Group plc）	英国	爱姆科集团（Amcor Ltd）	澳大利亚

续表

排名	2012年 公司名称	2012年 公司总部所在地	2013年 公司名称	2013年 公司总部所在地	2014年 公司名称	2014年 公司总部所在地	2015年 公司名称	2015年 公司总部所在地	2016年 公司名称	2016年 公司总部所在地
53	巴诺公司（Barnes & Noble Inc）	美国	巴诺公司（Barnes & Noble Inc）	美国	易贝公司（eBay Inc）	美国	西格内特珠宝有限公司（Signet Jewelers Ltd）	百慕大	金沙中国有限公司（Sands China Ltd）	中国香港
54	创维数码控股有限公司（Skyworth Digital Holdings Ltd）	中国香港	瑞典Cellulosa公司（Svenska Cellulosa Sca AB）	瑞典	阿里巴巴集团（Alibaba Group Holding Ltd）	中国	喜满客控股有限公司（Cinemark Holdings Inc）	美国	喜满客控股有限公司（Cinemark Holdings Inc）	美国
55	爱姆科集团（Amcor Ltd）	澳大利亚	易贝公司（eBay Inc）	美国	创维数码控股有限公司（Skyworth Digital Holdings Ltd）	中国香港	喜满客控股有限公司（Cinemark USA Inc）	美国	喜满客控股有限公司（Cinemark USA Inc）	美国
56	TCL集团（TCL Multimedia Technology Holdings Ltd）	中国香港	爱姆科集团（Amcor Ltd）	澳大利亚	王子控股株式会社（Oji Holdings Corp）	日本	爱姆科集团（Amcor Ltd）	澳大利亚	云顶集团（Genting Malaysia Bhd）	英国
57	周大福珠宝公司（Chow Tai Fook Jewellery Group Ltd）	中国香港	墨西哥电视集团（Grupo Televisa SAB）	墨西哥	巴诺公司（Barnes & Noble Inc）	美国	天空广播公司（Sky PLC）	英国	维尔度假村公司（Vail Resorts Inc）	美国
58	易贝公司（eBay Inc）	美国	直播电视集团（DIRECTV）	美国	携程公司（Ctrip.com International Ltd）	中国	维尔度假村公司（Vail Resorts Inc）	美国	BTG酒店有限公司（BTG Hotels (Group) Co Ltd）	中国

续表

排名	2012年 公司名称	2012年 公司总部所在地	2013年 公司名称	2013年 公司总部所在地	2014年 公司名称	2014年 公司总部所在地	2015年 公司名称	2015年 公司总部所在地	2016年 公司名称	2016年 公司总部所在地
59	途迈酷客公司（Thomas Cook Group PLC）	英国	百度公司（Baidu Inc）	中国	瑞声科技控股有限公司（AACTechnologies Holdings Inc）	中国香港	金沙中国有限公司（Sands China Ltd）	中国香港	默林娱乐集团（Merlin Entertainments PLC）	英国
60	合格纳公司（TEGNA Inc）	美国	合格纳公司（TEGNA Inc）	美国	直播电视集团（DIRECTV）	美国	帝王娱乐集团（Regal Entertainment Group）	美国	蒙迪南非公司［Mondi PLC/Ltd（ZAF）］	南非
61	里德爱思唯尔集团（RELX Group plc）	英国	王子控股株式会社（Oji Holdings Corp）	日本	合格纳公司（TEGNA Inc）	美国	斯道拉恩索奥吉公司（Stora Enso OYJ, Helsinki）	法国	蒙迪英国公司［Mondi PLC/Ltd（GBR）］	英国
62	艾利丹尼森公司（Avery Dennison Corp）	美国	伟易达集团（VTech Holdings Ltd）	中国香港	美泰公司（Mattel Inc）	美国	云顶集团（Genting Malaysia Bhd）	英国	立博珊瑚集团有限公司（Ladbrokes Coral Group Plc）	英国
63	直播电视集团（DIRECTV）	美国	迪克森零售公司（Dixons Retail Plc）	英国	伟易达集团（VTech Holdings Ltd）	中国香港	新闻集团（News Corp）	美国	哈曼公司国际工业公司（Harman International Industries Inc）	美国
64	OfficeMax公司（OfficeMax Inc）	美国	瑞士历峰集团（Cie Financiere Richemont AG, Zug）	瑞士	西格内特珠宝公司（Signet Jewelers Ltd）	百慕大	蒙迪南非公司［Mondi PLC/Ltd（ZAF）］	南非	斯道拉恩索奥吉公司（Stora Enso OYJ, Helsinki）	法国

续表

排名	2012 年		2013 年		2014 年		2015 年		2016 年	
	公司名称	公司总部所在地	公司名称	公司总部所在地	公司名称	公司总部所在地	公司名称	公司总部所在地	公司名称	公司总部所在地
65	墨西哥电视集团（Grupo Televisa SAB）	墨西哥	TCL 集团（TCL Multimedia Technology Holdings Ltd）	中国香港	里德爱思唯尔集团（RELX Group plc）	英国	蒙迪英国公司［Mondi PLC/Ltd（GBR）］	英国	帝王娱乐集团（Regal Entertainment Group）	美国
66	斯道拉恩索奥吉公司（Stora Enso OYJ, Helsinki）	芬兰	美泰公司（Mattel Inc）	美国	瑞士历峰集团（Cie Financiere Richemont AG, Zug）	瑞士	苏宁集团（Suning Commerce Group Co Ltd）	中国	康普控股有限公司（CommScope Holding Co Inc）	美国
67	美泰公司（Mattel Inc）	美国	里德爱思唯尔集团（RELX Group plc）	英国	腾讯控股有限公司（Tencent Holdings LTD）	中国	TCL 集团（TCL Multimedia Technology Holdings Ltd）	中国香港	时代华纳公司（Time Warner Inc）	美国
68	京东商城（JD.com Inc）	中国	斯道拉恩索奥吉公司（Stora Enso OYJ, Helsinki）	法国	爱姆科集团（Amcor Ltd）	澳大利亚	时代华纳公司（Time Warner Inc）	美国	永利公司（Wynn Resorts Ltd）	美国
69	瑞士历峰集团（Cie Financiere Richemont AG, Zug）	瑞士	RS 公司（RS Legacy Corp）	美国	斯道拉恩索奥吉公司（Stora Enso OYJ, Helsinki）	芬兰	家庭耐用品租赁销售公司（Rent-A-Center Inc）	美国	深圳华侨城公司（Shenzhen Overseas Chinese Town Holdings Co Ltd）	中国

第十二章 全球文化创意产业上市公司社会贡献研究报告 / 551

续表

排名	2012 年 公司名称	2012 年 公司总部所在地	2013 年 公司名称	2013 年 公司总部所在地	2014 年 公司名称	2014 年 公司总部所在地	2015 年 公司名称	2015 年 公司总部所在地	2016 年 公司名称	2016 年 公司总部所在地
70	王子控股株式会社（Oji Holdings Corp）	日本	腾讯控股有限公司（Tencent Holdings LTD）	中国	21 世纪福克斯公司（Twenty-First Century Fox Inc）	美国	深圳华侨城有限公司（Shenzhen Overseas Chinese Town Holdings Co Ltd）	中国	新闻集团（News Corp）	美国
71	瑞声科技控股有限公司（AAC Technologies Holdings Inc）	中国香港	艾利丹尼森公司（Avery Dennison Corp）	美国	西岩公司（West Rock Co）	美国	哈曼公司国际工业公司（Harman International Industries Inc）	美国	TCL 集团（TCL Multimedia Technology Holdings Ltd）	中国香港
72	西岩公司（West Rock Co）	美国	金沙中国有限公司（Sands China Ltd）	中国香港	默林娱乐集团（Merlin Entertainments PLC）	英国	特许通信公司（Charter Communications Inc）	美国	法国拉加代尔公司（Lagardere SCA）	法国
73	哥伦比亚广播公司（CBS Corp）	美国	西岩公司（West Rock Co）	美国	金沙中国有限公司（Sands China Ltd）	美国	康普控股有限公司（CommScope Holding Co Inc）	美国	苏宁集团（Suning Commerce Group Co Ltd）	中国
74	蒙迪英国公司［Mondi PLC/Ltd（GBR）］	英国	途迈酷客公司（Thomas Cook Group PLC）	英国	蒙迪南非公司［Mondi PLC/Ltd（ZAF）］	南非	密封空气公司（Sealed Air Corp）	美国	密封空气公司（Sealed Air Corp）	美国

续表

排名	2012 年 公司名称	2012 年 公司总部所在地	2013 年 公司名称	2013 年 公司总部所在地	2014 年 公司名称	2014 年 公司总部所在地	2015 年 公司名称	2015 年 公司总部所在地	2016 年 公司名称	2016 年 公司总部所在地
75	蒙迪南非公司[Mondi PLC/Ltd (ZAF)]	南非	印刷服务公司（Quad/Graphics Inc）	美国	蒙迪英国公司[Mondi PLC/Ltd (GBR)]	英国	印刷服务公司（Quad/Graphics Inc）	美国	印刷服务公司（Quad/Graphics Inc）	美国
76	美国礼品公司（American Greetings Corp）	美国	21世纪福克斯公司（Twenty-First Century Fox Inc）	美国	时代华纳公司（Time Warner Inc）	美国	法国拉加代尔公司（Lagardere SCA）	法国	LSC通信公司（LSC Communications Inc）	美国
77	波伊德德博彩公司（Boyd Gaming Corp）	美国	密封空气公司（Sealed Air Corp）	美国	尼康公司（Nikon Corp）	日本	哥伦比亚广播公司（CBS Corp）	美国	途迈酷客公司（Thomas Cook Group PLC）	英国
78	密封空气公司（Sealed Air Corp）	美国	DISH网络公司（DISH Network Corp）	美国	TCL集团（TCL Multimedia Technology Holdings Ltd）	中国香港	途迈酷客公司（Thomas Cook Group PLC）	英国	家庭耐用品租赁和销售公司（Rent-A-Center Inc）	美国
79	金沙中国有限公司（Sands China Ltd）	中国香港	喜满客控股有限公司（Cinemark USA Inc）	美国	艾利丹尼森公司（Avery Dennison Corp）	美国	银河娱乐集团（Galaxy Entertainment Group Ltd）	中国香港	清晰频道通信公司（iHeartMedia Inc）	美国
80	腾讯控股有限公司（Tencent Holdings LTD）	中国	哥伦比亚广播公司（CBS Corp）	美国	DS史密斯公司（DS SmithPLC）	英国	梅尔科皇冠娱乐有限公司（Melco Crown Entertainment Ltd）	中国香港	潘多拉公司（Pandora AS）	丹麦

续表

排名	2012 年 公司名称	2012 年 公司总部所在地	2013 年 公司名称	2013 年 公司总部所在地	2014 年 公司名称	2014 年 公司总部所在地	2015 年 公司名称	2015 年 公司总部所在地	2016 年 公司名称	2016 年 公司总部所在地
81	尼康公司（Nikon Corp）	日本	蒙迪南非公司[Mondi PLC/Ltd（ZAF）]	南非	力健公司（LIFE TIME ITNESS Inc）	美国	AMC 娱乐控股公司（AMC Entertainment Holdings Inc）	美国	21 世纪福克斯公司（Twenty-First Century Fox Inc）	美国
82	美国新闻集团（News Corp）	美国	蒙迪英国公司[Mondi PLC/Ltd（GBR）]	英国	云顶集团（Genting Malaysia Bhd）	英国	AMC 娱乐控股公司（AMC Entertainment Inc）	美国	哥伦比亚广播公司（CBS Corp）	美国
83	日本先锋公司（Pioneer Corp）	日本	波伊德博彩公司（Boyd Gaming Corp）	美国	澳门博彩控股有限公司（SJM Holdings Ltd）	中国香港	喜满客控股有限公司（Cinemark Holdings Inc）	美国	自由亿客行公司（Liberty Expedia Holdings Inc）	美国
84	喜满客控股有限公司（Cinemark Holdings Inc）	美国	帝王娱乐集团（Regal Entertainment Group）	美国	喜满客控股有限公司（Cinemark Holdings Inc）	美国	素诺科产品公司（Sonoco Products Co）	美国	澳门博彩控股有限公司（SJM Holdings Ltd）	中国香港
85	喜满客控股有限公司（Cinemark USA Inc）	美国	美国新闻集团（News Corp）	美国	纳斯帕斯公司（Naspers Ltd）	南非	永利公司（Wynn Resorts Ltd）	美国	新濠国际发展有限公司（Melco International Development Ltd）	中国香港

续表

排名	2012年 公司名称	2012年 公司总部所在地	2013年 公司名称	2013年 公司总部所在地	2014年 公司名称	2014年 公司总部所在地	2015年 公司名称	2015年 公司总部所在地	2016年 公司名称	2016年 公司总部所在地
86	海洋世界娱乐公司（SeaWorld Entertainment Inc）	美国	尼康公司（Nikon Corp）	日本	印刷服务公司（Quad/Graphics Inc）	美国	21世纪福克斯公司（Twenty-First Century Fox Inc）	美国	银河娱乐集团（Galaxy Entertainment Group Ltd）	中国香港
87	芬欧汇川集团（Upm-Kymmene Corp）	芬兰	维尔度假村公司（Vail Resorts Inc）	美国	密封空气公司（Sealed Air Corp）	美国	芬欧汇川集团（Upm-Kymmene Corp）	法国	维旺迪集团（Vivendi）	法国
88	帝王娱乐集团（Regal Entertainment Group）	美国	云顶集团（Genting Malaysia Bhd）	美国	特许通信公司（Charter Communications Inc）	美国	自由亿客行公司（Liberty Expedia Holdings Inc）	美国	新濠博亚娱乐有限公司（Melco Resorts & Entertainment Ltd）	中国香港
89	摩托罗拉公司（Motorola Solutions Inc）	美国	瑞声科技控股有限公司（AACTechnologies Holdings Inc）	中国香港	帝王娱乐集团（Regal Entertainment Group）	美国	云顶集团（Genting Malaysia Bhd）	马来西亚	Expedia公司（Expedia Inc）	美国
90	MNZS公司（John Menzies PLC）	英国	携程公司（Ctrip.com International Ltd）	美国	维尔度假村公司（Vail Resorts Inc）	美国	默林娱乐集团（Merlin Entertainments PLC）	英国	海康威视科技公司（Hangzhou Hik-Vision Digital Technology Co Ltd）	中国

续表

排名	2012年 公司名称	2012年 公司总部所在地	2013年 公司名称	2013年 公司总部所在地	2014年 公司名称	2014年 公司总部所在地	2015年 公司名称	2015年 公司总部所在地	2016年 公司名称	2016年 公司总部所在地
91	自由全球子公司环球集团（Liberty Global Plc Global Group）	英国	纳斯帕斯公司（Naspers Ltd）	南非	哥伦比亚广播公司（CBS Corp）	美国	Expedia公司（Expedia Inc）	美国	索诺科产品（Sonoco Products Co）	美国
92	力健公司（LIFE TIME FITNESS Inc）	美国	力健公司（LIFE TIME FITNESS Inc）	美国	途迈酷客公司（Thomas Cook Group PLC）	英国	甘尼特公司（Gannett Co Inc）	美国	波伊德博彩公司（Boyd Gaming Corp）	美国
93	印刷服务公司（Quad/Graphics Inc）	美国	家庭耐用品租赁和销售公司（Rent-A-Center Inc）	美国	家庭耐用品租赁和销售公司（Rent-A-Center Inc）	美国	清晰频道通信公司（iHearMedia Inc）	美国	海信电气有限公司（Hisense Electric Co Ltd）	中国
94	纳斯帕斯公司（Naspers Ltd）	南非	日本先锋公司（Pioneer Corp）	日本	澳门博彩控股有限公司（SJM Holdings Ltd）	中国香港	康佳集团（Konka Group Co Ltd）	中国	芬欧汇川集团（Upm-Kymmene Corp）	法国
95	亚马达公司（Yamada Denki Co Ltd）	日本	阿里巴巴集团（Alibaba Group Holding Ltd）	中国	美国新闻集团（News Corp）	美国	飞行中心旅游有限公司（Flight Centre Travel Group Ltd）	澳大利亚	飞行中心旅游有限公司（Flight Centre Travel Group Ltd）	澳大利亚

排名	2012年 公司名称	2012年 公司总部所在地	2013年 公司名称	2013年 公司总部所在地	2014年 公司名称	2014年 公司总部所在地	2015年 公司名称	2015年 公司总部所在地	2016年 公司名称	2016年 公司总部所在地
96	CDRE 公司（Codere SA）	西班牙	特许通信公司（Charter Communications Inc）	美国	天空广播公司（Sky PLC）	英国	波伊德博彩公司（Boyd Gaming Corp）	美国	派对城公司（Party City Holdco Inc）	美国
97	澳门博彩控股有限公司（SJM Holdings Ltd）	中国香港	DS 史密斯公司（D S SmithPLC）	英国	索诺科产品公司（Sonoco Products Co）	美国	派对城公司（Party City Holdco Inc）	美国	CCL 工业公司（CCL Industries Inc）	加拿大
98	百度公司（Baidu Inc）	中国香港	澳门博彩控股有限公司（SJM Holdings Ltd）	中国香港	法国拉加代尔公司（Lagardere SCA）	法国	佩恩国民博彩公司（Penn National Gaming Inc）	美国	云顶集团（Genting Malaysia Bhd）	马来西亚
99	清晰频道通信公司（iHeart Media Inc）	美国	亚马达公司（Yamada Denki Co Ltd）	日本	芬欧汇川集团（Upm – Kymmene Corp）	芬兰	荷兰威科集团（Wolters Kluwer NV）	荷兰	佩恩国民博彩公司（Penn National Gaming Inc）	美国
100	维尔度假村公司（Vail Resorts Inc）	美国	摩托罗拉公司（Motorola Solutions Inc）	美国	亚马达公司（Yamada Denki Co Ltd）	日本	DISH 网络公司（DISH Network Corp）	美国	哈瓦斯公司（Havas）	法国

见,中国文化创意产业上市公司在就业贡献能力上有很大的提升。

(二)就业贡献 30 强的区域格局

美国、日本、中国、英国和法国 5 个国家文化创意产业上市公司就业贡献能力突出。综合观察 2012—2016 年全球主要国家和地区文化创意产业上市公司就业贡献 30 强区域分布(见表 12-2),美国文化创意产业上市公司入选数量稳居首位,2012 年为 19 家,2015 年增加至 23 家,2016 年达到 24 家,在整体分布上,2012—2016 年呈现出一个更为分散的发展趋势。2013 年 30 强文化创意产业上市公司集中在美国、日本、中国、英国、法国、芬兰、德国和瑞典 8 个国家,到 2016 年则分散为美国、日本、中国、英国、法国、瑞典、芬兰、德国和马来西亚 9 个国家。

表 12-2 2012—2016 年全球主要国家和地区文化创意产业上市公司
就业贡献 30 强区域分布

年份	入围国家和公司数量
2012	美国(19 家)、日本(5 家)、英国(3 家)、法国(3 家)、中国(2 家)、德国(2 家)、芬兰(1 家)
2014	美国(17 家)、日本(6 家)、中国(3 家)、英国(3 家)、芬兰(2 家)、法国(2 家)、德国(2 家)
2015	美国(23 家)、中国(5 家)、芬兰(2 家)、英国(2 家)、法国(1 家)、瑞典(1 家)、日本(1 家)
2016	美国(24 家)、中国(2 家)、德国(2 家)、马来西亚(2 家)、法国(1 家)、日本(1 家)、瑞典(1 家)、芬兰(1 家)

(三)就业贡献百强的区域格局

从 2012—2016 年全球文化创意产业上市公司就业贡献百强国家和地区分布(见表 12-3)来看,2012 年有 49 家公司来自美国,14 家公司来自日本,9 家公司来自英国;2013 年有 47 家公司来自美国,14 家公司来自日本,11 家公司来自英国;2014 年有 45 家公司来自美国,13 家公司来自日本,12 家公司来自英国;2015 年有 52 家公司来自美国,11 家公司来自中国,9 家公司来自英国。可见,美国的文化创意产业上市公司就业贡献一直处于前列,较为稳定。日本的文化创意产业上市公司在

2012—2014 年就业贡献位于百强的公司数量基本稳定，但自 2015 年、2016 年时出现明显下降。中国文化创意产业上市公司的就业贡献总体呈上升趋势，这是因为，近年来，中国文化创意产业上市公司的发展得到了国家相关政策的大力支持，全国文化创意产业收入实现逐年增长，随着供给侧结构性改革力度的不断加大，文化市场主体创新创业不断激发，骨干文化公司得以做强做大。中国的文化创意产业上市公司的就业贡献有很大的发展潜力。

表 12-3　　2012—2016 年全球文化创意产业上市公司就业贡献百强国家和地区分布

国家和地区	2012 年	2013 年	2014 年	2015 年	2016 年	平均占比（%）
美国	49	47	45	52	51	48.80
日本	14	14	13	2	1	8.80
英国	9	11	12	9	9	10.00
中国	5	7	7	11	9	7.80
德国	2	2	2	2	2	2.00
法国	2	2	2	3	4	2.60
瑞典	1	1	1	1	0	0.80
芬兰	3	2	3	3	3	2.80
墨西哥	1	1	1	1	0	0.80
南非	2	2	2	1	1	1.60
加拿大	0	0	0	0	1	0.20
澳大利亚	1	1	1	2	2	1.40
荷兰	0	0	0	3	2	1.00
瑞士	1	1	1	1	0	0.80
马来西亚	0	0	0	2	2	0.80
百慕大	0	0	1	1	1	0.60
中国台湾	8	8	8	7	8	7.80
丹麦	0	0	0	0	1	0.20
西班牙	1	0	0	0	0	0.20

(四)就业贡献百强的行业结构

从 2012—2016 年全球主要国家和地区文化创意产业上市公司就业贡献 30 强行业结构（见表 12 - 4）来看，有线电视和其他电视服务业、电影娱乐业、广播电视播放设备业、消费类电子产品业、消费类电子产品业 5 个行业连续五年进入全球文化创意产业上市公司就业贡献百强。从 2012—2016 年全球文化创意产业上市公司就业贡献 30 强可以发现，行业分布呈现出由集中到分散的趋势。有线电视和其他电视服务业与电影娱乐公司业成为就业贡献优势行业。

表 12 - 4　　2012—2016 年全球主要国家和地区文化创意产业
上市公司就业贡献 30 强行业分布

年份	入围行业和公司数量
2012	有线电视和其他电视服务业（6 家）；电影娱乐业（6 家）；广播电视播放设备业（4 家）； 电视广播站业（3 家）；电视播放设备业（3 家）；消费类电子产品业（2 家）； 广告代理业（2 家）；家用音频和视频设备业（1 家）；造纸业（1 家）； 再生纸和纸板产品业（不包含纸容器及纸盒）（1 家）；电子商务业（1 家）
2013	有线电视和其他电视服务业（6 家）；电视广播站业（5 家）；广播电视播放设备业（5 家）； 电视播放设备业（3 家）；消费类电子产品业（2 家）；电影娱乐业（3 家）； 造纸业（2 家）；广告代理业（2 家）；珠宝业、贵金属业（1 家）； 再生纸和纸板产品业（不包含纸容器及纸盒）（1 家）
2014	有线电视和其他电视服务业（6 家）；电影娱乐业（4 家）；消费类电子产品业（3 家）； 互联网软件与服务业（3 家）；电视播放设备业（3 家）；广告代理业（3 家）；电视广播站业（2 家）；互联网出版广播和网络搜索门户业（2 家）；造纸业（1 家）；珠宝、贵金属业（1 家）；再生纸和纸板产品业（不包含纸容器及纸盒）（1 家）；电子商务业（1 家）
2015	有线电视和其他电视服务业（5 家）；电影娱乐业（4 家）；互联网软件与服务业（4 家）； 电视播放设备业（3 家）；消费类电子产品业（3 家）；广告代理业（2）；造纸业（2 家）； 期刊印刷与出版业（2 家）；电视广播站业（2 家）；电子商务业（1 家）； 广播、电视及消费电子业（1 家）；再生纸和纸板产品业（不包含纸容器及纸盒）（1 家）

续表

年份	入围行业和公司数量
2016	有线电视和其他电视服务业（5家）；电影娱乐业（4家）；有线电视和其他电视服务业（3家）；电视广播站业（3家）；广告代理业（3家）；消费类电子产品业（2家）；互联网出版广播和网络搜索门户业（2家）；造纸业（2家）；电台广播站业（2家）；再生纸和纸板产品业（不包含纸容器及纸盒）（1家）；电子商务业（1家）；纸制品业（1家）；电视播放设备业（1家）

四　2012—2016 年全球文化创意产业上市公司就业贡献均值国家和地区排名

（一）就业贡献地区排名的总体特征

全球主要国家和地区文化创意产业上市公司就业贡献水平差异较大。本节将从 2012—2016 年五年的文化创意产业上市公司就业贡献均值的国家和地区排名（见表 12-5）情况展开分析。总的来看，2012—2016 年全球文化创意产业上市公司就业贡献的前五名分别为芬兰、墨西哥、瑞典、南非和美国。芬兰的文化创意产业上市公司就业人数均值达到了 14818 人，排在全球第 1 名，墨西哥以 14162 人排在第 2 名，瑞典以 12068 人排在第 3 名。

表 12-5　　2012—2016 年全球文化创意产业上市公司就业贡献国家和地区排名

排名	公司总部所在地	公司数量（家）	就业人数均值（人）
1	芬兰	92	14818
2	墨西哥	28	14162
3	瑞典	135	12068
4	南非	61	8609
5	美国	2557	7211
6	百慕大	29	6918
7	德国	202	6749
8	土耳其	20	5849
9	柬埔寨	5	5353
10	中国	644	5347
11	日本	1423	5133

续表

排名	公司总部所在地	公司数量（家）	就业人数均值（人）
12	马来西亚	39	4831
13	荷兰	101	4812
14	英国	820	4759
15	巴西	22	4604
16	中国澳门	16	4381
17	西班牙	44	4179
18	法国	435	4151
19	越南	13	3824
20	智利	16	3792
21	开曼群岛	15	3512
22	瑞士	74	3259
23	中国台湾	892	3116
24	丹麦	36	3027
25	巴拿马	2	3013
26	阿根廷	5	2822
27	印度尼西亚	158	2733
28	加拿大	385	2626
29	澳大利亚	202	2376
30	比利时	39	2232
31	俄罗斯	5	2152
32	波兰	28	2146
33	希腊	30	1987
34	新加坡	47	1875
35	委内瑞拉	5	1831
36	菲律宾	61	1612
37	葡萄牙	41	1402
38	意大利	67	1192
39	印度	192	1038
40	中国香港	66	839
41	以色列	67	771
42	巴基斯坦	27	757

续表

排名	公司总部所在地	公司数量（家）	就业人数均值（人）
43	新西兰	19	437
44	挪威	6	407
45	韩国	3	284
46	泰国	1	162
47	马耳他	3	130
48	爱尔兰	5	95
49	泽西岛	6	83
50	安圭拉	4	1
	总计	9193	5186

（二）20 国集团国家文化创意产业上市公司就业贡献排名

首先，在 20 国集团国家中，墨西哥以文化创意产业上市公司就业人数均值 14162 人，位居第一。究其原因，一是因为进入 2010 年以来，墨西哥出口逐步扩大，就业市场逐渐摆脱经济危机的阴霾，2011 年 1 月和 2 月新增岗位分别达到 3.55 万个和 12.89 万个，就业形势全面好转。二是墨西哥吸收国外直接投资有所增长。2011 年，墨西哥吸收外国直接投资 194.39 亿元并且投资在逐年增长①，外国直接投资在很大程度上促使墨西哥的文化创意产业得以快速增长。此外，南非、美国、德国、土耳其等国家位列前 5 名；中国、日本、英国、巴西、法国等国家也进入前十名（见表 12-6）。

表 12-6　2012—2016 年 20 国集团国家文化创意产业上市公司就业贡献

排名	公司总部所在地	公司数量（家）	文化公司就业人数均值（人）
1	墨西哥	28	14162
2	南非	61	8609
3	美国	2557	7211

---

① 商务部：《2011 年墨西哥吸收外国直接投资有增长》，http://mx.mofcom.gov.cn/article/jmxw/201202/20120207979399.shtml，2018 年 5 月 20 日。

续表

排名	公司总部所在地	公司数量（家）	文化公司就业人数均值（人）
4	德国	202	6749
5	土耳其	20	5849
6	中国	644	5347
7	日本	1423	5133
8	英国	820	4759
9	巴西	22	4604
10	法国	435	4151
11	阿根廷	5	2822
12	印度尼西亚	158	2733
13	加拿大	385	2626
14	澳大利亚	202	2376
15	俄罗斯	5	2152
16	意大利	67	1192
17	印度	192	1038
18	韩国	3	284

（三）"一带一路"沿线国家和地区文化创意产业上市公司就业贡献排名

从"一带一路"沿线亚洲国家和地区分布来看，西亚、东亚、东南亚、南亚分别有114家、644家、324家和192家公司，西亚、东亚、东南亚、南亚就业人数均值分别为7701人、5347人、20390人和1038人（见表12-7）。在"一带一路"沿线国家和地区当中，土耳其以文化创意产业上市公司就业人数均值5849人位居第一。综合来看，"一带一路"沿线国家和地区中的东南亚国家和地区文化创意产业上市公司就业贡献最高，位于东亚的中国虽然文化创意产业上市公司数量最多，虽然如此，中国与欧美发达国家文化创意产业就业贡献还是有一定差距，可见，中国的文化创意产业上市公司需要进一步培育"龙头企业"，提升中国文化创意产业上市公司的就业贡献能力。

表 12-7 "一带一路"沿线亚洲国家和地区文化创意产业上市公司就业贡献

地区	公司总部所在地	公司数量（家）	文化创意公司就业人数均值（人）
西亚	土耳其	20	5849
西亚	以色列	67	771
西亚	巴基斯坦	27	757
东亚	中国	644	5347
东南亚	柬埔寨	5	5353
东南亚	马来西亚	39	4831
东南亚	越南	13	3824
东南亚	印度尼西亚	158	2733
东南亚	新加坡	47	1875
东南亚	菲律宾	61	1612
东南亚	泰国	1	162
南亚	印度	192	1038

第二节 全球文化创意产业上市公司纳税贡献研究

企业在对社会纵向的垂直关系中承担纳税义务，为社会创造纳税贡献，成为企业在同一行业与不同企业之间横向并列关系中的软竞争力的重要组成部分（刘文静，2017）[①]，有利于企业获得发展资源，降低企业非系统风险，提升企业竞争力和长期盈利能力，从而促进企业可持续发展（杨文进，2000）[②]。对文化创意产业上市公司进行纳税贡献方面考察，不仅能够有效评价文化创意产业上市公司为社会创造的经济价值，还有助于对文化创意产业上市公司的发展能力做出判断。而且，企业纳税贡

[①] 刘文静：《企业社会责任对企业竞争力的影响——以传播与文化行业为例》，《纳税》2017年第13期。

[②] 杨文进：《现代经济分析需要建立社会价值论》，《当代财经》2000年第2期。

献能够反映出国家与纳税人之间的分配关系（王方武，1996）①，文化创意产业上市公司纳税贡献研究可以为分析国家政策对企业的支持和治理效果提供参考。因此，无论是从微观上设计文化创意产业上市公司的经营考核指标，还是从宏观上设立预警机制，观察文化创意产业上市公司税负变化状态，纳税贡献都是一个重要的考察指标。

本节将从2012—2016年全球文化创意产业上市公司纳税贡献总体特征、2000—2016年全球16个主要国家和地区文化创意产业上市公司纳税贡献演变趋势、2012—2016年全球文化创意产业上市公司纳税贡献百强和2012—2016年全球文化创意产业上市公司纳税贡献国家和地区排名四个角度来对全球文化创意产业上市公司纳税贡献进行研究。

一 2012—2016年全球文化创意产业上市公司纳税贡献总体特征

以文化创意产业上市公司税收贡献均值为指标对全球文化创意产业上市公司纳税贡献总体特征进行考察发现，五年来文化创意产业上市公司纳税贡献均值变化呈明显的"两头低、中间高"的波动状态。通过对2012—2016年全球文化创意产业上市公司纳税贡献均值进行计算汇总，可以发现：全球主要国家和地区文化创意产业公司纳税贡献均值从1.50亿元攀升至1.96亿元（见表12-8），2012—2013年和2015—2016年下降7.33%、9.25%；2013—2014年和2014—2015年则分别增加12.94%和37.57%。

表12-8　　2012—2016年全球主要国家和地区文化创意产业
上市公司数量及税收贡献情况

年份	公司数量	均值（亿元）	合计（亿元）
2012	3843	1.50	5777.01
2013	3844	1.39	5356.52
2014	3769	1.57	5903.41
2015	2516	2.16	5427.30
2016	2519	1.96	4932.82
总计	16491	1.66	27397.06

2014年和2015年全球主要国家和地区文化创意产业上市公司纳税贡献均值（见图12-3）的上升趋势，主要受到国际文化创意产业并购热潮的影响，重组完成后的文化创意产业上市公司个体纳税能力更强。2014年，

---

① 王方武：《浅谈企业税收贡献及其测评问题》，《工业会计》1996年第10期。

以中国传媒行业为例,在传媒市场快速发展、相关政策利好、消费升级等有利因素的推动下,中国传媒行业共发生超过 200 起并购交易,交易规模超过 2200 亿元,如百视通吸收合并东方明珠后,成为传统媒体领域首个跨越千亿市值的门槛的传媒公司。① 2015 年,全球文化创意产业投融资热潮继续,例如,科学界著名的出版集团麦克米伦科学与教育出版集团（Macmillan Publishing Co.）与德国施普林格科学与商业媒体集团（Springer Science Business Media）于 2015 年 5 月完成合并,成立施普林格自然集团（Springer Nature）,造就了目前世界上规模最大的科学出版集团。② 发展成熟的文化创意产业上市公司运用资本兼并、收购较小型企业,完成重组的企业规模增大,形成有利的规模效益进而增加了纳税贡献。全球文化创意产业上市公司纳税均值最高峰值在 2015 年出现,达 2.16 亿元。

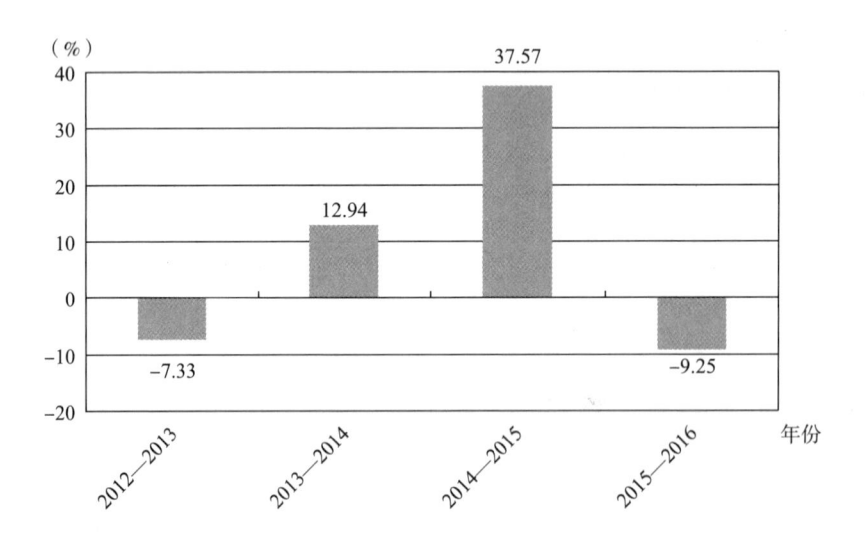

图 12 - 3　2012—2016 年全球主要国家和地区文化创意产业上市纳税贡献均值增幅

二　2000—2016 年全球 16 个主要国家和地区文化创意产业上市公司纳税贡献演变趋势

本节统计 2000—2016 年美国、英国、澳大利亚、巴西、加拿大、中

---

① 中国互联网数据资讯中心:《2014 年中国传媒产业市场并购详解》,http://www.199it.com/archives/349146.html,2018 年 7 月 30 日。
② 木尧:《施普林格自然集团的探索之路》,《中国出版传媒商报》2015 年 12 月 18 日。

国、德国、法国、印度、意大利、日本、韩国、俄罗斯、中国台湾、南非16个国家和地区文化创意产业上市公司的数量、纳税贡献均值以及总纳税贡献值。

2000—2016年，16个国家和地区文化创意产业上市公司纳税贡献总值总体呈波动上升态势（见表12-9）。2000年16个国家和地区文化创意产业上市公司纳税贡献总值为4030.55亿元，2016年增加至4723.06亿元，总增幅为17.18%，17年来，纳税贡献合计共达70997.37亿元。可以看出，2000年以来，16个国家和地区文化创意产业发展初具规模。以英国为例，英国政府成立专门的创意产业负责小组，推出创意经济计划等创意产业扶持政策，积极培育超过10万家创意企业，通过政府公共投资与私人投资相结合的"混合经济"模式促成英国创意产业的发展。① 16个国家和地区文化创意产业在整体上初步形成了门类齐全的体系，文化上市企业盈利能力增强，所得利润的增加成为纳税贡献总值增加的支撑。另外，纳税贡献总值的增加也反映出16个国家和地区对文化创意产业的纳税政策可能收紧，文化上市企业的税负加重。意大利增值税经历多次上调，世界银行的数据显示，2015年意大利总税率已经达到64.8%，其中企业所得税率达31.4%②，意大利文化创意产业上市公司经营压力加重。

表12-9　　2000—2016年全球16个主要国家和地区文化创意产业上市公司纳税贡献

年份	公司数量	均值（亿元）	合计（亿元）
2000	2964	1.36	4030.55
2001	2907	0.64	1872.78
2002	2954	0.90	2661.77
2003	2958	1.11	3277.21
2004	3064	1.40	4286.61

---

① 祝碧衡：《英国文化部总结10年创意产业发展成果》，http://www.istis.sh.cn/list/list.aspx?id=4363，2018年7月31日。

② 商务部：《2015年意大利税率居欧洲最高水平》，http://www.mofcom.gov.cn/article/i/jyjl/m/201610/20161001497986.shtml，2018年7月31日。

续表

年份	公司数量	均值（亿元）	合计（亿元）
2005	3043	1.48	4503.16
2006	3023	1.53	4628.93
2007	3015	1.80	5432.95
2008	2977	0.61	1804.13
2009	2818	1.14	3224.50
2010	2914	1.61	4690.79
2011	3015	1.73	5221.01
2012	3093	1.68	5196.13
2013	3116	1.56	4864.21
2014	3059	1.85	5647.61
2015	1974	2.50	4931.98
2016	1990	2.37	4723.06
总计	48884	1.45	70997.37

国际金融危机的冲击对16个国家和地区文化创意产业纳税贡献情况影响显著。2000—2014年16个国家和地区文化创意产业上市公司纳税贡献均值在2001年、2008年出现明显负增长（见图12-4）。2001年纳税贡献均值0.64亿元，较2000年减少0.72亿元，降幅高达52.94%；2008年纳税贡献均值0.61亿元，较2007年减少1.19亿元，降幅为66.11%，为五年间纳税贡献均值的最低点。2001年互联网泡沫破裂、"9·11"恐怖袭击、巴以冲突升级、阿根廷局势动荡等战争给全球带来的恐惧，以及2008年国际金融危机中投资者对证券金融市场信心流失，对全球经济的影响是剧烈的，本节统计的国家和地区中的上市企业直接牵连其中。虽然中国2001年第三产业增加值已经达到国内生产总值的33.2%，信息产业等文化创意产业相关产业固定资产投资总量年均增长为20%—30%[①]，2008年中国文化创意产业也保持持续快速增长，产业规模和经济效益都有了大幅提高[②]，有力地带动国内经济的增长，但也难掩美国、日

---

① 新华网：《2001—2002年中国文化产业蓝皮书总报告》，http://www.js.xinhuanet.com/subject/wenhua/fz01.htm，2018年7月31日。

② 国家统计局：《2008年我国文化产业发展情况的报告》，http://www.stats.gov.cn/ztjc/ztfx/fxbg/201005/t20100514_16136.html，2018年7月31日。

本和欧盟三大经济体的整体下跌。

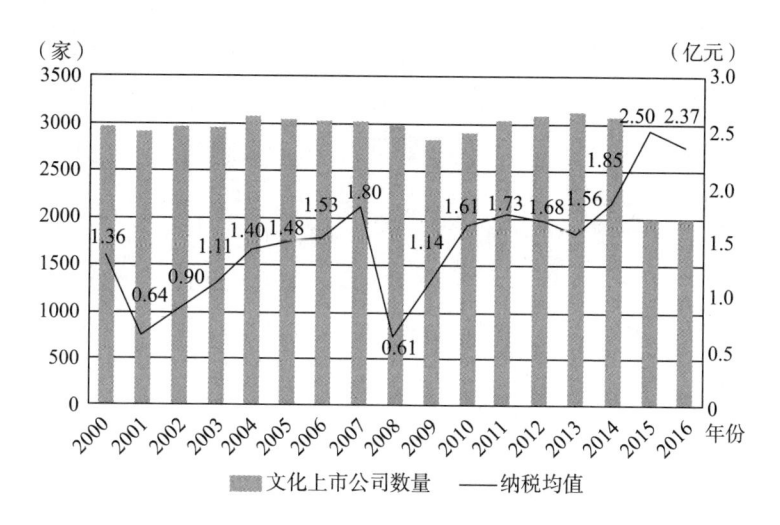

图 12-4　2000—2016 年全球 16 个主要国家和地区文化创意产业上市公司数量及纳税均值

2000—2016 年，16 个国家和地区文化创意产业上市公司纳税贡献均值增加了 75%。2000 年，16 个国家和地区文化创意产业上市公司纳税贡献均值仅 1.36 亿元，到 2016 年，该纳税贡献均值攀升到 2.37 亿元，增幅 74.26%。

2015 年，16 个国家和地区文化创意产业上市公司纳税贡献均值增长最快。2015 年，文化创意产业上市公司纳税贡献均值从 2014 年的 1.85 亿元上升至 2.50 亿元，增幅 35.14%，达到五年间 16 个国家和地区的纳税贡献均值最高点。2015 年，文化创意产业领域的文化金融创意产品不断涌现，"文化+金融+互联网"的融合发展迅猛。2015 年 1—11 月，中国共发生文化类众筹事件 1643 起，总金额达到 6.71 亿元，是 2014 年的 6 倍有余。① 美国、英国、南非等主要国家在文化众筹方面也持续发展出多样的商业模式，如美国 ZIIBRA 音乐众筹、南非 Trevolta 在线旅游众筹

---

① 段卓杉、崔斌：《2015 年文化产业资本运作由"疯狂"转向"理性"》，http://www.ce.cn/culture/gd/201512/26/t20151226_7871040.shtml，2018 年 7 月 31 日。

等。① 多样的新兴融资手段与传统的政策专项发展资金等相结合，支撑全球文化创意产业的健康发展。

三 2012—2016年全球文化创意产业上市公司纳税贡献百强

（一）2012—2016年全球文化创意产业上市公司纳税贡献30强

美国文化创意产业上市公司占据30强优势位置。2012—2016年，全球主要国家和地区文化创意产业上市公司纳税贡献30强基本固定（见表12-10），苹果连续五年占据首位，康卡斯特公司、华特迪士尼公司、字母表公司、3M公司、时代华纳公司、维亚康姆公司、哥伦比亚广播公司、21世纪福克斯公司、探索传播公司、宏盟公司、脸书公司等11家美国文化创意产业上市公司，以及索尼公司、日本雅虎公司两家日本文化创意产业上市公司连续五年进入30强。

大众传媒类文化创意产业上市公司排名上升势头强劲。2008年，美国EW Scripps公司的有线电视网络和在线资产分拆成立Scripps网络互动公司。Scripps网络互动公司拥有数个主要的实时电视有线频道，包括食物网络频道、HGTV、旅游频道和DIY网络频道，还拥有波兰广播公司（TVN）及英国频道集团（UKTV）的股份。2013年，Scripps网络互动公司挤入全球文化创意产业上市公司纳税贡献第49位，之后三年排名逐年攀升：2014年第48名，2015年第40名，2016年成为第28名。

自然资源消耗型及奢侈品行业文化创意产业上市公司逐渐落后。由南非亿万富翁安顿·鲁伯特（Anton Rupert）于1988年建立的瑞士历峰集团（Cie Financiere Richemont AG, Zug）主要业务涉及珠宝、手表、奢侈品以及时装4个商业领域，旗下拥有江诗丹顿（Vacheron Constantin）、卡地亚（Cartier SA）、克洛维（Chloé）等多个知名品牌，是世界第二大奢侈品公司。瑞士历峰集团在2012—2014年均排在全球文化创意产业上市公司纳税贡献30强，2012年第25名，2013年、2014年第27名，而在2015年、2016年百强中未见其身影。再看加拿大林业产品公司（Resolute Forest Products），主营纸浆与纸张制造业务，其前身埃比蒂比波华造纸厂（Abitibi Bowater）是北美第三大、世界第八大纸浆和造纸公司。加拿大标业产品公司仅在2013年全球文化创意产业上市公司纳税贡献排在第28名，

---

① 搜狐证券：《互联网众筹研究报告》, http://www.askci.com/news/2015/08/07/143641nhmg.shtml, 2018年7月31日。

表12-10　2012—2016年全球主要国家和地区文化创意产业上市公司纳税贡献百强

排名	2012年 公司名称	2012年 公司总部所在地	2013年 公司名称	2013年 公司总部所在地	2014年 公司名称	2014年 公司总部所在地	2015年 公司名称	2015年 公司总部所在地	2016年 公司名称	2016年 公司总部所在地
1	苹果公司（Apple Inc）	美国	苹果公司（Apple Inc）	美国	苹果公司（Apple Inc）	美国	苹果公司（Apple Inc）	美国	苹果公司（Apple Inc）	美国
2	松下公司（Panasonic Corp）	日本	康卡斯特公司（Comcast Corp）	美国	华特迪士尼公司（Walt Disney Co）	美国	华特迪士尼公司（Walt Disney Co）	美国	康卡斯特公司（Comcast Corp）	美国
3	康卡斯特公司（Comcast Corp）	美国	华特迪士尼公司（Walt Disney Co）	美国	雅虎公司（Yahoo Inc）	美国	康卡斯特公司（Comcast Corp）	美国	华特迪士尼公司（Walt Disney Co）	美国
4	华特迪士尼公司（Walt Disney Co）	美国	字母表公司（Alphabet Inc）	美国	康卡斯特公司（Comcast Corp）	美国	字母表公司（Alphabet Inc）	美国	字母表公司（Alphabet Inc）	美国
5	字母表公司（Alphabet Inc）	美国	3M公司（3M Co）	美国	易贝公司（eBay Inc）	美国	脸书公司（Facebook Inc）	美国	脸书公司（Facebook Inc）	美国
6	雅虎公司（Yahoo Inc）	美国	时代华纳公司（Time Warner Inc）	美国	字母表公司（Alphabet Inc）	美国	3M公司（3M Co）	美国	3M公司（3M Co）	美国
7	3M公司（3M Co）	美国	21世纪福克斯公司（Twenty-First Century Fox Inc）	美国	3M公司（3M Co）	美国	时代华纳公司（Time Warner Inc）	美国	腾讯控股有限公司（Tencent Holdings LTD）	中国
8	索尼公司（Sony Corp）	日本	直播电视集团（DIRECTV）	美国	脸书公司（Facebook Inc）	美国	21世纪福克斯公司（Twenty-First Century Fox Inc）	美国	亚马逊公司（Amazon.com Inc）	美国

续表

排名	2012年 公司名称	2012年 公司总部所在地	2013年 公司名称	2013年 公司总部所在地	2014年 公司名称	2014年 公司总部所在地	2015年 公司名称	2015年 公司总部所在地	2016年 公司名称	2016年 公司总部所在地
9	时代华纳公司（Time Warner Inc）	美国	脸书公司（Facebook Inc）	美国	直播电视集团（DIRECTV）	美国	时代华纳有线公司（Time Warner Cable Inc）	美国	时代华纳公司（Time Warner Inc）	美国
10	诺基亚公司（Nokia Corp）	芬兰	论坛媒体公司（Tribune Media Co）	美国	21世纪福克斯公司（Twenty-First Century Fox Inc）	美国	腾讯控股有限公司（Tencent Holdings LTD）	中国	索尼公司（Sony Corp）	日本
11	维旺迪集团（Vivendi）	法国	时代华纳有线公司（Time Warner Cable Inc）	美国	时代华纳有线公司（Time Warner Cable Inc）	美国	亚马逊公司（Amazon.com Inc）	美国	21世纪福克斯公司（Twenty-First Century Fox Inc）	美国
12	直播电视集团（DIRECTV）	美国	维亚康姆公司（Viacom Inc）	美国	维亚康姆公司（Viacom Inc）	美国	百度公司（Baidu Inc）	中国	金佰利公司（Kimberly-Clark Corp）	美国
13	时代华纳有线公司（Time Warner Cable Inc）	美国	哥伦比亚广播公司（CBS Corp）	美国	阿里巴巴集团（Alibaba Group Holding Ld）	中国	索尼公司（Sony Corp）	日本	DISH网络公司（DISH Network Corp）	美国
14	维亚康姆公司（Viacom Inc）	美国	索尼公司（Sony Corp）	日本	金佰利公司（Kimberly-Clark Corp）	美国	爱立信公司（Ericsson）	瑞典	哥伦比亚广播公司（CBS Corp）	美国

第十二章　全球文化创意产业上市公司社会贡献研究报告 / 573

续表

排名	2012年 公司名称	2012年 公司总部所在地	2013年 公司名称	2013年 公司总部所在地	2014年 公司名称	2014年 公司总部所在地	2015年 公司名称	2015年 公司总部所在地	2016年 公司名称	2016年 公司总部所在地
15	夏普公司（Sharp Corp）	日本	金佰利公司（Kimberly-Clark Corp）	美国	索尼公司（Sony Corp）	日本	哥伦比亚广播公司（CBS Corp）	美国	百思买公司（Best Buy Co Inc）	美国
16	日本雅虎公司（Yahoo Japan Corp）	日本	松下公司（Panasonic Corp）	日本	腾讯控股有限公司（Tencent Holdings LTD）	中国	宏盟公司（Omnicom Group Inc）	美国	宏盟公司（Omnicom Group Inc）	美国
17	哥伦比亚广播公司（CBS Corp）	美国	汤森路透集团（Thomson Reuters Corp）	美国	时代华纳公司（Time Warner Inc）	美国	Priceline集团（Priceline Group Inc）	美国	Priceline集团（Priceline Group Inc）（The）	美国
18	21世纪福克斯公司（Twenty-First Century Fox Inc）	美国	日本雅虎公司（Yahoo Japan Corp）	日本	哥伦比亚广播公司（CBS Corp）	美国	探索传媒公司（Discovery Communications Inc）	美国	日本雅虎公司（Yahoo Japan Corp）	日本
19	金佰利公司（Kimberly-Clark Corp）	美国	爱立信公司（Ericsson）	瑞典	日本雅虎公司（Yahoo Japan Corp）	日本	百思买公司（Best Buy Co Inc）	美国	自由宽带公司（Liberty Broadband Corp）	美国
20	爱立信公司（Ericsson）	瑞典	探索传媒公司（Discovery Communications Inc）	美国	爱立信公司（Ericsson）	瑞典	维亚康姆公司（Viacom Inc）	美国	DBS公司（DISH DBS Corp）	美国

续表

排名	2012年 公司名称	2012年 公司总部所在地	2013年 公司名称	2013年 公司总部所在地	2014年 公司名称	2014年 公司总部所在地	2015年 公司名称	2015年 公司总部所在地	2016年 公司名称	2016年 公司总部所在地
21	探索传媒公司（Discovery Communications Inc）	美国	易贝公司（eBay Inc）	美国	探索传媒公司（Discovery Communications Inc）	美国	维旺迪集团（Vivendi）	法国	维亚康姆公司（Viacom Inc）	美国
22	富士胶片公司（Fujifilm Holdings Corp）	日本	腾讯控股有限公司（Tencent Holdings LTD）	中国	宏盟公司（Omnicom Group Inc）	美国	国际纸业公司（International Paper Co）	美国	LG电子公司（LG Electronics Inc）	韩国
23	宏盟公司（Omnicom Group Inc）	美国	宏盟公司（Omnicom Group Inc）	美国	Priceline集团（Priceline Group Inc）	美国	易贝公司（eBay Inc）	美国	瑞典Cellulosa公司（Svenska Cellulosa Sca AB）	瑞典
24	贝塔斯曼集团（Bertelsmann SE & Co KGaA）	德国	富士胶片公司（Fujifilm Holdings Corp）	日本	富士胶片公司（Fujifilm Holdings Corp）	日本	里德爱思唯尔集团（RELX Group plc）	英国	自由传媒公司（Liberty Media Corp – Consolidated）	美国
25	瑞士历峰集团（Cie Financiere Richemont AG, Zug）	瑞士	贝塔斯曼集团（Bertelsmann SE & Co KGaA）	德国	LG电子公司（LG Electronics Inc）	韩国	DBS公司（DISH DBS Corp）	美国	贝塔斯曼集团（Bertelsmann SE & Co KGaA）	德国
26	易贝公司（eBay Inc）	美国	维旺迪集团（Vivendi）	法国	WPP集团（WPP PLC）	英国	日本雅虎公司（Yahoo Japan Corp）	日本	探索传媒公司（Discovery Communications Inc）	美国

第十二章 全球文化创意产业上市公司社会贡献研究报告 / 575

续表

排名	2012年 公司名称	2012年 公司总部所在地	2013年 公司名称	2013年 公司总部所在地	2014年 公司名称	2014年 公司总部所在地	2015年 公司名称	2015年 公司总部所在地	2016年 公司名称	2016年 公司总部所在地
27	天空广播公司（Sky PLC）	英国	瑞士历峰集团（Cie Financiere Richemont AG, Zug）	瑞士	瑞士历峰集团（Cie Financiere Richemont AG, Zug）	瑞士	RELX集团（RELX NV）	荷兰	IBM公司（International Business Machines Corp）	美国
28	脸书公司（Facebook Inc）	美国	加拿大大林业产品公司（Resolute Forest Products Inc）	加拿大	电通公司（Dentsu Inc）	日本	里德爱思唯尔公司（RELX PLC）	英国	斯克里普斯网络互动公司（Scripps Networks Interactive Inc）	美国
29	亚马逊公司（Amazon.com Inc）	美国	阿里巴巴集团（Alibaba Group Holding Ltd）	中国	里德爱思唯尔集团（RELX Group plc）	英国	富士胶片公司（Fujifilm Holdings Corp）	日本	青藤纤维公司（Fibria Celulose SA）	巴西
30	格力株式社会（Gree Inc）	日本	WPP集团（WPP PLC）	英国	视讯工业有限公司（Videocon Industries Ltd）	印度	阳狮集团（Publicis Groupe SA）	法国	百度公司（Baidu Inc）	中国
31	德纳股份有限公司（DeNA Co Ltd）	日本	乐天株式会社（Rakuten Inc）	日本	阳狮集团（Publicis Groupe SA）	法国	智利CMPC集团（Empresas Cmpc SA）	智利	RELX集团（RELX NV）	荷兰
32	格雷特兰连接公司（GreatLand Connections Inc）	美国	DBS公司（DISH DBS Corp）	美国	DBS公司（DISH DBS Corp）	美国	金佰利公司（Kimberly-Clark Corp）	美国	里德爱思唯尔公司（RELX PLC）	英国

续表

排名	2012年 公司名称	2012年 公司总部所在地	2013年 公司名称	2013年 公司总部所在地	2014年 公司名称	2014年 公司总部所在地	2015年 公司名称	2015年 公司总部所在地	2016年 公司名称	2016年 公司总部所在地
33	LG电子公司（LG Electronics Inc）	韩国	天空广播公司（Sky PLC）	英国	贝塔斯曼集团（Bertelsmann SE & Co KGaA）	德国	墨西哥电视集团（Grupo Televisa SAB）	墨西哥	电通公司（Dentsu Inc）	日本
34	L-3通信控股公司（L-3 Communications Holdings Inc）	美国	东方乐园公司（Oriental Land Co Ltd）	日本	Gungo在线娱乐公司（GungHo Online Entertainment Inc）	日本	乐天株式会社（Rakuten Inc）	日本	阳狮集团（Publicis Groupe SA）	法国
35	阳狮集团（Publicis Groupe SA）	法国	阳狮集团（Publicis Groupe SA）	法国	天空广播公司（Sky PLC）	英国	贝塔斯曼集团（Bertelsmann SE & Co KGaA）	德国	论坛媒体公司（Tribune Media Co）	美国
36	云顶集团（Genting Berhad）	马来西亚	格雷特兰连接公司（GreatLand Connections Inc）	美国	理光公司（Ricoh Co Ltd）	日本	诺基亚公司（Nokia Corp）	芬兰	天狼星公司（Sirius XM Holdings Inc）	美国
37	东方乐园公司（Oriental Land Co Ltd）	日本	电通公司（Dentsu Inc）	日本	东方乐园公司（Oriental Land Co Ltd）	日本	天狼星公司（Sirius XM Holdings Inc）	美国	自由传媒集团（Liberty Media Corp SiriusXM Group）	美国
38	腾讯控股有限公司（Tencent Holdings LTD）	中国	Priceline集团（Priceline Group Inc）	美国	深圳华侨城有限公司（Shenzhen Overseas Chinese Town Holdings Co Ltd）	中国	DISH网络公司（DISH Network Corp）	美国	乐天株式会社（Rakuten Inc）	日本

续表

排名	2012年 公司名称	2012年 公司总部所在地	2013年 公司名称	2013年 公司总部所在地	2014年 公司名称	2014年 公司总部所在地	2015年 公司名称	2015年 公司总部所在地	2016年 公司名称	2016年 公司总部所在地
39	自由传媒集团（Liberty Media Corp SiriusXM Group）	美国	百思买公司（Best Buy Co Inc）	美国	百度公司（Baidu Inc）	中国	自由全球公司（Liberty Global Plc）	英国	深圳华怀城公司（Shenzhen Overseas Chinese Town Holdings Co Ltd）	中国
40	摩托罗拉公司（Motorola Solutions Inc）	美国	理光公司（Ricoh Co Ltd）	日本	加明有限公司（Garmin Ltd）	瑞士	斯克里普斯网络互动公司（Scripps Networks Interactive Inc）	美国	纳弗公司（NAVER Corp）	韩国
41	乐天株式会社（Rakuten Inc）	日本	自由全球子公司环球集团（Liberty Global Plc Global Group）	英国	瑞典Cellulosa公司（Svenska Cellulosa Sca AB）	瑞典	深圳华怀城公司（Shenzhen Overseas Chinese Town Holdings Co Ltd）	中国	NBC环球传媒集团（NBCUniversal Media LLC）	美国
42	国际纸业公司（International Paper Co）	美国	任天堂公司（Nintendo Co Ltd）	日本	纳斯帕斯公司（Naspers Ltd）	南非	自由全球子公司环球集团（Liberty Global Plc Global Group）	英国	网易公司（Netease Inc）	中国
43	朱庇特电信有限公司（Jupiter Telecommunications Co Ltd）	日本	朱庇特电信有限公司（Jupiter Telecommunications Co Ltd）	日本	云顶集团（Genting Berhad）	马来西亚	瑞典Cellulosa公司（Svenska Cellulosa Sca AB）	瑞典	自由集团（Liberty Ventures）	美国

续表

排名	2012年 公司名称	2012年 公司总部所在地	2013年 公司名称	2013年 公司总部所在地	2014年 公司名称	2014年 公司总部所在地	2015年 公司名称	2015年 公司总部所在地	2016年 公司名称	2016年 公司总部所在地
44	WPP集团（WPP PLC）	英国	夏普公司（Sharp Corp）	日本	天狼星公司（Sirius XM Holdings Inc）	美国	LG电子公司（LG Electronics Inc）	KOR	东方乐园公司（Oriental Land Co Ltd）	日本
45	亚马达公司（Yamada Denki Co Ltd）	日本	瑞典Cellulosa公司（Svenska Cellulosa Sca AB）	瑞典	乐天株式会社（Rakuten Inc）	日本	东方乐园公司（Oriental Land Co Ltd）	日本	摩托罗拉公司（Motorola Solutions Inc）	美国
46	墨西哥电视集团（Grupo Televisa SAB）	墨西哥	LG电子公司（LG Electronics Inc）	韩国	斯克里普斯网络互动公司（Scripps Networks Interactive Inc）	美国	蒂斯公司（Altice NV）	荷兰	爱立信公司（Telefonaktiebolaget LM Ericsson）	瑞典
47	纳斯帕斯公司（Naspers Ltd）	南非	深圳华侨城公司（Shenzhen Overseas Chinese Town Holdings Co Ltd）	中国	夏普公司（Sharp Corp）	日本	天空广播公司（Sky PLC）	英国	国际纸业公司（International Paper Co）	美国
48	动视暴雪公司（Activision Blizzard Inc）	美国	动视暴雪公司（Activision Blizzard Inc）	美国	途易股份公司（TUI AG）	德国	互众集团（Interpublic Group of Companies Inc）	美国	耐信股份有限公司（Nexon Co Ltd）	日本

第十二章 全球文化创意产业上市公司社会贡献研究报告 / 579

续表

排名	2012年		2013年		2014年		2015年		2016年	
	公司名称	公司总部所在地	公司名称	公司总部所在地	公司名称	公司总部所在地	公司名称	公司总部所在地	公司名称	公司总部所在地
49	电通公司(Dentsu Inc)	日本	斯克里普斯网络互动公司(Scripps Networks Interactive Inc)	美国	途易旅游公共有限公司(TUI Travel PLC)	英国	摩托罗拉公司(Motorola Solutions Inc)	美国	潘多拉公司(Pandora AS)	丹麦
50	DISH网络公司(DISH Network Corp)	美国	百度公司(Baidu Inc)	中国	西岩公司(West Rock Co)	美国	CSC控股有限责任公司(CSC Holdings LLC)	美国	云顶集团(Genting Berhad)	马来西亚
51	DBS公司(DISH DBS Corp)	美国	纳斯帕斯公司(Naspers Ltd)	南非	任天堂公司(Nintendo Co Ltd)	日本	西岩公司(West Rock Co)	美国	拉斯维加斯金沙集团(Las Vegas Sands Corp)	美国
52	理光公司(Ricoh Co Ltd)	日本	DISH网络公司(DISH Network Corp)	美国	美高梅国际酒店集团(MGM Resorts International)	美国	潘多拉公司(Pandora AS)	丹麦	美国包装公司(Packaging Corp Of America)	美国
53	特许通信公司(Charter Communications Inc)	美国	L-3通信控股公司(L-3 Communications Holdings Inc)	美国	肖氏通信公司(Shaw Communications Inc)	加拿大	蒂芙尼公司(Tiffany & Co)	美国	蒂芙尼公司(Tiffany & Co)	美国
54	百度公司(Baidu Inc)	中国	墨西哥电视集团(Grupo Televisa SAB)	墨西哥	论坛媒体公司(Tribune Media Co)	美国	法国SFR集团(Numericable SFR SA)	法国	德国广播公司(ProSiebenSat.1 Media SE)	德国

续表

排名	2012 年 公司名称	2012 年 公司总部所在地	2013 年 公司名称	2013 年 公司总部所在地	2014 年 公司名称	2014 年 公司总部所在地	2015 年 公司名称	2015 年 公司总部所在地	2016 年 公司名称	2016 年 公司总部所在地
55	OfficeMax 公司（OfficeMax Inc）	美国	德国卡贝尔控股公司（Kabel Deutschland Holding AG）	德国	DISH 网络公司（DISH Network Corp）	美国	拉斯维加斯金沙集团（Las Vegas Sands Corp）	美国	芬欧汇川集团（Upm - Kymmene Corp）	芬兰
56	尼康公司（Nikon Corp）	日本	尼康公司（Nikon Corp）	日本	蒂芙尼公司（Tiffany & Co）	美国	理光公司（Ricoh Co Ltd）	日本	欧洲通信卫星公司（Eutelsat Communications SA）	法国
57	培生集团（Pearson PLC）	英国	诺基亚公司（Nokia Corp）	芬兰	国际游戏科技公司（International Game Technology PLC）	英国	电通公司（Dentsu Inc）	日本	夏普公司（Sharp Corp）	日本
58	阿里巴巴集团公司（Alibaba Group Holding Ltd）	中国	欧洲通信卫星公司（Eutelsat Communications SA）	法国	欧洲通信卫星公司（Eutelsat Communications SA）	法国	德国广播公司（ProSiebenSat.1 Media SE）	德国	台格纳公司（TEGNA Inc）	美国
59	柯尼卡美能达公司（Konica Minolta Inc）	日本	肖氏通信公司（Shaw Communications Inc）	加拿大	北极星工业公司（Polaris Industries Inc）	美国	北极星工业公司（Polaris Industries Inc）	美国	巴西 Klabin 公司（Klabin SA, Brasil）	巴西
60	欧洲通信卫星公司（Eutelsat Communications SA）	法国	天狼星公司（Sirius XM Holdings Inc）	美国	拉斯维加斯金沙集团（Las Vegas Sands Corp）	美国	肖氏通信公司（Shaw Communications Inc）	加拿大	Suzano Bahia Sul Papel e Celulose SA	巴西

第十二章 全球文化创意产业上市公司社会贡献研究报告 / 581

续表

排名	2012年 公司名称	2012年 公司总部所在地	2013年 公司名称	2013年 公司总部所在地	2014年 公司名称	2014年 公司总部所在地	2015年 公司名称	2015年 公司总部所在地	2016年 公司名称	2016年 公司总部所在地
61	百思买公司（Best Buy Co Inc）	美国	王子控股株式会社（Oji Holdings Corp）	日本	德国广播公司（ProSiebenSat.1 Media SE）	德国	动视暴雪公司（Activision Blizzard Inc）	美国	蒙塔鲍尔联合网络公司（United Internet AG, Montabaur）	德国
62	蒂芙尼公司（Tiffany & Co）	美国	国际游戏科技公司（International Game Technology PLC）	英国	CSC控股有限责任公司（CSC Holdings LLC）	美国	美国包装公司（Packaging Corp Of America）	美国	迈克尔斯公司（Michaels Companies Inc）	美国
63	游戏站公司（GameStop Corp）	美国	云众集团（Genting Berhad）	马来西亚	特许通信公司（Charter Communications Inc）	美国	NBC环球传媒集团（NBCUniversal Media LLC）	美国	互众集团（Interpublic Group of Companies Inc）	美国
64	美国包装公司（Packaging Corp Of America）	美国	德纳股份有限公司（DeNA Co Ltd）	日本	智利CMPC集团（Empresas Cmpc SA）	智利	GungHo在线娱乐公司（GungHo Online Entertainment Inc）	日本	理光公司（Ricoh Co Ltd）	日本
65	凸版印刷集团（Toppan Printing Co Ltd）	日本	大日本印刷公司（Dai Nippon Printing Co Ltd）	日本	柯尼卡美能达公司（Konica Minolta Inc）	日本	游戏站公司（GameStop Corp）	美国	L3技术公司（L3 Technologies Inc）	美国
66	肖氏通信公司（Shaw Communications Inc）	加拿大	周大福公司（Chow Tai Fook Jewellery Group Ltd）	中国香港	麦克拉奇公司（McClatchy Co (The)）	美国	云顶集团（Genting Berhad）	马来西亚	蒙迪南非公司[Mondi PLC/Ltd (ZAF)]	南非

续表

排名	2012年 公司名称	公司总部所在地	2013年 公司名称	公司总部所在地	2014年 公司名称	公司总部所在地	2015年 公司名称	公司总部所在地	2016年 公司名称	公司总部所在地
67	互众集团（Interpublic Group of Companies Inc）	美国	德国广播公司（ProSiebenSat.1 Media SE）	德国	合格纳公司（TEGNA Inc）	美国	欧洲通信卫星公司（Eutelsat Communications SA）	法国	蒙迪英国公司[Mondi PLC/Ltd（GBR）]	英国
68	大日本印刷公司（Dai Nippon Printing Co Ltd）	日本	游戏站公司（GameStop Corp）	美国	纳弗公司（NAVER Corp）	韩国	英国独立广播集团（ITV PLC）	英国	凯撒收购公司（Caesars Acquisition Co）	美国
69	国际游戏科技公司（International Game Technology PLC）	英国	地球连线控股有限公司（EarthLink Holdings Corp）	美国	墨西哥电视集团（Grupo Televisa SAB）	墨西哥	自由传媒集团（Liberty Media Corp SiriusXM Group）	美国	自由传媒集团（Liberty Media Corp Media Group）	美国
70	深圳华侨城公司（Shenzhen Overseas Chinese Town Holdings Co Ltd）	中国	NBC环球传媒集团（NBCUniversal Media LLC）	美国	梦工厂动画公司（DreamWorks Animation Inc）	美国	迈克尔斯公司（Michaels Companies Inc）	美国	西格内特珠宝有限公司（Signet Jewelers Ltd）	百慕大
71	Bandai Namco 控股有限公司（Bandai Namco Holdings Inc）	日本	招商置地有限公司（China Merchants Land Ltd）	中国香港	美国包装公司（Packaging Corp of America）	美国	Expedia公司（Expedia Inc）	美国	途易股份公司（TUI AG）	德国

第十二章 全球文化创意产业上市公司社会贡献研究报告 / 583

续表

排名	2012 年 公司名称	2012 年 公司总部所在地	2013 年 公司名称	2013 年 公司总部所在地	2014 年 公司名称	2014 年 公司总部所在地	2015 年 公司名称	2015 年 公司总部所在地	2016 年 公司名称	2016 年 公司总部所在地
72	环球娱乐公司（Universal Entertainment Corp）	日本	西格内特珠宝有限公司（Signet Jewelers Ltd）	百慕大	耐信股份有限公司（Nexon Co Ltd）	日本	合纳公司（TEGNA Inc）	美国	哈曼公司国际工业公司（Harman International Industries Inc）	美国
73	NBC 环球传媒集团（NBCUniversal Media LLC）	美国	美泰公司（Mattel Inc）	美国	英国独立广播集团（ITV PLC）	英国	AMC 网络公司（AMC Networks Inc）	美国	AMC 网络公司（AMC Networks Inc）	美国
74	西格内特珠宝有限公司（Signet Jewelers Ltd）	百慕大	北极星工业公司（Polaris Industries Inc）	美国	互众集团（Interpublic Group of Companies Inc）	美国	禧玛诺公司（Shimano Inc）	日本	索诺科产品公司（Sonoco Products Co）	美国
75	合格纳公司（TEGNA Inc）	美国	芬欧汇川集团（Upm-Kymmene Corp）	芬兰	游戏站公司（GameStop Corp）	美国	网易公司（Netease Inc）	中国	禧玛诺公司（Shimano Inc）	日本
76	耐信股份有限公司（Nexon Co Ltd）	日本	格力株式会社（Gree Inc）	日本	光通信国际有限公司（Hikari Tsushin Inc）	日本	体育和娱乐媒体公司（MSG Networks Inc）	美国	东洋股份有限公司（Toho Co Ltd）	日本
77	日本电视广播网公司（Nippon Television Holdings Inc）	日本	拉斯维加斯金沙集团（Las Vegas Sands Corp）	美国	大日本印刷公司（Dai Nippon Printing Co Ltd）	日本	西格内特珠宝有限公司（Signet Jewelers Ltd）	百慕大	孩之宝公司（Hasbro Inc）	美国

续表

排名	2012年 公司名称	2012年 公司总部所在地	2013年 公司名称	2013年 公司总部所在地	2014年 公司名称	2014年 公司总部所在地	2015年 公司名称	2015年 公司总部所在地	2016年 公司名称	2016年 公司总部所在地
78	周大福公司（Chow Tai Fook Jewellery Group Ltd）	中国香港	荷兰威科集团（Wolters Kluwer NV）	荷兰	芬欧汇川集团（Upm-Kymmene Corp）	芬兰	爱姆科集团（Amcor Ltd）	AUS	艾利丹尼森公司（Avery Dennison Corp）	美国
79	拉斯维加斯金沙集团（Las Vegas Sands Corp）	美国	耐信股份有限公司（Nexon Co Ltd）	日本	爱姆科集团（Amcor Ltd）	澳大利亚	蒙塔鲍尔联合网络公司（United Internet AG, Montabaur）	德国	游戏站公司（GameStop Corp）	美国
80	里德爱思唯尔集团（RELX Group plc）	英国	CSC控股有限责任公司（CSC Holdings LLC）	美国	Mixi公司（Mixi Inc）	日本	芬欧汇川集团（Upm-Kymmene Corp）	芬兰	斯道拉恩索奥吉公司（Stora Enso OYJ, Helsinki）	芬兰
81	巴西Klabin公司（Klabin SA, Brasil）	巴西	光通信国际有限公司（Hikari Tsushin Inc）	日本	凸版印刷集团（Toppan Printing Co Ltd）	日本	纳弗公司（NAVER Corp）	韩国	网络代理有限公司（Cyber Agent Ltd）	日本
82	希腊足球博彩公司（Greek Organisationff Football Prognostics SA OPAP）	希腊	途易股份公司（TUI AG）	德国	Bandai Namco控股有限公司（Bandai Namco Holdings Inc）	日本	蒙迪南非公司[Mondi PLC/Ltd (ZAF)]	南非	GungHo在线娱乐公司（GungHo Online Entertainment Inc）	日本

第十二章 全球文化创意产业上市公司社会贡献研究报告 / 585

续表

排名	2012 年 公司名称	2012 年 公司总部所在地	2013 年 公司名称	2013 年 公司总部所在地	2014 年 公司名称	2014 年 公司总部所在地	2015 年 公司名称	2015 年 公司总部所在地	2016 年 公司名称	2016 年 公司总部所在地
83	美泰公司（Mattel Inc）	美国	途易旅游公共有限公司（TUI Travel PLC）	英国	普利萨公司（Promotora De Informaciones SA）	西班牙	蒙迪英国公司[Mondi PLC/Ltd（GBR）]	英国	南海控股有限公司（Nan Hai Corp Ltd）	中国香港
84	北极星工业公司（Polaris Industries Inc）	美国	Bandai Namco 控股有限公司（Bandai Namco Holdings Inc）	日本	蒙塔鲍尔联合网络公司（United Internet AG Montabaur）	德国	自由亿客行公司（Liberty Expedia Holdings Inc）	美国	阿卡迈科技公司（Akamai Technologies Inc）	美国
85	纽威公司（Newell Brands Inc）	美国	互众集团（Interpublic Group of Companies Inc）	美国	印度巴帝集团（Bharti Infratel Ltd）	印度	孩之宝公司（Hasbro Inc）	美国	威瑞信公司（Verisign Inc）	美国
86	纳弗公司（NAVER Corp）	韩国	AMC 网络公司（AMC Networks Inc）	美国	维旺迪集团（Vivendi）	法国	史迪比集团（Ste Bic SA）	法国	动视暴雪公司（Activision Blizzard Inc）	美国
87	途迈酷客公司（Thomas Cook Group PLC）	英国	智利 CMPC 集团（Empresas Cmpc SA）	智利	德国卡贝尔控股公司（Kabel Deutschland Holding AG）	德国	有线电视系统公司（Cablevision Systems Corp）	美国	德国阿克塞尔施普林格出版公司（Axel Springer SE）	德国

续表

排名	2012 年 公司名称	2012 年 公司总部所在地	2013 年 公司名称	2013 年 公司总部所在地	2014 年 公司名称	2014 年 公司总部所在地	2015 年 公司名称	2015 年 公司总部所在地	2016 年 公司名称	2016 年 公司总部所在地
88	德国广播公司（ProSiebenSat.1 Media SE）	德国	博报堂 DY 控股公司（Hakuhodo DY Holdings Inc）	日本	日本电视广播网公司（Nippon Television Holdings Inc）	日本	德国阿克塞尔施普林格出版公司（Axel Springer SE）	德国	史迪比集团（Ste Bic SA）	法国
89	Tabcorp 控股有限公司（Tabcorp Holdings Ltd Tah）	澳大利亚	玩具公司（Toys "R" Us Inc）	美国	亚马逊公司（Amazon.com Inc）	美国	海康威视科技公司（Hangzhou Hik-Vision Digital Technology Co Ltd）	中国	英国独立广播集团（ITV PLC）	英国
90	AOL 公司（AOL Inc）	美国	Comunicaco SA 网络服务（Net Servicos De Comunicacao Sa）	巴西	博报堂 DY 控股公司（Hakuhodo DY Holdings Inc）	日本	班卓尔公司（Bunzl PLC）	英国	爱姆科集团（Amcor Ltd）	澳大利亚
91	德国阿克塞尔施普林格出版公司（Axel Springer SE）	德国	日本电视广播网公司（Nippon Television Holdings Inc）	日本	禧玛诺公司（Shimano Inc）	日本	阿卡迈科技公司（Akamai Technologies Inc）	美国	海康威视科技公司（Hangzhou Hik-Vision Digital Technology Co Ltd）	中国

第十二章　全球文化创意产业上市公司社会贡献研究报告 / 587

续表

排名	2012年 公司名称	2012年 公司总部所在地	2013年 公司名称	2013年 公司总部所在地	2014年 公司名称	2014年 公司总部所在地	2015年 公司名称	2015年 公司总部所在地	2016年 公司名称	2016年 公司总部所在地
92	富士传媒控股（Fuji Media Holdings Inc）	日本	世嘉公司（Sega Sammy Holdings Inc）	日本	蒙迪南非公司[Mondi PLC/Ltd（ZAF）]	南非	康原公司（Kangwon Land Inc）	韩国	班卓尔公司（Bunzl PLC）	英国
93	汤森路透集团（Thomson Reuters Corp）	美国	凸版印刷集团（Toppan Printing Co Ltd）	日本	蒙迪英国公司[Mondi PLC/Ltd（GBR）]	英国	艾利丹尼森公司（AveryDennison Corp）	美国	肖氏通信公司（Shaw Communications Inc）	加拿大
94	日本DYNAM公司（DYNAM Japan Holdings Co Ltd）	日本	青藤纤维公司（Fibria Celulose SA）	巴西	西格内特珠宝有限公司（Signet Jewelers Ltd）	百慕大	美国新闻集团（News Corp）	美国	自由全球电子公司紫丁香集团（Liberty Global Plc LiLAC Group）	英国
95	史迪比集团（Ste Bic SA）	法国	英国独立广播集团（ITV PLC）	英国	尼康公司（Nikon Corp）	日本	荷兰威科集团（Wolters Kluwer NV）	荷兰	康原公司（Kangwon Land Inc）	韩国
96	东洋股份有限公司（Toho Co Ltd）	日本	爱姆科集团（Amcor Ltd）	澳大利亚	平和公司（Heiwa Corp）	日本	加怡兴包装材料贸易有限公司（Graphic Packaging Holding Co）	美国	Factset研究系统公司（FactSet Research Systems Inc）	美国

续表

排名	2012年 公司名称	2012年 公司总部所在地	2013年 公司名称	2013年 公司总部所在地	2014年 公司名称	2014年 公司总部所在地	2015年 公司名称	2015年 公司总部所在地	2016年 公司名称	2016年 公司总部所在地
97	佩恩国民博彩公司（Penn National Gaming Inc）	美国	柯达公司（Eastman Kodak Co）	美国	史迪比集团（Ste Bic SA）	法国	喜满客控股有限公司（Cinemark USA Inc）	美国	辛克莱广播集团（Sinclair Broadcast Group Inc）	美国
98	伦戈股份有限公司（Rengo Co Ltd）	日本	亚马逊公司（Amazon.com Inc）	美国	亚马达公司（Yamada Denki Co Ltd）	日本	唐纳利有限公司（Videocon Industries Ltd）	美国	天空广播公司（Sky PLC）	英国
99	时代公司（Time Inc）	美国	金伯利克拉克墨西哥有限公司（Kimberly Clark De Mexico SA De CV Kimber）	墨西哥	王子控股株式会社（Oji Holdings Corp）	日本	喜满客控股有限公司（Cinemark Holdings Inc）	美国	加明有限公司（Garmin Ltd）	瑞士
100	荷兰威科集团（Wolters Kluwer NV）	荷兰	法国拉加代尔公司（Lagardere SCA）	法国	班卓尔公司（Bunzl PLC）	英国	金伯利克拉克墨西哥有限公司（Kimberly Clark De Mexico SA De CV Kimber）	墨西哥	贵族娱乐公司（Aristocrat Leisure Ltd）	澳大利亚

之后便未再挤进前百强。

很多文化创意产业上市公司 4 年排名浮动很大，缺乏稳定性。如维旺迪公司 2012 年排在第 11 名，2013 年下滑至第 26 名，2014 年跌至第 86 名，2015 年又回升至第 21 名；培生集团、富士传媒控股、梦工厂动画公司等 56 家文化创意产业上市公司在 2012—2015 年全球文化创意产业上市公司纳税贡献百强排名中只"闪现"过一次。这种现象说明这 56 家公司纳税贡献处于波动期，其业务发展缺乏足够的稳定性；同时也说明文化创意产业上市公司之间的竞争是激烈的，不进则退。

（二）2012—2016 年全球文化创意产业上市公司纳税贡献 30 强区域分布

美国、日本、中国、英国、瑞典 5 个国家文化创意产业上市公司纳税贡献能力较为突出。综合观察 2012—2016 年全球文化创意产业上市公司纳税贡献 30 强区域分布（见表 12－11）情况，美国文化创意产业上市公司入选数量稳居首位，2012—2014 年为 18 家，2015 年增加为 19 家，2016 年达到 22 家，五年平均占 63%，远远超过日本文化创意产业上市公司（占 13%）、中国文化创意产业上市公司（占 5%）、英国文化创意产业上市公司（占 4%）、瑞典文化创意产业上市公司（占 3%）。由此可见，美国文化创意产业上市公司在技术领先、产业规模化、文化市场化且

表 12－11　　　　2012—2016 年全球文化创意产业上市公司
纳税贡献 30 强区域分布

年份	入围国家和地区及公司数量
2012	美国（18 家）、日本（6 家）、英国（1 家）、法国（1 家）、德国（1 家）、芬兰（1 家）、瑞典（1 家）、瑞士（1 家）
2013	美国（18 家）、日本（4 家）、中国（2 家）、英国（1 家）、法国（1 家）、德国（1 家）、瑞典（1 家）、瑞士（1 家）、加拿大（1 家）
2014	美国（18 家）、日本（4 家）、中国（2 家）、英国（2 家）、瑞典（1 家）、瑞士（1 家）、韩国（1 家）、印度（1 家）
2015	美国（19 家）、日本（3 家）、中国（2 家）、英国（2 家）、法国（2 家）、瑞典（1 家）、荷兰（1 家）
2016	美国（22 家）、日本（2 家）、中国（2 家）、瑞典（1 家）、韩国（1 家）、德国（1 家）、巴西（1 家）

国际化发展充分等有利条件支持下,美国文化创意产业"巨无霸"的地位在短时间内仍然难以撼动。

在整体分布上,2012—2016 年呈现出一个更为集中的发展趋势。2013 年前 30 位的文化创意产业上市公司分散在美国、日本、中国、英国、法国、加拿大、德国、瑞典和瑞士 9 个国家,到 2015 年则集中在美国、日本、中国、瑞典、韩国、德国和巴西 7 个国家。

(三) 2012—2016 年全球文化创意产业上市公司纳税贡献 30 强行业分布

互联网软件与服务业、电影娱乐业是纳税贡献优势行业。2012—2016 年,全球文化创意产业上市公司纳税贡献 30 强(见表 12 - 12)中,互联网软件与服务业和电影娱乐业文化创意产业上市公司入选最多:平均每年有 6 家互联网软件与服务业文化创意产业上市公司、6.25 家电影娱乐业文化创意产业上市公司入选。由此可见,互联网科技发展对文化创意产业具有正向影响,互联网技术的兴起为文化创意产业发展提供了新的机遇。在社会整体提高娱乐追求的时候,电影和休闲娱乐日益成为人们生活中的重要组成部分,并且如今网络信息业、多媒体业、动漫业、网游业、休闲娱乐业等都具有浓厚的高科技色彩。高新科技,特别是互联网科技,成为推动文化创意产业发展的关键要素。

表 12 - 12　　　　2012—2016 年全球文化创意产业上市公司
纳税贡献 30 强行业分布

年份	入围行业和公司数量
2012	电影娱乐业(7 家);互联网软件与服务业(6 家);有线电视和其他电视服务业(3 家);广播电视播放设备业(3 家);电视广播站业(3 家);消费类电子产品业(2 家);再生纸和纸板产品业(不包含纸容器及纸盒)(1 家);家用音频和视频设备业(1 家);造纸业(1 家);广告代理业(1 家);珠宝、贵金属业(1 家);电子商务业(1 家)
2013	电影娱乐业(7 家);互联网软件与服务业(6 家);电视广播站业(4 家);广播电视播放设备业(2 家);消费类电子产品业(2 家);造纸业(2 家);广告代理业(2 家);有线电视和其他电视服务业(2 家);杂类出版业(1 家);珠宝、贵金属业(1 家);再生纸和纸板产品业(不包含纸容器及纸盒)(1 家)

续表

年份	入围行业和公司数量
2014	互联网软件与服务业（7家）；电影娱乐业（6家）；消费类电子产品业（3家）；广告代理业（3家）；有线电视和其他电视服务业（2家）；广播电视播放设备业（2家）；电视广播站业（2家）；再生纸和纸板产品业（不包含纸容器及纸盒）（1家）；互联网出版广播和网络搜索门户业（1家）；珠宝、贵金属业（1家）；纸板制造业（1家）；期刊印刷与出版业（1家）
2015	电影娱乐业（7家）；互联网软件与服务业（6家）；期刊印刷与出版业（2家）；广告代理业（2家）；有线电视和其他电视服务业（2家）；广播电视播放设备业（2家）；再生纸和纸板产品业（不包含纸容器及纸盒）（2家）；电子商务业（2家）；消费类电子产品业（1家）；有线电视及卫星电视服务业（1家）；广播、电视及消费电子业（1家）；电视广播站业（1家）
2016	互联网软件与服务业（5家）；电影娱乐业（4家）；有线电视和其他电视服务业（3家）；电视广播站业（3家）；消费类电子产品业（2家）；互联网出版广播和网络搜索门户业（2家）；造纸业（2家）；有线电视和其他电视服务业（2家）；广告代理业（1）；电子商务业（1家）；再生纸和纸板产品业（不包含纸容器及纸盒）（1家）；纸制品业（1家）；广播电视播放设备业（1家）；电台广播站业（1家）；广播、电视及消费电子业（1家）

电视广播站业文化创意产业上市公司融合转型成主流，整体经营形势触底上扬。电视广播站业在2012年有3家进入全球文化创意产业上市公司纳税贡献30强；2013年增加为4家，成为30强中第二大文化创意产业上市公司所属行业；而从2014年开始，电视广播站业文化创意产业上市公司表现下降，到2015年仅剩1家电视广播站业文化创意产业上市公司维亚康姆公司，坚持在第20位；2016年，电视广播业上市公司经营形势好转，维亚康姆公司、Scripps网络互动公司、贝塔斯曼公司3家公司进入30强。近年来，电视广播站业文化创意产业上市公司适应技术和社会需求的发展，进行节目、渠道、品牌等全方位融合发展策略转型，通过收购并购等方式改善公司经营结构，如维亚康姆公司通过收购发展成为世界最大的传媒和娱乐公司之一，年收入超过230亿美元。

（四）2012—2016年全球文化创意产业上市公司纳税贡献百强区域分布

美国、日本、中国、英国文化创意产业上市公司纳税贡献表现领先，日本文化创意产业上市公司纳税能力上升动能不足。综合 2012—2016 年数据，拥有最多的全球文化创意产业上市公司纳税贡献百强公司的 4 个国家分别是美国、日本、英国、中国（见图 12－5），五年上榜的公司数量平均占比为 43.6%、18.6%、6.8%、4.4%，4 国文化创意产业上市公司共占 73.4%。与英国、法国、中国相比，日本在入围公司数量上具有明显优势；但与美国相比，日本在入围公司数量上难以企及，而且 2015 年日本上榜公司数量骤减至 9 家，2016 年日本上榜公司数量稍有回升，也仅有 12 家。而日本文化创意产业上市公司进入 30 强的数量则在五年"缩水"2/3，从 2012 年的 6 家减少为 2016 年的两家。比照全球文化创意产业上市公司营业收入百强数据也可以发现，2012—2016 年日本文化创意产业上市公司进入营业收入百强的数量逐年减少，而且不少日本大型文化创意产业上市公司排名出现退后的情况，如索尼公司从 2012 年营业收入的第 3 名跌到了 2016 年的第 6 名。如此表现透露出了日本的龙头文化创意产业上市公司盈利和纳税能力明显下降的趋势。这主要是因为，在国际金融危机爆发后，全球经济复苏力度较弱，对外需依赖程度高的日本受到全球经济低迷的拖累严重，而且日本人口加速老龄化因素也进一步削减了日本国内居民的文化创意产品消费意愿，日本文化市场经济仍处于低增长的周期。

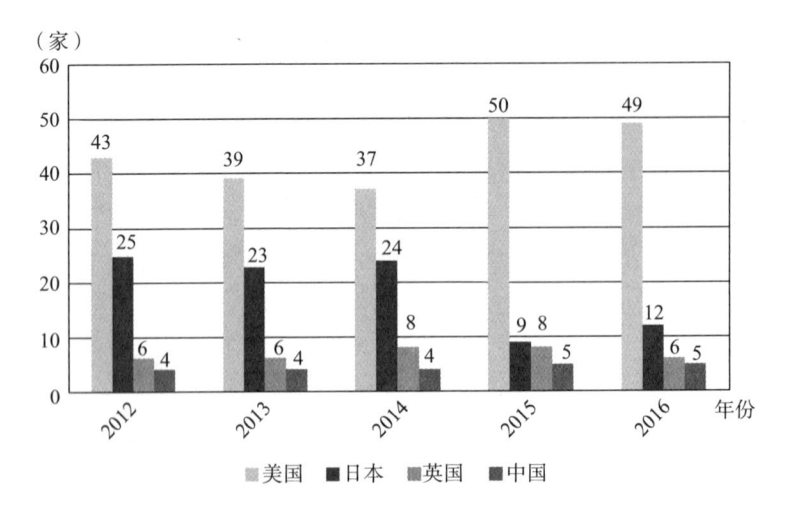

图 12－5　2012—2016 年全球文化创意产业上市公司
纳税贡献百强总部注册地前 4 名

德国文化创意产业上市公司纳税巨头较少但平均水平较高,与瑞典形成鲜明对比。比较2012—2016年德国与瑞典文化创意产业上市公司进入全球主要国家和地区文化创意产业上市公司百强和30强的情况(见表12-13):平均每年进入百强的德国文化创意产业上市公司占4.2%,排在第5名;瑞典文化创意产业上市公司占1.8%,排在第8名。平均每年进入30强的德国文化创意产业上市公司占2%,排在第7名;瑞典文化创意产业上市公司占3.3%,排在第5名。德国虽是联邦制国家,但联邦政府设立了文化国务部长,每年的联邦政府预算中都有一笔数额可观的文化创意产业经费,为促进文化创意经济发展提供有力的资金保障。同时还修订了多项关于文化创意产业方面的法律,给予文化创意产业的健康发展以法律保障。[①] 而瑞典约有9%的就业人口从事文化创意相关行业,文化创意产业发展势头良好,但瑞典政府采取"国家品牌"策略,企图建设"没有人挨饿的罗宾汉社会",设置全球最重的赋税,与此同时,瑞典中小型文化公司融资困难,巨头把持文化资源和金融资本,导致瑞典文化公司强者越强,而弱者较难生存。[②]

表12-13 2012—2016年全球主要国家和地区文化创意产业上市公司纳税贡献百强情况

国家和地区	2012年	2013年	2014年	2015年	2016年	平均占比(%)
美国	43	39	37	50	49	43.60
日本	25	23	24	9	12	18.60
英国	6	6	8	8	6	6.80
中国	4	4	4	5	5	4.40
德国	3	4	5	4	5	4.20
法国	4	4	4	5	3	4.00
韩国	2	1	2	3	3	2.20
瑞典	1	2	2	2	2	1.80

---

① 中华人民共和国驻德意志联邦共和国大使馆经济商务参赞处:《德国文化产业简介》,http://de.mofcom.gov.cn/article/ztdy/201011/20101107267529.shtml,2018年7月31日。

② [美]罗伯特·尼尔森:《瑞典文化创意产业发展的现状与政策设置》,《文化产业导刊》2014年第7期。

续表

国家和地区	2012 年	2013 年	2014 年	2015 年	2016 年	平均占比（%）
芬兰	1	2	1	2	2	1.60
墨西哥	1	2	1	2	0	1.20
南非	1	1	2	1	1	1.20
加拿大	1	2	1	1	1	1.20
巴西	1	2	0	0	3	1.20
澳大利亚	1	1	1	1	2	1.20
荷兰	1	1	—	3	1	1.20
瑞士	1	1	2	0	1	1.00
马来西亚	1	1	1	1	1	1.00
百慕大	1	1	1	1	1	1.00
中国台湾	1	2	0	0	1	0.80
智利	0	1	1	1	0	0.60
印度	0	0	2	0	0	0.40
丹麦	0	0	0	1	1	0.40
希腊	1	0	0	0	0	0.20
西班牙	0	0	1	0	0	0.20

"一带一路"沿线国家和地区文化创意产业上市公司整体纳税贡献力量偏弱，实力不均（见表 12 - 14）。2012—2016 年，"一带一路"沿线国家和地区中，仅中国、中国台湾、希腊、印度、马来西亚 5 个国家和地区有文化创意产业上市公司进入全球文化创意产业上市公司纳税贡献百强。由于 2015 年、2016 年印度文化创意产业上市公司数据更新不全，此处主要对比 2012—2014 年的数据。可以发现这 5 个国家和地区之间的文化创意产业上市公司纳税贡献整体偏低，5 个国家和地区三年间进入百强的文化创意产业上市公司数量只占总量的 5.67%；而且 5 个国家和地区中，进入百强的文化创意产业上市公司数量最多的是中国，中国已占 4%，而印度、马来西亚、希腊占比不到 1%，其中占比最低的希腊三年间只有在 2012 年 1 家文化创意产业上市公司入选，"一带一路"沿线国家和地区文化创意产业上市公司纳税贡献实力的差距明显。

表 12-14　2012—2016 年"一带一路"沿线国家和地区入选
全球文化创意产业上市公司纳税贡献百强数量

国家和地区	2012 年	2013 年	2014 年	2015 年	2016 年	2012—2014 年平均占比（%）
中国	4	4	4	5	5	4.00
中国台湾	1	2	0	0	1	1.00
印度	0	0	2	0	0	0.67
马来西亚	1	1	0	1	1	0.67
希腊	1	0	0	0	0	0.33

"一带一路"倡议涵盖了中亚、南亚和东南亚大部分地区，也向西亚、欧洲和非洲延伸，这两大区域国家众多，经济总量约 21 万亿美元，分别占全球的 23% 和 69%[①]，且许多是发展中国家，这为中国未来的文化贸易开启了一个新的广阔天地。如今，中国及其他"一带一路"沿线国家和地区，与日本、韩国等国家的文化贸易关系发生变化，竞争意味更浓。

当前，"一带一路"沿线国家和地区与日本、韩国等文化创意产业强国差距悬殊（见图 12-6）。总体来看，2012—2016 年，"一带一路"沿线国家和地区文化创意产业上市公司进入全球文化创意产业上市公司纳税

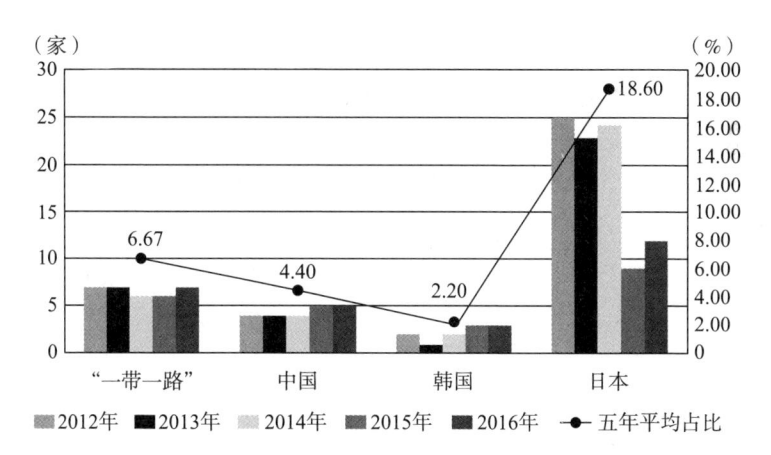

图 12-6　2012—2016 年"一带一路"沿线国家和地区入围
全球文化创意产业上市公司纳税贡献百强情况

---

① 周璐铭：《"一带一路"战略下文化传播大有可为》，http://www.qstheory.cn/wp/2015-08/12/c_1116232337.htm，2018 年 7 月 31 日。

贡献百强的数量仅仅占总量的6.67%，而日本占18.60%，接近"一带一路"沿线国家和地区占比的3倍。从具体的国家和地区表现来看，虽然中国占4.40%，已超过韩国的2.20%，但是，中国台湾、印度、马来西亚、希腊等表现皆与韩国、日本相去甚远。2015—2016年，"一带一路"沿线国家和地区占比增加16.7%，而日本增加33.33%，差距正在拉大。观察百强排名上中国大陆文化创意产业上市公司的表现情况，按照排名顺序，2012年入围的有腾讯控股有限公司（第38名）、百度公司（第54名）、阿里巴巴集团（第58名）、深圳华侨城公司（第70名）；2013年有腾讯控股有限公司（第22名）、阿里巴巴集团（第29名）、深圳华侨城公司（第47名）、百度公司（第50名）；2014年有阿里巴巴集团（第13名）、腾讯控股有限公司（第16名）、深圳华侨城公司（第41名）、百度公司（第39名）；2015年是腾讯控股有限公司（第10名）、百度公司（第12名）、深圳华侨城公司（第41名）、网易公司（第75名）、海康威视公司（第89名）；2016年有腾讯控股有限公司（第7名）、百度公司（第30名）、深圳华侨城公司（第39名）、网易公司（第42名）、海康威视公司（第91名）。按照国家统计局《文化及相关产业分类(2012)》，中国上榜的6家文化创意产业上市公司中百度公司、阿里巴巴集团、腾讯控股有限公司、网易公司4家属于互联网信息服务类，深圳华侨城公司属于文化休闲娱乐服务业，海康威视公司属于视听设备制造业。可以看出，中国互联网企业逐渐步入理性发展阶段，资本积累大步迈上一个新的台阶，互联网行业格局逐渐稳定。中国文化创意产业市场是"BAT三巨头"（百度公司、阿里巴巴集团、腾讯控股有限公司）的竞争，并且随着中国互联网经济的发展，BAT借助资本的力量不断加快渗入娱乐、影视、游戏等其他文化创意细分行业，争夺新战场。从深圳华侨城公司五年内排名稳定且有向前发展的趋势来看，中国文化休闲娱乐服务业乘着中国经济转型、消费升级之风发展，人均收入增长带来的休闲娱乐需求增强促使中国文化休闲娱乐服务业成为长青基业，其经营模式也从"旅游＋地产"到"文化＋旅游＋城镇化""旅游＋互联网＋金融"方向转变，向更加融合和健康的方向升级。而海康威视公司一类的创新型企业上榜，是中国文化创意产业融合发展的大趋势越来越明显的一个表现。中国新型工业化、信息化、城镇化进程加快，文化创意产业已贯穿在经济社会各领域各行业，文化创意产业与实体经济深度融合，科技和金融助力的新兴文化业态已成为推动文化创意产业升级,"中国制造"向"中国创造"转变的国民经济新的增长点,有效地提高了产业竞争实力。

四 2012—2016 年全球文化创意产业上市公司纳税贡献国家和地区排名

根据 2012—2016 年各国文化创意产业上市公司所得税均值数据,统计分析得到以下全球文化创意产业上市公司纳税贡献国家和地区排名。美国排名第一,其文化创意产业上市公司所得税均值达 5.40 亿元;排名最后的是泽西岛,文化创意产业上市公司所得税均值只有 0.02 亿元,相差达 5.38 亿元。具体分析如下:

(一)2012—2016 年全球文化创意产业上市公司纳税贡献国家和地区排名十强

欧美国家占据十强主要席位。2016 年全球文化创意产业上市公司纳税贡献地区排名十强分别为美国、墨西哥、俄罗斯、阿根廷、日本、百慕大、南非、法国、瑞典、瑞士。十强国家文化创意产业上市公司所得税均值皆在 1.5 亿元以上,代表着全球文化创意产业纳税贡献的领先水平。

丰富的文化资源及专门的政策扶持拉动发展中国家文化创意产业纳税贡献提升。墨西哥、南非等发展中国家挤进了地区排名的十强。受经济发展水平、科技实力,以及居民收入水平等因素影响,发展中国家整体文化创意产业实力不高,文化创意产业上市公司数量普遍不多。但许多发展中国家拥有丰富多样的文化资源,政府也为文化创意产业制定专门的扶持政策,期望依靠文化创意产业为减贫增收开创新的增长点。墨西哥政府在旅游和电影两大产业发力:通过新增多条空中航线、举办包括 F1 大奖赛等具有国际吸引力的大型活动、采取宽松的旅游出入境政策等方法(梁旺兵、王雷,2016)[①],将旅游业培养成为墨西哥的支柱产业;通过设立电影投资与激励基金(FIDECINE)、签署拉美国家间合拍项目 IBERMEDIA 等手段,支持墨西哥电影产业的发展,使墨西哥成为世界上电影产业最活跃的国家之一(王珊、李珈瑶,2016)[②]。南非政府在 2011 年推出了发展创意产业的国家战略"姆赞希金色经济",推动文化活动、旅游企业等十大创意领域发展,建立多个创意孵化器和国家艺术银行、数据库服

[①] 梁旺兵、王雷:《国外民族旅游政策实践及启示》,《资源开发与市场》2016 年第 5 期。
[②] 王珊、李珈瑶:《墨西哥电影产业现状研究》,《当代电影》2016 年第 11 期。

务商等,为南非文化创意产业上市公司提供稳定的经济、政策保障。[①] 而百慕大则通过不征收公司税的政策,打造"避税天堂"来吸引文化创意产业上市公司到此注册,从一个侧面提高百慕大文化创意产业上市公司所得税水平。采用同样方法吸引投资的,还有排在第 45 名的开曼群岛。应当看到,发展中国家文化创意产业仍有巨大发展潜力等待进一步挖掘。

(二) 2012—2016 年全球文化创意产业上市公司纳税贡献国家和地区排名梯队分析

将全球文化创意上市公司地区排名中的 47 个国家和地区分为三大梯队进行分析(见表 12 - 15)。第一梯队为美国、墨西哥、俄罗斯、阿根廷,4 个国家纳税贡献均值平均达到 4.04 亿元,为地区排名中 47 个国家和地区纳税均值平均数 0.98 亿元人民币的 4 倍,表现出 4 个国家和地区超高的纳税贡献水平。除美国身为文化创意产业"巨无霸"外,其余 3 个国家和地区文化创意产业上市公司数量少,政府指导文化创意产业的意味更浓,单个文化创意产业上市公司纳税能力大。

表 12 - 15　　2012—2016 年全球文化创意产业上市
公司纳税贡献国家和地区排名

排名 (按均值)	公司总部 所在地	公司数量 (家)	所得税均值 (亿元)	所得税合计值 (亿元)
1	美国	2831	5.40	15294.88
2	墨西哥	47	4.72	221.99
3	俄罗斯	5	3.18	15.89
4	阿根廷	5	2.87	14.35
5	日本	1603	2.64	4228.75
6	百慕大	31	2.58	80.00
7	南非	91	2.58	234.52
8	法国	471	1.76	826.61
9	瑞典	352	1.74	611.46
10	瑞士	99	1.72	170.71
11	荷兰	124	1.32	164.29

---

① 尹亚利:《"姆赞西金色经济战略":南非文化产业发展支点》,《中国文化报》2013 年 6 月 11 日。

续表

排名	公司总部所在地	公司数量（家）	所得税均值（亿元）	所得税合计值（亿元）
12	德国	371	1.30	480.93
13	西班牙	72	1.22	87.96
14	巴西	101	1.09	110.34
15	英国	923	0.99	917.44
16	智利	65	0.93	60.54
17	中国	1646	0.88	1443.65
18	比利时	46	0.84	38.65
19	希腊	79	0.75	59.32
20	柬埔寨	5	0.72	3.59
21	芬兰	120	0.64	77.24
22	马来西亚	312	0.62	192.81
23	丹麦	115	0.57	65.23
24	澳大利亚	711	0.50	354.61
25	韩国	975	0.49	473.73
26	葡萄牙	65	0.46	29.85
27	新西兰	44	0.46	20.03
28	印度尼西亚	205	0.42	85.95
29	中国台湾	967	0.40	391.19
30	加拿大	518	0.37	192.98
31	新加坡	272	0.29	77.80
32	菲律宾	94	0.26	24.76
33	巴拿马	2	0.23	0.46
34	印度	797	0.15	118.65
35	中国香港	926	0.15	134.30
36	挪威	7	0.13	0.93
37	以色列	176	0.13	22.39
38	巴基斯坦	41	0.10	4.18
39	意大利	210	0.09	19.93
40	泰国	345	0.09	30.61
41	越南	105	0.06	6.61

续表

排名	公司总部所在地	公司数量（家）	所得税均值（亿元）	所得税合计值（亿元）
42	马耳他	4	0.04	0.17
43	土耳其	133	0.02	3.29
44	委内瑞拉	5	0.02	0.10
45	开曼群岛	19	0.02	0.33
46	波兰	316	0.02	5.18
47	泽西岛	9	0.02	0.14
	总计	16460	0.98	27399.32

第二梯队包括日本、百慕大、南非、法国、瑞典、瑞士、荷兰、德国、西班牙、巴西10个国家和地区，文化创意产业上市公司所得税均值在1亿元以上。该梯队国家和地区为全球文化创意产业上市公司纳税贡献百强的主要组成，文化创意产业上市公司行业丰富。且除南非和百慕大，剩余8个国家和地区皆为国际承认的发达国家。由此可见，目前世界文化资源及资本力量集中在发达国家，在国家整体经济的优势助力下，发达国家文化创意产业发展动力极为强劲，文化创意产业发展速度普遍高于经济发展速度。而且，发达国家政府有丰富的政策引导经验，相关立法约束也比较完善，社会已形成共同关注企业社会责任实践的氛围，文化创意产业上市公司社会责任的认识水平较高，能够自觉承担纳税等义务。

第三梯队为第15—47名的英国、智利、中国等33个国家和地区，所得税均值在1亿元以下。加拿大等个别发达国家在纳税贡献地区排名靠后，位于此梯队。加拿大坚持"文化例外"原则，加拿大政府为培植本国文化创意产业队伍制定了许多保护性和支持性的政策制度，例如"加拿大电影录像片制作税负信用"制度，制片总成本中人工开支费用的60%享受"税负信用"和"税负优待"。虽然世界知识产权组织数据显示，2013年加拿大文化创意产业增加值占GDP的5.4%，已经超过全球平均值5.26%[①]，文化创意产业成为加拿大经济的重要组成部分，但加拿

---

① 国家统计局科研所：《世界主要经济体文化产业发展状况及特点》，http://www.stats.gov.cn/tjzs/tjsj/tjcb/dysj/201412/t20141209_649990.html，2018年7月31日。

大国家税务总署每年为文化机构提供的免税额平均达 19 亿加元①，拉低了加拿大文化创意产业上市公司所得税均值，这是加拿大排名靠后的重要原因。还要注意的是，中国文化创意产业上市公司所得税均值为 0.88 亿元，排在第 17 名。可见，中国文化创意产业上市公司真正能够做大做强的尚属少数，平均纳税贡献水平并不突出，中国文化创意产业整体发展生态仍有待引导和调整。

（三）2012—2016 年全球文化创意产业上市公司纳税贡献上榜国家和地区分布

亚洲、欧洲两洲国家和地区上榜全球文化创意产业上市公司纳税贡献排名分布（见表 12－16）最多。按地域分布将 2012—2016 年全球文化创

表 12－16   2012—2016 年全球文化创意产业上市公司纳税
贡献上榜国家和地区排名分布

大洲	国家和地区	排名
欧洲	俄罗斯	3
	法国	8
	瑞典	9
	瑞士	10
	荷兰	11
	德国	12
	西班牙	13
	英国	15
	比利时	18
	希腊	19
	芬兰	21
	丹麦	23
	葡萄牙	26
	挪威	36
	意大利	39
	马耳他	42
	波兰	46

---

① 中国经济网：《加拿大文化产业政策如何发力》，http://www.chinadaily.com.cn/micro-reading/dzh/2014-04-20/content_11616433.html，2018 年 7 月 31 日。

续表

大洲	国家和地区	排名
亚洲	日本	5
	中国	17
	柬埔寨	20
	马来西亚	22
	韩国	25
	印度尼西亚	28
	新加坡	31
	菲律宾	32
	印度	34
	以色列	37
	巴基斯坦	38
	泰国	40
	越南	41
	土耳其	43
	塞浦路斯	51
北美洲	美国	1
	墨西哥	2
	加拿大	30
	巴拿马	33
南美洲	阿根廷	4
	巴西	14
	智利	16
	委内瑞拉	44
大洋洲	澳大利亚	24
	新西兰	27
非洲	南非	7

意产业上市公司纳税贡献地区排名上榜国家和地区进行分类，亚洲、大洋洲、欧洲、北美洲、南美洲、非洲分别有15个、2个、17个、4个、4个、1个国家和地区入选。

全球文化创意产业空间发展不平衡，欧洲文化创意产业国家和地区间发展水平整体更高。从一大洲入选国家和地区数量占该大洲国家和地区总数量的比重来看，欧洲国家占比最大，达 37.50%，其后是亚洲 29.17%、南美洲 26.67%、北美洲 17.39%，排在最后的是非洲，非洲大陆 54 个国家和地区中仅有 1 个进入排名，占 1.85%。从一大洲入选国家和地区数量占地区排名中国家和地区总数量的比重来看，欧洲同样排在首位，达 33.96%，亚洲以 26.42% 排在第 2 名，南美洲、北美洲均占 7.55%，大洋洲 3.77%，非洲 1.89%。

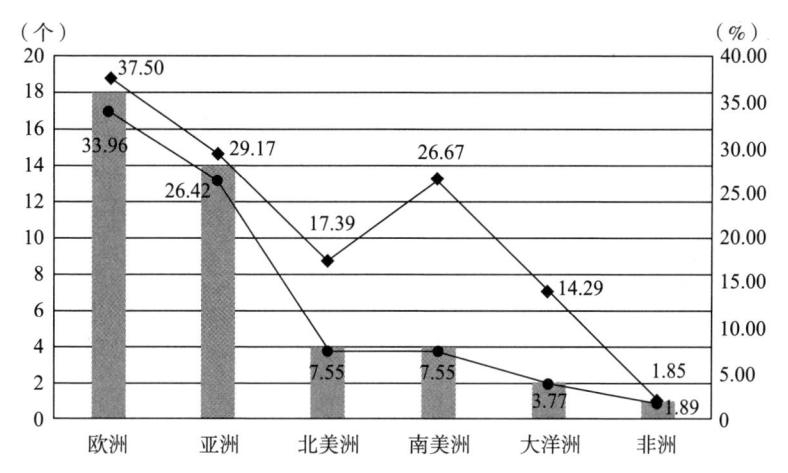

图 12－7　2012—2016 年全球文化创意产业上市公司纳税贡献的大洲分布

年轻的中产阶级崛起，亚洲、非洲文化创意产业纳税贡献有望追赶向前。亚洲和非洲汇聚了全球比重最大的年轻人口。年轻群体是未来一代的文化生产者和文化消费者，他们的文化生产和文化消费需求深刻影响着未来全球文化创意产业的趋势。在经济持续增长和年轻化的人口增长结合起来，许多新兴经济体中催生了越来越壮大的中产阶级消费群。其中增长最快的是亚太地区和非洲。南非传媒公司纳斯帕斯公司（Naspers Ltd）迎合南非广大中产阶级消费群的信息接收和娱乐需求，在南非建设了包括 1 家当地的电视台、超过 50 家南非报纸等众多的传媒资产，市值约为 420 亿美元，是在南非约翰内斯堡交易所上市的最大的本土企业，并成为南非纳税贡献最大的文化创意产业上市公司。

大洋洲文化创意产业相关政策呈现出三个发展阶段转变。大洋洲是移民的主要目的地，其人口稀少且聚居地分散的特殊情况，决定了其社会和文化发展环境的特殊性。大洋洲文化创意产业集中在该大洲仅有的两个发达国家——澳大利亚和新西兰。以澳大利亚为例，政府文化创意产业相关政策经历了从发展文化和树立共同文化理念为主，到注重文化对经济以及整个国家的创新系统作用的转变，再到重视创新投入从而拉动商业和整体社会价值的转变过程（冯长、刘振东，2017）。① 在文化创意产业主体发展方面，大洋洲的"昆士兰模式"也走出了一条与中国、国际大部分国家和地区所不同的道路——政府并非采用传统"龙头企业带动"的方法，而是以小型文化创意产业公司的孵化为重心，打造和培养文化创意产业内部不同行业之间的各种连接，进而促进文化创意产业各主体发展（王曦，2013）。② 所以，进入2012—2016年全球文化创意产业上市公司纳税贡献国家和地区排名的澳大利亚与新西兰，文化创意产业上市公司数量均较多，活力丰富，但能进入全球文化创意产业上市公司纳税贡献百强的只有澳大利亚爱姆科集团、Tabcorp控股有限公司和贵族娱乐公司（Aristocrat Leisure Ltd）。

（四）2012—2016年"一带一路"沿线国家和地区文化创意产业上市公司纳税贡献

"一带一路"沿线国家和地区文化创意产业上市公司纳税贡献排名（见表12-17），前后绝对差距较大，但整体水平较平均。参与中国"一带一路"倡议合作的国家和地区中有16个进入此排名，分别是：俄罗斯、中国、希腊、柬埔寨、马来西亚、印度尼西亚、中国台湾、新加坡、菲律宾、印度、以色列、巴基斯坦、泰国、越南、土耳其、波兰。其中，所得税均值最高的是俄罗斯，达3.18亿元，虽然处于领先地位，但因为公司数量太少，本结果仅供参考；排在第2名的中国为0.88亿元；而排在最后的是波兰，仅为0.02亿元。16个国家和地区的所得税均值标准差为0.74亿元，小于全部上榜国家和地区的所得税均值标准差1.20亿元。

---

① 冯长、刘振东：《我国文化创意产业发展路径研究——澳大利亚的经验借鉴》，《改革与战略》2017年第7期。

② 王曦：《澳大利亚文化创意产业发展对我国的启示——以"昆士兰模式"为例》，《中央财经大学学报》2013年第1期。

表 12-17　2012—2016 年"一带一路"沿线国家和地区
文化创意产业上市公司纳税贡献排名

国家和地区	排名	公司数量	所得税均值	所得税总值
俄罗斯	3	5	3.18	15.89
中国	17	1646	0.88	1443.65
希腊	19	79	0.75	59.32
柬埔寨	20	5	0.72	3.59
马来西亚	22	312	0.62	192.81
印度尼西亚	28	205	0.42	85.95
中国台湾	29	967	0.4	391.19
新加坡	31	272	0.29	77.8
菲律宾	32	94	0.26	24.76
印度	34	797	0.15	118.65
以色列	37	176	0.13	22.39
巴基斯坦	38	41	0.1	4.18
泰国	40	345	0.09	30.61
越南	41	105	0.06	6.61
土耳其	43	133	0.02	3.29
波兰	46	316	0.02	5.18

"一带一路"沿线国家和地区城市化增速较之世界城市化更为迅速。根据世界银行数据，自 1973 年以来，"一带一路"沿线国家和地区城市化发展速度都要高于世界平均速度，且差距在不断扩大，1973 年相差 0.02%，2012 最高扩大到 0.17%，2015 年为 0.15%。[①]"一带一路"沿线国家和地区城市快速发育，而城市化正是发展文化创意产业的重要载体。"一带一路"沿线的新兴城市群所提供的大量资本、商品、服务、年轻人口等，形成了文化创意产业集聚的重要空间、文化资源的流通带、

---

① 范毅：《"一带一路"城镇化合作的空间有多大》，http://opinion.caixin.com/2017-05-11/101089015.html，2018 年 7 月 31 日。

文化市场的增长带、文化消费的潜力带。从全球文化创意产业竞争的角度看，美国、欧盟、日本等发达国家仍然是西方体系的主要代表和成熟市场，而"一带一路"沿线国家和地区则是发展迅速、空间巨大的新增长极。

进入地区排名的"一带一路"沿线国家和地区中，有近1/3属于东南亚国家和地区，包括柬埔寨、印度尼西亚、新加坡、菲律宾、泰国、越南。东南亚文化创意产业的产业化程度较高，青少年和外国游客是文化创意产业的主要客源。东南亚文化创意产业上市公司行业分布，有文艺演出业、影视业、美术业、出版业、文物市场业、音像制品业、工艺美术品业、娱乐业、信息服务业、旅游文化业、新闻媒体业等，而且具有大众化、通俗化、市场化、民营化的特点。① 例如，菲律宾基本确立自由主义新闻体制，媒体完全私有化。菲律宾的第一家电视台 ABS‐CBN 始终走在技术探索和科技创新的前列，积极完善产业链，经营着包括两个全国性电视网络、多个区域性广播网、13 个有线电视频道、1 家影视制作和发行公司以及多家互联网和数字产业在内的多元业务，全方位覆盖文化创意产业（陈力丹、李林燕，2015）。②

"一带一路"沿线中东欧及西亚国家纳税贡献能力不足。地区排名中，以色列、巴基斯坦、土耳其、波兰等中东欧及西亚国家处在排名最后的一个梯队。古老而流离的历史文化、错综复杂地缘政治关系，以及严重经济危机的席卷，影响着该地区国家文化创意产业上市公司的发展。以波兰为例，波兰文化创意产业大体上处于增长阶段，但较之于其他产业，波兰文化创意产业的劳动力所占份额是相当低的只有 3%。③ 波兰的文化创意产业主要是由各巨头主导。市场的高饱和度和进入的高门槛，显著降低了行业的发展潜力。

"一带一路"沿线国家和地区政策沟通、设施联通、贸易畅通、资金融通、民心相通的"五通发展"推进了不同文化背景、不同宗教信仰的各国和地区、各族人民的密切交流，为各种优秀文化和理念的传播提供

---

① 杨然：《东南亚的文化和文化产业》，http：//news. gxnews. com. cn/staticpages/20100209/newgx4b709bc5‐2685253‐2. shtml，2018 年 7 月 31 日。
② 陈力丹、李林燕：《坎坷之路上的菲律宾新闻传播业》，《新闻界》2015 年第 9 期。
③ 李嘉珊、王馨誉：《波兰文化创意产业概况与特点》，http：//www. sohu. com/a/194780437_488939，2018 年 7 月 31 日。

了途径，也为文化消费、文化创意产业跨越国界开辟了道路，促进了对外文化贸易的规模化发展以及跨境文化贸易合作。可以预见，随着"一带一路"建设加快，中国优秀的文化创意产业上市公司的辐射和带动能力将增强，中国及沿线各国和地区文化创意产业上市公司的纳税能力也将不断提高。

第十三章　全球文化创意产业上市公司商誉价值研究报告

商誉价值，反映的是企业在其可辨认资产正常获利能力之外的超额预期获利能力，表征了市场对于企业在未来能否获得超过社会或行业平均投资回报率的认可程度。商誉价值是在企业间兼并收购过程中自然而然产生的结果，当收购方出价高于被收购方可辨认资产的超额部分在收购方的会计报表上就会被记作商誉。

文化创意产业，相比其他产业，属于资产较轻的产业，在兼并收购过程中往往会产生大量的商誉价值。通过对于全球文化创意产业上市公司商誉价值的数据研究，可以有效地识别资本市场对于文化创意企业超额获利能力的认可情况，进而深入评估全球各国文化创意产业在全社会的整体价值地位。

第一节　全球文化创意产业上市公司商誉价值总体特征

公司商誉的提高有助于提升企业价值。知识经济时代，上市公司股价的高低与其商誉价值关系日益紧密，上市公司的商誉价值在并购重组中担当着重要的角色。而且随着文化创意产业的日益发展，从全球范围来看，全球文化创意产业上市公司的商誉价值是逐年走高的趋势，而且其总体价值也在急速增长。

图13-1的数据显示，2012—2016年全球文化创意产业上市公司的商誉价值总额都是稳定上升的，其极大值在2016年最高，达到了60728.98亿元。从其均值来看，2012年最低，为12.61亿元，2016年最高，为28.42亿元。

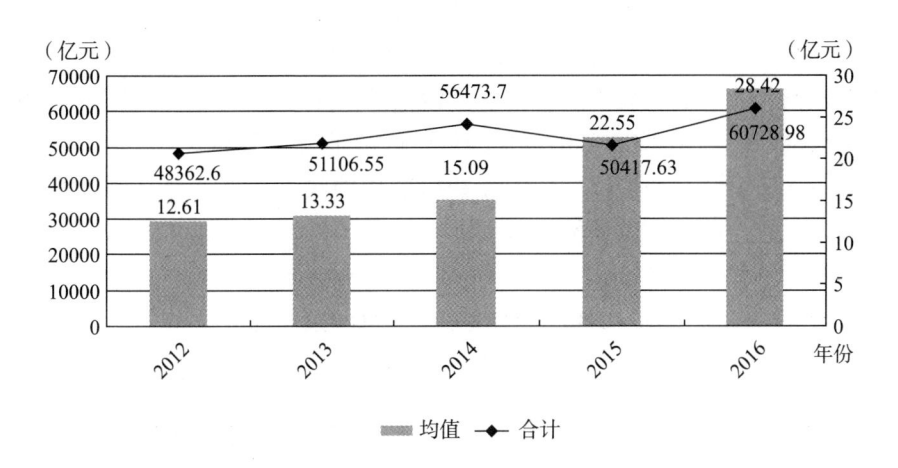

图13-1　2012—2016年全球文化创意产业上市公司商誉价值

进入2010年之后，随着移动互联网的飞速发展，文化创意产业也遍地开花，从社交媒体到动漫、游戏，文化创意产业的繁荣使全球文化创意产业上市公司的商誉价值与日俱增。再加上世界范围内对资源消耗低、科技含量高、经济效益好的新兴文化创意产业的重视，使欧盟、美国、日本、韩国等发达国家和地区的文化创意产业上市公司越来越多，并不断地进行并购重组，其商誉总价值也持续走高，从而显现出商誉均值一路攀升的局面。

第二节　全球文化创意产业上市公司商誉价值演变趋势

为了对全球文化创意产业上市公司商誉价值演变趋势有一个更为长期的判断，本报告选取了2000—2016年美国、日本、英国、中国、加拿大、印度、中国台湾、澳大利亚、法国、中国香港、韩国、德国、意大利、南非、巴西、俄罗斯全球16个发展比较好的国家和地区文化创意产业上市公司商誉价值（见表13-1）的汇总数据进行统计分析研究。

2000—2016年，全球文化创意产业商誉价值呈现波动攀升的演变态势。从均值来看，2001年是全球文化创意产业商誉价值最低点，仅为

9.31亿元，而2016年为最高点，是34.21亿元。从表13-1中可以看出，2000—2016年，全球16个主要国家和地区文化创意产业上市公司商誉价值均值有三个发展阶段，第一个阶段是2000—2007年，一直处于持续增长的状态；在2008年国际金融危机以后是第二个阶段，全球文化创意产业上市公司商誉价值均值处于稳定减少的状态；2014年至今为第三个阶段，在此阶段中商誉价值均值持续增长，并有了大幅度的提高。

表13-1　　2000—2016年全球主要国家和地区文化创意产业上市公司商誉价值

单位：亿元

年份	均值	合计	极小值	极大值	全距
2000	9.71	24929.70	-0.53	3659.31	3659.84
2001	9.31	24295.73	-0.84	2786.05	2786.90
2002	13.46	38910.10	-35.98	4723.52	4759.50
2003	14.59	42729.97	0.00	4718.60	4718.60
2004	14.90	45657.77	-0.10	3280.46	3280.56
2005	15.06	45806.49	-0.02	3313.00	3313.02
2006	15.18	45902.96	0.00	3265.39	3265.39
2007	16.41	49421.15	0.00	3175.55	3175.55
2008	15.94	47379.79	0.00	2399.30	2399.30
2009	14.94	42074.79	0.00	2335.66	2335.66
2010	14.87	43359.19	0.00	2273.72	2273.72
2011	14.47	43542.15	0.00	2251.57	2251.57
2012	14.12	43585.76	0.00	1998.43	1998.43
2013	15.02	46702.57	0.00	1879.02	1879.02
2014	16.77	50969.64	0.00	1786.85	1786.85
2015	26.75	46714.12	0.00	2070.72	2070.72
2016	34.21	57234.02	0.00	2405.21	2405.21
总计	15.56	739215.92	-35.98	4723.52	4759.50

第三节　全球文化创意产业上市公司商誉价值百强

在 2016 年全球主要国家和地区文化创意产业上市公司商誉价值百强（见表 13-2）的榜单中，前十名中美国上市公司有 7 个，中国排名最靠前的也要到第 27 名，是中国的携程公司（Ctrip.com International Ltd）。从总体来看，百强中仍然是以美国的上市公司为主，共有 54 家，数量已经过半。而中国上榜的公司只有 4 家，说明相对于文化创意产业发展较早的欧美国家，我们还有很长的路要走。

表 13-2　2016 年全球主要国家和地区文化创意产业上市公司商誉价值百强　　单位：亿元

排名	公司名称	公司总部所在地	商誉价值
1	IBM 公司（International Business Machines Corp）	美国	2405.21
2	康卡斯特公司（Comcast Corp）	美国	2390.66
3	特许通信公司（Charter Communications Inc）	美国	1960.70
4	华特迪士尼公司（Walt Disney Co）	美国	1847.81
5	时代华纳公司（Time Warner Inc）	美国	1843.96
6	蒂斯公司（Altice NV）	荷兰	1694.37
7	自由全球公司（Liberty Global Plc）	英国	1552.55
8	NBC 环球传媒集团（NBCUniversal Media LLC）	美国	1549.68
9	脸书公司（Facebook Inc）	美国	1204.10
10	自由全球子公司环球集团（Liberty Global PlcGlobal Group）	英国	1133.78
11	自由亿客行公司（Liberty Expedia Holdings Inc）	美国	1104.10
12	字母表公司（Alphabet Inc）	美国	1094.20
13	汤森路透集团（Thomson Reuters Corp）	加拿大	962.44
14	自由传媒集团（Liberty Media Corp - Consolidated）	美国	953.14
16	21 世纪福克斯公司（Twenty - First Century Fox Inc）	美国	846.03
17	维旺迪集团（Vivendi）	法国	807.79
18	维亚康姆公司（Viacom Inc）	美国	757.46
19	阳狮集团（Publicis Groupe SA）	法国	672.73

续表

排名	公司名称	公司总部所在地	商誉价值
20	动视暴雪公司（Activision Blizzard Inc）	美国	649.03
21	3M 公司（3M Co）	美国	609.03
22	贝塔斯曼集团（Bertelsmann SE & Co KGaA）	德国	600.97
23	宏盟公司（Omnicom Group Inc）	美国	596.41
24	RELX 集团（RELX NV）	荷兰	574.88
25	里德爱思唯尔公司（RELX PLC）	英国	574.88
26	IHS 集团（IHS Markit Ltd）	英国	545.49
27	携程公司（Ctrip.com International Ltd）	中国	536.06
28	探索传媒公司（Discovery Communications Inc）	美国	534.21
29	Expedia 公司（Expedia Inc）	美国	527.70
30	国际游戏科技公司（International Game Technology PLC）	英国	452.49
31	电通公司（Dentsu Inc）	日本	440.74
32	L3 技术公司（L3 Technologies Inc）	美国	435.87
33	天空广播公司（Sky PLC）	英国	423.88
34	诺基亚公司（Nokia Corp）	芬兰	420.84
35	自由全球子公司紫丁香集团（Liberty Global Plc LiLAC Group）	英国	418.77
36	苹果公司（Apple Inc）	美国	359.73
37	爱立信公司（Telefonaktiebolaget LM Ericsson）	瑞典	337.00
38	哥伦比亚广播公司（CBS Corp）	美国	323.18
39	索尼公司（Sony Corp）	日本	320.44
40	西岩公司（WestRock Co）	美国	317.48
41	联视通信公司（Univision Communications Inc）	美国	313.38
42	易贝公司（eBay Inc）	美国	299.07
43	台格纳公司（TEGNA Inc）	美国	270.26
44	清晰频道通信公司（iHeartMedia Inc）	美国	270.20
45	AMC 娱乐控股公司（AMC Entertainment Holdings Inc）	美国	261.32
46	施乐公司（Xerox Corp）	美国	251.62
47	亚马逊公司（Amazon.com Inc）	美国	251.42
48	美国新闻集团（News Corp）	美国	246.77
49	LTRPA 控股有限公司（Liberty TripAdvisor Holdings Inc）	美国	245.44
50	英富曼公司（Informa Plc）	英国	245.03

续表

排名	公司名称	公司总部所在地	商誉价值
51	互众集团（Interpublic Group of Companies Inc）	美国	244.14
52	亚美亚公司（Avaya Inc）	美国	241.13
53	途迈酷客公司（Thomas Cook Group PLC）	英国	233.39
54	腾讯控股有限公司（Tencent Holdings LTD）	中国	229.27
55	国际纸业公司（International Paper Co）	美国	223.52
56	乐天株式会社（Rakuten Inc）	日本	219.80
57	论坛媒体公司（Tribune Media Co）	美国	214.48
58	培生集团（Pearson PLC）	英国	210.54
59	途易股份公司（TUI AG）	德国	209.80
60	科学游戏公司（Scientific Games Corp）	美国	191.92
61	密封空气公司（Sealed Air Corp）	美国	189.74
62	阿马亚公司（Amaya Inc）	加拿大	186.39
63	Polsat 数字公司（Cyfrowy Polsat SA）	波兰	184.99
64	阿克塞尔康普控股有限公司（CommScope Holding Co Inc）	美国	183.94
65	德国阿克塞尔施普林格出版公司（Axel Springer SE）	德国	176.05
66	可可公司（Kakao Corp）	韩国	173.82
67	塔特集团（Tatts Group Ltd）	澳大利亚	171.87
68	佩剑公司（Sabre Corp）	美国	169.33
69	Priceline 集团（Priceline Group Inc）	美国	159.26
70	开放文本公司（Open Text Corp）	加拿大	154.52
71	瑞典 Cellulosa 公司（Svenska Cellulosa Sca AB）	瑞典	149.58
72	百度公司（Baidu Inc）	中国	146.82
73	天狼星公司（Sirius XM Holdings Inc）	美国	146.52
74	国美电器（GOME Electrical Appliances Holding Ltd）	中国香港	143.25
75	哈瓦斯公司（Havas）	法国	142.12
76	瑞典 Cellulosa 公司（Svenska Cellulosa Sca AB）	瑞典	140.91
77	时代公司（Time Inc）	美国	137.47
78	魁北克公司（Quebecor Inc）	加拿大	136.80
79	德国广播公司（ProSiebenSat.1 Media SE）	德国	136.75
80	法国拉加代尔公司（Lagardere SCA）	法国	136.46
81	ARRIS 国际公司（ARRIS International plc）	美国	133.96

续表

排名	公司名称	公司总部所在地	商誉价值
82	辛克莱广播集团（Sinclair Broadcast Group Inc）	美国	132.27
83	Allscripts 医疗保健解决方案公司（Allscripts Healthcare Solutions Inc）	美国	127.84
84	环球旅讯公司（IAC/InterActiveCorp）	美国	127.84
85	Zillow 股份有限公司（Zillow Group Inc）	美国	127.80
86	耐力国际集团控股有限公司（Endurance International Group Holdings Inc）	美国	123.58
87	Sanoma 公司（Sanoma Corp）	芬兰	122.27
88	美高梅国际酒店集团（MGM Resorts International）	美国	120.74
89	科鲁斯娱乐公司（Corus Entertainment Inc）	加拿大	120.00
90	爱姆科集团（Amcor Ltd）	澳大利亚	118.95
91	FNAC 集团（Groupe Fnac SA）	法国	118.00
92	现场之国娱乐公司（Live Nation Entertainment Inc）	美国	116.08
93	游戏站公司（GameStop Corp）	美国	114.63
94	GoDaddy 公司（GoDaddy Inc）	美国	114.18
95	拉玛尔媒体公司（Lamar Media Corp）	美国	114.03
96	斯克里普斯网络互动公司（Scripps Networks Interactive Inc）	美国	109.11
97	威廉希尔公司（William Hill PLC）	英国	108.78
98	华纳音乐集团（Warner Music Group Corp）	美国	108.10
99	班卓尔公司（Bunzl PLC）	英国	106.16
100	凯撒娱乐公司（Caesars Entertainment Corp）	美国	106.84

一　全球文化创意产业上市公司商誉价值十强数据分析

从区域分布情况来看，2016 年全球文化创意产业上市公司商誉价值十强主要分布在美国、英国和荷兰 3 个国家。其中，美国的文化创意产业上市公司数量为 7 个，且前五名也均被美国牢牢占据，它们分别是排第 1 名的 IBM 公司，排第 2 名的康卡斯特公司，排第 3 名的特许通信公司，排第 4 名的华特迪士尼公司，排第 5 名的时代华纳公司，以及排第 8 名的环球影视公司和排第 9 名的脸书公司。而十强中的非美国公司仅有排第 6 名的荷兰蒂斯公司、排第 7 名的自由全球公司以及排第 10 名的自由全球环球公司。

从行业分类来看，十强所属的行业类型主要有四类。其中，有线电视和其他电视服务业占据半壁江山，有 5 家公司隶属于该业，而其次是电影娱乐行业，有 3 家公司隶属于此行业。

二 全球文化创意产业上市公司商誉价值五大梯队分析

全球文化创意产业上市公司的商誉价值百强差距较大，根据其商誉价值规模，大致可分为五大梯队。

第一梯队为前两位，2016 年商誉价值均在 2300 亿元以上，包括美国的 IBM 公司和康卡斯特公司。

第二梯队的商誉价值在 1000 亿—2000 亿元，包含 10 家企业，其中，美国有 7 家，依然占据绝对优势，它们分别是特许通信公司、华特迪士尼公司、时代华纳公司、环球媒体公司、脸书公司、自由亿客行公司、字母表公司；其他 3 家分别为排第 6 名的荷兰的蒂斯公司，以及英国的自由全球公司及其子公司，其中自由亿客行公司是一家在线旅游公司，提供包括工具、信息、预订和体验在内的休闲旅游代理。

商誉价值为 500 亿—1000 亿元的企业位列第三梯队，共有 17 家，主要分布在美国、英国、法国、荷兰、加拿大、德国、中国 7 个国家。其中电影娱乐业有 2 家，即美国的 21 世纪福克斯公司和法国的维旺迪公司；电视广播站业有美国的维亚康姆集团以及德国的贝塔斯曼集团；广告代理服务业有法国的阳狮集团和美国的宏盟集团；期刊印刷和出版业企业有 2 家，分别是荷兰及英国的 RELX 集团；旅行代理类则有中国的携程公司以及美国的亿客行公司。其余行业都只有 1 家企业入围。

第四梯队商誉价值均在 200 亿—500 亿元，共有 30 家企业，按公司总部所在地分布来看，依然是美国占据绝对优势。在第四梯队中，美国 17 家，英国 6 家，日本 3 家，中国、德国、芬兰、瑞典各有 1 家。而行业分类明显增多，同一行业类型中最多出现 4 家企业，例如，同属广播电视播放设备公司有诺基亚公司（芬兰）、苹果公司、爱立信公司、亚美亚公司；同属电视广播站业的有 3 家企业：联视通信公司、台格纳公司和论坛媒体公司；同属广告代理服务业的有电通集团和互众集团；同属有线电视和其他电视服务业的有天空报业公司和自由全球公司；同属互联网软件与服务业的有易贝公司（美国）和腾讯控股有限公司；而电子购物业有亚马逊公司和乐天株式会社（日本）；旅行代理业则有托马斯酷客集团（Thomas Cook Group PLC，英国）以及途易股份公司（TUI AG，德国）。

其余 41 家商誉价值在 100 亿—200 亿元的公司被列为第五梯队，其中，美国有 21 家，加拿大 4 家，法国 3 家，德国、澳大利亚、瑞典、英国、中国均为两家（含在中国香港上市的 1 家），芬兰、韩国、波兰各 1 家。在这一梯队中，最集聚的行业是服务计算机编程和数据处理业及杂类娱乐游戏服务业（含 5 家企业）。而在这一梯队中的两家中国企业分别为百度公司（第 72 名）以及国美电器（GOME Electrical Appliances Holding Ltd，第 74 名）。

三 2016 年不同国家进入百强的情况分析

通过对比 2016 年全球文化创意产业上市公司商誉价值百强公司数量分布（见图 13-2）可知，美国在商誉价值百强名单中再次以超过半数的 55 家公司遥遥领先，英国有 12 家，加拿大和法国均为 5 家，中国、德国、瑞典为 4 家，日本和荷兰为 3 家，芬兰、澳大利亚为两家，波兰和韩国各有 1 家。而进入榜单的发展中国家和地区仅有中国的 4 家企业，远低于发达国家的 96 家。从商誉价值的维度可知，全球文化创意产业的发展极为不均衡，以中国为首的发展中国家和地区要提高自身实力迎头赶上。

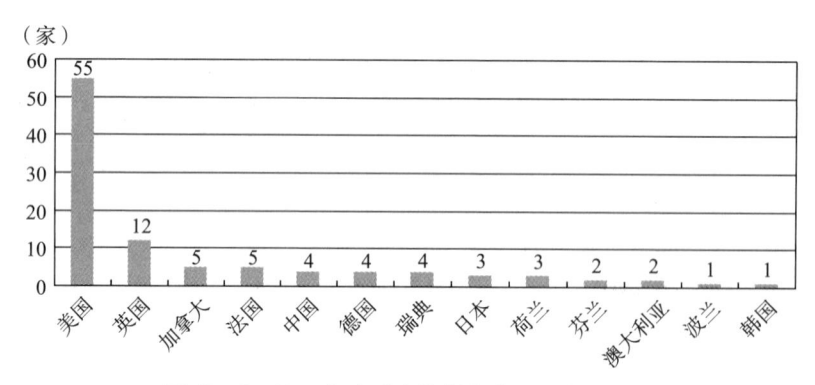

图 13-2 2016 年全球文化创意产业上市公司商誉价值百强公司数量分布

四 2012—2016 年全球主要国家和地区文化创意产业上市公司商誉价值百强演变态势

在 2012—2016 年全球主要国家和地区文化创意产业上市公司商誉价值百强（见表 13-3）中，仍然以美国为主，其次是欧洲发达国家，而发展中国家和地区主要分布在中间靠后的位置，且比重很小。

第十三章 全球文化创意产业上市公司商誉价值研究报告 / 617

表 13-3　2012—2016 年全球主要国家和地区文化创意产业上市公司商誉价值百强

排名	2012 年 公司名称	2012 年 公司总部所在地	2013 年 公司名称	2013 年 公司总部所在地	2014 年 公司名称	2014 年 公司总部所在地	2015 年 公司名称	2015 年 公司总部所在地	2016 年 公司名称	2016 年 公司总部所在地
1	维旺迪集团（Vivendi）	法国	时代华纳公司（Time Warner Inc）	美国	自由全球公司（Liberty Global Plc）	英国	康卡斯特公司（Comcast Corp）	美国	IBM 公司（International Business Machines Corp）	美国
2	时代华纳公司（Time Warner Inc）	美国	华特迪士尼公司（Walt Disney Co）	美国	华特迪士尼公司（Walt Disney Co）	美国	华特迪士尼公司（Walt Disney Co）	美国	康卡斯特公司（Comcast Corp）	美国
3	康卡斯特公司（Comcast Corp）	美国	康卡斯特公司（Comcast Corp）	美国	时代华纳公司（Time Warner Inc）	美国	时代华纳公司（Time Warner Inc）	美国	特许通信公司（Charter Communications Inc）	美国
4	华特迪士尼公司（Walt Disney Co）	美国	自由全球公司（Liberty Global Plc）	美国	康卡斯特公司（Comcast Corp）	美国	自由全球公司（Liberty Global Plc）	英国	华特迪士尼公司（Walt Disney Co）	美国
5	汤森路透集团（Thomson Reuters Corp）	美国	维旺迪集团（Vivendi）	法国	蒂斯公司（Altice NV）	荷兰	NBC 环球传媒集团（NBCUniversal Media LLC）	美国	时代华纳公司（Time Warner Inc）	美国
6	WPP 集团（WPP PLC）	英国	21 世纪福克斯公司（Twenty-First Century Fox Inc）	美国	21 世纪福克斯公司（Twenty-First Century Fox Inc）	美国	蒂斯公司（Altice NV）	荷兰	蒂斯公司（Altice NV）	荷兰
7	NBC 环球传媒集团（NBCUniversal Media LLC）	美国	汤森路透集团（Thomson Reuters Corp）	美国	脸书公司（Facebook Inc）	美国	脸书公司（Facebook Inc）	美国	自由全球公司（Liberty Global Plc）	英国

续表

排名	2012年 公司名称	2012年 公司总部所在地	2013年 公司名称	2013年 公司总部所在地	2014年 公司名称	2014年 公司总部所在地	2015年 公司名称	2015年 公司总部所在地	2016年 公司名称	2016年 公司总部所在地
8	自由全球子公司环球集团（Liberty Global Plc Global Group）	英国	WPP集团（WPP PLC）	英国	法国SFR集团（Numericable SFR SA）	法国	汤森路透集团（Thomson Reuters Corp）	美国	NBC环球传媒集团（NBCUniversal Media LLC）	美国
9	21世纪福克斯公司（Twenty-First Century Fox Inc）	美国	NBC环球传媒集团（NBCUniversal Media LLC）	美国	WPP集团（WPP PLC）	英国	字母表公司（Alphabet Inc）	美国	脸书公司（Facebook Inc）	美国
10	维亚康姆公司（Viacom Inc）	美国	自由传媒集团（Liberty Media Corp SiriusXM Group）	美国	汤森路透集团（Thomson Reuters Corp）	美国	自由传媒集团（Liberty Media Corp SiriusXM Group）	美国	自由全球子公司环球集团（Liberty Global Plc Global Group）	英国
11	字母表公司（Alphabet Inc）	美国	字母表公司（Alphabet Inc）	美国	字母表公司（Alphabet Inc）	美国	21世纪福克斯公司（Twenty-First Century Fox Inc）	美国	自由亿客行公司（Liberty Expedia Holdings Inc）	美国
12	宏盟公司（Omnicom Group Inc）	美国	维亚康姆公司（Viacom Inc）	美国	NBC环球传媒集团（NBCUniversal Media LLC）	美国	法国SFR集团（Numericable SFR SA）	法国	字母表公司（Alphabet Inc）	美国
13	哥伦比亚广播公司（CBS Corp）	美国	易贝公司（eBay Inc）	美国	自由传媒集团（Liberty Media Corp SiriusXM Group）	美国	维亚康姆公司（Viacom Inc）	美国	汤森路透集团（Thomson Reuters Corp）	加拿大

续表

排名	2012 年 公司名称	2012 年 公司总部所在地	2013 年 公司名称	2013 年 公司总部所在地	2014 年 公司名称	2014 年 公司总部所在地	2015 年 公司名称	2015 年 公司总部所在地	2016 年 公司名称	2016 年 公司总部所在地
14	易贝公司（eBay Inc）	美国	贝塔斯曼集团（Bertelsmann SE & Co KGaA）	德国	维旺迪集团（Vivendi）	法国	阳狮集团（Publicis Groupe SA）	法国	自由传媒公司（Liberty Media Corp – Consolidated）	美国
15	培生集团（Pearson PLC）	英国	宏盟公司（Omnicom Group Inc）	美国	维亚康姆公司（Viacom Inc）	美国	维旺迪集团（Vivendi）	法国	21世纪福克斯公司（Twenty-First Century Fox Inc）	美国
16	索尼公司（Sony Corp）	日本	哥伦比亚广播公司（CBS Corp）	美国	贝塔斯曼集团（Bertelsmann SE & Co KGaA）	德国	3M公司（3M Co）	美国	维旺迪集团（Vivendi）	法国
17	培生集团（Pearson PLC）	英国	阳狮集团（Publicis Groupe SA）	法国	阳狮集团（Publicis Groupe SA）	法国	贝塔斯曼集团（Bertelsmann SE & Co KGaA）	德国	维亚康姆公司（Viacom Inc）	美国
18	贝塔斯曼集团（Bertelsmann SE & Co KGaA）	德国	L-3通信控股公司（L-3 Communications Holdings Inc）	美国	易贝公司（eBay Inc）	美国	宏盟公司（Omnicom Group Inc）	美国	阳狮集团（Publicis Groupe SA）	法国
19	L-3通信控股公司（L-3 Communications Holdings Inc）	美国	培生集团（Pearson PLC）	英国	宏盟公司（Omnicom Group Inc）	美国	探索传媒公司（Discovery Communications Inc）	美国	动视暴雪公司（Activision Blizzard Inc）	美国

续表

排名	2012年 公司名称	2012年 公司总部所在地	2013年 公司名称	2013年 公司总部所在地	2014年 公司名称	2014年 公司总部所在地	2015年 公司名称	2015年 公司总部所在地	2016年 公司名称	2016年 公司总部所在地
20	阳狮集团（Publicis Groupe SA）	法国	3M公司（3M Co）	美国	阳狮集团（Publicis Groupe SA）	法国	里德爱思唯尔集团（RELX Group plc）	英国	3M公司（3M Co）	美国
21	3M公司（3M Co）	美国	探索传媒公司（Discovery Communications Inc）	美国	培生集团（Pearson PLC）	英国	Expedia公司（Expedia Inc）	美国	贝塔斯曼集团（Bertelsmann SE & Co KGaA）	德国
22	电通公司（Dentsu Inc）	日本	培生集团（Pearson PLC）	英国	探索传媒公司（Discovery Communications Inc）	美国	RELX集团（RELX NV）	荷兰	宏盟集团（Omnicom Group Inc）	美国
23	里德爱思唯尔集团（RELX Group plc）	英国	里德爱思唯尔集团（RELX Group plc）	英国	里德爱思唯尔集团（RELX Group plc）	英国	里德爱思唯尔公司（RELX PLC）	英国	RELX集团（RELX NV）	荷兰
24	动视暴雪公司（Activision Blizzard Inc）	美国	索尼公司（Sony Corp）	日本	培生集团（Pearson PLC）	英国	动视暴雪公司（Activision Blizzard Inc）	美国	里德爱思唯尔公司（RELX PLC）	英国
25	诺基亚公司（Nokia Corp）	芬兰	动视暴雪公司（Activision Blizzard Inc）	美国	L-3通信控股公司（L-3 Communications Holdings Inc）	美国	携程公司（Ctrip.com International Ltd）	中国	IHS集团（IHS Markit Ltd）	英国

第十三章　全球文化创意产业上市公司商誉价值研究报告 / 621

续表

排名	2012年 公司名称	2012年 公司总部所在地	2013年 公司名称	2013年 公司总部所在地	2014年 公司名称	2014年 公司总部所在地	2015年 公司名称	2015年 公司总部所在地	2016年 公司名称	2016年 公司总部所在地
26	松下公司（Panasonic Corp）	日本	电通公司（Dentsu Inc）	日本	动视暴雪公司（Activision Blizzard Inc）	美国	国际游戏科技公司（International Game Technology PLC）	英国	携程公司（Ctrip.com International Ltd）	中国
27	探索传媒公司（Discovery Communications Inc）	美国	途易旅游公共有限公司（TUI Travel PLC）	英国	3M公司（3M Co）	美国	天空广播公司（Sky PLC）	英国	探索传媒公司（Discovery Communications Inc）	美国
28	途易旅游公共有限公司（TUI Travel PLC）	英国	爱立信公司（Ericsson）	瑞典	天空广播公司（Sky PLC）	英国	哥伦比亚广播公司（CBS Corp）	美国	Expedia公司（Expedia Inc）	美国
29	富士胶片公司（Fujifilm Holdings Corp）	日本	阿里巴巴集团（Alibaba Group Holding Ltd）	中国	哥伦比亚广播公司（CBS Corp）	美国	培生集团（Pearson PLC）	英国	国际游戏科技公司（International Game Technology PLC）	英国
30	联视通信公司（Univision Communications Inc）	美国	松下公司（Panasonic Corp）	日本	电通公司（Dentsu Inc）	日本	L-3通信控股公司（L-3 Communications Holdings Inc）	美国	电通公司（Dentsu Inc）	日本
31	爱立信公司（Ericsson）	瑞典	雅虎公司（Yahoo Inc）	美国	途易旅游公共有限公司（TUI Travel PLC）	英国	培生集团（Pearson PLC）	英国	L3技术公司（L3 Technologies Inc）	美国

续表

排名	2012年 公司名称	2012年 公司总部所在地	2013年 公司名称	2013年 公司总部所在地	2014年 公司名称	2014年 公司总部所在地	2015年 公司名称	2015年 公司总部所在地	2016年 公司名称	2016年 公司总部所在地
32	普利萨公司（Promotora De Informaciones SA）	西班牙	联视控股公司（Univision Holdings Inc）	美国	爱立信公司（Ericsson）	瑞典	西岩公司（West Rock Co）	美国	天空广播公司（Sky PLC）	英国
33	国际纸业公司（International Paper Co）	美国	联视通信公司（Univision Communications Inc）	美国	索尼公司（Sony Corp）	日本	电通公司（Dentsu Inc）	日本	诺基亚公司（Nokia Corp）	芬兰
34	清晰频道通信公司（iHeartMedia Inc）	美国	诺基亚公司（Nokia Corp）	芬兰	雅虎公司（Yahoo Inc）	美国	苹果公司（Apple Inc）	美国	自由全球子公司紫丁香集团（Liberty Global Plc LiLAC Group）	英国
35	途迈酷客公司（Thomas Cook Group PLC）	英国	富士胶片公司（Fujifilm Holdings Corp）	日本	迪克森卡彭机公司（Dixons Carphone Plc）	英国	索尼公司（Sony Corp）	日本	苹果公司（Apple Inc）	美国
36	亚美亚公司（Avaya Inc）	美国	途迈酷客公司（Thomas Cook Group PLC）	英国	爱立信公司（Ericsson）	瑞典	爱立信公司（Ericsson）	瑞典	爱立信公司（Telefonaktiebolaget LM Ericsson）	瑞典
37	国际游戏科技集团（International Game Technology PLC）	英国	荷兰威科集团（Wolters Kluwer NV）	荷兰	富士胶片公司（Fujifilm Holdings Corp）	日本	联视通信公司（Univision Communications Inc）	美国	哥伦比亚广播公司（CBS Corp）	美国

续表

排名	2012 年 公司名称	2012 年 公司总部所在地	2013 年 公司名称	2013 年 公司总部所在地	2014 年 公司名称	2014 年 公司总部所在地	2015 年 公司名称	2015 年 公司总部所在地	2016 年 公司名称	2016 年 公司总部所在地
38	直播电视集团（DIRECTV）	美国	清晰频通信公司（iHeartMedia Inc）	美国	苹果公司（Apple Inc）	美国	易贝公司（eBay Inc）	美国	索尼公司（Sony Corp）	日本
39	荷兰威科集团（Wolters Kluwer NV）	荷兰	国际游戏科技公司（International Game Technology PLC）	英国	联视控股公司（Univision Holdings Inc）	美国	富士胶片公司（Fujifilm Holdings Corp）	日本	西岩公司（West Rock Co）	美国
40	途易公司（TUI AG）	德国	亚美亚公司（Avaya Inc）	美国	联视通信公司（Univision Communications Inc）	美国	荷兰威科集团（Wolters Kluwer NV）	荷兰	联视通信公司（Univision Communications Inc）	美国
41	雅虎公司（Yahoo Inc）	美国	荷兰威科集团（Wolters Kluwer NV）	荷兰	荷兰威科集团（Wolters Kluwer NV）	荷兰	清晰频道通信公司（iHeartMedia Inc）	美国	易贝公司（eBay Inc）	美国
42	互众集团（Interpublic Group of Companies Inc）	美国	国际纸业公司（International Paper Co）	美国	国际游戏科技公司（International Game Technology PLC）	英国	亚美亚公司（Avaya Inc）	美国	台格纳公司（TEGNA Inc）	美国
43	塔特集团（Tatts Group Ltd）	澳大利亚	直播电视集团（DIRECTV）	美国	台格纳公司（TEGNA Inc）	美国	台格纳公司（TEGNA Inc）	美国	清晰频道通信公司（iHeartMedia Inc）	美国

续表

排名	2012年 公司名称	2012年 公司总部所在地	2013年 公司名称	2013年 公司总部所在地	2014年 公司名称	2014年 公司总部所在地	2015年 公司名称	2015年 公司总部所在地	2016年 公司名称	2016年 公司总部所在地
44	LTRPA控股有限公司（Liberty TripAdvisor Holdings Inc）	美国	途易股份公司（TUI AG）	德国	松下公司（Panasonic Corp）	日本	亚马逊公司（Amazon.com Inc）	美国	AMC娱乐控股公司（AMC Entertainment Holdings Inc）	美国
45	魁北克公司（Quebecor Inc）	加拿大	论坛媒体公司（Tribune Media Co）	美国	清晰频道通信公司（iHeartMedia Inc）	美国	LTRPA控股有限公司（Liberty TripAdvisor Holdings Inc）	美国	施乐公司（Xerox Corp）	美国
46	金佰利公司（Kimberly-Clark Corp）	美国	台格纳公司（TEGNA Inc）	美国	荷兰威科集团（Wolters Kluwer NV）	荷兰	途迈酷客公司（Thomas Cook Group PLC）	英国	亚马逊公司（Amazon.com Inc）	美国
47	密封空气公司（Sealed Air Corp）	美国	Expedia公司（Expedia Inc）	美国	途易股份公司（TUI AG）	德国	互众集团（Interpublic Group of Companies Inc）	美国	新闻集团（News Corp）	美国
48	朱庇特电信有限公司（Jupiter Telecommunications Co Ltd）	日本	互众集团（Interpublic Group of Companies Inc）	美国	科学游戏公司（Scientific Games Corp）	美国	途易股份公司（TUI AG）	德国	LTRPA控股有限公司（Liberty TripAdvisor Holdings Inc）	美国

续表

排名	2012 年 公司名称	2012 年 公司总部所在地	2013 年 公司名称	2013 年 公司总部所在地	2014 年 公司名称	2014 年 公司总部所在地	2015 年 公司名称	2015 年 公司总部所在地	2016 年 公司名称	2016 年 公司总部所在地
49	凯撒娱乐公司（Caesars Entertainment Corp）	美国	塔特集团（Tatts Group Ltd）	澳大利亚	途迈酷客公司（Thomas Cook Group PLC）	英国	论坛媒体公司（Tribune Media Co）	美国	英富曼公司（Informa Plc）	英国
50	时代公司（Time Inc）	美国	LTRPA 控股有限公司（Liberty TripAdvisor Holdings Inc）	美国	亚美亚公司（Avaya Inc）	美国	Priceline 集团（Priceline Group Inc）	美国	互众集团（Interpublic Group of Companies Inc）	美国
51	维珍传媒公司（Virgin Media Inc）	美国	普利酸公司（Promotora De Informaciones SA）	西班牙	Expedia 公司（Expedia Inc）	美国	国际纸业公司（International Paper Co）	美国	亚美亚公司（Avaya Inc）	美国
52	Expedia 公司（Expedia Inc）	美国	朱庇特电信有限公司（Jupiter Telecommunications Co Ltd）	日本	直播电视集团（DIRECTV）	美国	IHS 公司（IHS Inc）	美国	途迈酷客公司（Thomas Cook Group PLC）	英国
53	Sanoma 公司（Sanoma Corp）	芬兰	时代华纳有线公司（Time Warner Cable Inc）	美国	论坛媒体公司（Tribune Media Co）	美国	时代华纳有线公司（Time Warner Cable Inc）	美国	腾讯控股有限公司（Tencent Holdings LTD）	中国

续表

排名	2012年 公司名称	2012年 公司总部所在地	2013年 公司名称	2013年 公司总部所在地	2014年 公司名称	2014年 公司总部所在地	2015年 公司名称	2015年 公司总部所在地	2016年 公司名称	2016年 公司总部所在地
54	美高梅国际酒店集团（MGM Resorts International）	美国	金佰利公司（Kimberly-Clark Corp）	美国	国际纸业公司（International Paper Co）	美国	美国新闻集团（News Corp）	美国	国际纸业公司（International Paper Co）	美国
55	时代华纳有线公司（Time Warner Cable Inc）	美国	时代公司（Time Inc）	美国	LTRPA控股有限公司（Liberty TripAdvisor Holdings Inc）	美国	乐天株式会社（Rakuten Inc）	日本	乐天株式会社（Rakuten Inc）	日本
56	台格纳公司（TEGNA Inc）	美国	密封空气公司（Sealed Air Corp）	美国	互众集团（Interpublic Group of Companies Inc）	美国	阿马亚公司（Amaya Inc）	加拿大	论坛媒体公司（Tribune Media Co）	美国
57	理光公司（Ricoh Co Ltd）	日本	IHS公司（IHS Inc）	美国	乐天株式会社（Rakuten Inc）	日本	科学游戏公司（Scientific Games Corp）	美国	培生集团（Pearson PLC）	英国
58	英富曼公司（Informa Plc）	英国	凯撒娱乐公司（Caesars Entertainment Corp）	美国	Polsat数字公司（Cyfrowy Polsat SA）	波兰	密封空气公司（Sealed Air Corp）	美国	途易股份公司（TUI AG）	德国

续表

排名	2012年 公司名称	2012年 公司总部所在地	2013年 公司名称	2013年 公司总部所在地	2014年 公司名称	2014年 公司总部所在地	2015年 公司名称	2015年 公司总部所在地	2016年 公司名称	2016年 公司总部所在地
59	纳斯帕斯公司（Naspers Ltd）	南非	魁北克公司（Quebecor Inc）	加拿大	诺基亚公司（Nokia Corp）	芬兰	Polsat 数字公司（Cyfrowy Polsat SA）	波兰	科学游戏公司（Scientific Games Corp）	美国
60	美国新闻集团（News Corp）	美国	美高梅国际酒店集团（MGM Resorts International）	美国	Priceline 集团（Priceline Group Inc）	美国	纽威公司（Newell Brands Inc）	美国	密封空气公司（Sealed Air Corp）	美国
61	亚马逊公司（Amazon. com Inc）	美国	百度公司（Baidu Inc）	中国	亚马逊公司（Amazon. com Inc）	美国	塔特集团（Tatts Group Ltd）	澳大利亚	阿马亚公司（Amaya Inc）	加拿大
62	纽威公司（Newell Brands Inc）	美国	美国新闻集团（News Corp）	美国	塔特集团（Tatts Group Ltd）	美国	康普控股有限公司（CommScope Holding Co Inc）	美国	Polsat 数字公司（Cyfrowy Polsat SA）	波兰
63	理光公司（Ricoh Co Ltd）	日本	纳斯帕斯公司（Naspers Ltd）	南非	IHS公司（IHS Inc）	美国	58同城公司（58. Com Inc）	中国	康普控股有限公司（CommScope Holding Co Inc）	美国
64	纳斯帕斯公司（Naspers Ltd）	南非	亚马逊公司（Amazon. com Inc）	美国	时代华纳有线公司（Time Warner Cable Inc）	美国	英富曼公司（Informa Plc）	英国	德国阿克塞尔施普林格出版公司（Axel Springer SE）	德国

续表

排名	2012 年		2013 年		2014 年		2015 年		2016 年	
	公司名称	公司总部所在地	公司名称	公司总部所在地	公司名称	公司总部所在地	公司名称	公司总部所在地	公司名称	公司总部所在地
65	法国拉加代尔公司（Lagardere SCA）	法国	Sanoma 公司（Sanoma Corp）	芬兰	时代公司（Time Inc）	美国	德国阿克塞尔施普林格出版公司（Axel Springer SE）	德国	可可公司（Kakao Corp）	韩国
66	AMC 娱乐控股公司（AMC Entertainment Holdings Inc）	美国	英富曼公司（Informa Plc）	英国	阿马亚公司（Amaya Inc）	加拿大	佩剑公司（Sabre Corp）	美国	塔特集团（Tatts Group Ltd）	澳大利亚
67	青藤纤维公司（Fibria Celulose SA）	巴西	理光公司（Ricoh Co Ltd）	日本	密封空气公司（Sealed Air Corp）	美国	AMC 娱乐公司（AMC Entertainment Inc）	美国	佩剑公司（Sabre Corp）	美国
68	马克公司（Markit Ltd）	英国	纳斯帕斯公司（Naspers Ltd）	南非	美高梅国际酒店集团（MGM Resorts International）	美国	百度公司（Baidu Inc）	中国	Priceline 集团（Priceline Group Inc）	美国
69	巴黎坎伯奇公司（CIE Du Cambodge, Paris）	法国	纽威公司（Newell Brands Inc）	美国	英富曼公司（Informa Plc）	英国	马克公司（Markit Ltd）	英国	开放文本公司（Open Text Corp）	加拿大
70	哈瓦斯公司（Havas）	法国	AMC 娱乐公司（AMC Entertainment Inc）	美国	百度公司（Baidu Inc）	中国	环球旅讯公司（IAC/InterActive Corp）	美国	瑞典 Cellulosa 公司（Svenska Cellulosa Sca AB）	瑞典

续表

排名	2012年 公司名称	2012年 公司总部所在地	2013年 公司名称	2013年 公司总部所在地	2014年 公司名称	2014年 公司总部所在地	2015年 公司名称	2015年 公司总部所在地	2016年 公司名称	2016年 公司总部所在地
71	艾米娅公司（Aimia Inc）	加拿大	巴黎坎伯奇公司（CIE Du Cambodge, Paris）	法国	美国新闻集团（News Corp）	美国	天狼星公司（Sirius XM Holdings Inc）	美国	百度公司（Baidu Inc）	中国
72	IHS公司（IHS Inc）	美国	天狼星公司（Sirius XM Holdings Inc）	美国	理光公司（Ricoh Co Ltd）	日本	开放文本公司（Open Text Corp）	加拿大	天狼星公司（Sirius XM Holdings Inc）	美国
73	法国SFR集团（Numericable SFR SA）	法国	法国拉加代尔尔公司（Lagardere SCA）	法国	纽威公司（Newell Brands Inc）	美国	法国拉加代尔公司（Lagardere SCA）	法国	国美电器（GOME Electrical Appliances Holding Ltd）	中国香港
74	瑞典Cellulosa公司（Svenska Cellulosa Sca AB）	瑞典	佩剑公司（Sabre Corp）	美国	魁北克公司（Quebecor Inc）	加拿大	哈瓦斯公司（Havas）	法国	哈瓦斯公司（Havas）	法国
75	西岩公司（West Rock Co）	美国	马克公司（Markit Ltd）	英国	理光公司（Ricoh Co Ltd）	日本	魁北克公司（Quebecor Inc）	加拿大	瑞典Cellulosa公司（Svenska Cellulosa Sca AB）	瑞典
76	阿里巴巴集团（Alibaba Group Holding Ltd）	中国	瑞典Cellulosa公司（Svenska Cellulosa Sca AB）	瑞典	凯撒娱乐公司（Caesars Entertainment Corp）	美国	时代公司（Time Inc）	美国	时代公司（Time Inc）	美国

续表

排名	2012年 公司名称	2012年 公司总部所在地	2013年 公司名称	2013年 公司总部所在地	2014年 公司名称	2014年 公司总部所在地	2015年 公司名称	2015年 公司总部所在地	2016年 公司名称	2016年 公司总部所在地
77	天狼星公司（Sirius XM Holdings Inc）	美国	哈瓦斯公司（Havas）	法国	Sanoma 公司（Sanoma Corp）	芬兰	辛克莱广播集团（Sinclair Broadcast Group Inc）	美国	魁北克公司（Quebecor Inc）	加拿大
78	瑞典 Cellulosa 公司（Svenska Cellulosa Sca AB）	瑞典	法国 SFR 集团（Numericable SFR SA）	法国	法国拉加代尔公司（Lagardere SCA）	法国	Zillow 股份有限公司（Zillow Group Inc）	美国	德国广播公司（ProSiebenSat.1 Media SE）	德国
79	德高集团（Jc Decaux SA）	法国	青藤纤维公司（Fibria Celulose SA）	巴西	巴黎坎伯奇公司（CIE Du Cambodge, Paris）	法国	Sanoma 公司（Sanoma Corp）	芬兰	法国拉加代尔公司（Lagardere SCA）	法国
80	电子艺术公司（Electronic Arts Inc）	美国	艾米娅公司（Aimia Inc）	加拿大	瑞典 Cellulosa 公司（Svenska Cellulosa Sca AB）	瑞典	德国广播公司（ProSiebenSat.1 Media SE）	德国	ARRIS 国际公司（ARRIS International plc）	美国
81	爱姆科集团（Amcor Ltd）	澳大利亚	阿里巴巴集团（Alibaba Group Holding Ltd）	中国	AMC 娱乐公司（AMC Entertainment Inc）	美国	瑞典 Cellulosa 公司（Svenska Cellulosa Sca AB）	瑞典	辛克莱广播集团（Sinclair Broadcast Group Inc）	美国
82	德国阿克塞尔施普林格出版公司（Axel Springer SE）	德国	西岩公司（West Rock Co）	美国	德国阿克塞尔施普林格出版公司（Axel Springer SE）	德国	斯克里普斯网络互动公司（Scripps Networks Interactive Inc）	美国	Allscripts 医疗保健解决方案公司（Allscripts Healthcare Solutions Inc）	美国

第十三章 全球文化创意产业上市公司商誉价值研究报告 / 631

续表

排名	2012年 公司名称	2012年 公司总部所在地	2013年 公司名称	2013年 公司总部所在地	2014年 公司名称	2014年 公司总部所在地	2015年 公司名称	2015年 公司总部所在地	2016年 公司名称	2016年 公司总部所在地
83	乐天株式会社（Rakuten Inc）	日本	爱姆科集团（Amcor Ltd）	澳大利亚	哈瓦斯公司（Havas）	法国	威廉希尔公司（William Hill PLC）	英国	环球旅讯公司（IAC/Inter ActiveCorp）	美国
84	环球旅讯公司（IAC/Inter ActiveCorp）	美国	威廉希尔公司（William Hill PLC）	英国	马克公司（Markit Ltd）	英国	唐纳利有限公司（Videocon Industries Ltd）	美国	Zillow 股份有限公司（Zillow Group Inc）	美国
85	TENT 公司（Telenet Group Holding NV）	比利时	青藤纤维公司（Fibria Celulose SA）	巴西	天浪星公司（Sirius XM Holdings Inc）	美国	凯撒娱乐公司（Caesars Entertainment Corp）	美国	耐力国际集团控股有限公司（Endurance International Group Holdings Inc）	美国
86	Com Hem 股份有限公司（Com Hem Holding AB）	瑞典	Priceline 集团（Priceline Group Inc）（The）	美国	佩剑公司（Sabre Corp）	美国	英国独立广播集团（ITV PLC）	英国	Sanoma 公司（Sanoma Corp）	芬兰
87	巴黎益普索公司（Ipsos SA, Paris 15Eme）	法国	爱姆科集团（Amcor Ltd）	澳大利亚	纳斯帕斯公司（Naspers Ltd）	南非	GoDaddy 公司（GoDaddy Inc）	美国	美高梅国际酒店集团（MGM Resorts International）	美国
88	天空广播公司（Sky PLC）	英国	德国阿克塞尔施普林格出版公司（Axel Springer SE）	德国	瑞典 Cellulosa 公司（Svenska Cellulosa Sca AB）	瑞典	华纳音乐集团（Warner Music Group Corp）	美国	科鲁斯娱乐公司（Corus Entertainment Inc）	加拿大

续表

排名	2012年 公司名称	2012年 公司总部所在地	2013年 公司名称	2013年 公司总部所在地	2014年 公司名称	2014年 公司总部所在地	2015年 公司名称	2015年 公司总部所在地	2016年 公司名称	2016年 公司总部所在地
89	摩托罗拉公司（Motorola Solutions Inc）	美国	电子艺术公司（Electronic Arts Inc）	美国	AMC娱乐公司（AMC Entertainment Inc）	美国	艾米娅公司（Aimia Inc）	加拿大	爱姆科集团（Amcor Ltd）	澳大利亚
90	星空娱乐有限公司（The Star Entertainment Group Ltd）	澳大利亚	德高集团（Jc Decaux SA）	法国	德国阿克塞尔施普林格出版公司（Axel Springer SE）	德国	现场之国娱乐公司（Live Nation Entertainment Inc）	美国	FNAC集团（Groupe Fnac SA）	法国
91	洛特希马特公司（Lotte Himart Co Ltd）	韩国	环球旅讯公司（IAC/InterActiveCorp）	美国	哈瓦斯公司（Havas）	法国	派对城公司（Party City Holdco Inc）	美国	现场之国娱乐公司（Live Nation Entertainment Inc）	美国
92	拉玛尔媒体公司（Lamar Media Corp）	美国	华纳音乐集团（Warner Music Group Corp）	美国	马克公司（Markit Ltd）	英国	爱姆科集团（Amcor Ltd）	澳大利亚	游戏站公司（GameStop Corp）	美国
93	康普控股有限公司（CommScope Holding Co Inc）	美国	Com Hem股份有限公司（Com Hem Holding AB）	瑞典	天狼星公司（Sirius XM Holdings Inc）	美国	媒介综合集团（Media General Inc）	美国	GoDaddy公司（GoDaddy Inc）	美国
94	国际游戏科技公司（International Game Technology）	美国	TENT公司（Telenet Group Holding NV）	比利时	佩剑公司（Sabre Corp）	美国	拉玛尔媒体公司（Lamar Media Corp）	美国	拉玛尔媒体公司（Lamar Media Corp）	美国

续表

排名	2012年 公司名称	2012年 公司总部所在地	2013年 公司名称	2013年 公司总部所在地	2014年 公司名称	2014年 公司总部所在地	2015年 公司名称	2015年 公司总部所在地	2016年 公司名称	2016年 公司总部所在地
95	Tabcorp控股有限公司（Tabcorp Holdings Ltd Tah）	澳大利亚	交互式数据控股公司（Interactive Data Holdings Corp）	美国	纳斯帕斯公司（Naspers Ltd）	南非	班卓尔公司（Bunzl PLC）	英国	斯克里普斯网络互动公司（Scripps Networks Interactive Inc）	美国
96	唐纳利有限公司（Videocon Industries Ltd）	美国	GoDaddy公司（GoDaddy Inc）	美国	瑞典Cellulosa公司（Svenska Cellulosa Sca AB）	瑞典	领英公司（LinkedIn Corp）	美国	威廉希尔公司（William Hill PLC）	英国
97	威廉希尔公司（William Hill PLC）	英国	苹果公司（Apple Inc）	美国	辛克莱广播集团（Sinclair Broadcast Group Inc）	美国	游戏站公司（GameStop Corp）	美国	华纳音乐集团（Warner Music Group Corp）	美国
98	游戏站公司（GameStop Corp）	美国	天空广播公司（Sky PLC）	英国	开放文本公司（Open Text Corp）	加拿大	金佰利公司（Kimberly-Clark Corp）	美国	班卓尔公司（Bunzl PLC）	英国
99	佩恩国民博彩（Penn National Gaming Inc）	美国	派对城公司（Party City Holdco Inc）	美国	博闻公司（UBM PLC）	英国	美高梅国际酒店集团（MGM Resorts International）	美国	凯撒娱乐公司（Caesars Entertainment Corp）	美国
100	华纳音乐集团（Warner Music Group Corp）	美国	洛特希马特公司（Lotte Himart Co Ltd）	韩国	西岩公司（West Rock Co）	美国	德高集团（Jc Decaux SA）	法国	英国独立广播集团（ITV PLC）	英国

(一) 2012—2016 年 20 强演变特征分析

从 2012—2016 年全球文化创意产业上市公司商誉价值五强来看，只有时代华纳公司、康卡斯特公司和华特迪士尼公司在五年间稳居前五名。而 2012 年位居第一的维旺迪集团五年内排名大幅度连续下降：从 2012 年的第 1 名下降到 2013 年的第 5 名，继而在 2014 年跌出前十名，排在第 14 名，而 2015 年、2016 年又分别下降至第 15 名及第 16 名。

只有 10 家企业在 2012—2016 年这五年间保持在 20 强，其中，汤森路透集团、NBC 环球传媒集团、自由全球公司、21 世纪福克斯公司、自由全球子公司环球集团以及字母表公司的排名呈现出波浪式变化：汤森路透集团从 2012 年的第 5 名落至 2013 年的第 7 名，并在 2014 年连续降至第 10 名，而在 2015 年略有上升，上升至第 8 名，在 2016 年又一次降至第 13 名；NBC 环球传媒集团则从 2012 年的第 7 名连续两年下降（2013 年第 9 名，2014 年第 12 名）后于 2015 年上升至第 5 名，然而，2016 年又下降到第 8 名；自由全球公司从 2012 年的第 8 名连续上升至 2014 年的第 1 名，而后又连续下降至 2016 年的第 7 名；21 世纪福克斯公司从 2012 年的第 9 名升至 2013 年的第 6 名，并连续两年保持不变，后又连续两年下降至 2016 年的第 15 名；自由全球公司则从 2012 年的第 8 名连续至 2014 年的第 1 名，之后在 2015 年略微下降至第 4 名，而又在 2016 年下降至第 7 名。

从 2012—2016 年各国文化创意产业上市公司商誉价值 20 强的数量来看，共有美国、英国、日本、法国、德国、荷兰、加拿大 7 个国家入榜，而中国五年间没有企业进入前 20 名。

(二) 2012—2016 年主要国家和地区进入百强的演变情况分析

观察 2012—2016 年全球主要国家和地区文化创意产业上市公司商誉价值百强入围公司数量（见图 13-3），五年间连续进入百强榜单的国家并不是非常多，只有美国、英国、法国、加拿大、日本、中国、澳大利亚、德国、瑞典、芬兰和荷兰 11 个国家。其中，美国每年均有 45 家以上企业进入全球文化创意产业商誉价值百强，始终遥遥领先于其他国家；其次是英国，2012 年和 2013 年各有 12 家，2014 年有 14 家，2015 年为 13 家，2016 年又降至 12 家；法国的上市公司数量长期稳定在 7 家左右；日本则是上市公司数量连年下降：从 2012 年的 8 家降到 2013 年的 6 家，并连续降到 2016 年的 3 家；中国在 2012—2016 年文化创意产业上市公司商誉价值百强中的公司数量则呈波浪式上升的趋势,从 2012 年的 1 家上升为 2016 年的 4 家,虽然略有上升,但与美国相比仍有着极大的差距。

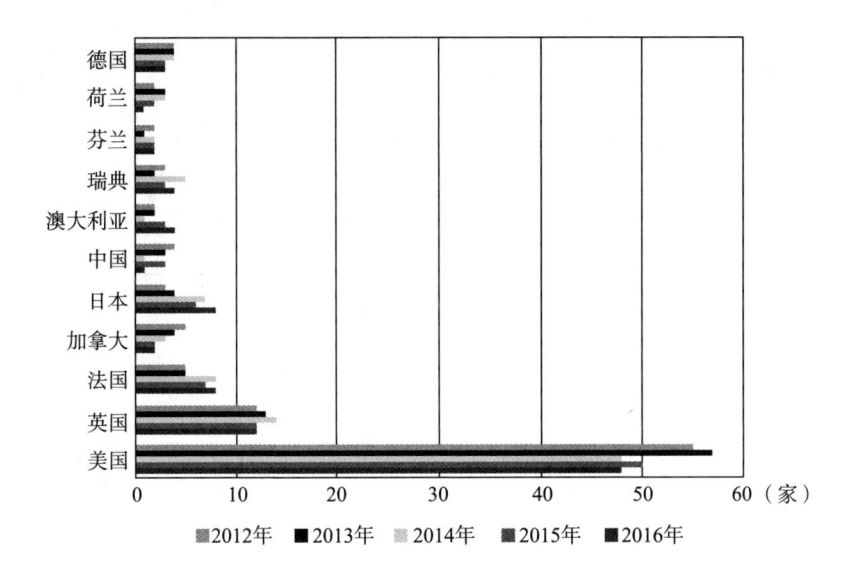

图 13-3　2012—2016 年全球主要国家文化创意产业上市公司
商誉价值百强入围公司数量

第四节　全球文化创意产业上市
公司商誉价值排名

2012—2016 年全球主要国家和地区文化创意产业上市公司商誉价值排名(见表 13-4)前三名分别为荷兰、英国和美国,而且排名前十名均为发达国家和地区,按顺序排列为法国、芬兰、西班牙、百慕大、德国、瑞典和南非,中国仅排在第 23 名,均值为第 1 名荷兰的 1/21。排在第 1 名的荷兰的商誉均值为 70.46 亿元,是排在第 2 名的英国的 1.4 倍,而英国和美国的商誉均值相差无几,一个是 48.60 亿元,另一个是 48.41 亿元。

表13-4 2012—2016年全球主要文化国家和地区创意产业上市公司商誉价值排名 单位：亿元

排名	公司总部所在地	参与统计公司数量（家）	均值	合计	极小值	极大值	全距
1	荷兰	122	70.46	8596.01	0.00	1694.37	1694.37
2	英国	904	48.60	43933.01	0.00	1786.85	1786.85
3	美国	2820	48.41	136509.23	0.00	2405.21	2405.21
4	法国	450	40.49	18220.99	0.00	1998.43	1998.43
5	芬兰	119	35.36	4208.13	0.00	420.84	420.84
6	西班牙	70	22.39	1567.14	0.00	279.51	279.51
7	百慕大	29	19.46	564.45	0.00	52.78	52.78
8	德国	365	18.86	6883.28	0.00	623.59	623.59
9	瑞典	336	17.04	5725.51	0.00	345.14	345.14
10	南非	88	13.84	1217.72	0.00	166.45	166.45
11	比利时	45	13.71	616.97	0.00	101.65	101.65
12	巴西	99	13.65	1351.14	0.00	137.17	137.17
13	葡萄牙	64	12.35	790.37	0.00	52.52	52.52
14	加拿大	519	12.18	6320.21	0.00	962.44	962.44
15	日本	1533	8.13	12466.55	0.00	509.24	509.24
16	新西兰	44	8.08	355.51	0.00	73.01	73.01
17	墨西哥	44	7.94	349.49	0.00	55.96	55.96
18	瑞士	99	7.03	696.30	0.00	61.93	61.93
19	澳大利亚	710	6.75	4793.29	0.00	217.40	217.40
20	俄罗斯	5	6.43	32.13	0.00	11.23	11.23
21	意大利	192	5.00	959.13	0.00	76.49	76.49
22	阿根廷	5	4.60	22.98	3.39	6.10	2.71
23	中国	1498	3.38	5067.48	0.00	536.06	536.06
24	丹麦	115	2.83	325.11	0.00	43.17	43.17
25	波兰	289	2.73	789.04	0.00	211.85	211.85
26	挪威	6	2.27	13.63	0.00	9.19	9.19
27	韩国	822	1.75	1437.95	0.00	173.82	173.82
28	印度尼西亚	203	1.67	338.41	0.00	24.98	24.98

续表

排名	公司总部所在地	参与统计公司数量（家）	均值	合计	极小值	极大值	全距
29	以色列	173	1.52	262.68	0.00	21.81	21.81
30	中国台湾	907	1.49	1352.87	0.00	143.25	143.25
31	马来西亚	280	1.36	381.67	0.00	21.76	21.76
32	希腊	76	1.18	89.71	0.00	20.49	20.49
33	中国澳门	18	1.08	19.46	0.00	3.41	3.41
34	巴拿马	2	0.76	1.52	0.76	0.76	0.00
35	智利	65	0.75	48.56	0.00	9.00	9.00
36	土耳其	132	0.68	89.34	0.00	20.12	20.12
37	菲律宾	91	0.53	48.43	0.00	7.91	7.91
38	印度	775	0.42	329.19	0.00	27.70	27.70
39	新加坡	269	0.41	110.97	0.00	9.97	9.97
40	中国香港	883	0.17	149.27	0.00	33.96	33.96
41	泽西岛	9	0.17	1.51	0.00	1.21	1.21
42	泰国	345	0.14	48.27	0.00	6.14	6.14
43	开曼群岛	16	0.10	1.64	0.00	0.74	0.74
44	英属维尔京群岛	2	0.09	0.18	0.00	0.18	0.18
45	巴基斯坦	40	0.06	2.24	0.00	0.58	0.58
46	爱尔兰	5	0.03	0.15	0.03	0.04	0.01
47	越南	81	0.01	0.65	0.00	0.25	0.25
总计		15782	16.92	267089.46	0.00	2405.21	2405.21

本报告将47个国家和地区按均值分成10亿元以上、1亿—10亿元以及1亿元以下三个梯队。排名首位和末位的分别为荷兰70.46亿元和越南0.01亿元，从此可以看出，47个国家和地区中商誉均值的两极分化极其严重。商誉均值10亿元以上的国家和地区共有14个，其中，只有巴西是发展中国家，其他13个国家均是发达国家；而商誉均值1亿—10亿元的共有19个国家和地区，其中发展中国家和地区有7个，包括中国、中国台湾和中国澳门；商誉均值小于1亿元的国家有14个国家和地区，以发

展中国家和地区为主,其中 9 个是发展中国家和地区。

从各大洲的对比分析可以发现,各个大洲的商誉价值均值差距很大(见表 13-5),均值最高的是北美洲,其次是欧洲,最差的是亚洲,只有 1.43 亿元。

表 13-5　文化创意产业上市公司商誉均值洲际分布

大洲	北美洲	亚洲	欧洲	大洋洲	南美洲
国家和地区数量(个)	2	16	17	2	5
商誉均值(亿元)	32.30	1.43	18.04	7.42	5.54

本报告进一步对"一带一路"沿线国家和地区文化创意产业上市公司商誉价值进行比较分析。根据数据可得性分析发现,仅有新加坡、马来西亚、印度尼西亚、泰国、越南、土耳其、以色列、希腊、印度、巴基斯坦、俄罗斯、波兰、中国、中国台湾、中国澳门等国家和地区有相关数据统计。此外,考虑到日本、韩国及中国台湾的地理位置,也将其纳入"一带一路"相关沿线国家和地区的分析研究。

观察 2012—2016 年"一带一路"沿线国家和地区文化创意产业上市公司数量及商誉价值均值,日本的上市公司数量最多,高达 1533 家,并以 8.13 亿元的商誉均值位列第一。如果以商誉均值来看,俄罗斯因进入百强公司基数小而以商誉均值 6.43 位列第二。"一带一路"沿线国家和地区进入商誉百强榜单的前五名分别为日本、俄罗斯、中国、波兰和韩国。从长远来看,中国文化创意产业市场正处于蓬勃发展之时,而在未来的发展道路上需要抓住历史机遇,与沿线国家和地区取长补短积极合作,实现共同进步和共同繁荣。

表 13-6　2012—2016 年"一带一路"沿线国家和地区文化创意产业上市公司商誉均值排名

排名	公司总部所在地	参与统计公司数量(家)	均值
1	日本	1533	8.13
2	俄罗斯	5	6.43
3	中国	1498	3.38

续表

排名	公司总部所在地	参与统计公司数量（家）	均值
4	波兰	289	2.73
5	韩国	822	1.75
6	印度尼西亚	203	1.67
7	以色列	173	1.52
8	中国台湾	907	1.49
9	马来西亚	280	1.36
10	希腊	76	1.18
11	中国澳门	18	1.08
12	土耳其	132	0.68
13	印度	775	0.42
14	新加坡	269	0.41
15	中国香港	883	0.17
16	泰国	345	0.14
17	巴基斯坦	40	0.06
18	越南	81	0.01

注：考虑到日本、韩国及中国台湾的地理位置，本报告将其纳入"一带一路"沿线国家和地区进行分析研究。

第十四章 "一带一路"沿线国家和地区文化创意产业竞争格局研究报告

文化创意产业是"一带一路"沿线国家和地区文化交流传播、文明互鉴发展的战略性产业。清晰把握"一带一路"沿线国家和地区文化创意产业近些年来的演变态势、竞争格局以及与全球头部企业的发展差距，对于"一带一路"倡议的深化落实具有重大意义。

第一节 "一带一路"沿线国家和地区文化创意产业发展演变总体态势

"一带一路"是"丝绸之路经济带"和"21世纪海上丝绸之路"的简称。"一带一路"倡议从表面上看是一个具有高度空间选择性的概念，但实际上它并不是一个封闭的体系。2015年3月27日，在海南博鳌亚洲论坛上由国家发展改革委、外交部和商务部联合发布的《推动共建"丝绸之路经济带"和"21世纪海上丝绸之路"的愿景与行动》没有给出具体范围和具体国家清单，而是指出"一带一路"贯穿欧亚非大陆。[①] 从本质上说，"一带一路"是一个开放、包容的合作体系，只要是有互利共赢目标的国家均可参与其中。

然而，为了使学术研究对象更加具体明确，学术界对于"一带一路"的研究有很多采用了沿线60多个国家作为具体分析研究的对象。借鉴现有学术界主要的研究思路和研究对象处理方法，本报告重点基于"一带一路"沿线65个国家和地区进行文化创意产业上市公司分布格

---

① 刘卫东：《"一带一路"战略的科学内涵与科学问题》，《地理科学进展》2015年第5期。

局的研究。① 受限于数据可得性，实际参与分析的国家和地区数量仅有 30 个。

总体而言，"一带一路"沿线国家和地区的文化创意产业上市公司虽然起步较晚，但公司总量增速较大、成长较快，正逐步缩小与发达国家的差距，但"一带一路"沿线国家和地区内部分布不均，国家差距悬殊，整体结构配置亟待改善，以促进"一带一路"沿线国家和地区文化创意产业的共同发展。

一 1990 年以来总量持续攀升，国际金融危机期间增速不减

相对于发达国家，"一带一路"沿线国家和地区的文化创意产业普遍起步较晚。数据统计显示，1990 年"一带一路"沿线国家和地区的文化创意产业上市公司数量在全球文化创意产业上市公司总数中仅占很小的比重。之后，"一带一路"沿线国家和地区文化创意产业上市公司数量逐年上涨，2000 年达 508 家，全球总量占比已升至 14.16%。进入 21 世纪以来，文化创意产业进一步得到重视，多数国家将发展文化创意产业升至重点产业和战略产业的地位。值得注意的是，即使在国际金融危机时期，"一带一路"沿线国家和地区的文化创意产业上市公司数目增量依旧表现出色，2008 年文化创意产业上市公司升至 980 家，占 24.94%，2009 年继续升至 1020 家，突破 25% 的全球比重，2010 年已达 1040 家，占全球总量的 26.56%，2011 年继续上涨，在 2012 年到达峰值 1062 家，此后增长逐渐放缓，但始终维持着 25% 左右的比重（见图 14-1）。

从拥有文化创意产业上市公司的国家数量来看，1990 年，仅有中国、印度、以色列、马来西亚和新加坡 5 个国家拥有文化创意产业上市公司。1991—2006 年，拥有文化创意产业上市公司的"一带一路"沿线国家和地区数量不断增加，且增幅较大（见图 14-2）。2006 年，已经有 29 个

---

① "一带一路"沿线 65 个国家和地区具体包括：中国、蒙古、俄罗斯、哈萨克斯坦、吉尔吉斯斯坦、塔吉克斯坦、乌兹别克斯坦、土库曼斯坦、越南、老挝、柬埔寨、泰国、马来西亚、新加坡、印度尼西亚、文莱、菲律宾、缅甸、东帝汶、印度、巴基斯坦、孟加拉、阿富汗、尼泊尔、不丹、斯里兰卡、马尔代夫、波兰、捷克、斯洛伐克、匈牙利、斯洛文尼亚、克罗地亚、罗马尼亚、保加利亚、塞尔维亚、黑山、马其顿、波黑、阿尔巴尼亚、爱沙尼亚、立陶宛、拉脱维亚、乌克兰、白俄罗斯、摩尔多瓦、土耳其、伊朗、叙利亚、伊拉克、阿联酋、沙特阿拉伯、卡塔尔、巴林、科威特、黎巴嫩、阿曼、也门、约旦、以色列、巴勒斯坦、亚美尼亚、格鲁吉亚、阿塞拜疆和埃及。

国家拥有文化创意产业上市公司。2006年以后，拥有文化创意产业上市公司的国家和地区数量基本保持不变。截至2016年，有30个国家和地区拥有文化创意产业上市公司。

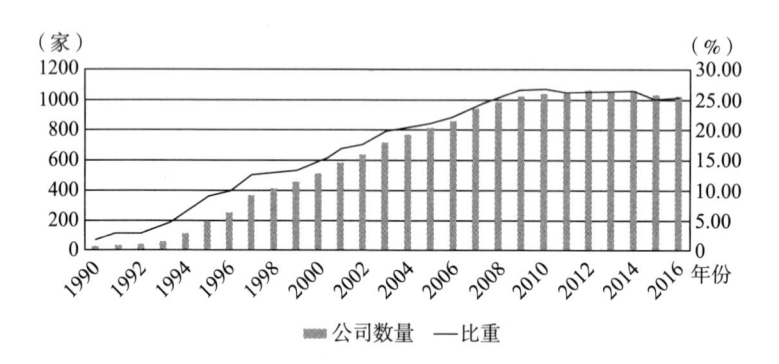

图14-1　1990—2016年"一带一路"沿线国家和地区文化创意产业上市公司数量及比重演变态势

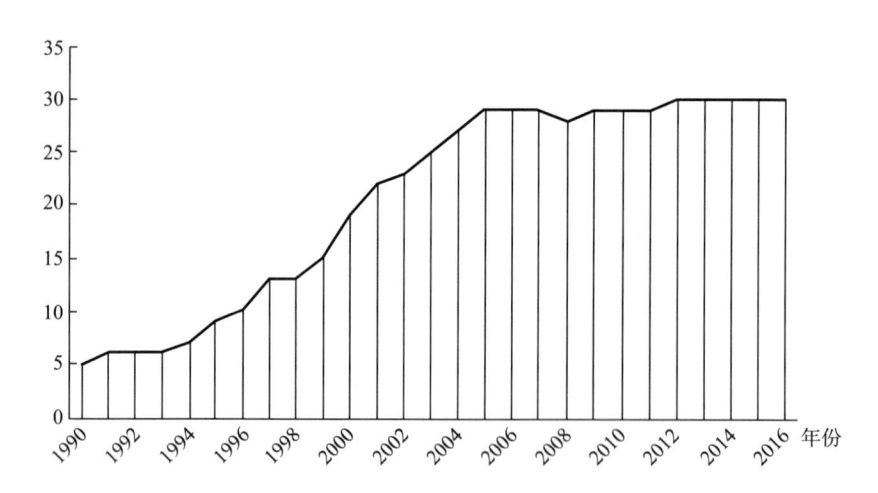

图14-2　1990—2016年"一带一路"沿线国家和地区文化创意产业上市公司数量演变态势

"一带一路"沿线国家和地区文化创意产业发展自2013年以来进入产业生命周期的"稳定期"阶段。综合1990—2016年"一带一路"沿线国家和地区文化创意产业上市公司的数量增长率可见，"一带一路"沿线国家和地区的文化创意上市公司经历了快速发展后，增长逐渐归于平缓。1991—2000 年，增长率起伏振荡，最高峰为 1994 年的 71.64%，最低谷为 2000 年的 10.68%，起伏剧烈的增长率曲线表明文化创意产业正进行快速的发展与扩张。此后，上市公司基数逐渐扩大，增长率呈现平缓下滑的趋势，在 2013 年首次出现负增长，下降 0.38%，表明"一带一路"沿线国家和地区文化创意上市公司数量增长已进入了产业生命周期的稳定期阶段（见图 14-3）。

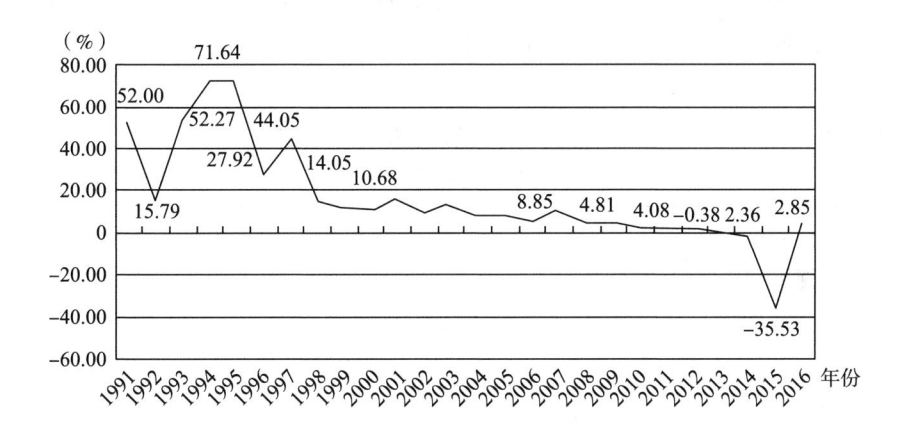

图 14-3 1991—2016 年"一带一路"沿线国家和地区文化创意产业上市公司数量增长率演变态势

二 地理区域分布差异较大，文化创意产业发展差距悬殊

根据本报告收集到的文化创意产业上市公司数据的统计分析发现，拥有文化创意产业上市公司的"一带一路"沿线国家和地区按地理区域可以分别归属为东亚、南亚、东南亚、西亚、东欧、中欧、南欧等不同地区（见表 14-1）。东亚地区在文化创意产业上市公司数量上遥遥领先于其他地区。南亚地区中巴基斯坦的上市公司数量最多，为 11 家，仅占 1.61%。东南亚地区，有越南、菲律宾、泰国、马来西亚、印度尼西亚、新加坡 6 个国家拥有文化创意产业上市公司，其中泰国文化创意产业上市公司数量最多，为 68 家，占 9.93%，与波兰并列"一带一路"沿线国家和地区第 2 名；其余越南、菲律宾、马来西亚、印度尼西亚、新加坡各占 3.07%、1.46%、7.59%、5.69%、5.69%。西亚地区拥有文化创意产业上市公司的国家数量最多，包含土耳其、以色列、科威特、塞浦

路斯、沙特阿拉伯、阿曼、卡塔尔、阿联酋、巴林、约旦10个国家，但普遍上市公司数量较少，以色列企业数量最多，为32家，占4.67%，其次为土耳其，为23家，占3.36%，其余国家均为个位数。卡塔尔、阿联酋、巴林、约旦仅有1家文化创意上市公司，占0.15%。东欧地区包含爱沙尼亚、拉脱维亚、立陶宛、俄罗斯，上市公司数量皆为个位数。中欧地区波兰文化创意产业上市公司数量较多，为68家，在"一带一路"国家和地区中并列第2名。南欧地区保加利亚、克罗地亚、希腊3个国家企业数量较低，仅占0.15%、0.73%、1.31%。

表14-1　　2016年"一带一路"沿线国家和地区文化创意产业上市公司数量占比

区域	国家和地区	占比（%）
东亚	中国	36.64
	中国台湾	2.48
南亚	巴基斯坦	1.61
	印度	0.58
	孟加拉国	0.44
东南亚	越南	3.07
	菲律宾	1.46
	泰国	9.93
	马来西亚	7.59
	印度尼西亚	5.69
	新加坡	5.69
西亚	土耳其	3.36
	以色列	4.67
	科威特	0.88
	塞浦路斯	0.29
	沙特阿拉伯	1.17

续表

区域	国家和地区	数量占比（%）
西亚	阿曼	0.29
	卡塔尔	0.15
	阿联酋	0.15
	巴林	0.15
	约旦	0.15
东欧	爱沙尼亚	0.29
	拉脱维亚	0.58
	立陶宛	0.15
	俄罗斯	0.15
中欧	波兰	9.93
	斯洛伐克	0.15
	匈牙利	0.15
南欧	保加利亚	0.15
	克罗地亚	0.73
	希腊	1.31

注：2016年印度上市公司数据未能及时更新，导致数据采集不完整，数据统计结果仅供参考。

东亚及东南亚是文化创意产业发展较为发达的地区。东亚及东南亚区域属于"一带一路"沿线国家和地区的第一梯队，东亚地区企业数量最多，为268家，占"一带一路"沿线国家和地区总量的39.12%；东南亚地区数量为229家，占33.43%，东亚及东南亚地区分别占据文化创意产业上市公司发展的第1名和第2名，是"一带一路"沿线国家和地区文化创意产业发展的绝对龙头。西亚及中欧地区是后续梯队，公司数量为77家及70家，分别占11.24%及10.22%，这些地区中存在个别国家和地区上市公司数量较高，文化创意产业发展较好。南亚、东欧、南欧则是最后梯队，地区企业数量不超过30家，且没有领头国家，地区内各个国家和地区的企业普遍发展不佳（见图14-4）。

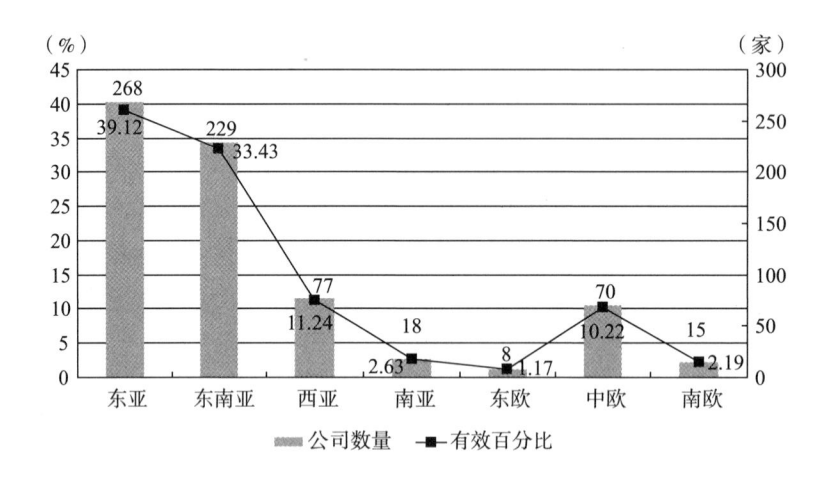

图14-4　2016年"一带一路"沿线国家和地区文化创意产业
上市公司数量及比重演变

2012—2016年，"一带一路"沿线国家和地区中拥有文化创意产业上市公司的国家和地区数量都是30个，没有增减。在拥有文化创意产业上市公司的国家和地区中，拥有30家公司以上的国家只有中国、印度、印度尼西亚、以色列、马来西亚、波兰、新加坡、泰国和土耳其9个国家。2012年，"一带一路"沿线国家和地区中文化创意产业上市公司数量最多的国家是印度，有268个上市公司。值得注意的是，即使在上市公司数量大于等于30家的9个国家里，相互之间的差距也非常大。中国和印度遥遥领先，文化创意产业上市公司数量均保持在250家以上，占总量的6%以上；位列其后的马来西亚、泰国和波兰上市公司数量均在70家徘徊，占全球比重不超过2%。而排名较后的阿联酋、保加利亚、立陶宛等仅有1家文化创意产业上市公司（见表14-2）。可见，"一带一路"沿线国家和地区间发展极不均衡，大多数"一带一路"沿线国家和地区的文化创意产业发展仍有很大的提升空间。

表14-2　2012—2016年"一带一路"沿线国家和地区文化创意产业上市公司数量比重

单位：%

年份	国家和地区	占全球比重	"一带一路"占比	年份	国家和地区	占全球比重	"一带一路"占比	年份	国家和地区	占全球比重	"一带一路"占比
2012	印度	6.6	25.8	2013	印度	6.6	25.9	2014	印度	6.6	25.7
	中国	6.2	24.4		中国	6.3	24.6		中国	6.5	25.2
	波兰	1.7	6.7		泰国	1.8	7.0		马来西亚	1.8	7.0
	马来西亚	1.7	6.6		波兰	1.7	6.6		泰国	1.8	7.0
	泰国	1.7	6.5		马来西亚	1.7	6.5		波兰	1.7	6.7
	新加坡	1.4	5.6		新加坡	1.3	5.2		新加坡	1.3	5.3
	印度尼西亚	1.1	4.2		以色列	1.1	4.3		印度尼西亚	1.1	4.2
	以色列	1.1	4.2		印度尼西亚	1.1	4.2		以色列	1.1	4.2
	土耳其	0.8	3.0		土耳其	0.8	3.0		土耳其	0.7	2.7
	越南	0.6	2.4		越南	0.6	2.4		越南	0.6	2.4
	菲律宾	0.6	2.3		菲律宾	0.6	2.3		菲律宾	0.5	2.1
	希腊	0.6	2.2		希腊	0.5	2.1		希腊	0.5	2.0
	巴基斯坦	0.2	1.0		巴基斯坦	0.2	1.0		巴基斯坦	0.3	1.0
	沙特阿拉伯	0.2	0.8		沙特阿拉伯	0.2	0.8		沙特阿拉伯	0.2	0.8
	科威特	0.2	0.7		科威特	0.2	0.7		科威特	0.2	0.7
	约旦	0.1	0.5		孟加拉国	0.1	0.5		孟加拉国	0.1	0.4
	俄罗斯	0.1	0.5		俄罗斯	0.1	0.5		拉脱维亚	0.1	0.4
	孟加拉国	0.1	0.4		约旦	0.1	0.4		俄罗斯	0.1	0.4
	塞浦路斯	0.1	0.4		拉脱维亚	0.1	0.4		塞浦路斯	0.1	0.3
	拉脱维亚	0.1	0.4		塞浦路斯	0.1	0.3		克罗地亚	0.1	0.3

续表

年份	国家和地区	占全球比重	"一带一路"占比
2012	保加利亚	0	0.2
2012	爱沙尼亚	0	0.2
2012	克罗地亚	0	0.2
2012	阿曼	0	0.1
2012	阿联酋	0	0.1
2012	巴林	0	0.1
2012	匈牙利	0	0.1
2012	立陶宛	0	0.1
2012	卡塔尔	0	0.1
2012	斯洛伐克	0	0.1
2013	克罗地亚	0.1	0.3
2013	保加利亚	0	0.2
2013	爱沙尼亚	0	0.2
2013	阿曼	0	0.2
2013	阿联酋	0	0.1
2013	巴林	0	0.1
2013	匈牙利	0	0.1
2013	立陶宛	0	0.1
2013	卡塔尔	0	0.1
2013	斯洛伐克	0	0.1
2014	约旦	0.1	0.3
2014	保加利亚	0.1	0.2
2014	爱沙尼亚	0.1	0.2
2014	阿曼	0	0.1
2014	阿联酋	0	0.1
2014	巴林	0	0.1
2014	匈牙利	0	0.1
2014	立陶宛	0	0.1
2014	卡塔尔	0	0.1
2014	斯洛伐克	0	0.1
2015	中国	8.4	35.0
2015	泰国	2.5	10.4
2015	波兰	2.3	9.6
2015	马来西亚	2	8.2
2015	以色列	1.5	6.4
2015	新加坡	1.5	6.0
2015	印度尼西亚	1.2	5.1
2015	土耳其	0.8	3.3
2015	越南	0.5	2.2
2016	中国	9.2	37.6
2016	波兰	2.5	10.2
2016	泰国	2.5	10.2
2016	马来西亚	1.9	7.8
2016	印度尼西亚	1.4	5.8
2016	新加坡	1.4	5.8
2016	以色列	1.2	4.8
2016	土耳其	0.8	3.4
2016	越南	0.8	3.1

第十四章 "一带一路"沿线国家和地区文化创意产业竞争格局研究报告 / 649

续表

年份	国家和地区	占全球比重	"一带一路"占比	年份	国家和地区	占全球比重	"一带一路"占比
2015	印度	0.5	2.0	2016	巴基斯坦	0.4	1.6
	菲律宾	0.5	2.0		菲律宾	0.4	1.5
	希腊	0.4	1.9		希腊	0.3	1.3
	巴基斯坦	0.3	1.4		沙特阿拉伯	0.3	1.2
	科威特	0.3	1.1		科威特	0.2	0.9
	沙特阿拉伯	0.3	1.1		克罗地亚	0.2	0.7
	拉脱维亚	0.1	0.6		印度	0.1	0.6
	加纳	0.1	0.5		拉脱维亚	0.1	0.6
	塞浦路斯	0.1	0.5		孟加拉国	0.1	0.4
	克罗地亚	0.1	0.5		塞浦路斯	0.1	0.3
	保加利亚	0.1	0.3		爱沙尼亚	0.1	0.3
	爱沙尼亚	0.1	0.3		阿曼	0	0.1
	约旦	0.1	0.3		阿联酋	0	0.1
	阿曼	0.1	0.3		保加利亚	0	0.1
	阿联酋	0	0.2		巴林	0	0.1
	巴林	0	0.2		匈牙利	0	0.1
	匈牙利	0	0.2		约旦	0	0.1
	立陶宛	0	0.2		立陶宛	0	0.1
	卡塔尔	0	0.2		卡塔尔	0	0.1
	俄罗斯	0	0.2		俄罗斯	0	0.1
	斯洛伐克	0	0.2		斯洛伐克	0	0.1

注：占全球比重中的"0"表示占比不足0.05%。

第二节 "一带一路"沿线国家和地区文化创意产业总体竞争格局演变

从2012—2016年"一带一路"沿线国家和地区文化创意产业上市公司龙文化指数均值排名（见表14-3）来看，中国是当仁不让的"领头羊"，每年稳定在第1名，且龙文化指数长期保持领先，并有扩大优势（这里未考虑日本和韩国）。五强排名有固化趋势，希腊、马来西亚和印度尼西亚名列前茅。

表14-3　2012—2016年"一带一路"国家和地区文化创意产业上市公司龙文化指数均值排名

排名	2012年		2013年		2014年		2015年		2016年	
1	中国	0.67	中国	0.73	中国	0.85	中国	1.15	中国	1.39
2	希腊	0.32	希腊	0.28	希腊	0.32	中国台湾	0.48	中国台湾	0.66
3	马来西亚	0.31	马来西亚	0.25	马来西亚	0.28	希腊	0.40	马来西亚	0.30
4	印度尼西亚	0.21	中国台湾	0.21	印度尼西亚	0.22	印度	0.29	菲律宾	0.24
5	中国台湾	0.18	印度尼西亚	0.18	中国台湾	0.21	马来西亚	0.27	印度尼西亚	0.20
6	土耳其	0.17	土耳其	0.10	波兰	0.13	菲律宾	0.18	波兰	0.14
7	新加坡	0.09	菲律宾	0.07	菲律宾	0.11	印度尼西亚	0.16	越南	0.09
8	泰国	0.06	新加坡	0.06	印度	0.10	波兰	0.15	新加坡	0.09
9	菲律宾	0.06	泰国	0.06	土耳其	0.09	越南	0.08	以色列	0.09
10	印度	0.06	以色列	0.04	以色列	0.08	新加坡	0.08	巴基斯坦	0.06
11	越南	0.04	印度	0.04	新加坡	0.08	以色列	0.07	土耳其	0.06
12	巴基斯坦	0.03	越南	0.04	越南	0.05	土耳其	0.06	泰国	0.05
13	波兰	0.02	巴基斯坦	0.04	泰国	0.05	泰国	0.05		
14	以色列	0.01	波兰	0.03	巴基斯坦	0.04				

注：柬埔寨、中国澳门、俄罗斯、塞浦路斯由于上市公司数量小于5，不具有统计学意义，故不参与排名。

2012年中国文化创意产业上市公司龙文化指数均值为0.67，2013年上升到0.73，2014年继续上升至0.85，2015年突破1，2016年达到1.39，处于大幅领先的地位。第2名先后有希腊及中国台湾更替，2012—2014年希腊以0.32、0.28、0.32的指数占据第2名，2015年尽管指数上升至0.40，但位列中国台湾之后，占据第3名。中国台湾在2012年龙文化指数为0.18，列第5名；2013年升至0.21，列第4名；2014年下降至第5名；2015年及2016年则以0.48与0.66升至第2名。马来西亚和印度尼西亚也保持着较为稳定的位次，但龙文化指数却起伏不定，马来西亚最高值出现于2012年，为0.31；最低值出现于2013年，为0.25。印度尼西亚最高值出现于2014年，为0.22；最低值出现在2015年，为0.16。①

按照地理区域进行划分，东亚地区：中国的龙文化指数为1.39，中国台湾龙文化指数为0.66，中国澳门龙文化指数为0.33。南亚地区包括巴基斯坦和印度，其中巴基斯坦的龙文化指数为0.06。东南亚地区中，柬埔寨龙文化指数最高，为0.53，但收集到的公司数量仅为1家，故不具有统计学意义；马来西亚位列第2名，为0.30；菲律宾位列第3名，为0.24；印度尼西亚以0.20位列第4名；越南、新加坡龙文化指数为0.09。西亚地区有土耳其和以色列。以色列龙文化指数为0.09，土耳其龙文化指数为0.06。中东欧地区有波兰和俄罗斯，波兰龙文化指数为0.14。值得注意的是，共有7个国家和地区的总资产利润率出现负值（见表14-4），表明"一带一路"沿线国家和地区的企业资产盈利能力尚不成熟。

表14-4　2016年"一带一路"沿线国家和地区各项指标比较

区域	国家和地区	公司数量	总资产利润率	营业收入指数	无形资产指数	所得税指数	龙文化指数
东亚	中国	215	0.01	2.19	0.90	2.25	1.39
	中国台湾	160	-0.05	0.70	0.77	0.88	0.66
	中国澳门	3	-0.88	1.67	0.52	0.05	0.33
西亚	以色列	28	-0.16	0.19	0.17	0.08	0.09
	土耳其	23	-0.02	0.33	0.04	-0.06	0.06

① 这里采用联合国统计惯例，根据全球权威上市公司数据库统计方式，以上市公司总部归属为标准，按照中国与中国台湾、中国澳门、中国香港分别进行文化创意产业上市公司的统计分析，从而更加清楚地把握中国大陆在全球竞争格局中的地位与优劣势状况。

续表

区域	国家和地区	公司数量	总资产利润率	营业收入指数	无形资产指数	所得税指数	龙文化指数
南亚	巴基斯坦	11	0.08	0.05	0.00	0.11	0.06
	印度	1	-0.07	1.71	0.54	-1.78	-0.04
东南亚	马来西亚	53	-0.06	0.23	0.34	0.38	0.30
	菲律宾	9	0.05	0.31	0.19	0.35	0.24
	印度尼西亚	39	0.04	0.35	0.11	0.27	0.20
	柬埔寨	1	0.16	0.56	0.21	1.06	0.53
	新加坡	44	-0.06	0.14	0.03	0.17	0.09
	越南	21	0.12	0.14	0.01	0.07	0.09
	泰国	68	0.04	0.07	0.04	0.04	0.05
中东欧	波兰	68	0.03	0.09	0.28	0.03	0.14
	俄罗斯	1	0.10	1.32	0.73	3.16	1.45

西亚、南亚、中东欧均在"一带一路"沿线地区龙文化指数均值之下（见图14-5）。东亚及东南亚地区龙文化指数均值整体高于"一带一路"沿线地区整体均值，东亚地区均值达到2.05，是整体均值的7.32倍；东南亚地区名列第2名，均值为0.96，为整体均值的3.42倍。而除去东亚及东南亚地区外，西亚、南亚、中东欧地区全部在整体均值之下，

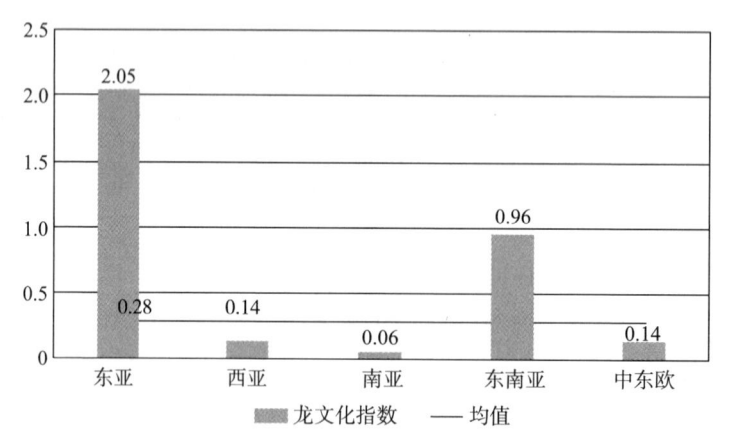

图14-5 2012—2016年"一带一路"沿线地区龙文化指数均值演变态势

其中西亚与中东欧地区为整体均值的1/2，南亚约为1/5，表明"一带一路"沿线地区龙文化指数差距较大，整体均值不具有可代表性，东亚地区遥遥领先，东南亚地区发展势头良好，但西亚、南亚及中东欧地区目前发展落于下风，距离"一带一路"沿线国家的地区整体均值尚有较大的差距。

第三节 "一带一路"沿线国家和地区与全球文化创意产业的头部差距比较

根据入围全球文化创意产业上市公司龙文化指数百强的企业数量，本报告对"一带一路"沿线国家和地区与全球文化创意产业头部间差距进行比较研究。考虑到虽然日本、韩国、中国台湾等国家和地区在加入"一带一路"沿线国家和地区倡议方面还存在各种问题和不确定性，但是，从地理和经济维度而言，这些国家和地区却是"一带一路"沿线国家和地区倡议落实发展过程中绕不开的。而且，自2017年年中以来，日本对"一带一路"倡议的态度转趋积极[1]，频频释放积极友好的信号，寻求对话和合作。而韩国因为中韩自贸协定较早地分享了"一带一路"红利，但萨德问题将双边关系迅速拉入冰点。[2] 韩国总统文在寅上任后，积极推动韩国参与"一带一路"建设。2017年5月14日"一带一路"国际合作高峰论坛上，韩国对外经济政策研究院院长玄定泽表示，中韩两国已将"一带一路"与"欧亚倡议"合理对接，并缔结了合作备忘录。[3] 基于上述综合考虑，本小节将这些国家和地区也纳入"一带一路"沿线国家和地区的比较分析中，从而更加清楚地认识中国在"一带一路"发展中的真实地位与可能面临的威胁挑战。

统计分析发现，入围全球百强文化创意产业上市公司的"一带一路"沿线国家和地区主要有日本、中国、韩国、马来西亚、波兰、印度和中

---

[1] 王义桅、崔白露：《日本对"一带一路"的认知变化及其参与的可行性》，《东北亚论坛》2018年第4期。
[2] 王志芳：《韩国对"一带一路"倡议的立场演变》，《当代韩国》2017年第4期。
[3] 《韩国专家期待"一带一路"国际合作高峰论坛带来巨大机遇》，http://korea.people.com.cn/n1/2017/0516/c407864-29277514.html，2018年7月31日。

国台湾。百强中，日本的文化创意产业上市公司数量最多，2012 年有 20 家；其次是中国和韩国；马来西亚、波兰、印度的文化创意产业上市公司数量最少，仅为 1 家。

2012—2016 年"一带一路"沿线国家和地区入围全球文化创意产业百强公司数量（见图 14-6）中，"一带一路"沿线国家和地区的文化创意产业上市公司总量整体呈下降趋势。主要是占最大比重的日本的文化创意产业上市公司数量大幅减少，从 2012 年的 20 家减少到 2016 年的 14 家，减少了 30%。中国的比重逐步增加，从 2012 年的 5 家增加到 2016 年的 9 家，增长率为 80%。而韩国的文化创意产业上市公司基本维持在两家，马来西亚、波兰、印度的文化创意产业上市公司基本维持在 1 家左右。

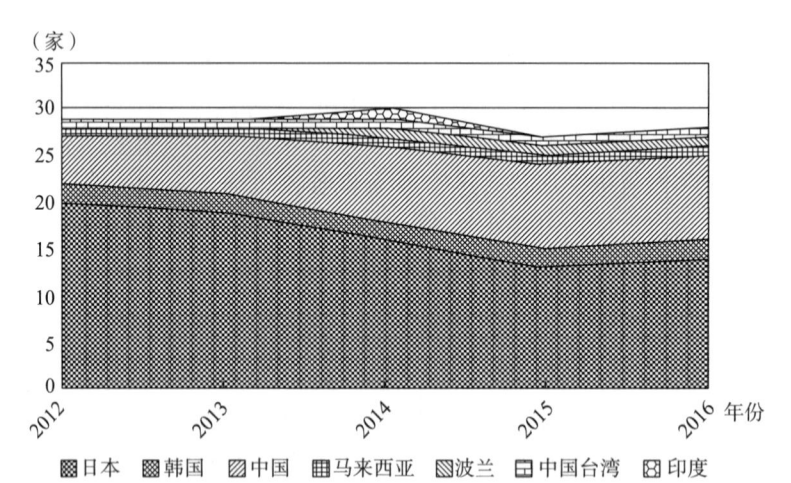

图 14-6　2012—2016 年"一带一路"沿线国家和地区入围全球文化创意产业百强公司数量

"一带一路"沿线国家和地区文化创意产业上市公司龙文化指数总体呈下降趋势（见图 14-7），从 2012 年的 29.9 下降到 2015 年的 28.4，2016 年略回升至 32.8。综合水平与世界百强的平均发展水平差距呈逐渐扩大趋势。

从龙文化指数的具体指标来看，"一带一路"沿线国家和地区文化创意产业上市公司总资产利润率下降明显（见表 14-5），从 2012 年的 9.0% 下降到 2016 年的 5.4%。营业收入指数略有波动，总体呈上升趋势,从 2012 年的 40.53 上升到 2016 年的 43.74。"一带一路"沿线国家和地区的文化创意产业上市公司无形资产呈大幅上升趋势,从 2012 年的 13.64 增加到 2016 年的 30.26,增长率高达 121.8%,已超过百强无形资产的增速(42.5%),但由于基数过小,2016 年"一带一路"沿线国家和地区的文化创意产业上市公司平均无形资产规模仅为百强均值的 54.5%。"一带一路"沿线国家和地区的文化创意产业上市公司所得税额呈先降后升趋势,从 2012 年的 58.98 下降至 2014 年的 45.39,2016 年回升至 50.01,在百强平均所得税指数持续稳定在 42—50 的情况下,"一带一路"沿线国家和地区的文化创意产业上市公司的纳税贡献水平已超越了百强的水平。

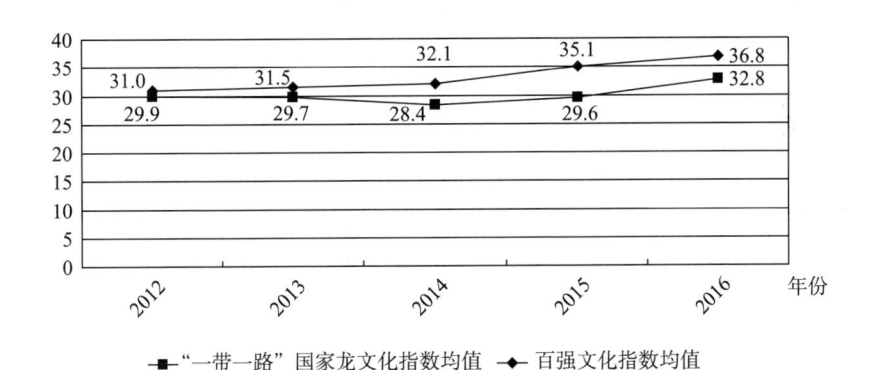

图 14-7　2012—2016 年"一带一路"沿线国家和地区
文化创意产业上市公司百强龙文化指数

表 14-5　2012—2016 年"一带一路"沿线国家和地区文化创意产业
上市公司总利润率等全球百强具体指标比较　　　单位:%

年份	总资产利润率		营业收入指数		无形资产指数		所得税指数	
	国家和地区	百强	国家和地区	百强	国家和地区	百强	国家和地区	百强
2012	9.0	7.8	40.53	29.09	13.64	38.95	58.98	45.03
2013	10.4	9.5	40.84	28.49	19.74	40.38	52.04	45.23
2014	7.0	7.1	39.13	29.56	20.57	44.34	45.39	42.96
2015	6.1	6.4	40.59	29.80	22.36	47.78	49.19	49.30
2016	5.4	6.2	43.74	32.55	30.26	55.51	50.01	45.31

日本的文化创意产业上市公司数量最多，综合实力最强。日本文化创意产业上市公司的数量、平均龙文化指数均保持领先（见表14-6）。中国的文化创意产业上市公司发展迅速，数量上与日本的差距逐渐减小。韩国的文化创意产业发展较早，发展重点在电子游戏、影视，并采取国际化战略拓展国际市场，但是，因为资源和资金有限，2012—2015年入围百强的文化创意产业上市公司仅有三星电子公司与LG电子公司。马来西亚的文化创意产业主要集中在博彩娱乐业，入围百强的文化创意产业上市公司仅有1家公司为云顶集团。波兰的文化创意产业大体上处于增长阶段，相比于其他产业，创意部门的劳动力所占份额比较低，Polsat公司（Cyfrowy Polsat SA）自2014年上榜百强以后，龙文化指数逐年下降，从5.94下降到5.3，排名从第91名下降到第97名。印度的文化创意产业，通过竞争开放来激励产业界自身加强创新经营，文化创意产业近年来一直保持着较高的增长态势，2014年视讯工业有限公司（Videocon）入围百强，排在第88名。

表14-6　2012—2016年"一带一路"沿线国家和地区入围全球龙文化指数百强

国家和地区	2012年		2013年		2014年		2015年		2016年	
	公司数量	平均龙文化指数	公司数量	平均龙文化指数	公司数量	平均龙文化指数	公司数量	平均龙文化指数	公司数量	平均龙文化指数
韩国	2	60.28	2	73.47	2	55.88	2	64.65	2	74.64
中国台湾	1	37.85	1	38.29	1	44.73	1	48.02	1	47.97
日本	20	27.02	19	26.12	16	28.37	13	29.14	14	32.28
中国	5	32.20	6	29.15	8	24.92	9	25.79	9	28.81
马来西亚	1	7.64	1	5.53	1	6.80	1	5.29	1	5.72
波兰	—	—	—	—	1	5.94	1	5.54	1	5.3
印度	—	—	—	—	1	6.23	—	—	—	—

总资产利润率方面，2012年、2013年入围全球百强的中国文化创意产业上市公司总资产利润率均值总体最高（见表14-7），但2014年被印度超越，2016年中国台湾的文化创意产业上市公司总资产利润率最高，各国家和地区间的差距缩小明显。2012年中国的总资产利润率高达

11.6%，是日本的 1.36 倍，马来西亚的 1.65 倍，韩国的 1.22 倍，但下降趋势明显，2016 年仅为 5.7%，位列第 4 位。由于公司数量比较多的中国、日本和韩国 3 个国家的文化创意产业上市公司总资产利润率均呈不同程度的下降，各国家和地区间的差距在逐渐缩小。印度入围百强的文化创意产业上市公司视讯工业有限公司，总部位于印度孟买，是全球第三大显像管制造商，在印度拥有 17 个生产基地①，2014 年视讯工业有限公司的总资产利润率达到 13%。

表 14-7　　2012—2016 年"一带一路"沿线国家和地区入围全球百强总资产利润率均值　　单位:%

国家和地区	2012 年	2013 年	2014 年	2015 年	2016 年
中国台湾	5.8	5.9	7.1	8.6	7.6
韩国	9.5	10.0	7.5	6.5	7.0
马来西亚	7.0	6.0	6.0	4.0	6.0
中国	11.6	13.2	9.4	8.3	5.7
日本	8.5	10.0	5.7	4.7	4.9
波兰	—	—	1.0	5.0	4.0
印度	—	—	13.0		

营业收入方面，"一带一路"沿线国家和地区的文化创意产业上市公司营业收入可分为三个梯队（见表 14-8）。第一梯队是中国台湾、韩国的文化创意产业上市公司，营业收入均值遥遥领先，超过了 110。中国台湾的文化创意产业上市公司是鸿海科技集团，保持持续高速发展，营业收入 131.99 上升到 2016 年的 142.39，《财富》全球 500 强的排名也从第 43 名跃居第 25 名。② 韩国的文化创意产业上市公司是三星电子公司与 LG 电子公司，这两家公司均在消费类电子产品、移动通信产品和家庭娱乐产品领域全球领先。韩国的文化创意产业上市公司营业收入指数自 2014

---

① 《华为起诉印度 Videocon 追讨 1.55 亿美元逾期欠款》，https：//www.aliyun.com/zixun/content/2_6_910528.html，2018 年 7 月 21 日。
② 《鸿飞千里　富士则康》，http：//www.foxconn.com.cn/GroupProfile.html，2018 年 7 月 21 日。

年起呈下滑趋势，主要是因为韩国三星电子公司受智能手机销售疲弱和全球同业竞争加剧拖累，2014年营业收入首次下跌6.0%，2015年下跌7.7%，拉低了均值。第二梯队是日本与中国，文化创意产业上市公司的营业收入指数在30—40，且两者的差距在逐渐缩小。第三梯队是马来西亚、波兰与印度，文化创意产业上市公司的营业收入指数小于10，收入水平远远低于其他国家和地区的文化创意产业上市公司。

表14-8 2012—2016年"一带一路"沿线国家和地区入围全球百强营业收入均值

国家和地区	2012年	2013年	2014年	2015年	2016年
中国台湾	131.99	129.68	135.71	140.52	142.39
韩国	111.82	127.66	123.05	113.13	116.79
日本	31.54	30.08	33.12	34.62	37.76
中国	36.63	37.09	31.39	30.21	34.75
马来西亚	5.59	5.30	5.44	4.63	4.67
波兰	—	—	2.30	2.59	2.6
印度	—	—	3.27	—	—

无形资产方面，日本的文化创意产业上市公司无形资产均值总体最高，且增速最快（见表14-9），2016年的无形资产均值是排第2名的中国的2.21倍。排第3名的是波兰，入围百强的文化创意产业上市公司是Polsat公司。该公司是波兰最大的卫星电视运营商与互联网接入服务提供商、欧洲第五大数字平台，用户总数超过350万。该公司无形资产指数在2014年达到了17.97，是中国文化创意产业上市公司均值的1.41倍，韩国的2.81倍。韩国的文化创意产业上市公司无形资产指数介于5—8，马来西亚的文化创意产业上市公司无形资产指数基本稳定在5—7。印度的文化创意产业上市公司无形资产指数最低，2014年仅为1.56。

上述"一带一路"沿线国家和地区文化创意产业无形资产的比较分析，将为中国文化创意产业及各细分行业提供有价值的参考借鉴。

表 14-9　2012—2016 年"一带一路"沿线国家和地区入围全球百强无形资产均值

国家和地区	2012 年	2013 年	2014 年	2015 年	2016 年
日本	15.85	25.39	29.70	33.22	44.85
中国	12.32	12.03	12.79	15.23	20.29
波兰	—	—	17.97	14.82	15.76
韩国	5.22	5.70	6.39	6.29	7.28
马来西亚	6.15	5.16	5.11	5.40	5.35
中国台湾	0.40	1.26	2.26	2.06	1.03
印度	—	—	1.56	—	—

主要参考文献

[1] 陈少峰、张立波、王建平：《中国文化企业报告（2017）》，清华大学出版社2017年版。

[2] 陈潇潇、方世川：《我国文化创意产业发展的深层困境与对策探讨——以创意产业评价指数为视角》，《行政与法》2013年第4期。

[3] 崔也光、贺春阳、陶宇：《中国互联网上市公司无形资产现状分析——基于中美不同交易所的视角》，《首都经济贸易大学学报》2017年第6期。

[4] 丁芸、蔡秀云：《文化创意产业财税政策国际比较与借鉴》，中国税务出版社2016年版。

[5] 董磊：《战后经济发展之路》（美国篇），经济科学出版社2012年版。

[6] 董磊：《战后经济发展之路》（日本篇），经济科学出版社2012年版。

[7] ［英］大卫·赫斯蒙德夫：《文化产业学》，张菲娜译，中国人民大学出版社2016年版。

[8] 樊琦、张丽：《经济全球化背景下的文化产业竞争力分析》，《山东社会科学》2012年第8期。

[9] 冯子标、焦斌龙：《分工、比较优势与文化产业发展》，商务印书馆2005年版。

[10] 高书生：《中国文化产业研究论纲》，《中国文化产业评论》2011年第2期。

[11] 高福民、花建：《文化城市：基本理念与评估指标体系研究》，商务印书馆2012年版。

[12] 葛祥艳、解学芳：《全球文化创意产业上市公司研发投入研究》，《中国国情国力》2018年第7期。

［13］胡惠林：《中国文化产业战略力量的发展方向——兼论金融危机下的中国文化产业新政》，《学术月刊》2009年第8期。

［14］胡惠林：《论文化产业及其演变与创新——重构文化产业的认知维度和价值观》，《中国文化产业评论》2017年第1期。

［15］胡惠林、王婧：《中国文化产业发展指数报告（CCIDI）》，上海人民出版社2012年版。

［16］黄昌勇、解学芳：《中国城市文化指标体系的构建与实践》，《学术月刊》2017年第5期。

［17］黄先海、黄婉婷、宋华盛：《金融危机与出口质量变动：口红效应还是倒逼提升》，《国际贸易问题》2015年第10期。

［18］江畅、孙伟平、戴茂堂：《文化建设蓝皮书：中国文化发展报告（2018）》，社会科学文献出版社2018年版。

［19］解学芳、臧志彭：《"互联网+"时代文化产业上市公司空间分布与集群机理研究》，《东南学术》2018年第2期。

［20］解学芳：《我国文化及相关产业统计问题的审视与优化》，《文化产业研究》2017年第2期。

［21］解学芳、臧志彭：《国外文化产业财税扶持政策法规体系研究：最新进展、模式与启示》，《国外社会科学》2015年第4期。

［22］［美］理查德·佛罗里达：《创意阶层的崛起》，司徒爱勤译，中信出版社2010年版。

［23］李华成：《欧美文化产业投融资制度及其对我国的启示》，《科技进步与对策》2012年第7期。

［24］李季：《世界文化产业地图》，中国建筑工业出版社2014年版。

［25］李丽萍、杨京钟：《英国文化创意产业税收激励政策对中国的启示》，《山东财经大学学报》2016年第2期。

［26］李景平等：《文化创意产业在我国经济新常态下的作用》，《齐鲁艺苑》2016年第10期。

［27］李靖华、郭耀煌：《国外产业生命周期理论的演变》，《人文杂志》2001年第6期。

［28］李炎、陈曦：《世界文化产业发展概况》，云南大学出版社2014年版。

［29］李炎、胡洪斌：《中国区域文化产业发展报告（2015）》，社会科学

文献出版社 2016 年版。

[30] 李宇：《新兴媒体环境中英国电视业的发展现状和主要特点——基于英国电视业近年数据统计分析》，《现代视听》2017 年第 10 期。

[31] 刘丽伟、高中理：《世界文化产业发展的新趋势》，《经济纵横》2015 年第 10 期。

[32] 买生、汪克夷、匡海波：《企业社会价值评估研究》，《科研管理》2011 年第 6 期。

[33] 彭翊：《中国省市文化产业发展指数报告（2015）》，中国人民大学出版社 2015 年版。

[34] 齐勇锋：《关于文化产业在应对金融危机中地位和作用的探讨》，《东岳论丛》2009 年第 9 期。

[35] 谈国新、郝挺雷：《科技创新视角下我国文化产业向全球价值链高端跃升的路径》，《华中师范大学学报》（人文社会科学版）2015 年第 2 期。

[36] 熊澄宇：《世界文化产业研究》，清华大学出版社 2012 年版。

[37] 向勇、刘静：《世界金融危机与中国文化产业机遇》，《福建论坛》（人文社会科学版）2009 年第 6 期。

[38] 杨涛、金巍、刘德良、陈能军：《文化金融蓝皮书：中国文化金融发展报告（2018）》，社会科学文献出版社 2018 年版。

[39] 叶朗：《中国文化产业年度发展报告（2017）》，北京大学出版社 2018 年版。

[40] 苑浩：《全球文化产业发展的最新趋势及政策分析》，《国外社会科学》2006 年第 1 期。

[41] 王海龙：《美国文化创意产业发展动力学因素探析》，《广西民族大学学报》（哲学社会科学版）2017 年第 6 期。

[42] 王曦：《澳大利亚文化创意产业发展对我国的启示——以"昆士兰模式"为例》，《中央财经大学学报》2013 年第 1 期。

[43] 王义桅、崔白露：《日本对"一带一路"的认知变化及其参与的可行性》，《东北亚论坛》2018 年第 4 期。

[44] 王志芳：《韩国对"一带一路"倡议的立场演变》，《当代韩国》2017 年第 4 期。

[45] 臧志彭、解学芳：《中国文化及相关产业上市公司研究报告》，知识

产权出版社 2015 年版。

[46] 臧志彭:《政府补助、研发投入与文化产业上市公司绩效——基于 161 家文化上市公司面板数据中介效应实证》,《华东经济管理》 2015 年第 6 期。

[47] 张光辉:《德国文化产业与媒体发展印象》,《新闻爱好者》 2014 年第 4 期。

[48] 张慧娟:《美国文化产业政策研究》,学苑出版社 2015 年版。

[49] 张胜冰等:《世界文化产业导论》,北京大学出版社 2014 年版。

[50] 张晓明、王家新、章建刚:《文化蓝皮书:中国文化产业发展报告 (2015—2016)》,社会科学文献出版社 2014 年版。

[51] 张毓强、杨晶:《世界文化评估标准略论》,《现代传播》 2010 年第 9 期。

[52] 仲为国等:《中国企业创新动向指数:创新的环境、战略与未来》,《管理世界》 2017 年第 6 期。

[53] 张志宇、常凤霞:《"酷日本机构"与中国文化产业的发展》,《同济大学学报》(社会科学版) 2017 年第 5 期。

[54] Chen, P., "Interactive Relationship between Stock Prices of Sport Culture Listed Companies and Sport Industry in China", *Journal of Sports Adult Education*, 2013.

[55] Chen, J. P. and Zhang, N., "An Empirical Analysis on Financial Capability and Operating Performance of China's Listed Tourism Companies", *Advanced Materials Research*, Vol. 204 – 210, 2011, pp. 1009 – 1013.

[56] Choi, B. D., "Creative Economy, Creative, and Creative Industry: Conceptual Issues and Critique", *Space and Environment*, Vol. 23, No. 3, 2013, pp. 90 – 130.

[57] Connie, Z., "The Inner Circle of Technology Userjoy Technology Co. Ltd. Innovation: A Case Study of Two Chinese Firms", *Technological Forecasting and Social Change*, Vol. 82, 2014, pp. 140 – 148.

[58] Escalonaorcao, A. I., Escolanoutrilla, S., Sáezpérez, L. A. and Sánchezvalverde, García B., "The Location of Creative Clusters in Non-metropolitan Areas: A Methodological Proposition", *Journal of Rural Studies*,

Vol. 45, 2016, pp. 112 – 122.

[59] Firas S. Q. Barakat, M. Victoria López Pérez, Lázaro Rodríguez Ariza, "Corporate Social Responsibility Disclosure (CSRD) Determinants of Listed Companies in Palestine (PXE) and Jordan (ASE)", *Review of Managerial Science*, Vol. 9, No. 4, 2015, pp. 681 – 702.

[60] Hsueh, S. L., Hsu, K. H. and Liu, C. Y., *Multi – Criteria Evaluation Model for Developmental Effectiveness in Cultural and Creative Industries*, 2012 International Workshop on Information and Electronics Engineering, 2012, p. 29.

[61] Jinho Jeong, "Capital Structure Determinants of Cultural Industry: The Case of KOSDAQ Listed Firms", *Journal of Industrial Economics and Business*, Vol. 25, No. 6, 2012, pp. 3585 – 3612.

[62] Kim, Y. J., "Content Industry Support Fund in Digital Media Environment: Focusing on New Content Fund in Korea and Culture Tax in France", *The Journal of the Korea Contents Association*, Vol. 14, No. 2, 2014, pp. 146 – 160.

[63] Lee, H. G., "Storytelling, a Strategy to Activate Regional Cultural Industry", *Global Cultural Contents*, Vol. 20, 2015, pp. 189 – 208.

[64] Lewellyn, K. B. and Bao, S., "R&D Investment in the Global Paper Products Industry: A Behavioral Theory of the Firm and National Culture Perspective", *Journal of International Management*, Vol. 21, No. 1, 2015, pp. 1 – 17.

[65] Su, W. L. and Fang, X., "The Correlation Research between Voluntary Information Disclosure and Corporate Value of Listed Companies of Internet of Things", *Procedia Computer Science*, Vol. 112, 2017, pp. 1692 – 1700.

[66] Walter A. Friedman and Geoffrey Jones, "Creative Industries in History", *Business History Review*, Vol. 85, No. 2, 2011, pp. 237 – 244.

[67] Zhong, X., Song, X. Z. and Xie, Y. Y., "A Study on the Relationship between Capital Structure and Profitability Based on the Empirical Data of Listed Companies in Cultural Media Industry in China," *Advanced Materials Research*, 2014, Issue 926 – 930, p. 3735.